CHARLES VAN DOREN

DAS UNIVERSALWISSEN DER MENSCHHEIT

CHARLES VAN DOREN

DAS UNIVERSALWISSEN DER MENSCHHEIT

VON DER ANTIKE BIS ZUR GEGENWART

area

Charles Van Doren: Das Universalwissen der Menschheit
Neuausgabe des Titels »Geschichte des Wissens«

Die amerikanische Originalausgabe erschien 1992 unter dem Titel
»A History of Knowledge. Past, Present and Future« bei
Ballantine Books, New York.

Aus dem Amerikanischen von Anita Ehlers
Lizenzausgabe für area verlag gmbh, Erftstadt

Einbandgestaltung: Bille Fuchs, Köln
Druckvorstufe: GEM mbH, Ratingen

Printed in Germany 2005

ISBN 3-89996-361-X

Inhaltsverzeichnis

Für
Gerry, Liz, Sally und John

Vorwort: Der Verfasser an seine Leser

Aus der Geschichte erst werden Sie lernen, einen Werth auf die Güter zu legen, denen Gewohnheit und unangefochtener Besitz so gern unsre Dankbarkeit rauben: kostbare theure Güter, an denen das Blut der Besten und Edelsten klebt, die durch die schwere Arbeit so vieler Generationen haben errungen werden müssen! ... Ein edles Verlangen muß in uns entglühen, zu dem reichen Vermächtniß von Wahrheit, Sittlichkeit und Freyheit, das wir von der Vorwelt überkamen und reich vermehrt an die Folgewelt wieder abgeben müssen, auch aus unsern Mitteln einen Beytrag zu lesen, und an dieser unvergänglichen Kette, die durch alle Menschengeschlechter sich windet, unser fliehendes Daseyn befestigen.

Friedrich Schillers Antrittsrede an der Universität Jena: ‹Was heißt und zu welchem Ende studiert man Universalgeschichte›

Andere Lebewesen können vieles besser als Menschen: Manche können besser sehen, hören und riechen, andere schneller laufen und kräftiger zubeißen. Weder Tiere noch Pflanzen brauchen Häuser, in denen sie wohnen, oder Schulen, in denen sie lernen müssen, was sie wissen müssen, um in einer ungastlichen Welt zu überleben. Der Mensch ist eigentlich ein nackter Affe, der in unwirtlichem Wetter friert, Durst und Hunger leidet und Qualen von Angst und Einsamkeit aussteht. Aber der Mensch verfügt über Wissen. Damit hat er die Erde erobert. Der Rest des Universums erwartet sein Kommen, so vermute ich, mit einiger Beklommenheit.

Es ist schwierig, sich in einen anderen Menschen hineinzuversetzen, selbst in einen, den man gut kennt, mit dem man lebt oder arbeitet, den man jeden Tag sieht. Es ist noch schwieriger, sich in die ersten Menschen zu versetzen, die wohl vor etwa einer Viertel Million Jahren gelebt haben. Aber es ist den Versuch wert, auch wenn es letztlich nur vage Vorstellung bleibt.

Unsere Ahnen haben wohl ausgesehen wie wir. Der Mann wird klein gewesen sein, die Frau noch kleiner, beide unter 1,50 m. Stellen wir uns vor, sie stünden uns gegenüber und wir schauten ihnen in die Augen. Was würden wir in ihnen sehen? Was würden sie in uns sehen?

Lassen wir einmal die Angst beiseite, die wir wahrscheinlich und sie sicherlich spüren würden. Nehmen wir an, diese wechselseitige Angst ließe sich überwinden, und stellen wir uns vor, wir wären frei und willens, einander kennenzulernen. Wir könnten vermutlich nicht mit ihnen sprechen; sie verfügen wohl nicht über Sprache, wie wir sie kennen. Aber sie können sich offensichtlich miteinander verständigen. Wir beobachten, was sie tun, und sie beobachten uns. Auf diese Weise erhalten wir vielleicht einen Begriff von dem, was sie wußten.

Während wir in Gedanken vor ihnen stehen und uns vorstellen, wie sie sich bewegen, gestikulieren, sich verständigen, Nahrung fangen, töten oder sammeln, sie zubereiten, verzehren, sich reinigen, sich vor Kälte schützen, einander liebkosen und miteinander schlafen – wenn wir uns all dies vorstellen, müssen wir vermutlich daraus schließen, daß sie schon sehr viel wissen.

Einiges von dem, was wir wissen, müssen auch diese Geschöpfe gewußt haben. Vor allem müssen sie Dinge gewußt haben, die höchstens die geübten Überlebenskünstler unter uns noch kennen. Und doch gleicht unser Wissen überwiegend dem ihrigen.

Sie wissen, wo sie sind, und kennen sich gut genug aus, um herumkommen und überleben zu können. Auch wenn sie für die ihnen bekannten Orte keine Namen wie Marktplatz oder Hauptstraße haben, müssen sie den Dingen doch irgendwie Merkmale zuschreiben, an die sie sich erinnern können und die es ihnen erlauben, jederzeit zu erinnern, wo sie sind. Sie wissen auch, daß es außer ihnen noch andere Wesen gibt, und sie müssen dafür Zeichen oder Merkmale erfunden haben: In dem Baum dort hat ein Eichhörnchen ein Nest; abends kommen Tiger zum Trinken an diese Quelle, aber morgens ist das Wasserholen ungefährlich; aus den Steinen in jenem Fluß lassen sich gute Pfeilspitzen schlagen. Wir alle kennen unzählige Dinge dieser Art. Unser Kopf und unser Gedächtnis ist voll solcher Sachen.

Auch Kopf und Gedächtnis von Tieren stecken sicherlich und vielleicht ausschließlich voll solcher Sachen. Tiere wissen, wo sie sind; sie verirren sich selten, und es gibt unglaubliche Geschichten, wie sie in unwegsamem Gelände nach Hause finden. Meine schwarze Hündin weiß vieles über ihre Umwelt – welche Menschen und Fahrzeuge ungefährlich sind und welche nicht, wo Rehe und Murmeltiere zu finden sind, daß sie nach dem Frühstück immer ein oder zwei Bissen Brot mit Butter und Marmelade bekommt. Auch meine Katze kennt viele Einzelheiten, und sicherlich wissen auch die Vögel in unserem Garten, die Füchse, die nachts übers Feld streichen, und die Mäuse auf dem Speicher vieles über ihre Umwelt. Alles Wissen aber bezieht sich auf eine ganz bestimmte Umwelt: eben die der Mäuse, Katzen oder Hunde.

Es gibt eine andere Art von Wissen, das wir haben und sie nicht. Wir wissen, daß die Sonne jeden Morgen aufgeht, den Himmel überquert und am Abend untergeht; wir wissen, daß die Sonne das jeden Tag bis ans Ende der Welt tut, auch wenn Wolken ihren Weg verdunkeln. Wir wissen, daß auf den Sommer der Winter folgt und auf den Winter der Sommer. Wir wissen, daß alles, was lebt, geboren wurde und früher oder später sterben wird. Kurz, wir kennen – jedenfalls einige – Ursachen des täglichen Erlebens.

Dieses und ähnliches gehört zum Allgemeinwissen; wir sprechen darüber in einer Sprache, die anders ist als jene, mit der wir Einzelheiten feststellen. «In jenem Baum hat ein Eichhörnchen ein Nest.» «Alle Lebewesen werden geboren und müssen auch sterben.»

Wie verschieden sind Gewicht und Schönheit dieser Aussagen! Die erste, gewöhnlich unwichtig, kann für hungrige Menschen sehr wichtig sein. Aber das setzt ganz besondere Umstände voraus. Die zweite ist überwältigend und immer und überall wahr.

Ich habe gesagt, daß Tiere nicht über solches Allgemeinwissen – also über Begriffe – verfügen, wohl aber Menschen. Ich bin mir dessen nicht in allen Fällen sicher, beispielsweise nicht bei meiner Hündin, aber ich kann nicht beweisen, daß sie Begriffe bildet, denn sie kann nicht mit mir sprechen und es mir sagen. Mein Hund ist in gewisser Weise ein stummes Tier, und deshalb können wir niemals wissen, was in ihren Köpfen vorgeht, wenn wir es nicht aus ihrem Verhalten schließen können.

Wir können leicht ableiten, daß sie viele Einzelheiten kennen, aber wir werden nicht behaupten, sie verfügten über Allgemeinwissen. Wir haben angenommen, daß wir uns mit unserem imaginären Urmenschenpaar nicht unterhalten könnten. Wir könnten sie nur anstarren und sie beobachten. Wie können wir aus der Beobachtung erschließen, ob sie wissen, daß die Sonne morgens immer auf- und abends immer untergeht? Wissen sie, daß alle Lebewesen geboren werden und auch sterben? Wissen sie auch, was gewisse Ereignisse verursacht?

Wenn sie das nicht wissen, gibt es eine einfache Erklärung. Wir sind in der Zeit zu weit zurückgegangen. Stellen wir die Uhr also wieder vor. Früher oder später werden wir primitiven Menschen begegnen, die über beide Formen von Wissen verfügen, über die wir verfügen, die völlig menschlich sind, weil ihre Art des Wissens die unsere ist. Vielleicht sind sie immer noch nackt, vielleicht sind sie noch ängstlich, vielleicht versuchen sie noch, vor uns zu fliehen oder uns zu töten. Aber sie sind in der einzigen Weise, auf die es ankommt, wie wir. Und wahrscheinlich werden sie sehr bald auch in der Lage sein, mit uns zu sprechen und uns das mitzuteilen.

Wann dieser Umbruch, der den Mensch zum Menschen machte, eintrat, liegt weit außerhalb unseres Wissens. Vielleicht geschah es vor einer Million Jahren, vielleicht vor nur zehntausend. Wie es passierte, ist ebenso geheimnisvoll. Wichtig ist, daß es geschah und daß Menschen begannen, auf diese neue Weise zu wissen und sich ihres Wissens bewußt zu sein. Damit begann die große Geschichte, die in diesem Buch steht.

Der größte Teil unseres Wissens über bestimmte Dinge ist gesichert. Wenn es beispielsweise darum geht, wo wir sind, können wir recht haben oder nicht, aber wenn wir recht haben, haben wir mit Sicherheit recht. Wenn wir auf dem Marktplatz stehen und sagen, daß wir dort stehen, stimmt das zweifellos.

Unser Allgemeinwissen über das Wirken der Natur und das Verhalten von Menschen ist immer bis zu einem gewissen Grad auch unsicher. Selbst wenn es um den Sonnenaufgang geht, wird uns klar, daß er bestenfalls sehr wahrscheinlich ist, aber nicht gewiß. Etwas könnte mit der Erde oder der Sonne geschehen, so daß sie morgen nicht aufginge. (Wenn das passierte, würden wir es freilich nicht erleben.)

Es gibt nicht viele selbstverständliche Aussagen, einige Philosophen meinen sogar, es gäbe gar keine. Wir müssen uns nicht auf philosophische Auseinandersetzungen einlassen, um zu verstehen, was damit gemeint ist. Nehmen wir beispielsweise die allgemeine Aussage: «Ein endliches Ganzes ist größer als jedes seiner Teile.» Wenn wir verstehen, was mit «endliches Ganzes», «Teil» und «größer» gemeint ist, sehen wir, daß diese Aussage zweifellos wahr ist.

Eine andere selbstverständliche Aussage ist diese: «Ein Ding kann nicht zur selben Zeit und in derselben Hinsicht sein und nicht sein.» Wieder ist die Aussage zweifellos wahr, wenn wir die Bedeutung der Ausdrücke verstehen.

Thomas Jefferson hielt die Aussage, mit der er die Unabhängigkeitserklärung der USA beginnen ließ, nämlich, daß alle Menschen gleich erschaffen wurden, für eine selbstverständliche Wahrheit. Die meisten Menschen halten diese Aussage selbst dann nicht für selbstverständlich, wenn sie sie für wahr halten.

Mathematische Aussagen sind sicherlich wahr, denn sie haben die Form: Wenn gewisse Voraussetzungen erfüllt sind, gelten bestimmte Folgerungen. Dabei kommt es auf die Wahrheit der Voraussetzungen und Folgerungen gar nicht an. Wenn wir «zwei», «plus» und «gleich» auf eine bestimmte Weise definieren (obwohl es nicht einfach ist, das zu tun), dann ist die Aussage «Zwei plus zwei ist gleich vier» sicherlich wahr. Das gleiche gilt für die Aussage, daß «die Summe der Winkel eines Dreiecks gleich zwei rechten Winkeln ist», und auch für andere, kompliziertere mathematische Aussagen. Aber die Welt der Mathematik ist nicht die wirkliche Welt; die Sicherheit, die wir in ihr finden, ist die Gewißheit, die wir in sie hineinlegen, deshalb ist es nicht überraschend, wenn wir sie finden. Die Sicherheit selbstverständlicher Aussagen liegt in der Natur der Dinge. Aber es gibt nur wenige solche Aussagen.

Auch der Glaube ist ein sicheres Wissen; dieses Wissen wurde uns von Gott offenbart. Wenn Gott sich ganz unmittelbar offenbart, wie es nach dem Zeugnis des Moses der Fall war, steht das nicht in Frage. Es ist für einige Menschen schwieriger als für andere, mit letzter Endgültigkeit und Sicherheit irgendwelche Offenbarung aus zweiter Hand anzunehmen. Man sagt sogar, niemand könne eine solche Offenbarung ohne Gottes Hilfe, ohne seine Gnade erleben. Ganz gleich, wie sehr man sich darum bemüht, kann man, nach dieser Überlegung, ohne die Gnade Gottes keinen Glauben haben – also beispielsweise absolut sicher sein, daß es Gott gibt. Wenn man fragt: «Wie weiß ich, daß mir Gottes Gnade geschenkt wurde», ist die Antwort: Wenn man mit Sicherheit weiß, daß es Gott gibt, hat man sie, wenn nicht, dann nicht.

Obwohl diese Überlegung offensichtlich einen Zirkelschluß enthält, genügt sie den meisten Menschen. Jedenfalls gibt es viele, die nicht nur glauben, daß es Gott gibt, sondern auch, daß andere wesentliche Aussagen über ihn wahr sind: Gott schuf die Welt, Gott regiert die Welt, Gott liebt die Menschen, und alles, was passiert, ist zu unserem Wohl. Dies sind alles unzweifelhaft Aussagen über die wirkliche Welt, genau wie die Aussage, daß die Sonne jeden Morgen auf- und jeden Abend untergeht. Der Glaube ist keine Neuerwerbung der Menschen. Höchstwahrscheinlich hat schon unser imaginäres Urmenschenpaar mit derselben hartnäckigen Gewißheit, die Gläubige in unserer Zeit kennzeichnet, vieles gewußt oder geglaubt.

Nehmen wir an, die Urmenschen wußten, daß die Sonne jeden Tag auf- und untergeht; vielleicht haben sie mit ebensogroßer Gewißheit gewußt oder mit noch größerer Gewißheit geglaubt, daß die

Sonne nicht aufgehen würde, wenn sie ihr nicht zu Diensten waren. Sie waren vielleicht auch fest davon überzeugt, daß Geburten, jedenfalls menschliche, nur dann eintreten, wenn ein Gott günstig gestimmt oder besänftigt wird, und daß der Tod jene ereilt, die den Göttern nicht wohlgefällig sind. Sie haben, anders gesagt, gemeint, die Welt mit Gewißheit zu verstehen, weil sie die Götter verstanden. Die Welt mußte das sein, für das sie sie hielten, weil sie zu ihr und zu den Göttern eine Beziehung spürten.

Die Vorstellung, daß die Welt so sein muß, wie wir glauben, daß sie ist, *weil* wir glauben, daß sie so ist, war für Milliarden Menschen tröstlich, vielleicht auch für unsere nackten Vorfahren. Anderen jedoch hat sie viel Unbehagen bereitet. Vor langer Zeit (niemand weiß, wie lange es her ist) sind nämlich Menschen auf den Gedanken gekommen, ihr Wissen und ihr Glaube sei für ein mit Sinn erfülltes Leben so entscheidend, daß sie Menschen, die andere Überzeugungen hatten, töten müßten. Das ist einer der Gründe, warum Wissen uns nicht immer glücklich macht.

Tiere sind anscheinend nicht unglücklich, jedenfalls nicht so wie Menschen. Walt Whitman sagte in ‹Gesang für mich selbst›:

> *Ich glaube, ich könnte mich den Tieren zuwenden und mit ihnen leben! … Ich stehe und betrachte sie lang und lange. Kein einziges ist unzufrieden, kein einziges besessen von der Manie nach Besitz. Kein einziges auf der ganzen Erde ist hochmütig oder unglücklich.*

Viele Menschen sind unglücklich entweder aufgrund dessen, was sie wissen, oder aufgrund dessen, was sie nicht wissen. Unwissenheit ist nur so lange ein Segen, als sie Unwissenheit bleibt! Sobald wir wissen, daß wir nichts wissen, wünschen wir uns, es wäre nicht so. Bei Katzen nennen wir das Neugier. Bei Menschen ist es etwas Tieferliegenderes und noch Wesentlicheres. Der Wunsch etwas zu wissen, wenn man erkennt, daß man nichts weiß, ist universell und wahrscheinlich unwiderstehlich. Es war die ursprüngliche Versuchung der Menschheit, und weder Mann noch Frau und schon gar kein Kind kann ihr lange widerstehen. Aber es ist ein Wunsch, der dem Appetit gleicht, der beim Essen kommt. Der Wissensdurst ist unstillbar. Und das um so mehr, je mehr man weiß.

So ist es auch mit dem Glauben, der alle Vernunft übersteigt. Seit undenklichen Zeiten war deshalb die einzige wirksame Kur zur Heilung von diesem unersättlichen Wissenshunger der Glaube, also die Gnade Gottes. Unsere frühen Vorfahren haben ein Äquivalent von Glauben gekannt. Millionen späterer Menschen kannten es, oder behaupteten, es zu kennen. Aber wie viele der Menschen heute leben zufrieden in dem Wissen, daß sie etwas besitzen, ohne mehr zu wollen? Ist bei den Völkern der Erde der unersättliche Wissenshunger zu einer Epidemie geworden?

Dieses Buch ist in fünfzehn Kapitel eingeteilt. Das erste, ‹Die Weisheit der Antike›, beginnt mit der geschriebenen Geschichte, also um 3000 vor Christus, und schildert die wichtigsten Elemente des Allgemeinwissens, das die Völker der alten Reiche von den Ägyptern bis zu den Azteken und den Inka teilten. Im wesentlichen ist dies das Wissen der Menschheit vor der Wissensexplosion im Griechenland des sechsten vorchristlichen Jahrhunderts. Kapitel 2, ‹Die griechische Explosion›, beschreibt dieses epochale Ereignis und zeigt, wie das Wissen der Griechen den Fortschritt des Wissens beeinflußt hat.

Die griechische Kultur wurde vom Römischen Reich absorbiert und adaptiert, obwohl Rom vieles von dem, was die Griechen wußten, mit Argwohn betrachtete. Trotzdem sorgten die Römer dafür, daß die wichtigsten Elemente des griechischen Wissens überlebten. Wie Kapitel 3, ‹Was die Römer wußten›, zeigt, verfügten die Römer auch über wichtige eigene Kenntnisse, von denen einige die Grundlage unseres heutigen Wissens darstellen.

Das Römische Reich wurde im fünften Jahrhundert von den barbarischen Horden zu Fall gebracht. Kapitel 4 und 5 ‹Licht im frühen Mittelalter› und ‹Das Hochmittelalter: Das große Experiment› beschreiben die Welt, die dem Römischen Reich folgte. Das Leben war ganz anders, und auch das Wissen. Insbesondere wurde in den tausend Jahren nach dem Untergang Roms ein großes Experiment zur Regierungsform durchgeführt; der Versuch schlug fehl, kann uns aber für unsere Zukunft etwas lehren.

Kapitel 6, ‹Was wurde in der Renaissance wiedergeboren?›, beschreibt die Veränderungen im Wissen, die durch die Wiederentdeckung der klassischen Kultur bewirkt wurden, nachdem sie jahrhundertelang in Vergessenheit geraten war. Es zeigt auch, wie die Bemühungen, die antike Welt zu verstehen und das neu gewonnene Wissen in die Kultur des Mittelalters einzubinden, diese Kultur zerstörte und die Menschheit auf ihre bewegte Reise in die Gegenwart schickte.

Um 1500 kommt die Universalgeschichte, die Geschichte des Fortschritts der Wissenschaft, in ein neues Stadium. Es hat ungefähr hunderttausend Jahre gedauert, bis die Bevölkerung um das Jahr 1500 auf 400 000 000 Menschen angewachsen war; um etwa diese Anzahl wird die Bevölkerung in den fünf Jahren zwischen 1995 und 2000 *zunehmen*. Kapitel 7 ‹Europa drängt nach außen› versucht, diese außerordentliche Veränderung zu erklären. Die Betonung liegt vor allem auf der Leistung von Columbus, dessen ererbte Welt aus vielen Teilen bestand und der uns eine Welt vermachte, die bereits auf dem Weg zu der Einheit war, die wir heute erleben und die morgen noch vollständiger sein wird.

Menschlicher Fortschritt ist mehr als nur der Fortschritt des abendländischen Wissens. In der Zeit zwischen etwa 1550 und 1700 erfanden die Menschen aber ein Verfahren, sich Wissen anzueignen, das bald überall auf der Welt angewandt wurde. Es gibt andere Arten von Wissen als nur das naturwissenschaftliche, wie Kapitel 8, ‹Die Erfindung der wissenschaftlichen Methode›, ausführt, aber keine hat in der Gegenwart die Macht, das Ansehen und den Stellenwert naturwissenschaftlicher Erkenntnisse, und das wird wohl in der nahen Zukunft so bleiben. Die Naturwissenschaft ist die angesehenste aller menschlichen Bestrebungen und zum unentbehrlichen Hilfsmittel für das Überleben der Milliarden von Menschen geworden, die unseren Planeten heute bevölkern.

Die 1687 veröffentlichte ‹Principia› Newtons vermittelten dem folgenden Zeitalter den Gedanken, daß mechanische Grundsätze die Welt bestimmen. Dieser Gedanke war sehr folgenreich. Er führte unter anderem zur industriellen Revolution. Das achtzehnte Jahrhundert ist jedoch noch besser durch eine andere Revolution gekennzeichnet. Kapitel 9, ‹Ein Zeitalter der Revolutionen›, beschreibt nacheinander die englische *glorreiche Revolution* von 1688, die amerikanische Revolution von 1776 und die französische Revolution von 1789 und zeichnet die radikal neuen Gedanken über Regierungsformen nach, die zu neuen Erkenntnissen darüber führten, wie Menschen am besten zusammenleben; Regierungsformen, die erst in unserer eigenen Zeit endgültig – oder fast endgültig – verwirklicht werden.

Kapitel 10, ‹Das neunzehnte Jahrhundert: Vorspiel zur Moderne›, behandelt die ereignisreichen hundert Jahre von 1815 und der Schlacht von Waterloo bis 1914 und dem Beginn des ersten Weltkriegs. Das Kapitel zeigt, wie eine vollständige Veränderung der Gesellschafts- und Wirtschaftssysteme, die vor allem durch die industrielle Revolution bewirkt wurde, aber auch zumindest zum Teil durch die politischen Revolutionen des vorigen Jahrhunderts, den

Weg für die neue und grundlegend andere Welt bereiteten, in der wir heute leben. Die Ursachen dieser Veränderung lassen sich im Denken des neunzehnten Jahrhunderts nachweisen, auch wenn ihre Verwirklichung oft auf das zwanzigste Jahrhundert warten mußte.

Kapitel 11, ‹Die Welt im Jahr 1914›, schildert die Voraussetzungen für die Geburt dieser neuen Welt, der Welt, die wir kennen. Inzwischen konnte wohl nirgendwo auf der Erde etwas geschehen, das nicht zugleich die Ereignisse in einem anderen Teil beeinflußte, und deshalb ist es nicht überraschend, wenn der in diesem Jahr begonnene Krieg als Weltkrieg bezeichnet wird. Aber kann nur ein Krieg alte Kulturen zerstören, damit neue entstehen konnten? Die Gründe liegen im Wesen nicht nur des Wissens, sondern auch der Menschen.

Kapitel 12, ‹Triumph der Demokratie›, Kapitel 13, ‹Wissenschaft und Technik›, und Kapitel 14, ‹Kunst und Medien›, beschäftigen sich mit dem zwanzigsten Jahrhundert. Alle handeln sie von den großen Leistungen im Fortschritt des Wissens und nur sekundär von den Ereignissen, die sich in den etwa 75 Jahren seit Beginn des ersten Weltkriegs abgespielt haben. Viele heute lebende Menschen waren Augenzeugen dieser Ereignisse und dieser großen Veränderungen in unserem Wissen. Wohl kein heute Lebender, auch ich nicht, kann dieses großartige, grausame und schöpferische Jahrhundert völlig vorurteilsfrei betrachten. Aber wir können erkennen, wie das beschriebene neue Wissen entstand.

Kapitel 1: Die Weisheit der Antike

Als vor etwa fünfzig Jahrhunderten die ersten Aufzeichnungen gemacht wurden, hatte die Menschheit schon sehr viel mehr gelernt, als unseren primitiven Vorfahren bewußt war. So hatten Menschen in vielen Teilen der Welt nicht nur gelernt, die Haut von Tieren und Vögeln als Kleidung zu nutzen, sondern auch Wolle, Baumwolle und Flachs zu Stoffen zu verarbeiten. Sie hatten gelernt, für ihre Nahrung Tiere zu jagen und Fische zu fangen, auch Korn anzubauen, gesäuertes und ungesäuertes Brot zu backen und Reiskuchen herzustellen, die Wildnis zu roden und die Erde zu bestellen, also zu säen, zu bewässern und zu düngen. Sie wußten nicht nur in Höhlen und anderen natürlichen Schutzräumen Obdach zu finden, sondern sie bauten auch Häuser und Monumente, und zwar aus Holz, Stein, Ziegel und anderem Material sowohl solchem, das in der Natur vorkam, wie solchem, das von Menschen hergestellt wurde. Sie hatten auch gelernt, Statuen und andere Kunstwerke zu schaffen und nachzubilden und der Erde Erze abzugewinnen, sie zu schmelzen und mit solchen, die sie in der Natur vorfanden, zu neuen zu verbinden.

Menschen haben viel Einfallsreichtum darauf verwendet, wie sie andere Menschen quälen und töten könnten; die Androhung von Schmerz oder Tod erwies sich als beste und oft als einzige Möglichkeit, viele Menschen zu beherrschen. In vielen Teilen der Welt, so in Ägypten, in Mesopotamien, in Persien, in Indien und in China waren Reiche entstanden, die sich über gewaltige Flächen erstreckten und deren Bevölkerung nach Millionen zählte. Diese Reiche gaben ihren Völkern Gesetze und damit ein gewisses Maß an Frieden und Sicherheit vor der Gewalttätigkeit anderer. Aber diese Gesetze schützten sie nicht vor ihren eigenen Herrschern, die mit Gewalt und Tücke regierten und deren Wille absolut war.

Fast überall fanden die weltlichen Herrscher Verbündete bei Priestern, deren Aufgabe es war, den ebenfalls absoluten und despotischen Willen der Götter zu deuten; gemeinsam hielten sie das Volk in Schach. Die Untertanen ergaben sich, weil sie keine Wahl hatten. Wahrscheinlich konnten sie sich eine Alternative nicht einmal vorstellen. Alle also waren im Kriegszustand, Völker untereinander ebenso wie ein Herrscher mit seinem Volk. Wie Thukydides schrieb, taten die Starken überall, was sie wollten, während die

Schwachen ertrugen, was sie ertragen mußten. Es gab keinen anderen Richter als die Gewalt; Recht und Gerechtigkeit waren überall und jederzeit nichts anderes als das Interesse des Stärkeren.

Die Menschheit konnte wachsen und sich selbst unter diesen Umständen entwickeln. Weil die Menschen mit großen Tieren um die Vorherrschaft auf der Erde kämpfen mußten, begannen sie, den Planeten von den sogenannten «Feinden» zu befreien, dem Säbelzahntiger etwa, dem Mammut und Dutzenden anderer Arten. Im zweiten Jahrtausend vor der Zeitenwende waren fast alle größeren Tiere entweder bis zur Ausrottung gejagt oder gezähmt oder zu «Jagdwild» ernannt worden. Sie waren also zur Freude, zur Arbeit oder zur Nahrung bestimmt.

In einem kleinen Winkel der Welt lebten Menschen, die sich selbst zunächst Hebräer, später nach ihrem Stammvater Israeliten oder Juden nannten und die sich zu einer neuartigen Schöpfungsgeschichte bekannten. Am Anfang, so sagten sie, hatte der eine Gott ein Paradies geschaffen, aus dem der Mensch durch eigene Schuld verstoßen wurde. Von nun an, sagte Gott dem Menschen, müsse er sich seinen Lebensunterhalt verdienen. Aber da Gott den Menschen liebte, stellte er ihm die Erde und alles, was auf ihr war, zu Unterhalt und zum Überleben zur Verfügung. Damit war durch göttliches Dekret die Ausbeutung des Tier- und Pflanzenreichs gerechtfertigt. Auch dies ist das Gesetz der Gewalt, denn die Gerechtigkeit ist auf der Seite des Stärkeren. Als göttliches Gesetz aber war es Recht und richtig.

Ägypten

Die ersten Reiche entstanden in den großen Flußtälern Afrikas und Asiens. Ägypten, das glaubte, aus dem Nil geboren worden zu sein, ist wahrscheinlich das älteste Reich. Es wurde zwischen 3100 und 2900 vor Christus gegründet und geeinigt und bestand etwa 3000 Jahre lang als relativ unabhängiger Staat, bis es 30 vor Christus von den Römern erobert wurde.

Das alte ägyptische Reich verdankt sein bemerkenswertes und einmalig langes Bestehen zum Teil der geographischen Isolation, die relativ gut schützte. Das Land ist auf drei Seiten von fast undurchdringlichen Wüsten umgeben, deshalb kamen Eindringlinge, wenn überhaupt, gewöhnlich über die Landenge des Suez, die sich leicht verteidigen ließ. Auch andere Reiche profitierten von ihrer geographischen Isolation, aber sie hatten keinen Bestand. Die Ägypter hatten eine Eigenschaft, die sie dreißig Jahrhunderte lang anwandten: Sie fürchteten und haßten Veränderungen und vermieden sie, wann immer es möglich war.

Dem ägyptischen Staat fehlte vieles von dem, was nach unserem heutigen Gefühl für eine gute Regierung unentbehrlich ist. Aber er bewährte sich trotzdem ausgezeichnet. Kein anderes Volk hat je die Regel: «Was sich bewährt, soll man nicht verändern» so entschieden befolgt. Als die ägyptischen Pharaonen einmal ein Königreich errichtet hatten und ihr auf Landwirtschaft beruhendes Wirtschaftssystem stark war, weil es die jährlichen Überschwemmungen des Nils zu nutzen wußte, vermieden sie entschlossen jeden Fortschritt. Und sie schafften es tatsächlich, in dreitausend Jahren bemerkenswert wenig Wandel zu erleben.

Wie alle alten Reiche war auch Ägypten nach hierarchischen Grundsätzen geordnet. An der Spitze der Hierarchie standen die Götter; nach ihnen kam die riesige Masse der Toten. Den untersten Platz nahmen die lebenden Menschen ein, womit hauptsächlich die Ägypter gemeint waren. Der Pharao hatte eine einzigartige und mächtige Stellung, weil er zwischen Menschheit und den Toten (und den ihnen übergeordneten Göttern) stand. In dieser Hierarchie war nur er einzig und die einzige Verbindung zwischen der Welt der Lebenden und der Welt der Geister. Der Pharao war ein Mensch, aber er war, nicht so sehr aufgrund seiner Person als durch seine Stellung in der kosmischen Hierarchie, auch mehr als ein Mensch. Er wurde gefürchtet, bewundert und geachtet. Von ihm hing alles ab, sowohl die Regelmäßigkeit der Überschwemmungen des Nils – Grundvoraussetzung für das Überleben der Gemeinschaft – als auch *ma'at*, die «Gesellschaftsordnung». In der äußerst konservativen und traditionsgebundenen ägyptischen Gesellschaft war diese Ordnung wesentlich.

Die Landwirtschaft war teilweise deshalb so leistungsfähig und ertragreich, weil der große Fluß in jedem Jahr fruchtbaren Schlamm brachte. Folglich standen Arbeitskräfte gewöhnlich überreichlich zur Verfügung. Weil nach ägyptischem Verständnis niemand müßig sein sollte, wurden sie für gewaltige Bauvorhaben eingesetzt. Der Bau der großen Pyramiden in den vierhundert Jahren von etwa 2700 bis 2300 vor Christus wäre selbst unter modernen Bedingungen keine einfache Aufgabe. Die Ägypter hatten zur Bearbeitung der Steine nicht einmal Metallwerkzeuge (ihre Messer und Meißel waren aus Obsidian, einem schwarzen vulkanischen Glas). Vermutlich waren die Anforderungen an das Wirtschaftssystem noch größer als die an Körperkraft und Ingenieurwesen. Aber das Heer der Arbeiter, größtenteils keine Sklaven, leistete diese Fron allem Anschein nach bereitwillig.

Warum waren die Ägypter so traditionsverbunden und konservativ? Warum war die Gesellschaftsordnung so wichtig, daß ihr jede Veränderung und jeder Fortschritt geopfert werden mußte? War das so, weil der Fluß, der der Gesellschaft das Leben geschenkt hatte, seinen Lauf nie änderte? War es eine Gewohnheit, die die Ägypter schon früh in ihrer Geschichte angenommen hatten und mit der sie nicht brechen konnten? Oder lag es am Temperament oder am Charakter der Ägypter, wenn dieses bemerkenswerte Volk Beständigkeit und Unveränderlichkeit als den Weg wählte, auf dem es die von allen Menschen begehrte Unsterblichkeit zu erlangen suchte?

Diese Fragen sind schwierig, wenn nicht unmöglich zu beantworten. Eine Tatsache verdient Beachtung: Das alte Ägypten, und das paßt zu seinem extremen Konservativismus, scheint in den Tod verliebt gewesen zu sein. Die Menschen lebten, um zu sterben, und sie verwendeten ihr Leben und ihr Vermögen darauf, sich auf den Tod vorzubereiten. Der Tod war jedoch nicht so, wie wir ihn uns vorstellen, sondern eher eine schwebende, traumhafte Unsterblichkeit. Die Toten waren überall, in der Luft, auf dem Boden, im Wasser des Nils. Ihre Gegenwart spendete diesem alten Volk am Fluß Trost. Womöglich beantwortet das nicht die Frage, warum die Ägypter so waren, wie sie waren. Wahrscheinlich genügt es zu sagen, daß selbst heute viele Menschen das Leben ähnlich sehen wie die alten Ägypter und den Status quo jeder Veränderung vorziehen, selbst wenn die Veränderung nachweislich eine Verbesserung wäre. Anders gesagt, die Ägypter handelten zutiefst menschlich. Überraschend ist allein, daß sie sich darin so einig waren.

Es ist auch wichtig, die Weisheit ihrer Einstellung zu erkennen. Veränderung um der Veränderung willen ist ein zweifelhaftes Prinzip. Warum soll man etwas verändern, wenn das Leben so, wie es ist, angenehm ist? Aus der Sicht von Gewaltherrschern ist die Befolgung dieser Regel noch wichtiger. Für einen Tyrannen ist jede Veränderung eine zum Schlechteren. So hatten die Ägypter ein Geheimnis entdeckt, das für Tyrannen im Lauf der Jahrhunderte von großem Wert war. Die Gewaltherrscher unserer Zeit haben es nicht vergessen.

Indien

In den zehn Jahrhunderten, die um 2500 vor Christus begannen, spielten sich Aufstieg und Fall einer alten Kultur ab, die in dem Tal des Indus beheimatet war, dem Fluß, der heute durch das westliche Pakistan fließt. In einem Gebiet, das wesentlich größer war als das moderne Pakistan, entwickelten sich zwei wichtige Städte, Mohenjo-Daro und Harappa, jede mit mehr als 50 000 Einwohnern, und viele andere kleinere Siedlungen. Zur Zeit ihrer größten Ausdehnung, um 2000 vor Christus, erstreckte sich die Induskultur über ein Gebiet, das größer war als Ägypten oder Mesopotamien, und machte Indien zum damals größten Reich.

Um die Mitte des zweiten Jahrhunderts fand Mohenjo-Daro ein plötzliches Ende bei einem Angriff arischer Eroberer, die Hunderte von Toten in den verlassenen Straßen liegen ließen. Weiter im Süden überlebte die Induskultur und verschmolz wahrscheinlich langsam mit späteren Kulturen des mittleren und westlichen Indien.

Über die Gesellschaftsordnung der Induskultur ist wenig bekannt, aber wir kennen bei allen ihren Nachfolgern die hierarchische Ordnung des sogenannten Kastensystems. Viele Jahrhunderte lang bewährte es sich als ein Mittel, eine große Bevölkerung zu beherrschen, in der die Unterschiede an Reichtum, Macht und Vorrechten eine große Rolle spielten.

Im modernen Indien gibt es Tausende von Kasten, aber nur vier Hauptgruppen oder «warna», und diese Einteilung geht weit in die Zeit vor Christus zurück. An der Spitze der Hierarchie stehen die Brahmanen (Priester); dann folgen die Kschatrija (Krieger), die Waischja (Bauern und Handwerker) und schließlich die Sudra (Knechte). Außerhalb des Kastensystems stehen die Parias, die «Unberührbaren». Das System unterscheidet sich darin nicht wesentlich von dem anderer alter hierarchischer Gesellschaften. Das Geniale am Kastensystem ist sein mächtiger Rückkopplungsmechanismus. Man wird nicht nur als Sudra geboren, sondern man wird es auch durch den Beruf, den man ergreift, den nur Sudras ergreifen müssen und nur Sudras ergreifen dürfen. Jeder ist durch seinen Beruf, seine Ernährungsweise, seine Gebräuche «gezeichnet»; da dieses «Zeichen» unvermeidlich ist, wird es von allen akzeptiert.

Immer sind jene am Boden der Gesellschaftspyramide in der Mehrzahl; in der Vergangenheit war es oft eine große Mehrzahl. Das Leben dieser Menschen ist schwerer, brutaler und wesentlich kürzer als das Leben ihrer glücklicheren Zeitgenossen. Warum bleibt die

Mehrzahl benachteiligt? Auch wenn die Minderheit an der Spitze nahezu ein Machtmonopol hat, ist Macht allein keine Antwort. Erst die allgemeine Akzeptanz des Kastensystems sichert sein Überleben.

Wir, die wir nicht in einem Kastensystem leben, machen den Indern das Leben in einem solchen System gelegentlich zum Vorwurf, obwohl auch unsere Gesellschaftsklassen viele Ähnlichkeiten mit den Kasten Indiens aufweisen. Wer zur niedrigsten Klasse gehört, hat oft das Gefühl, das sei richtig so, und das gleiche gilt für Mitglieder höherer Klassen. Angehörige jeder Klasse fühlen sich in Gegenwart von Menschen einer anderen Klasse äußerst unbehaglich. Es gibt gewisse Berufe, die Angehörige der Oberklasse einfach nicht ergreifen, und dasselbe gilt für Angehörige einer unteren Schicht. Die verschiedenen Klassen verzehren ihre jeweils andere Nahrung auf jeweils andere Weise und haben unterschiedliche Bräuche in bezug auf Familienleben, Werbungsverhalten und so weiter.

Vielleicht haben die alten Kulturen des indischen Subkontinents dieses mächtige Mittel zur Aufrechterhaltung der Gesellschaftsordnung als erste entdeckt. Aber sie waren keineswegs die einzigen, die den einmal entdeckten Grundsatz anwandten. Der Gedanke findet auch heute Anhänger. Diese Gesellschaftsordnung ist der große Feind der ebenso großartigen Idee der sozialen Gleichwertigkeit. Sie ist außerdem viel älter.

China

Menschliche Siedlungen im Gebiet des heutigen China datieren etwa 350 000 Jahre zurück. Die erste Dynastie, für die historische Dokumente erhalten sind, die Shang, beherrschten von etwa 1750 bis 1100 vor Christus einen großen Teil des modernen China. Dann wurden sie von den Zhou, Hirtennomaden aus dem Westen und Vasallen der Shang, besiegt, die eine Dynastie einführten, die bis 255 vor Christus Bestand hatte. Es folgte eine schwierige Zeit, die durch die erste wirkliche Vereinigung Chinas im Jahr 221 vor Christus beendet wurde.

Sie wurde von den Qin erreicht, einem von vier oder fünf eng verwandten Völkern der Gegend. Ihr König wählte den Namen Shi Huangdi, «Erhabener Kaiser des Anfangs». Seitdem entspricht China seinem Hoheitsgebiet. In späteren Zeiten gehörten zeitweise andere Länder dazu, aber das Reich des Shi Huangdi blieb das unteilbare eigentlichen China.

Der neue Herrscher machte sich sofort daran, seine Neuerwerbungen zu sichern. Sein erstes großes Vorhaben war der Bau eines Straßensystems. Zum zweiten gehörte die Verbindung und Befestigung der Mauern, die das Land im Norden begrenzten. Hunderttausende von Menschen arbeiteten an dem vermutlich größten je unternommenen Bauvorhaben und vollendeten die Mauer, die sich mehr als 2000 Kilometer lang vom Golf von Tschili bis nach Tibet erstreckt, in wenig mehr als zehn Jahren. Zwei Jahrtausende lang bildete die «chinesische Mauer» nach Meinung der Chinesen die Grenze zwischen Zivilisation und Barbarei.

Die wichtigste Veränderung, die Shi Huangdi einführte, betraf die Gesellschaftsordnung. Er schaffte auf einen Streich das feudale Lehnswesen ab, das die chinesische Gesellschaft tausend Jahre lang bestimmt hatte, und ersetzte es durch eine komplizierte zentralistische Verfassung, die auf den Grundsätzen des Konfuzius beruhte.

Konfuzius wurde 551 vor Christus geboren und starb 479. Er gehörte zum verarmten Adel und wuchs als Waise in Armut auf. Obwohl er größtenteils Autodidakt war, wurde er als der größte Gelehrte seiner Zeit berühmt. Trotz seiner Leistungen und Verdienste konnte er keine Stellung finden, in der er seine Begabung entfalten konnte. Er suchte sich deshalb Schüler. Schließlich wurde er der berühmteste Lehrer in der Geschichte Chinas und einer der einflußreichsten Menschen aller Zeiten. Die Lehre des Konfuzius ist kompliziert und hat sich im Lauf der Jahrhunderte stark verändert. Unverändert blieb der Grundsatz, wonach Würde und Stellung allein auf Verdienst beruhen sollen. Nach Konfuzius wird ein Mensch allein durch seine Fähigkeit und vorbildliche moralische Haltung zum Führer. Verdienst wiederum beruht auf Lernen – in späteren Jahrhunderten, als der Konfuzianismus zur Staatslehre wurde, auf der Kenntnis der Texte des Konfuzius.

Shi Huangdi war mit der Lehre des Konfuzius vertraut und stellte an seine neue Bürokratie hohe Forderungen. Die Zugehörigkeit zum Beamtentum sollte allein auf moralischen Verdiensten beruhen, wobei jedoch die höchsten Plätze für die kaiserliche Familie reserviert waren. Dies war weit von dem Feudalismus entfernt, den die neue Ordnung ablöste, denn bei jenem hatte die Macht auf Geburt und militärischer Gewalt beruht.

Die Feudalherren gaben nicht kampflos nach. Insbesondere wehrten sich viele Intellektuelle gegen die Abschaffung des alten Systems. Shi Huangdi aber duldete keinen Widerspruch. Er ließ 460 protestierende Intellektuelle foltern und danach lebendig begraben.

Das war auch für damalige Zeiten unerhört, denn gewöhnlich waren Intellektuelle vor dem Zorn chinesischer Tyrannen sicher gewesen. Noch schockierender war der Befehl des Kaisers, alle Bücher zu verbrennen, die sich mit anderem als Rechtsprechung, Gartenbau und Kräutermedizin beschäftigten. Nur dieses seltsame Trio von Themen war genehm. Alles andere Wissen war gefährlich, und die Beschäftigung mit anderen Wissensgebieten wurde verboten.

Vor allem jedoch wollte Shi Huangdi unsterblich sein. Jede Gottheit, die zur Erreichung dieses Ziels in irgendeiner Weise hilfreich sein könnte, wurde auf Staatskosten günstig gestimmt, und seine Boten schwärmten auf der Suche nach einem Lebenselixir durch das ganze Reich. Sie fanden keines, und der Kaiser starb nur zwölf Jahre nach der Gründung seines Staates.

Nach dem Tod von Shi Huangdi zerbrach das Reich, aber die Saat der Einheit war gesät. Wie sich herausstellte, halfen die von Shi Huangdi eingeführten Neuerungen ganz entscheidend bei der Aufgabe, ein so großes Reich wie China zu regieren, das von etwa 200 vor bis etwa 200 nach Christus das größte und bevölkerungsreichste Land der Welt war. Die Chinesen errichteten und unterhielten eine mehr oder weniger auf Leistung beruhende Bürokratie, wobei Leistung als klassische Bildung definiert war, und steuerten die Volkswirtschaft durch gewaltige Bauvorhaben, die alle freien Arbeitskräfte beschäftigten; schließlich vertraten sie den Gedanken, daß das meiste Wissen gefährlich ist.

Die Chinesen haben diese drei Grundsätze niemals vergessen. Auch das jetzige kommunistische Regime, zweitausend Jahre nach Shi Huangdi, befolgt sie. Sie wurden auch von anderen Gewaltherrschern und sogar von manchen Demokratien übernommen. Bis vor kurzem noch setzte beispielsweise der Eintritt in den auswärtigen Dienst Großbritanniens die Kenntnis von Griechisch und Lateinisch und die Fähigkeit voraus, klassische Texte in elegante englische Prosa zu übertragen. Man hielt es für selbstverständlich, daß ein Mann, der Griechisch und Lateinisch lernen kann, ebenso alles andere, auch Diplomatie, lernen kann.

Die großen totalitären Regimes unserer Zeit haben ihre Völker mit umfangreichen Bauvorhaben beschäftigt, die teils dem Ruhm des Regimes dienten und teils dafür sorgten, daß niemand unter der Ruhelosigkeit der Arbeitslosen leiden mußte – oder die Arbeitslosigkeit genießen konnte. Noch jeder Tyrann der Geschichte hat versucht, sein Volk von allem Wissen fernzuhalten, das seiner Herrschaft nicht dienlich war. Gebildete Menschen sehnen sich wohl immer nach Freiheit und auch nach Gerechtigkeit, also nach genau dem, was Tyrannen nicht gewähren wollen.

Mesopotamien

Die ersten Beispiele für chinesische Schriftzeichen datieren aus der Shang-Dynastie (achtzehntes bis zwölftes vorchristliches Jahrhundert). Um 1400 vor Christus kannte die chinesische Schrift über 2500 Zeichen. Die Schrift wurde in ihrer heutigen Form während der Qinzeit (der Herrschaft von Shi Huangdi) festgelegt. Die chinesische Schrift ist die Grundlage auch des geschriebenen Japanischen und Koreanischen, obwohl die gesprochenen Sprachen völlig verschieden sind. Die chinesische Schrift ist also sehr alt und sehr einflußreich.

Sie ist jedoch nicht die älteste Schrift der Welt. Die Ehre, die Schrift erfunden zu haben, gebührt den Sumerern, die im vierten und dritten Jahrtausend vor Christus das untere Mesopotamien (im heutigen Süden des Irak) bewohnten. Euphrat und Tigris, die beiden großen Flüsse Westasiens, entspringen in den Bergen Südanatoliens und fließen durch Nordsyrien und den Irak nach Südosten. Beide Flüsse haben mehr als zwei Drittel ihres Wegs zurückgelegt, wenn sie den Rand des Zweistromlandes erreichen, das fruchtbare gemeinsame Mündungsdelta dieser Flüsse. Die Flüsse vereinigen sich im Süden dieser Ebene und mäandern als Schatt-el-Arab über fast 200 Kilometer langsam bis zum Persischen Golf.

Mesopotamien, das «Zwischenstromland», ist das älteste Kulturland der Erde. In dieser äußerst fruchtbaren Region entwickelte sich schon um 8000 vor Christus eine Art primitiver Schrift, die um 3500 eine gewisse Kohärenz erreicht hatte. Um 3100 vor Christus war sie eindeutig auf die sumerische Sprache bezogen. Die alt-sumerische Keilschrift umfaßte etwa zwölfhundert unterschiedliche Zeichen für Ziffern, Namen und solche Objekte wie Tuch und Kuh. Die Schriftsprache wurde zuerst dazu verwendet, festzuhalten, wie viele Kühe oder Stoffballen ein Mensch besaß. Jahrhundertelang wurde die Schrift vor allem zur Buchhaltung und Güterverwaltung benutzt. Als jedoch das Leben komplexer wurde und mehr Dinge aufgezeichnet werden mußten, wurde auch die geschriebene Sprache komplizierter. Dies traf insbesondere zu, als die sumerische Sprache im dritten vorchristlichen Jahrtausend von den Akkadern übernommen wurden. Die Akkader besiegten die Sumerer und sogen viel von denen auf, die sich ihnen hatten ergeben müssen, aber ihre Gesellschaftsstruktur und Eigentumsverhältnisse unterschieden sich von der der Sumerer.

Vom vierten Jahrtausend an erlebte Mesopotamien viele politische Veränderungen, bis es schließlich unter Cyrus dem Großen 529 vor Christus von den Persern erorbert wurde. Aber die Kenntnis der Schrift ging nie verloren. Vielleicht war mit Ausnahme unserer eigenen Kultur keine andere Kultur je so abhängig von der Fähigkeit zu schreiben wie diese, auch wenn wahrscheinlich selbst in den besten Zeiten nur höchstens ein Prozent der Mesopotamier je schreiben oder lesen konnte. Schreiber, die Briefe verfaßten und für Könige wie für gewöhnliche Menschen Aufzeichnungen und Abrechnungen machten, hatten immer große Macht und Einfluß. Wie alte Anpreisungen für Schüler und Lehrlinge rühmten, durften Schriftkundige schreiben, während das übrige Volk arbeitete.

Die Kenntnis des Lesens und Schreibens bahnte bei den Sumerern, den Akkadern und deren Nachfolgern, den Babyloniern und den Assyrern den Weg zu Wohlstand und Macht. Auch heute noch ist diese Fähigkeit oft der Schlüssel zum Erfolg. In unserer westlichen Welt öffnet die Fähigkeit, kleine schwarze Zeichen auf einem Stück Papier deuten zu können, Wege, die mittlerweile der Mehrheit der Menschen zugänglich sind, während eine Minderheit von Analphabeten sich mit einem Leben in Unkenntnis abfinden muß. Die Prozentzahlen haben sich seit den Zeiten der Assyrer verändert, das Prinzip jedoch nicht.

Azteken und Inka

Als die spanischen Eroberer 1519 das Hochland von Mexiko und 1532, also 13 Jahre später, das der Anden erreichten, waren sie erstaunt, dort blühende Städte vorzufinden, deren Ausdehnung es mit den größten Städten in Europa aufnehmen konnte. Die Azteken in Mexiko und die Inka in Peru waren bemerkenswerte Kulturen, doch beide waren den europäischen Waffen nicht gewachsen. Das Reich der Azteken war innerhalb eines Jahres nach der Ankunft von Hernán Cortés zerbrochen. Das der Inka hatte ein wenig länger Bestand, aber es fiel innerhalb von drei Jahren an Francisco Pizzaro und seine 168 spanischen Soldaten, die die große und großartig organisierte Armee einer Nation von zwölf Millionen Menschen besiegten.

Die Azteken waren nicht die ersten, die in Mittelamerika einen reichen und mächtigen Staat errichteten. Ihre Vorläufer waren die Tolteken, und deren Vorläufer waren wiederum andere Völker, bis in das Dunkel der Vorgeschichte zurück. Die Völker des heutigen Mexiko gewannen Macht und verloren sie, während Reiche entstanden und vergingen. Bei den Azteken waren zur Zeit der spanischen Erorberung mindestens fünf Millionen Menschen unmittelbare Untertanen von Montezuma II., dem letzten der Aztekenkönige. Kleinere benachbarte Staaten und Stämme leisteten Abgaben an ihre aztekischen Herren. Die Azteken hatten eine Schrift erfunden, sie besaßen einen höchst genauen Kalender, und sie errichteten große und schöne Gebäude aus Stein, obwohl sie keine Werkzeuge aus Metall hatten. Ihre bemerkenswerteste Leistung liegt vielleicht in der Landwirtschaft. Sie praktizierten ein intensives System des Fruchtwechsels, wobei ihnen ein hochentwickeltes Bewässerungssystem zu Hilfe kam. Viele der von ihnen angebauten Getreide-, Gemüse- und Obstsorten waren den spanischen Eroberern unbekannt. Etwa 60 Prozent aller Nahrungsmittel der heutigen Welt stammen von Pflanzen ab, die vor fünfhundert Jahren in Mexiko und Peru angebaut wurden.

Das Inkareich erstreckte sich über mehr als fünftausend Kilometer vom heutigen Quito in Equador bis zum heutigen Santiago de Chile. Wie die Azteken waren auch die Inka reich, liebten aber Gold und Silber anscheinend mehr wegen ihrer Schönheit als wegen des materiellen Wertes, den die Spanier darin sahen. Als die Inka erkannten, wie verrückt die Spanier auf das Gold waren, gaben sie ihnen bereitwillig soviel sie haben wollten, wenn die Fremden nur wieder gehen würden. Aber die Spanier blieben, und das Inkareich ging unter. Die Inka waren große Baumeister, und ihre schöne Stadt Machu Picchu, auf luftiger Höhe in den Anden Perus, ist eine der aufregendsten archäologischen Stätten der Welt. Pizzaro hat die Stadt nie betreten, denn die Inka selbst hatten sie vergessen, als er 1532 in ihre Hauptstadt Cuzco kam. Erst 1911 entdeckte sie zufällig der amerikanische Forschungsreisende Hiram Bingham. Aus einem wohl für immer unbekannten Grund war sie fünfhundert Jahre zuvor verlassen und vergessen worden. Die Inka waren auch große Straßenbauer; ihr Netz von Königsstraßen verband alle Städte des Reichs, über Berge und Täler und über Entfernungen von Tausenden von Kilometern hinweg miteinander. Da die Inka das Rad nicht kannten, waren ihre Straßen Fußwege; an Berghängen bestanden sie gelegentlich aus in den Fels gehauene Stufen. Die Inka haben niemals eine Schrift gehabt. Sie lebten viele Jahrhunderte lang nur wenige hundert Kilometer von anderen Kulturen Mittelamerikas entfernt, aber sie wußten nichts über sie und ihre Leistungen. Daher war sowohl ihr Wissen und Können in einigen Dingen als auch ihre Unkenntnis in vielen anderen außerordentlich.

Warum konnten die Spanier zwei blühende Kulturen so rasch und leicht zerstören, daß heute kaum etwas über sie bekannt ist und wenig mehr überlebt hat als die Ruinen gewaltiger Monumente, einige wenige der Millionen goldener Schmuckstücke, die sie hergestellt hatten, und – dies ist alles andere als unwichtig – die Nahrungsmittel, die sie anbauten? Die Antwort könnte damit zu tun haben, wie beide Reiche organisiert waren.

Sie wurden von Angst und Gewalt beherrscht. Sowohl die Azteken als auch die Inka waren «Karrieremenschen». In beiden Fällen hatte eine rücksichtslose, halb barbarische Minderheit eine frühere, wahrscheinlich dekadente Zivilisation übernommen. Diese neuen Herrscher, deren Eroberungen auf dem erbarmungslosen Einsatz militärischer Macht beruhten, sahen keinen Grund, nicht mit Gewalt zu herrschen. Sie machten sich nicht die Mühe, die Liebe und Loyalität ihrer Untertanen zu gewinnen und wollten ihnen außer einem Mindestmaß an Sicherheit vor Not und Entbehrung und äußeren Feinden nichts geben. Aber die Feinde im Inneren – die Herrscher selbst – waren furchterregender als jeder fremde Feind. Für die Sicherheit war ein Preis zu zahlen, der ungeheuer hoch war.

Der Preis bestand aus Blut von Kindern und Jugendlichen. Die mittelamerikanischen Hochkulturen der jüngeren Vergangenheit brachten beide Menschenopfer, die es uns schwer machen, ihr Verschwinden zu beklagen. Bei den Azteken verschlägt uns der Opferzoll die Sprache. In den letzten Jahren vor der Eroberung durch die Spanier wurden in jeder Woche eintausend der besten Kinder und Jugendlichen geopfert. In prächtige Gewänder gehüllt und mit Drogen betäubt stiegen sie die Stufen der hohen Pyramiden hinauf und legten sich auf die Altäre. Ein Priester, das blutige Messer in der Hand, öffnete die Kleider, machte einen raschen Schnitt, faßte mit der Hand hinein und zog das noch schlagende Herz heraus, um es dem unten auf dem Platz versammelten Volk zu zeigen. Jede Woche wurden tausend Opfer gebracht, von denen viele auf Streifzügen durch das Tal von Mexiko bei benachbarten Stämmen gefangengenommen wurden. Jede Woche tausend Opfer, immer die vielversprechendsten der Kinder und Jugendlichen, die in Gefängnissen kauern mußten, bis sie an der Reihe waren. Da wundert es nicht, wenn alle Feinde der Azteken sich gern mit den erobernden Spaniern verbündeten und halfen, das grausame Regime zu stürzen. Allerdings half ihnen diese Bereitwilligkeit nicht. Auch sie wurden von den siegreichen Konquistadoren versklavt.

Die Inka brachten ihre Menschenopfer nicht regelmäßig, aber wenn ein Inkakaiser starb, war der Zoll schrecklich. Hunderte junger Mädchen wurden dann betäubt, geköpft und mit dem toten Herrscher begraben. Hunderte mehr mußten sterben, wenn der Staat vor einem schwierigen Problem oder einer Entscheidung stand. Unerbittliche Priester behaupteten, nur dies könne die Götter besänftigen und sie zur Hilfe bewegen, und so starben die schönen Jungen und Mädchen auf stinkenden Altären.

Pizzaro erhielt keine Hilfe von Verbündeten, denn die Inka hatten alles in ihrer Reichweite erobert. Aber interne dynastische Streitigkeiten hatten die Inka gespalten, und ein Herrscher, der mit seiner rebellischen Familie im Streit lag, hieß die Spanier willkommen, weil er annahm, sie seien gekommen, um ihm zu helfen. Doch er wurde gefangengenommen und hingerichtet, und bald herrschte unter den anderen Thronaspiranten ein hoffnungsloses Durcheinander. Innerhalb von fünfzig Jahren war die Bevölkerung von zwölf Millionen auf eine halbe Million reduziert worden, weil jede Woche Tausende der Indianer in den Bergwerken hoch in den Anden starben, Opfer der unstillbaren Sehnsucht der spanischen Könige nach Gold und Silber.

Menschenopfer

In fast allen Religionen waren und sind Opferhandlungen eines der fundamentalsten und verbreitetsten religiösen Rituale. Dabei ist die Vielfalt der geopferten Lebewesen oder Dinge groß, ebenso groß wie die der Rituale selbst. Bei den Opferriten wurde Gott gewöhnlich ein Tier, häufig ein so wertvolles wie ein Stier oder ein Widder, dargebracht, wobei die Stärke und Männlichkeit des Tieres die Gegenleistung für die göttliche Gabe der Stärke oder Männlichkeit sein sollte. Oft wurden lebende Opfer durch unbelebte Güter wie Wein oder Wasser, Brot oder Korn ersetzt. Aber diese Dinge waren in gewissem Sinn nicht «unbelebt». Sie besaßen eine Art Leben, die ihnen von dem Gott verliehen worden war und das ihm in der Hoffnung zurückgegeben wurde, er möge aufs neue Wein oder Korn zum Leben erwecken.

Der Ursprung der Menschenopfer liegt vermutlich bei den ersten Ackerbauern und Viehzüchtern. Jäger und Sammler, ihre Vorläufer, brachten sie offenbar nur selten. Die alten Griechen und Römer, die ersten Juden, die Chinesen und Japaner, die Inder und viele andere Völker der Antike opferten ihren Göttern Menschen. Die Opfer wurden oft in prächtige Gewänder gekleidet und mit Juwelen geschmückt, sollten also mit Ruhm und Ehre vor Gott treten. Oft wurden sie wegen ihrer Jugend und Schönheit ausgewählt (Gott wollte das Beste), dann ertränkt oder lebendig begraben, oder ihre Kehlen wurden durchschnitten, so daß ihr Blut den Boden tränkte, damit er fruchtbar würde, oder den Altar bespritzte. Auch die Kehlen von Stieren, Widdern und Ziegen wurden rituell durchschnitten und ihr Blut auf dem Boden vergossen, um Gott gnädig zu stimmen oder eine Verbindung zwischen Gott und jenen herzustellen, die seine Hilfe suchten.

In den meisten Teilen der Erde wurden anscheinend zwei grundverschiedene Opferriten praktiziert. Beim einen Ritus wurde das Opfer getötet, ein Teil des Körpers verbrannt (und so dem Gott angeboten) und der Rest in einem Freudenmahl verzehrt, das die Vereinigung zwischen Menschen und dem daran mutmaßlich auch teilnehmenden Gott feierte. Beim anderen wurde das Opfer vollkommen vernichtet. Wenn das Opfer für die himmlischen Götter bestimmt war, wurde es verbrannt, so daß der Rauch zur himmlischen Wohnung aufsteigen konnte. Wenn es für die Götter der Unterwelt bestimmt war, wurde es begraben.

Wie wir bei Homer lesen, war bei den archäischen Belagerern Trojas die erste Opferart üblich. In der Ilias werden oft Opfer von Stieren oder Ochsen erwähnt, deren Blut auf dem Boden vergossen und deren Fett in die Flammen geworfen wurde, damit der rituelle Rauch zum Himmel steigen konnte. Die Krieger feierten dann mit den Resten des Tieres ein Mahl. Als Odysseus aber Eintritt in die Unterwelt begehrte, opferte er, wie die Odyssee berichtet, ihren Göttern Tiere, ohne selbst davon zu essen. Was die Flammen nicht verzehrten, wurde als Sühneopfer begraben. Solche Opfer nannten die Griechen Mysterien. Sie wurden gewöhnlich nachts in Höhlen oder anderen dunklen Orten verrichtet, und die Teilnahme war nur Eingeweihten erlaubt.

Die Geschichte der Opferung von Isaak durch seinen Vater Abraham stammt, so wird jetzt angenommen, vom Beginn des zweiten vorchristlichen Jahrtausends. Sie wird im 22. Kapitel der Genesis erzählt.

Nach diesen Geschichten versuchte Gott Abraham und sprach zu ihm: Abraham! Und er antwortete: Hier bin ich.
Und er sprach: Nimm Isaak, deinen einzigen Sohn, den du liebhast, und gehe hin in das Land Morija und opfere ihn daselbst zum Brandopfer auf einem Berge, den ich dir sagen werde.
Da stand Abraham des Morgens früh auf und gürtete seinen Esel und nahm sich zwei Knechte und seinen Sohn Isaak und spaltete Holz zum Brandopfer, machte sich auf und ging hin an den Ort, davon ihm Gott gesagt hatte.
Am dritten Tage hob Abraham seine Augen und sah die Stätte von ferne und sprach zu seinen Knechten: Bleibet ihr hier mit dem Esel! Ich und der Knabe wollen dorthin gehen; und wenn wir angebetet haben, wollen wir wieder zu euch kommen.
Und Abraham nahm das Holz zum Brandopfer und legte es auf seinen Sohn Isaak; er aber nahm das Feuer und Messer in seine Hand, und gingen die beiden miteinander.
Da sprach Isaak zu seinem Vater Abraham: Mein Vater! Abraham antwortete: Hier bin ich, mein Sohn. Und er sprach: Siehe, hier ist Feuer und Holz; wo ist aber das Schaf zum Brandopfer?
Abraham antwortete: Mein Sohn, Gott wird sich ersehen ein Schaf zum Brandopfer. Und gingen die beiden miteinander.
Und als sie kamen an die Stätte, die ihm Gott gesagt hatte, baute Abraham daselbst einen Altar und legte das Holz darauf und band seinen Sohn Isaak, legte ihn auf den Altar oben auf das Holz und reckte seine Hand aus und faßte das Messer, daß er seinen Sohn schlachtete.
Da rief ihm der Engel des Herrn vom Himmel und sprach: Abraham! Abraham! Er antwortete: Hier bin ich.
Er sprach: Lege deine Hand nicht an den Knaben und tu ihm nichts; denn nun weiß ich, daß du Gott fürchtest und hast deines einzigen Sohnes nicht verschont um meinetwillen.
Da hob Abraham seine Augen auf und sah einen Widder hinter sich in der Hecke mit seinen Hörnern hangen und ging hin und nahm den Widder und opferte ihn zum Brandopfer an seines Sohnes Statt.

Waren die Juden also das erste Volk, das beschloß, Menschenopfer für unangebracht zu halten, weil ihr Gott sie nicht wollte? Möglicherweise. Anscheinend haben die Juden ihrem Gott niemals wieder Menschen geopfert. Die Christen folgten der jüdischen Tradition und brachten keine Menschenopfer, obwohl ihre Religion auf einem ganz besonderen Opfer beruht: Jesus Christus, Lamm Gottes und Gottes eingeborener Sohn, starb, damit alle Menschen leben können. Zumindest für römische Katholiken wird dieses höchste Opfer in jeder Eucharistiefeier wiederholt, denn Jesus ist im Wein (Blut) und Brot (Fleisch) gegenwärtig, das in freudiger Kommunion mit Gott und den anderen Teilnehmern eingenommen wird.

Von den anderen Weltreligionen sind auch Buddhismus und Islam von Anfang an bis heute frei von Menschenopfern. Wenn doch die wichtige Lehre, die Gott Abraham erteilte, den Azteken und den Inka und den vielen anderen Völkern einer primitiveren Zeit bekannt gewesen wäre!

Das Judentum

Abraham, der Vater des Glaubens, war der Begründer des Judentums. Die Darstellung seines Lebens im ersten Buch Moses gilt heute zwar nicht als historisch, stimmt aber doch mit historischen Fakten überein, die auf den Anfang des zweiten vorchristlichen Jahrtausends datiert werden. Danach verließen Abraham, sein Vater Tharah, sein Neffe Lot und seine Frau Sarah Ur in Chaldäa im Süden Mesopotamiens und kamen allmählich, immer auf Befehl und unter dem wachsamen Auge ihres Gottes ins Land Kanaan (heute Israel und Libanon). Nach dem Tod von Tharah wurde Abraham der Patriarch. Gott schloß mit ihm einen Bund, der die Verheißung enthielt, daß Abrahams Nachkommen das Land Kanaan ererben sollten.

Gab es eine solche Reise von Ur, einem realen Ort, nach Kanaan, einem anderen realen Ort? Es gibt außerbiblische historische und archäologische Gründe für diese Annahme. Warum verließ Abraham Ur? Floh er vor religiöser Verfolgung, suchte er neue wirtschaftliche Entfaltungsmöglichkeiten oder wurde er von einem wirklichen oder eingebildeten göttlichen Befehl angetrieben? Jedenfalls gab es innerhalb weniger hundert Jahre in Kanaan viele Juden, die einen einzigen Gott, Jahweh, verehrten.

Jahweh war zuerst der Gott Abrahams, Isaaks und Jakobs. War er also nicht der Gott aller Menschen, der einzige Gott? Es ist unmöglich zu bestimmen, wann Jahweh, oder Jehova, den universalen Charakter erhielt, den er zur Zeit von Jesus hatte und den er bis heute hat. Es genüge zu sagen, daß der Gott Abrahams, der vielleicht einst eine Stammesgottheit war und als solcher einer (vielleicht der größte) unter vielen, jetzt der eine Gott ist, den Juden, Christen und Moslems in aller Welt verehren.

Nach jüdischem Glauben sind die Juden das von Gott auserwählte Volk. Was bedeutete das für sie? Als Gottes Volk meinen sie, eine besondere und dauerhafte Beziehung zu Gott zu haben. Dazu gehörte dreierlei: Erstens wurde ihnen das Gesetz gegeben, und das umfaßt sowohl die Gebote, die Moses auf dem Berg Sinai erhielt, als auch die Speise-, Verhaltens- und Umgangsregeln, wie sie in der Torah, der Heiligen Schrift (dem Wort Gottes), niedergelegt sind. Zweitens schloß Gott einen Bund mit seinem Volk und versprach, er werde bis an das Ende der Tage bei ihm sein und gewährleisten, daß das Erdenleben derer, die an ihn glauben, von Erfolg gekrönt ist. Drittens forderte Gott von seinem Volk, ihn, seine Güte und Gerechtigkeit zu bezeugen. Dieses Zeugnis sollte unter allen Völkern der Erde verbreitet werden.

Die Geschichte des Judentums und der Juden ist lang und kompliziert, voller Blut und Tränen. Die Juden bezeugten und bezeugen unbeirrbar die Wahrheit des einen Gottes, aber sie haben, jedenfalls nach Meinung von Christen und Muslimen, diesen Gott und seine Propheten auch verkannt, als er kam. Sie haben versucht, in Frieden mit dem Rest der Menschheit zu leben, aber das war aus vielen Gründen schwierig. Unser Jahrhundert erlebte den Versuch der Ausrottung der Juden im Holocaust; die anscheinend unerbittliche Feindschaft zwischen Israel und seinen arabischen Nachbarn bringt bis in unsere Tage beiden Seiten unendliches Leid.

Trotz alledem sind die Juden, jetzt und vielleicht für alle Zeit, im wesentlichen immer noch dasselbe hartnäckige, hingebungsvolle Volk, das wie eh und je an drei Dingen festhält. Erstens sind sie ein Volk des Gesetzes, wie es in den fünf Büchern Moses festgelegt ist. Zweitens sind sie Gottes auserwähltes Volk und haben einen ewigen Bund mit ihm geschlossen. Drittens geben sie Zeugnis davon, daß Gott ist und immer sein wird.

Die alte Weisheit der Juden, die seit fast viertausend Jahren vom Vater an den Sohn weitergegeben und gleichzeitig der übrigen Menschheit vermittelt wird, ist vielschichtig, läßt sich jedoch in diesen drei großen Begriffen zusammenfassen.

Das Christentum

Jesus Christus war ein Jude und bekannte sich zu dem dreifachen Vermächtnis, das er von seinen Vorvätern empfangen hatte. Aber er veränderte es grundlegend. Wie das Evangelium nach Lukas berichtet, wurde Jesus in Bethlehem in einem Stall geboren, weil es keinen Raum gab in der Herberge; sein Geburtstag wurde im vierten Jahrhundert auf die Wintersonnenwende des Jahres festgelegt, mit dem ein großer Teil der Welt die Zeitrechnung beginnt. Einige

Menschen feierten Jesus als König der Juden. Er starb auf dem Hügel Golgatha, der Schädelstätte, am Tag vor dem Passahfest vermutlich im Jahre 30 am Kreuz, was zum Teil dem Fehlverhalten des römischen Gouverneurs der Provinz zuzuschreiben war. Nach christlichem Glauben ist Jesus hinabgestiegen in das Reich des Todes, das er «läuterte» – er trug die Seelen von Adam und Eva und den Patriarchen ins Paradies – und erstand dann am dritten Tag, den die Christen der Welt als Ostersonntag feiern, wieder von den Toten.

Jesus sagte, bis Himmel und Erde vergehen, werde «auch nicht der kleinste Buchstaben des Gesetzes vergehen», aber er fügte dem jüdischen Gesetz eine Art übergeordnetes Gesetz hinzu, das, wie er sagte, auf Liebe beruht und nicht allein auf Gerechtigkeit. Christen verstehen dies so, daß er durch seinen Tod der Menschheit die Vergebung der Ursünde Adams und Evas und das Versprechen des ewigen Lebens im Paradies erkaufte; das gilt zumindest für all jene, die an seinen neuen Bund, das neue Testament, glauben wollen, der das Sein und die Güte Gottes besiegelt. Dic deutlichste Aussage der neuen Lehre steckt in der Bergpredigt, in der Jesus ausführt, für welche Abänderungen des mosaischen Gesetzes er eintritt.

Das Evangelium nach Matthäus erzählt von dieser berühmten Begebenheit, als Jesus «auf einen Berg ging» und seine Jünger lehrte und sagte:

Selig sind, die da geistlich arm sind, denn das Himmelreich ist ihr.
Selig sind, die da Leid tragen, denn sie sollen getröstet werden.
Selig sind die Sanftmütigen, denn sie werden das Erdreich besitzen.
Selig sind, die da hungert und dürstet nach der Gerechtigkeit, denn sie sollen satt werden.
Selig sind die Barmherzigen, denn sie werden Barmherzigkeit erlangen.
Selig sind, die reinen Herzens sind, denn sie werden Gott schauen.
Selig sind die Friedfertigen, denn sie werden Gottes Kinder heißen.
Selig sind, die um Gerechtigkeit willen verfolgt werden, denn das Himmelreich ist ihr.

Jesus sprach oft in Gleichnissen, die zu seiner Zeit Deutung brauchten und die sich auch heute noch von alleine erschließen. Die Weisheit einiger dieser Parabeln ist zwar tief, unterscheidet sich aber vielleicht nicht so sehr von der Weisheit anderer religiöser Lehrer. Die Lehren Jesu jedoch sind in gewisser Weise ganz einzigartig. Er verknüpfte die lebensnahe Einstellung der Juden mit der mystischen Sicht der Christen.

Ihm wird die Gründung der christlichen Kirche zugeschrieben, denn er sagte, er wolle seine Gemeinde auf einen Felsen gründen, als den er in einem Wortspiel seinen Jünger Petrus bezeichnet (*petros* heißt im Griechischen «Fels»). Deshalb glauben Christen überall, die Kirche sei eine Schöpfung Christi und ein Teil seiner Lehre.

Andere stellen das in Frage und erinnern an eine seiner schärfsten Aussagen, die der Evangelist Markus berichtet. «Denn wer sein Leben erhalten will, der wird es verlieren», sagte Jesus, «wer aber sein Leben verliert um meinetwillen, der soll es finden. Was hülfe es dem Menschen, so er die ganze Welt gewönne und nehme doch Schaden an seiner Seele?» Als ob das die glänzende, reiche und mächtige christliche Kirche noch nicht genug herausforderte, sagt Jesus auch: «Will mir jemand nachfolgen, der verleugne sich selbst und nehme sein Kreuz auf sich und folge mir.»

Läßt sich die Lehre Jesu vollkommener und knapper zusammenfassen als in diesen wunderbaren und zugleich irgendwie schrecklichen Worten? Die Worte sind wunderbar, weil sie jeden beflügeln können, sich über die Mühen des Alltags zu erheben und ein Leben zu leben, das Sinn und Ziel hat. Sie sind schrecklich, weil sie von so vielen Menschen mehr fordern, als sie geben können.

Ein Vergleich von Judentum und Christentum

Das Alte oder Hebräische Testament ist die Heilige Schrift der Juden. Es ist auch Christen heilig, aber auf andere Weise. Sie lesen es nicht nur als eine Geschichte der Juden, aus deren Geschichte heraus Jesus Christus und die von ihm gegründete Religion geboren wurde, sondern als ein prophetisches Buch, das das Kommen von Christus verkündet. Jedem Ereignis im Alten Testament kommt dadurch eine doppelte Bedeutung zu. Während sich beispielsweise die Opferung des Isaak als ein Symbol für das Ende der Menschenopfer bei den Juden verstehen läßt, kann darin auch die Vorwegnahme der Passion Christi gesehen werden. Abraham bietet seinen einzigen Sohn als Zeichen seines Gehorsams an; als er diese Prüfung bestanden hat, ist sein Sohn gerettet. Gott Vater opfert seinen einzigen Sohn, damit alle Menschen von der Ursünde frei werden; sein Sohn fährt auf zum Himmel und sitzt zur Rechten des Vaters.

Der jüdische Gott ist ein zorniger Gott, sein Zeichen ist die Gerechtigkeit. Der christliche Gott wird zwar auch die Lebenden und die Toten richten, aber er ist ein barmherziger Gott. Die Menschheit wird durch das Opfer Christi erlöst und schließlich errettet werden. Christen akzeptieren den Gedanken, daß die Juden von Gott auserwählt wurden, um seine Herrschaft über die Menschheit zu bezeugen. Aber die Weigerung der Juden, in Jesus nicht nur einen ihrer Propheten, sondern Gottes Sohn und eine der drei Personen Gottes – Vater, Sohn und Heiliger Geist – zu sehen, schuf eine tiefe und unüberbrückbare Kluft zwischen den beiden Religionen. Außerdem wurde die Rolle, die die Juden historisch beim Tod von Jesus von Nazareth spielten, von vielen Christen als größter Verrat nicht nur an Jesus, sondern am Glauben der Juden selbst gesehen. Der Vorwurf, die Juden hätten Christus getötet, gehört zu den schwersten Bürden, die Juden im Lauf der Jahrhunderte in der christlichen Welt zu tragen hatten.

Das Neue oder Griechische Testament ist einzigartig christlich. Es wurde von Juden hauptsächlich auf griechisch geschrieben und besteht aus den Evangelien, die vom Leben und den Worten Jesu berichten, einem eschatologischen Werk (der Offenbarung des Johannes) und einer Reihe von Briefen des Paulus und anderer Apostel an neue christliche Gemeinden, in denen sie ihnen den Kurs weisen, dem sie beim Aufbau der neuen Religion folgen sollten. Die Briefe des Paulus unterscheiden sich deutlich von allem, was im Alten Testament steht. Das ältere Werk ist vor allem historisch, die Briefe des Paulus dagegen vor allem theologisch. Paulus war ein Jude, aber er dachte wie ein Grieche. Die Feinsinnigkeit und der Gedankenreichtum der von griechischem Denken beeinflußten Theologie hat das Christentum in den folgenden zweitausend Jahren gekennzeichnet und vom Judentum unterschieden.

Der historische Jesus gehörte wahrscheinlich der jüdischen Sekte der sogenannten Essener an, die selbst mystischer und theologischer war als viele ältere jüdische Gruppen. Die meisten von Jesus überlieferten Aussprüche sind Gleichnisse, und das gab sechzig Generationen späterer Denker Anlaß zu kopflastigen und spekulativen Deutungen. Die geheimnisvolle Gestalt des Menschen Jesus ist schwer zu entdecken. Zweifellos war er ein großer Mensch und Lehrer, ob er nun Gottes Sohn war oder nicht.

Der Islam

Mohammed wurde etwa 570 in Mekka geboren; er verlor noch vor seiner Geburt seinen Vater und als Achtjähriger seinen Großvater. Dieser dadurch «doppelte Waise» wuchs in der männlich orientierten Gesellschaft des mittelalterlichen Arabiens ohne männlichen Beschützer und Führer auf und hätte als geringerer Mensch wahrscheinlich nie historische Bedeutung erlangt. Mohammed aber hatte, als er 632 in Medina starb, nicht nur eine neue Religion gegründet und die Araber zu einer Nation geeinigt, sondern auch einen Eifer geweckt, der es seinen Nachfolgern ermöglichte, innerhalb von zwanzig Jahren nach seinem Tod den größten Teil des byzantinischen und persischen Reichs zu erobern und innerhalb von hundert Jahren ein Reich zu schaffen, dessen Größe und Staatsführung sich mit der des Römischen Reichs in seiner Blütezeit messen konnte. Um 610, als Mohammed etwa vierzig Jahre alt war, erhielt er seine erste Botschaft von Gott in Gestalt einer Vision eines majestätischen Wesens (das später als der Engel Gabriel erkannt wurde), das ihm verkündete: «Du bist der Bote Gottes.» Dies war der Beginn seiner großen Laufbahn als Bote oder Prophet. Von da an bis zu seinem Tod hatte Mohammed oft Offenbarungen – verbale Mitteilungen, die seiner Überzeugung nach unmittelbar von Gott stammten. Sie wurden später gesammelt und aufgeschrieben und bilden als Koran die heilige Schrift des Islam.

Mohammed predigte zunächst nur seiner unmittelbaren Familie und engen Bekannten, bekam dennoch bald aus Mekka, dem sehr wohlhabenden Mittelpunkt des damaligen Arabien, Widerstand zu spüren. Innerhalb von zehn Jahren erkannte er, wie schwierig seine Lage geworden war, deshalb bereitete er die Flucht aus seiner Geburtsstadt vor und zog am 24. September 622, dem Datum der Hedschra oder «Auswanderung», von Mekka nach Medina; dieses Jahr, traditionell der Beginn der Geschichte des Islam, ist das Ausgangsjahr der islamischen Zeitrechnung. Mohammed wurde von seinen Zeitgenossen wegen seines Muts und seiner Unparteilichkeit bewundert; späteren Muslimen war er ein Vorbild an Tugend und Tapferkeit. Er gründete nicht nur einen Staat, sondern auch eine Religion, die schließlich einmal fast eine Milliarde Anhänger haben sollte. Seine moralische Strenge und Ernsthaftigkeit waren zu seiner Zeit fast einmalig, und so ist Mohammed einer der bemerkenswertesten und charismatischsten Männer der Geschichte.

Ein Vergleich zwischen Islam und Juden- und Christentum

In Mekka gab es zu Lebzeiten Mohammeds eine große jüdische Gemeinde; Mohammed war sicherlich davon beeinflußt und lernte viel von jüdischen Historikern und Denkern, war jedoch auch mit christlichem Gedankengut vertraut. Er sah in Abraham den ersten Patriarchen (Abraham ist also in allen drei Religionen ein heiliger Mann) und hielt Jesus für den größten Propheten außer ihm selbst. Aber er bejahte nicht die Behauptung Jesu (oder dessen Anhänger), dieser sei der Sohn Gottes.

Mohammeds Sicht von Judentum und Christentum war, jedenfalls zu Beginn, durchaus wohlwollend. Juden und Christen waren «Büchermenschen», deshalb gestand er ihnen religiöse Autonomie zu. Sie mußten jedoch eine Kopfsteuer zahlen, und das war für viele von ihnen ein Grund, sich im Jahrhundert nach dem Tod des Propheten zum Islam zu bekehren. Sie hatten einen ganz anderen Status als die Heiden, denen nur die Wahl blieb, zu konvertieren oder zu sterben. Von Anfang an war der Islam ein kriegerischer Glaube, was sich nach außen hin im *Jihad*, dem Heiligen Krieg, zeigte. Der Islam zog eine klare und deutliche Linie zwischen Muslimen und der übrigen Welt; dadurch stellte sich bald das Gefühl einer engen, brüderlichen Verbundenheit ein, was zu schnellen und erstaunlichen Siegen über Gesellschaften und Kulturen führte, die sich nicht so sehr als Gemeinschaft empfanden.

Jesus von Nazareth hatte klar zwischen dem unterschieden, «was des Kaisers ist» und dem, «was Gottes ist», als ihn die Pharisäer mit der Frage nach der Gerechtigkeit der Zinszahlung auf die Probe stellen wollten. Es gibt für ihn also zwei getrennte Reiche, ein geistliches und ein weltliches, die nicht unbedingt unvereinbar sind, aber auch nicht verwechselt werden dürfen. Auch das Judentum machte eine ähnliche Unterscheidung, der Islam jedoch nicht. Von Anfang an hatte der Islam ein ihm eigenes Ethos als eine Religion, die Geistliches und Zeitliches in einer Gemeinschaft vereint und nicht nur die Beziehung zwischen dem einzelnen und Gott, sondern auch die sozialen und politischen Beziehungen zwischen Mitmenschen zu regeln versuchte.

So entwickelte sich nicht nur die muslimische Religiosität als Institution, sondern auch ein muslimisches Gesetz und ein muslimischer Staat. Erst im zwanzigsten Jahrhundert unterschieden zumindest einige islamische Staaten (beispielsweise die Türkei) zwischen geistlichen und weltlichen Bereichen. Die gewaltige Macht, die der

Ayatollah Khomeini im Iran ausüben konnte, läßt sich durch die Tatsache erklären, daß er als *Imam* religiöser und politischer Führer der Nation war; als solcher handelte er nicht anders als viele islamische Führer vor ihm.

Vermitteln diese drei großen Religionen mit ihren vielen Gemeinsamkeiten und Gegensätzen der Menschheit auch heute noch eine wichtige und wesentliche Botschaft? Milliarden Menschen in der Welt denken und sagen das. Obwohl im Holocaust des zweiten Weltkriegs sechs Millionen Juden starben und das europäische Judentum fast völlig vernichtet wurde, bekennen sich Millionen von Menschen in Israel, Amerika, Rußland und anderen Ländern weiterhin entschieden zum Judentum. Das Christentum zieht vermutlich mehr Anhänger an als jede andere Religion. Und der Islam erlebte vor kurzem eine Wiedergeburt, als konservative Bewegungen in vielen Ländern traditionelle Bräuche wieder einführten, darunter die Beachtung des traditionellen Gesetzes der *Sharia*, der Unterwerfung der Frauen, und die totale Kontrolle der Erziehung durch religiöse Führer. Der *Jihad* hat neue Kraft gewonnen, und weltweit scheint sich unter Moslems ein neues Gefühl der Bruderschaft auszubreiten.

Buddhismus

Das erste indische Reich entstand um 325 vor Christus. Die nach ihrem Gründer Chandragupta Maurija benannte Maurija-Dynastie regierte den Subkontinent mehrere Jahrhunderte lang. Zur Zeit seiner größten Ausdehnung, unter Aschoka (der von etwa 265 bis 235 vor Christus herrschte), erstreckte sich dieser erste organisierte indische Staat wahrscheinlich über eine Fläche von fast zwei Millionen Quadratkilometern und hatte eine Bevölkerung von über fünfzig Millionen. Bald nachdem Aschoka den Thron bestiegen hatte, unternahm er, wie es sich für einen neuen Herrscher gehörte, einen Feldzug. Er siegte, aber seine Siege machten ihn nicht glücklich. Vielmehr war er beeindruckt von dem Leiden, das seine Kriegszüge Siegern und Besiegten brachten. Zur Zeit dieser Erleuchtung war Aschoka wahrscheinlich etwa dreißig Jahre alt.

Siddhartha Gautama, der Buddha (der «Erleuchtete»), war etwa 563 vor Christus geboren worden und stammte aus einer Fürstenfamilie Nordindiens. Er heiratete und lebte im Luxus, kam aber als 29jähriger zu der Erkenntnis, daß das Schicksal dem Menschen bestimmt, alt und krank zu werden und zu sterben. Von Traurigkeit überwältigt, begann er nach Möglichkeiten zu suchen, den Schmerz des Lebens zu überwinden. Er verließ seine Frau und seinen kleinen Sohn und wanderte nach Süden in das Königreich Magadha, wo er Lehrer zu finden hoffte, die ihm seine Fragen nach dem Sinn des Leidens beantworten konnten. Mit ihnen gelangte er in einen Zustand mystischer Kontemplation, wie es die Tradition der indischen Religion seiner Zeit war. Aber er war nicht damit zufrieden, lediglich die Existenz zu bedenken. Andere Lehrer versprachen ihm tiefes Verständnis, wenn er strengste Askese auf sich nahm. Monatelang aß und trank er wenig und setzte seinen Körper den Elementen aus. Auf diese Weise gewann er ein Verständnis dafür, was Leiden heißt, aber er konnte immer noch nicht die Gründe für das Leiden verstehen.

Daraufhin entsagte er der Askese, aß wieder und gesundete, wollte seine Suche jedoch nicht aufgeben. Eines Morgens im Mai 528 vor Christus saß er im Lotussitz unter einem großen Feigenbaum bei Bodh Gaya, entschlossen, sich nicht zu bewegen, bis er die Erleuchtung gewonnen hatte, die er suchte.

Er dachte stundenlang nach und drehte die Gedanken in seinem Kopf hin und her. Mara, der Böse, erschien und wollte ihn verführen, die Suche aufzugeben. «Tue Verdienstvolles», sagte Mara. «Zu was ist dein unablässiges Streben gut?» Gautama ignorierte ihn; er war gegen jede Versuchung gefeit. Mara war besiegt und verließ ihn. Gautama verbrachte den Rest der Nacht in Meditation. Am nächsten Morgen, dem Morgen des 25. Mai, als 35jähriger, hatte er die Erleuchtung erfahren und wurde ein höchster Buddha. Was hatte er gelernt? «Ich habe diese Wahrheit erkannt», dachte er, «die tief ist, schwierig zu sehen, schwierig zu verstehen ... Menschen, die von Leidenschaft übermannt werden und von Dunkelheit umgeben sind, können diese Wahrheit, die gegen den Strom geht und die erhaben, tief, hintergründig und schwer verständlich ist, nicht sehen.»

Die Wahrheit, die Buddha fand, läßt sich nicht in wenigen Sätzen beschreiben. Vielleicht braucht man ein ganzes Leben, um sie zu verstehen. Buddha beschrieb sie in einem Gleichnis. Ein Mensch solle einen mittleren Weg zwischen Überfluß und Askese suchen. Dieser edle achtfache Weg umfaßt rechte Anschauung, rechtes Wollen, rechtes Reden, rechtes Tun, rechtes Leben, rechtes Streben, rechtes Gedenken und rechtes Sichversenken.

Die große Wahrheit des Buddha, wie er sie erklärte, besteht aus «vier edlen Wahrheiten». Die erste, daß die menschliche Existenz voller Konflikte, Sorgen und Leiden ist, begriff er schon, bevor er sich auf seine Pilgerfahrt machte. Die zweite edle Wahrheit besagt, all diese Schwierigkeiten und Schmerzen würden durch den Egoismus des Menschen bewirkt. Die dritte verheißt, daß das Leiden vernichtet werden und der Mensch Freiheit – Nirwana – finden kann. Die vierte edle Wahrheit, der edle achtfache Pfad, ist der Weg zu dieser Befreiung.

In gewissem Sinn ist der Buddhismus keine Religion, denn er verehrt keinen Gott. Aber diese vorwiegend ethische Lehre verbreitete sich weit und breit, teils wegen der heftigen Spekulation, die sie überall hervorrief, teils wegen ihrer revolutionären Beiklänge. Buddha, ein von großem Verständnis und tiefem Mitgefühl und Mitleid geprägter Mensch, hatte behauptet, alle Menschen seien in ihrem gemeinsamen Schicksal gleich. Deshalb sprach er sich gegen das Kastenwesen aus. Seine Nachfolger verbreiteten den Grundsatz sozialer Gleichwertigkeit in ganz Südasien, was in vielen alten Staaten sowohl zu politischen Schwierigkeiten als auch zu aufgeklärtem politischem Fortschritt führte.

Nach seiner eigenen Erleuchtung, die ihm dreihundert Jahre nach dem Tod des Buddha zukam, entsagte Kaiser Aschoka Krieg und Gewalt, suchte Frieden mit seinem Volk und seinen Nachbarn; damit begann in Indien ein Zeitalter, das später das Goldene Zeitalter genannt wurde. Der Buddhismus spielt in der Politik vieler asiatischer Länder weiterhin eine wichtige Rolle. Der Wert, den er auf soziale Gleichwertigkeit legt, und seine Lehre, daß viele menschliche Übel durch Armut verursacht werden, haben zu liberalen Reformbewegungen geführt. Buddhisten unterstützen gewöhnlich auch die Auflehnung nationalistischer Bewegungen gegen Kolonialreiche oder gegen die Herrschaft unfreundlicher oder feindlicher Völker oder Stämme. Deshalb ist der Buddhismus auch heute noch eine der stärksten ethischen Institutionen der Welt. Und dies, obwohl Buddhisten (außer in Burma) kaum irgendwo eine Mehrheit bilden. Aber die mystische Macht der Gedanken des Buddha behält ihren uralten Einfluß auf den Geist der Menschen.

Lehren aus der Vergangenheit

Die meisten der alten Königtümer und Reiche entstanden aus dem Durcheinander kriegsführender Familien, Dörfer oder Stämme. Für fast alle von ihnen wurde die Errichtung einer politischen und gesellschaftlichen Ordnung zur wichtigsten Aufgabe. Oft wurde Ordnung allein mit Gewalt durchgesetzt. Damals wie heute verhielten sich die meisten Menschen dann, wenn ihnen mit Unbill oder sogar mit sofortigem und schmerzhaftem Tod gedroht wurde, still und gehorsam – so lange die Macht gegenwärtig war. Dann aber stellte sich das Problem, wie Ordnung aufrechterhalten werden konnte, wenn die Macht nicht unmittelbar anwesend war, da sie ja nicht überall und jederzeit sein konnte.

Wir haben gesehen, daß die ägyptische Lösung in einer Abneigung gegen alle Veränderungen lag. Die Zustände sind nicht vollkommen, aber jede Veränderung bedeutet doch mit einiger Wahrscheinlichkeit eine Verschlechterung. Konsequenter als je ein anderes Volk befolgten die Ägypter dieses Prinzip. Alle Zivilisationen befolgen diesen Grundsatz bis zu einem gewissem Grade.

Zur indischen Lösung gehörte die Errichtung eines Kastensystems. Im Grunde verbirgt sich dahinter die weitverbreitete Meinung, daß die Geburt die Stellung eines Menschen in der Gesellschaft sowohl erklärt als auch rechtfertigt. Auch dies ist ein nützliches Prinzip, denn über die Herkunft eines Menschen läßt sich nicht streiten. Meine Eltern waren, was sie waren, deshalb bin ich, wer und was ich bin. Es mag nicht richtig scheinen, daß die Besitzenden immer die Besitzenden sein sollen, von Vater auf Sohn, über endlose Generationen, und die Habenichtse immer die Habenichtse, aber die Ordnung der Gesellschaft ist, so wird entgegnet, fast jeden Preis an Ungerechtigkeit wert. Denn was wäre die Alternative? Nichts als ständiger Aufruhr und Konflikt, der unweigerlich zur Zerstörung führt.

Die Chinesen rechtfertigten soziale Ungleichheit auf neue Weise. Die Geburt allein sagt noch nichts über den Menschen aus; nur der kann im Leben vorankommen und eine höhere Stellung einnehmen, der als Mensch überlegen ist. Dieses Prinzip brauchte nicht zu allen Zeiten und Orten beachtet zu werden. Es war sinnvoll, wenn der Kaiser die höchsten Posten für seine Familie reservierte. Das war praktisch. Wer würde anders handeln? Aber der Gedanke, daß Höhergestellte höher stehen, weil sie es verdienen, wurde weithin bejaht. Es war vielleicht etwas schwieriger, den Gedanken zu bejahen, daß Überlegenheit sich in einer überlegenden Kenntnis der Texte des Konfuzius zeigen sollte. Aber es mußte eine objektive Möglichkeit geben, die Überlegenheit nachzuweisen, und die Texte des Konfuzius eigneten sich dazu besser als viele andere. In unserer Zeit zeigt sich Überlegenheit beispielsweise in guten Prüfungsnoten. Eignungstests etwa haben nichts mit Konfuzius zu tun, aber das Prinzip ist dasselbe.

Als sich in den Kulturen des Zwischenstromlandes die Schrift entwickelt hatte, konnte sich eine andere Art von Überlegenheit auf Lesen und Schreiben gründen. Wer Lesen und Schreiben konnte, hatte nicht nur eine andere gesellschaftliche oder politische Stellung, sondern zählte auch zu einer mächtigen Minderheit, die die allermeisten Staatsgeschäfte, ob öffentlich oder privat, beeinflussen könnte. Schriftkundige hatten die Kontrolle über die Informationssysteme einer Gesellschaft, und diese waren für das Leben der Gesellschaft immer entscheidend. Heute sind sie noch entscheidender. Man hat geschätzt, daß die Informationsindustrie mehr als die Hälfte des Bruttosozialprodukts der modernen Industriestaaten ausmacht. Information als Geschäft entfaltete sich zuerst im alten Mesopotamien. In unserer Zeit ist die Information das größte aller Geschäfte. Es ist eine merkwürdige, aber unleugbare Tatsache, daß alle großen Lehrer und Religionsgründer, deren Lehren uns überliefert wurden, sich den hier aufgezählten Grundsätzen für eine Gesellschaftsordnung widersetzt haben. Sie alle waren Rebellen, Revolutionäre, die gegen die Interessen und Mächte ihrer Zeiten ankämpften. Müssen wir deshalb schließen, daß ihre Rebellion – jedenfalls zum Teil – ihren Erfolg erklärt?

Abraham und die anderen jüdischen Patriarchen und Propheten behaupteten zunächst, ihr Stammesgott sei der größte aller Götter, und schließlich, es gäbe für alle Menschen nur einen Gott, Jehova. Die heidnischen Anhänger der Vielgötterei verehrten unweigerlich mindestens zwei Arten von Göttern, nämlich gute und böse. Die guten Götter waren für die guten Dinge verantwortlich, die bösen Götter für die bösen Dinge. Wer die bösen Götter verehrte, gab ihre Existenz zu, wodurch wieder ihr Einfluß ausgeschaltet werden sollte. Die Juden waren die ersten, die darauf bestanden, der Mensch selbst sei für seine Handlungen verantwortlich; er könne sie nicht den Göttern zuschreiben.

Jesus und seine christlichen Nachfolger und Interpreten führten diese revolutionäre Lehre weiter. Eva war vom Satan verführt worden, und Adam von Eva. Beide waren der Sünde und dem Tod zum Opfer gefallen. Aber die Schuld für den Ungehorsam des Menschen konnte nicht dem Teufel in die Schuhe geschoben werden. Die Menschen mußten sich die Vertreibung aus dem Paradies selbst zuschreiben und auf immer die Folgen tragen. Gott liebte Adam und Eva und all ihre Nachkommen; er konnte die Menschheit mit dem Blut seines einzigen Sohnes erlösen und tat das auch. Aber die Verantwortung blieb, wie die Juden es behauptet hatten, beim einzelnen Menschen.

Vielleicht aus Gründen, die mit den besonderen Umständen seines eigenen Lebens zu tun hatten, rebellierte Konfuzius gegen das feudale System seiner Zeit, bei der die Gesellschaftsordnung auf der Geburt gründete. Verdienst allein bestimmte einen Menschen für eine hohe Stellung im Gesellschaftssystem oder Staat, und Verdienst sollte durch Lernen erworben werden. Oberflächlich gesehen wurde dieser Grundsatz vom chinesischen Staat übernommen. Aber würde Konfuzius, wenn er heute wiederkäme, zustimmen, daß wahrer Verdienst in der Kenntnis einer Reihe von Texten besteht, ob sie nun von ihm selbst stammen oder nicht? Meinte er nicht etwas Tieferliegendes und Revolutionäreres?

Buddha kämpfte gegen das Kastensystem, das schon damals das ihm bekannte Indien beherrschte. In ihrem Leid, so sagte er, sind alle Menschen gleich; alle stehen vor denselben Herausforderungen und müssen versuchen, denselben Weg zu gehen. Die tiefsitzende grundsätzliche Gleichheit, die er in der so grausam ungleichen Gesellschaft seiner Zeit sah, wurde auch von David, Jesus und Mohammed erkannt. Kein Zufall der Geburt oder auch der Bildung kann sich die Gunst Gottes verdienen. Alle Menschen sind gleich in ihrem Leid, und alle können das Himmelreich erlangen, wenn sie es mit liebendem Herzen suchen.

Der Gedanke der sozialen Gleichwertigkeit ist zutiefst revolutionär. Über zweitausend Jahre mußten vergehen, bevor Gesellschaftsordnungen ihn als Grundsatz der Gerechtigkeit ernstnahmen. Aber der Einfluß der alten Juden, der frühen Christen, von Mohammed und seinen unmittelbaren Nachfolgern wie auch von Buddha, Konfuzius und anderen östlichen Weisheitslehrern – um vom Heiden Sokrates gar nicht zu reden – war in all den Jahrhunderten immer gegenwärtig.

Alphabete

Die ersten Alphabete entstanden wahrscheinlich um die Mitte des zweiten vorchristlichen Jahrtausends in Mesopotamien. Das Verdienst, das allererste Alphabet entwickelt zu haben, gebührt jedoch den Phöniziern. Viele heute verwendete Buchstaben stammen von denen ab, die phönizische Schreiber schon um 1100 vor Christus benutzten. Das Alphabet der Phönizier enthielt jedoch nur Konsonanten und eignete sich nicht zur Umschrift indo-europäischer Sprachen. Die Griechen erfanden um die Mitte des achten vorchristlichen Jahrhunderts Symbole für Vokale. Das so entstandene Alphabet – das wir mit geringen Veränderungen heute verwenden – war einer der wertvollsten Vermächtnisse der Griechen, dieses so einfallsreichen wie schöpferischen Volks.

Nicht alle Schriften sind alphabetisch. So ist die chinesische Schrift ebensowenig alphabetisch wie die der alten Ägypter, der alten Sumerer, selbst das alte Hebräisch. Sprachen wie das Chinesische und Japanische sind höchst ausdrucksvoll, aber nur schlecht eindeutig aufzuschreiben. Alphabetische Sprachen wie das Griechische, Lateinische, Deutsche und Englische, um nur einige zu nennen, haben eine Klarheit der geschriebenen Form, die viele andere Sprachen nicht haben. Der Grund dafür liegt im Alphabet selbst.

Die alten hebräischen, aramäischen und anderen nordsemitischen Sprachen des ersten vorchristlichen Jahrtausends sind stark flektierende Sprachen, Bedeutungsunterschiede wurden jedoch gewöhnlich eher durch den Zusammenhang deutlich als durch die Schreibweise einzelner Worte. Bis heute verwendet das Hebräische keine Vokale; über manchen Buchstaben können Punkte für zusätzliche Klarheit sorgen, aber die Punkte sind für die richtige Schreibweise nicht nötig. Das Deutsche, eine relativ wenig flektierende Sprache, ließe sich nicht sinnvoll ohne Vokale schreiben. Man denke etwa an die Buchstaben *ht* und die Worte *Hut*, *hat*, *Hit*, *hott, hätte, Hüte* oder an die Buchstaben *hr* und die Möglichkeiten *Ahr, ihr*, *Ohr*, *Uhr*, *Ehre*, *Ähre*, *ihre*. Man könnte auch *Haar, her, hier, höre, Hure* erwägen. Die Worte bezeichnen jeweils ganz verschiedene Dinge, die keinerlei semantischen Zusammenhang haben. In der Schrift wird der Unterschied zwischen ihnen durch die Vokale *a, e, i, o, u, ä, ö, ü* ausgedrückt, und die Bedeutung ist eindeutig. (Gesprochen können die Akzente der Sprecher die Unterschiede wieder verwischen.)

Das geschriebene Chinesisch enthält Tausende verschiedene Zeichen, um einige Hundert verschiedener Laute zu umschreiben, von denen jeder eine andere Bedeutung hat. Das Englische hat so viele verschiedene Laute wie das Chinesische und wahrscheinlich mehr Worte und Bedeutungen, aber mit nur 26 Zeichen lassen sich alle Worte dieser Sprache schreiben. Eine solche Effizienz ist atemberaubend. Die Forscher streiten sich darüber, ob das phönizische Alphabet tatsächlich ein wirkliches Alphabet war, weil es keine Zeichen für Vokale hat. In diesem Fall war das griechische Alphabet das erste. Aber die Ehre reicht für alle. Die griechische Erfindung ist nicht weniger erstaunlich, weil sie auf einer früheren Erfindung gründete.

Die Inkas hatten die Kunst des Schreibens nicht entdeckt. Sie verstanden auch nicht die Prinzipien, die ihren Werkzeugen zugrunde lagen. Sie stellten Werkzeuge jeweils für bestimmte Aufgaben her, aber sie erfaßten nicht die abstrakte Idee beispielsweise eines Hebels. Ähnlich scheinen auch die Ägypter und Mesopotamier damals abstrakte Gedanken nicht verstanden zu haben, obwohl sie die Probleme, vor die sie sich gestellt sahen, sehr gut lösen konnten. Die gesprochene Sprache der Inka war hochentwickelt und differenziert. Aber vielleicht erklärt das Fehlen einer geschriebenen Sprache ihr geringes Allgemeinwissen – und ihre rasche Niederlage gegenüber einem Volk, das über viel Wissen verfügte. Vielleicht kann die Menschheit nicht in allgemeinen Begriffen denken und kein Wissen akkumulieren, wenn die Gedanken nicht aufgeschrieben und von anderen klar verstanden werden können. Sicherlich hat die mündliche Überlieferung die Menschheit weit gebracht. Die ersten Reiche wurden ohne Schrift erbaut; große Kunst, selbst große Dichtung, wurde von Menschen hervorgebracht, die keine Schrift kannten. Selbst Homer, der erste und in vieler Hinsicht immer noch größte Dichter, konnte nicht schreiben. Fast alle Menschen seiner Zeit (um 1000 vor Christus) waren Analphabeten.

Auch Menschen, die, wie in Mesopotamien, in Ägypten oder in China, schreiben konnten, verwendeten das wunderbare neue Vermögen nur dazu, Aufzeichnungen zu machen. Sie sahen im Schreiben keineswegs einen unvergleichlichen Weg zu besserem Denken. Die Griechen waren die ersten, die diese Tatsache erkannten, als sie über ein vollständiges Alphabet verfügten. Und so entstand die Welt, die wir kennen und in der wir leben.

Die Null

Die Griechen, revolutionär in der Entwicklung eines Alphabets, waren nicht annähernd so bereit, eine andere Erfindung der Babylonier zu übernehmen, nämlich das Stellenwertsystem bei Zahlen. Wenn wir eine Zahl schreiben, etwa 568, ist uns gewöhnlich nicht bewußt, welche außerordentlich praktische Kurzschrift wir verwenden. Wenn wir ganz genau sein wollten, müßten wir 568 anders schreiben, nämlich entweder so:

$$(5 \times 100) + (6 \times 10) + 8$$

oder, noch allgemeiner:

$$(5 \times 102) + (6 \times 101) + (8 \times 100).$$

Mit dieser mühsamen Schreibweise würden wir, das ist klar, niemals in einigermaßen kurzer Zeit viel rechnen können. Für Computer mag das kein Problem sein, aber Schulkinder wären damit in noch größerer Verlegenheit, als sie es im Rechenunterricht ohnehin schon sind. Das Stellenwertsystem ist uns allen zur zweiten Natur geworden. Wir denken nicht einmal daran, wenn wir Zahlen schreiben. Aber im Lauf der Geschichte haben sich nicht alle Kulturen dieser nützlichen Abkürzung erfreuen dürfen. Dabei wurde das Stellenwertsystem anscheinend völlig unabhängig in mehr als einem der alten Reiche, die wir in diesem Kapitel erwähnten, entdeckt. Als die Spanier im sechzehnten Jahrhundert nach Mexiko kamen, erfuhren sie zu ihrer Überraschung, daß die Maya die Daten in ihren komplizierten Kalendern mit Hilfe des Stellenwertsystems berechneten. Die Ägypter hatten es wohl schon viertausend Jahre zuvor entdeckt, aber den Babyloniern gebührt die Ehre, die ersten gewesen zu sein.

Die Sumerer und Babylonier waren schon respektable Rechner, als der größte Teil der Menschheit noch, wenn überhaupt, mit den Fingern rechnete. Ihre Verwendung des Stellenwertsystems in ihrem Sexigesimalsystem (die Basis des Systems ist nicht wie bei uns zehn, sondern 60) könnte nach Meinung des Historikers Eric Temple Bell schon 3500 vor Christus eingeführt worden sein. Lange Zeit hatten die Babylonier keine Möglichkeit, die Mehrdeutigkeit zu vermeiden, die bei anderen Zahlen wie beispielsweise 508 auftritt. Diese Zahl unterscheidet sich für uns nur wenig von 568. Aber sie stellte die Babylonier ebenso wie die Ägypter jahrhundertelang vor Probleme.

Die Zahl 508 läßt sich so schreiben:

$(5 \times 100) + (0 \times 10) + 8.$

Für uns gibt es da kein Problem, wohl aber für die Babylonier. Sie verstanden nicht, was «keine Zehner» in der Mitte dieser Zahl bedeutete. Und so machten sie sich oft nicht die Mühe zu verzeichnen, daß in der Zehnerposition nichts stand.

Das Stellenwertsystem versagt, wenn die Positionen nicht unter allen Umständen beibehalten bleiben, selbst dann also, wenn eine Stelle leer ist. In der Zahl 508 ist das Symbol 0 äußerst wichtig. Wenn man es wegläßt, wird die Zahl 508 zu 58. Die Babylonier ließen das Zeichen oft weg, und deshalb waren ihre Berechnungen hoffnungslos verwirrend, wenn der Zusammenhang nicht sehr genau beachtet wurde.

Die Babylonier entdeckten die Notwendigkeit eines Symbols für die Null erst spät in ihrer Geschichte, vielleicht um 350 vor Christus, also unter Umständen erst 3000 Jahre nach ihrer Entdeckung des Stellenwertsystems. Die Ägypter haben ein Symbol für die Null vielleicht schon etwas früher verwendet. Aber sie verwendeten es nicht immer gleich, und das zeigt, daß sie es nicht ganz verstanden hatten.

Nach 350 vor Christus verwendeten die babylonischen Tafeln mit astronomischen Daten (alle im Sexigesimalsystem) regelmäßig ein Symbol für Null. Die späten griechischen Astronomen bis zu Ptolemäus im zweiten nachchristlichen Jahrhundert folgten der babylonischen Praxis; sie übernahmen sogar das Symbol «0» zur Bezeichnung von Null. Aber auch sie behielten das Sexigesimalsystem für die Astronomie bei, was trotz der Vorzüge der Notation unnötig umständlich war.

Um 1200 oder vielleicht auch einige wenige hundert Jahre früher begannen die Hindus damit, in ihrem Dezimalsystem die Zahl 0 (Null) zu verwenden. Sie werden oft als Entdecker der Null bezeichnet. Wahrscheinlich lernten sie sie durch die Griechen kennen. Ihre Kombination des Stellenwertsystems im Dezimalsystem und der stimmigen Verwendung der Null erwies sich als endgültige Lösung einer wichtigen rechnerischen Schwierigkeit; seither wird diese Schreibweise im großen und ganzen in aller Welt angewendet.

Unsere Dankesschuld an die babylonischen und ägyptischen Mathematiker ist also groß. Aber wir sollten eine andere erstaunliche Tatsache bedenken. Die frühen griechischen Mathematiker, die wegen ihrer tiefen Einsichten und ihrer glänzenden Erfolge in der Geometrie so berühmt sind, haben die Bedeutung des Stellenwertsystems einfach nicht begriffen. Zweifellos gründet ihre Mathematik auf Grundlagen, die die Babylonier gelegt hatten, und in der Geometrie gingen sie weit über ihre Lehrer hinaus. Aber sie waren keine guten Rechner. Die einfache Arithmetik war ihnen anscheinend unzugänglich, ja sie muß sie sogar verwirrt haben.

Kapitel 2: Die griechische Explosion

In der Geschichte der Menschheit hat es zwei Explosionen des Wissens gegeben. Die zweite begann vor vier oder fünf Jahrhunderten in Mitteleuropa und ist immer noch nicht beendet. Die erste ereignete sich im sechsten vorchristlichen Jahrhundert in Südosteuropa, in Griechenland. Auch die griechische Explosion war langlebig. Wie die spätere breitete sie sich rasch aus und beeinflußte schließlich die ganze bekannte Welt. Beide begannen mit der Entdeckung eines neuen Kommunikationsmittels und eines neuen Verfahrens des Wissenserwerbs, wurden durch verblüffende Fortschritte in der Mathematik gefördert und fanden ihren Höhepunkt in revolutionären Theorien über Materie und Kräfte.

Die griechische Wissensexplosion brachte es bei der Erforschung, dem Verständnis und der Beherrschung der Welt nicht so weit wie die spätere, aber trotz der gerühmten Beiträge unserer «Gesellschaftswissenschaften» wie Ökonomie, Soziologie und Psychologie haben die griechischen Forscher wohl mindestens so gut wie wir gewußt, was sich einigermaßen begründet über die menschliche Natur und über Lebensqualität sagen läßt. Die Physik mag es in unserer Zeit weiter gebracht haben, als die Griechen es sich je haben träumen lassen, die Griechen jedoch haben wahrscheinlich mehr von Philosophie, insbesondere Ethik, verstanden als wir. Der Fortschritt in der Physik und den ihr verwandten Wissenschaften, den wir erreicht haben und auf den wir zu Recht stolz sind, beruht zum Teil auf griechischen Ideen, die über tausend Jahre lang verschüttet waren und die erst in jüngerer Zeit wieder belebt und angewandt wurden; so gesehen erscheint die griechische Wissensexplosion als die einflußreichere der beiden.

Natürlich haben die Griechen auch schwere Fehler gemacht, nicht nur in bezug auf die Natur, sondern auch auf das Wesen der Menschen. Einige dieser Fehler haben bis zum heutigen Tag verheerende Folgen. Aber auch unsere Wissensexplosion macht Fehler, von denen einige schließlich für die Menschheit selbst verheerend sein könnten.

In beiden Fällen waren und sind diese Fehler auf Arroganz zurückzuführen: auf eine Art Überheblichkeit, die in einer respektlosen Mißachtung der Grenzen liegt, die ein geordnetes Universum den Handlungen der Menschen auferlegt. Die Griechen gaben der menschlichen Arroganz den Namen *hybris*. Die Hybris war ihrer Meinung nach eine Sünde, und sie verehrten eine Göttin, Nemesis, die jene strafte, die sie begingen. Wir haben in unserer Zeit keinen besonderen Namen für menschliche Arroganz, und wir verehren nicht mehr die Rachegöttin Nemesis. Aber überall umgeben uns die Anzeichen ihres Wirkens.

Das Problem des Thales

Das griechische Festland ist eine Halbinsel, die von der Landmasse Eurasiens in das Mittelmeer hineinragt und in die das Meer tiefe Buchten schneidet. Die Ostküste liegt gegenüber von Anatolien, der westlichsten Provinz der modernen Türkei, südlich der Dardanellen. Zwischen Griechenland und Anatolien glitzert das inselreiche Ägäische Meer im strahlenden Sonnenlicht.

Zehn oder zwölf Jahrhunderte vor Christi Geburt reisten griechisch sprechende Menschen über dieses Meer und errichteten an der Westküste Anatoliens Kolonien. Sie drangen nicht weit in das Land ein, sondern gründeten Küstenstädte und beherrschten so den Küstenstreifen mit seinen vielen natürlichen Häfen, in denen ihre Schiffe sicher ankern konnten. Sie nannten dieses neue Kolonialreich Ionien. Die größte und wohlhabendste der griechischen Städte in Ionien war Milet, die ganz im Süden etwa dort lag, wo sich die Küste Anatoliens nach Osten wendet und jene Meeresenge bildet, die damals wie heute von Kreta beherrscht wird. Von Milet sind nur Ruinen übriggeblieben, weil ihre beiden guten Häfen vor fast zwanzig Jahrhunderten versandeten und unbrauchbar wurden. Von den Ruinen Milet bis zur Hauptstadt des alten Ägyptens fliegt ein Passagierflugzeug heute kaum mehr als eine Stunde, aber in jenen fernen Zeiten war die Reise, ob zu Land oder zu Wasser, lang. Um die Mitte des achten vorchristlichen Jahrhunderts machten die ehrgeizigen Mileter sie regelmäßig, um mit den Ägyptern Handel zu treiben, ihnen griechische Güter und Gedanken zu bringen und ägyptische Ideen und Waren mitzunehmen. Dazu gehörte eine Entdeckung, die die Ägypter wohl schon zweitausend Jahre zuvor gemacht hatten, als sie aus der Papyruspflanze, die am Nil wächst, ein glattes, dünnes, widerstandsfähiges Material machten, das lange hält und sich ausgezeichnet als Schreibmaterial eignet.

Es gibt keine Hinweise darauf, daß das Griechische vor der Mitte des achten vorchristlichen Jahrhunderts geschrieben wurde. Plötzlich, mit der Einfuhr des Papyrus, tauchen griechische Schriften auf: In der ganzen griechischen Welt fanden sich Aufzeichnungen über Geschäftsabschlüsse und Abhandlungen über Fachfragen. Das Zentrum war Milet, das nicht nur als Handelsmacht, sondern auch als Quelle von Erfindungen und Gedanken berühmt wurde. Um 625 vor Christus wurde in Milet ein Mann geboren, der die Möglichkeiten seiner Heimatstadt auf ganz einzigartige Weise zu nutzen wußte. Sein Name war Thales. Man hat ihn den ersten Philosophen und den ersten Naturwissenschaftler genannt.

Wir wissen sehr wenig über sein Leben und seine Laufbahn. Vielleicht war er ein erfolgreicher Politiker, denn er zählte zu den Sieben Weisen und diese bestanden, soweit wir heute wissen, aus herausragenden politischen Persönlichkeiten. Er wurde jedoch zunächst von den Griechen und später von den Römern aufgrund anderer Verdienste verehrt. So wird ihm die Entdeckung einiger Lehrsätze aus dem ersten Buch von Euklids ‹Elementen› zugeschrieben, und er soll im Jahr 585 vor Christus eine Sonnenfinsternis vorhergesagt haben; damit hätte er als allererster ein solches Phänomen vorausberechnet.

Nach Meinung der alten Kommentatoren war Thales der erste Denker, der einen allgemeingültigen Grundsatz für das materielle Universum aufstellte. Danach gibt es einen Urstoff, etwas, das selbst unveränderlich ist, aber aller Veränderung zugrunde liegt. Die Kommentatoren stimmen darin überein, daß dieser Urgrund des Thales, das erste Prinzip, das Wasser war.

Um zu erfassen, was Thales damit meint, muß man das Problem verstehen, das er zu lösen versuchte. Wenn er die Bedeutung dieser Lösung erkannte, war er wirklich der erste Philosoph des Abendlandes. Wir sehen um uns herum ungeheuer viele verschiedene Dinge, die, soweit wir es beurteilen können, sich alle fortwährend verändern. Lebewesen werden geboren, wachsen heran und vergehen. Pflanzen sprießen aus der Erde, tragen Frucht und verwelken. Das Meer ist immer in Bewegung, und selbst große Berge verwittern. Auch die Erde bleibt nicht immer gleich. Verändert sich also alles, oder gibt es etwas, das Bestand hat? Wenn wir über diese Frage nachdenken, wird uns klar, daß es bei jedem Ding etwas Unveränderliches geben muß, denn wie sonst könnten wir es im Lauf der Zeit als dasselbe Ding wiedererkennen, wenn es sich doch verändert? Ich stelle mir einen Klumpen Ton vor. Wenn ich mit den Fingern daran reibe, wird er vor meinen Augen kleiner. Aber es bleibt ein Klumpen. «Es» ist etwas, das sich nicht verändert, während sich viele Aspekte dieses «es», das, was wir seine Qualität nennen könnten, und auch seine Quantität ändern. Die Qualitäten ändern sich, das Ding selbst bleibt jedoch in gewisser Weise gleich. Sonst könnten wir nicht sagen, «es» ändere sich.

Wir geben dem Substrat der Veränderung im Fall meines Klumpens den Namen Lehm. Aber ich habe das Problem des Thales nicht gelöst, indem ich etwas Lehm nenne. Ich kann den ganzen Klumpen zerreiben, mir den Staub von den Händen schütteln und gehen. Der Lehm meines Klumpens ist jetzt verteilt, aber er ist noch immer da, auch wenn ich ihm nun den Rücken zuwende. Ich kann etwas davon in einen Eimer Wasser tun. Ich kann etwas davon in die Luft werfen, wo es vom Wind verweht wird. Ich kann auch meine Hühner damit füttern. Wenn der Stoff dann einen Tag später wieder zum Vorschein kommt, ist es kein Lehm mehr. Aber der neue Stoff wurde nicht aus dem Nichts erschaffen, sondern aus dem Lehm. Etwas hatte Bestand, etwas blieb selbst bei einer so radikalen Veränderung erhalten.

Im Lauf der Jahre und Jahrhunderte spielen sich immer tiefere und weitreichendere Veränderungen ab. Menschen und Familien ändern sich, Nationen ändern sich, Kontinente werden weggespült und neue, junge Berge entstehen dort, wo einst Meere waren. Selbst das Weltall verändert sich. Galaxien werden geboren und sterben im Lauf von Milliarden Jahren, und schwarze Löcher schlucken Millionen Sonnen, deren Materie sie in etwas verwandeln, das wir nicht kennen. Gibt es etwas Fundamentales, das all diesen Veränderungen zugrunde liegt? Gibt es ein Etwas, das gleichbleibt, wenn alles andere sich von einem Augenblick oder von einem Äon zum anderen verändert?

In jedem Einzelfall läßt sich ein unveränderliches Substrat nachweisen. Beispielsweise haben die geographischen Grenzen und die politischen und kulturellen Strukturen dessen, was mit «Deutschland» gemeint ist, im Lauf der letzten hundert Jahre starke Veränderungen erlebt. Trotzdem haben wir das Gefühl, der Name bezeichne etwas Grundlegendes, das unveränderlich ist. Ähnlich ist es mit einem bekannten Menschen, dem Ort, an dem wir wohnen, einem Buch, das wir lesen, oder einem Wort, das wir sprechen. Aber Thales' Frage war: Gibt es etwas, das *allen* Veränderungen, zu *allen* Zeiten, an *allen* Orten der Welt zugrunde liegt? Könnten wir uns sonst überhaupt so etwas wie das Weltall vorstellen? Könnten wir es sonst benennen? Ist dieser Name lediglich der Klang einer Illusion? Gibt es wirklich ein solches dauerhaftes, beständiges, vielleicht ewiges Etwas?

Thales sagte: Ja, es gibt so etwas wie ein beständiges Weltall oder einen Kosmos (das griechische Wort für Ordnung und Schönheit), und das zugrundeliegende Prinzip – das, was der *Veränderung* unterliegt – ist Wasser. Wir können nicht sicher sein, was er damit meinte. Er meinte sicherlich nicht, alles sei buchstäblich «aus Wasser gemacht». Für Steine, das wußte er, gilt das nicht. Aber wenn man Steine wie trockenen Lehm zerreibt und ins Wasser wirft, lösen sie sich auf. Vielleicht meinte er, Wasser sei das universale Lösungsmittel. Vielleicht bezog er sich auch auf das Flüssige des Wassers, auf seine fortwährende Veränderlichkeit, als er sagte, das Grundprinzip sei Wasser oder Nässe. Außerdem wird Wasser zu Dampf (gasförmig), wenn es erhitzt wird, und zu Eis (fest), wenn es gekühlt wird. Es ist also kein schlechter Kandidat. Ob Wasser nun ein guter oder ein schlechter Kandidat ist und was immer Thales mit seinem Ausspruch «Alles ist Wasser» gemeint hat, jedenfalls vollbrachte er eine beachtliche geistige Leistung, als er behauptete, es gäbe einen einzigen physikalischen Urstoff, der allen Dingen der Welt zugrunde liegt. Er zeigte damit, daß er zu einem neuen Weltverständnis gekommen war.

Was Thales tat, ist aus zwei Gründen bemerkenswert. Erstens griff er nicht auf animistische Erklärungen für das Geschehen in der Welt zurück. Er hatte also nicht das sonst Unerklärliche erklärt, indem er sagte: «Ich weiß nicht, warum dieses passiert, und deshalb nehme ich an, die Götter hätten es gemacht.» Zweitens machte er die außerordentlich kühne Annahme, die Welt – der Kosmos – sei etwas, was der menschliche Geist verstehen kann.

Thales hatte Werkzeuge und einfache Maschinen und wußte, auf welchen Grundsätzen ihre Wirkungen beruhen. Er lebte in einem Haus und wußte, wozu ein Haus gut ist. Er wußte vielleicht auch über das Sonnensystem Bescheid. Aber seine Hypothese «Alles ist Wasser» ging weit über dieses bruchstückhafte Wissen hinaus. Die Hypothese reichte fast so weit, wie der Verstand überhaupt reichen kann. Denn daraus folgt, daß Thales glaubte, die Gesamtheit der Dinge in der Welt, also die Welt selbst, so geordnet, abgegrenzt und aufgebaut, daß der menschliche Verstand sie begreifen kann. Und sie sei nicht etwa im Grunde ein Mysterium oder ein Spielzeug der Götter.

Im Vorwort zu seinem Buch über frühe griechische Philosophie sagt John Burnet:

> *Die Naturwissenschaft läßt sich durchaus angemessen als «das Nachdenken über die Welt auf griechische Art» beschreiben. Deshalb gab es Naturwissenschaft nur unter Völkern, die unter den Einfluß der Griechen gerieten.*

Thales nahm also an, die Welt sei eine verstehbare Größe, deren Wirken sich mit Hilfe eines oder mehrerer Grundelemente erfassen und erklären läßt. Er war also nicht nur der erste Naturwissenschaftler, sondern auch der erste, der in ein ernsthaftes Kognitionsproblem verstrickt wurde, das bis zum heutigen Tag nicht angemessen gelöst wurde. Allerdings gehörte für ihn nicht alles zur verstehbaren Welt. Die Welt, um deren Verständnis und Erklärung Thales sich bemühte, bestand aus dem materiellen Kosmos. Es ging ihm also um die Gesamtheit der Dinge, die wir mit unseren Sinnen wahrnehmen können. Dazu gehören die Körper anderer Menschen, auch der des Thales selbst: die Hand und der Arm, die er sehen konnte, das Haar auf dem Hinterkopf, das er fühlen konnte, der Körpergeruch, den er riechen konnte, die Laute, die er von sich gab und die er hören konnte. Aber sie enthielt nicht den Verstand anderer Menschen oder den von Thales selbst, denn diese sind den Sinnen nicht erfahrbar. Wir können uns an Dinge, die unseren Sinnen im Augenblick nicht zugänglich sind, erinnern, und das entspricht einer Art von Sinnenswahrnehmung. Wir können von ihnen träumen, wir können uns sogar Dinge vorstellen, die es niemals gegeben hat, wie Einhörner oder Greife, und die trotzdem aus den Sinnen erfahrbaren Teilen bestehen. Aber wir können den Geist nicht sinnlich wahrnehmen, weder den eigenen noch den anderer Menschen.

Es ist sicherlich etwas anderes, zu behaupten, alles Stoffliche in der Welt bestehe aus Wasser oder einem einzigen anderen unveränderlichen Element, alles andere aber sei veränderlich, als zu sagen, alles, auch der Geist, bestehe aus einem oder mehreren stofflichen Elementen. Wahrscheinlich hat Thales, im Gegensatz zu späteren Philosophen, das nicht gemeint.

Keine der Schriften des Thales ist erhalten geblieben, aber er muß Bücher geschrieben haben, die weithin gelesen wurden. Sie verbreiteten durch ganz Griechenland und über Griechenland hinaus seine neuen Gedanken, daß die Welt im Grunde verstehbar sei und zwischen Außenwelt und menschlichem Geist eine grundlegende Entsprechung bestehe, selbst wenn der Geist kein Teil der Außenwelt ist. Bald dachten viele Griechen, nicht nur Thales, «auf griechische Art über die Welt» nach. Überall in Ionien und in den von Griechenland beeinflußten Ländern überlegten die Menschen, welche anderen Stoffe Urstoffe seien, sich in einer veränderlichen Welt also nicht verändern und dem Verstand deshalb zugänglich sind.

Die Erfindung der Mathematik: Die Pythagoräer

Die Insel Samos liegt einige Kilometer vor der ionischen Küste, nicht weit von Milet. In alten Zeiten war sie ein wohlhabender Stadtstaat, der mit anderen ionischen Stadtstaaten um die Führung im griechischen Kleinasien wetteiferte. Samos erreichte die Höhe seiner Macht unter Polykrates, der 532 vor Christus Tyrann der Stadt wurde. Polykrates war offenbar ein aufgeklärter Despot; Bildhauer, Maler und Dichter fühlten sich in seinem Inselreich wohl. Aber mit dem berühmtesten Mann in Samos kam er nicht gut aus.

Das war Pythagoras, der um 580 vor Christus in Samos geboren worden war. Weil er Polykrates nicht mochte oder nicht anerkannte, verließ er Samos in dem Jahr, in dem der Tyrann an die Macht kam, und reiste mit einigen seiner Anhänger nach Süditalien, wo er eine Art von Philosophengemeinschaft errichtete, eine Bruderschaft, die von Pythagoras selbst geleitet wurde. Um ihn bildeten sich viele Mythen, beispielsweise die, er habe eine goldene Hüfte. Seine Anhänger gebrauchten niemals seinen Namen, sondern sprachen von ihm nur als «jener Mann» und begründeten die Wahrheit ihrer Aussagen mit der Behauptung: «Jener Mann sagt es!» (Ipse dixit).

Der Stolz und auch die mystische Begeisterung des Pythagoras und seiner Jünger fanden bei seinen neuen italienischen Nachbarn wohl ebensowenig Gefallen wie auf Samos, und nach wenigen Jahren schon wurden die Philosophokraten aus Kroton, dem heutigen Crotona, vertrieben. Pythagoras zog in das nahe Metapont in der Bucht von Tarent, wo er sich, wie man sagt, um das Jahr 500 vor Christus zu Tode gehungert hat. Die Zeitgenossen des Pythagoras haben ihm viele mystische Auffassungen zugeschrieben. So behauptete er beispielsweise, sich daran zu erinnern, die Körper von vier Männern bewohnt zu haben, die vor seiner Zeit lebten. Einer war der Soldat, der in der ‹Ilias› Patroklos, den Freund des Achill, so schwer verwundete, daß Hektor ihn töten konnte. Pythagoras glaubte an die Seelenwanderung, eine Lehre, die er von den Ägyptern gelernt haben könnte und die er anscheinend an Platon weitergab. Kopernikus, der große Astronom der frühen Neuzeit, behauptete, er habe die Idee des sogenannten kopernikanischen Systems von Pythagoras übernommen, obwohl nicht bekannt ist, wie Pythagoras sich das Sonnensystem vorstellte.

Pythogoras ist anscheinend auch der Erfinder der Idee der Sphärenmusik, was zu seinen allgemeinen Gedanken über die Mathematik paßt. Eines Tages, so erzählt die Legende, als er ein Musikinstrument auf dem Schoß hielt, wurde ihm klar, daß die Einteilung einer festgespannten Saite, die Töne erzeugt, sich als einfache Verhältnisse zwischen Zahlenpaaren wie 1 und 2, 2 und 3 oder 3 und 4 beschreiben ließ. Iamblichos berichtet: «Pythagoras ging einmal an einer Schmiede vorbei, als er gerade darüber nachdachte, ob man für das Gehör ein Gerät als Hilfsmittel ersinnen könne wie für den Tastsinn die Waage oder die Maße. Da hörte er, wie die Hämmer das Eisen auf dem Amboß schlugen und im Wechsel der Klänge einander in harmonischen Intervallen antworten ließen. Er erkannte darin Oktave, Quinte und Quarte ... Er fand durch mancherlei Versuche heraus, daß der Unterschied in der Tonhöhe von der Masse des Hammers abhängt. Da stellte er das Gewicht der Hämmer aufs genaueste fest, kehrte nach Hause zurück und untersuchte den Klang der Saiten, die durch verschiedene Gewichte gespannt waren. Diese außerordentliche Beziehung erstaunte Pythagoras, der ein Musikliebhaber war, denn es erschien ihm höchst merkwürdig, daß es einen Zusammenhang zwischen Zahlen einerseits und den Tönen einer Saite andererseits geben sollte und daß Klänge einen Hörer zu Tränen rühren oder seinen Geist erheben können.

Beim Nachdenken darüber spürte Pythagoras, daß Zahlen auf materielle Dinge starken Einfluß haben können. Er und seine Schüler kamen bald zu dem Schluß, das Wesen der Wirklichkeit sei die Zahl, Dinge *seien* also Zahlen und Zahlen Dinge. So wurde die enge Beziehung zwischen der Mathematik und der materiellen Welt entdeckt, die seit jener Zeit Denker sowohl inspiriert als auch verwirrt hat. Wahrscheinlich verstand Pythagoras selbst nicht sehr gut, wovon er sprach, als er versuchte, die Außenwelt in mathematischen Begriffen zu beschreiben. Vieles von dem, was er sagte, war mystisch, wenn es überhaupt einen Sinn hatte. So soll er beispielsweise gemeint haben, die Zahl 10 sei die Zahl der Gerechtigkeit, weil sich die Zahlen 1, 2, 3 und 4 zu einem Dreieck anordnen lassen und ihre Summe 10 ist.

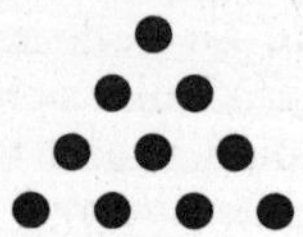

Aber seine Einsicht, daß es in der wirklichen Welt etwas gibt, das sich mathematisch und vielleicht nur mathematisch verstehen läßt, war einer der großen Fortschritte in der Geschichte menschlichen

Denkens. Wenige Gedanken haben sich als fruchtbarer erwiesen. Nach dem Tod von Pythagoras setzten seine Anhänger ihre mathematischen Forschungen fort, obwohl sie wegen ihrer politischen Ansichten von einer Stadt zur nächsten gejagt wurden, und sie schrieben all ihre wichtigen Entdeckungen posthum ihrem Meister zu. Eine solche Entdeckung war der Beweis des sogenannten pythagoräischen Satzes, wonach in einem rechtwinkligen Dreieck das Quadrat über der dem rechten Winkel gegenüberliegenden Seite, der Hypothenuse, gleich der Summe der Quadrate über den beiden anderen Seiten ist. In einigen Spezialfällen war das bereits den Babyloniern bekannt, zum Beispiel wenn die Seiten eines rechtwinkligen Dreiecks drei, vier und fünf Maßeinheiten lang sind, hat das größte Quadrat 25 Flächeneinheiten, und das ist die Summe von 9 und 16. Die pythagoräische Leistung war der allgemeine Beweis des Satzes. Da jedes in einen Kreis eingeschriebene Dreieck, dessen Hypothenuse der Durchmesser ist, rechtwinklig sein muß (ein Satz, der ebenfalls zuerst von den Pythagoräern bewiesen wurde) und weil solche in Halbkreise eingeschriebenen Dreiecke Grundlage der Trigonometrie sind, ist der Lehrsatz des Pythagoras eine der nützlichsten mathematischen Wahrheiten.

Die mathematische Forschung der Pythagoräer fand um die Mitte des vierten vorchristlichen Jahrhunderts ein Ende. Die Bruderschaft blieb immer ein Ärgernis und wurde schließlich aufgelöst. Aus unserer Sicht ist von größter Bedeutung, daß die Forschung ein Ende fand, weil die Pythagoräer im Lauf ihrer Arbeit auf ein so schwieriges und ihrer Meinung nach gefährliches Problem stießen, daß sie nicht wußten, wie sie damit umgehen sollten. Das Problem ist dieses: Nicht bei allen rechtwinkligen Dreiecken lassen sich, wie in dem einfachen Beispiel, alle Seitenlängen in ganzen Zahlen angeben, sondern rechtwinklige Dreiecke mit ganzzahligen Seitenlängen sind im Gegenteil verhältnismäßig selten. Die allermeisten rechtwinkligen Dreiecke, bei denen die beiden Schenkel ganzzahlig sind, haben keine ganzzahlige Hypothenuse.

Schon das allereinfachste Dreieck stellt, wie die Pythagoräer fanden, ein Problem dar. Man denke sich ein rechtwinkliges Dreieck, dessen Schenkel beide die Länge 1 haben. Das Quadrat von 1 ist 1, und das über der Hypothenuse ist 2, weil $1 + 1 = 2$ ist. Aber 2 ist keine Quadratzahl, denn es gibt keine ganze Zahl, die mit sich selbst multipliziert zwei ergibt. Wie die Pythagoräer herausfanden, ist die Quadratwurzel aus 2, die Zahl also, die mit sich selbst multipliziert 2 ergibt, eine wirklich seltsame Zahl, weil sie sich nicht als

Verhältnis zweier ganzer Zahlen ausdrücken läßt, also keine rationale Zahl ist. (Rationale Zahlen oder Brüche sind Zahlen wie 2/3 oder 4/17). Wenn die Quadratwurzel aus 2 aber kein Bruch ist, also keine rationale Zahl, ist sie irrational – und das war für die Pythagoräer ein schrecklicher Gedanke.

Warum schreckte sie das? Weil sie die Zahl für das Wesen der Wirklichkeit hielten, also Zahlen für Dinge und Dinge für Zahlen. Und auch wegen der Erkenntnis des Thales, die allen Forschungen der Pythagoräer zugrunde lag, wonach die Welt vom menschlichen Verstand begriffen werden kann. Die Macht des menschlichen Verstands aber ist die Vernunft, die *ratio* des Menschen. Wenn die Welt irrational ist oder wenn es in ihr Irrationales gibt, dann mußten entweder Thales oder Pythagoras Unrecht haben – und falls beide recht hatten, mußte es im Menschen Irrationalität geben, die der Irrationalität in der Natur entspricht. Aber wie konnte Unvernunft irgend etwas wissen, geschweige denn die Welt verstehen?

Es ist den Pythagoräern hoch anzurechnen, daß sie nicht versuchten, Widersprüche zu leugnen, sondern daraus zu lernen. Sie stellten sich der Aufgabe und gaben zu, daß es irgendwo ein tiefes Ungleichgewicht geben mußte. Das brauchte Mut. Aber ihr Mut reichte nicht aus, um weiterzumachen und das Problem zu Ende zu denken. Die Schwierigkeit lag in ihrer mystischen Überzeugung, alle Dinge, auch die Welt selbst, seien Zahlen. Uns schreckt das Problem, das die Pythagoräer nicht lösen konnten, nicht mehr. Wenn etwa Reales, beispielsweise das Verhältnis der Seite zur Diagonale eines Quadrats, sich nicht durch eine rationale Zahl beschreiben läßt, braucht es selbst noch nicht in irrational in dem Sinn zu sein, daß man nicht vernünftig darüber nachdenken oder es verstehen kann. Wir haben begriffen, daß Zahlen etwas anderes sind als Dinge, obwohl Zahlen und Dinge weiterhin die enge Verwandtschaft aufweisen, die die Pythagoräer als erste erkannten. Heute verwenden wir noch geheimnisvollere Zahlen als die irrationalen Zahlen, die die Pythagoräer entdeckten. Irrationale Zahlen haben ihren Schrecken verloren; jede solche Zahl läßt sich als unendliche Dezimalzahl schreiben, auch die berühmte Zahl ¶, das Verhältnis zwischen so einfachen Dingen wie dem Umfang und dem Durchmesser eines Kreises. Neben diesen reellen Zahlen (das sind alle Zahlen, die sich als Dezimalzahl darstellen lassen) gibt es die sogenannten imaginären Zahlen, die man auf der Suche nach Zahlen erfindet, deren Quadrat eine negative Zahl ist, und die sogenannten komplexen Zahlen, die Summen einer reellen und einer imaginären Zahl sind. Und es gibt viele Arten von Zahlen, die selbst diese noch an Komplexität und, so könnten Mathematiker sagen, an Schönheit übertreffen.

Die Pythagoräer meinten vielleicht, es könne in der wirklichen Welt keine irrationalen Zahlen geben. Aber wenn nicht dort, wo sonst? Öffneten diese seltsamen und vermeintlich gefährlichen Zahlen eine Tür in das Chaos, das die Griechen immer fürchteten? Waren sie die Zeichen oder Symbole unbekannter, mißgünstiger Götter? Vielleicht hörten die Pythagoräer und andere griechische Mathematiker um die Mitte des vierten vorchristlichen Jahrhunderts deshalb auf, schöpferisch Mathematik zu betreiben.

Euklid stellte seine berühmten ‹Elemente der Geometrie› um 300 vor Christus zusammen; dieses großartige Lehrbuch, fast so berühmt wie die Bibel, war noch vor kurzem in vielen Schulen des Abendlandes in Gebrauch. Euklid selbst war ein unvergleichlicher Lehrer, aber kein kreativer Mathematiker. Die Forschung wurde auf den Gebieten der Mechanik, Astronomie und in einigen anderen mathematisch beeinflußten Fächern fortgesetzt. Aber der große schöpferische Impuls fehlte.

Auch in der neueren Geschichte ist wissenschaftliche Arbeit gelegentlich zum Stillstand gekommen; jedenfalls hat Stillstand gedroht. Nach dem zweiten Weltkrieg drangen viele Menschen, Wissenschaftler wie Nichtwissenschaftler darauf, keine weitere Forschung auf dem Gebiet der Atomenergie zu betreiben, weil sie für das Leben auf der Erde eine Bedrohung darstellen könnte. In unserer Zeit sind Stimmen zu hören, die die Biotechniker auffordern, ihre Versuche zur Genmanipulation einzustellen. Allen Gefahren zum Trotz ist es in keinem dieser Fälle zur Einstellung gekommen. Sind wir mutiger als die Pythagoräer? Vielleicht. Oder sind wir leichtsinniger?

Die Entdeckung der Atomtheorie: Demokrit

Demokrit wurde um 460 vor Christus in Abdera geboren, einer kleinen Stadt im Südwesten von Thrakien, wenige Kilometer von der Grenze zu Makedonien entfernt. Sein Vater war wohlhabend; man sagt, Xerxes, der Kaiser von Persien, sei bei ihm zu Gast gewesen, als die persische Armee zwanzig Jahre vor der Geburt des Demokrit durch Thrakien gezogen war. Als Demokrits Vater starb, wurde sein Besitz für seine Söhne in Land, Gebäude und Geld geteilt. Das Geld war der kleinste Teil, aber Demokrit wählte es, weil er reisen wollte. Mit den einhundert Talenten seiner Erbschaft machte er sich auf in die Welt. Er reiste zuerst nach Ägypten, wo er von den Priestern Geometrie lernte. In Persien wurden die Chaldäer seine Lehrer, und als er das heutige Pakistan durchquert hatte und nach Indien gekommen war, besuchte er die Gymnosophisten, asketische hinduistische Philosophen, die nackt herumliefen und sich der mystischen Kontemplation widmeten. Über Äthiopien kehrte er nach Griechenland und Ägypten zurück und soll dann, so wird gesagt, in Athen gelebt haben. Er verachtete die große Stadt, vielleicht deshalb, weil sie ihn verachtete. Demokrit erreichte ein hohes Alter, und obwohl er erblindete, blieb er heiter; Heiterkeit war in seinen Augen ein wichtiges Gut. Gegen Ende seines Lebens kehrte er nach Abdera zurück. Er hatte sein Vermögen aufgebraucht, aber er las einer Gruppe einflußreicher Bürger eines seiner Bücher vor, und daraufhin billigte ihm der Rat hundert Talente zu. Weil er über alles, auch sich selbst, lachen konnte, wurde er als der lachende Philosoph bekannt.

Demokrit soll etwa siebzig Bücher geschrieben haben, die sich mit allen möglichen Themen von der Ethik bis zur Mathematik, von der Physik zur Musik, von der Literatur zur Medizin, Geschichte und der Prophetie beschäftigten. Es ist höchst bedauerlich, daß keines überlebt hat. Nach Aristoxenus, der ein Jahrhundert später lebte, wollte Platon die Bücher des Demokrit verbrennen, wurde aber von seinen Schülern mit der Begründung davon abgehalten, die Bücher seien schon so weit verbreitet, daß eine Verbrennung nichts nützen würde. Uns sind Hunderte von Seiten von Platons Dialogen überliefert, aber nicht eine einzige vollständige Seite von Demokrit.

Demokrit war, wie jeder griechische Denker seiner Zeit, fasziniert vom Problem des Thales. Er entwickelte eine Lösung, die die Genialität seines Denkens offenbart. Jedes stoffliche Ding, so meinte er, besteht aus einer endlichen Anzahl diskreter Teilchen oder Atome, wie er sie nannte, deren Verbindung und spätere Trennung das Werden und Vergehen der Dinge erklären können. Es gibt, so sagte er, unendlich viele Atome, und sie sind ewig. Sie bewegen sich auf vorgegebene Weise, in der Leere, die wir den Raum nennen würden. Die Leere ist das Prinzip des Nichtseins, die Atome entsprechen dem des Seins. Es gibt endlich viele verschiedene *Arten* von Atomen, beispielsweise rauhe und glatte, wie die, aus denen Wasser besteht, das wegen der Form seiner Atome über sich selbst hinweg und unter sich hindurch fließen kann. Andere Atome sind krumm oder hakenförmig, weswegen sie sich zu so dichten, schweren Dingen wie Eisen oder Gold zusammenfügen können.

Wenn das Weltall eine endliche Ausdehnung hätte, müßten unendlich viele Atome es vollständig ausfüllen, auch wenn die einzelnen Atome ganz winzig sind. Demokrit, dem das klar war und der auch wußte, daß wir keine von Materie ausgefüllte Welt wahrnehmen, forderte ein unendliches Weltall, das außer unserer eigenen noch viele andere Welten enthält. Es gibt nach Demokrit sogar unendlich viele Welten, von denen mindestens eine, und vielleicht auch mehr als eine, unserer eigenen haargenau gleicht, mit Menschen genau wie du und ich. Die Möglichkeit eines unendlichen Universums, das viele verschiedene Welten enthält, wurde auch von anderen Denkern, darunter dem Philosophen Friedrich Nietzsche, erwogen.

Von den Schriften des Demokrit sind einige Fragmente bekannt. Fragment D125 ist besonders berühmt, weil es oft von späteren Kritikern seiner Atomtheorie zitiert wurde. Der Verstand setzt sich dialektisch mit den Sinnen auseinander:

> *Verstand*: Der gebräuchlichen Redeweise nach gibt es Farbe, Süßes, Bitteres, in Wahrheit aber nur Atome und Leeres.
> *Sinne*: Armer Verstand, von uns nahmst du die Beweisstücke und willst uns damit niederwerfen? Dein Sieg ist deine Niederlage!

Die Welt der Atome und der Leere ist farblos, kalt, ohne Eigenschaften. Sie muß so sein. Aber dem widersprechen alle Merkmale ihrer Existenz. Was ist das für eine Verrücktheit? Es ist Wissenschaft. Es ist «Nachdenken über die Welt nach griechischer Art». Die Ahnung des Demokrit, daß die Grundlage aller Materie aus nichts als Atome und Leere besteht, wurde triumphal bestätigt. Gleichzeitig ist ebenso unbezweifelbar, daß die Grundlage unseres Denkens das ist, was unsere Sinne uns mitteilen. Die durch diese Antinomie bewirkte Spannung ist, wie Immanuel Kant (1724–1804) es nannte, vielleicht die Quelle unserer geistigen Energie. Die meisten dieser Aussagen sind erstaunlich modern:

Erstens sind die Atome Demokrits unsichtbar klein. Sie sind alle von genau derselben Wesensart, aber sie kommen in sehr vielen verschiedenen Größen und Gestalten vor. Obwohl sie undurchdringlich sind, wirken sie aufeinander, bilden Gruppen und kleben aneinander und bilden so die große Vielfalt von Körpern, die wir sehen. Der Raum außerhalb der Atome war für Demokrit leer, eine

Vorstellung, die die meisten der Zeitgenossen des Demokrit nicht akzeptieren konnten.

Zweitens sind die Atome immerzu in Bewegung und laufen im leeren Raum in alle Richtungen. Es gibt im Vakuum kein oben oder unten, vorne oder hinten, sagte Demokrit. Er sieht den leeren Raum also als isotrop.

Drittens ist die unablässige Bewegung unabdingbar. Atome haben das, was wir träge Masse nennen würden. Die Vorstellung, daß die Atome sich bewegen, ohne gestoßen zu werden, war nicht nur eine weitere bemerkenswerte Vorstellung, sondern für Aristoteles und andere nicht akzeptabel. Nur die Himmelskörper, so dachte Aristoteles, bewegen sich von selbst, weil sie göttlich sind. Die Weigerung des Aristoteles und seiner einflußreichen Anhänger, das Trägheitsgesetz anzuerkennen, behinderte zweitausend Jahre lang die Entwicklung der Physik.

Viertens hielt Demokrit das Gewicht oder die Schwere nicht für eine Eigenschaft der Atome oder ihrer Aggregate. Hier jedoch irrte sich Demokrit gewaltig.

Ob Demokrit in bezug auf einen fünften Punkt recht oder unrecht hatte, ist bis heute nicht endgültig entschieden. Er behauptete, die Seele sei Atem, und da Atem Materie ist und deshalb aus Atomen besteht, müsse auch die Seele aus Atomen bestehen. Alle alten Worte für Seele bedeuten ursprünglich Atem: Psyche, Spiritus, Anima. So weit, so gut. Aber kann man behaupten, die Seele oder der Geist seien Materie? Wenn die Seele ein physikalischer Körper ist wie Steine oder Wasser, muß sie physikalischen Gesetzen gehorchen, kann also nicht frei sein. Aber wie können wir sagen, die Seele oder der Geist oder der Wille seien nicht frei? Wir sind uns unserer Freiheit sicherer als allem anderen – unserer Freiheit einen Finger zu heben oder nicht, vorwärts statt rückwärts zu gehen, morgens aufzustehen oder im Bett liegen zu bleiben. Wenn wir die Vorstellung bejahen, daß Geist und Seele stofflich und vorherbestimmt sind, müssen wir uns mit der Absurdität der Moral auseinandersetzen, denn wie können wir für unsere Handlungen verantwortlich gemacht werden, wenn wir nicht handeln können, wie wir wollen?

Wieder stehen wir vor einer Antinomie. Wir können die Annahme des Demokrit akzeptieren, daß zumindest unsere Körper einschließlich unseres Atems ein Teil der materiellen Welt sind, die wir verstehen können, indem wir annehmen, sie bestünde aus Atomen und Leere. Aber wir können nicht bejahen, daß unser Geist und unsere Seele und unser Wille stofflich sind und zu dieser Welt gehören. Selbst jene Denker, die von sich behaupten, diese Theorie zu akzeptieren, handeln nicht entsprechend. Sie leugnen vielleicht die angeborene Freiheit anderer, aber sie handeln, als ob sie an die eigene glaubten.

Zwar hatte sich die durch diese Antinomie bewirkte Spannung im Lauf der Jahrhunderte als fruchtbar erwiesen. Die Vorstellung, die Seele sei stofflich, erwies sich jedoch sowohl für die Aristoteliker als auch für die Christen als so unannehmbar, daß die Atomhypothese fast zwei Jahrtausende lang vor sich hindämmerte.

Das Problem des Thales: Die endgültige Lösung

Würde Demokrit heute so berühmt sein wie Aristoteles, wenn seine siebzig Bücher überlebt hätten? Würden seine Dialoge jetzt denen des Platon vorgezogen werden, dem dieser Wunsch erfüllt wurde? Es ist interessant, darüber Vermutungen anzustellen. Warum sind die Bücher des Demokrit verschollen? Deshalb, weil sie falsch oder uninteressant waren? Warum überlebten die von Platon und Aristoteles? Weil sie besser und richtiger waren? Oder war etwas an dem, was Demokrit glaubte, so beleidigend und vielleicht sogar gefährlich, daß sein Ruf zerstört und folglich seine Bücher vernichtet werden mußten?

Was Platon betrifft, ist es nicht so schwer zu begreifen, warum er sie wohl gern verbrannt hätte. Platons Meister, Sokrates, kümmerte sich nicht sehr um die Naturwissenschaft; ihn interessierte nur Ethik und Politik. Er lebte nicht gern auf dem Lande, weil er dort der Natur zu nahe war und nicht genug Menschen traf, zu denen und über die er reden konnte. Platon übernahm diese Abneigung gegen die systematische Erforschung der materiellen Welt und fügte seinerseits eine Art Verachtung für die Materie an sich hinzu. Wie alle Griechen war er mehr an dem interessiert, was der Materie zugrunde liegt. Dies aber war seiner Überzeugung nach nichts Stoffliches, sondern das, was er die Idee von Dingen wie Tische und Katzen und Menschen nannte, auch von dem, was wir «gut», «wahr» und «schön» nennen.

Was ist all den Wesen gemeinsam, die wir Katzen nennen? Es ist die Idee «Katze», sagte Plato. Diese Idee ist nicht materiell, auch wenn alle Katzen materielle Wesen sind. Was ist das Gemeinsame all dessen, was uns veranlaßt, sie «gut» zu nennen? Das «Gute» ist eine andere und höhere Idee. Auch sie ist nicht stofflich, obwohl viele gute Dinge stofflich sein können. Hier bot sich eine weitere, verbesserte und höchst raffinierte Lösung des Problems, das Thales aufgestellt hat. Aus philosophischer Sicht erwies sich die Lösung als großartig und mußte nur wenig abgeändert werden. Aus wissenschaftlicher Sicht war sie nutzlos.

Aristoteles, ein Schüler Platons, erkannte die Unausgewogenheit der Lösung Platons für das Problem des Thales. Er berichtigte sie in einer Reihe verblüffender metaphysischer Geniestreiche. Materie, sagte Aristoteles, ist reine Möglichkeit; sie ist noch nichts, aber sie hat die Fähigkeit, alles zu sein.

Wenn Materie etwas wird, nimmt sie Form an. Für das Sein aller Dinge sind sowohl Form als auch Materie notwendig. Die Materie ist das Wachs, dem die Idee eine Form aufprägt. Wenn ein Mensch lediglich als Materie gesehen wird, ist er noch kein Mensch, sondern nur potentiell er selbst. Als Idee betrachtet, ist er intelligibel, also nur durch den Intellekt, nicht durch die Sinne wahrnehmbar, und das ist die Materie nicht, weil sie nicht wirklich, sondern nur in einem abstrakten Sinn *ist*. Der Mensch ist dann lediglich ein Satz von Vorschriften, von Messungen, von Koordinaten oder, wie Aristoteles gesagt haben würde, von Prädikaten: Er atmet nicht, liebt nicht und ängstigt sich nicht. Materie und Idee müssen zusammenkommen, damit es Menschen oder Wesen und Dinge überhaupt geben kann. (Aristoteles dachte, im Falle eines Lebewesens, etwa eines Menschen oder einer Katze, sei die Materie der Beitrag der Mutter und die Idee die des Vaters. Dies war in der Antike ein weiterer Beweis für die Minderwertigkeit der Frauen, wenn denn noch einer gebraucht wurde.)

Aus der Sicht des Aristoteles gab es weder Materie noch Ideen an sich. In bezug auf diesen Punkt stimmte er nicht mit Platon überein, der den Ideen eine eigene Existenz zugeschrieben hatte. Die Welt, die Aristoteles uns zu verstehen und philosophisch zu betrachten lehrte, ist also gerade die Welt, die wir sehen. Sie ist voller wirklicher Dinge, die er Substanzen nannte und die einen potentiellen Aspekt haben, der es ihnen erlaubt, sich zu verändern, und einen formalen oder essentiellen, der sie dem Intellekt zugänglich macht und uns erlaubt, sie zu verstehen. Denn wir verstehen die Idee der Dinge, nicht die Dinge selbst, weil die Ideen in unserem Geist und in den Dingen sein können, während die Dinge selbst nicht in unserem Geist sind. In dieser Hinsicht ist, wie es Aristoteles in einem berühmten Ausspruch sagte, der Wissende eins mit dem, was er weiß.

Dies war nun eine noch raffiniertere Lösung für das Problem des Thales. Aus philosophischer Sicht ist sie die endgültige Lösung; Niemand hat sie je verbessert. Aus der Sicht der Naturwissenschaft jedoch war fraglich, ob sich die Theorie bewähren würde. Aristoteles war nicht, wie Platon, gegen die Materie. Er setzte keine Welt immaterieller Essenzen oder Ideen voraus, die über unseren Köpfen schweben. Für Aristoteles waren wirkliche Dinge wirkliche Dinge, und es gab nichts anderes. Aber der Begriff der Materie als reine Möglichkeit, die an sich keine wirkliche Existenz hat, konnte zu Schwierigkeiten führen. Und wie war es mit den Atomen des Demokrit? Waren sie Materie? Aristoteles sagte dazu nichts, sondern überließ es der Nachwelt, sich mit diesem Problem herumzuschlagen.

Moralische Wahrheit und politische Zweckmäßigkeit: Sokrates, Platon und Aristoteles

Platon und Aristoteles waren mehr als nur Ontologen, Fachleute für das Sein; sie hatten über alles etwas zu sagen, nicht nur über Idee und Materie. Es ist an der Zeit, sie und ihren großen Vorgänger und Lehrer Sokrates vorzustellen. Sokrates wurde um 470 vor Christus in Athen geboren. Er diente mit Auszeichnung im Peloponnesischen Krieg zwischen Athen und Sparta in der Infanterie und rettete nach Platon das Leben des Athener Generals Alkibiades. Er war ein Sophist oder Lehrer der Philosophie, aber im Unterschied zu anderen Sophisten weigerte er sich, für seinen Unterricht Geld zu nehmen. Vielmehr behauptete er, er wisse selbst nichts, und verbrachte seine Zeit damit, seine Mitbürger, insbesondere die professionellen Sophisten, auszufragen, die behaupteten, sie wüßten etwas.

Auch wenn er nichts sonst mit Sicherheit wußte, so wußte er sicherlich zu argumentieren und unlösbare Aufgaben zu stellen. Man könnte fast sagen, er habe als Philosoph alle schwierigen Fragen entdeckt, die überhaupt gefragt werden können. Sein lebenslanges Fragen machte ihn bei vielen Athenern nicht gerade beliebt; sie klagten ihn 399 vor Christus an, weil er neue Götter eingeführt und die Jugend verdorben habe, die ihm gern zuhörte, wenn er ihre Eltern ausfragte, und die das von Sokrates erzeugte Unbehagen genoß. Die Mehrheit der Richter fand ihn schuldig und zwang ihn, einen Becher mit dem aus Schierling gewonnenen Gift zu trinken.

Sokrates hat nichts geschrieben, aber viele seiner Taten und insbesondere viele der Gespräche, die er mit hervorragenden Männern und Sophisten seiner Zeit führte, sind in Platons Dialogen aufgezeichnet. Platon wurde 427 oder 428 vor Christus als Sohn einer angesehenen Familie in Athen geboren. Nach dem Tod des Sokrates suchten Platon und andere «Sokratiker» Zuflucht in Megara und verbrachten dann einige Jahre auf Reisen durch Griechenland. Während dieser Zeit freundete Platon sich mit Dion an, dem Schwager des Tyrannen von Syracusa, den er gern Philosophie lehren und zu einem «Herrscherphilosophen» machen wollte. Um systematisch philosophische Forschung und Mathematik betreiben zu können, gründete Platon 387 in Athen eine Akademie, der er bis zu seinem Tode vorstand. Er schrieb Dialoge, bei denen Sokrates der Hauptredner ist, und andere, in denen ein «Fremder aus Athen» die Hauptrolle hat. Es ist ein reizvoller Gedanke, daß Platon damit sich selbst meine, aber es ist tatsächlich schwierig, wenn nicht unmöglich, zwischen den Gedanken von Platon und Sokrates zu unterscheiden.

Aristoteles wurde in Stagira in Makedonien 384 vor Christus geboren, und deshalb oft der «Stagirit» genannt. Er kam 367 an Platons Akademie nach Athen und verbrachte dort zwanzig Jahre als Platons berühmtester Schüler und zweifellos auch als Quälgeist, denn die beiden Männer hatten viele Meinungsverschiedenheiten. Nach Platons Tod im Jahr 348 oder 347 verließ Aristoteles Athen und reiste zwölf Jahre lang umher, wobei er in mehreren Städten neue Akademien gründete und eine Königstochter heiratete. Nach der Rückkehr nach Makedonien war er drei Jahre der Lehrer Alexanders, des Sohnes von König Philip. Dann gründete er 335 das Lykeion in Athen, eine Schule, die sich im Unterschied zur Akademie naturwissenschaftlicher Forschung widmete. Alexander starb 323, und als die Stimmung in Athen sich gegen Alexander wandte, wurde Aristoteles als früherer Lehrer des toten Helden suspekt. Aristoteles meinte, es sei nicht ratsam, daß die Athener zwei Philosophen töteten, und zog sich nach Chalcis zurück, wo er 322 starb.

Aristoteles lehrte uns, über die Welt nachzudenken, die wir sehen und kennen: Er erfand die Wissenschaft der Logik, die in ähnlicher Weise die Regeln des Denkens festlegt, wie die Grammatik die der Sprache. Seine Leistungen gingen jedoch weit darüber hinaus. Er entwickelte auch den Gedanken der Einteilung der Wissenschaften in Fachbereiche, die sich sowohl nach ihren Themen als auch nach ihren Methoden unterscheiden, und er machte viele nützliche Beobachtungen über Dinge, die er in der Natur fand, so über Fische, Menschen und Sterne. Trotz seines großen Interesses an der Naturwissenschaft, die er Naturphilosophie genannt haben würde, teilte Aristoteles mit Platon das Interesse, das Platon mit Sokrates teilte, nämlich eine überwältigende Faszination durch Politik und Moral. Keiner von ihnen stellte je den Gedanken in Frage, daß der Mensch das wichtigste Wesen der Welt ist. Einerseits wird die Menschheit als Abstraktum gesehen, denn nur Menschen, darin waren sie sich einig, haben rationale Seelen; als wirkliche Menschen zudem, weil wir mit ihnen leben müssen und unser Glück oder Leid davon abhängt, wie gut oder schlecht uns das gelingt.

Zur großen Ehre von Sokrates und Platon sei gesagt, daß sie alle Menschen meinten, wenn sie «Mensch» sagten, selbst Frauen, selbst Fremde, selbst womöglich Sklaven. Bei Aristoteles war der Ausdruck weniger umfassend. Sklaven waren minderwertig – sonst hätten sie sich nicht versklaven lassen. Frauen waren minderwertig – sonst würden sie nicht den Haushalt führen, während die Männer den Stadtstaat regierten. Auch Nichtgriechen waren unterlegen, weil sie weder Griechisch sprechen noch philosophieren konnten.

Für Aristoteles war die Minderwertigkeit von Sklaven und Frauen angeboren. Sie war nicht zu ändern. Nichtgriechen wären vielleicht lernfähig, aber das war riskant. Aristoteles mahnte deshalb seinen Schüler Alexander, seinen Feldherren die Heirat mit Barbarinnen zu verbieten, damit der Virus der Minderwertigkeit nicht etwa die überlegene Rasse verdürbe.

Es ist betrüblich, feststellen zu müssen, daß für Aristoteles fast jeder minderwertig war, ausgenommen jene griechischen Aristokraten, zu denen er sich gern zählte und deren wirtschaftlichen und anderen Interessen er teilte. In seinem berühmten und großartigen Buch ‹Nikomachische Ethik› kam er nach einer Reihe glänzender *coups de raison* zu einem zutiefst fehlerhaften Schluß.

Der logische Trugschluß

Die ‹Nikomachische Ethik› handelt von der Tugend und ihrem Lohn, dem Glück, dem «Tätigsein der Seele im Sinne vollkommener Tugend». Wer ist tugendhaft? Das ist der Mensch – fast immer männlich –, der gewohnheitsmäßig, nicht nur gelegentlich zufällig, die rechte Wahl trifft. Aber was ist die rechte Wahl? Das ist die Wahl einer Handlung, sagt Aristoteles, die sich dadurch auszeichnet, daß sie die Mitte zwischen den Extremen hält. So ist beispielsweise Mut solch ein «Mittleres». Er liegt zwischen den Extremen von Feigheit und Ungestüm. So weit, so gut. Aber, so erkannte Aristoteles, die Analyse von Handlungen als Mittleres oder Extrem ist theoretisch und hat wenig praktischen Wert. Eine bessere Möglichkeit der Kennzeichnung einer guten Wahl besteht darin, die Handlungen eines tugendhaften Mannes zu beobachten. Die richtige Wahl ist jene, die ein guter Mann trifft; ein guter Mann ist einer, der die richtige Wahl trifft. Dieser Zirkelschluß ist amüsant, bis man über die Folgen nachdenkt.

Solche logischen Zirkelschlüsse haben sich bis in unsere Tage erhalten. Wenn man behauptet, Frauen oder Schwarze oder Homosexuelle oder die Armen oder die Eingeborenen – wer es auch sei – würden als minderwertig behandelt, *weil* sie minderwertig seien, denkt man eigentlich genau auf diese Weise. Aristoteles selbst gab diesem Denkfehler den Namen «logischer Trugschluß». Der Schluß gilt auch in die andere Richtung. Man wird als Überlegener behandelt, *weil* man überlegen ist. Es geschieht uns recht: Was wir haben, verdienen wir; was andere nicht haben, verdienen sie nicht. Der logische Trugschluß bestimmt oft die Zugehörigkeit zu einer Clique oder einem Verein. Dieser Mensch *gehört dazu*, jener nicht. Die richtigen Mitglieder sind die richtigen, weil sie das Richtige tun und denken und fühlen; das Richtige ist das, was die Richtigen tun, denken und fühlen.

Platon vertritt in der ‹Politeia›, seinem großen Dialog über die Gerechtigkeit, die Behauptung, Herrscher verdienten nur dann die Herrschaft, wenn sie gut und umfassend gebildet wären, also Philosophen sind.

> *Wenn nicht entweder die Philosophen Könige werden in den Staaten oder die jetzt so genannten Könige und Gewalthaber wahrhaft und gründlich philosophieren und also dieses beides zusammenfällt, die Staatsgewalt und die Philosophie, die vielerlei Naturen aber, die jetzt zu jedem von beiden einzeln hinzunahen durch eine Notwendigkeit ausgeschlossen werden, eher gibt es keine Erholung von dem Übel für die Staaten … und auch nicht für das menschliche Geschlecht.*

Hier spricht Sokrates. Er sagt dann, daß die Menschheit so lange, bis eine solche Zeit gekommen ist, sich mit einer Art Schatten der Gerechtigkeit zufrieden geben muß, wonach alle Regierenden die Herrschaft verdienen, und alle, die regiert werden, eben das so verdient haben. Diese These entbehrt nicht einer tiefen Ironie, der wir in anderer Form schon im ersten Kapitel begegnet sind. Auch Konfuzius, der etwa gleichzeitig mit Sokrates lebte (sicherlich wußten sie nicht voneinander), hatte behauptet, nur jene, die es verdienen, Staatslenker zu sein, sollten diese Stellung einnehmen können. Oberflächlich gesehen hat eine solche Meritokratie große Ähnlichkeit mit der Aristokratie des Sokrates. Aber es gibt zwischen beiden einen sehr wichtigen Unterschied.

Aus der Lehre des Konfuzius folgt, daß Menschen wesentlich ungleich sind; ihre Ungleichheit zeigt sich in ihrem besseren oder schlechteren Verständnis für gewisse schriftlich niedergelegte Texte. Im Fall von Sokrates stellt sich die Frage, ob Menschen wesentlich ungleich sind. Wir können zumindest sicher sein, daß Sokrates meinte, man könne nicht sagen, ob ein Mensch – Mann oder Frau machten für ihn keinen Unterschied – einem anderen überlegen oder unterlegen ist, bevor nicht eine Reihe von Prüfungen durchgeführt worden waren, die auf absolut gleichen Ausbildungsbedingungen beruhten. Jede Überlegenheit, die sich in solchen Prüfungen – von denen wir annehmen müssen, daß sie gerecht waren – zeigte, würde dann auf Verdienst beruhen, aber dieses Verdienst müßte nicht als angeborem vorausgesetzt werden. Eine überlegene Leistung könnte ebenso auf größerer Anstrengung beruhen wie auf größerem angeborenen Können oder größerer Klugheit. Was würde das ändern? Das Ziel waren Herrscher, die gut regieren konnten. Nichts sonst zählte. Wie sie es schafften, solches Wissen zu erhalten – durch härtere Arbeit oder durch mehr Intelligenz –, war verhältnismäßig unwichtig.

Sokrates fand, kurz gesagt, in der menschlichen Spezies eine grundlegende Gleichwertigkeit. Alle Menschen sind gleich, zumindest bis zum Beweis des Gegenteils. Für jemanden, der im fünften vorchristlichen Jahrhundert lebte, war das eine großartige Überzeugung. Die Ironie besteht dabei allerdings in der Meinung des Sokrates, die grundlegende Gleichheit lasse sich nicht zur Rechtfertigung einer unmittelbaren Demokratie nutzen. Aus ihr folgt also nach Sokrates nicht, daß alle Menschen, weil sie gleich sind, auch alle gleich gut zur Herrschaft geeignet sind. Deshalb muß der Staat die Lehre von der Ungleichheit der Menschen verbreiten, damit er fähige Herrscher haben kann. Die meisten Menschen, so dachte er, würden ihre Herrscher erst dann bejahen, wenn sie die Herrscher ihrem Wesen nach als überlegen erleben.

Der eben zitierte Absatz über die Herrscherphilosophen ist berühmt. In einem anderen Abschnitt der ‹Politeia› – er ist nicht annähernd so berühmt – denkt Sokrates über die Gesellschaft nach, in der die Gleichwertigkeit der Menschen, die seiner Meinung nach die eigentliche Bedingung für das Menschsein ist, öffentliche Anerkennung finden könnte. Sokrates sucht nach dem Sinn der Gerechtigkeit. Der ist, wie er zugibt, schwer zu finden. Er schlägt deshalb vor, ihn in einem Staatswesen zu suchen, weil dort der Sinn der Gerechtigkeit wichtiger und sichtbarer ist als in einem einzelnen Menschen. Und so beginnt er seine Suche, die sich als sehr langwierig herausstellt, indem er ein ganz einfaches Staatswesen beschreibt. In ihm leben die Menschen so:

> *Nicht wahr, sie werden Getreide und Wein ziehen, Kleider und Schuhe machen und Häuser bauen, dabei im Sommer zwar oft unbeschuht und ziemlich entblößt arbeiten, im Winter aber hinlänglich bekleidet und beschuht. Und nähren werden sie sich, indem sie aus der Gerste Graupen bereiten und aus dem Weizen Mehl und dies kneten und backen und so die schönsten Kuchen und Brot auf Rohr und reinen Baumblättern vorlegen und selbst mit ihren Kindern schmausen, auf Streu von Taxus und Myrten gelagert, Wein dazu trinkend und bekränzt den Göttern lobsingend, und werden sehr vergnüglich einander beiwohnen, ohne über ihr Vermögen hinaus Kinder zu erzeugen aus Furcht vor Armut oder Krieg.*

Glaukon, an diesem Punkt des Dialogs der junge Gesprächspartner des Sokrates, macht einen Einwand. «Und wenn du eine Stadt von Schweinen angelegt hättest, o Sokrates, könntest du sie wohl anders als so abfüttern?» Und er besteht dann darauf, daß die Einwohner mehr Annehmlichkeiten brauchen, als Sokrates sie seiner kleinen Idealstadt gewähren will, in der die Gerechtigkeit wohnen soll.

> *Es scheint, wir wollen nicht nur sehen, wie eine Stadt entsteht, sondern auch, wie eine üppige Stadt. Vielleicht ist das auch gar nicht unrecht; denn auch, wenn wir eine solche betrachten, können wir wohl Gerechtigkeit und Ungerechtigkeit erblicken, wie sie sich in den Staaten bilden.*

Die Kommentatoren aller Zeiten haben Sokrates selten ernst genommen, wenn er behauptet, eine «Stadt der Schweine» einer «Stadt im Fieber», wie er später sagte, vorzuziehen. Vielleicht haben sie recht in dem Sinn, daß Sokrates nicht glaubte, die Menschen seien, so wie sie sind, mit dem einfachen Leben in der «Stadt der Schweine» zufrieden. Aber ich bezweifle nicht, daß er sie wirklich bevorzugt hätte. Und das nicht zuletzt deshalb, weil in einer solchen Stadt alle gleich wären und alle herrschen können, weil die Herrschaft hier kein besonderes Wissen voraussetzte.

Eine andere Art der Ironie zeigt sich, wenn wir nun noch dem Trugschluß des Aristoteles einbeziehen, dann wird die Lehre zu einer Theorie der Ungerechtigkeit. Nehmen wir an, alle Menschen seien gleich. Nehmen wir auch an, einige seien Herrscher, andere Beherrschte und dieses Prinzip sei akzeptiert. Nach dem logischen Trugschluß liegt dann hier keine Täuschung vor; einige Menschen – eben die Herrscher – sind wirklich überlegen, sonst wären sie nicht die Herrscher. Und in der Tat läßt Aristoteles sich durch diesen Trugschluß blenden und erkennt nicht die sokratische Wahrheit von der Gleichwertigkeit aller Menschen. Er behauptet also, die Lüge sei wahr. In einem gerechten Staat, sagt er, verdienen es die Herrscher, Herrscher zu sein, weil sie von Geburt überlegen sind, nicht, weil sie als Herrscher besonders geeignet sind. Und wenn Menschen einen Staat regieren, die nicht verdienen, Herrscher zu sein, sei das Staatswesen selbst ungerecht und schlecht und sollte geändert werden.

«Wenn alle Menschen Freunde wären, brauchten wir keine Gerechtigkeit», behauptete Aristoteles. Diese berühmte Aussage ist eine der Stützen für die Notwendigkeit der Regierung, denn sicherlich sind nicht alle Menschen Freunde, und die Regierung, die ihnen Gerechtigkeit aufzwingt, ist deshalb notwendig. Wieder kann die Aussage verdreht und für unlautere Zwecke verwendet werden. Sie kann beispielsweise bedeuten, daß die Mitglieder einer Clique keine Regeln brauchen, um sich zu regieren; sie brauchen nur Regeln, mit denen sie solche Menschen, die nicht dazugehören, ausschließen können. Gerechtigkeit ist nur für den Umgang mit «anderen», gewöhnlich Untergebenen, nötig. Die Gerechtigkeit hilft, sie an ihrem Platz zu halten.

Ich gehe mit Aristoteles nicht ohne Grund so scharf ins Gericht. Sein Verdienst als Philosoph und Protowissenschaftler ist unbezweifelbar. Aber seine Fehler richten noch immer Schaden an. Seine Lehre von der natürlichen Minderwertigkeit mancher Menschen und von der Minderwertigkeit der Frauen haben die Sklaverei und die Ungleichheit der Geschlechter bis in unsere Zeit gerechtfertigt oder geholfen, sie zu rechtfertigen. Seine große Autorität half auch, die Tyrannei im Namen eines «wohlwollenden» Despotismus zu verteidigen, und die Lehre von der Unterlegenheit anderer Völker half, den Rassismus zu rechtfertigen. Alle diese Irrtümer – denn das sind sie – hätten vielleicht auch ohne Aristoteles Bestand gehabt. Aber es wäre schwerer gewesen, sie zu rechtfertigen.

Ironische sokratische Verwirrung kennen wir auch heute. Bedenken Sie diese Frage: Wählen Sie, wenn Sie im Wahllokal Ihre schicksalhafte Wahl für den nächsten Herrscher Ihres Landes zu treffen haben, den Menschen, den Sie für den besseren Menschen halten, oder den, der mit einiger Wahrscheinlichkeit der bessere Herrscher ist? Oder machen Sie gar keinen Unterschied zwischen diesen beiden Überlegungen? Vielleicht sollte einer gemacht werden. Können Sie sich Umstände vorstellen, in denen ein schlechterer Mensch – nicht wirklich ein böser, aber einer, der nicht so gut ist wie ein anderer – ein besserer Herrscher sein könnte? Ist Tugend als solche eine Qualifikation für einen Staatslenker oder eine Regierung? Natürlich ist Tugend wichtig, aber ist sie allein wichtig? Wie ist es mit Wissen und Erfahrung? Sind sie nicht auch wichtig? Glauben Sie mit Sokrates, daß alle Menschen gleichwertig sind? Aber sind dann nicht alle gleichermaßen als Staatslenker geeignet?

Einige der griechischen Stadtstaaten handelten aufgrund dieser Annahme. Sie wählten ihre Regierung durch das Los, weil es ihrer Meinung nach so etwas wie eine besondere Eignung für die Herrschaft von Gleichen über Gleiche nicht gibt. Gleichzeitig beschränkten sie die Regierungszeit auf nur wenige Monate, vielleicht weil sie annahmen, in solch kurzer Zeit könne niemand viel Schaden anrichten. Wenn Sokrates an diese Art von extremer Demokratie dachte, wurde er zornig. Wir wählen gewöhnlich Menschen aufgrund ihrer Erfahrung und wegen ihres Fachwissens, erklärte er, unsere Generäle, unsere Ärzte und Rechtsanwälte, die Zureiter unserer Pferde, unsere Architekten und Schuhmacher. Aber wir bestimmen unsere Staatslenker durch das Los. Welch ein Unsinn!

Griechenland gegen Persien: Der fruchtbare Konflikt

Griechenland war ein kleines, relativ unbevölkertes, abgelegenes Land am Rand der Zivilisation, das aus einer Reihe von Stadtstaaten bestand, denen Sprache, Religion und äußerste Streitsüchtigkeit gemeinsam waren. Es kam häufig zu Querelen, die die Schaffung einer politischen Einheit und erst recht ihren Bestand erschwerten.

Das Perserreich, das die Griechen lange fürchteten und bewunderten und schließlich unter Alexander dem Großen eroberten, entstand im siebten vorchristlichen Jahrhundert in den weiten Steppen Zentralasiens. Es unterstand zunächst den Medern, wurde jedoch bald von den Persern unter Kyrus dem Großen (von etwa 550 vor Christus an) und von etwa 520 vor Christus an von Darius dem Großen beherrscht. Zur Zeit seiner größten Ausdehnung unter Xerxes, dem Nachfolger von Darius, der 486 bis 465 vor Christus herrschte, konnte sich das Reich der Größe nach mit dem späteren Römischen Reich vergleichen; es erstreckte sich von Indien nach Westen über die Länder südlich vom Kaspischen und Schwarzen Meer bis zur Ostküste des Mittelmeers und schloß auch Ägypten und Thrakien ein. Seine großen, durch die berühmte «Königsstraße» verbundenen Städte waren Sardis, Ninive, Babylon und Susa. Östlich von Susa lag Persepolis, ein gewaltiges religiöses Monument, das zwar nicht die politische Hauptstadt des Reiches, aber sein geistiger Mittelpunkt war. Wegen seiner geheimnisvollen Schönheit und Pracht war Persepolis eines der Weltwunder.

Im Norden lag das Land der Skythen, das die Perser niemals eroberten (auch die Römer nicht), im Süden die unbewohnbare Wüste Arabiens, im Westen die kleine, rauhe und karge, von den Makedoniern und Griechen bewohnte griechische Halbinsel. Es schien Darius sowohl unvermeidlich als auch einfach, die Macht der Perser auf diese lästigen Fremden auszuweiten, die sich weigerten, den Großkönig zu verehren, und die in ihren Städten gern das verwirklichten, was sie Demokratie nannten, also in winzigen Stadtstaaten, die vom *demos*, dem «Volk», regiert wurden.

Zum ersten konzentrierten persischen Angriff kam es 490 vor Christus, als eine persische Armee in der berühmten Schlacht bei Marathon von den Griechen unter Führung des Miltiades besiegt wurde. Die Perser zogen sich verblüfft zurück, kehrten aber zehn Jahre später, 480 vor Christus, unter der persönlichen Führung ihres Königs Xerxes mit einer viel größeren Armee und einer mächtigen Flotte zurück. Die Spartaner hielten die Landkräfte bei Thermopylae heldenhaft auf, konnten sie jedoch nicht zurückdrängen. Die Armee drang weiter vor, eroberte Athen, belagerte und verbrannte am 21. September 480 die Burg und bereitete sich auf die Eroberung des restlichen Griechenland vor. Aber am 29. September wurde die persische Flotte bei Salamis von einer athenischen Flotte unter dem Befehl von Themistokles eingeschlossen und vernichtet, und eine gesamtgriechische Armee vereitelte am 27. August 479 in der großen Schlacht bei Platäa einen Angriff des persischen Heers. Vorher schon hatte sich Xerxes, über diese quälenden Vorgänge betrübt oder vielleicht auch nur gelangweilt in seinen luxuriösen Palast in Susa zurückgezogen, und die Griechen konnten sich ein ganzes Jahrhundert lang ihres Sieges freuen und sich mit ihm brüsten. Sie hatten ein Recht darauf, denn ihre kleine und relativ arme Nation unabhängiger Stadtstaaten hatte die größte Armee der Welt durch Klugheit und Mut besiegt und die Schiffe der größten Marine versenkt.

Wie hatten sie das geschafft? Die Griechen kämpften gegen einen einfallenden fremden Feind um ihre Heimat, was immer ein Vorteil ist (man denke an den Kampf der Russen gegen die Franzosen 1812 und gegen die Deutschen 1941). Die Griechen selbst nannten einen anderen Grund. Die persischen Soldaten und Matrosen mußten oft mit Peitschenhieben zum Kampf gezwungen werden. Wir sind frei, sagten die Griechen. Wir gehorchen als freie Menschen, die eine Wahl haben. Wir kämpfen, weil wir es wollen, nicht weil wir dazu gezwungen werden. Und, so sagten sie, wir geben nicht auf, denn damit verraten wir unsere Freiheit, und das ist unser wichtigstes Gut.

Auch die Perser gaben nicht auf, obwohl sie keine Armeen mehr nach Griechenland schickten. Stattdessen schickten sie «Persische Bogenschützen», Goldmünzen, auf deren einer Seite ein Bogenschütze geprägt war. Das Gold der Perser hatte dort Erfolg, wo persische Soldaten versagt hatten, und diente im peloponnesischen Krieg – mehrmals – dazu, beide Seiten zu bestechen. Dieser zerstörerische Bürgerkrieg zwischen Athen und Sparta und ihren Verbündeten dauerte mit gelegentlichen Waffenstillständen von 431 bis 404 vor Christus. Schließlich besiegte Sparta Athen, aber der Sieg war nicht von Dauer, denn die Beteiligung an persischen Bürgerkriegen in Ionien führte zur Niederlage gegen andere griechische Kräfte. So wurden sowohl Sparta als auch Athen mit persischer Hilfe zerstört.

Doch selbst diese Vernichtung dieser Stadtstaaten war noch nicht das letzte Wort in dem langen und bitteren Konflikt zwischen den listigen Griechen und den gewichtigen, mächtigen Persern. Alexander der Große, der Schüler des Aristoteles, erbte 336 vor Christus den Thron von Makedonien. Nachdem er seine Macht in Griechenland gefestigt hatte, machte er sich im Frühling 334 auf seinen gefeierten Ausflug nach Persien. Im Winter 334/333 eroberte er das westliche Kleinasien einschließlich Milet und Samos. Im Juli 332 erstürmte er die Inselstadt Tyre, wo er seinen berühmtesten Sieg errang. In den folgenden Monaten besiegte er Ägypten, das von nun an bis zur Eroberung durch die Römer von Griechen regiert wurde (Kleopatra war eine Griechin, keine Ägypterin). Als Alexander alle Königsstädte der Perser erobert hatte, kam er 330 nach Persepolis, das er verbrannte, um damit das Ende seines panhellenischen Rachekriegs zu symbolisieren.

Trotzdem hatten in gewisser Weise die Perser das letzte Wort. Als die Könige und Herrscher aller Nationen des ausgedehnten persischen Reichs nach Susa oder Persepolis gepilgert waren, um dem Großkönig, dem König der Könige, wie sie ihn nannten, zu huldigen, hatten sie sich vor ihm niedergeworfen und waren mit abgewandten Augen auf dem Bauch gekrochen, bis sie seine Füße küssen konnten. Die Griechen nannten dieses Ritual *proskynesis*, «Anbetung, Huldigung»; ihre Verachtung für ein Volk, das einen Menschen wie einen Gott verehrte, war ursprünglich groß gewesen. Bis Alexander starb, hatte ihn die persische Idee von Größe verdorben, zu der es gehörte, sich als Gott verehren zu lassen. So übernahm er das Ritual der *proskynesis* und forderte von seinen Anhängern, selbst von den Makedoniern und Griechen, sich vor ihm zu beugen. Die zähen alten makedonischen Krieger lachten über diese neue Forderung, und verlegen schuf Alexander das Ritual rasch wieder ab. (Er tötete später den Mann, der das Gelächter ausgelöst hatte.) Aber nichts zeigt pathetischer, daß er den Gedanken persönlicher Freiheit verloren hatte, mit dessen Hilfe er auf den Thron gelangt war.

Die persischen Kriege des frühen fünften Jahrhunderts gaben den Griechen, besonders den Athenern, die vor den Schlachten bei Marathon und Salamis eine im Vergleich zu den Spartanern unbedeutende Macht gewesen waren, ungeheuren Auftrieb. Die Athener bauten die verbrannte Akropolis wieder auf; der Parthenon blieb 23 Jahrhunderte lang ein Symbol für den Sieg der Freiheit über imperialen Despotismus.

Dichter besangen den Sieg in dramatischen Versen, die so neuartig und gewaltig waren, daß auch sie die Jahrtausende überdauerten. Und die beiden Historiker Herodot und Thukydides erfanden eine neue Wissenschaft und eine literarische Form, die zu verstehen half, was geschehen war.

Die Tragödie von Athen

Aischylos (etwa 525–465 vor Christus) kommt die Ehre zu, der Erfinder des Theater-Dramas zu sein, denn man sagt, er habe den zweiten Schauspieler in die Spiele eingeführt, die in Athen alljährlich zu Ehren des Gottes Dionysos gespielt wurden. Vor Aischylos hatten die Spiele überwiegend im Rezitieren religiöser Verse bestanden, bei denen sich ein einzelner, der einen Gott oder einen Helden darstellte, und ein Chor, der das Volk vertrat, abwechselten.

Als es zwei Schauspieler gab, die miteinander sprachen, entstand das Drama. Zuerst spielte der Chor weiterhin eine wichtige Rolle, aber im Lauf der Zeit verschwand er und die ganze Last des Handlungsverlaufs und der Gedanken wurde von den Schauspielern übernommen. So ist es noch heute.

Aischylos kämpfte in der Schlacht von Marathon mit den Griechen gegen die Perser. Diese Tatsache wurde auf einem Grabstein verzeichnet; seine Schauspiele werden nicht erwähnt, gehören aber zu den großen Schätzen des griechischen Altertums. Kraftvoll und würdig sprechen sie in erhabenen Versen von den uralten Problemen des Konflikts zwischen Mensch und Gott. In seinem größten erhaltenen Werk, der Trilogie über den Helden Agamemnon, seine mörderische Frau und seinen ihn rächenden Sohn Orestes zeigte Aischylos, wie die Hybris des Agamemnon ihn zu den nie endenden Qualen führte, die sein Haus zu erleiden hatte; wie sie ihn von den Furien verfolgen und schließlich in den Hades verbannen ließ. Gerechtigkeit, sagt Aischylos, «ist der Rauch im Haus gewöhnlicher Menschen»; die Großen sind arrogant, wie Xerxes es war, und werden durch den Zorn der Götter erniedrigt.

Sophokles (etwa 496–406 vor Christus) entwickelte die Tragödie weiter, indem er wertvolle Elemente hinzufügte. Nicht nur die Großen, sondern alle Menschen, so sah er es, stecken in derselben unausweichlichen Falle. Sie werden durch die Umstände ihres Lebens gezwungen, zu handeln, als ob sie die Zukunft kannten, und sind doch, wie König Ödipus, zum Leiden gezwungen, weil ihnen solches Wissen fehlt und sie deshalb die Fehler, die sie unweigerlich ins Verderben führen, nicht vermeiden können. Die Verse, die der Chor bei Sokrates spricht, sind wegen ihrer Schlichtheit und Milde unübertroffen, aber was Sophokles erzählt, enthält, wie der Kritiker Aristoteles erkannte, in wenigen Worten einen Schrecken, dem sich kein Betrachter entziehen kann. Diese Zeilen von ‹Oidipus auf Kolonos› umreißen die ganze Geschichte:

Nicht geboren zu sein, das geht über alles;
doch wenn du lebst, ist das zweite, hinzugelangen,
so schnell du kannst, woher du kamst.

Euripides (etwa 484–406 vor Christus) war der dritte und letzte der großen Tragödiendichter im Athen des fünften vorchristlichen Jahrhunderts. Er konnte Aischylos oder Sophokles nicht übertreffen, aber er sah die Zukunft des Dramas voraus und bahnte den Weg. Er holte Götter und Helden auf die Erde hinunter und schuf, indem er sie zu Sterblichen machte, die so eitel und habsüchtig, zornig, neidisch und stolz waren wie gewöhnliche Menschen, Bilder vom Menschenleben, die manchmal tragisch, fast immer komisch, aber immer und unbestreitbar lebensnah waren. Er bevölkerte seine Schauspiele mit Frauen und Sklaven und machte die Heldengestalten der Vergangenheit zu reinen Larven von Menschen; damit zeigte er den Athenern, die von seiner Kunst fasziniert waren, ihn selbst jedoch nicht mochten, was wirklich in ihren Herzen und Sinnen vorging.

Aischylos starb noch vor Beginn des Peloponnesischen Kriegs, aber Sophokles und Euripides durchlebten den Krieg vom Anfang bis fast zum Ende (beide starben 406 vor Christus, zwei Jahre vor der endgültigen Niederlage Athens). Das Leiden, das der Krieg für Körper wie Moral bedeutete, durchdringt besonders die späteren Dramen, die den erbarmungslosen Himmel der Ungerechtigkeit, Grausamkeit und Narretei des Krieges anklagen, denn er vernichtete allen Stolz und alle Schätze, die die Griechen durch ihren Sieg über die Perser ein halbes Jahrhundert zuvor errungen hatten. Die Tragödie Athens war, wie die Dichter es sahen, genau die Hybris, die Agamemnon und Oidipus in den Hades gebracht hatte, alle ihre Güter verstreut und niemanden zurückgelassen hatte, ihr Schicksal zu beweinen.

Goldwechsler Ares, der Leichname tauscht,
Der die Wagschalen hebt im Speergewühl;
Verbrannt, aus Burg Ilion,
Den Freunden schickt er ein Gran
Staubes, tränenschweren, an
Mannes Statt, mit Asche fül-
lende der Urnen schöne Zier.
Aufstöhnen sie, lobpreisend den
Der Männer als im Kampf bewährt,
Den, daß im Streit er herrlich sank …
Aber – dort um die Mauer,
Gräber ilischer Erde,
Helder haben sie inne; Feind-
land deckt seine Erobrer.

Aischylos, *Agamemnon*

Denn soll die Menge über einen Krieg entscheiden,
denkt keiner an den eignen Tod, nein, überträgt
das Unglück immer auf den Nächsten. Sähe bei

der Stimmabgabe jeder seinen Tod vor Augen,
ging niemals Griechenland an Kriegstollheit zugrunde!
Doch kennen alle wir von den Begriffen «gut»
und «schlecht» den besseren, und wissen auch, wie sehr
der Frieden für die Menschen besser ist als Krieg:
Er ist ein treuer Freund der Musen, dann ein Feind
der Rachegeister, freut sich wohlgeratner Kinder
und liebt den Reichtum. Und wir Toren geben all
dies preis, wir wählen Krieg, wir unterjochen den
Geschlagenen, der Mensch den Menschen, Staat den Staat!

Euripides, *Die Hilfeflehenden*

Herodot, Thukydides und die Erfindung der Geschichte

In Ägypten, in Mesopotamien und in China waren die Ereignisse der Vergangenheit schon seit Jahrhunderten aufgezeichnet worden. Aber vor Herodot hatte niemand jemals versucht, eine zusammenhängende Geschichte mit einem Anfang, einer Mitte und einem Ende zu schreiben und eine Erklärung dafür zu geben, warum alles so abgelaufen ist. Wieder war es der Sieg der Griechen über die Perser in den Jahren 490–480 vor Christus, der die Historiker in Athen ebenso inspirierte wie die Dramatiker. Niemals zuvor war etwas so Erstaunliches und Wunderbares geschehen, dachten sie. Dieser großartige Sieg forderte sie dazu heraus, ihn zu verstehen, und darum bemühten sie sich mehr, als Menschen je zuvor versucht hatten, solche Ereignisse zu begreifen.

Sie wurden auch von den ionischen Philosophen des vorigen Jahrhunderts inspiriert, angefangen mit Thales, der, wie wir sahen, die Griechen gelehrt hatte, die Welt auf eine neue Weise zu erfassen. Genau wie die äußere Natur Grundsätze haben muß, die sie verständlich machen, so müssen die Handlungen der Menschen einen verstehbaren Urgrund haben, aufgrund dessen es möglich sein sollte zu verstehen, warum Menschen tun, was sie tun, und damit vielleicht auch, was sie in Zukunft tun werden.

Herodot wurde um 484 vor Christus geboren und wuchs mit Erzählungen vom griechischen Triumph auf. Er reiste viel. Seine weiten Reisen, die viele Jahre dauerten, führten ihn durch große Teile des persischen Reichs, nach Ägypten und in fast alle Städte Griechenlands. Er machte sich anscheinend überall sorgfältige Notizen und zeichnete seine Beobachtungen und Gespräche mit hervorragenden Menschen sorgfältig auf. Seine Neugierde war grenzenlos, und er verbrachte sein Leben damit, sie zu befriedigen und seine Geschichte, also die «Darlegung seiner Forschung» über die Ursachen und Ereignisse der persischen Kriege, aufzuschreiben. Die Ursachen lagen in der fernen Vergangenheit, wie er erkannte, also begann er, die Geschichte vom Aufstieg der Meder und dann der Perser von einem verstreuten Wüstenvolk zu den Herrschern des seiner Meinung nach größten Reichs auf der Erde zu beschreiben. Dabei, und weil er viele faszinierende Monate in Ägypten gelebt hatte, erzählte er die Geschichte dieses alten Königreichs. Aber er vergaß niemals die zentrale Frage, die hinter seinen Mühen stand, nämlich wie vergleichsweise wenige griechische Soldaten und Matrosen eine Macht hatten besiegen können, die zehnmal so groß war, und das nicht nur einmal, sondern im Lauf der Jahre sogar mehrmals.

Seine Antworten auf diese Frage bestimmen seitdem unser Denken. Einerseits war da die persische Arroganz. Als Xerxes am Hellespont ankam, war der Seegang sehr stark, und seine Armee war gezwungen, die Überquerung der engen Wasserstraße zu verschieben. Xerxes befahl in seinem Zorn, man solle das Wasser schlagen, wie man ungehorsame Sklaven prügelt. Wie anders dagegen verhielten sich die Griechen, die es unterließen, die geschlagenen Perser weiter zu verfolgen, weil sie glücklich waren, ihre Heimat gerettet zu haben. Dies war eine Lehre, so dachte Herodot, die alle Griechen lernen sollten. Herodot schreibt Xerxes eine philosophische Ader zu. Dieser Abschnitt ist berühmt:

> *Als er den ganzen Hellespont unter seinen Schiffen verschwinden und alle Küsten und die Ebenen der Abydener voll von Menschen sah, pries Xerxes sich glücklich; dann aber weinte er.*
> *Als sein Oheim Artabanos dies bemerkte ... als dieser also Xerxes weinen sah, fragte er ihn: «König, wie verschieden ist doch dein Verhalten jetzt und kurz vorher! Du hast dich zuerst glücklich gepriesen, und jetzt weinst du.» Der König erwiderte: «Ja, mich erfaßte der Jammer, als ich bedachte, wie kurz das Menschenleben ist, denn von allen diesen vielen Leuten wird in hundert Jahren keiner mehr am Leben sein.»*

Herodot starb vor 420 vor Christus, zu früh, um die tragische Selbstzerstörung des Peloponnesischen Kriegs voraussehen zu können. Die Aufgabe, diesen selbstmörderischen Konflikt mit Sinn zu erfüllen, blieb seinem Nachfolger Thukydides überlassen.

Thukydides wurde vor 460 vor Christus geboren und beschloß schon als junger Mann, eine Geschichte des Krieges zu schreiben, der sein Leben und das seiner Zeitgenossen bestimmte. Er war selbst ein hervorragender Soldat. Obwohl er von seiner Einheit entfernt und ins Exil geschickt wurde, weil er in einer wichtigen Schlacht versagt hatte, beschäftigte er sich vor allem mit der Militärgeschichte des lang andauernden Konflikts. Er belebte diese Schilderung mit einer von ihm erfundenen Methode, indem er wichtige Gestalten Ansprachen halten läßt, die wegen ihrer Beredsamkeit in der Geschichte fast einmalig sind.

Thukydides ist für diese Neuerung oft kritisiert worden: Er könne bei den Reden wichtiger Männer bei diesen Gelegenheiten nicht wirklich dabeigewesen sein. Das gab er auch zu, rechtfertigte sein Verfahren aber damit, er habe die Tatsachen so genau wie möglich erkundet. Er hielt seine Bemühungen für wertvoll, auch wenn er das Gesagte nicht wortgetreu wiederholen konnte. Seiner Meinung nach war das Urteil eines informierten und unbefangenen Forschers über das, was bei einem historischen Ereignis geschehen sein mußte oder sollte, also Teil der Geschichte. Dieser Praxis des Thukydides verdanken wir die bewegende Totenrede des Perikles (etwa 495–429 vor Christus), der die Athener in den ersten Kriegsjahren anführte. Er dankt seinen Landsleuten für ihren mutigen Einsatz und ihre Bereitschaft, Risiken aller Arten, geistige wie militärische, einzugehen.

Unsere Stadt verwehren wir keinem und durch keine Fremdenvertreibung mißgönnen wir jemanden eine Kenntnis oder einen Anblick, dessen unversteckte Schau einem Feind vielleicht nützen könnte; denn wir trauen weniger auf die Zurüstungen und Täuschungen als auf unseren eigenen tatenfrohen Mut. Und in der Erziehung bemühen sich die andern mit angestrengter Übung als Kinder schon um Mannheit, wir aber mit unserer ungebundenen Lebensweise wagen uns trotz allem in ebenbürtige Gefahren …
Wir lieben das Schöne und bleiben schlicht, wir lieben den Geist und werden nicht schlaff. Reichtum dient bei uns dem Augenblick der Tat, nicht der Großsprecherei, und sich Armut einzugestehen ist nie verächtlich, verächtlicher, sie nicht tätig zu überwinden. Wir vereinigen in uns die Sorge um unser Haus zugleich und unsere Stadt, und den verschiedenen Tätigkeiten zugewandt, ist doch auch in staatlichen Dingen keiner ohne Urteil. Denn einzig bei uns heißt einer, der daran gar keinen Teil nimmt, nicht ein stiller Bürger, sondern ein schlechter, und nur wir entscheiden in den Staatsgeschäften selber oder denken sie doch richtig durch. Denn wir sehen nicht im Wort eine Gefahr fürs Tun, wohl aber darin, sich nicht durch Reden zuerst zu belehren, ehe man zur nötigen Tat schreitet …
Auch in der Hilfsbereitschaft ist ein Gegensatz zwischen uns und den meisten. Denn nicht mit Bitten und Empfangen, sondern durch Gewähren

gewinnen wir uns unsere Freunde. Zuverlässiger ist aber der Wohltäter, da er durch Freundschaft sich den, dem er gab, verpflichtet erhält … Und wir sind die einzigen, die nicht so sehr aus Berechnung des Vorteils wie aus sicherer Freiheit furchtlos andern Gutes tun.
Zusammenfassend sage ich, daß unsere Stadt insgesamt die Schule von Hellas sei.

Kein Volk ist je liebevoller von seinem Führer gepriesen worden, eine Zeitlang meinte Thukydides auch, kein Volk habe mehr Lobpreis verdient. Aber die Liebe der Athener zu Freiheit und Gerechtigkeit konnte die Schrecken fortwährender Kriege und die jährlichen Einfälle der Spartaner in die Heimat nicht überleben, bei denen Bauern erbarmungslos getötet, Felder, Zitrus- und Olivenhaine verbrannt wurden. Wie in so vielen späteren Kriegen wurde die Seite, die die tugendhaftere hätte sein können, unter dem Druck der Kraft weniger tugendhaft, und im Lauf der Zeit wurden die Athener so grausam und tyrannisch wie ihr Feind. Dies, so sagte Thukydides, war die wirkliche Tragödie Athens: Als die Stadt die Schlachten gewann, verlor sie ihre Seele.

Die Geschichte des Thukydides endet vor dem Schluß des Krieges. Wahrscheinlich starb er vor dem Kriegsende 404 vor Christus, aber es gibt dafür keine Belege. Einige Kommentatoren haben sich gefragt, ob er sein Buch vielleicht nicht beendet hat, weil ihm das Herz gebrochen war.

Der Geist griechischen Denkens

Vor Thales hatte das meiste Wissen pragmatische Erfolgsrezepte geliefert, die alle möglichen Unternehmungen betrafen, von der Jagd bis zum Getreideanbau, von der Haushaltsführung bis zur Regierung von Städten, von der Erschaffung von Kunst bis zur Kriegsführung. Dieses allmähliche mehr als tausendjährige Anhäufen praktischen Wissens hörte natürlich nicht auf, weil die Griechen begannen, über das Wesen der Dinge nachzudenken. Im Gegenteil nahm es nur um so rascher zu, als die neugierigen Griechen sich trauten, sich weit von ihrer vom Meer umschlungenen Halbinsel zu entfernen, und dem Beispiel ihres Helden Odysseus folgten.

Er sah dann auf mannigfaltiger Irrfahrt
Vieler Menschen Städte; er lernte ihr Sinnen und Trachten,

Duldete viel und tief im Gemüte die Leiden des Meeres,
rang um die eigene Seele, um Heimkehr seiner Gefährten.

Die Griechen erlitten viele Rückschläge, aber vor allem machten sie Erfahrungen mit Städten und dem menschlichen Geist. So mehrte sich das Wissen, die Kenntnis der Tierzucht, des Weinanbaus, der Töpferei, der Handel und die Geschäftstüchtigkeit, das Finanzwesen, der Bearbeitung von Metall, der Umgang mit Waffen und die Kriegsführung.

Schrecken bereitet vieles – nichts
tiefern Schrecken als der Mensch.
Er durchfährt das schäumende Meer
mitten im Grau des Regensturms:
umdroht vom gierigen Flutschwall,
querunter stößt er durch.
Und wird die Erde auch, Urgottheit,
weder verzehrt noch erschöpft, er zerschindet sie
jährlich mit Pflügen, im Kreis sie umrollenden,
auf ihr wendend mit dem Maultier.

Und das flattrige Vogelvolk,
eingefangen schafft er es fort,
auch die wilden Tiere zuhauf
und die Wesen der salzigen See
in Schlingen des Netzegeflechts,
der vielerfahrne Mann. Er siegt
mit Jägerlisten übers Wildbret,
das Fluren und Berge durchstreifende,
greift auch dem Hengst mit dem Joch um den zottigen
Nacken und dem rüstigen Bergstier.

Und Sprache, Gedankenflug
und Willen zum Bürgergesetz
hat er sich gelehrt; vorm Grimm des Wetters,
wenn draußen Frost Schutz verwehrt,
wenn Regen peitscht, birgt er sich. Alleskönner!
Sein Können versagt vor nichts, was ihn
erwartet. Dem Tod allein
entgeht er auch in Zukunft nicht.
Doch Krankheit, unbekämpfbar schwer,
flieht er kundig.

Sein meisterlich findiger Geist
braucht Künste, die keiner geahnt,
zum Bösen heute, zum Guten morgen.

Sophokles, *Antigone*

Die Griechen lernten nicht nur, weil sie neugierig waren und an fremde Orte reisten. Viel wichtiger war ihre revolutionäre Entdekkung systematischen Lernens, also die Erfindung dessen, was Wissen schafft. Vor Thales war das Wissen, dessen Besitz Erfolg garantierte und eher Glück als Elend brachte, ein Monopol der herrschenden Klasse, also der Könige und Priester. Thales und seine Nachfolger verwandelten Wissen von einem «Mysterium» in etwas, was die Öffentlichkeit anging. Jeder, der lesen konnte, hatte Zugang. Jeder, der die Grundsätze verstand, konnte es zum Vorteil anderer wie zu seinem eigenen vermehren. Hier wie in so vielen anderen Wissensbereichen war Aristoteles der Wissende *par excellence*. Er entwikkelte für eine Reihe von Gebieten Methoden und Kriterien des Wissens. Wenn er ein Thema bearbeitete, beschäftigte er sich zunächst mit den Beiträgen seiner Vorgänger und Zeitgenossen, kritisierte, was er für falsch hielt, und übernahm, was ihm wertvoll erschien. Darüber hinaus schuf er Forschungsgruppen, die besonders schwierige Themen wie Botanik und die aktuelle politische Theorie untersuchten.

Noch wichtiger war, daß Aristoteles viele Bücher schrieb und veröffentlichte, die überall dorthin gelangten, wo es Griechen gab. Eine gute Fügung hatte Alexander den Großen zu seinem Schüler gemacht, der sich zu einem seiner Mitforscher zählte und seinem alten Lehrer von seinen Eroberungszügen Berichte mit zoologischen und botanischen Proben zum Untersuchen und Ordnen schickte. Es gab also plötzlich etwas Neues in der Welt; die Griechen nannten es *episteme*, und wir nennen es Wissenschaft. Es ging um die Ordnung des Gewußten, um allgemeinbekanntes Wissen, das auf Grundsätzen beruht, die geprüft und in Frage gestellt werden können – von allen.

Die Folgen waren gewaltig. Erstmals kam der Gedanke auf, daß es in bezug auf alles nur eine Wahrheit gibt und nicht viele Wahrheiten: Nicht immer sind Menschen derselben Meinung, aber zumindest haben einige Menschen recht und andere nicht. Außerdem ist das, was jetzt wahr ist, immer wahr gewesen und wird immer wahr sein: Die Wahrheit verändert sich nicht einfach im Lauf der Zeit oder durch eine Meinungsänderung. Dies bedeutet nicht, daß man schon alle Wahrheiten über alle Dinge kennt. Das Verständnis von Wahrheit kann sich ändern und verbessern. Aber die Wahrheit selbst steht, so gesehen, außerhalb des Denkens der Menschen, wie ein Leuchtturm, der den Weg weist.

Zweitens kam damals der Gedanke an eine grundlegende Beziehung auf zwischen dem Wissenden und dem, worüber er etwas weiß, an eine Entsprechung zwischen der Welt draußen und dem Geist drinnen. Die Welt ist im wesentlichen rational, und eben deshalb können wir sie verstehen, da wir Vernunft besitzen. Vielleicht verstehen wir die rationale Welt noch nicht, jedenfalls nicht ganz, vielleicht werden wir sie niemals vollständig verstehen. Aber das ist nicht so, weil die Welt ihrem Wesen nach unverständlich ist, wie die Menschen vor den Griechen gedacht hatten. Es ist so, weil es für uns zu schwer ist, alles über etwas so Kompliziertes wie die Welt zu wissen.

Drittens setzte sich ein neues Modell der Erziehung durch. Immer hatten die Väter ihre Söhne die Regeln ihrer «Kunst» gelehrt und immer die Mütter ihre Töchter die der ihren, und der Staat hatte darauf bestanden, daß alle jungen Untertanen die Regeln für das Zusammenleben im Staat lernten. Wer diese Regeln nicht beherrschte, wurde mit Verbannung oder Tod bestraft. Aber es gab keine Zusammenfassung des Wissens, das gelehrt werden konnte oder das alle jungen Leute lernen sollten. Plötzlich gab es noch etwas Neues, was die Griechen *Paideia* nannten, einen Lehrplan für alle (mit den üblichen Ausnahmen, also Frauen, Sklaven, Ausländern und so weiter), nach dem die Menschen lernen konnten, gute Menschen und gute Bürger zu sein.

Schließlich gab es noch die Idee der Wissenschaft selbst und ihrer jungen Königin, der Mathematik. Die Leidenschaft, mit der die Griechen sich für das Studium aller Dinge, besonders der Mathematik, der Wissenschaft des reinen Denkens, begeisterten, ist zugleich schön und schrecklich. Vielleicht ist die Schönheit selbstverständlich. Der Schrecken erfordert eine Bemerkung. In ihrer ewigen Ruhelosigkeit wurden die Griechen durch das Lernen neuer Dinge neubelebt; sie trugen ihre Gedanken überall hin und erklärten sie weniger ruhelosen Völkern. Sie waren immer Aufrührer; mehr als alles andere gefiel es ihnen, alte Überzeugungen in Frage zu stellen und die alten Werte anderer Völker über den Haufen zu werfen. Das galt besonders für die griechischen Herrscher, die sich unter Alexander in Griechenland einnisteten. Sie wollten Ägypten «modernisieren», obwohl Ägypten sich so viele Jahrhunderte lang so gut bewährt hatte.

Aufruhr ist aufregend, kann aber auch ängstigen. Er stellt die alte, sichere Überzeugung in Frage, wonach man die Dinge besser sich selbst überlassen sollte. Die Menschheit als Ganzes hatte nach dieser Philosophie Tausende von Jahren überlebt, ja geradezu geblüht. Deshalb wurden die Griechen, als sie diese Gabe eines neuen Geistes in der Welt verbreiteten, der alles in Frage stellt und neues Überdenken fördert, nicht von allen freudig aufgenommen.

Die Griechen waren Seeleute und Erkunder. Das Meer war ihnen Heimat. Wie Odysseus machten sie sich in ihren zerbrechlichen Schiffen auf, um die Welt zu sehen, in fernen Ländern Kolonien zu errichten und mit Freund und Feind Handel zu betreiben. Es war deshalb für sie ganz natürlich, sich sozusagen auf einem geistigen Schiff zur Erforschung der unbekannten Meere des Geistes aufzumachen. Mit ihrer einmaligen und unerklärlichen Begabung unternahmen sie dieses Abenteuer immer wieder, fast tausend Jahre lang, von den ersten Regungen der Philosophie in Milet zu Beginn des sechsten Jahrhunderts vor Christus bis zu den Triumphen der alexandrinischen Gelehrten im vierten Jahrhundert nach Christus. Damit hielten sie der Menschheit einen Spiegel vor, der zeigte, wozu sie fähig war.

Wir heute haben eigentlich alle Ähnlichkeit mit diesen alten Griechen. Als Aufrührer und Abenteurer stellen wir alle Traditionen in Frage und versuchen, alle bestehenden Regeln zu verändern.

Kapitel 3: Was die Römer wußten

Homers Odysseus, die mythische Gestalt des Suchenden aus der fernen griechischen Vergangenheit, war zu klassischen Zeiten der Held der griechischen Kultur. Noch im fünften vorchristlichen Jahrhundert waren die Epen Homers mit dem Bildungsgut der Griechen gleichzusetzen. Erst ein Jahrhundert später, unter dem Einfluß von Aristoteles, wurde auch die systematische Beschäftigung mit Geschichte, Philosophie und Natur in das Ideal der *Paideia* aufgenommen. Bis heute ist der Ruhm des Odysseus nicht erloschen.

Odysseus war ein Wanderer, ein Abenteurer, und mit Leidenschaft auf der Suche. In der Gewißheit, daß seine geliebte Penelope immer auf ihn warten würde, erkundete er seltsame Orte, machte er große Eroberungen und verliebte sich in andere Frauen.

Als am Ende des ersten vorchristlichen Jahrhunderts Vergil (70–19 vor Christus) sein großes lateinisches Epos, die ‹Änäis›, schrieb, um die Römer mit ihrer eigenen ruhmreichen Vergangenheit vertraut zu machen und ihnen zu zeigen, was sie als Volk auszeichnete, nahm er sich Odysseus zum Vorbild. Auch sein Held Äneas ist ein Suchender. Aber mit welchem Unterschied!

Im Vergleich mit Odysseus ist Äneas ein Stubenhocker. Als aus Troja, seiner alten Heimat, Vertriebener ist er gezwungen, auf der Suche nach einer neuen Heimat über die Meere zu fahren. Ihm ist Italien als Heimat bestimmt, wo er sich nach langer Suche niederläßt, eine Einheimische heiratet (seine erste Frau überlebte den Brand seiner Heimatstadt nicht) und eine neue Gemeinschaft trojanischer Exilanten gründet. Er hörte nie auf, sein trauriges Schicksal zu beklagen. Er ist widerstrebender Suchender. Seine Heimat ist, wie für die meisten Römer – anders als für die Griechen – dort, wo sein Herz ist.

Äneas floh in mythischen Zeiten vor den brennenden Türmen Iliums – etwa um 1150 vor Christus. Er führte bei seiner Flucht seinen kleinen Sohn an der Hand und trug seinen alten Vater auf den Schultern, der die Penaten, die Schutzgötter seines Hauses und seiner Stadt (in Form kleiner Tonfiguren) umklammerte. Nach Vergil suchte er sieben Jahre lang im östlichen Mittelmeer nach einem Ort, an dem er und seine Gefährten eine neue Heimat für ihre Götter finden könnten. An der Nordküste Afrikas bot Dido, die mythische Gründerin und Königin von Karthago, sich selbst und ihr

Königtum dem wandernden Exilanten an. Der aber verschmähte sie, getrieben von seinem Schicksal und dem Willen Jupiters. Ein letztes Mal floh er über das Mittelmeer, um in Latium an der Westküste Italiens, in der Nähe der Mündung des Tiber, an Land zu gehen. Dort fand er einen freundlichen König, Latinus, den Herrscher eines Stammes der Latiner. Latinus hatte eine Tochter, Lavinia, die er Äneas zur Frau gab. Turnus, der sie geliebt hatte, war eifersüchtig, und es kam zum Krieg zwischen Äneas und Turnus. Als Äneas endlich siegreich war, hatte er für sich, seine Gefährten und seine Götter eine neue Heimat gefunden.

Äneas war nicht der Gründer Roms, denn Rom entstand erst Jahrhunderte später. Der Geschichte zufolge sollte Rhea Silvia, die Tochter Numitors, des letzten Albanerkönigs Latiums, als Vestalin immer Jungfrau bleiben; sie wurde jedoch von Mars, dem Kriegsgott, verführt und gebar ihm die Zwillinge Romulus und Remus. Ein neuer König, der Numitors Thron usurpiert hatte, befahl, die Kinder im Tiber zu ertränken. Wunderbarerweise aber wurden sie gerettet und von einer Wölfin gestillt, bis der Schafhirte des Königs, Faustulus, die Kinder in einem Dickicht fand und sie aufzog. Schließlich wurden sie als die erkannt, die sie waren; sie beschlossen, eine Stadt zu gründen, in der sie vor dem Zorn der Nachkommen des Thronräubers sicher sein könnten.

Aber es kam zwischen ihnen zu einem Streit, bei dem Remus getötet wurde; deshalb gilt Romulus allein als Gründer der Stadt am Tiber, die seinen Namen trägt. Das traditionelle Gründungsdatum ist 753 vor Christus, aber heutige Archäologen meinen, es sei wohl früher zu datieren. Zunächst machte Romulus auf der Suche nach Bewohnern die neue Ansiedlung zu einer Zufluchtstätte für entlaufene Sklaven und Mörder. In der unwirtlichen neuen Stadt lebten bald viele Männer, aber nur wenige Frauen. Mit einer List entführten die römischen Junggesellen die Frauen ihrer Nachbarn. Dieser Raub der Sabinerinnen führte zu einem weiteren Krieg, dem rasch Frieden folgte. Bald bildeten Römer und Sabiner gemeinsam unter der Herrschaft von Romulus einen neuen Staat. Nach dem Tod und der Apotheose des Romulus wurde Rom von den Etruskern beherrscht, die aus dem nördlich und östlich von Rom gelegenen Etrurien (der heutigen Toskana) kamen. Die etruskischen Könige hatten mehr Interesse an ihren glänzenden alten Städten Tarquinia, Volterra und Cortona und schenkten der Grenzsiedlung an der Tibermündung wenig Aufmerksamkeit. Um 500 vor Christus erhoben sich die Römer und erklärten nach einem schweren Kampf ihre

Unabhängigkeit. Daraufhin bildeten sie eine Republik, die im Altertum wegen ihrer Tüchtigkeit und Gerechtigkeit und ihrer Langlebigkeit berühmt war.

Das Motto des Staates war *Senatus Populusque Romanus*, Senat und Volk von Rom. (Die berühmte Abkürzung SPQR ist heute noch überall in Rom zu finden.) Die Ursprünge des Senats verlieren sich im Nebel der Vergangenheit. Der Senat, eine Gruppe von Beratern aus den Familien der Patrizier, ist älter als der Umsturz der Monarchie 509 vor Christus. Auch unter der Republik behielt der Senat seine Ratgeberrolle bei und beriet die Konsuln, gewählte Beamte, bei den Regierungsaufgaben. Zunächst bestand das «Volk» aus nur wenigen der wohlhabendsten und mächtigsten Bürger. Trotzdem täuschte die Republik eine Partnerschaft zwischen dem Senat und dem Volk nicht nur vor. Im Lauf der Jahrhunderte wurden die Bürgerrechte und damit die tatsächliche Regierungsgewalt immer mehr Menschen übertragen. Zur römischen Regierung gehörten außerdem die sogenannten Tribunen, Vertreter des gewöhnlichen Volks, die von Zeit zu Zeit in Konflikt mit den Konsuln gerieten. Diese Streitereien wurden aber gewöhnlich friedlich beigelegt, denn die führenden Männer Roms wußten wohl, wie sehr die Macht und der Wohlstand des Staatswesens von den gewöhnlichen Menschen, auch den Armen und selbst den Sklaven abhing.

Diese sich bewährende Partnerschaft könnte ihr Vorbild im griechischen Stadtstaat gehabt haben. Sparta hatte ursprünglich eine ähnliche Verfassung, ebenso Korinth. Aber die griechischen Städte rangen immer mit der Frage, ob sie die Regierung vielen (Demokratie) oder wenigen (Oligarchie) übertragen sollten. Die römische Republik entschloß sich letztlich dafür, beiden die Herrschaft zu geben. Wie so viele Anlehnungen an griechische Gedanken war dies ein pragmatischer und sehr erfolgreicher Kompromiß. Im vierten vorchristlichen Jahrhundert beherrschten die ruhelosen Griechen den größten Teil der Welt am östlichen Mittelmeer, durch den Äneas und seine Männer geirrt waren. Sie erkundeten das Land, trieben überall Handel und eroberten unter Alexander dem Großen, dem außergewöhnlichen Schüler des Aristoteles, Ägypten und den Osten; die alten Reiche fielen wie reifes Getreide vor der Sichel.

Alexander starb 323 vor Christus, erst 32jährig, in Babylon, das er zur Hauptstadt seines Reiches hatte machen wollen. Er war mit seinem Heer von Makedonien aus durch Thrakien hindurch an den Bosporus gezogen, dann nach Susa und Persepolis, das er verbrannte, dann nach Samarkand, also tief nach Asien hinein, und durch das

Tal des Indus ans Arabische Meer, dann wieder zurück nach Persepolis und schließlich nach Babylon. Er hatte in zehn Jahren etwa fünfzehntausend Kilometer zurückgelegt und drei Reiche erobert, Ägypten, Persien und Indien.

Als er starb, hatte die weltliche Macht der Griechen einen Höhepunkt erreicht; ohne ihren genialen Führer schwand sie aber bald dahin. Doch sie nahm langsam ab, denn zunächst gab es nichts, was ihren Platz hätte einnehmen können. Auch die Römer waren damals mit ihren eigenen Problemen beschäftigt. Nicht Griechenland, sondern Karthago, die bevölkerungsreiche Stadt an einer Bucht im Nordosten des modernen Tunis, war der mächtige frühe Rivale von Rom. Phönizische Kolonisten aus Tyrus hatten Karthago wenig später als Rom gegründet; die Stadt (phönizisch *neue Stadt*) wurde von einem Volk bewohnt, das die Römer *Poeni* nannten, wovon sich das Adjektiv *punisch* herleitet. Die Römer und Karthager kämpften in drei punischen Kriegen um die Vorherrschaft, was das Wachstum beider in den Jahren etwa zwischen 250 und 150 vor Christus verzögerte. Karthago wurde zum ersten Mal im Jahr 201 eingenommen, als Scipio Africanus den legendären General Hannibal in den Ebenen von Zama im Norden Tunesiens besiegte. Aber Karthago wurde wieder aufgebaut. Kurz darauf, bei der endgültigen Zerstörung im Jahr 146, wurden die Stadtmauern eingerissen und Salz auf das Land gestreut.

Als seine westliche Flanke gesichert war, wandte Rom seine Aufmerksamkeit dem Osten zu. Die letzten Jahrzehnte dieses Jahrhunderts brachten dann das Ende der griechischen Vorherrschaft im östlichen Mittelmeer. Von da an sind griechische und römische Geschichte untrennbar. Die folgenden drei Jahrhunderte etwa von 150 vor bis 150 nach Christus sahen die Blütezeit der klassischen Kultur und stellen einen Höhepunkt dar, wie ihn das Abendland bis nach der Entdeckung der Neuen Welt nicht wieder erreicht hat. In den ersten hundert Jahren eroberten die Römer fast ungehindert immer mehr Reiche. Gelegentlich wurde das römische Leben durch regionale Bürgerkriege gestört, aber die territoriale Einheit, die später *Imperium romanum* genannt wurde, wuchs weiter, bis sie zur Zeit Christi das meiste von dem umfaßte, was die Römer «die Welt» nannten. (Natürlich gehörten weder Indien, China oder Japan noch die unentdeckten Kontinente Süd- und Nordamerika und Australien dazu.)

Die römische Republik fand in dieser Zeit ihr Ende, aber sie war schon seit langem geschwächt. Julius Cäsar und der spätere Kaiser

Augustus haben ihre Auflösung nur beschleunigt. Augustus (63 vor bis 14 nach Christus) versuchte sogar, während seiner langen Regierungszeit als römischer Kaiser (30 vor bis 14 nach Christus), die Republik wiederherzustellen. Er behielt sich zwar die letzte Macht vor, teilte aber die Verwaltungsaufgaben mit dem Senat, den Konsuln und den Tribunen, die weiterhin gewählt wurden. Er hatte damit praktisch die oberste Exekutive, während andere die Durchführung mit ihm teilten. Seine Nachfolger verwandelten diese teilweise liberale Regierung in einen totalitären Staat.

Als Augustus im Jahr 14 nach Christus starb, erstreckte sich das Reich vom heutigen Belgien fast ohne Unterbrechung nach Osten bis zum heutigen Syrien, von da nach Süden bis Ägypten, nach Westen entlang der Küste Nordafrikas bis zum heutigen Algerien, über das Meer nach Spanien und wieder nach Norden bis Belgien. Im folgenden Jahrhundert kamen weitere Länder dazu: Britannien, Mauretanien (das moderne Marokko), der größte Teil des heutigen Deutschlands westlich des Rheins, Dakien und Thrakien (heute Rumänien und Bulgarien), die reichen Länder östlich des Schwarzen Meeres (Armenien, Assyrien, Mesopotamien und Kapadozien) und der an Judäa und Ägypten angrenzende Teil der arabischen Halbinsel.

Die Regentschaft des Kaisers Trajan (98–117) fiel mit dem Höhepunkt der römischen Landmacht zusammen. Bis zu dieser Zeit hatte es die *limites*, die Grenzen Roms, nur im Kopf und nach dem Willen der Soldaten gegeben, die ihr Lager nach Belieben in Wüsten oder Wäldern, an Flußufern und Meeresküsten aufschlugen und keine Grenzen als solche akzeptierten, weil schon der Gedanke an Grenzen nahelegte, daß es auf der anderen Seite etwas Beständiges und Dauerhaftes gab. Trajan und sein Nachfolger Hadrian wandelten die *limites* in eine Reihe von Steinwällen und Festungen um, die die Römer vor Gefahren von außen schützten, sie aber in gewisser Weise auch einschlossen. Hadrian beschloß außerdem, Ländereien im Osten aufzugeben; von da an gaben die Römer insgesamt mehr Land auf, als sie eroberten.

Edward Gibbon (1737–1794), der Verfasser der sechsbändigen ‹Geschichte des Verfalls und Untergangs des römischen Reiches› (1776–1788) meint, zur Zeit der Antoninen, also in den 82 Jahren von der Thronbesteigung Trajans bis zum Tod von Marcus Aurelius im Jahr 180, sei der Höhepunkt nicht nur der römischen, sondern der Weltgeschichte überhaupt erreicht worden. Von den vier Männern, die nacheinander regierten, war Antoninus Pius, der im Jahr

138 Nachfolger Hadrians wurde und vor seinem Tode 161 Marcus Aurelius zu seinem Nachfolger ernannte, wohl der glücklichste, obwohl alle auf ihre Weise Glück hatten.

Die 23 Jahre, in denen Antoninus Pius das Reich beherrschte, sind fast ein leeres Blatt der Geschichte, weil es so wenige und zudem kurze Kriege gab, so wenig Schwierigkeiten mit dem Ausland, so selten Hader im Inneren, und weil Menschen aller Stände glücklich und wohlhabend waren. Vor allem befolgte Antoninus, ein bescheidener und intelligenter Mann, die Gesetze so, als ob er nicht ein allmächtiger Tyrann wäre, sondern ein einfacher Bürger. Marcus Aurelius (121–180), dessen ‹Meditationes› für uns einer der großen Schätze des Altertums sind, meinte, es sei ein unvergleichlicher Vorzug, während dieser Jahre gelebt zu haben und die Zügel der Macht von «diesem Mann», seinem Adoptivvater, erhalten zu haben. Leider konnte Mark Aurel bei all seiner Brillanz den Zusammenhalt des Reiches nicht so gut wahren wie sein Vorgänger. Gibbon hat vermutlich recht, wenn er sein Todesjahr 180 als den Anfang vom Ende des Römischen Reichs sieht.

Die von Romulus gegründete Stadt am Tiber sollte noch drei weitere Jahrhunderte der nominelle Herrscher der bekannten Welt bleiben; auch blieb sie weitere fünfzehn Jahrhunderte lang ein Mittelpunkt der abendländischen Kultur. (Im Mittelalter gab es eine Unterbrechung, als Ziegen das Gras auf dem Kapitol fraßen und Hadrians großes Grab am Fluß von den Päpsten in eine Festung verwandelt wurde, von der aus sie die hungernde Bevölkerung in Schach hielten.) Aber diese letzten Jahre der Regierung Roms waren im wesentlichen der erbarmungslose Untergang des Abendlandes, wie Oswald Spengler (1880–1936) es nannte. Die Grenzen wurden immer weiter zurückgezogen, die Barbaren plünderten die Städte, auch Rom, und die Zentren von Kultur, Macht und Ehrgeiz waren weit verstreut. Im fünften Jahrhundert wurde das Reich geteilt; das Westreich wurde nicht von Rom, sondern von Ravenna aus regiert, das Ostreich von Konstantinopel (dem heutigen Istanbul) aus. Noch drei Jahrhunderte nach seiner Gründung wurde im Ostreich Lateinisch gesprochen, und auch die römischen Einrichtungen hatten dort Bestand. Um 750 herum begann man jedoch in Konstantinopel, Griechisch zu sprechen und zu schreiben. So hatten die Griechen nach fast tausend Jahren schließlich den Krieg gewonnen, obwohl sie alle Schlachten verloren hatten.

Griechische Theorie, römische Praxis

Jeder Besuch eines Museums der Antike zeigt, welchen ungeheuren Einfluß die Kultur der Griechen auf die Völker der italienischen Halbinsel hatte. Selbst die Kultur der Italer, die noch älter ist als die etruskische, war anscheinend von den Griechen beeinflußt. Kunst und Religion der Etrusker unterschieden sich deutlich von der der Griechen; als die Römer im vierten und dritten vorchristlichen Jahrhundert Etrurien eroberten, gerieten auch sie bald unter den Einfluß griechischer Gedanken, Vorstellungen und Weltanschauungen. Die Römer gaben den griechischen Göttern neue Namen und machten sie so zu ihren eigenen. Aus Zeus wurde Jupiter, aus Athena Minerva, aus Artemis Diana. Apollo behielt seinen Namen. Die Römer übernahmen auch das griechische Alphabet, diese großartige Erfindung, die ihnen für ihre Sprache so gut diente wie den Griechen für die ihre. Dies gilt bis heute, auch wenn sich die Form einiger Buchstaben im Lauf der Zeit verändert hat. Die Römer übernahmen die Kriegsordnung der Babylonier und die Stahlwaffen und Rüstung der Spartaner und besiegten damit alle ihre Feinde. Sie lernten von griechischen Autoren Dichtkunst und Drama, sie studierten die griechische Philosophie (ohne die Feinheiten zu verstehen, weil, so sagt man, der lateinischen Sprache die Ausdrucksfähigkeit der griechischen fehlt), und sie ahmten die griechische Bildhauerkunst nach. Sogar das häusliche Leben zeigt, wie fasziniert die Römer von der griechischen Lebensart waren; viele Römer gaben ihr den Vorzug vor der traditionell römischen.

Andere Römer dagegen zogen die Grenze dort, wo es um die griechische Lebensweise ging. Sie hatten nichts gegen die Lektüre der Dialoge Platons oder zumindest gegen die Erläuterungen seiner Texte durch einen Römer wie Cicero einzuwenden. Man konnte auch einen griechischen Bildhauer beauftragen, eine Statue des klassischen Griechenlands zu kopieren, um damit eine Ecke des Gartens oder ein Grab zu schmücken. Man konnte über die Komödien des Plautus und Terenz lachen oder sich bei den ebenfalls in der griechischen Tradition geschriebenen Tragödien des Seneca gruseln. Auch war es in Ordnung, wenn man Form und Gestalt der griechischen Töpferware und der griechischen Münzen nachahmte. Aber wenn es um die Lebensweise der Griechen ging, erhoben Menschen wie Cato der Zensor (234–149 vor Christus) entschieden Einwände. Cato war 184 zu einem der beiden Zensoren gewählt worden, die unter anderem als Sittenrichter ein Aufsichtsrecht hatten. Ihm lag daran, alte römische Bräuche zu bewahren, und er versuchte, den griechischen Einfluß zu unterdrücken, weil er meinte, die gute alte Moral der Römer würde dadurch untergraben. Er hielt die meisten, wenn nicht alle Griechen für schwach, leichtlebig und unmoralisch, insbesondere in sexuellen Fragen. Cato machte ihren üppigen Lebensstil und ihren zynischen Mangel an Glauben an religiöse und moralische Verhaltensvorschriften für ihre Niederlage gegen die Römer verantwortlich und meinte, diese Lebensweise könne, wenn sie sich verbreitete, zum Sieg der Barbaren über das römische Heer führen.

Eines der beherrschendsten Kennzeichen des alten Rom war die Zwiespältigkeit, die die Römer Griechenland gegenüber spürten. Die Römer fühlten sich einerseits zu griechischen Ideen hingezogen und andererseits durch Warnungen wie denen Catos von ihnen abgeschreckt. Sie bewunderten die Eleganz und die Raffinesse, den Geschmack und den Charme der Griechen – und fürchteten sie zugleich. Ähnliche Ambivalenzen kennzeichnen auch andere Epochen. Die Engländer waren das ganze achtzehnte Jahrhundert über von den Franzosen fasziniert, aber diese Faszination verhinderte nicht, daß die beiden Länder sich fast permanent bekriegten. Auch hinderte sie die englischen Moralisten nicht daran, ihre sehr ernstgemeinte Mißbilligung französischen Verhaltens zu äußern. Der englische Gentleman wiederum war im Jahrzehnt vor dem ersten Weltkrieg das Vorbild für die deutsche Oberklasse. Heute spüren Amerikaner eine ähnliche Ambivalenz gegenüber vielem, was aus Japan kommt.

Eine Ursache der Faszination, die die griechische Lebensweise auf die Römer ausübte, war das fast völlige Fehlen einer eigenen römischen Kultur. In den tausend Jahren der römischen Geschichte entstand kaum ein einziges wirklich römisches Kunstwerk, das nicht auf Vorbilder zurückzuführen oder eine Nachahmung war. Dem römischen Leben der Kaiserzeit fehlte es dabei keineswegs an Eleganz oder Stil. Schließlich waren ja die Griechen die Lehrmeister der Lebenskunst gewesen. Wichtiger noch, die Römer trugen zu diesem seltsamen Gemisch unterschiedlicher, sich ergänzender Kulturen einige höchst wichtige Gedanken bei, die sie *nicht* von den Griechen gelernt hatten und die sogar im Widerspruch zu dem standen, was die meisten Griechen glaubten.

In gewisser Weise läßt sich die Frage nach dem, was die Römer wußten, leicht beantworten. Das meiste, was sie wußten, hatten sie von den Griechen gelernt; die Römer wußten, was die Griechen wußten. Aber es gab auch einiges, was die Griechen niemals erfahren hatten. Vielleicht haben den Römern vor allem diese Dinge geholfen, die Griechen zu besiegen, wann immer sie sie bekämpften. Bei all ihrer Brillanz, und vielleicht gerade deswegen, waren die Griechen selten praktische Menschen gewesen. Sie waren eigentlich immer Umstürzler, gingen gerne Risiken ein, suchten fieberhaft in allem das Neue und ließen das Alte einfach deswegen fallen, weil es alt war, und nicht unbedingt, weil es schlecht war. Die Römer dagegen waren immer und gewohnheitsmäßig pragmatisch. Ihre Praxisbezogenheit zeigte sich auf viele Weisen. Sie verwässerten die großen griechischen Philosophien und machten sie dadurch der Menge schmackhaft. Sie reduzierten die *paideia*, das edle und komplexe, von Aristoteles und anderen entwickelte griechische Erziehungssystem, auf einen Kurs in Rhetorik, weil der Erfolg im Geschäftsleben und in der Politik auf der Kunst beruhte, überzeugende Reden zu halten. Modern ausgedrückt: Diese Sicht führte zur Reduktion der Bildung auf die Berufsausbildung. Die Römer verwandelten auch den griechischen Begriff unvergänglichen Ruhms zu einem der vergänglichen Ehre und machten es sich zur Gewohnheit, ihre Kaiser als lebende Götter zu verehren, damit wurde der Unterschied zwischen Ehre und Ruhm weiter verwischt. Schließlich verwandelte der Triumph des Augustus die glorreiche, aber letztlich nicht regierbare Republik in ein eher langweiliges, aber gefährliches, effizientes totalitäres Reich.

Allen diesen Veränderungen lag eine sehr wichtige römische Überzeugung zugrunde: Ein großer Gedanke, der sich nicht bewährt, ist weniger wertvoll als ein kleinerer, der sich bewährt. Auf diesem Prinzip bauten die Römer ein Reich auf, das eintausend Jahre lang Bestand hatte.

Recht, Bürgerschaft und Straßen

Das große Ziel der griechischen Philosophen war es, abstrakte Grundsätze der Gerechtigkeit zu finden. Sokrates, Platon, Aristoteles und andere haben viel zu dieser für das Denken des Abendlandes außerordentlich einflußreichen Suche beigetragen. Sonst hat sehr wenig vom griechischen Recht überlebt, weder seine Statuten noch die Verfahren. Das beruht teilweise darauf, daß jeder Stadtstaat einen eigenen Regelkodex hatte; die griechische Nation hat niemals so etwas wie ein gemeinsames Gesetz gekannt, auch nicht zur hellenistischen Zeit. Im Gegensatz dazu wurde das römische Gesetz um 450 vor Christus in den «Zwölf Tafeln» kodifiziert; es blieb geltendes Recht im Westreich bis zum Einfall der Barbaren im fünften Jahrhundert und im Ostreich bis zu seinem Untergang 1453; der Einfluß des römischen Rechts läßt sich heute noch in fast allen Gesetzesbüchern der westlichen Welt aufspüren.

Die Römer hatten immer eine glühende Achtung vor dem Gesetz und liebten ihre alten Gesetze und Gebräuche, die sie als «Herzblut des Staates» betrachteten. Sie beschäftigten sich auch eifrig damit und waren immer bestrebt, ihre Rechtsprechung zu verbessern. Das galt insbesondere während der zwei Jahrhunderte nach dem Sieg über Karthago 146 vor Christus, als Rom in kurzer Zeit viele große Eroberungen machte. Die Römer führten bei allen von ihnen beherrschten Völkern ihre Gesetze ein und vermittelten ihnen ihre Rechtsauffassung. In den ruhmreichsten Tagen des Römischen Reiches galt folglich für alle Menschen, von Britannien bis Ägypten, von Spanien bis zum Schwarzen Meer, dasselbe Recht. Die Gesetze waren auf zwölf zunächst hölzerne, später bronzene Tafeln geschrieben, die als öffentliches Eigentum auf dem Forum in Rom aufgestellt waren. Jeder Bürger konnte sich auf sie berufen. John Locke sagte zweitausend Jahre später, das Zwölftafelgesetz sei «eine feststehende und ewige sittliche Norm, die sich durch Vernunft selbst offenbart» habe; diese Norm galt für jedermann, ob groß oder klein, reich oder arm. Die römischen Legionen führten Kopien dieser Tafeln mit sich und stellten sie in eroberten Städten auf, so daß die Besiegten erfahren konnten, welches Volk sie besiegt hatte.

Das römische Recht war komplex und genial, aber die Römer verloren niemals aus den Augen, daß es das Leben gewöhnlicher Sterblicher regeln sollte. Deshalb gehörten privatrechtliche Regelungen der Nachfolge und Erbschaft dazu, Schuldverpflichtungen (auch Verträge) und Eigentums-, Besitz- und Personenrechte (die die Familie, die Sklaven und das Bürgerrecht betrafen). Ursprünglich waren diese Gesetze leicht verständlich, wie das römische Gerichtsverfahren überhaupt.

Der Umfang des römischen Rechtswesens war bis zum Ende des fünften Jahrhunderts gewaltig angewachsen. Man hatte viele Versuche gemacht, es zu vereinfachen, aber alle waren erfolglos geblieben, was zum Teil daran lag, daß das System bei den Millionen römischer Bürger überall in der Welt so erfolgreich war. Im Jahr 529 erließ schließlich der in Konstantinopel regierende Kaiser Justinian (517–565) den berühmten ‹Codex Constitutionum›, der zur Hauptquelle und größten Autorität des römischen Rechts wurde. Von da an hatte kein Gesetz Gültigkeit, das nicht in diesen Kodex aufgenommen wurde. Der ‹Corpus Juris Civilis Justinianis› blieb über tausend Jahre lang gültig und bildet in vielen europäischen Staaten und auch im US-Staat Louisiana noch heute die Grundlage der Jurisprudenz. Er ist das größte Vermächtnis, das Rom der Rechtsgeschichte machte.

Die Griechen hatten unter der Führung Alexanders, dieses einmaligen militärischen Genies, außerordentlich erfolgreich ehemals mächtige Reiche erobert. Aber diese Eroberungen waren nicht von Dauer. Alexander hatte von seinem Lehrer Aristoteles gelernt, die Barbaren als den Griechen unterlegen zu sehen; für Griechen kamen sie weder als Ehefrauen in Betracht, noch traute man ihnen die Mitsprache bei der Regierung des eroberten Staates zu. Alexander, als Makedonier kein reiner Grieche, sondern selbst ein wenig Barbar, erkannte diesen Irrtum und heiratete Roxana, die Tochter des baktrischen Königs Oxyartes, also eine Barbarin. Er drängte auch seine Generäle, Frauen zu heiraten, die Barbarinnen waren.

Nach dem Tod Alexanders, den Roxana nicht lange überlebte, wurde die traditionelle griechische Exklusivität wieder zur Regel. Aber die griechischen Herrscher in Alexanders Reich waren dekadent, eitel, ehrgeizig und hatten Angst vor den von ihnen beherrschten Völkern. Ihre Herrschaftstheorien mochten logisch sein, im wirklichen Leben bewährten sie sich meistens nicht.

Die Römer brauchten mehr als drei Jahrhunderte, bis sie gelernt hatten, wie sich eroberte Völker am besten beherrschen lassen. Als sie sich in den Jahren nach der Gründung der Republik und der endgültigen Niederlage Karthagos über die ganze italienische Halbinsel ausgebreitet hatten, eroberten sie all ihre Nachbarn und gliederten ihre Länder in das Römische Reich ein. Zunächst versuchten sie, die besiegten Völker zu Sklaven zu machen.

Diese Sklaven arbeiteten weder gut noch bereitwillig, denn sie wollten auch als Besiegte frei bleiben. Die praktisch denkenden Römer beschlossen daraufhin, sich die nötigen Sklaven woanders zu suchen und die Italer zu Bürgern zu machen. Auf einen Streich wurden die unterworfenen Völker Italiens Römer mit allen oder doch den meisten der Vorrechte, die dieser Titel mit sich brachte. Selbst der ärmste römische Bürger erhielt Land zum Bestellen und zum Bebauen, wenn er sich für eine feste Zeit (gewöhnlich zwanzig Jahre) verpflichtete, dem Senat zu dienen. Falls er in einer Stadt lebte, wurde ihm eine tägliche Getreideration zugebilligt, und wenn er an einem sonnigen Nachmittag nichts Besseres zu tun hatte, konnte er sich im Zirkus ein Wagenrennen ansehen – der Eintritt war frei – oder, ebenfalls umsonst, die Arena besuchen, wo die Gladiatoren kämpften und die Christen litten. Kein Mann war besser als ein anderer, obwohl natürlich einige reicher, manche sogar sehr viel reicher waren als andere. Im Grunde fühlte sich jeder römische Bürger jedem anderen römischen Bürger ebenbürtig. *Civis romanus* war ein erstrebenswerter Titel – für alle Menschen, überall in der Welt. In Spanien, in Nordafrika, in jenen Teilen des alten persischen Reichs, die die Griechen fast kampflos räumten, in Ägypten, überall legten ganze Armeen ihre Waffen nieder und baten darum, römische Bürger sein zu dürfen. Selten verweigerten die Sieger diese Bitte. Die Verleihung der Bürgerschaft kostete wenig. Warum sollte man sie vorenthalten, wenn das den Sieg erleichterte? Dies ist ein ausgezeichnetes Beispiel für den praktischen Sinn der Römer.

Und dann gab es die römischen Straßen. Die Griechen waren immer bewundernswerte Seefahrer und unternehmungslustige Kaufleute gewesen. Aber ihr Reich hatte niemals weit ins Binnenland gereicht, wenn man vom alten persischen Reich absieht, dessen Königsstraßen sie geerbt hatten. Die Griechen haben die Bedeutung von Straßen anscheinend niemals erkannt. Ihr Reich fiel rasch auseinander, weil in ihm Verständigungsmöglichkeiten fehlten.

Die Römer dagegen kannten sich mit Straßen aus. Sie wußten, wo und wie sie gebaut werden mußten und wie sie dauerhaft gemacht werden konnten. Die Haltbarkeit der römischen Straßen ist legendär. Heute noch gibt es Hunderte von Kilometern römischer Straßen, die zwanzig Jahrhunderte lang stets in Benutzung waren. Auf der Via Appia beispielsweise, die von Rom aus südlich nach Neapel und Brindisi führt, fahren heute Autos.

Es hat natürlich immer Straßen gegeben. Die griechischen Kolonisten in Süditalien bauten ein Netzwerk schmaler Wege, und die Etrusker schufen in der Toskana Straßen. Vermutlich haben die Römer von ihnen viel über guten Straßenbau gelernt. Aber wie gewohnt verbesserten die Römer die bestehenden Vorbilder, weil sie es einfach genial verstanden, sich gute Ideen anderer zunutze zu machen. Die hastig gebauten griechischen Straßen mußten immerzu ausgebessert und instand gehalten werden. Die römischen Straßen brauchten wenig Pflege. Etruskische Straßen richteten sich weitgehend nach dem Gelände. Die römischen Straßen waren so gerade wie möglich, führten, wenn nötig, über Berge, überspannten

Schluchten, überquerten Flüsse und gruben sich durch natürliche Grenzen hindurch. Mit der zähen Hartnäckigkeit, die alles auszeichnete, was die Römer taten, gruben sie tief, schufen Drainagen, indem sie den Straßengraben mit Sand, Kies und zermalmtem Gestein füllten, und legten behauene Steinblöcke darauf, die so gut paßten, daß sie sich unter den Füßen der Menschen, der Pferde oder unter Wagenrädern nicht verschieben konnten. Wo diese Steinblöcke liegen blieben und nicht für andere Bauten verwendet wurden, wie es im Lauf der Jahrhunderte meistens geschah, bilden sie oft noch heute das Straßenbett.

Die erste der wichtigen römischen Straßen war die Via Appia, mit deren Bau der blinde Konsul Appius Claudius um 312 vor Christus begann. Diese später nach ihrem Erbauer benannte Straße war viele Jahre lang die einzige Straße ihrer Art. Um den militärischen Anforderungen des zweiten punischen Krieges am Ende des zweiten vorchristlichen Jahrhunderts zu genügen, wurden weitere Straßen gebaut, so an der Küste entlang von Rom nach Genua, über die Berge nach Ravenna, entlang der Adria und selbst über den *Limes* hinweg, denn es erwies sich als ebenso nützlich, ein erobertes Volk den Straßenbau zu lehren, wie es war, ihnen Gesetze zu geben oder das Bürgerrecht zu verleihen. Zur Zeit von Trajan im ersten nachchristlichen Jahrhundert gab es Tausende von Kilometern römischer Straßen, auf denen der Verkehr floß, der wiederum den Austausch von Gütern und Informationen ermöglichte.

Ein anderes Beispiel dafür, wie die Römer sich etwas aneigneten und in die Praxis umsetzten, war der gemauerte Bogen. Er war sowohl in Ägypten als auch in Griechenland bekannt gewesen, wo man ihn für kleine, meist dekorative Zwecke eingesetzt hatte, nicht aber für die Monumentalarchitektur. Die Ägypter und die Griechen zogen als Tempel oder Gerichtshäuser rechtwinklige Gebäude vor. Die Römer verwendeten den Bogen nicht nur für Tempel und Markthallen, sondern auch für Brücken und Wasserleitungen. Aquädukte waren besonders wichtig. Die Ebene Latiums ist trocken, und das wachsende Rom hatte seinen Frischwasservorrat bald erschöpft. Als Aquädukte Wasser von den fernen Bergen brachten, gab es für die Einwohner Roms keine Beschränkungen mehr. Unter Trajan hatte Rom über eine Million Einwohner und war damit eine der größten Städte der Welt. Später wurden Aquädukte gebaut, die alle Städte des Reichs, die nicht genügend Grundwasser hatten, mit Wasser versorgen konnten. Viele Überreste römischer Wasserleitungen erinnern uns noch heute an die praktische Begabung der Römer.

Lukrez

Am besten läßt sich das Wissen der Römer wohl erfassen, wenn man die römische Fassung einiger wichtiger griechischer Gedanken mit der ursprünglichen vergleicht. Dabei können uns vier römische Schriftsteller den Weg weisen.

Titus Lucretius Carus wurde 95 vor Christus geboren und starb 52 oder 51 vor Christus. Aufgrund einer rätselhaften Bemerkung in einem alten Text meint man, er habe Selbstmord begangen. Da er sein Epos ‹De rerum naturum› im Jahr 58 einem Freund widmete, muß es schon damals eine Fassung des Werks gegeben haben, aber das Werk wurde niemals vollendet. ‹De rerum naturum› ist eine außerordentlich seltsame Dichtung. Als philosophische Abhandlung ist sie zugleich äußerst schön. Es geht darin um die Physik, aber das Buch enthält tiefe Weisheiten über das menschliche Leben. Es ist dem «Genuß» gewidmet, aber es hinterläßt bei den Lesern den Eindruck, daß Glück auf der Tugend der Mäßigung beruht. Lukrez war ein gläubiger Anhänger des griechischen Philosophen Epikur (341–270 vor Christus), der in Samos geboren worden war und die zweite Hälfte seines Lebens in Athen verbrachte. Dort richtete Epikur in einem ummauerten Garten eine informelle Schule ein, die einfach als Garten bezeichnet wurde. Die Schule nahm auch Frauen und mindestens einen Sklaven auf. Epikur behauptete, das höchste Gut sei das Glück. Mit Glück hat er wohl vor allem die Freiheit von Schmerz gemeint; ein Leben ohne Schmerz, Sorgen und Angst würde so, wie der Mensch beschaffen ist, unvermeidlich glücklich sein. Wer Schmerz vermeiden will, mußte nach Meinung «jener vom Garten» vermeiden, in die Politik zu gehen. Epikur sagte, es sei so schwierig, im öffentlichen Leben glücklich zu sein, daß jedem zu raten sei, sich ganz davon zurückziehen. Das Leben im Garten war einfach. Das bevorzugte Getränk war Wasser und die Hauptnahrung Gerstenbrot.

Epikur hatte als junger Mann bei Demokrit studiert und war folglich ein überzeugter Anhänger der Atomtheorie. Er schrieb 37 Bücher über die Natur und die Physik, in denen er die Atomlehre vertrat. Von seinem Werk ist fast nichts erhalten geblieben. Er verfaßte auch feinfühlige Briefe, von denen einige erhalten sind, an seine Freunde. In ihnen drängt er sie, ein Leben der Einfachheit, Gelassenheit und moralischen Aufrichtigkeit zu führen. In späteren Jahrhunderten wurde das «Glück» des Epikur als «Genuß» gedeutet, und damit erhielt das Wort Epikureismus den negativen Klang, die es bis heute hat. Lukrez gab mit seinem bewundernden Loblied auf Epikur seinen glühenden Wunsch kund, daß dieser Genuß oder dieses Glück auf der Tugend der Tüchtigkeit beruhen möge und der Lohn für ein tugendhaftes Leben sei.

Lukrez wurde auch von den Lehren eines anderen griechischen Philosophen beeinflußt, nämlich von denen des Stoikers Zeno (etwa 335–263 vor Christus), eines Zeitgenossen Epikurs. Zeno gründete in Athen in der ersten Hälfte des dritten vorchristlichen Jahrhunderts eine Schule. Er lehrte seine Schüler in der Stoa Poikile, unter gemalten Säulen also, und daher rührt der Name seiner Philosophie. Der Stoizismus lehrte, daß Glück in der Unterordnung des Willens unter die göttliche Vernunft besteht, die das Weltall beherrscht. Ein Mensch ist glücklich, wenn er das, was ist, völlig akzeptiert und nicht das begehrt, was nicht sein kann.

Sowohl Epikur als auch Zeno gelangten jeder für sich in der ganzen antiken Welt zu Berühmtheiten. Epikur wurde jedoch selbst von seinen Anhängern oft mißverstanden, und Zenos Stoizismus war den meisten Römern selbst dann zu engstirnig, hart und weltfremd, wenn sie Griechisch lesen konnten. Die von Lukrez in seinem schönen Gedicht vertretene Meinung verknüpfte Stoizismus und Epikureismus auf eine Weise, die vor zweitausend Jahren sinnvoll schien und es heute noch für viele Leser ist. Lukrez sagte, er wolle die Philosophie auf die Ebene der Menschen bringen. Ihm war bewußt, daß die griechische Philosophie den Römern oft allzu vergeistigt und unzugänglich erschien. Er dagegen wollte sie gewöhnlichen Menschen, wie er selbst einer zu sein behauptete, ermöglichen, philosophische Gedanken zu verstehen und zu würdigen.

Selbst dieser Gedanke war nicht neu. Auch Sokrates war als der Denker gerühmt worden, der die Philosophie «unter die Leute» brachte, die dann über philosophische Fragen nachdenken konnten. Trotzdem blieb Sokrates eine eher erhabene Gestalt, die von seinen Anhängern mehr erwartete, als sie geben konnten. Auch wenn wir den Menschen Sokrates sehr sympathisch finden, können wir doch niemals das Gefühl überwinden, daß wir nicht so leben können, wie er uns sagt, daß wir leben sollten. Lukrez hatte zwar von Sokrates die «göttliche Einfachheit» übernommen, wenn er die Lehre des Epikur und der Stoa interpretierte, machte aber nicht den Fehler, seine Leser und Anhänger zu demütigen. Er versuchte vielmehr, ein erfreuliches Bild der Welt zu malen, wie Epikur sie wahrgenommen hatte; dessen Reize, so meinte er, würden mehr Menschen gewinnen als schwierige Ausführungen.

Ein großer Teil der Dichtung des Lukrez besteht aus Versen, getreu den wissenschaftlichen Lehren seiner griechischen Meister. Aber Lukrez ist nicht deswegen bis heute unvergessen, weil er eine bestimmte wissenschaftliche Theorie vertreten hat, sondern wegen seiner Menschlichkeit. Er ist der Urahn jener lächelnden Spanier und lebenslustigen Italiener, die wir als typische Anrainer des Mittelmeers empfinden. Sie können anscheinend etwas, was vielen Menschen seltsamerweise so schwer fällt, nämlich, wie es ein weiser Mann einmal ausdrückte, sich verzeihen, daß sie Menschen sind. Sie leben in dem Bewußtsein, daß das Leben schwierig ist und die Tugend selten, und beharren auf der alten Überzeugung, daß es besser ist zu lieben als zu hassen, und das Leben, auch wenn es unvollkommen ist, voll auszukosten.

Epen beginnen immer mit der Anrufung einer Muse. Die Muse des Lukrez ist niemand anders als Venus selbst, die Göttin der Liebe. Sie soll die Mutter des Äneas gewesen sein, der einen Sterblichen, Anchises, zum Vater hatte, Lukrez spricht sie zu Beginn seines Gedichts mit diesen wunderschönen Worten an:

Mutter der Römer du, du Wonne der Götter und Menschen,
holde Venus, die unter den gleitenden Zeichen des Himmels
du das schiffebelebte Meer, die sagentragenden Lande
füllest mit Leben, da durch dich doch alles Belebte
wird empfangen und schaut, erstanden, das Leuchten der Sonne
... da du also allein die Natur der Dinge regierest,
ohne dich nichts entspringt in des Lichtes göttliche Reiche,
nichts auch üppig gedeiht, nichts Liebenswertes hervortritt,
möcht ich, daß du mir seiest Gefährtin beim Schreiben der Verse.

Cicero

Wir wissen sehr wenig über das Leben des Lukrez, dem Verfasser von ‹Die Natur der Dinge›. Wir wissen vermutlich mehr als über jeden anderen Menschen der klassischen Zeit über das Leben von Marcus Tullius Cicero.

Cicero verfaßte viele Schriften, war ein führender Rechtsanwalt seiner Zeit und berühmt wegen der Reden, mit denen er seine Klienten verteidigte und seine Feinde anklagte. Seine Werke wurden weithin gelesen und kopiert. Wir wissen so viel über Cicero und seine Zeit, weil er ein unermüdlicher Briefeschreiber war, der Kopien seiner eigenen Korrespondenz aufbewahrte und anscheinend niemals einen an ihn gerichteten Brief wegwarf. Womöglich sind heute über drei Viertel von Ciceros Briefen verloren. Die über achthundert erhaltenen Briefe stellen die wichtigste Quelle unseres Wissens nicht nur über Ciceros Leben, sondern auch über die Vorgänge jener wunderbaren und zugleich schrecklichen Zeit um die Mitte des ersten vorchristlichen Jahrhunderts dar, als Cäsar und Pompejus um die Herrschaft in der römischen Welt stritten, Pompejus besiegt und der siegreiche Cäsar im Senat ermordet wurde und Marcus Antonius und Octavian (der spätere Kaiser Augustus) die Macht ererbten.

Cicero wurde 106 vor Christus als Sohn einer wohlhabenden, aber nicht adligen Familie geboren und erhielt in Griechenland sowie von griechischen Lehrern in Rom eine gute Erziehung. Er begann seine Karriere als Jurist und wurde, noch in seinen Zwanzigern, in wichtige Stellungen gewählt. Im Jahr 63, erst 43 Jahre alt, wurde er einer der beiden Konsuln, eine besondere Ehre für einen Mann, der nicht aus der alten Aristokratie der Senatoren stammte.

Cicero fand sich bald in den Kampf zwischen Cäsar und Pompejus um die Herrschaft verwickelt, der schließlich zum Fall der Republik führen sollte. Als ihn beide Männer umwarben, traf er die falsche Wahl. Weil Pompejus (106–48 vor Christus) die alten Institutionen stärker zu respektieren schien, versprach Cicero ihm seine Unterstützung, machte damit aber einen Fehler, nicht nur, weil Pompejus verlor, sondern auch weil Cäsar bei all seiner Eigenwilligkeit und seinem Ehrgeiz mehr Verständnis für den komplizierten Cicero aufbrachte. Cicero wiederum verstand die Komplexität Cäsars, obwohl er ihn nicht mochte. Pompejus war ein vergleichsweise schlichter Mensch, der den großen Vorzug der Freundschaft Ciceros nicht zu würdigen wußte. Cäsar (100–44 vor Christus) war bereit, die Vergangenheit zu vergessen, denn er schätzte Cicero. Cicero jedoch hatte niemals Vertrauen zu Cäsar gehabt und war deshalb nicht traurig, als Brutus und Cassius und andere Verschwörer Cäsar zu Füßen einer Statue des Pompejus erstachen. Cicero selbst hatte allerdings keinen Anteil an diesen berühmten Vorfall in den Iden des März. Er verhielt sich nach dem Mord zwar heldenhaft, aber unklug, als er Marcus Antonius und Octavian wegen ihrer unrechtmäßigen Verletzung alter römischer Freiheiten angriff. Antonius (um 81–30 vor Christus) fühlte sich dadurch herausgefordert und ließ Cicero im Jahr 43 ermorden. In seiner Grausamkeit schnitt er dem Leichnam die Hände ab und nagelte sie an das Rostrum des Senats als eine Warnung für alle, die den Wunsch verspüren könnten, die Wahrheit zu schreiben.

Aus politischen Gründen konnte Cicero den größten Teil seines letzten Lebensjahrzehnts nicht mehr am öffentlichen Leben teilnehmen. Er widmete seine überströmende Energie deshalb der Schriftstellerei, denn wenn er schon nicht als Jurist und Politiker aktiv sein durfte, so konnte er doch Bücher schreiben. Cicero brüstete sich gern mit seinen politischen Erfolgen, war aber in bezug auf sein intellektuelles Werk immer bescheiden. Er behauptete, es ginge ihm nur um eine allgemeinverständliche Darstellung des griechischen Gedankenguts, und er habe die Aufgabe übernommen, es so zu übersetzen, daß seine Landsleute es leicht verstehen konnten. Er machte keine wirklich eigenen Entdeckungen, aber er half vielen Menschen, die glänzenden und neuen Einsichten seiner großen Vorgänger zu entdecken. Er stellte sich auch der schweren Aufgabe, die Grundsätze der griechischen Ethik auf das rauhe Leben eines römischen Geschäftsmanns oder Politikers anzuwenden. Ein Mann konnte sich, wie Lukrez und die Epikuräer empfohlen hatten, immer von Auseinandersetzungen fernhalten. Aber wenn er sich nicht zurückziehen wollte? Konnte er trotzdem ein tugendhaftes Leben führen?

In seinem letzten Buch ‹Über die Pflichten› befaßte sich Cicero mit einem weiten Bereich eher unscheinbarer Probleme. Wie ehrlich muß ein Geschäftsmann sein? Wie sollte ein guter Mensch den ungerechten Forderungen eines Tyrannen begegnen? War es in Ordnung, wenn man sich ruhig verhielt, oder sollte man sich immer wehren, auch wenn das riskant war? Wie sollte man seine Untergebenen, seine Sklaven behandeln? Hatten Untergebene Rechte, die respektiert werden sollten?

Ciceros Lösung für alle solche Probleme schien einfach: Tue immer das Rechte! sagte er, denn eine falsche Handlung, auch wenn sie möglicherweise vorteilhaft erscheint, kann sie niemals *wirklich* vorteilhaft sein, weil sie ja falsch ist. Was ist aber das Rechte? Wie kann man das wissen? Cicero drückt sich nicht vor der Antwort. Erstens ist das richtig, was rechtmäßig ist, was vom Gesetz gefordert wird. Aber das Gesetz selbst ist nicht immer gerecht, und deshalb ist darüber hinaus das Richtige das, was ehrlich, offen und fair ist. Also soll man sein Wort halten, ohne Rücksicht auf die Folgen, und die Wahrheit sagen, auch wenn man keinen Eid darauf schwören muß, und allen – Fremde, Sklaven und Frauen – gleich behandeln, weil sie alle Menschen sind. Alle sind in ihrer Menschlichkeit gleich, wenn auch in keiner anderen Hinsicht. Ihre Menschlichkeit gibt ihnen das Recht, mit Respekt behandelt zu werden.

Es ist leicht, über Ciceros einfache Regel zu spotten, man solle immer das Rechte tun, weil das Falsche niemals wirklich vorteilhaft sein könne. Schlechte Menschen haben dies immer als eine bequeme Ausrede empfunden.

Tatsächlich liegt die Stärke des Cicero gerade in seiner Strenge. Gib es zu! ruft er aus. Wir wissen sehr wohl, wann wir das Rechte tun und wann das Falsche. Wir haben es im Gefühl, daß wir das Rechte tun sollten. Im Lauf eines ganzen Lebens ist die Anzahl der Fälle, in denen wir nicht sicher sein können, sicherlich nur klein. Wir glauben auch, wir würden glücklicher sein, wenn wir immer das täten, von dem wir wissen, daß es richtig ist, selbst wenn wir dann ärmer oder weniger erfolgreich wären. Ciceros einfache Lebensregel ist die praxisnahe römische Fassung des großen Systems der institutionalisierten Erziehung zum Bürger, wie sie von Sokrates und Platon im ‹Staat› vertreten worden war, und der gründlichen und feinsinnigen Analyse der Tugend, wie Aristoteles sie in seiner ‹Ethik› vorgestellt hatte. Jedes dieser Bücher ist unvergleichlich viel großartiger als Ciceros ‹Über die Pflichten›. Aber praktisch gesehen liefert uns keines der beiden eine Lebensregel, die so leicht zu verstehen und zu befolgen ist wie Ciceros bescheidene, aber profunde Anleitung.

Cicero lebte in einer der ruhmreichsten und aber auch gefährlichsten Zeiten der Geschichte. Überall in der römischen Welt kämpften Menschen mit dem größten aller politischen Probleme, nämlich mit der Frage, wie sich in Frieden *und* Freiheit leben läßt. Es schien den meisten Römern während des spannungsreichen halben Jahrhunderts vor dem Fall der Republik und dem Triumph des Augustus, daß sie zwischen diesen beiden letzten politischen Gütern wählen mußten.

Man konnte die Freiheit wählen, mußte dann aber auf Frieden verzichten. Frieden wiederum gibt es wohl nur auf Kosten der Freiheit, denn wie könnte Frieden Bestand haben, wenn er nicht von oben, durch eine höchste Macht, verordnet würde, die allein frei bleiben würde, während alle anderen das Joch der Tyrannei trügen? Das griechische Beispiel war nicht hilfreich. Jeder konnte sehen, daß die Griechen überwiegend die Freiheit gewählt hatten, dafür aber den hohen Preis zahlten, fast immer Konflikte austragen zu müssen. Auch die Römer hatten zunächst die Freiheit gewählt. Ihre Eroberungskriege hatten es ihnen erlaubt, innere Konflikte zu vermeiden. Jetzt, da die römische Macht die ganze Welt um das Mittelmehr erobert hatte, wurden Bürgerkriege geradezu zur Epidemie. Eine Reihe rücksichtsloser Männer bot sich an, als Tyrannen den Frieden zu sichern. Alle wurden niedergeschlagen. Der letzte, Catilina (108–62 vor Christus), war von Cicero, damals Konsul, persönlich besiegt worden. Die doppelte Bedrohung durch Cäsar und Pompejus erwies sich als die schwierigere Herausforderung.

Cäsar beseitigte Pompejus, indem er sein Heer zuerst in einer Schlacht besiegte und ihn dann 48 vor Christus ermorden ließ. Aber Cäsar selbst, die gefährlichste aller Bedrohungen, lebte noch. Eine Handvoll von Aristokraten, darum besorgt, was ein glänzender Aufsteiger wie Cäsar der traditionsverhafteten römischen Aristokratie antun konnte, beseitigte auch ihn, und zwar durch eine Handlung, die Cicero edel nannte und die die meisten Römer für eine Weile sowohl notwendig als auch gerecht fanden. Aber die Freiheit, für die Brutus (84–42 vor Christus) und Cassius (er starb wie Brutus im Jahr 42) Cäsar ermordet hatten, war keine Freiheit, und deshalb verloren die Aristokraten bald ihre Anhänger im Volk. Jedenfalls war der Glaube an die Freiheit nicht stark genug, um den wiederkehrenden Krisen widerstehen zu können. Marcus Antonius und Octavian (der später Augustus hieß) schlugen vor, es erneut mit der Tyrannei zu versuchen, die sie jedoch mit einer Sicherheitsgarantie verknüpften; daher wohl wurde ihr Angebot angenommen. Die Republik fiel, und Augustus, der seinen eigenen Streit mit Marcus Antonius überlebte, führte das System der institutionalisierten Tyrannei ein, die sich dann zum Römischen Reich entwickelte.

Die Veränderungen traten nicht sofort ein. Octavian entledigte sich 31 vor Christus des Marcus Antonius, als er ihn und seine Geliebte, Cleopatra von Ägypten, im Hafen von Alexandria besiegte. Octavian/Augustus herrschte von 31 bis 23 als Konsul, obwohl er zu diesem Posten nicht gewählt worden war, sondern sich selbst dazu bestimmt hatte. Im Jahr 23 erhielt er kaiserliche Vollmachten, die er allerdings nur in Notfällen ausüben durfte. Dies nutze er schon bald und entfaltete auch seine Macht eines Volkstribuns. Nach seinem Tode im Jahr 14 wurde er wie ein Gott erhoben. Die von den makedonischen Veteranen Alexanders verlachte *prokynesis* hatte sich durchgesetzt.

Zwei Jahrtausende lang wurde der Untergang der römischen Republik von jenen beklagt, die die Freiheit geliebt hatten. Aber die Freiheit hatte nicht wirklich eine Chance gehabt. Zu wenig Männer glaubten an ihr Überleben oder wünschten es auch nur, weil eine republikanische Form der Regierung Ansprüche an die Bürger stellt, die eine Tyrannei so nicht stellt. Vielleicht hat nie jemand so fest an eine Republik geglaubt wie Cicero.

Cicero sah eine dritte Lösung des großen politischen Problems. Wenn jeder sein eigener Herr wäre, brauchte man keinen Herrn über alle anderen. Wenn jeder das täte, was er für das Rechte hält, wäre der Frieden gesichert und Freiheit gewahrt. Er glaubte also an eine Regierung der Gesetze und nicht an eine der Menschen. Cicero machte vermutlich einen Fehler, als er eine «Verfassung» forderte, die so gut durchdacht war, daß sie über längere Zeiten hinweg das Überleben der Republik als eine Regierung der Gesetze sichern konnte. In Ermangelung einer solchen Verfassung war wahrscheinlich eine Regierung durch Menschen (und tatsächlich sogar durch einen einzigen Mann) die einzige praktische Alternative. Aber Cicero irrte nicht in seinem Gefühl, wie das Problem zu lösen sei. Seine Lösung des römischen Problems unterscheidet sich nur in Einzelheiten von der der Gründerväter der amerikanischen Republik. Sie waren die ersten, die zeigten, wie sich die Herrschaft von Menschen in der Praxis durch eine Herrschaft der Gesetze ersetzen läßt. Aber wie sie sehr wohl wußten, hatte Cicero den Weg dahin gewiesen.

Die Verfassungen der modernen Demokratien setzen eine Exekutive ein und geben ihr die Mittel, sich gegen Angriffe zu verteidigen: das Gesetz verleiht ihnen ein Monopol über authorisierte Gewalt. Außer dem Militär wird dieser Schutz durch Polizei und Geheimdienste gesichert. Aber nicht diese militärischen und paramilitärischen Organisationen garantieren den Demokratien eine gesetzesorientierte Regierung. Eine Verfassung ist ein Stück Papier. Sie kann nicht für sich selbst einstehen. Wenn die Menschen nicht an sie glauben, ist sie nichts als Papier. Die allermeisten Demokraten begrüßen die Verfassung aus vollem Herzen als Landesgesetz. Vielleicht sind sie sich über nichts anderes so einig. Aber sie wissen, daß sie nicht absichtlich und wissentlich gegen die Verfassung verstoßen dürfen. In diesem Bereich sollten sie nach allgemeiner Meinung immer das Rechte tun. Wenn sie es nicht tun, stellt das die Grundlage einer demokratischen Regierung in Frage: Die Verfassung ist durch nichts anderes geschützt als dadurch, daß die Menschen an sie glauben. Militär und Polizei könnten die Verfassung nicht schützen, wenn die Menschen nicht mehr an sie glaubten; sie könnten sie jedoch zerstören, indem sie die Demokratie in einen Polizeistaat verwandelten.

Überzeugungen lassen sich nicht durch Gesetze festlegen. Sie entspringen dem freien Willen der Bürger. Es gelang Cicero nicht, genügend Mitbürger davon zu überzeugen, daß die römische Republik gerettet werden müßte. Trotzdem war er vielleicht der erste, der je erkannt hat, daß nur ein fast allgemeingültiges Vertrauen dieser Art einem Staat sowohl Frieden als auch Freiheit sichern kann.

Seneca

Als die Römer sich von dem legalen und quasi konstitutionellen Schutz ihrer republikanischen Institutionen lösten, gingen sie ein Risiko ein; sie hofften auf das Glück, Regenten zu finden, die sowohl stark als auch gerecht wären. Die Reichen hofften, ungefährdet noch reicher zu werden; die Armen erhofften Schutz vor der unkontrollierten Habgier der Reichen. Eine Weile sah es so aus, als ob sich das Risiko gelohnt hätte. Das Leben unter Augustus war selbst dann noch, als er dem Namen nach und auch de facto Kaiser geworden war, wesentlich besser, als es in den letzten Tagen der Republik unter dem Senat und den Konsuln gewesen war.

Dem Kaisertum hatte vor allem ein legales und gewohnheitsmäßiges Verfahren zur Weitergabe der Macht von einem Kaiser an den nächsten gefehlt. Augustus, der Verordnungen, die ihm nötig schienen, einfach erfand, bestimmte zehn Jahre vor seinem Tod seinen Nachfolger selbst. Seine Wahl fiel auf Tiberius (42 vor bis 37 nach Christus), den Sohn einer seiner Frauen – nicht sein eigener Sohn. Tiberius wäre einige Jahre früher eine ausgezeichnete Wahl gewesen. Als Augustus ihn im Jahre 4 wählte, war er jedoch so stolz wie mächtig, so gewalttätig wie listig.

Augustus starb im Jahr 14, und Tiberius nahm die «Wahl» zum Kaiser an. Seine Regierung schien zunächst klug und weise zu sein, obwohl oft Gewalt durchschimmerte. Im Jahr 23 starb sein Sohn Drusus. Von dieser Zeit an verlor er anscheinend das Interesse am Reich und widmete sich lieber seinen Vergnügungen, die immer perverser wurden. Im Jahr 27 besuchte er die Insel Capri im Golf von Neapel. Er hatte eigentlich nur kurz dort bleiben wollen, kehrte aber niemals nach Rom zurück. Von da an war seine Regierung durch eine unaufhörliche Reihe grausamer Gewalttaten gekennzeichnet, darunter Folter, Mord und Raub der Besitztümer angesehener Bürger, die angeklagt wurden, Verbrechen begangen zu haben, für die sie verurteilt, hingerichtet und enteignet wurden, wenn Tiberius, der sich gewöhnlich nicht darum kümmerte, ob sie schuldig waren oder nicht, nur ein Wort sagte. Kurz vor seinem Tod bestimmte Tiberius wie sein Vorgänger Augustus seinen Nachfolger. Er hatte keinen Sohn, deshalb fiel die Wahl auf den am wenigsten Unerwünschten unter den Unerwünschten. Sein Name war Gaius Cäsar, der von den Soldaten Caligula, «Stiefelchen», genannt wurde. Caligula (12–41) folgte Tiberius 37 auf den Thron. Innerhalb eines Jahres war er entweder verrückt geworden oder er tat so, jedenfalls spielte er diese Rolle überzeugend. Vielleicht schob er seine Verrücktheit nur vor, aber sicherlich war er so grausam und rücksichtslos, daß er 41, nach nur vier Jahren als Kaiser, vom Vorsteher der Palastwache ermordet wurde.

Die Wache fand Claudius, einen Neffen des Tiberius und Enkel der Frau von Augustus, der sich in Erwartung seines Todes in eine Ecke des Palastes verkrochen hatte, und machte ihn wider sein Erwarten zum Kaiser. Claudius (10 vor bis 54 nach Christus) war für niemanden die erste Wahl. Er war nicht sehr attraktiv, damals schon über fünfzig, und als schüchterner Mann nicht daran gewöhnt, öffentlich zu reden. Er war ein Gelehrter, der schon vor dem Historiker Livius mehrere Geschichtsbücher geschrieben hatte, und brachte es doch fertig, ein vergleichsweise guter Kaiser zu sein. Er führte in der Verwaltung Neuerungen ein und stellte einige alte religiöse Traditionen wieder her, die sowohl bei den Patriziern wie bei der Bevölkerung Gefallen fanden. Er war jedoch so linkisch und häßlich, daß er niemals wirklich populär wurde.

Seinen größten Fehler beging er im Jahr 48, als er – seit sieben Jahre Kaiser – seine Nichte Agrippina heiratete. Diese Heirat verstieß gegen das römische Gesetz, deshalb änderte er es. Agrippina war schön und sinnlich, liebte ihren Mann aber nicht. Sie überredete ihn, die Ansprüche, die sein eigener geliebter Sohn auf die Thronfolge hatte, zugunsten ihres Sohns aus einer früheren Ehe aufzugeben; dieser wurde dann auch zum Nachfolger von Claudius erwählt. Als Agrippina das erreicht hatte, vergiftete sie Claudius mit einem Pilzgericht.

Ihr Sohn nannte sich nach seiner Thronbesteigung Nero (37–68) und war neunzehn Jahrhunderte lang der verachteteste Kaiser in der Geschichte des Abendlandes. Möglicherweise sind einige der Geschichten, die von ihm erzählt werden, unwahr. Es ist beispielsweise unwahrscheinlich, daß er die Leier spielte, während Rom im Jahr 64 brannte, oder daß er den Brand selbst legte, um Raum für einen neuen Palast zu schaffen, denn er war weit von Rom entfernt, als das Feuer ausbrach. Er machte sich allerdings die Tatsache zunutze, daß die Stadtmitte zerstört war, und begann mit dem Bau seines goldenen Hauses, das der größte Palast gewesen wäre, den je ein Mensch für sich selbst bauen sollte und der ein Drittel von Rom bedeckt hätte, wenn er fertiggestellt worden wäre. Im Jahr 59 war Agrippina offensichtlich verrückt geworden und schrie voller Wut, ihr Sohn Nero sei ihrer Kontrolle entglitten. Nero ließ sie, vielleicht zu seinem späteren Bedauern, ebenso ermorden wie drei Jahre später, als er sich in eine andere Frau verliebt hatte, seine erste Frau, Octavia. Von dieser Zeit an verfiel er immer tiefer in eine Art religiöses Delirium. Üblicherweise wurden die Kaiser posthum als Götter verehrt. Nero wollte nicht nur nach seinem Tode Gott sein, sondern schon zu Lebzeiten. Seine Handlungen wurden immer wilder und unbegreiflicher. Im Jahr 68, als Nero noch am Leben war, wählten die Soldaten, die die Geduld verloren hatten, Galba zum Nachfolger ihres verrückten Befehlshabers. Bald darauf beging Nero Selbstmord.

Schon seit einigen Jahren hatte es Verschwörungen gegen Nero gegeben, von denen sich die gefährlichste im Jahr 65 zuspitzte. Unter der Führung des Patriziers Caius Piso gehörten bald viele Adlige und selbst der Präfekt der Prätorianer, der kaiserlichen Wache, dazu. Die Verschwörung wurde von einem Sklaven eines der Verschwörer verraten, und Nero konnte entkommen. Vierzehn der Verschwörer wurden entweder hingerichtet oder gezwungen, Selbstmord zu begehen.

Einer davon war Lucius Annaeus Seneca, in der Mitte des ersten nachchristlichen Jahrhunderts Roms führender Intellektueller. Er war im Jahr 4 vor Christus als Sohn einer wohlhabenden Familie in Spanien geboren worden und war ein vielversprechendes Kind, dessen Entwicklung aber durch seine Kränklichkeit behindert wurde. Sie bewahrte ihn später vor dem fanatischen Haß des Caligula, der ihn nicht töten ließ, weil man ihm sagte, Seneca würde ohnehin nicht lange zu leben haben. Als 45jähriger wurde er von Claudius verbannt, aber Agrippina rief ihn nach Rom zurück und betraute ihn mit der Erziehung ihres Sohnes, des späteren Kaisers Nero. Nach der Ermordung des Claudius im Jahr 54 gelangte Seneca an den Gipfel der Macht. Der neue Kaiser, Senecas Schüler Nero, war siebzehn und bat seinen Lehrer bei allen Entscheidungen um Rat. Acht Jahre lang war Seneca de facto der Herrscher des Römischen Reiches. Aber wie der Historiker Tacitus sagt, ist nichts Menschliches instabiler und gefährdeter als Macht, die nicht auf eigener Stärke beruht. Seneca war der Favorit eines Tyrannen, und der Tyrann wurde verrückt. Mehr noch, die Liebe des Schülers zu seinem alten, zunächst bewunderten Lehrer verwandelte sich in Haß, denn Seneca kritisierte freimütig Neros Grausamkeit und Extravaganz.

Seneca und sein Kollege Burrus erhielten 59 den Befehl, den Mord an Agrippina zu besorgen. Burrus starb drei Jahre später, und Seneca erkannte, daß er nun allein stand. Er bat den Kaiser um Erlaubnis, sich zurückzuziehen, die ihm gewährt wurde. Drei Jahre später, 65, ergab sich für Nero durch die Verschwörung des Piso eine günstige Gelegenheit, Seneca loszuwerden. Seneca und Piso kannten einander, aber Seneca mochte Piso nicht und hatte sich geweigert, ihn zu empfangen, als der Patrizier ihn, vermutlich um ihn in die Verschwörung einzuweihen, besuchen wollte. Schon dieser Hinweis auf Komplizentum genügte Nero. Soldaten umstellten Senecas Haus und teilten ihm das Todesurteil des Kaisers mit. Seneca bat um Erlaubnis, sein Testament zu schreiben, aber die Soldaten verweigerten ihm dies. Tacitus erzählt, er habe sich an die anwesenden Freunde gewandt und ihnen mit dem Bedauern, daß er sie nicht in seinem letzten Willen bedenken konnte, «das einzige und dennoch Schönste, was er besitze» angeboten, «nämlich das Bild seines Lebens; wenn sie dies in Erinnerung behielten, würden sie den Ruf einer sittlich einwandfreien Haltung als Frucht ihrer so beständigen Freundschaft einbringen». Er bat dann seine Frau Paulina, die er sehr liebte, nicht mit ihm zu sterben, aber sie bestand darauf, ihn in den Tod zu begleiten; sie legten ihre Arme aneinander und öffneten sich mit demselben Schnitt des Messers die Pulsadern.

Als Nero von diesem Selbstmordversuch hörte, befahl er seinen Soldaten, Paulinas Leben zu retten. Sie war bewußtlos, als sie verbunden und weggeführt wurde und lebte noch eine einige Jahre in Trauer um ihren Mann. Für Seneca gab es kein Erbarmen. Tacitus berichtet: «Senecas durch die karge Lebensweise geschwächter Körper ermöglichte dem Blut nur langsamen Abfluß. Er bat einen Freund um Gift und nahm es, aber ohne Folgen. Endlich stieg er in eine Wanne mit heißem Wasser.» Vermutlich ist er im Dampf erstickt.

Seneca kann zumindest von einigen von Neros Verbrechen nicht freigesprochen werden, und seine persönliche Eitelkeit mag sein Urteilsvermögen in einigen Fällen getrübt haben. Aber es scheint kaum fraglich, daß er als Mensch integer war und sich an die Lehren der Stoiker hielt, die er auch versucht hatte, Nero nahezubringen. Er war ein gelehrter Mann und verkannte am Ende seines Lebens nicht, daß zwar Aristoteles, sein Vorgänger in der Philosophie, wie er gern sagte, es überlebt hatte, der Lehrer des Kaisers Alexanders zu sein, er, Seneca, eine solche Beziehung zu einem anderen Kaiser vermutlich nicht überleben würde. Seneca schrieb viele Briefe zu philosophischen und moralischen Fragen, in denen er sich für die anspruchsvollen Lehren des Stoikers Zeno einsetzte. Er war auch ein berühmter Dramatiker, obwohl seine Spiele selten auf der Bühne aufgeführt, sondern vielmehr einer Gruppe von Freunden vorgelesen wurden. Er hielt sich selbst für den Erben von Aischylos, Sophokles und Euripides, den griechischen Meistern der Tragödie, aber er veränderte die Form so sehr, daß sie fast nicht mehr zu erkennen war.

Die klassischen griechischen Tragödien hatten von grausamen Morden und widernatürlichen Geschehen wie Inzest und Vatermord gehandelt. Die Handlung war gewöhnlich vielschichtigen religiösen Mythen entnommen, und die Dichter hatten ihre Spiele mit der tiefgründigen psychologischen Prüfung und Analyse dieser Mythen bereichert. Seneca beschäftigte sich auch mit den griechischen Sagen, wie den dynastischen Morden im Haus des Atreus (die Quelle der dreiteiligen ‹Orestie› des Aischylos), aber im großen und ganzen ließ er die Psychologie aus dem Spiel. Senecas Dramen hatten in späteren Jahrhunderten, besonders während der Renaissance, großen Einfluß. Dramen, in denen Geister vorkamen und höchst grausam gemordet wurde, waren beispielsweise zur Zeit des jungen Shakespeare in England populär. Aber Shakespeare wuchs über solche juvenilen dramatischen Moden ebenso hinaus wie das Drama allgemein. Das Publikum jedoch nahm an, Seneca ahme die großen griechischen Dramatiker nach, und war von seinen grausamen, gewalttätigen und dramatisch eher plumpen Schauspielen fasziniert. Das ist es auch noch heute. Wenn wir mit lebhaftem Interesse das Fernsehen des ausgehenden zwanzigsten Jahrhunderts betrachten, sehen wir eher die Schauspiele des Seneca als die Dramen von Sophokles oder Shakespeare. Allerdings haben wir eine weitere Zutat. Unsere Fernsehspiele können noch so blutig und grausam sein, sie gehen fast immer gut aus. So weit erniedrigte sich selbst Seneca nicht.

Seneca war, kurz gesagt, ein Mann mit vielen Verdiensten. Er war zwar kein großer Schriftsteller, aber er versuchte, die große Tradition seiner griechischen Vorgänger in der Philosophie und der Dichtkunst lebendig zu halten, und er unternahm auch einen letztlich erfolglosen Versuch, den verrückten jungen Mann, der bei ihm in die Schule gegangen war, auf seinem Wege zum Weltherrscher zu leiten.

Tacitus

Die Pisonische Verschwörung und der Tod Senecas fanden im Jahr 65 statt. Nero selbst war drei Jahre später tot. Ihm folgten in einem Jahr drei Kaiser. Der Palast war ein einziges Chaos. Aber das Reich blühte auch ohne einen Herrscher an seiner Spitze. Dieser seltsame Widerspruch faszinierte den Historiker Tacitus. Publius Cornelius Tacitus, um 56 in Gallien geboren, bereitete sich durch das Studium der Rhetorik auf eine Karriere in der Verwaltung vor und heiratete die Tochter des Konsuls Gnaeus Julius Agricola, der später Gouverneur von Britannien wurde. Tacitus genoß vermutlich die Unterstützung seines Schwiegervaters, aber weil er auch selbst viel Begabung und Geschick für Verwaltungsaufgaben besaß, tat der Tod des Agricola im Jahr 94 seiner Karriere keinen Abbruch. Tacitus wurde 97 unter dem Kaiser Nervo Konsul, arbeitete als Rechtsanwalt und hatte hohe Posten in der Verwaltung des Kaiserreichs inne, bis er um 120 starb.

Seine literarische Karriere begann im Jahr 98, in dem er zwei Werke schrieb: eine Biographie seines Schwiegervaters, die wegen ihrer kühlen Sachlichkeit bekannt ist, und eine Beschreibung der Länder an der römischen Rheingrenze. Er idealisierte darin die schlichten Tugenden der germanischen Stämme, die er der Dekadenz der Römer gegenüberstellte, und sagte voraus, daß die Barbaren im Norden für Rom eine wirkliche Bedrohung darstellen könnten, wenn sie sich verbündeten. Aber diese kurzen Bücher waren nur das Vorspiel seines eigentlichen Lebenswerks, den ‹Historiae› (die mit dem Tod von Nero begannen und zuerst geschrieben wurden) und den ‹Annales›, die die Zeit vom Beginn der Herrschaft des Tiberius bis zum Ende der Herrschaft Neros behandelten (und später geschrieben wurden).

Zum Bedauern aller, die sich mit römischer Geschichte beschäftigen, ist von diesen beiden langen und faszinierenden Darstellungen des Reiches nicht viel erhalten geblieben. Ob die fehlenden Seiten eines Tages in einem alten Speicher oder den Kellerräumen eines verfallenen Klosters entdeckt werden? Wohl jeder, der sich mit dem klassischen Altertum beschäftigt, träumt davon, sie zu finden. Nur der Teil der ‹Historiae› hat überlebt, der die Jahre 69 und 70 behandelt, als ein Trio von Abenteurern, die nacheinander den Thron innehatten, versuchte, den aufstrebenden römischen Staat zu kontrollieren. Von den ‹Annales› sind nur jene Bücher erhalten, die sich mit dem Beginn der Karriere des Tiberius beschäftigen, und einige von denen, die die Regentschaft von Claudius und Nero betreffen.

Aber die erhaltenen Seiten sind ein wahrer Schatz! Wir sehen, wie Tiberius allmählich dem Wahnsinn verfällt, wie groß die Einsamkeit des Claudius ist, und wie ihm diese schließlich unerträglich wird. Am eindrucksvollsten ist Neros unkontrollierbare jugendliche Wildheit, aus der er, wäre er ein Teenager in einer unserer Großstädte, wahrscheinlich herausgewachsen wäre. Dem mächtigsten Mann der Welt aber wagte niemand zu sagen, wann oder warum er aufhören mußte. Das Werk von Tacitus war und ist unwiderstehlich. Auch wenn Thukydides sicherlich der größere Historiker ist, war Tacitus viele jahrhundertelang der beliebtere. Seine anschauliche Darstellung läßt den Leser nicht los.

Hier sind zwei Beispiele unter vielen. Nachdem im Jahr 64 eine gewaltige Feuersbrunst den größten Teil Roms zerstört hatte, verbreitete sich das Gerücht, Nero habe die Brandstiftung befohlen, um genug Raum für seinen neuen Palast zu schaffen.

> *Nero schob, um dem Gerede ein Ende zu machen, andere als Schuldige vor und belegte die mit den ausgesuchtesten Strafen, die, wegen ihrer Schandtaten verhaßt, vom Volk Chrestianer genannt wurden. Der Mann, von dem sich dieser Name herleitet, Christus, war unter der Herrschaft des Tiberius auf Veranlassung des Prokurators Pontius Pilatus hingerichtet worden, und für den Augenblick unterdrückt, brach der unheitsvolle Aberglaube wieder hervor, nicht nur in Judäa, dem Ursprungsland dieses Übels, sondern auch in Rom, wo aus der ganzen Welt alle Greuel und Scheußlichkeiten zusammenströmen und gefeiert werden. So verhaftete man zunächst diejenigen, die ein Geständnis ablegten, dann wurde auf ihre Anzeige hin eine ungeheure Menge nicht so sehr des Verbrechens der Brandstiftung als einer haßerfüllten Einstellung gegenüber dem Menschengeschlecht schuldig gesprochen. Und als sie in den Tod gingen, trieb man noch seinen Spott mit ihnen in der Weise, daß sie, in die Felle wilder Tiere gehüllt, von Hunden zerfleischt umkamen oder, ans Kreuz geschlagen und zum Feuertod bestimmt, sobald sich der Tag neigte, als nächtliche Beleuchtung verbrannt wurden. Seinen Park hatte Nero für dieses Schauspiel zur Verfügung gestellt und gab zugleich ein Circusspiel, bei dem er sich in der Tracht eines Wagenlenkers unters Volk mischte oder sich auf einen Rennwagen stellte. Daraus entwickelte sich Mitgefühl, wenngleich gegenüber Schuldigen, die die härtesten Strafen verdient hätten: denn man glaubte, nicht dem öffentlichen Interesse, sondern der Grausamkeit eines einzelnen würden sie geopfert.*

Ein Jahr später wurde die Verschwörung des Piso aufgedeckt, und Nero versuchte hektisch, herauszufinden, wer ihn hatte töten wollen. Eine schöne und freigeistige Freigelassene namens Epicharis hatte Versuche gemacht, die Vorsteher der kaiserlichen Wache zu einer Revolte gegen ihren Dienstherrn zu überreden. Sie wurde verhaftet.

> *Da erinnerte sich inzwischen Nero, daß Epicharis auf die Anzeige des Volusius Proculus hin in Haft gehalten werde, und in der Meinung, ein Weib sei körperlichen Schmerzen nicht gewachsen, befahl er, sie auf der Folter zu strecken. Aber jene konnten nicht Schläge, nicht Feuerqualen, nicht die Wut der Folterknechte, die um so grausamer vorgingen, um nicht von einer Frau Verachtung zu ernten, niederzwingen: sie blieb dabei, die Beschuldigungen abzuleugnen. So verlief der erste Tag des peinlichen Verhörs ohne Ergebnis. Als sie am folgenden wieder zu denselben Martern geschleppt wurde, und zwar auf einem Tragsessel – denn sie konnte auf ihren ausgerenkten Gliedern nicht stehen –, band sie ihr Brusttuch, das sie vom Busen gestreift hatte, nach Art einer Schlinge an die Stuhllehne, steckte ihren Hals hinein und preßte, indem sie ihr ganzes Körpergewicht einsetzte, den ohnehin schwachen Lebensatem aus: ein um so leuchtenderes Vorbild, als es eine Freigelassene, eine Frau, gab, die in solcher Bedrängnis Fremde und fast Unbekannte schützte, während Freigeborene, Männer, römische Ritter und Senatoren, von der Folter unberührt, jeweils die teuersten ihrer Angehörigen verrieten.*

Tacitus war noch ein Kind, als Nero starb, und lebte weit entfernt in Gallien. Aber Rom zog ihn wie ein Magnet an, und er verbrachte die letzten fünf Jahre der Regierung des Domitian in der Stadt. Es waren entsetzliche Jahre, eine Schreckenszeit, die selbst in diesem fürchterlichen Jahrhundert, das die perversen Grausamkeiten von Tiberius, Caligula und Nero gesehen hatte, nicht ihresgleichen hatte. Domitian starb 96, er wurde ermordet. Ihm folgte Nervo, und diesem 98 Trajan. Damit begann ein neues Zeitalter, das die 82 Jahre der Antoninen lang währen sollte. In dieser goldenen Zeit waren die Kaiser weder verrückt noch böse, sondern hielten sich an ihre eigenen Gesetze. In der Einleitung zu seiner ‹Historiae› beschrieb Tacitus die Bedingungen, unter denen er im Jahr 96, nach dem Tod von Domitian, schreiben konnte:

> *Für den Fall, daß mein Leben lang genug währt, will ich das Prinzipat des göttlichen Nervo und das Regiment Trajans, diesen recht umfangreichen, doch minder heiklen Stoff, für meine alten Jahre aufsparen; sie sind ja so selten, die glücklichen Zeiten, wo es möglich ist zu denken, was man will, und zu sagen, was man denkt.*

Denken, was man will, und sagen, was man denkt – ließe sich das Glück politischer Freiheit besser zusammenfassen? Die Umkehrung ist reine Tyrannei.

Im Werk von Tacitus finden sich einige weitere treffende Bemerkungen. In seiner Biographie des Agricola beschreibt er einen römischen Befehlshaber, der brutal einen Aufstand eines barbarischen Stammes niederschlagen ließ und hinterher berichtet, er habe der Region «Frieden» gebracht. Tacitus sieht es anders. *Faciunt solitudinem*, schreibt er, *et pacem appellant*. «Sie schaffen eine Wüste und nennen es Frieden.» Wie ließe sich die berühmte Pax Romana, die durch das spätere Reich geschaffen wurde, besser beschreiben?

Solche Momente der Einsicht sind selten. Meistens gibt sich Tacitus damit zufrieden – und ist sogar begierig darauf, uns von den grausamen und lüsternen Taten der Kaiser zu erzählen. Er ist als Meister dieser Art der Geschichtsschreibung, die man «Berichte über die Lebensweise der Reichen und Mächtigen» nennen könnte, der Ahnherr solcher späten Kulturerscheinungen wie ‹Spiegel›, obwohl er niemals in die Tiefen von ‹Frau im Spiegel› gerät.

Die Faszination seiner Erzählungen, ob sie wahr sind oder nicht, läßt sich kaum bestreiten. Um Tacitus gebührende Ehre zu erweisen: Er versuchte, die Wahrheit zu erzählen, soweit er sie ihm zugänglich war. Aber eine wirklich gute Geschichte, so muß er gedacht haben, ist so viel wert wie tausend Wahrheiten.

Was die Römer nicht wußten

Die Römer bemühten sich weiterhin, einen Staat aufzubauen, der sich auch dann bewähren konnte, wenn sie unter den schlimmsten ihrer Kaiser zu leiden hatte. Sie bauten immer mehr Straßen. Sie verbreiteten, wo immer sie eroberten, die Gedanken ihrer griechischen Lehrer zur Erziehung und schickten dann Griechen, um die neuen Untertanen zu unterrichten. Im zweiten nachchristlichen Jahrhundert hatten alle Römer, mit Ausnahme der Frauen und der Sklaven, von Britannien bis Persien die Möglichkeit, eine Erziehung zu erhalten, die praktisch so gut war wie jede andere, sie blieb Römern vorbehalten. Immer wurde nach dem römischen Recht gerichtet, und das griechische Können in einer Reihe von Gebieten – Keramik, Metallurgie, Alchemie – wurde in lateinischen Abhandlungen zusammengefaßt, die im ganzen Reich verbreitet wurden. Trotzdem blieb die römische Naturwissenschaft zurück, denn das

Interesse an ihr war bemerkenswert gering. Es gibt bis heute Gerüchte, daß die späteren Kaiser gewisse griechische Erfindungen sogar verwarfen. Es ist beispielsweise bekannt, daß der Grieche Heron von Alexandria im ersten nachchristlichen Jahrhundert eine Art Dampfmaschine erfand. Dieser sogenannte Aeolipil oder Heronsball besteht aus einer Hohlkugel, die so angebracht ist, daß sie sich durch die Kraft von tangential entweichendem Dampf dreht; auf diesem Prinzip beruhen heute beispielsweise Zerstäuber und einfache Feuerspritzen, bei denen Druckerhöhung eine Flüssigkeitssäule hochtreibt. Das Gerät wurde anscheinend als amüsantes Spielzeug betrachtet, dabei hätten sich einige der schwerwiegenden Probleme des Reichs mit Hilfe von Dampfkraft lösen lassen. Trotz des guten Straßensystems war die Nachrichtenübermittlung langsam. Keine Nachricht konnte schneller übermittelt werden, als ein Pferd laufen konnte, und ein Pferd konnte nicht viel mehr als seinen Reiter und ein Paket mit Briefen tragen. Auch nach tausend Jahren Fortschritt wurde alle Fracht auf Segel- oder Ruderbooten oder Barkassen befördert, die oft von aneinandergeketteten Maultieren oder Menschen gezogen wurden.

Noch fünfhundert Jahre nach dem Fall der Republik hatte das Reich teilweise aus denselben Gründen mit ernsthaften Verteilungsproblemen zu kämpfen. So ließ sich eine Hungersnot in einem Gebiet nicht durch den Überfluß an Nahrung in einem anderen mildern, doch waren Hungersnöte immer politisch gefährlich. Man konnte leichter Soldaten schicken, um die hungernde Bevölkerung in Schach zu halten, als Nahrung, denn die bewaffneten Männer kamen rascher an. Erst fünfzehn Jahrhunderte später konnte die Dampfkraft diese Probleme lösen, als sie den raschen Güterverkehr ermöglichte.

Wenn die Römer gegen technischen Fortschritt waren, geschah das nicht aus reiner Unwissenheit oder Sturheit. Selbst einige der schlimmsten Kaiser – Tiberius und Nero zum Beispiel – führten Neuerungen in die Verwaltung ein. Sowohl im dritten als auch im vierten nachchristlichen Jahrhundert wurden Versuche gemacht, die gesamte politische Struktur des Staats neu zu organisieren. Solche Veränderungen wurden immer als etwas gesehen, was nur Gesetze und Gebräuche betraf, nicht aber die Technologie. Das römische Regierungssystem war zwar im Grunde tyrannisch, bewährte sich aber überall gut, nur nicht in Rom selbst. Die Bürger Roms – der Hauptstadt des Reiches – brauchten sich nicht, wie alle anderen, ihren Lebensunterhalt zu verdienen; der Staat teilte ihnen tagtäglich eine Getreideration zu. Bis zu einer halben Million Menschen hatten im dritten Jahrhundert in Rom wenig anderes zu tun, als sich zu vergnügen.

Die Masse der Römer wurde, wenn sie einmal von einem guten Redner angestachelt worden war, zu einer furchteinflößenden politischen Macht. Sie konnte die Wahl eines Menschen gegen die eines anderen durchsetzen, Gesetze verabschieden oder widerrufen und politische Parteien zerstören, indem sie ihre Führer tötete oder verjagte. Die Armee konnte die Masse des Volks zwar beherrschen, aber nur mit Gewalt, denn sie war vernünftigen Überlegungen im Grunde nicht zugänglich. Während in den Provinzen eine gute Regierung möglich war, wurde in Rom ein gefährliches Spiel mit höchsten Einsätzen gespielt. Das Volk oder die Armee konnten einen Mann auf den Thron setzen, aber auch töten. Wenn in der Politik Leben und Tod auf dem Spiel stehen, halten sich die Besten fern.

Das Rom um die Wende vom vierten zum fünften Jahrhundert erinnert an das Beirut unserer Zeit. Ein Kaiser konnte von einer kleinen Gruppierung gewählt werden und nur so lange herrschen, wie er ihr zu Gefallen war. Sobald er keine Gnade mehr fand, wurde er ersetzt. Kaiser, die wußten, daß sie nicht lange zu leben haben würden, waren ihren Untertanen selten wohlgesonnen, weil sie ihnen – mit gutem Grund – nicht trauten.

Das alte Reich, das in der Mitte des fünften Jahrhunderts selbstbewußt die Tausendjahrfeier seiner Gründung beging, war dadurch von einer politischen Krankheit befallen, für die niemand ein Heilmittel wußte. Die Barbaren, die das Reich umgaben, kannten nur eine Lösung, nämlich dieses zu vernichten. Und genau das taten sie.

Kapitel 4: Licht ins finstere Mittelalter

Man kann ein Zeitalter aus zwei Gründen finster nennen. In einem Fall wissen wir nur wenig darüber, stellen es uns daher also als dunkel und unzugänglich vor, oder es war voller Sorgen und Nöte, Elend und Leid, und alle Aussichten für das Leben waren düster.

Der Zeitraum vom Untergang des weströmischen Reichs Mitte des fünften nachchristlichen Jahrhunderts bis etwa zum Jahr 1000 wird gewöhnlich aus beiden Gründen als finsteres Mittelalter bezeichnet. Der erste Grund trifft heute nicht mehr zu, denn die moderne historische Forschung hat über dieses Zeitalter, von dem man meinte, praktisch nichts in Erfahrung bringen zu können, viel herausgefunden. Aber die wirtschaftlichen und politischen Schwierigkeiten und das Leben der allermeisten Menschen war – aus moderner Sicht – trist, entbehrungsreich und elend. Sahen die Menschen des Mittelalters ihr Leben genau wie wir? Oder sahen sie es in einem Licht, das uns verborgen ist?

Der Untergang Roms

Das Römische Reich fiel bei einer Reihe von Angriffen östlicher Barbaren, die um 410 begannen und über fünfzig Jahre lang andauerten. Wer waren diese Barbaren? Woher kamen sie?

Die Chinesische Mauer wurde um 220 vor Christus fertiggestellt, weil Shi Huangdi dem neuen chinesischen Reich kriegerische Nomaden fernhalten wollte. Eine Zeitlang hatte das Erfolg, aber wie viele Mauern schuf auch sie einen sicheren Hafen, in dem die Nomaden im Norden außerhalb der Mauer ihre Kräfte sammeln konnten. Der römische *Limes* hatte, als er zu Steinwällen und Festungen ausgebaut war und nicht nur im Kopf von Soldaten bestehende Grenzlinien bezeichnete, eine ähnliche Wirkung. Die Barbaren, die schließlich Europa überfallen sollten, waren ursprünglich Xiongnu, Nomaden. Sie sammelten sich außerhalb der Chinesischen Mauer, vereinigten sich und erwarben Macht, Können und militärisches Wissen. Im ersten nachchristlichen Jahrhundert strömten sie nach Süden in das damalige Han-Reich, wobei sie große Gebiete verwüsteten und entvölkerten. Die Han erholten sich und trieben die Barbaren zurück, aber um einen hohen Preis. Viele Errungenschaften der Han wurden zerstört und vernichtet; sie hatten sich umstellen müssen, um sich der Herausforderung des Angriffs stellen zu können.

Auch heute wissen wir nur wenig über die Xiongnu. Sie waren vermutlich fast alle Analphabeten, also gibt es keine Aufzeichnungen. Sie verstanden nur wenig von der Landwirtschaft. Sie hatten Ziegen und Rinderherden und Pferde, die überall dort weideten, wo sie Gras fanden. Mit Pferden kannten sie sich aus – sie konnten sie zähmen, einreiten und züchten. Sie kämpften vom Sattel aus, stürzten sich auf ihre Beute und schossen aus kurzen, mächtigen Bögen tödliche Pfeile; diese waren aus Tierknochen gemacht, die, um biegsamer zu sein, mit Holz beschichtet waren. Die Horden erschienen ohne Vorwarnung, stürmten rücksichtslos auf die Bewohner los, töteten alles, was sie vorfanden und verschwanden wieder, wobei sie alles mitnahmen, was sie auf einem Pferderücken tragen konnten. Die Grausamkeit der Barbaren und die panische Angst, die sie auslösten, erwiesen sich als ihre wirksamsten Waffen.

Die Chinesen übernahmen die militärische Taktik der Xiongnu, warben einige von ihnen als Söldner ab und schafften es im zweiten und dritten Jahrhundert, die übrigen Barbaren nach Westen zu treiben, vom eigentlichen China weg. In den ungeheuren kargen Ebenen Zentralasiens gab es nur wenig, was die fliehenden Nomaden aufhalten konnte, bis sie die Länder am Schwarzen Meer erreichten. Hier trafen die Xiongnu, jetzt Hunnen genannt, auf andere Nomadenvölker. Bald verdrängten die Hunnen die dort ansässigen Goten und Vandalen und ließen sich für eine Weile nieder. Diese Völker waren zur Flucht nach Westen gezwungen.

Dann zogen die Hunnen weiter, um sich diesmal um das Jahr 400 an den Grenzen Europas niederzulassen. Wieder wurden die Goten verdrängt, die sich diesmal aufteilten. Ein Zweig zog nach Gallien, was die eingeborenen Germanen zwang, nach Süden zu fliehen. Der andere Zweig der Goten, die sogenannten Westgoten, zog nach Süden nach Italien. Dort erzitterte das von Luxus, Korruption und Bürgerkriegen geschwächte Römische Reich vor ihnen. Im Jahr 410 nahmen die Westgoten Rom ein und verwüsteten das umgebende Land. Die römischen Kaiser bemühten sich in den nächsten dreißig Jahren um ein verträgliches Auskommen mit den Westgoten, boten ihnen Land an, auf dem sie sich niederlassen sollten und übertrugen ihnen militärische Aufgaben. Die meisten dieser Bemühungen waren vergeblich, denn die Barbaren wußten, daß sie die Stärkeren waren.

Die Vandalen zogen weiter nach Westen, plünderten überall, wohin sie kamen – ihr Name ist bis heute ein Synonym für absichtliche Beschädigung oder Zerstörung – und zogen dann nach Süden, durch Gallien hindurch nach Spanien. Sie verwüsteten diese Provinz, die früher eine der reichsten gewesen war und schnitten sie vom Hauptquartier in Italien ab. Dann zogen sie nach Afrika und eroberten das ganze römische Afrika, auch die blühende Stadt Karthagena, die sechshundert Jahre zuvor anstelle der von den Römern zerstörten phönizischen Stadt Karthago erbaut worden war. Von dort aus überquerten die Vandalen das Mittelmeer und nahmen 455 Rom ein. Die Hauptstadt des Reichs war schon vorher, im Jahr 402, von Rom nach Ravenna an der Adria verlegt worden. Von dieser befestigten Stadt aus versuchten die hilflosen Kaiser vergeblich, den Sturm der Eroberer aufzuhalten. Eine andere Gruppe von Barbaren, die Ostgoten, nahmen 493 Ravenna und fast das ganze übrige Italien ein; anschließend regierte ihr König Theoderich, der als Dietrich von Bern in der germanischen Heldendichtung weiterlebt, dieses alte Land, das einst die ganze Welt beherrscht hatte.

Die unglaubliche und fieberhafte Energie, die die Hunnen den weiten Weg von der Mongolei und die Goten und die Vandalen aus Westasien nach Europa getrieben hatte, konnte keinen Bestand haben. Unter ihrem letzten Führer, Attila, fielen die Hunnen in Gallien ein, wurden aber 451 von einer gemeinsamen römischen und westgotischen Armee besiegt. Dies war Attilas erste Niederlage; er starb ein Jahr später. Die Hunnen zogen dann nach Italien, wurden aber wieder besiegt, und allmählich verschwanden sie aus der Geschichte. Sie hinterließen nichts als einen Namen, der noch Jahrhunderte später Angst erregte.

Auch die Ostgoten und die Vandalen stellten um die Wende des fünften Jahrhunderts schon binnen weniger Jahre keine wesentliche Gefahr mehr dar. Auch sie hatten ihre Rolle in der Geschichte ausgespielt. Die Westgoten überlebten etwas länger. Sie hielten zwei Jahrhunderte lang einen Streifen in Südfrankreich und den größten Teil der iberischen Halbinsel in ihrem Besitz. Aber auch sie wurden schließlich in die neue Gesellschaft eingegliedert, die später zum heutigen Westeuropa wurde.

Das nachrömische Reich

Von Konstantinopel aus regierten weiterhin energische Kaiser den östlichen Teil des alten Reichs, und Mitte des sechsten Jahrhunderts brachten von dem Kaiser Justinian bezahlte Armeen unter dem Oberbefehl des berühmten General Belisarius (selbst, wie die meisten Generäle seiner Zeit, ein Barbar) Italien, den größten Teil Galliens und einen Teil Nordafrikas unter byzantinische Herrschaft. Aber dies war nicht dieselbe kraftvolle Herrschaft, wie sie die Römer einmal ausgeübt hatten. Das einmal so eng verbundene Abendland war auseinandergefallen. Wo es ein großes Gesellschafts- und Wirtschaftssystem gegeben hatte, gab es jetzt Hunderte kleiner Gemeinschaften. Das Römische Reich war eine offene Welt gewesen, in der die lateinische Sprache überall verstanden wurde und für alle dasselbe Gesetz galt; in dem gute Straßen große Entfernungen überbrückten und in dem, vor allem, griechische Lehrer und Kulturbotschafter überall dorthin geschickt werden konnten, wo neu zivilisierte Menschen lernen sollten, gut zu leben. Die meisten Griechen hatten sich nach Konstantinopel zurückgezogen. Die Straßen waren nicht mehr voll mit Reisenden und Frachtgut, die Menschen sprachen verschiedene Sprachen, nur wenige konnten lesen, und es gab kaum ein anderes Recht als das der Gewalt. In dem Jahrhundert zwischen etwa 450 und etwa 550, hundert Jahre voll Feuer und Tod, ging die einstige Weltoffenheit fast vollständig verloren, und die einem einzelnen Menschen erfahrbare Welt wurde klein und abgeschlossen.

Man kannte natürlich einen engen Bereich um das eigene Haus herum und hatte – oft falsche – Vorstellungen von den Nachbarn jenseits des Horizonts, aber darüber hinaus wußte man fast nichts. Wer lesen konnte, fand keine Zeit dazu, weil das Leben mühsam geworden war und die meisten Menschen sich von dem ernähren mußten, was sie mit ihrer Hände Arbeit der heimischen Erde abringen konnten; auch davon wurde ihnen sicherlich vieles von stärkeren und rücksichtslosen Menschen wie ganz selbstverständlich weggenommen. Da es wenig oder kein Recht gab, mußte jeder sich und seine Familie selber schützen, und das ließ kaum Zeit für die Muße, der sich die Römer noch hundert Jahre vorher hatten erfreuen können. Kunst und Philosophie gab es einfach nicht mehr. Die Regierung war (außer auf ganz elementare Weise) nicht mehr effektiv. Nicht einmal die Hoffnung war geblieben.

Jene hundert Jahre zwischen 450 und 550 gehören zu den allerschrecklichsten in der Geschichte des Abendlands. Historisch gesehen sind sie fast völlig leer; wir wissen nur, daß am Ende dieser Zeit von Raub und Tod das, was wir jetzt Europa nennen, völlig verändert war. Europa war nie wieder das alte. Nie wieder es ist seitdem eine einzige Nation gewesen, die von einer Hauptstadt aus regiert wurde, eine Sprache sprach, einem Gesetz gehorchte und Zeuge war, wie sich eine gemeinsame Kultur, die allen Menschen Vorteile brachte, entwickelte.

Das Leben ging weiter, aber aufgrund der ständigen Kriege und wegen des Zusammenbruchs fast aller gesellschaftlichen Ordnungen lebten fast überall weniger Menschen. So hatte Rom beispielsweise im zweiten Jahrhundert über eine Million Einwohner, um 550 jedoch weniger als 50 000. Weil die Einfälle der Barbaren Rom völlig zerstört hatten, gab es weniger Häuser, weniger öffentliche Gebäude wie Tempel, Kirchen, Märkte, Gerichte, weniger Monumente, Festungen und Stadtmauern und Aquädukte. Es gab auch weniger Haustiere und weniger bebautes Land. Wer seine Kinder unterrichten lassen wollte, hatte Mühe, Lehrer zu finden. Es gab fast keine Bücher, denn Bücher gehören fast immer zu den ersten Dingen, die bei einer Katastrophe zerstört werden. Es gab wenig Nachrichten, weil diese nur für Menschen Bedeutung haben, die sich in Muße über das Gedanken machen können, was andere, oft weit entfernte Menschen erleben. Wenn das Leben ein ständiger Kampf ist, sind die Mühen anderer oft wenig interessant. Es gab auch wenig Geld, weil die alten Münzen des Kaiserreichs bald verbraucht, versteckt oder verloren waren. Der Handel war im wesentlichen ein Tauschgeschäft. Alle diese Veränderungen waren keineswegs nur vorübergehend. Ein Jahrhundert der Verheerung hatte Westeuropa eine dunkle Zeit beschert, die fünfhundert Jahre dauerte. Erst mit dem Beginn des neuen Jahrtausends, also um das Jahr 1000, versuchten die Europäer wieder auf kultiviertere Art zu leben. Diese lange Zeit der Dunkelheit wirft viele Fragen auf.

Führt eine Katastrophe – ein Krieg oder eine Invasion oder eine Pest – notwendigerweise zu hundert Jahren Verfall, bevor es zur Erholung kommt? Europa hat diese Katastrophen auch später alle durchgemacht und dennoch kein zweites finsteres Mittelalter mehr erlebt. Die als Schwarzer Tod bekannte Pest hat in der Mitte des vierzehnten Jahrhunderts wohl die Hälfte aller Europäer getötet. Die Daten sind nicht genau bekannt, aber die Totenlisten lassen vermuten, daß in wenig mehr als fünf oder zehn Jahren mindestens

25 Millionen Menschen starben. Erst zu Beginn des sechzehnten Jahrhunderts hatte Europa wieder die Einwohnerzahl von vor 1348. Aber in anderer Hinsicht war dieser verheerende Verlust rasch wiedergutgemacht. Innerhalb einer Generation erlebte damals das von der Pest geplagte Europa einen wirtschaftlichen Aufschwung.

Ähnliche Verwüstung erlebte Deutschland im Dreißigjährigen Krieg (1618–1648). Die meisten Armeen, die das Land kreuz und quer durchzogen, bestanden aus schlechtbezahlten Söldnern, die mit großer Selbstverständlichkeit raubten, plünderten und mordeten. Aber auch diese Erfahrung, die in vieler Hinsicht große Ähnlichkeit mit den Einfällen der Barbaren im fünften und sechsten Jahrhundert hatte, wurde innerhalb weniger Generationen bewältigt. Nach dem zweiten Weltkrieg schien Westeuropa total und vielleicht auf immer zerstört zu sein. Deutschland, Italien und Österreich waren zertrümmert, und den Siegern, insbesonders Frankreich und England, ging es nicht viel besser. Wieder kehrte Europa in weniger als dreißig Jahren zu Wohlstand und Blüte zurück.

Die Barbaren, die das Westreich zerstörten, zerstörten auch den Osten, aber die Wirkung war viel kurzlebiger. Auch China hatte sich relativ schnell erholt. Warum veränderten dann die Einfälle der Barbaren im fünften Jahrhundert Europa so gründlich und so dauerhaft? Wir werden darauf zurückkommen.

Der Triumph des Christentums: Konstantin der Große

Konstantin wurde um 280 in Naissus, dem heutigen Nis als Sohn eines Offiziers geboren, der in den Kaiserrang erhoben worden war. Konstantins Vater war also zum römischen Kaiser bestimmt, und wurde es auch nach vielen Schicksalsschlägen. Auch Konstantin selbst wurde zum Kaiser ernannt, und nach noch mehr Schwierigkeiten, die durch eine komplizierte Reihe von Bürgerkriegen ausgelöst wurden, wurde er zum Alleinherrscher des West- und des Ostreichs. Seine Thronbesteigung wurde 312 an der Milvischen Brücke in der Nähe Roms durch den Sieg über ein von seinem Schwager Maxentius angeführtes Heer gesichert. Diese Schlacht ist eine der berühmtesten der Geschichte, denn Konstantin hatte in der Nacht vor der Schlacht in seinem Zelt liegend geträumt, ein Engel sei vom Himmel herabgestiegen. Der Engel hielt ein Kreuz und sagte zu ihm: *In hoc signo vinces!* – In diesem Zeichen wirst zu siegen. Daraufhin befahl Konstantin, auf die Banner und Schilder seiner Armee christliche Symbole zu zeichnen. Von dieser Zeit an war er ein frommer Christ.

Konstantin erbte ein Reich, dessen offizielle Religion das Heidentum war. Das inzwischen drei Jahrhunderte alte Christentum zählte zwar mehrere Millionen Anhänger, aber das war keineswegs die Mehrheit der Bevölkerung. Außerdem war die Zahl der Christen während der Herrschaft von Konstantins Vorgänger, dem strengen und effizienten Verwaltungsmenschen Diokletian (285–305), deutlich reduziert worden. Diokletian hatte sich sehr bemüht, nach einem Jahrhundert der völligen Unordnung das Reich wirtschaftlich und politisch wieder gesunden zu lassen und Wirtschaft und Handel anzuregen. Aber aus wenig bekannten Gründen hatte Diokletian die letzte und vermutlich schrecklichste Christenverfolgung in den Jahren 304 und 305 durchgeführt. Der heranwachsende Konstantin hatte in den östlichen Provinzen oft sehen müssen, wie Christen gefoltert, lebendig verbrannt und gekreuzigt wurden, und ihr Märtyrertum könnte ihn tief beeindruckt haben.

Jedenfalls erwies sich Konstantins Glaube als stark und beständig. Er machte das Christentum zur Staatsreligion, unterstützte die Kirche mit üppigen Geschenken und, wichtiger noch, großzügigen Vorrechten sowie Steuerbefreiungen und berief Christen auf hohe Posten in Armee und Verwaltung. In einem Brief, den er 313 an den Prokonsul in Afrika schrieb, führt er aus, warum die Geistlichen nicht durch weltliche Ämter oder finanzielle Verpflichtungen abgelenkt werden sollten: «Wenn sie frei sind, Gott den höchsten Dienst zu erweisen, leuchtet es ein, daß sie damit den Staatsgeschäften große Wohltaten erweisen.» Konstantin starb 337 nach 28jähriger Herrschaft, in denen das Christentum so eng mit dem römischen Staat verwoben wurde, daß der Versuch einer Rückkehr zum Heidentum durch einen von Konstantins Nachfolgern keine Wirkung hatte. Julian, den die Christen *Apostata*, also den Abtrünnigen, nannten, bekannte sich offen zum Heidentum und versuchte in seiner kurzen Regierungszeit von 20 Monaten 361 bis 363, statt des Christentums ein im platonischen Geist erneuertes Heidentum zur Staatsreligion zu machen; er starb früh, und deshalb blieben die meisten Römer Christen, was sie auch heute noch sind.

Konstantin führte nicht nur das Christentum als Staatsreligion ein, sondern gründete auch Konstantinopel, versorgte es mit den Reichtümern der geplünderten heidnischen Tempel und machte es zur Hauptstadt seines Reichs. Das Westreich wurde weiterhin von Ravenna aus regiert, hatte aber immer weniger Macht, während das

Ostreich wohlhabender und bevölkerungsreicher wurde. Die Stadt Rom verlor niemals ihre symbolische Bedeutung als alter Mittelpunkt des Reichs und blieb auch kulturell und wirtschaftlich reich. Aber das Hauptgewicht verschob sich unter Konstantin von Westen nach Osten; seine Nachfolger haben diese neue nationale Ausrichtung niemals verändert. Sie veränderten auch nicht den christlichen Charakter des Staats. Im Lauf der Zeit wurde das Christentum immer mehr zum Leitprinzip Roms und die Kirche zu einer führenden Institution. Als die Barbaren 410 einfielen und Rom eroberten, verwüsteten und besiegten sie ein christliches Land. Dies hatte weitreichende Folgen.

Die Verheißung des Christentums: Augustin

Edward Gibbon nennt in ‹Verfall und Untergang des römischen Reichs› zwei Gründe für den Untergang der von ihm bewunderten antiken Kultur, nämlich Barbarei und Religion. Mit Barbarei meinte er nicht nur die Einfälle der Barbaren, sondern auch die tiefgehenden Veränderungen im römischen Leben, die die Barbaren zunächst außerhalb des Staates, aber doch in ihn eingreifend, später in den Festungen der römischen Macht selbst bewirkten. Mit Religion meinte er natürlich das Christentum. Dieser Gedanke schockierte Gibbons Leser im achtzehnten Jahrhundert, aber er war nicht neu. Als die Stadt Rom nach dem Angriff der Westgoten 410 in Trümmern lag, erhoben sich überall im Reich Stimmen, die den Christen vorwarfen, sie hätten diese schreckliche Niederlage bewirkt, die auch der Mißachtung der alten heidnischen Gottheiten zuzuschreiben sei.

Die Christen waren schnell bereit, ihren Glauben zu verteidigen, in dem sie sich in Predigten und Apologien dagegen wehrten. Dabei ragte ein großer Denker hervor. Er schrieb ein Buch, das nicht nur eine beredte Verteidigung des Christentums seiner Zeit darstellt, sondern auch eine neue Auffassung einer auf christlichen Grundsätzen beruhenden Geschichte. Aurelius Augustinus wurde 354 im nordafrikanischen Tagaste in Numidien (dem heutigen algerischen Souk-Ahras) geboren. Seine Familie erkannte bald seine außerordentliche Begabung und investierte ihr gesamtes Geld, um ihm in Karthagena, damals eine der wichtigsten Städte des Reichs, eine Ausbildung angedeihen zu lassen, die ihn für ein hohes Regierungsamt geeignet machen würde. In Karthagena las der junge Mann

Ciceros jetzt verlorene Abhandlung ‹Hortensius›. Sie begeisterte ihn für die Philosophie, die er als ein vernünftiges System sah, das die Welt zu verstehen erlaubte.

Augustins Vater war kein Christ, seine Mutter Monika jedoch hatte ihn als fromme Christin schon früh christlich erzogen und versucht, ihn ihrem Glauben zuzuführen. Der junge Gelehrte jedoch stieß sich an dem, was ihm als antirationaler Mystizismus und intellektuelle Verwirrung des Christentums vorkam. Er fühlte sich vielmehr zum Manichäismus hingezogen, einer philosophisch-religiösen Erlösungslehre, wonach die beiden Prinzipien Licht und Materie im Kosmos um die Vorherrschaft streiten und deren Vermischung die Schuldhaftigkeit des Menschen bedingt. Trotz seiner mystischen Züge schien Augustin der Manichäismus eine wirklichkeitsnähere Erklärung zu bieten. Es ging Augustin um ernsthafte Fragen, und er fand zu seiner Enttäuschung, daß die Manichäer sie ihm in ihren Gesprächen nicht zu seiner Zufriedenheit beantworten konnten. Er freundete sich deshalb mit der Philosophie Plotins (205–270) an, dem Begründer des Neuplatonismus. Plotin war schon hundert Jahre tot, als Augustin geboren wurde; Plotins ruhige, aber intensive Suche, von der seine Lehre und sein Leben Zeugnis ablegten, und seine Vorstellung einer mystischen Vereinigung mit Gott durch reine Geisteskraft hatte große Anziehungskraft auf den jungen Augustin.

Die geduldigen Bemühungen seiner Mutter, die als Heilige verehrt wird, weil sie ihren außerordentlichen Sohn bekehrte, der später zum Heiligen Augustin wurde, und die gründliche Lektüre des Plotin führten Augustin dazu, in Christus das Übermenschliche zu erkennen. Aber wie Augustin in seinen ‹Confessiones› berichtet, war es eine Kinderstimme, die ihn, als er sie in einem Garten in Mailand hörte, veranlaßte, die Bibel zur Hand zu nehmen und den Vers zu lesen (Römer 13;13), durch den er zu dem in der langen Geschichte der Kirche wohl berühmtesten Märtyrer wurde.

Das geschah im Jahr 386, als Augustin 31 Jahre alt war. Er gab die einträgliche Rhetorikdozentur auf, die seine Familie ihm beschafft hatte, und ging zurück nach Tagaste. Bald wurde er Priester und nicht viel später Bischof von Hippo, einer römischen Stadt im jetzigen Algerien, die allein seinetwegen berühmt ist. Er verbrachte den Rest seines langen Lebens mit religiösen Auseinandersetzungen, wobei er, wie es einem Bischof seiner Zeit zukam, oft Recht sprechen mußte, und er schrieb Bücher. Das wichtigste und einflußreichste seiner Bücher war ‹De civitate Dei›, ‹Der Gottesstaat›.

Darin reagierte Augustin auf den Vorwurf, die Christen hätten die Einnahme Roms 410 verschuldet. Aber er ging weit über eine Widerlegung dieser Anschuldigung hinaus. Er breitete auch einen Plan der Weltgeschichte aus und zeigte, wie zwei Staaten – oder Städte, eigentlich sind es Stadtstaaten – einen Kampf um die Vorherrschaft führen, der bis zum Ende der Zeiten weitergehen wird. Der eine Staat war irdisch – materiell, fleischlich, menschlich. Der andere war göttlich – spirituell und auf den Schöpfer aller Dinge bezogen.

Nach Augustin konnte die *Pax romana* nur der irdische Staat sein. Wenn dieser nicht, wie Tacitus vermutet hatte, eine Wüste war, so war er doch eine geistliche Einöde. Dabei ist unerheblich, ob das Christentum Staatsreligion war oder eine andere Religion. Ein Staat für sich kann einfach nicht heilig sein. Wie Christus gesagt hatte, kam es auf den Unterschied zwischen dem an, was des Kaisers und was Gottes ist. Augustin wies auf diesen berühmten Unterschied hin und faßte ihn schärfer als andere zuvor. Ein einzelnes denkendes Wesen, sagte Augustin, schafft keine Wahrheit, sondern findet sie. Der Mensch entdeckt sie in sich selbst, wenn er auf seinen *magister interiore*, seinen «inneren Lehrer» hört, nämlich Christus, der das Wort Gottes offenbart. Der Gottesstaat ist deshalb nicht auf Erden, sondern im Herzen und in der Seele jedes wahren Christen. Er ist dort, wo der Mensch ist – also weder in Rom noch an irgendeinem anderen «Ort» –, und kann durch keinen Feind eingenommen werden.

Irdische Macht und Ruhm sind nichts im Vergleich zu dem Ruhm des geistlichen inneren Staates, der einem Bettler ebenso zugänglich ist wie einem Kaiser. In gewisser Weise, sagte Augustin, wurde der himmlische Staat wie Phönix aus der Asche des untergegangenen Roms geboren. Wenn der irdische Staat vor Angriffen der Barbaren in Flammen aufgeht, zeigt sich der Gottesstaat in aller Klarheit. Und der Staat des Herzens und der Seele besteht ewig, denn er wurde von Gott gegeben und eingesetzt.

Augustins Gottesstaat war stark von der durch den mystischen Skeptizismus Plotins gefilterten griechischen Denkweise Platons beeinflußt. Augustin aber behauptete, der Gottesstaat sei von Christus in den Evangelien verheißen worden. Die Seligsprechungen der Bergpredigt sind die Verfassung des Gottesstaats, wie Augustin ihn vorhersah. Der neue Wein der christlichen Botschaft mit ihren strengen Anforderungen sprengte die alten Schläuche, in die er gegossen worden war, die alten römischen Institutionen, die sich nicht rasch oder vollständig genug ändern konnten. Die zerborstenen Schläuche fielen weg und siehe da! Die Botschaft lag offen da.

Rom überlebte die Niederlage von 410. Das Westreich dauerte bis 476, als ein Ostgotenkönig die Herrschaft über Italien und die verbleibenden Gebiete übernahm. Aber wie wir sahen, nahmen die Angiffe der Barbaren kein Ende. Ein Heer der Vandalen stand vor den Toren von Hippo, als Augustin dort 430 starb. Er starb in der Überzeugung, recht gehabt zu haben. Das Christentum mußte, wenn es überleben wollte, auf irdischen Glanz verzichten und bereit sein, an kleinen, isolierten, einsamen Orten zu leben, wo der Ruhm des Herrschaftsbereichs Gottes stärker leuchtet und sich besser sehen läßt. Christen, so meinte Augustin, suchten nach anderen Triumphen als die Römer. Die Niederlage von Rom, Karthagena oder auch Hippo schienen nicht wirklich wichtig zu sein, auch wenn sie Elend brachten. Das Ziel der Christen war ein anderes Leben, und ihr Reich war nicht von dieser Welt.

Nach dem Untergang

Dem ausgehenden Römischen Reich ging es um Macht, Wohlstand und weltlichen Erfolg. Es war lange her, daß Warnungen, wie sie der Zensor Cato ausgesprochen hatte, viel Beachtung geschenkt wurde. Cato hatte in einer Republik gelebt, die auf moralischer Tugend gründete, und das erschien den Römern des frühen Mittelalters äußerst unrealistisch. Sie lebten im großen und ganzen viel luxuriöser als alle Völker vor ihnen, genossen das, was die Welt bieten konnte, und kümmerten sich wenig um die Anforderungen des Christentums, auch wenn es die offizielle Staatsreligion war. Viele Christen hatten schwer gekämpft, um Rom und das Reich zu verteidigen, weil ja auch das in gewisser Weise tugendhaft war. Aber nachdem die Barbaren die alte Gesellschaft zerstört und durch einen brutalen und primitiven Feudalismus ersetzt hatten, der allein auf Gewalt beruhte, erkannten die Christen die Vorteile von Augustins Gottesstaat immer klarer. Diesen Staat versuchten sie in den folgenden fünf Jahrhunderten, die immer noch finster genannt werden, zu errichten, aber keineswegs den triumphalen römischen Menschenstaat

Überall im Abendland, in Italien, in Gallien (wir werden bald vom Frankenreich sprechen), in Germanien, entlang der Küste Nordafrikas und auf den britischen Inseln begannen Christen ein anderes Leben. Sie trauerten dem, was sie verloren hatten, anscheinend nicht nach; sie schienen sich kaum daran zu erinnern. Trotz ihrer Armut und Angst konnten Christen sich auf etwas freuen, das sie niemals zuvor so deutlich gesehen hatten, weil sein Licht durch den Glanz der römischen Größe verdunkelt worden war.

Wir leben heute in einer Welt, die sich materiellen Dingen so stark hingibt wie das ausgehende Römische Reich. So waren die Römer des vierten Jahrhunderts geradezu besessen von der Pflege der Gesundheit, von Überlegungen zu gesunder Ernährung und körperlicher Ertüchtigung. Sie verbrachten mehr Zeit in Bädern und in den Fitnesszentren ihrer Zeit als in Kirchen, Tempeln, Büchereien und Gerichten. Sie waren genußorientiert. Ein Mensch konnte berühmt werden, wenn er mehr ausgab als sein Nachbar, auch wenn er sich das Geld dazu borgen mußte. Und wenn er es seinen Schuldnern niemals zurückzahlte, wurde er wegen seines edlen Strebens, in der Welt eine gute Figur zu machen, weithin verehrt. Die Römer liebten Reisen, Neuigkeiten und Unterhaltung. Die wichtigsten Kulturprodukte der spätrömischen Zeit, von Büchern bis zu Extravaganzen im Theater und im Zirkus, wie sie es im Zentrum jeder römischen Stadt gab, hatten mit amüsanten Fiktionen über ferne Menschen und mit einem phantasierten Frieden und Glück zu tun, das es in ihrem wirklichen Leben nicht gab. Die Römer waren fasziniert vom Ruhm und kümmerten sich nicht darum, wie es dazu kam. Bei hinreichend Berühmten wurde übersehen oder verziehen, wenn sie Schurken oder noch Schlimmeres waren.

Am wichtigsten war den Römern der Erfolg, was für sie bedeutete, daß es ihnen heute gutging und der morgige Tag für das Seinige sorgen würde. Sie waren stolz, gierig und eitel. Sie waren, kurz gesagt, genau wie wir. Die neuen Christen jedoch hatten nach der Eroberung Roms wenig Interesse an ihrem Körper, sondern sorgten sich um ihr Seelenheil. Sie interessierten sich nicht für den Genuß. Sie wollten ihren Ruf lieber verlieren als gewinnen, weil sie in einer Gesellschaft, in der Armut mit Göttlichkeit gleichzusetzen war, nicht reich sein wollten.

Reisen machten sie in Gedanken, wenn ihre Seele aufflog zu Gott. Ihre gute Nachricht war das Evangelium, der Bericht über das Leben Christi und seine verheißene Wiederkehr. Ihre Unterhaltung bestand im Anhören der guten Botschaft, die in Kirchen und von Wanderpredigern auf Marktplätzen und an Kreuzwegen verkündigt wurde. Sie gaben nichts auf weltlichen Ruhm, denn sie glaubten, ihr ewiges Leben und den Ruhm der Geretteten dann zu gewinnen, wenn sie ihr irdisches Leben verloren hätten.

Für die Römer war Wohlstand das Maß gewesen, jetzt wurde Armut zum Maß eines Christen. In späteren Jahrhunderten wurde die Kirche so reich und mächtig, wie das Reich gewesen war, und wahrscheinlich genauso korrupt. Aber in diesen frühen Tagen blieb die Kirche arm; jedenfalls bemühte sie sich darum.

Der Heilige Benedikt beispielsweise ging um 500 zum Studium an eine der wenigen erhaltenen Schulen nach Rom. Er war vom Reichtum und Luxus der ewigen Stadt schockiert (obwohl der Standard weit unter dem der Kaiserzeit gelegen haben muß) und zog sich zurück, um den Rest seines Lebens in dem kargen Kloster zu verleben, das er zu Beginn des sechsten Jahrhunderts auf dem Monte Cassino gegründet hatte. Damit lebte er einen Lebensstil vor, der überall im Westen nachgeahmt wurde. Jahrhundertelang haben sich die Benediktiner einem Leben der Armut, des Gebets und der guten Taten verpflichtet, wobei sie der Regel ihres Gründers und geistigen Vaters folgten. Schließlich wurden selbst die Benediktiner reich, mächtig und korrupt, aber ein halbes Jahrtausend lang schafften sie es, arm zu bleiben, weil sie niemals auf die Überzeugung verzichteten, daß sie es sein sollten.

Eine Weile war es tiefe Überzeugung, daß die Reichen niemals reich genug seien, und daß man dann genug habe, wenn man mit dem zufrieden sei, was man hat, statt sich nach dem zu sehnen, was man haben möchte. Wenn der Wunsch zuerst kommt, kann man niemals genug haben. Wenn Zufriedenheit zuerst kommt, kommt es nicht darauf an, wieviel man hat.

Sokrates hatte in der Fabel von der Schweinestadt behauptet, das größte Vergnügen der Bürger dieser einfachen Gemeinschaft bestünde darin, sich auf einem Bett aus Myrte zurückzulehnen und die Götter zu preisen. Die Christen des finsteren Mittelalters meinten ähnlich, die größte der menschlichen Freuden sei es, den Schöpfer auf alle Weisen, die sich zu seinen Ehren finden ließen, zu preisen. Einfache Mahlzeiten, ein einfaches Leben, Zeit, über die Ewigkeit nachzudenken und eine Stimme, die die Freiheit hatte, Gott zu loben – was sonst konnte der Mensch wünschen?

Aus unserer modernen Sicht stellten diese Jahrhunderte, die wir immer noch finster nennen, den Tiefpunkt der Kultur des Abendlandes dar. Unsere Vorfahren haben es nicht so empfunden.

Sie wurden ängstlich und unruhig, als das Jahr 1000 herankam, wie wir uns über das Ende des zweiten Jahrtausends beunruhigen.

Sie waren wie Kinder und hatten Angst vor dem Unbekannten. Sie fürchteten, die Welt könne im Jahr 999 zu einem Ende kommen. Als nichts Schreckliches passierte, atmeten sie allesamt erleichtert auf und fingen an, das alte römische Reich in neuer Form aufzubauen. In diesem Reich leben wir heute.

Kapitel 5: Das Hochmittelalter – das große Experiment

Wie wir sahen, war das Leben im frühen Mittelalter nicht nur für die Überlebenden und Nachfahren des Römischen Reichs schwer, sondern für fast alle Europäer. Die verheerenden Einfälle der Barbaren im fünften und sechsten nachchristlichen Jahrhundert führten zu drei großen Problemen.

Der Kampf ums Überleben

Das erste Problem betraf einfach nur das Überleben. Wenn das Wirtschaftsleben einen gewissen Standard unterschreitet, können menschliche Gemeinschaften nur unter großen Schwierigkeiten bestehen. Jahrhundertelang hatten Menschen zumindest in den zivilisierten Teilen der Welt weit über dieser kritischen Grenze gelebt. Jetzt, als die alte Welt in Trümmern lag, gerieten viele in hoffnungslose Armut und an den Rand des Verhungerns. Große Gebiete lagen brach, verwüsteten und wurden zum Lebensraum für Raubtiere, die schon fast ausgerottet gewesen waren – und auch für wilde Menschen und Ausgestoßene, die in den dunklen Wäldern wie Tiere lebten. Aber auch jene Gruppen, die in stark dezimierten Bevölkerungszahlen überlebten, konnten ihr Leben nicht sehr genießen. Alle, Männer wie Frauen, mußten schwer arbeiten, um überhaupt spärlich zu essen zu haben. Die Behausungen waren primitiv, oft nicht mehr als Höhlen in Felswänden. Die Menschen kleideten sich jahraus, jahrein in die gleichen selbstgesponnenen Stoffe. Sie froren im Winter und schwitzten im Sommer. Nach Einbruch der Dunkelheit spendeten nur qualmende Feuer etwas Licht.

Eine Welt voller Feinde

Das Leben war gefahrenvoll. Die Menschen lebten in kleinen Gruppen, die sich selbst versorgen konnten, aber weil es keinerlei mächtige Zentralgewalt oder Ordnungskräfte gab, wurden sie immer wieder von Räubern und Plünderern angegriffen. Überfälle durch

Wegelagerer waren vermutlich das soziale Hauptproblem dieser Zeit und wohl eine der häufigsten Todesursachen. Einfache Menschen konnten sich nur sehr schwer vor Räubern schützen. Der Schutz vor Gefahr gehört zu den ältesten Berufen und war immer eine hoch spezialisierte Tätigkeit.

Wer diesen Schutz gewährleistet, ist damit hauptsächlich beschäftigt, und muß von denen, die seinen Schutz genießen, unterhalten werden. Wenn keine Zentralgewalt herrscht und Achtung vor dem Gesetz fordert, sind Schutzmaßnahmen noch wertvoller. Wer schützen soll, braucht Waffen, aber auch die Ernährung der Beschützer geht oft auf Kosten ihrer Schutzbefohlenen. Den Preis dafür können die Beschützer selbst bestimmen, denn sie haben ja in der Gemeinschaft eine Art Machtmonopol. Im Mittelalter war der Preis für solchen Schutz sehr hoch. Gelegentlich betrug er bis zu drei Viertel des Einkommens der Schutzbedürftigen. Eine Ursache für diese (im Vergleich mit den Kosten für Sicherheit und Wachdienste heute) sehr hohen Kosten war, daß der Schutz im Mittelalter bald in einer Hierarchie institutionalisiert wurde, die keine zusätzliche Sicherheit bot, wohl aber viele Menschen beschäftigte.

In dieser Hierarchie standen ganz unten die ortsansässigen bewaffneten Männer und Soldaten. Sie sollten Feinde und Räuber von Feldern und Häusern fernhalten. Diese Männer mußten wiederum vor anderen Soldaten und vor Verbrechern geschützt werden, und dafür sorgte auf höherer Ebene ein Landesherr, der den Schutz eines größeren Bereichs sicherte. Innerhalb eines geographischen Bereichs, der nach außen hin verteidigt werden konnte, war (unabhängig von der Größe des Gebiets) höchstens der Herrscher autonom, denn er war niemandem Gehorsam schuldig, solange er die unterste Hierarchie der Schutzkräfte zufriedenstellen und die Grenzen gegenüber Angreifern verteidigen konnte.

Nach manchen Berichten gab es auch fahrende Ritter, die im Lande herumreisten, um manchen Menschen, etwa Damen in Not, Hilfe und Beistand zu leisten. Diese Kavaliere existieren jedoch fast ausschließlich in Romanen. Das System, mit dem auf diese Weise ein Mindestmaß von Frieden bewahrt wurde, war teuer und nicht sehr effektiv. Wir nennen es Feudalismus. Aber solange die klügsten, kreativsten und tatkräftigsten Menschen in der Gesellschaft des Mittelalters mit nichts anderem beschäftigt waren als dem reinen Überleben, gab es vermutlich keine Alternative.

Die Frage nach Gott

Die Suche nach einem gnädigen Gott war der letzte der drei großen Problembereiche des Mittelalters und der wichtigste. Menschen haben sich immer nach Gotteserfahrungen gesehnt und Gottes Wege zu verstehen gesucht. Aber bei den Griechen und besonders den Römern war dieses Interesse nicht überwältigend groß gewesen. Sie hatten sich nur selten, bei rituellen Feiern, von religiösem Wahn überwältigen lassen. Im frühen Mittelalter jedoch überkam die besten und klügsten Menschen ein heiliger Eifer. Man könnte fast sagen, sie seien von Gott besessen gewesen. Sie dachten über Gott nach, sie betrieben Theologie, sie versuchten, seinen Willen herauszufinden und ihm zu gehorchen, und sie bemühten sich, Gottes Ziele in der Welt zu erkennen und zu erreichen. Ihr Leben drehte sich in größerem Maße um Gott als je zuvor im Abendland. Im griechischen Bildungskanon hatten Mathematik und Philosophie Vorrang gehabt, bei den Römern Politik und Recht. Jetzt wurde die Theologie die Königin der Wissenschaften. Sie blieb es fast tausend Jahre lang.

Die Wissenschaft von Gott

Heute zählt die Theologie zu den Geisteswissenschaften; nur relativ wenige Menschen beschäftigen sich mit ihr und noch weniger Menschen sind leidenschaftlich gläubige Vertreter des Fachs. Generell haben die Geisteswissenschaften, jene Gruppe von Wissenschaften, die einst an der Spitze der akademischen Fächer standen, früher schon bessere Tage gesehen. Die Naturwissenschaften, denen wir in späteren Kapiteln viel Aufmerksamkeit widmen werden, haben ihnen den Rang abgelaufen. Die Naturwissenschaften konnten große Triumphe feiern und verdienen deshalb unsere Hochachtung. Aber auch die Theologie, das sollten wir nicht vergessen, hat zu ihrer Zeit Triumphe gefeiert, und diese Zeitspanne war lang.

Was bedeutet es, Gott zu «studieren»? Wie kann es eine «Wissenschaft» von Gott geben? Daß diese Fragen überhaupt gestellt werden können, zeigt schon, wie sehr sich unsere Sicht der Welt gegenüber der des Mittelalters geändert hat.

Der Gottesstaat war ein anderer als der Menschenstaat. Aber wie war er anders? Welche «Verfassung» hatte der Gottesstaat?

Welche Politik? Welches Recht, welcher Frieden herrschten in ihm? All dies mußte in ihm anders sein als im Menschenstaat.

Zum Beispiel der Frieden. Was Frieden in einem irdischen Staat bedeutet, ist eine schwierige Frage, um deren Antwort sich schon Griechen und Römer bemüht hatten. Zum Frieden gehören ein Gleichgewicht der Kräfte, die Bereitschaft zu Kompromissen, die Bejahung gerechter Autorität, die Verteilung von Macht auf viele, die Achtung vor einer Privatsphäre, die von außen nicht angetastet werden darf, und vieles andere. Frieden ist vermutlich der Zustand, der sich in einem weltlichen Staat am schwersten erreichen läßt, und der wertvollste. Auch zum Frieden im Gottesstaat gehören komplizierte Beziehungen zu den Machtträgern, aber in diesem Fall ist Gott die Autorität und es geht um seinen Willen. In der ‹Göttlichen Komödie› läßt Dante einen der Seligen sagen: «Sein Wille ist unser Friede.» Nur wenn unser Wille völlig mit dem übereinstimmt, was Gott für uns will, haben wir Frieden. Aber sind wir dann frei oder sind wir Knechte? Wir sind frei, weil wir frei wählen, was Gott für uns wählt. Eine andere Wahl würde bedeuten, daß wir durch unsere eigenen Wünsche geknechtet werden. Wenn wir von allen falschen und fehlgeleiteten Wünschen frei sind, dann ist Gott das, was wir von uns aus wählen, und dann sind wir auch in diesem Sinn frei.

Gestehen wir uns eine Privatsphäre zu, in die Gott nicht hineinreicht oder nicht eindringen kann oder nicht eindringen sollte, einen Bereich, in dem es eine andere Freiheit gibt? Im Menschenstaat gibt es eine solche Privatsphäre, die auch respektiert und geschützt wird, aber im Gottesstaat können wir es uns leisten, unseren Sinn Gott zu öffnen, nichts vor ihm zu verbergen. Jedes Verstecken bedeutet eine Art Schande und eine Form der Knechtschaft.

Und, so geht die theologische Überlegung weiter, wir gelangen zu einem höheren Frieden und einer größeren Freiheit, wenn wir uns selbst und unseren Willen Gott überlassen. Für dieses Geschenk belohnt uns Gott mit seinem ewigen Frieden. Nach solcher Gewißheit suchten jene, die sich mit dem Gottesstaat beschäftigen. Ihre wichtigsten Lehrbücher waren das Alte und das Neue Testament. Aber diese beiden Bücher sind nicht immer leicht zu verstehen. Muß beispielsweise alles, was sie sagen, wörtlich genommen werden, oder wünscht Gott bei einigen Texten ein gleichnishaftes Lesen? Wenn diese Frage einmal beantwortet ist, ergeben sich andere Schwierigkeiten.

Tatsächlich bedarf jeder Satz, der in der Heiligen Schrift steht, einer Deutung. Er muß verstanden und auf das Leben des Menschen und seine Suche nach Gott angewendet werden. Gibt es in den heiligen Büchern auch Sätze, die einander widersprechen? Das scheint unmöglich, weil wir uns von Gott entfernen würden, wenn er sich selbst widerspräche, und das tut er nicht, wie er es durch das Opfer seines Sohnes bezeugt hat. Wenn Gott sich selbst in seinen Handlungen zu widersprechen scheint, wenn er es beispielsweise zuläßt, daß guten Menschen (nach unserem Verständnis von gut und schlecht) Schlechtes widerfährt, haben wir ihn offensichtlich mißverstanden, denn wenn es irgend etwas in der Welt gibt, auf das man sich verlassen kann, ist es die Güte Gottes, der uns nur wohl will.

Jahrhundertelang rangen die klügsten, einfallsreichsten und tüchtigsten Köpfe der Christenheit mit diesen und ähnlichen Fragen. Sie fanden Antworten, stellten sie in Frage und diskutierten in Schulen und Universitäten darüber. Sie beschäftigten sich überall damit, in der Stille der Meditation und in der Gemeinschaft der Klöster. Es bestand Einigkeit darüber, daß die Kontemplation, die Versunkenheit in Gott, was genaugenommen etwas anderes ist als Theologie, der höchste Gottesdienst sei, höher noch als Studium und Verkündigung, und deshalb widmeten ihm die wertvollsten Menschen ihr Leben und schwiegen in der Welt.

Wir wissen nicht, was sie in ihrem schweigenden, leidenschaftlichen Nachdenken über die Gottesfrage entdeckten, weil sie es nicht aufschrieben und weitergaben. Es gab keine Nobelpreise für Theologie und keinen irdischen Lohn oder Ruhm für große Entdeckungen. Der Lohn lag in den Entdeckungen selbst, in ihrer brennenden, unmittelbaren Wahrheit. Und in dem ewigen Frieden, den sie brachten.

Theologie in anderen Religionen

Nicht nur im christlichen Abendland gab es in diesen Jahrhunderten Theologen, vielmehr waren damals fast alle Menschen auf der Suche nach Gott. In der griechischen Ostkirche dachten eindrucksvolle Theologen irdisch genug, auch dem weltlichen Reich Raum zu lassen. Schon immer waren die Juden Gott zugewandt gewesen. In der ersten der vielen semitischen Wellen waren sie im zweiten vorchristlichen Jahrtausend von der arabischen Halbinsel aus in das heutige Israel gezogen, wo sie sich niederließen und Jerusalem zu ihrem geistigen Zentrum machten. Hier pflegten sie jahrhundertelang ihren einzigartigen Monotheismus und verkündeten allen, die es hören wollten, die Ergebnisse ihres Nachdenkens über ihren verborgenen Gott.

Die Juden waren 63 vor Christus von den Römern besiegt worden. Hundert Jahre später erhoben sich die Juden gegen ihre Unterdrücker, was zur Zerstörung ihres Tempels durch römische Soldaten führte. Danach verstreuten sich die Juden über das ganze Römische Reich, in dem sie bis zu zehn Prozent der Gesamtpopulation ausgemacht haben könnten. Viele halten diese Zeit für die größte Ära der jüdischen Geschichte. Juden siedelten in Nordafrika, Spanien, Italien, Griechenland und Ägypten ebenso wie in Palästina und seiner Umgebung, und sie alle sprachen dieselbe Sprache, gehorchten denselben Gesetzen (auch denselben Handelsgesetzen) und betrieben untereinander zum großen eigenen Vorteil, wie auch zu dem der Römer, regen Handel.

Überall beschäftigten sich jüdische Gelehrte und Rabbiner nicht nur mit der jüdischen Geschichte und den jüdischen Gesetzen, sondern auch mit hellenistischem Wissen. Die Juden von Alexandria arbeiteten mit Griechen und Christen zusammen und halfen dabei, das Wissen der klassischen Antike zusammenzutragen, das nach dem Untergang von Byzanz 1453 wieder in den Westen gelangen sollte.

Nicht weniger auf Gott konzentriert als die Christen des Abendlands waren die Millionen von Anhängern Mohammeds, die nach dem Tode des Propheten 632 bald ganz Afrika, den Mittleren Osten, Persien, Nordafrika und Spanien eroberten. Die Ausdehnung des Islam nach Westen wurde 732 bei Poitiers durch die Franken aufgehalten. Obwohl der Islam sich damals hinter die Pyrenäen zurückziehen mußte, ging die Ausdehnung nach Westen weiter, und im zehnten Jahrhundert gab es in vielen Bereichen Afrikas südlich der Sahara, im indischen Subkontinent und in den Inseln des südlichen Indischen Ozeans (Sumatra, Java, Celebes, Mindanao und anderswo) muslimische Vorposten. Der Islam ist eigentlich keine Verkündigungsreligion, obwohl er viele Anhänger gewann. Seine aus dem Koran stammende Botschaft von Mitleid und Erbarmen gab und gibt unterdrückten Menschen überall Hoffnung und Auftrieb. Arabische und schließlich muslimische Händler vermittelten gewöhnlich nicht nur Begeisterung und Rechtschaffenheit, sondern auch Nachrichten von einer neuen wünschenswerteren Welt. Außerdem war es natürlich angebracht, sich zur Religion der Geschäftspartner zu bekehren, wenn man keine eigene religiöse Überzeugung hatte. Während sich die meisten Christen und Juden einer Bekehrung widersetzten, waren die Heiden oft aufgeschlossen.

Der zweite Kalif (das heißt Nachfolger Mohammeds), Omar, eroberte 642 Alexandria, die Hauptstadt der Gelehrsamkeit. Dort hatten die arabischen Muslime den ersten engen Kontakt mit der griechischen Kultur und verfielen sofort ihrem Zauber. Bald wurden sie bekannte Mathematiker, Astronomen und Physiker, die die noch vor dem Fall Roms begonnene Arbeit fortsetzten, das wissenschaftliche Denken der Griechen zusammenzufassen und zu interpretieren. Wie alle anderen erlagen auch die arabischen Muslime der Begeisterung für das Studium der Theologie und die Spekulationen über Gott, die den Westen überfluteten.

Grundsätze der Theokratie

In einer Demokratie (das Wort ist eine Zusammensetzung aus den griechischen Wörtern *demos*, «Volk», und *kratos*, «Macht») herrscht das Volk, entweder direkt oder durch Vertreter, die das Volk in bestimmten Zeitabständen und nach vereinbarten Regeln wählt. Entsprechend bezeichnet «Aristokratie» die Herrschaft des Adels, der «Besten». Sie ist theoretisch möglich, obwohl man bisher kein System gefunden hat, unfehlbar die auszuwählen, die die besten Herrscher sind. Auch ein Gebilde wie «Technokratie», womit ein von Technokraten oder Experten beherrschtes Gesellschafts- und Wirtschaftssystem gemeint ist, ist vorstellbar. Aber was bedeutet es, wenn man von «Theokratie», also Gottesherrschaft spricht (*theos* heißt im Griechischen «Gott»)? Was ist Gott? Wie stellt Gott seine Herrschaft unter Beweis?

In der Antike haben Könige, Kaiser und Pharaonen jahrtausendelang behauptet, Götter zu sein, sich also für geistliche und weltliche Herrscher ihrer Völker gehalten. Von Augustus an wurden alle römischen Kaiser als Götter verehrt. Aber als Konstantin das Christentum zur Staatsreligion der Römer machte, behauptete er nicht, der Gott der Christen zu sein. Der Gott der Christen (und auch der der Juden und Muslime) ist nicht einer von vielen Göttern. Er allein ist Gott, allmächtig, allgegenwärtig, allwissend. Was bedeutet es ganz praktisch, wenn man sagt, er regiere die Welt?

Juden und Muslimen fällt die Antwort auf diese Fragen leicht. Gott hatte Moses und den Propheten die Gebote gegeben, und die Juden brauchten sie nur zu befolgen. Rechtsgelehrte und Rabbiner, also Lehrer, konnten etwa auftretende Zweifel beheben. Gott hatte seinem Propheten Mohammed den Koran diktiert, und der Koran ist nicht nur die Heilige Schrift des Islam, sondern auch sein Gesetzbuch. Wieder konnten vom Imam geleitete gelehrte Muslime den Inhalt deuten und zweifelhafte Punkte klären.

Könnte es im Christentum ähnlich sein? Da traten Probleme auf, denn im Neuen Testament fehlen praktikable Verhaltensregeln, selbst wenn seine geheimnisvollen Gleichnisse sich als Lebensregeln verstehen lassen. Die größte Schwierigkeit steckte also in der Frage: Wer konnte die Schrift für alle Christen deuten, und woher kam diese Autorität? Wer, so lautete die Frage, konnte die weltliche Herrschaft des untergegangenen Römischen Reichs übernehmen? Das war, so die Antwort, die christliche Kirche, die zwar nicht von Christus als weltliche Institution gegründet worden war, aber diese Rolle übernommen hatte, weil sie allein die Macht hatte, den Willen Gottes zu deuten.

Hier ergaben sich Schwierigkeiten, denn das Ostreich mit seiner Hauptstadt Konstantinopel beanspruchte die Vorherrschaft über das, was vom Römischen Reich übriggeblieben war. Dieser Anspruch beruhte auf der Tradition und, noch wichtiger, auf ausdrücklichen Verfügungen und Gesetzen Konstantins, der Konstantinopel zum Mittelpunkt seines Reiches gemacht hatte. Deshalb schien es nötig, eine Brücke zwischen Konstantin und der Kirche zu finden.

Eine solche Brücke gab es nicht, und deshalb wurde sie konstruiert. Im neunten, vielleicht auch zehnten Jahrhundert tauchte ein Dokument auf, das zeigen sollte, daß Konstantin dem großen Papst Sylvester I. (314–335) und seinen Nachfahren die geistliche Oberherrschaft über alle Fragen übertragen hatte, die den Glauben, den Gottesdienst und die weltliche Herrschaft über Rom und den gesamten Westen betrafen. Es ist heute unbestritten, daß dieses Dokument eine Fälschung ist, deren Urheber mit den Verfahren der römischen Kurie vertraut war, und daß eine solche «Konstantinische Schenkung» niemals gemacht wurde. Jahrhundertelang wurde dieses Edikt jedoch nicht in Frage gestellt. Die vermeintliche Vollmacht erfüllte sogar ein tiefes Bedürfnis: sie löste das Problem, wie Gott seine Herrschaft unter die Menschen hätte bringen sollen.

Reich und Papsttum

Der Papst konnte wohl weltliche Macht über alle Christen behaupten, aber wie sollte er sie ausüben? Als gewählter Kirchenbeamter war der Papst oft ein älterer Mann, der sein Amt nicht lange ausüben konnte. Seiner Herkunft und Ausbildung nach war er nicht zum weltlichen Führer bestimmt, weil das zu früherer Zeit unweigerlich militärische Führerschaft bedeutete. Folglich brauchte der Papst unbedingt die Verfügungsgewalt über eine möglichst beständige weltliche Einrichtung, an deren Spitze jemand war, der – während er gleichzeitig die weit verstreuten christlichen Gemeinschaften militärisch in Schach hielt – ihm, dem Papst, zu Gehorsam verpflichtet war.

Es war leichter, ein solches System einzuführen, als ihm Dauer zu verleihen. Doch es kam fast von selbst dazu, als nämlich Herrscher sich von sich aus als Kaiser des Heiligen Römischen Reichs bezeichneten. Der berühmteste unter ihnen war Karl der Große, der in einer als höchst bedeutsam angesehenen Zeremonie am Weihnachtstag des Jahres 800 vom Papst zum Kaiser gekrönt wurde. Karl der Große (742–814), seit 768 König der Franken und seit 774 König der Lombarden, war schon lange der mächtigste Mann in Europa, als Leo III. ihm im Petersdom in Rom die Krone aufsetzte und ihn zum Kaiser und Erben von Augustus ernannte. Karl gewann durch diesen Akt keine neue Macht, wohl aber eine gewisse Legitimation, die ihm und seinen Nachfolgern wichtig war. Auch das Papsttum erhielt dadurch eine Aufwertung; seit damals nahmen Päpste weltliche Vorherrschaft über die Kaiser in Anspruch.

Aber immer noch blieb die alte Frage unbeantwortet, wie der Papst Macht über den Kaiser ausüben sollte. Der symbolische Akt im Petersdom blieb höchst mehrdeutig. Der Kaiser herrschte durch den Willen des Papstes, so sagte der Papst, und der Kaiser widersprach nicht ausdrücklich. Aber der Papst regierte auch durch den Willen des Kaisers, denn der Kaiser hatte viele Soldaten und der Papst nur wenige. In Anbetracht der ihrem Wesen nach unklaren Idee der Theokratie, auf der dieses System beruhte, überrascht es nicht, wenn diese Unklarheit in der Praxis viele Jahrhunderte Bestand hatte. Warum wurde sie nicht aufgezeigt und warum wurden keine Einwände dagegen erhoben? Weil das System von Papst und Kaiser mit allen seinen Fehlern doch ein wesentliches Bedürfnis erfüllte. Es war einfach keine andere Legitimation der Herrschaft vorstellbar.

Die Machtverteilung zwischen Reich und Papsttum schwankte in den Jahrhunderten nach 800 oft. Manchmal schien der Papst mehr Macht zu haben als der Kaiser. Zu anderen Zeiten mußte der Papst so viel von seiner Macht aufgeben, daß er als reine Marionette gesehen wurde, deren Fäden vom Kaiser gehalten und gezogen wurden. Trotzdem hielt sich das System fünfhundert Jahre lang, bis die Päpste aus Rom vertrieben wurden. Unter dem Schutz des Königs von Frankreich ließen sie sich von 1309 bis 1377 in Avignon nieder. Danach haben die Päpste niemals wieder über die weltliche Macht verfügt, die sie manchmal besessen hatten und immer in Anspruch nahmen. Auch das Heilige Römische Reich konnte nicht überleben, als im sechzehnten Jahrhundert Nationalstaaten wie Frankreich, England, Spanien und Deutschland als Nachfolger des Römischen Reichs die politische Kontrolle Europas übernahmen. Diese neuen Nationalstaaten wurden von Königen regiert, die sich als von «Gottes Gnaden» eingesetzt sahen, aber das war ein neuer Gedanke und etwas ganz anderes als die Theokratie, die nach dem Untergang Roms viele Jahrhunderte lang Bestand gehabt hatte.

Das Mönchtum

Reich und Papsttum waren mächtig und weitreichend, aber sie schafften es nicht, das theokratische Europa in den tausend Jahren zwischen 500 und 1500, die wir das Mittelalter nennen, wirkungsvoll zu regieren. Eine weitere Instanz war nötig, ein Mittler zwischen Menschen und Gott, der die Gebote und Befehle Christi und seines Stellvertreters auf Erden, dem Papst in Rom, den Menschen nahe bringen konnte. Diese Rolle hätte die Kirche ausfüllen sollen, wenn die Kirche je das gewesen wäre, was Christus sich vermutlich gewünscht hätte (falls Christus überhaupt eine Kirche gründen wollte, was eher zweifelhaft ist). Die Bischöfe vermittelten zwar so etwas wie Recht und Gesetz, und die Priester spendeten einen gewissen geistlichen Trost. Aber beide, Priester wie Bischöfe, hatten ihre eigenen Sorgen. Etwas Einfacheres und Bescheideneres war nötig. Als erster erkannte und befriedigte Benedikt von Nursia dieses Bedürfnis.

Benedikt wurde um 450 in Nurcia in Mittelitalien geboren und nach Rom in die Schule geschickt. Die Zügellosigkeit der dekadenten Stadt schockierte ihn, und er zog sich deshalb zurück, um in einer Felsenhöhle in der Nähe der Ruinen von Neros Palast oberhalb von Subiaco, sechzig Kilometer östlich von Rom, zu leben. Dort verbrachte er drei Jahre als Einsiedler, bis er berühmt wurde und sich überreden ließ, Abt eines nahen Klosters zu werden. Sein Eifer traf auf Widerstand, und aufrührerische Mönche versuchten, ihn zu vergiften. Er trat als Abt zurück, aber wieder versammelten sich

Schüler um ihn, und mit ihrer Hilfe gründete er zwölf neue Klöster. Wieder gab es Verschwörungen gegen seine Leitung. Betrübt und angewidert verließ er die Gegend und wanderte nach Süden zu einem Hügel, der oberhalb von Cassino auf halbem Wege zwischen Rom und Neapel steil aufsteigt. Die Gegend war noch überwiegend heidnisch, aber Benedikt bekehrte die Einwohner durch seine leidenschaftlichen Predigten und gründete dort das Kloster von Monte Cassino, das Stammhaus der Benediktiner.

Viele Jahre hatte er darüber nachgedacht, wie Mönche zusammenleben sollten; seine schriftliche Zusammenfassung der Grundsätze des Gemeinschaftslebens wurde als Benediktinerregel bekannt. Diese einfühlsame, bescheidene und gemäßigte Regel wahrt sorgfältig ein Gleichgewicht zwischen Gebet, Arbeit und Bibellesen und gehört zum geistigen Kirchenschatz. Benedikt starb um 547, vermutlich in seinem Kloster. Die Benediktiner sind auch heute noch, nach fast fünfzehnhundert Jahren, ein lebendiger und tatkräftiger Orden. Nach der scholastischen Tradition wurde das Kloster auf dem Monte Cassino im Jahr 529 gegründet. Im selben Jahr gab der christliche Kaiser Justinian ein Dekret heraus, das die Schließung der platonischen Akademie in Athen verfügte. Die Symbolik dieses Zusammentreffens wurde lange als zutiefst bedeutsam betrachtet. Die Schließung der Akademie, die nach ihrer Gründung durch den Philosophen Platon fast tausend Jahre Bestand hatte, bedeutete für das Abendland das Ende der griechischen Bildung. (In Konstantinopel gab es noch weitere hundert Jahre lang griechische Akademien.) Gleichzeitig bezeichnete sie den Beginn einer neuen und anderen Art erzieherischer und scholastischer Einrichtungen. Von dieser Zeit an würde «keine Pflanze wachsen und gedeihen, die nicht im Kloster gesät worden war und dort gekeimt hatte».

Bald wurden überall in Italien und im übrigen Europa Benediktinerabteien gegründet. Sie unternahmen es, die klassischen Werke, die sich aus der glorreichen griechischen und römischen Vergangenheit erhalten hatten, zu sichten, zu ordnen, zu klassifizieren und zu kopieren. Ihnen verdanken wir fast jeden uns erhaltenen Text. Aber die Benediktiner beschränkten sich nicht darauf, über Stehpulte gebückt Texte abzuschreiben, die sie in vielen Fällen nicht einmal verstanden. Sie spielten auch in der Welt eine aktive Rolle, denn Benediktiner brachten das Evangelium in die fernsten Ecken der alten Welt, nach Britannien, den Norden Germaniens und den Westen Spaniens und auch in die heidnischen Bereiche Italiens, wo die

Bewohner, wie in Cassino, noch über tausend Jahre nach dem Tod Christi an der alten Religion festhielten.

Die schlichte Demut des Benedikt blieb Jahrhunderte lang unvergessen und verlieh dem Orden, der seinen Namen trug, einen Ruf der Heiligkeit und des christlichen Eifers. Aber im Lauf der Zeit wurden die Klöster, genau wie die Kirche selbst, wohlhabend. Reichtum steht dem Heil im Wege, wie Christus wußte (*Eher geht ein Kamel durch ein Nadelöhr, als daß ein Reicher in das Reich Gottes gelangt*). Das galt ebenso für Institutionen wie für einzelne Menschen. Deshalb waren alle bestehenden Mönchsorden im zwölften Jahrhundert korrupt geworden.

Eine neue Weltanschauung erfaßte die Christenheit im zwölften und dreizehnten Jahrhundert, als die Orden der Franziskaner und der Dominikaner gegründet wurden. Franz von Assisi (um 1181–1226), der kleine, ruhelose Mann, der um 1210 den Orden der Franziskaner gründete, war eine ganz außergewöhnliche Gestalt seiner Zeit. Er setzte sich in seinem Leben das Ziel, «den Lehren unseres Herrn Jesus Christus zu folgen und in seinen Fußstapfen zu gehen». Franziskus forderte, daß seine Brüder fast ausschließlich von dem lebten, was sie bei ihren Wanderungen durch die Welt erbitten konnten, und daß sie allen, die zuhören wollten, die gute Botschaft verkündigten. Sein neuer Orden und der der Dominikaner, den der Spanier Domingo de Guzmán (etwa 1170–1221) fast gleichzeitig gründete, hießen darum Bettelorden, denn sie verzichteten auf große Abteien und Klöster, um ein Leben in äußerster Einfachheit und Armut zu leben.

Später wurden selbst die Dominikaner und Franziskaner durch die Reichtümer in Versuchung geführt, die ihnen von jenen aufgezwungen wurden, die hofften, für sich selbst das Heil zu erlangen, indem sie ihren Reichtum den Geistlichen vermachten. Im dreizehnten Jahrhundert erlebte das Mönchstum jedoch Gipfel der Frömmigkeit und des Dienstes an der Menschheit, die es nie zuvor gekannt und nie wieder erreicht hat. Es gibt keine zuverlässige Statistik darüber, wie viele Menschen im ersten Jahrhundert des Benediktinerordens oder zur Zeit der von Cluny ausgehenden Reform im zwölften Jahrhundert in Klöstern lebten oder im dreizehnten Jahrhundert als Franziskanerbrüder und Dominikanerprediger durch Europa zogen. Vielleicht waren die Orden ihrer Zahl nach niemals sehr groß. Aber sie zogen die meisten der klügsten und kreativsten Menschen ihrer Zeit an.

Diese oft glänzend begabten und immer zur Hingabe an Gott bereiten Männer und Frauen entzogen sich mit dem Eintritt in den Orden dem weltlichen Leben ihrer Zeit. Sie leisteten keine Beiträge zur Wirtschaft oder zur Gesellschaft, glaubten aber, auf andere Art beizutragen: Sie beteten für die Menschheit, sie bewahrten die Schätze der Vergangenheit, sie lehrten ihre Mitmenschen, was sie über den Weg zum Heil wußten (das aber in einem anderen Leben lag, nicht in diesem), und sie versuchten, ihren eigenen unmittelbaren Vorteil einem größeren Vorteil zu opfern, den sie sich in einer praktisch nicht definierbaren Zukunft erhofften.

Solche Opfer lassen sich nicht als unbedeutend abtun. Wir wissen nicht genug über die Welt, um zu beweisen, daß die Gebete solcher Menschen sie nicht verbessert haben. Vielleicht haben sie die Welt sogar gerettet. Wir wissen nur, daß das weltliche Mittelalter ohne die Intelligenz, die Genialität und Kreativität sehr vieler ihrer begabtesten Menschen auskommen mußte. Wir können die Kosten dieses Verlusts nicht abschätzen.

Die Kreuzzüge

Es wäre unzutreffend, wenn man sagen wollte, der Papst und die Kirche hätten überhaupt keine Soldaten gehabt. Von Zeit zu Zeit kämpften vom Papst bezahlte Söldner in Kriegen, in denen sie gelegentlich auch gegen kaiserliche und andere Heere siegten. Ein bekanntes Beispiel ist die von Cesare Borgia angeführte päpstliche Armee, die gegen Ende des fünfzehnten Jahrhunderts in Italien kämpfte. Cesare war der natürliche Sohn von Papst Alexander VI. und hoffte wie sein Vater nicht nur, seiner eigenen Familie riesige italienische Besitztümer zu sichern, sondern auch das ganze Land zu vereinen und es so vor den Raubzügen des Königs von Frankreich und des Kaisers des Heiligen Römischen Reichs deutscher Nation zu bewahren. Aber als Alexander starb und Papst Julius II. ihm nachfolgte, konnte Cesare nicht überleben. Er wurde 1507 im Alter von 32 Jahren getötet; mit ihm schwanden alle Hoffnungen seiner Familie und auch der Traum des Historikers Niccoló Macchiavelli (1469–1527), der in der einzigartigen Kombination eines mächtigen Papstes und eines glänzenden jungen Befehlsherrn die Verheißung eines von Fremdherrschaft befreiten Italien erblickt hatte.

Wenige Päpste konnten die Vorzüge genießen, die Alexander VI. durch seinen Sohn Cesare zuteil wurden. Aber sie hatten andere Waffen, mit denen sie Armeen sammeln konnten, nämlich den religiösen Eifer, der mit ihrer Hilfe die großen militärischen Führer Europas begeisterte. Im elften Jahrhundert führten Pilgerfahrten und der aufblühende Handel Europäer nach Jerusalem und anderen heiligen Stätten im Osten. Gleichzeitig wurde das Byzantinische Reich von den Seldschuken angegriffen. Hier trafen, wie Papst Urban II. bald erkannte, eine Gelegenheit und ein Bedürfnis zusammen. Er rief 1095 zu einer christlichen Armee auf und forderte, sie solle die Türken besiegen und das Heilige Grab von den Moslems zurückzuerobern. Am 15. Juli 1099 erlag Jerusalem einer bunt gemischten Armee von Kreuzfahrern, die ihre christliche Nächstenliebe unter Beweis stellten, indem sie die jüdischen und islamischen Einwanderer einschließlich ihrer Frauen und Kinder abschlachteten. In den nächsten Jahrzehnten eroberten Kreuzfahrer aus vielen Ländern einen schmalen Landstreifen entlang der palästinensischen Küste, was daheim großen Jubel auslöste.

Die Sarazenen konnten 1144 die Festungen der Kreuzfahrer zurückerobern, was zum zweiten (1148), dritten (1189) und vierten (1198) Kreuzzug führte, alles demütigende Mißerfolge. Schließlich waren alle christlichen Vorposten ebenso verloren wie das Leben und Vermögen Zehntausender von Christen, viele aus höchstem Adel. Aber das Kreuzfahrerfieber stieg noch weiter.

Im Frühjahr 1212 hatte ein Hirtenknabe namens Stefan eine Vision, in der ihm Jesus im Pilgergewand begegnete und einen Brief für den König von Frankreich gab. Stefan, der in der kleinen französischen Stadt Cloyes-sur-la-Loire lebte, zog aus, um den Brief abzuliefern. Während er in der hellen Frühlingssonne dahinwanderte, erzählte er jedem von seiner Mission. Bald hatte er eine Menge anderer Kinder um sich versammelt, die bereit waren, ihm zu folgen. Schließlich entschlossen sich mehr als dreißigtausend, nach Marseille zu ziehen, von wo aus sie mit dem Schiff ins Heilige Land zu gelangen hofften. Dort erwarteten sie zuversichtlich, die Mohammedaner statt durch Waffengewalt durch Liebe besiegen zu können. In Marseille erkannten Kaufleute eine Gelegenheit zu einem guten Geschäft und versprachen, sie nach Jerusalem zu bringen und die Sorge für sie zu übernehmen. Tatsächlich verschifften sie sie nach Nordafrika und verkauften sie auf muslimischen Märkten, auf denen der Menschenhandel blühte, als Sklaven. Nur wenige kamen je zurück. Keiner von ihnen erreichte das Heilige Land.

Ein Zehnjähriger aus Köln, Nikolaus, sammelte eine zweite Gruppe und kündigte im Rheinland einen Kinderkreuzzug an, dem sich schließlich weitere 20 000 Kinder anschlossen. Nach der Überquerung der Alpen wurden sie getrennt; wohl keines hatte ein gutes Schicksal. Auch von ihnen wurden viele nach Afrika verschifft und als Sklaven verkauft. Im dreizehnten Jahrhundert folgten noch vier weitere Kreuzzüge. Der achte und letzte wurde vom französischen König Ludwig VII. angeführt und endete in mancher Hinsicht noch tragischer und trauriger als die Kinderkreuzzüge. Als der König 1270 zu ihm aufrief, waren die Hoffnungen groß, aber eine riesige Armee, die im Juli 1270 in Tunis landete, wurde bald von der Pest hinweggerafft. Ludwig starb als einer der ersten, und viele folgten ihm in den Tod, während sein Körper nach Frankreich zurückgebracht wurde.

Die acht Kreuzzüge, die im Zeitraum von fast zwei Jahrhunderten durchgeführt wurden, erreichten fast nichts, kosteten aber ungeheuer viele Leben und Vermögen und nährten vergebliche Hoffnungen. Vielleicht waren sie eine notwendige, sogar unvermeidliche Konsequenz des großen Experiments der Gottesherrschaft im Mittelalter.

Die Jahrtausendwende: vorher Angst, danach ein großer Fortschritt

Die Zahl Tausend hatte Christen schon immer fasziniert. Sie fürchteten das kommende Jahrtausend aus vielen Gründen, nicht zuletzt wegen der Vorhersage aus dem zwanzigsten Kapitel der Offenbarung, daß ein Engel vom Himmel herabsteigen würde, der den Drachen, die alte Schlange – den Teufel oder Satan – überwältigen und ihn für tausend Jahre fesseln würde. «Danach muß er für kurze Zeit freigelassen werden.»

Die Aussicht auf eine vom Teufel beherrschte Welt erschien schrecklich, auch wenn seine Herrschaft nur kurz währen sollte. Das Leben war schon schlimm genug gewesen, in den ersten tausend Jahren, als die bodenlose Hölle den Teufel gefangen hielt. Wieviel schlimmer würde es sein, wenn der Teufel sein bösartiges Tun ungehindert verrichten konnte? Und wie lang oder kurz war «die kurze Zeit», nach der Christus zurückkommen würde, um die Lebenden und die Toten zu richten? Hunderttausende von Menschen zitterten in ganz Europa, als das Jahr 1000 herankam (oder sollte die schicksalhafte Zeit mit dem Jahr 999 beginnen?). In den späten neunziger

Jahren des neunten Jahrhunderts kam das Wirtschaftsleben zum Erliegen, als Menschen beschlossen, sich höchstens auf kurzfristige Unternehmungen einzulassen, und die Frommen durch die Straßen zogen und sich aus Reue für ihre Sünden und in der Hoffnung auf sofortige Rettung geißelten.

Die Zeitrechnung stimmte natürlich selbst in Europa, von anderen Kontinenten gar nicht zu reden, nicht für alle Menschen mit der der Christen überein. Die Welt war für die Juden viel älter, denn ihr Kalender beginnt am mutmaßlichen Tag der Schöpfung, die sie jetzt auf 3761 vor Christus datieren. Und für die Muslime beginnt der Kalender erst mit dem Jahr 622. Jedenfalls ging das Jahr 1000 (oder 999) vorüber, ohne daß irgend etwas Weltbewegendes passierte. Die Erleichterung, die die Christen bei dieser erfreulichen Wendung spürten, führte zu einem erneuten Energieausbruch. Die nächsten drei Jahrhunderte, von etwa 1000 bis etwa 1300, waren eine der optimistischsten, wohlhabendsten und fortschrittlichsten Epochen der europäischen Geschichte.

Unter Heinrich III. (1036–1056) stand das mittelalterliche Reich auf dem Gipfel seiner Macht. Es reichte von Hamburg und Bremen im Norden Deutschlands bis zur Sohle des italienischen Stiefels im Süden und von Burgund im Westen bis nach Böhmen, Ungarn und Polen im Osten. Mit dem Aufstieg des Reiches ging der Untergang des Papsttums einher. Im Jahr 1046 beanspruchten nicht weniger als drei Männer den Stuhl Petri. Heinrich mischte sich ein, setzte auf der Synode von Sutri alle drei ab und sorgte dafür, daß sein eigener Kandidat, Bischof Suitger von Bamberg, als Clemens II. Papst wurde. Clemens bedankte sich noch am selben Tag, indem er Heinrich und seine Frau zu Kaiser und Kaiserin krönte.

Es dauerte nicht lange, bis das Pendel wieder in die andere Richtung ausschlug. Am Ende des zwölften Jahrhunderts, unter Papst Innozenz III. (1198–1216), erreichte wiederum das Papsttum einen Höhepunkt an Macht und Ansehen. Das christliche Europa kam einer einheitlichen Theokratie ohne innere Widersprüche niemals näher. Aber die Widersprüche waren nicht behoben und traten bald nach dem Tod von Innozenz wieder zutage, als Friedrich II., der von 1215 bis 1250 Kaiser war, erneut den Kampf mit dem Papst aufnahm. Beide Seiten waren schließlich völlig erschöpft.

Das daraus folgende politische Durcheinander hatte keinen Einfluß auf den höheren allgemeinen Lebensstandard dieser Jahrhunderte. Es bildete sich der neue Stand städtischer Kaufleute und Händler heraus, die viel zum neuen Wohlstand beitrugen, die Klasse also, die Karl Marx später als Bourgoisie bezeichnete. Wie Marx sagte, hat die Bourgoisie in der Geschichte eine höchst revolutionäre Rolle gespielt, und das war zu keiner Zeit deutlicher als im elften und zwölften Jahrhundert, als in Italien, Deutschland und Flandern Hunderte von Städten, die sich selbst reichsfrei nannten, auflebten. Sie forderten und erhielten von ihren früheren Feudalherren das Recht, sich selbst regieren zu dürfen.

Der Handel und Wandel unternehmungslustiger Bürger schuf nicht nur neuen Wohlstand, sondern er begünstigte auch die Erfindungen, die einfallsreiche und wagemutige Forscher in den Bereichen Alchemie (sie ist die Ahnfrau der modernen Chemie), Energieumwandlung, Verkehr und Metallkunde machten. Eiserne Geräte waren selbst in den Häusern der Armen weitverbreitet. Überall wurden Wind- und Wassermühlen errichtet, die die Naturkräfte nützliche Arbeit verrichten ließen. Eine neue Form von Zaumzeug ermöglichte es erstmals, Pferde vor Karren und Pflüge zu spannen. In Böhmen, Schweden und Cornwall ermöglichten neue Bergwerksverfahren das Graben tieferer Schächte, die zur Erschließung reicher Eisen-, Kupfer-, Zinn- und Bleivorkommen führten.

Wohl noch wichtiger war, daß der neue Stand der Städter eine wachsende Landwirtschaft erzeugte, denn die Bauern erzielten mit Hilfe neuer technischer Errungenschaften auch ohne manuelle Mehrarbeit größere Erträge. Mit dem Wohlstand der Städte nahm also auch der Verdienst der Bauern zu.

Alle diese Veränderungen stellten eine Gefahr für das mittelalterliche Ideal der Theokratie dar. Der primitive Kapitalismus war wie jeder Kapitalismus (auch das hat Marx als erster erkannt) instabil. Die feudale Theokratie oder der theokratische Feudalismus waren viel zu wenig im Gleichgewicht, als daß sie das schöpferische Durcheinander der Zeiten lange hätte überleben können. Aber das ist für uns viel offensichtlicher als für die Menschen des Mittelalters. Ihnen ging es, wie schon so lange, um das Studium der Theologie und um die Sorge um das Seelenheil. Selbst in der eben geborenen Neuen Welt behielten die ältesten Fragen – die die widersprüchlichen Behauptungen von Glauben und Vernunft, den Willen Gottes und das Wesen der Wahrheit betrafen – ihre alte Faszination und überschatteten alles andere Geschehen.

Der Streit um Wahrheit

Im Mittelalter stand eine einzige Frage im Mittelpunkt aller Auseinandersetzungen zur christlichen Theologie. Sie wurde zuerst in Augustins ‹Gottesstaat› bald nach dem Untergang Roms gestellt und blieb fast tausend Jahre lang ein Hauptthema. Einfach gesagt lautet die Frage: Gilt, wenn man Augustins Lehre von den zwei Staaten für wahr hält, in beiden dieselbe Wahrheit oder haben sie je ihre eigene und unterschiedliche? Muß das, was in einem Staat wahr ist, auch im anderen wahr sein? Oder ist, falls es zwei verschiedene Wahrheiten gibt, eine Wahrheit wichtiger als die andere? Muß ein Mensch deshalb zwischen ihnen wählen? Wenn die Frage heute unwichtig oder nebensächlich erscheint, dann deshalb, weil wir schon lange eine Antwort gefunden haben und darüber keine Vermutungen mehr anstellen. Aber den Menschen des Mittelalters lag die Antwort nicht auf der Hand. Sie sahen möglicherweise klarer als wir, welche Folgen die möglichen Antworten für Theorie und Praxis haben würden.

Wir sehen uns an, welche Ansichten sieben der großen mittelalterlichen Denker zu dieser sogenannten «Frage nach den zwei Wahrheiten» vertraten.

Boetius

Boetius stammt aus einer adligen Familie und wurde um 480 in Rom geboren. Er erhielt eine gute Ausbildung und beherrschte offenbar sowohl Latein als auch Griechisch. Um 510 begann er mit seinem Lebenswerk, der Übersetzung der Werke des Aristoteles vom Griechischen ins Lateinische. Er wollte damit späteren Zeiten das Hervorragendste des klassischen Gedankenguts zugänglich machen. Boetius war Ratgeber des Ostgotenkönig Theoderich und genoß eine Zeitlang Macht und Einfluß, fiel aber nach 520 in Ungnade, wurde gefangengenommen und 524 nach schrecklichen Foltern hingerichtet. Im Gefängnis schrieb er sein berühmtes Buch ‹Trost der Philosophie›.

Boetius vollendete nur einen kleinen Teil seines Lebenswerks, denn er übersetzte nicht alle Werke des Aristoteles, sondern nur das ‹Organon›, das Werk über Logik. Diese Übersetzung, die über siebenhundert Jahre lang in Schulen benutzt wurde, machte Boetius berühmt. Er schrieb auch Abhandlungen über theologische Themen, die deswegen bemerkenswert sind, weil er in ihnen niemals die Heilige Schrift erwähnt, obwohl er, wie ein zeitgenössischer Biograph betont, selbst Christ war. Wie konnte das sein? Die Lösung des Rätsels liegt im Schlußsatz seiner um 515 geschriebenen ‹Abhandlung zur Trinität›. Der Satz ist in den folgenden Jahrhunderten unzählige Male zitiert worden: «Wenn irgend möglich vereine Glauben und Vernunft.»

Für das Mittelalter beschrieb dieser Satz so klar und deutlich, wie es in wenigen Worten überhaupt möglich war, eine der großen polaren theologischen Positionen. Wenn man bedenkt, daß die Bibel in der Theologie des Boetius keinen Platz hatte, läßt sich das Wesen Gottes also durch menschliche Vernunft erfassen; für Glauben und Vernunft gilt ein und dieselbe Wahrheit.

Pseudo-Dionysos

Der Areopagit Dionysos lebte im ersten nachchristlichen Jahrhundert. Er war von Paulus zum Christentum bekehrt worden und man sah in ihm (später) den ersten Bischof von Athen. Um 500 veröffentlichte ein Mönch unter dem Pseudonym Aeropagit Dionysos vermutlich in Syrien Schriften, die auf die Geschichte der Theologie des Abendlandes großen Einfluß haben sollten. Die wichtigste Schrift war ein auf griechisch geschriebenes Buch mit dem Titel ‹Die Namen Gottes›. Das Werk ist ein Beispiel für eine Art «negativer Theologie», indem es nahelegt, eine Theologie, wie sie beispielsweise Boetius vertrat, sei sowohl unmöglich als auch ungerechtfertigt. Der jetzt als Pseudo-Dionysos bekannte Verfasser begann mit der Aussage, daß Gott keinen Namen haben könne, den er sich nicht selbst gegeben und uns offenbart hat. Er zeigte dann weiter, daß selbst die geoffenbarten Namen, die (als Namen) dem menschlichen Geist begreiflich sein müssen, nicht das wahre Wesen Gottes ausdrücken können, weil Gott vom endlichen menschlichen Begriffsvermögen nicht verstanden und erfaßt werden kann. Die Theologen dürfen Gott womöglich nicht einmal «real» oder «seiend» nennen, weil diese Ausdrücke sich auf die Kenntnis und Erfahrung einer Welt herleiten, die einmal erschaffen wurde; aber man kann den Schöpfer nicht im Rahmen seiner Schöpfung verstehen.

Pseudo-Dionysos stellte sich deshalb in direkten Widerspruch zu Boetius. Nach Boetius war der Gottesstaat der menschlichen Vernunft zugänglich. Nach Pseudo-Dionysos ließ sich der Gottesstaat niemals auf den Menschenstaat reduzieren.

Für Boetius war Aristoteles die große Autorität. Der war natürlich kein Christ gewesen, hatte aber in einigen seiner Abhandlungen Gedanken vertreten, die Boetius und andere zumindest als vorchristlich deuten konnten. Und er war der Apostel der Vernunft gewesen. Nach Meinung von Boetius hatte niemand je mehr über die Welt der Natur gewußt als Aristoteles, und dieses Wissen konnte nicht im Widerspruch zur Schrift stehen, weil das, was in einem Reich wahr ist, auch im anderen wahr sein muß. Für Pseudo-Dionysos war der Heilige Augustinus die eigentliche Autorität. Die neuplatonischen Wurzeln, die Augustin in Plotin und anderen fand, hatten ihn – in Verbindung mit seiner leidenschaftlichen Bibellektüre – dazu gebracht, die mystische Vision von Gott zu betonen. Aus dieser Sicht kann nur der Glaube die Sicherheit vermitteln, die andere in der Vernunft zu finden behaupten. Deshalb kam es ihm einzig auf die Wahrheit des Glaubens an, die dem Menschen durch die Gnade Gottes zuteil wird.

Avicenna

Ibn Sina, der in latinisierter Form Avicenna hieß, war der einflußreichste aller islamischen Philosophen. Er wurde 980 in Buchara geboren und war schon als Kind außerordentlich gescheit und begabt. Bereits der Zehnjährige konnte den Koran auswendig. Als er 18 war, wurde er, der schon lange alle seine Lehrer überholt hatte, als hervorragender Autodidakt verehrt, und als er 21 war, als berühmter Arzt. Dann veranlaßten ihn politische Unruhen in Persien und Afghanistan, wo er den größten Teil seines Lebens verbrachte, zu einem unsteten Wanderleben. Trotz aller Nöte wurde er zum produktivsten aller arabischen Schriftsteller.

Avicenna schrieb zwei sehr umfangreiche und viele kürzere Werke. Das erste, das ‹Buch der Genesung›, ist eine Enzyklopädie der Philosophie und Naturwissenschaft und wird für das umfassendste je von einem Einzelnen verfaßte Werk dieser Art gehalten. Der ‹Canon medicinae›, eine Zusammenfassung des medizinischen Wissens seiner Zeit, gab der Medizin eine wissenschaftliche Grundlage und blieb ein halbes Jahrtausend lang das maßgebliche Lehrbuch der Medizin. Beide Werke beruhten auf klassischen Vorbildern. Insbesondere das ‹Buch der Genesung› ist durchsetzt mit aristotelischer Lehre zu allen Themen mit Ausnahme von Ethik und Politik, die Avicenna, womöglich aus persönlichen politischen Gründen, nicht erörterte.

Beide Werke wurden ins Lateinische übersetzt und übten großen Einfluß auf die Scholastiker aus, denen langsam klar wurde, daß womöglich mehr zur Wissenschaft gehört als die Deutung und Neudeutung der Heiligen Schrift, Augustins ‹Gottesstaat› und Boetius Übersetzung des ‹Organon›. Sie dürsteten nach der Information, die Avicenna ihnen über Aristoteles und griechisches Denken überhaupt vermittelte. Aber die Scholastiker konnten immer noch nicht Aristoteles selbst lesen, denn noch ein Jahrhundert nach dem Tod Avicennas 1037 hatte man im Westen keinen Zugang zu seinen Texten.

Petrus Abaelard

Dieser mittelalterliche Gelehrte ist vor allem durch seine Liebesbeziehung zu Héloise bekannt, dem Thema vieler Bücher und Dramen.

Abaelard wurde 1079 in der Nähe von Nantes als Sohn eines Ritters geboren. Er verzichtete auf sein Erbe und eine militärische Karriere, um Philosophie, insbesondere Logik, zu studieren, und wurde der angesehenste Lehrer und Praktiker der Dialektik seiner Zeit.

Für Lehrer und Logiker war es eine große Epoche. Paris war zum Nährboden theologischer Kontroversen geworden; die Studenten strömten von einem Lehrer zum anderen und stritten auf offener Straße über Fragen der Logik und der Bibelinterpretation. Abaelard bezog, auch aus Freude am Trubel, bei diesen Auseinandersetzungen Stellung. Zu seinen Privatschülern gehörte auch die hochbegabte und schöne siebzehnjährige Héloise (etwa 1098–1164), deren Onkel Fulbert (etwa 960–1028) Canonicus an der Kathedrale von Notre-Dame de Paris war. Abaelard verführte Héloise, oder vielleicht auch umgekehrt; sie hatten jedenfalls einen Sohn und heirateten später heimlich. Canonicus Fulbert regte sich vor allem über die Heimlichtuerei auf, aber Abaelard und Héloise hatten befürchtet, die Bekanntgabe ihrer Eheschließung könnte das Ende der akademischen Laufbahn Abaelards bedeuten. Wie dem auch sei, jedenfalls warb Fulbert Verbrecher an, die Abaelard auflauerten und entmannten. Dieser verbrachte dann den Rest seines Lebens in bitteren Qualen über die verlorenen Hoffnungen, denn einem Kastraten war eine Karriere in der Kirche versagt.

Héloise verließ ihn nicht, und er verließ sie nicht. Er war weiter ihr geistlicher Berater, während sie ins Kloster eintrat und wichtige Posten in der Kirche einnahm. Später veröffentlichte er eine Sammlung ihrer Liebesbriefe, eines der schönsten und aufschlußreichsten Bücher des Mittelalters. Abaelard hätte keine Angst um seine Karriere haben müssen. Auch als Eunuch zog er viele Schüler an und fand deshalb niemals genug Zeit für seine eigene Arbeit. Sein berühmtestes theologisches Werk ‹Sic et non› (Ja oder Nein) ist eine aus mehreren Quellen stammende Sammlung scheinbarer Widersprüche, die er mit Kommentaren versah, die zeigen, wie sich diese Widersprüche auflösen lassen und nach welchen Regeln andere aufgelöst werden können. In dieser höchst diskussionsfreudigen Zeit kam es immer wieder zu logischen Disputen zwischen den Studenten unter sich und zwischen Studenten und Lehrern. Deshalb war dieses Buch bald sehr beliebt. Abaelard schrieb auch ein kürzeres Werk ‹Scito te ipsum› (Erkenne dich selbst), in dem er die Auffassung vertrat, die Sünde bestehe nicht in Taten, die an sich weder gut noch schlecht sind, sondern nur in Absichten. Sünde ist nicht die Tat, sondern die Absicht, das zu tun, von dem man weiß, daß es falsch ist.

Abaelard wurde von der Obrigkeit teils wegen seiner Lebensweise, teils wegen seiner Lehren getadelt. Er hielte den Anschein einer Rechtgläubigkeit aufrecht, aber allem, was er schrieb, sei deutlich anzumerken, daß er die Vernunft dem Glauben vorziehe. Sein Werk und sein Leben stellten den vorherrschenden Augustianismus seiner Zeit in Frage; implizit forderte er die Aristoteliker auf, der Vernunft den Vorzug vor dem Mystizismus der alten Art zu geben. Abaelard ist später oft als Märtyrer gesehen worden. Er mußte Kastration, Verdammung, Redeverbot und schließlich (1142) den Tod erleiden, weil er den Geist des Abendlandes lebendig erhalten und der Vernunft den Weg zum Sieg bahnen wollte. Diese Sichtweise verklärt sein Leben, das ganz und gar nicht romantisch war. Aber sie betont auch, welche Rolle er im Wettstreit der beiden Polen in der theologischen Auseinandersetzung spielte. Abaelard war ein Nachfolger von Boetius, und zwar einer der größten.

Bernhard von Clairvaux

Dieser Zisterzienser und Heilige, der (wegen seines honigsüßen Stils) als *doctor mellifluus* bekannt wurde, war Abaelards größter Widersacher. Er wurde 1090 geboren, stammte aus burgundischem Adel und trat als junger Mann in das Kloster von Citeaux ein. Er liebte Gott, verehrte insbesondere die Jungfrau Maria und widmete sich seinen monastischen Pflichten mit solcher leidenschaftlichen Intensität, daß er seine Gesundheit ruinierte. Doch trotz der strengen Pflichten, die er sich auferlegte (um seinen Stolz abzutöten, lebte er jahrelang in einer winzigen steinernen Zelle, in der das Wasser bei Regen einen halben Meter hoch stand), wurde er doch immerhin 63 Jahre alt.

Bernhard hatte ein schlichtes Lieblingsgebet: «Woher stammt die Liebe Gottes? Von Gott. Und was macht diese Liebe aus? Maßlos zu lieben.» Solche Aussagen, für die es Vorbilder gab, störten Abaelard und ärgerten diesen womöglich sogar, weil er an ein vernünftiges Maß glaubte und sich kaum einen Gott vorstellen konnte, der nicht auch maßvoll war.

Bernhard bewog den Papst dazu, Abaelard zum Schweigen zu bringen und ihn zu einem kargen Leben im Kloster Cluny zu zwingen; damit brach er ihm wahrscheinlich das Herz. Noch hatten die Anhänger des Aristoteles einen langen und mühsamen Weg vor sich.

Averroes

Bis zur Zeit des arabischen Philosophen Ibn Ruschd, dessen Name als Averroes latinisiert wurde, blieben die Lehren des Aristoteles für die Gelehrten des Abendlandes eher dunkel und verwirrend. Aber Averroes schrieb nicht nur Werke über Aristoteles, die ihm den Beinamen *Der Kommentator* einbrachten, sondern er veröffentlichte auch Teile der ursprünglichen Texte solcher Bücher wie der ‹Ethik›, der ‹Metaphysik› und ‹Über den Himmel›. (Genauer gesagt waren es arabische Übersetzungen der ursprünglich griechischen Texte, die wiederum ins Lateinische übersetzt wurden, so daß Männer wie Albertus Magnus und Thomas von Aquin sie lesen konnten. Die Wirkung war ungeheuer.

Averroes wurde 1126 im maurischen Spanien in Cordova, der damals größten Stadt des Abendlandes, geboren. Er erhielt eine gute

Ausbildung und diente, bald wegen seiner Gelehrsamkeit berühmt, einer Reihe von Kalifen als Ratgeber, Richter und Arzt. Zwischen 1169 und 1195 veröffentlichte er eine Reihe von Kommentaren zu den meisten der Werke des Aristoteles (mit Ausnahme der ‹Politik›, die ihm vielleicht nicht zugänglich war). Averroes beabsichtigte, der Philosophie im Islam den Platz einzuräumen, den er für angemessen hielt. Er erreichte dieses Ziel nicht, denn der Islam war mittlerweile so gottbesessen geworden wie das Christentum. Zu seiner Zeit konnten Muslime nicht frei über religiöse Fragen nachdenken.

Trotzdem kommentierte Averroes weiter kritisch klassische Werke; unter anderem schrieb er einen völlig neuartigen Kommentar zu Platons ‹Politeia›, in dem er schließt, der ideale Staat sei die Republik, und es fehle nur der Begriff Mohammeds und des einen von ihm prophezeiten Gottes. Unter anderem beklagt Averroes die Tatsache, daß der Islam sich nicht zur platonischen Sicht der Gleichberechtigung von Frauen und Männern bekennt und ihnen deshalb nicht die gleichen Bürgerrechte zuschreibt. Eine solche Behandlung hätte, so meinte er, dem Wirtschaftsleben gutgetan.

Averroes hatte wenig oder keine Wirkung auf den Islam, ganz im Gegensatz zum Westen. Sein Einfluß läßt sich weniger auf bestimmte Ansichten zurückführen als darauf, daß er den Gelehrten der christlichen Welt die Einstellung des Aristoteles zur Natur vermittelte. Nach dem Verständnis des Augustin für Platon und die Neuplatoniker war die Natur – die «Wirklichkeit» – nur ein Schatten einer größeren Wirklichkeit, die in gewisser Weise der Geist Gottes war. Dem hätte Aristoteles, wie jetzt klar wurde, sicher nicht zugestimmt. Für ihn hatte die Natur eine harte Substantialität, über die er eine Menge gewußt hatte. Ihm war es als wesentliche Aufgabe der Philosophie erschienen, etwas über die Natur in Erfahrung zu bringen.

Heute läßt sich wohl nur schwer nachempfinden, warum solche Ansichten revolutionär waren, denn wir haben sie uns seit langem zu eigen gemacht. Die Philosophen des Mittelalters aber hatten sie jahrhundertelang bezweifelt und sogar ignoriert. Es war schon zu lange her, daß jemand vom Gewicht eines Aristoteles solche Gedanken vertreten hatte.

Das ‹Organon› des Aristoteles war durch die Übersetzungen von Boetius bekannt geworden. Aber es beschäftigte sich mit den Gesetzen des Denkens, mit Logik und der philosophischen Methode. Die Wissenschaft der Logik hat wenig mit der Natur zu tun. Die ‹Physik›, seine kurzen Abhandlungen zu solchen Themen wie Gedächtnis, Träumen, Langlebigkeit, seine ‹Geschichte der Tiere›, ‹Über die Teile der Tiere›, ‹Über die Entstehung der Tiere›, von der ‹Rhetorik› und ‹Poetik› gar nicht zu reden, zeigten jemanden, der am Gewöhnlichen so interessiert war wie am Göttlichen und offensichtlich nichts gegen die Beschäftigung mit irdischen Themen hatte, auch wenn sie nicht unbedingt zum Geist Gottes führte. Leser der Kommentare des Averroes konnten sogar die Vermutung hegen, Aristoteles, der wenig über Gott, aber viel über eher unscheinbare Dinge wie Würmer und Insekten, das Bespringen von Rindern, das Wetter oder über Blähungen zu sagen hatte, sei vielleicht mehr an ihnen interessiert gewesen als an der Theologie. Das aber war eine durchaus revolutionäre, sogar gefährliche Auffassung.

Als frommer Muslim war Averroes sich dieser Gefahr bewußt und bestand deshalb unermüdlich darauf, es gebe unabhängig von dem, was Aristoteles behauptete, nur eine Wahrheit, und die sei im Koran offenbart worden. Was in der Welt der Natur Wahrheit zu sein schien, war nur der Schatten einer höheren Wahrheit. Aber das klang eher so, als ob man Kinder warnt, sie sollten sich keine Erbsen in die Nase stecken. Die Versuchung, es auszuprobieren, wird bald unwiderstehlich. Man fragte sich, warum Averroes so sehr darauf bestand, daß es nur eine Wahrheit gäbe, nämlich die der Religion. Gab es vielleicht doch eine andere Wahrheit, die Wahrheit der Natur, der niedrigeren Welt? Und falls ja, war diese Wahrheit nur ein Schatten oder hatte sie ihre eigene Wirklichkeit? So kam der Gedanke auf, Averroes hätte die Lehre von den beiden Wahrheiten vertreten, von denen die eine die Gottes und die andere die der Natur ist und die je ihre eigene Logik und Methode haben. Man glaubte außerdem, Averroes habe die Wahrheit der Natur für ebenso ehrenwert gehalten wie die göttliche. Das trifft nicht zu. Aber es genügte, daß die Christen im Abendland meinten, er hätte so gedacht.

Dies war die ernsthafteste Herausforderung, vor der die Anhänger Augustins bis dahin gestanden hatten. Und sie war nicht leicht zu bewältigen. Bis jetzt hatte man sich in der Tradition Augustins etwa 700 Jahre dem Studium der Theologie gewidmet; es hatte sich selbst erschöpft. Junge Männer in den Schulen von Paris fanden es unmöglich, nicht von der neuen Auffassung fasziniert zu sein, daß die natürliche Welt, der Menschenstaat, ebenso der Beschäftigung wert sei wie der Gottesstaat. Was Averroes bis zu seinem Tode 1198 hatte vermeiden wollen – die Aufspaltung der Wahrheit in zwei Wahrheiten –, schien unvermeidlich.

Thomas von Aquin

Dieser berühmte Priester, *Doctor angelicus* und spätere Heilige, der unsterbliche Held des Dominikanerordens, war so fettleibig, wie er in seiner Forschung und Schriftstellerei unersättlich war. Man sagt, man habe für ihn einen Altar bauen lassen, in den ein großer Halbmond geschnitten war, so daß er die Hostie mit seinen kurzen Armen erreichen konnte, wenn er die Messe las. Zu Lebzeiten war Thomas so berühmt wie nur wenige Menschen.

Thomas war etwa 1225 in Aquino, zwischen Rom und Neapel, geboren worden und als junger Mann in der Hoffnung in das Kloster auf dem Monte Cassino eingetreten, dort Abt zu werden, um seine Familie von der Macht des Klosters profitieren zu lassen. Nachdem er neun Jahre Novize der Benediktiner gewesen war, ging Thomas nach Neapel, als Kaiser Friedrich II. das Kloster kurzfristig auflöste, um seine Studien an der dortigen Universität fortzusetzen. Dort schloß er sich den Dominikanern an, diesem damals neugegründeten Bettlerorden, der besonderen Wert auf Lehre und Predigt legte. Seine neuen Oberen schickten ihn 1244 nach Paris, wo er der Kontrolle durch seine Familie zu entkommen hoffte. Aber seine Familie nahm ihn auf der Reise gefangen und gab ihm Hausarrest. Thomas weigerte sich hartnäckig nachzugeben und erhielt schließlich nach einem Jahr seine Freiheit. So gelangte er 1245 nach Paris, wo er im Kloster von Saint-Jacques wohnte, dem Studienzentrum der Dominikaner.

Als Schüler von Albertus Magnus, dem größten Lehrer der Zeit, verbrachte Thomas weitere sieben Jahre mit dem Studium der Theologie, Philosophie und Geschichte, bevor er endlich seinen Abschluß als Magister der Theologie machte; das Recht, Vorlesungen zu halten, erhielt er jedoch erst 1256. Der damals knapp Dreißigjährige sollte nur noch zwanzig Jahre leben. Paris war in der Mitte des dreizehnten Jahrhunderts für einen Mann wie Thomas der aufregendste Ort der Welt. Jedermann war Theologe, aus Liebhaberei oder von Beruf. An allen Straßenecken und beim Frühstück und Abendessen kam es zu Diskussionen über strittige Lehrmeinungen. Vor allem zwei Kontroversen beschäftigten die Menschen. Thomas widmete sich beiden mit seiner ganzen Energie.

Eine betraf die Universalienlehre. Die Frage nach den Universalien hat heute keine Bedeutung mehr, aber 1250 war sie brandaktuell: Was meine ich, wenn ich allgemeine Ausdrücke wie «rot», «Mensch» und «gut» benutze? Offensichtlich möchte ich dann, wenn ich sage, etwas sei rot, andeuten, daß es mit allen anderen roten Dingen eine Eigenschaft teilt. Aber ist «rot» der Name für etwas, das auch unabhängig davon existiert? Gibt es so etwas wie «Rotsein» (oder «Menschsein» oder «Gutsein»), das unabhängig von roten Dingen oder Menschen oder guten Dingen ist? Platon, die Neuplatoniker und in der Folge Augustin neigten dazu, an die reale Existenz von Universalien zu glauben. Sie meinten anscheinend sogar, es gebe überhaupt nur Universalien, und etwas, das rot, menschlich oder gut sei, sei nur ein Schatten der Wirklichkeit. Nach Platon durchbricht der Philosoph den Nebel und die Verwirrung des anscheinend Wirklichen und erkennt kraft seines Verstandes die letzte Wirklichkeit, und die ist klar, mathematisch und unkörperlich. Nach Augustin schafft der Theologe es, schwerbeladen mit Staub und Sünde vom Menschenstaat zum mystischen Glanz des Gottesstaates aufzusteigen, wenn er sich von den Sinnesfreuden fernhält und für weltliche Güter nur Verachtung hat.

Wer an die reale Existenz von Universalien glaubte, wurde Realist genannt. Im Gegensatz dazu gab es Philosophen, die glaubten, das einzig Wirkliche seien die *Dinge*, allgemeine Begriffe wie «rot», «menschlich» und «gut» jedoch nur Namen. Sie hießen Nominalisten.

Aristoteles hatte einen Standpunkt irgendwo zwischen den Realisten und den Nominalisten vertreten und wurde deshalb zu den gemäßigten Realisten gezählt. Die Welt ist voller Dinge. Jedes existierende Ding (wie eine rote Kuh, ein Mensch oder eine gute Tat) braucht zweierlei, um existieren zu können, nämlich Form oder Idee und Materie.

Die Idee des Menschen ist die Menschlichkeit. Sie ist das, was wir an den einzelnen existierenden Personen als menschlich erkennen. Der Begriff ist universal, denn alle Menschen sind auf dieselbe Art menschlich, obwohl sie sich in jeder anderen Hinsicht unterscheiden können. Die Materie eines Menschen ist die jeweilige Individualität, die Möglichkeit, das, was einen Menschen von allen anderen Menschen unterscheidet. Wir werden durch unsere Menschlichkeit zu menschlichen Wesen und nicht zu irgendwelchen anderen. Unsere Materie macht uns zu Hans und Franz oder Liese. So weit, so gut. Aber es gab in dieser aristotelischen Formulierung des Universalienproblems ernsthafte Schwierigkeiten. Wie war es vor allem mit dem entscheidenden Unterschied zwischen Seele und Körper? War die Form eines einzelnen Menschen seine Seele oder sein Geist? Gab es die Form getrennt von der Verkörperung in einem lebenden, atmenden menschlichen Wesen?

Wenn die Form die Seele ist, dann muß sie sicherlich auch getrennt vom Körper existieren, denn wie jeder Christ wußte, war die Seele ewig, der Körper jedoch nicht. Aber war die Seele dem einzelnen zugehörig oder war sie nur Form, Menschlichkeit? War die Menschlichkeit das, was ewig war, oder war etwas an Hans, Franz und Liese ewig und immer als Hans, Franz oder Liese erkennbar? Dann schien das jeweils Einzelne eher etwas wie die Materie des Aristoteles zu sein. Aber die Seele war nicht materiell.

Offensichtlich steckten in diesen Erörterungen des Universalienproblems zahlreiche Fallen. Wer die falsche Lösung vertrat, konnte auf dem Scheiterhaufen verbrannt werden. Fehler waren für Realisten unwahrscheinlich. Sie sahen den lebenden atmenden Menschen lediglich als eine Station auf der langen Reise der Seele zu ewiger Verdammnis oder zu ewigem Heil. Ein Mensch lebte einen Augenblick als Hans, Franz oder Liese und dann den Rest der Ewigkeit im Genuß oder im Bereuen dessen, wie er gelebt hatte. Es kam darauf an, nicht den Schmeicheleien des Irdischen zu erliegen, also die Welt zu verachten, das Fleisch zu geißeln und die eigene Sterblichkeit zu bedenken, während man gleichzeitig und von ganzem Herzen nach einer mystischen Vision von Gott strebte, die dem Menschen in diesem und im nächsten Leben Kraft geben würde.

Für die Nominalisten und insbesondere für Thomas von Aquin lagen die Dinge nicht so einfach. Zum einen mußten die Nominalisten und Thomas die entscheidende Bedeutung des Verhaltens eines Menschen bedenken (körperlich sowohl wie auch geistig), auch wenn das Leben kurz und nur ein Anfang war. Wie sah die zwingende Wirklichkeit dieses Lebens und der Natur überhaupt aus? Menschen wurden von einem liebenden Gott in die Welt gesetzt, auf eine Erde, die voller Wesen und voller intellektueller Rätsel war, und sie waren mit einem überlegenen Geist ausgestattet (besonders wenn sie Thomas von Aquin hießen), um über diese Fragen nachdenken zu können. Hatte Gott wirklich keine denkenden Menschen gewollt? Hatte er Menschen mit Scheuklappen durch den Menschenstaat gehen lassen wollen, die Augen auf eine andere, zukünftige Existenz gerichtet?

Die zweite große Kontroverse, die die Gelehrten in Paris erregte, betraf die Auffassung von der Natur, wie Aristoteles sie vertreten hatte, und die Frage, wie sie gesehen und verstanden werden sollte. Aristoteles war, wie Averroes gezeigt hatte, zutiefst an der natürlichen Welt interessiert gewesen. Er hatte nichts Falsches oder Unehrenhaftes an diesem Interesse gefunden, nichts, das die Seele in

Gefahr brachte. Sicherlich, Aristoteles war kein Christ gewesen, aber er war *der* Philosoph *par excellence*. Könnte er sich in bezug auf die Natur so völlig geirrt haben, daß seine Sichtweise genau entgegengesetzt dazu war, wie Gott den Menschen gedacht hatte?

Der Mensch, sagte Thomas, verbindet, ob nun zum Guten oder zum Schlechten, den himmlischen und den irdischen Staat. Das Sein reicht bis an die Schnittstelle der beiden, an den «Horizont zwischen Körperlichem und Geistlichem». Eine Seite kann steigen und der andere fallen, aber solange der Mensch Mensch ist (und nicht reiner Geist), gibt es beide, und beide müssen um des Heils willen begriffen und erfaßt werden.

Im Menschen, sagte Thomas, gibt es nicht nur einen Unterschied zwischen Geist und Natur (Form und Materie, Seele und Körper), sondern auch eine seltsame Einheit. Schauen wir in den Spiegel: Wo endet der Körper und wo beginnt die Seele? Schauen wir in den Geist. Dieselbe Frage läßt sich nicht leichter beantworten.

Während unseres Lebens bilden Körper und Geist eine nahtlose Einheit, sind sie ein Wunder der Verbindung von anscheinend Gegensätzlichem. Und weil die beiden verbunden sind, kann es nicht zwei Wahrheiten geben, die eine geistlich, die andere körperlich, die der Religion und jene der Natur oder die von Menschen- und Gottesstaat. Es kommt nicht darauf an, wie kurz oder lang ein Leben ist, wenn man es an der Ewigkeit mißt; die Ewigkeit läßt sich nicht in Jahren messen, sondern ist nur ein Augenblick, ist überhaupt außerzeitlich.

Diese Sichtweise erwies sich als *sehr* gefährlich. Im Januar 1274 wurde Thomas in Lyon vor ein Gericht gestellt, um sich wegen seiner Meinungen zu rechtfertigen, und er wurde öffentlich bestraft, wenn auch nicht, wie Abaelard, verbannt. Er verteidigte sich, indem er sagte, was jeder wußte, nämlich, daß er ein wirklich gläubiger katholischer Christ sei, und sein tiefer Glaube ein Zeichen seines Vertrauens an die mystische Gottheit und für seine eigene Unfähigkeit sei, etwas ohne Gottes Hilfe zu verstehen. Thomas hatte versucht, ein für allemal die Frage nach den beiden Staaten zu beantworten, von denen der eine irdisch ist und der andere himmlisch. Augustin hatte sie in ewigem Widerstreit gesehen. Thomas hat sie in Frieden zusammengeführt. Er versuchte praktisch, beiden eine einzige Verfassung zu geben, die keine inneren Widersprüche enthielt. Er bemühte sich mehr darum als irgend jemand sonst. Aber er scheiterte, wie sich im nächsten Jahrhundert herausstellte.

Der Pyrrhussieg des Glaubens über die Vernunft

Beide geistigen Richtungen widersetzten sich seinem Versuch. Einerseits gab es die religiösen Enthusiasten, die glaubten – und heute noch glauben –, daß die Vernunft, das Licht des natürlichen Intellekts, eine Art Eindringling in das Reich der mystischen Kommunion zwischen Gott und den Menschen darstellt. Das Herz hat seine Gründe, wie der Mystiker Blaise Pascal (1623–1662) bestätigen würde, die die Vernunft nicht begreift. Das Herz wird von der Ekstase des plötzlichen Glaubens überwältigt, und wozu taugen dann all die langen Überlegungen? Wer so denkt, spürt und spürte damals Ungeduld mit dem Bemühen des Heiligen Thomas, ihn auf dem Weg der Vernunft zu Gott zu führen.

Andererseits gab es selbst im dreizehnten Jahrhundert eine Minderheit, die nicht einsah, warum die natürliche Vernunft sich dem Herrscher der himmlischen Stadt beugen sollte, ganz gleich, wer und was er sein könnte. Wo war der Beweis, daß es ihn gab und daß er Gehorsam forderte? Es gab jedoch in der Welt viele Hinweise darauf, daß die Welt wirklich ist und verstehbar. Das dreizehnte Jahrhundert, in dem Thomas von Aquin lebte, war ein Zeitalter des Wohlstands und des technologischen Fortschritts, in der sich eine zuvor primitive Agrargesellschaft zu städtischem Merkantilismus wandelte. Jeden Tag lernten die Menschen neue Dinge, die ihr Leben erträglicher machten. Es war undenkbar, die Geschichte zu vergessen und zur Finsternis früherer Zeiten zurückzukehren.

Beide gegnerischen Parteien waren sich also einig. Für den religiösen Enthusiasten war die Wahrheit des Gottesstaats entscheidend und die des irdischen trivial. Der Philosoph sah es gerade umgekehrt. Dies konnte Thomas nicht verkraften, obwohl er so hervorragend und berühmt war. Und vielleicht starb er 1274 in dem Wissen, daß es ihm ebenso wenig gelungen war, die beiden Reiche unter einer unvergänglichen Regierungsform zu vereinigen wie auch das zu beenden, was er für den gefährlichen Fehler der zweifachen Wahrheit hielt.

Der Sieg der Lehre von der zweifachen Wahrheit wurde von dem *doctor subtibilis*, dem Franziskaner Duns Scotus (1265–1308), verkündet, der um die Wende des vierzehnten Jahrhunderts schrieb. Gott ist absolut frei, behauptete Duns Scotus, und absolute Freiheit bedeutet Freiheit von der Notwendigkeit der Vernunft und von allem anderen. Was logisch notwendig ist, muß notwendigerweise so sein, hatte Thomas gesagt. Nein, sagte Duns Scotus, Gott ist nicht irgendwie eingeschränkt, schon gar nicht vom menschlichen Geist und seiner Vernunft, denn die kann nicht über Gott bestimmen.

Noch weiter ging William von Ockham (1300–1349), der ebenfalls Franziskaner war. Er sagte, das einzig Reale seien Dinge wie ein Apfel oder ein Mensch. Universalien haben überhaupt keine Existenz, sie sind lediglich Namen. Die Natur jedoch besteht nur aus Dingen, und die menschliche Vernunft erlaubt den Menschen nur, ihnen zu «begegnen». Nichts, was der Mensch über Dinge herleitet, hat Gültigkeit, insbesondere nicht über das Göttliche. Glauben und Vernunft haben also nichts miteinander zu tun. Jedes hat seine eigene Wahrheit, aber die eine ist viel wichtiger als die andere, weil die eine das Heil bedingt, die andere nur das Wohlbefinden des Körpers zu seinen Lebzeiten.

So endete die große Auseinandersetzung mit einem Seufzer und nicht mit einem Knall. Weitere drei Jahrhunderte lang war die Theologie in intellektueller Hinsicht tonangebend. Aber sie hatte eine Mauer errichtet, um sich vor der menschlichen Vernunft zu schützen, und die Vernunft war nicht mehr auf ihrer Seite. Wie alle Mauern entwickelte auch diese genau die Wirkung, die sie nicht haben sollte.

Jenseits der Mauer konnten diejenigen, die sich für eine auf Vernunft gegründete Erforschung der Natur einsetzen, ihre Kräfte ungehindert, sogar unbeobachtet, aufbauen. Schließlich durchbrachen sie die Trennwand. Unsere moderne Welt hat die Warnungen des Thomas von Aquin vergessen. Sie hat die himmlische Stadt zerfallen lassen und auf den Trümmern der geistigen Welt ein neues irdisches Reich errichtet. Dort gibt es nur eine Wahrheit, die der Natur; aus ihr ist der Glauben verbannt.

Dantes Tanz

Wann hörte das Mittelalter auf? Noch im achtzehnten Jahrhundert findet man in Europa mittelalterliche Reste. Andererseits gab es schon im elften Jahrhundert so moderne Menschen wie Abaelard und Roger Bacon. Das Ende lag also irgendwo dazwischen. Dante wählte in seiner großen Dichtung ‹Die göttliche Komödie› das Jubeljahr 1300 als den symbolischen Moment. Das Datum ist so gut wie jedes andere und genauer als die meisten, wenn man bestimmen will, wann das Mittelalter endete und die Renaissance begann.

Dante Alighieris Leben ist so bekannt wie seine Dichtung. Er wurde 1265 in Florenz geboren, verwaiste früh und lebte als junger Mann ein lockeres Leben, begegnete dann Beatrice (sie war erst sieben, als er sie zuerst sah), die ihn durch ihr Vorbild und besonders durch ihr wunderbares Lächeln wieder auf den rechten Weg brachte. Sie heiratete einen anderen und starb jung, während er weiterlebte und 1321 in Ravenna starb, aber er konnte weder sie noch ihr Lächeln jemals vergessen. Er widmete die Comedia Beatrice; er habe, so schreibt er, dort etwas von ihr gesagt, «was kein Mann je von einer Frau sagte». Sie spielt in seinem kosmischen Drama die Hauptrolle, denn sie führt seine Seele zu Gott und zu der mystischen Vision, mit der die Dichtung endet. Die Comedia hat die drei Teile Hölle, Läuterungsberg und Himmlisches Paradies. Viele Menschen lesen nur die Hölle: In ihr geht es ähnlich zu wie in der Menschenwelt. Uns interessiert Dantes Himmel, weil in ihm viele der Menschen vorkommen, die in diesem Kapitel erwähnt werden und einige sogar Hauptrollen spielen. So stellt der Heilige Bernhard Dante der Jungfrau Maria vor, die ihm wiederum hilft, den letzten Schritt zu Gott zu gehen.

Im zehnten Gesang des Paradieses betritt Dante, der unter Führung des Poeten Vergil Hölle und Vorhölle durchquert und jetzt mit Beatrice als Führerin das Paradies erreicht hat, die Sphäre der Sonne. Hier, im hellen Licht des Geistes, erkennt er einige noch hellere Lichtpunkte, die seine Augen blenden. Die Lichter bewegen sich, beschreiben um ihn und Beatrice herum einen Kreis und tanzen einen langsamen, graziösen Tanz. Die Lichter umkreisen sie dreimal und scheinen ihm «wie Frauen, die vom Tanze zwar sich nicht lösen, aber schweigend harren, bis sie die neuen Töne wieder hören». Eines der Lichter spricht, und Dante hört durch sein inneres, geistiges Ohr. Der Geist stellt sich ihm als Thomas von Aquin vor und macht ihn mit denen bekannt, die im Kreis neben ihm stehen, nämlich Albertus Magnus, Peter Lombard, Salomon, Pseudo-Dionysus, Boetius und andere.

Hier sind alle großen Theologen versammelt; mit mehreren von ihnen hatte Thomas mehr oder weniger heftige Auseinandersetzungen über theologische Fragen geführt, aber jetzt sind alle Konflikte beigelegt. Dante läßt uns hören, wie das Morgengeläut des «Tin Tin erklingt mit also süßem Tone, daß der bereite Geist aufwallt in Liebe». Dann dreht sich der «ruhmesvolle Reigen» wieder mit der Anmut, die den größten Theologen gemäß ist, und mit «solcher Süße, daß sie nur dort oben bekannt ist, wo die Freude ewig währt».

Dante verbrachte die letzten 25 Jahre seines Lebens im Exil, denn er war aus Florenz verbannt und dort zum Tode verurteilt worden, weil er in einer der periodischen politischen Krisen, die seine Stadt heimsuchten, auf der falschen Seite gewesen war. In seinem eigenen Leben hatte er wenig oder keine Harmonie und Süße erlebt. Aber er wünscht uns die Harmonie und den Frieden des Himmels so tief und glühend, so lange wir Dante lesen. Das war in jenem Jubeljahr 1300 ein edler Wunsch, als Christen überall die Wiederkehr der Geburt von Jesus Christus und die für das öffentliche Bewußtsein neuere Verwandlung seiner Mutter von nur einer Frau zu beinahe einem Mitglied der Dreieinigkeit feierten. Das konnte in der Dichtung passieren, auch wenn es im wirklichen Leben nicht möglich war.

So endete das Mittelalter in Glanz und zugleich in jämmerlichem Versagen. Dante war der Höhepunkt all dessen, wozu eintausend Jahre Gotteseifer führen konnten. Allegorisch, symbolisch und mystisch einte seine Vision eine von Vernunft bestimmte und durch Glauben geeinte, sich bewährende Welt. Aber in dem überschäumenden Leben des neuen vierzehnten Jahrhunderts paßte nichts zusammen, und nichts bewährte sich. Schon in Dantes Todesjahr war seine Vision verblaßt, obwohl die Erinnerung daran Menschen noch Jahrhunderte lang begeistern konnte.

Wie jede Utopie war das, was das Mittelalter versucht hatte, ein edles Unterfangen, aber eines, das die Menschen noch nicht zum Erfolg führen konnten. Man kann sich nur wundern, daß der auf göttlicher Harmonie und dem Frieden Gottes gegründete theokratische Staat überhaupt so lange Bestand hatte. Das Experiment wurde in einem seltenen Augenblick der menschlichen Geschichte unternommen, der vielleicht nie wieder kommt, wenn nicht eine solche Umwälzung wie der Untergang des Römischen Reichs alles Bestehende erschüttert. Aber die Erinnerung an diesen großen mißlungenen Versuch, der auf der Annahme beruhte, Gott regiere die Welt zum echten und ewigen Wohl der Menschheit, verfolgt uns bis heute. Einige, vielleicht viele, sind versucht, das Experiment zu wiederholen.

Kapitel 6: Was wurde in der Renaissance wiedergeboren?

Im zehnten Gesang des ‹Läuterungsbergs› betritt Dante unter Führung von Vergil den Kreis, in dem die Hochmütigen büßen. Dort sind die Felswände mit Marmorbildern verziert, auf denen Szenen der Demut dargestellt sind. Dante und Vergil betrachten diese lehrreichen Reliefs, während sie geduldig den Berg umkreisen, den sie ersteigen müssen. Dante beschreibt drei dieser Bilder davon genauer. Auf dem ersten grüßt der Engel Gabriel, auf Gottes Befehl und selbst voller Bewunderung, die Jungfrau mit dem berühmten «Ave, Sei gegrüßt, du Begnadete, der Herr ist mit dir», und die Jungfrau Maria erwidert mit den Worten, die zum Symbol der Demut wurden: «Ecce ancilla dei! Ich bin die Magd des Herrn!» Im zweiten Bild tanzt König David «im Tanz geschürzt», also nicht sehr königlich gekleidet, vor der Bundeslade, während seine Frau Michal voll Hohn und mit böser Miene von ihrem hohen Fenster auf ihn hinunterschaut, und im dritten erhört der römische Kaiser Trajan demütig das Flehen einer armen Witwe, die ihm in die Zügel greift und ihn bittet, ihr in ihrer Not zu helfen, bevor er sich um seine eigenen Angelegenheiten kümmert.

Die Symbolik ist deutlich genug. Aber Dante fügt der moralischen Lektion etwas Kunstkritik hinzu. Die Reliefs waren so beschaffen, sagt er, «daß nicht nur Poliklet, sondern auch die Natur sich davor schämen mußte». Poliklet war ein griechischer Bildhauer, dessen Werke Dante zwar nie gesehen hatte, die ihm aber als großartigste der Antike geschildert wurden. Die Kunstwerke an der Wand sind also beeindruckender als jene, die Poliklet schuf. Sie sind sogar größer als das, was die Natur erschaffen kann. Sie sind wirklicher als wirklich.

Dante lebte um die Wende des vierzehnten Jahrhunderts. Damals beeinflußte die gotische Bildhauerei ganz Europa und belebte alle Künste neu. Gotische Bildhauer betonten in ihren religiösen Werken den Realismus, und dieser neue Realismus war bald beliebter als der abstrakte, symbolische byzantinische Stil, der zuvor den größten Teil Italiens dominiert hatte. In Pisa und Florenz begannen Bildhauer, den gotischen Stil nachzuahmen. Dantes Freund Giotto (etwa 1270–1317), ebenfalls Florentiner, malte Fresken, die einen neuen Realismus und eine neue Lebendigkeit aufwiesen. Dante selbst zeichnete sich durch den *dolce stil nuovo*, den «süßen neuen Stil», seiner Verse aus und bezog sich auf die Erfahrungen wirklicher, ganz normaler Menschen. (Im ‹Läuterungsberg› sagt Dante von Giotto: «Es glaubte Cimabue, er sei der Meister der Malerei, und nun ist Giotto oben und hat den Ruhm des anderen überschattet.»)

Der neue Stil in der Malerei: die Perspektive

Wirklichkeitsnahe Darstellungen des Lebens und des Tuns gewöhnlicher Menschen sind nicht das einzige, was die traditionelle Kunst in den Jahrhunderten vor Dante angestrebt hatte. Selbst im vierzehnten Jahrhundert gab es Künstler, die von diesem neuen Stil nicht viel hielten. Insbesondere die Maler der Sieneser Schule schufen weiterhin Werke, die mit ihren ruhigen, stilisierten Gesichtern und Formen und ihrer offensichtlichen religiösen Symbolik deutlich im byzantinischen Stil waren. Aus diesem Grund rechnen wir die sienesischen Maler des vierzehnten Jahrhunderts trotz ihrer Bedeutung nicht zur italienischen Renaissance. Sie waren große Maler, aber sie waren keine Renaissancekünstler. Als sich die Renaissance durch Europa ausbreitete, führte sie überall zu einem neuen Kunststil, der Realismus, Naturalismus und Lebensechtheit betonte. Die Themen waren oft dieselben wie im alten symbolischen byzantinischen Stil: die Verkündigung, die Kreuzigung, die Grablegung, die Hochzeit von Kanaa und ähnliches. Aber jetzt spiegelten die abgebildeten Menschen die Welt der Betrachter, waren Ausdruck vertrauter Gefühle und rührten folglich auf völlig neue Weise an.

Giotto war ein Meister, aber doch insofern kein typischer Maler der Renaissance, als er nicht wie die Florentiner Künstler des fünfzehnten Jahrhunderts (die Italiener nennen es das Quattrocento) mit der Perspektive experimentierte. Deren Entdeckung half, Kunstwerke zu schaffen, die uns sicherlich vertrauter sind als jene von Giotto und mehr «renaissance-artig». Mit Hilfe der Perspektive konnten Maler des Jahrhunderts nach dem Tod von Giotto und Dante immer stärker den Realismus betonen und den Betrachter ins Bild bringen.

In Siena verweigerten sich die Maler dieser neuen Richtung und malten ein Jahrhundert lang nicht perspektivisch. Als sie schließlich nachgaben, herrschte der italienische (genauer der florentinische)

Renaissancestil schon überall; er dominierte die europäische Malerei noch weitere dreihundert Jahre, bis in Frankreich Ende des neunzehnten Jahrhunderts Maler mit einem anderen neuen Stil zu experimentieren begannen, der so innovativ war, wie es seinerzeit der Stil der Renaissance gewesen war.

Es sollte klar gesagt werden, was hier mit Perspektive gemeint ist. In einem perspektivischen Gemälde treffen sich (meist gedachte) gerade Linien in einem sogenannten Fluchtpunkt im Hintergrund (oft in der Mitte des Horizonts). Dies vermittelt den Eindruck einer wirklichen Szene, die dem Betrachter sichtbar wird. Die Wirkung rührt daher, daß das Auge des Betrachters zum Fluchtpunkt wird. Die von seinem Auge ausgehenden Sehstrahlen fallen wie das Licht einer in der Mitte aufgehängten Lampe (oder der Sonne) auf das, was er betrachtet. Das Bild entsteht allein durch die Betrachtung des Dargestellten.

So hatte man zuvor noch nie gemalt, und so ist auch seitdem in keiner anderen Kunst als der des Abendlands gemalt worden (oder einer Kunst, die so stark von ihr beeinflußt ist, daß sie ihren eigenen Charakter verloren hat). Die französischen Fauvisten brachen um 1900 mit der Perspektive, die Kubisten zerbrachen Bilder in winzige Teile, und nur, wenn traditionelle Stile nachgeahmt werden, sind Gemälde heute noch perspektivisch. Moderne Kunstwerke werfen die Frage auf, ob die Kunst der Renaissance durch die Verwendung der Perspektive wirklich realistisch und lebensnah wirkten, auch wenn Dante das meinte. Die Kamera kann das besser vermitteln als die Maler, auch wenn sie die Perspektive beherrschen. Aber obwohl die Kamera eine gewisse Art von Realismus erschafft, kann sie vieles nicht, was die Malerei kann und auch die Malerei der Renaissance schon konnte.

Der Mensch im Kosmos

Die neue Kunst der Perspektive schrieb dem Menschen eine völlig andere und neue Stellung im Kosmos zu, vermittelte also, wie wir – unter Benutzung eines später geprägten Terms – sagen könnten, ein anderes Weltbild. In der Kunst vor der Renaissance wird eine gemalte Szene nicht vom Gesichtspunkt des Betrachters, der ein gewöhnlicher Mensch ist, gesehen, sondern von dem Gottes: sozusagen von einem unendlich fernen Punkt aus, von dem aus Raum und

Zeit sich im Verhältnis zur religiösen Darstellung oder zu Gedanken auf ein Nichts reduzieren.

Die Sieneser Maler zogen es vor, nicht perspektivisch zu malen, weil sie diese innere Sicht behalten, oder vielmehr nicht verlieren wollten, wie es die Florentiner ihrer Meinung nach taten. Die Florentiner waren bereit, die innere Sicht aufzugeben, weil sie mit ihrer Kunst etwas anderes über die Rolle des Menschen in der Welt sagen wollten, und das bedeutete unvermeidlich, daß sie auch etwas anderes über die Rolle der Religion in der Welt sagen mußten.

Eines der größten Gemälde des Quattrocento von einem seiner größten Maler, Piero della Francesca (1420–1492), ist für diese neue Sicht beispielhaft. Piero stammt aus Borgo San Sepolcro, lernte aber in den Jahren um 1440 in Florenz und war im Geiste ein Florentiner. Er malte unter der Protektion von Federico da Montefeltro in Urbino einige der besten seiner reifen Werke, darunter die berühmte ‹Geißelung›, die die Kritiker fast fünfhundert Jahre lang beschäftigt und in gewisser Weise quält. Unter anderem ist das Gemälde wie jedes Bild von Piero eine Studie in Perspektive. (Er war ein hervorragender Geometer und schrieb Abhandlungen darüber.) Das Bild hat zwei Teile. Links, im Hintergrund, in der Nähe des Fluchtpunkts, steht Christus klein und verloren an eine Säule gebunden, während römische Soldaten ihre Geißeln heben, um ihn zu schlagen. Rechts im Vordergrund stehen drei in leuchtenden Farben gemalte elegante junge Herren der Renaissance, die sich miteinander (worüber? Geld? Frauen?) unterhalten. Sie achten nicht auf das Drama, das sich hinter ihnen abspielt. Ihre Augen sind nicht auf das Leiden des Gottessohns gerichtet, und sie hören offensichtlich weder sein Stöhnen noch das Pfeifen der niedersausenden Geißeln.

Piero war weder Skeptiker noch Ungläubiger, sondern offenbar bis zu seinem Tode gläubiger Christ. Seine ‹Auferstehung› in Borgo San Sepolcro ist eine der leidenschaftlichsten Darstellungen dieses Themas. Deshalb läßt sich die Geißelung von Urbino nicht als zufällige Darstellung eines Zustands sehen, den er erstrebenswert fand und bei dem die Religion in den Hintergrund rückt, während weltlichere Themen im Vordergrund stehen. Trotzdem zeigt das Gemälde eine Welt, in der irdische Dinge höheren Wert haben. Das Leiden Christi wird nicht vergessen, aber es ist doch fast absurd unwichtig. Wichtig sind jetzt Jugend, gutes Aussehen, schöne Kleidung, Geld und weltlicher Erfolg – je nach Auffassung des Betrachters. Und diese Überzeugung traf den Kern der Kunst der Renaissance besser als Realismus, Naturalismus oder Lebensnähe.

So hatten die Römer und insbesondere die Griechen vor ihnen die Welt gesehen. Auch sie hatten Jugend und gutes Aussehen, Gesundheit und Geld zu schätzen gewußt. Das Mittelalter hatte die Sichtweise verschoben. Die Renaissance brachte die Wiedergeburt vieler Dinge, aber diese Werte lagen dem allen zugrunde.

Die Neubelebung der klassischen Gelehrsamkeit: Petrarca

Wer ein Datum für den Beginn der Renaissance sucht, könnte mit gutem Grund den 20. Juli 1304 wählen, den Geburtstag von Francesco Petrarca. Er erblickte das Licht der Welt in Arezzo, sah sich jedoch in späteren Jahren lieber als Florentiner, als Italiener und Weltbürger. Er wurde in Avignon erzogen, wohin sein Vater gegangen war, um dem päpstlichen Hof näher zu sein, und er war ein Autodidakt, der bis zu seinem Tode unaufhörlich lernte und studierte. Man fand ihn am Morgen des 19. Juli 1374 tot auf; sein Kopf lag auf einer Ausgabe des Vergil, zu dem er gerade einen Kommentar schrieb.

Wie Petrarca berichtet, war das wichtigste Ereignis seine Lebens die Begegnung mit einer nur als Laura bekannten Frau, die er, damals 22 Jahre alt, am 6. April 1327 in einer Kirche in Avignon traf. Seine Liebe zu Laura, mit der er anscheinend niemals eine enge Beziehung hatte, hielt bis zu seinem Tod an. Er schrieb seine schönsten Gedichte über ihre Schönheit und ihren Liebreiz, über seine ihn inspirierende Liebe zu ihr und über seine spätere Erkenntnis, daß er sie falsch geliebt hatte und ihre Person über ihren Geist gesetzt hatte. Laura soll am 6. April 1348, dem 21. Jahrestag ihrer ersten Begegnung, an Pest gestorben sein.

Es sind viele Versuche unternommen worden, die Frau zu finden, die Petrarca geliebt hat – die nicht unbedingt Laura geheißen haben muß, denn das Wort heißt auf Lateinisch «Ruhm» –, aber sie blieben erfolglos, und es gibt einigen Zweifel, ob diese Frau jemals gelebt hat. Petrarca wußte, wie mächtig Dantes Liebe zu Beatrice war und wie sie ihn zu unsterblichen Versen angeregt hatte. Vielleicht hat er sich Laura selbst erschaffen und sich in sein Geschöpf (zumindest als Muse) verliebt. Es könnte ungerecht sein, Petrarca nach all diesen Jahrhunderten zu beschuldigen, er habe sich Laura als eine Art Werbegag ausgedacht und dann den Rest seines Lebens damit verbracht, in literarischer Form nach ihr zu schmachten. Wichtig ist die Erkenntnis, daß er in der Lage war, eine solche Vision zu schaffen, denn er wußte sich und Größeres sehr geschickt ins rechte Licht zu setzen, und wenn er gewünscht hatte, sich selbst zum Erben Dantes zu machen, dann wäre die Erfindung einer Laura eine gute Idee gewesen.

Petrarca wollte gern als Erbe der ersten majestätischen Blüte der Menschheit gesehen werden. Als Jugendlicher hatte er sich in das klassische Altertum verliebt, in Griechenland und Rom und in die vor über tausend Jahren zerbrochene Kultur der Antike. Soweit es ihm möglich war, widmete er sein Leben dem Versuch, diese Kultur wiederzubeleben und neu zu erschaffen. So sah er sich selbst gern als alten Römer, der noch einmal zum Leben erweckt worden war, und sein größter Wunsch war es, die Wiedergeburt Griechenlands und Roms zu bewirken. Schon mit 35 Jahren war Petrarca einer der berühmtesten Gelehrten Europas, was hauptsächlich seiner enormen Bildung, aber teilweise auch seiner geradezu unheimlichen Fähigkeit zuzuschreiben war, die richtigen Leute auf seine Begabungen und Leistungen aufmerksam zu machen. So fand er sich 1340 vor die Wahl gestellt, ob er sich in Paris oder in Rom zum *poeta laureatus* krönen lassen wollte. Er hatte selbst für diese Einladungen gesorgt; er wählte Rom und wurde dort am 8. April 1341 auf dem Capitol gekrönt. Er hätte den 6. April, den Jahrestag seiner Begegnung mit Laura, bevorzugt, aber die Zeremonie mußte verschoben werden. Danach legte er seinen Lorbeerkranz auf dem Grab des Apostels im Petersdom nieder, um das Ereignis noch einprägsamer zu gestalten und um zu betonen, daß er als «wiedergeborener Römer» nicht unchristlich war.

Die Erfindung der Renaissance: Boccaccio

Giovanni Boccaccio wurde 1313 in Paris geboren, konnte sich aber, weil sein Vater Florentiner war, später selbst als solcher bezeichnen. Wie Petrarca war er von seiner Familie zu einer Laufbahn als Geschäftsmann oder Jurist bestimmt. Und wie Petrarca schaffte er es, sich selbst Bildung anzueignen und ein erfolgreicher Dichter zu werden. Er verbrachte eine Reihe von Jahren in Neapel, einem der Zentren der höfischen Dichtung, dann in Florenz. Auch er hatte eine hoffnungslose Liebesaffäre, und zwar mit einer jungen Frau, die er Fiammetta («Kleine Flamme») nannte und die er mit großer Wahrscheinlichkeit erfunden hat. Boccaccio verließ 1348 das von der Pest geplagte Florenz und begann auf seinem Landgut bei Avignon mit dem Schreiben des ‹Decamerone›, einem wunderbaren Zyklus von Novellen.

Das große Ereignis in Boccaccios Leben war auch ein großes Ereignis im Leben Petrarcas, nämlich ihre Begegnung 1350 in Florenz. Petrarca war damals 46, Boccaccio 37 Jahre alt. Boccaccio hatte schon ein bewunderndes Buch über Petrarca geschrieben, und ihre Geistesverwandschaft führte sie zusammen, ließ sie rasch gute Freunde werden und die gemeinsame Arbeit in Angriff nehmen, die sie bis zu Petrarcas Tod 24 Jahre später beschäftigte, nämlich das klassische Altertum zu neuem Leben zu erwecken.

Damit diese Renaissance eingeleitet werden konnte, mußte man, wie beiden klar war, die alten Werke lesen können. Sie hatten wenig Probleme, das klassische Latein zu lesen; das Problem war vielmehr, die Texte zu finden, von denen man viele nur vom Hörensagen kannte. Petrarca war überzeugt davon, daß viele berühmte Werke versteckt, vielleicht sogar vergessen in Klosterbibliotheken liegen mußten. Als er Boccaccio davon überzeugt hatte, reisten sie gemeinsam nach Paris, in die Niederlande und an den Rhein, um die Archive zu durchsuchen und alte Bücher durchzublättern. Auf diese Weise entdeckte Petrarca eine Reihe von Ciceros Briefen, die man für verschollen gehalten hatte.

Mit dem klassischen Griechisch verhielt es sich anders. Petrarca kannte niemanden, der es lesen konnte, und seine Bemühungen, die Sprache zu lernen, hatten keinen Erfolg. Er gestand Boccaccio diesen wunden Punkt ein, und der machte sich daraufhin selbst mit Hilfe eines Leonzio Pilato daran, das klassische Griechisch zu lernen. Sein Lehrer wurde später auf Boccaccios Drängen zum Dozenten für Griechisch an der Universität von Florenz ernannt. Pilato hatte einige Zeit in Byzanz gelebt, wo viele Menschen noch das klassische Griechisch lesen konnten und Abschriften der Werke Homers und anderer griechischer Schriftsteller zu finden waren. Pilato konnte genug Griechisch, um die Ilias und die Odyssee einigermaßen ins Lateinische übersetzen zu können. Seine Übertragungen waren die ersten Übersetzungen dieser beiden Epen, die man nur aus der Ferne kannte.

Boccaccio lernte etwas Griechisch, und als er Pilato und seine Übersetzung der ‹Ilias› zu Petrarca brachte, kniete dieser vor seinen beiden Besuchern nieder, obwohl sie damals viel weniger berühmt waren als er selbst, um ihnen für ihr großes Geschenk zu danken. So begann im Jahr 1361 das Studium der griechischen Kultur durch die Humanisten, das über drei Jahrhunderte lang fortgesetzt werden sollte. Wie es sich für einen alten Römer schickte, schrieb Petrarca mehrere seiner Werke auf lateinisch. Sein Latein war schön, wenn auch nicht so elegant wie das der späteren Humanisten, die mehr Gelegenheit hatten, die klassischen lateinischen Schriftsteller zu studieren. Seine Gedichte aber, ‹Le Rime›, von denen die meisten seine Liebe zu Laura besangen, schrieb er auf italienisch.

Petrarca wählte die Vulgata, seine Muttersprache, aus zwei Gründen. Erstens hatte Dante seine ‹Vita nuova›, eine Sammlung von Gedichten über Beatrice, und auch die ‹Göttliche Komödie› auf italienisch geschrieben. Zweitens folgte aus Petrarcas Wunsch, die antike Gelehrsamkeit neu zu beleben, nicht unbedingt, daß Texte in den klassischen Sprachen geschrieben werden mußten. Lesen war eine Sache, Schreiben eine andere, und Petrarca wußte, daß er dann, wenn er ein großes Publikum haben wollte, in der Umgangssprache schreiben mußte. Er wollte die Sprache des Alltagslebens (italienisch also) auf eine Höhe heben, die sich mit der des Latein in den goldenen Zeiten messen konnte. Aus diesem Grund schrieb auch Boccaccio alle seine Hauptwerke auf italienisch, darunter ‹Il Filostrato› (die Quelle von Shakespeares ‹Troilus und Cressida›) und der ‹Decamerone›.

Bei ihren Begegnungen sprachen Petrarca und Boccaccio über eine Wiedergeburt der Gelehrsamkeit und malten sich ihren Erfolg aus. Sie drängten ihre Gedanken allen auf, die zuhören wollten, auch den Päpsten, die sie beide von Zeit zu Zeit auf diplomatische Missionen schickten. Und sie schafften es, viele Menschen auf sich aufmerksam zu machen. Aber nicht alle. Es war schwerer, das antike Wissen wiederzubeleben, als sie gedacht hatten. Im Oktober 1373 begann Boccaccio mit öffentlichen Lesungen der ‹Göttlichen Komödie› in der Kirche Santo Stefano in Florenz. Er kommentierte die Lesungen und erklärte so seinem Publikum, das größtenteils nicht lesen konnte, den Sinn und die Bedeutung dessen, was Dante geschrieben hatte.

Die überarbeiteten Texte der Kommentare sind erhalten. Sie brechen nach dem siebzehnten Gesang der Hölle ab, dort, wo Boccaccio Anfang 1374 die Vorlesungsreihe aus Gesundheitsgründen beenden mußte. Aber nicht nur seine körperliche Schwäche ließ ihn aufhören. Er war auch entmutigt, weil sein Vorhaben, Dante gewöhnlichen Menschen zugänglich zu machen und zu erläutern, scheiterte. Der Tod Petrarcas wenige Monate später brach ihm das

Herz. Boccaccio starb achtzehn Monaten danach in seinem Haus in Certaldo. Die ihn und Petrarca geliebt und deren Vorhaben verstanden hatten, waren zutiefst bestürzt und fürchteten, jetzt sei alle Dichtkunst erloschen.

Mensch der Renaissance

Bei dem Wort Renaissancemensch denkt man gewöhnlich an einen Menschen, der vieles kann. Er ist weder ein Fachmann noch ein Spezialist. Er weiß mehr als nur wenig über «alles», nicht jedoch «alles» über einen kleinen Teil des gesamten heutigen Wissens. Der Ausdruck ist im wesentlichen ironisch gemeint, denn man glaubt allgemein, daß kein Mensch wirklich ein Renaissancemensch in der vollen Bedeutung des Wortes sein kann, weil das Wissen zu komplex ist, als daß ein einzelner Mensch alles oder auch nur einen großen Teil erfassen könnte. Hat es in diesem Sinn je einen Renaissancemenschen gegeben? Nein, auch nicht während der Renaissance. Der Grund ist vielleicht überraschend: Das Wissen ist heute nicht komplexer als es im fünfzehnten Jahrhundert war, es war damals so komplex wie heute und es war für einen Menschen genauso unmöglich, alles über alles zu wissen, wie es heute ist.

Natürlich wußten die Menschen in der Renaissance nicht all das, was wir wissen. Offensichtlich wissen wir viele Dinge, die sie nicht kannten. Andererseits wußten sie vieles, was wir nicht mehr kennen. Sie wußten beispielsweise sehr viel mehr über die Theologie, eine Wissenschaft, die sie sehr viel ernster nahmen als wir. Insgesamt waren sie bessere Philosophen, denn auch die Philosophie schätzten sie höher ein, als wir es tun. In diesen Bereichen hielten sie eine Spezialisierung für wünschenswert, und ihnen widmeten die größten Denker ihr ganzes Bemühen. In einem Bereich sind wir den Renaissancemenschen allerdings weit voraus: Im Bereich des Wirkens der Natur. Die Menschen der Renaissance hatten diesen Wissensbereich gerade erst für sich entdeckt, während wir uns seit beinahe fünf Jahrhunderten fast ausschließlich damit beschäftigen.

Es gab also wohl niemals Renaissancemenschen in dem verzerrten Sinn, in dem wir das Wort verwenden. Aber es gab Beispiele für bemerkenswerte Menschen in einem anderen Sinn des Wortes nicht nur in der Renaissance, sondern auch im klassischen Altertum und auch in der Neuzeit. Wir müssen uns fragen, ob es nicht möglicherweise auch heute noch Renaissancemenschen im wirklichen Wortsinn gibt. Wie so viele Fragen läßt sich auch diese auf Aristoteles zurückverfolgen. Er spricht zu Beginn seiner ‹Abhandlung über die Teile der Tiere› von der Methode, die er im folgenden anwenden will, und sagt dabei etwas, das sowohl einfach ist als auch tief:

> *Bei jeder wissenschaftlichen Betrachtung, ganz gleich, ob es dabei um ganz gewöhnliche oder sehr spezielle Fragen geht, kann man offenbar auf zwei Weisen vorgehen, nämlich einerseits aufgrund praktischer und andererseits aufgrund theoretischer Erwägungen. Aber wohl nur der theoretisch Denkende kann angemessen beurteilen, ob der Vortragende eine Sache richtig oder unrichtig darstellt. Ein wirklich gebildeter Mensch sollte unserer Meinung nach gerade dies können. Ein solcher, wohl sehr seltener Mensch könnte sich dann über alles ein Urteil bilden, während jemand mit Spezialkenntnissen sich auf sein Fachgebiet beschränken sollte.*

Dieser berühmte Abschnitt, der in unserer eigenen Zeit so sinnvoll und nützlich ist, wie er es in der Renaissance war, braucht vielleicht einige Erläuterungen. Erstens wird da ein Unterschied zwischen «theoretischer» und «praktischer Bildung» gemacht. «Theoretische Bildung» ist hier das Wissen, das Fachleute auf ihrem Gebiet haben. Dazu gehören nicht nur die allgemeinen Grundsätze und Schlußweisen des Gebietes, sondern auch alle Ergebnisse im Einzelnen. Wie der antike Arzt Hippokrates sagte, ist «das Leben kurz und die Kunst lang». Kein einzelner Mensch kann also in der kurzen Spanne des Menschenlebens so viel theoretisches Wissen ansammeln, daß er sich in allen Zweigen aller Wissenschaften genau auskennt. Das war in den Tagen des Aristoteles wahr, wie er deutlich sagt, und trifft natürlich auch heute zu.

Was meint Aristoteles nun mit «praktischer Bildung»? Es ist die Bildung eines Menschen, der in der Methodik ausgebildet ist, also nicht nur die Einzelheiten und bestimmte Befunde und Schlüsse kennt. Ein solcher Mensch besitzt auf diesem Gebiet Urteilsvermögen, das heißt, er könnte den Unterschied zwischen Sinn und Unsinn aufzeigen, wie wir in moderner Sprache sagen könnten. Solche «Gutachter» sind Fachleute, Spezialisten. Aber Aristoteles erkannte, daß sie vielleicht weniger wissen könnten, als sie es andere glauben machen möchten. Ein auf dem Gebiet «praktisch Gebildeter» könnte das merken. Gebildet sein, sagt Aristoteles, bedeutet, diese Unterscheidung treffen zu können. Ein Mensch kann also nur dann behaupten, gebildet zu sein, wenn er über ein umfassendes wissenschaftliches Urteilsvermögen verfügt – wenn er zwischen Sinn und Unsinn auch auf solchen Gebieten unterscheiden kann, wo er kein

Spezialist ist. Welch ein außerordentlicher Anspruch! Und wie weit ist das von unserem heutigen Bildungsbegriff entfernt.

Schließlich ist ein «Universalgelehrter» – also eben unser Renaissancemensch – einer, der in allen oder fast allen Wissenszweigen über Urteilsvermögen verfügt. Ein solcher Mensch kann nicht nur auf seinem Fachgebiet «gutachten», sondern in allen oder fast allen Bereichen.

In den Abschnitten, die Aristoteles dem oben zitierten folgen läßt, legt er einige allgemeine methodologische Grundsätze für das nieder, was wir heute Biologie oder Zoologie, Anatomie, Fortpflanzung und überhaupt das Verhalten von Tieren nennen würden. Nach dieser Einführung stellt er uns die Ergebnisse der Forschungen vor, die er und andere in bezug auf das Verhalten von Tieren gemacht haben. Vieles von dem, was er zu diesem Thema sagt, ist wahr, vieles aber ist auch suspekt. Wir glauben beispielsweise nicht mehr, daß das Gehirn keine Verbindung mit den Sinnesorganen hat oder daß es dic Aufgabc des Gehirns sei, die Hitze und Unruhe des Herzens zu mäßigen. Aristoteles kommt aufgrund von Annahmen, die er über das Tierleben im allgemeinen macht, zu diesen Schlüssen, aber diese Annahmen sind falsch. Vermutlich hätte er sie weniger bereitwillig gemacht, wenn er die wissenschaftliche Methode besser verstanden hätte. Trotzdem ist seine frühere Erörterung der Grundsätze der wissenschaftlichen Methode größtenteils auch heute noch richtig.

Weil Aristoteles wußte, wie Naturwissenschaft betrieben wird (oder wurde), konnte er auch behaupten, in allen ihren Zweigen Urteilsvermögen zu haben, also sagen zu können, ob die Schlüsse, die ein «Gutachter» eines bestimmten Zweiges der Wissenschaft aus den untersuchten Erscheinungen zog, «wahrscheinlich» waren. Er war also in einem großen Bereich «gebildet». Er war auch mit den Grundsätzen vieler anderer Wissensbereiche vertraut, von der Ethik bis zur Politik, von der Rhetorik bis zur Dichtkunst, von der Physik bis zur Metaphysik. Er konnte wirklich behaupten, in den meisten der Wissenszweige seiner Zeit praktisch gebildet zu sein. Er war jedoch in vielen von ihnen kein Experte oder Spezialist oder «Gutachter». Vielleicht konnte er nur in der Wissenschaft der Logik und in dem, was er Metaphysik oder «erste Philosophie» nannte, als Fachmann gelten. Trotzdem war Aristoteles sicherlich ein Universalgelehrter. Dieser Titel sollte auch einigen anderen griechischen Philosophen nicht vorenthalten werden, darunter Demokrit und Platon, der nicht nur der hervorragende Philosoph seiner Zeit, sondern auch ein erstklassiger Mathematiker war.

Universalgelehrte: Leonardo, Pico, Bacon

Leonardo da Vinci (1452–1519) wurde in Vinci, einer kleinen Stadt in der Nähe von Florenz, als unehelicher Sohn eines wohlhabenden Florentiner Notars geboren; seine Mutter, ein Bauernmädchen, wurde bald darauf mit einem Handwerker verheiratet. Leonardo, der im Haus seines Vaters aufwuchs, wurde bei den Malern Verrocchio und Antonio Pollaiuolo in die Lehre gegeben und schon als 20jähriger in die Florentiner Malerzunft aufgenommen. Sein großer Ruf als Maler beruht auf einem erstaunlich kleinen Gesamtwerk, denn ihm können nur siebzehn Gemälde zugeschrieben werden, von denen einige unvollendet blieben. Davon gehören drei, nämlich Das ‹Abendmahl› in Mailand und ‹Mona Lisa› sowie ‹Anna Selbdritt› im Louvre, jedoch zu den berühmtesten Gemälden der Welt. Selbst die unvollendeten Werke hatten enormen Einfluß auf seine Zeitgenossen und auf große Maler der nächsten Jahrhunderte, wie Rembrandt oder Rubens. Leonardo konnte weder Pinsel noch Stift in die Hand nehmen, ohne irgend etwas höchst Überraschendes und Neues zu schaffen, und er arbeitete immer inmitten von Schülern.

Aber obwohl ihn die Malerei sehr fesselte, stand nicht sie im Mittelpunkt seiner außerordentlich großen Leistungsfähigkeit, sondern war nur eine seiner vielen Möglichkeiten, sein ungeheures Wissen von der Welt unter Beweis zu stellen, das er, wie er sagte, einfach durch das Betrachten der Dinge erworben hatte. Das Geheimnis, so sagte er, bestand im *saper vedere*, dem Sehenkönnen. Die Unerschöpflichkeit und die Intensität seines Sehens ist unvergleichlich. Er hinterließ Tausende eng beschriebener Seiten voller Skizzen zu allen vorstellbaren Themen, von der Anatomie zur Architektur, von Tieren zu Engeln, die ihren Höhepunkt in seinen letzten «Visionen vom Weltende» finden, einem Skizzenbuch, in dem er versuchte, sein Gefühl für die Naturkräfte auszudrücken, die er in seiner Vorstellung als eine Einheit erlebte, die noch niemand zuvor gesehen hatte.

Aber fast jedes seiner ungeheuer vielen Vorhaben blieb bei seinem Tod unvollendet, obwohl er fast siebzig wurde, einmalige Bedingungen und Gelegenheiten hatte und über unermüdliche Schaffenskraft verfügte. Kritiker haben ihm diese hastige Bruchstückhaftigkeit zum Vorwurf gemacht.

Meiner Meinung nach liegt das Problem woanders. Leonardo hat nämlich wohl den aristotelischen Gedanken des gebildeten Menschen anders verstanden. Er wollte nicht nur praktisch mit jedem

Thema vertraut sein, sondern auch auf allen Gebieten ein Fachmann. Sein Kopf steckte voller Pläne für Bauten und Maschinen, voller Projekte, den Arno umzuleiten, das größte Reiterstandbild aller Zeiten zu gießen, eine Flugmaschine zu bauen. Er war nie mit dem Grundsätzlichen zufrieden, sondern wollte alles machen, was er sich nur vorstellte, und war frustriert, weil er es nur zeichnen konnte. Diese Frustration gab seiner Vorstellungskraft immer neuen Antrieb.

Als man vor kurzem in den Bibliotheken Europas weitere Notizbücher und Manuskripte entdeckte, wurde die grundlegende Einheit seines Denkens deutlich. Leonardo war zwar von scholastischer Gelehrsamkeit durchdrungen und stand ganz unter dem Einfluß der Aristoteliker und ihrem Naturverständnis, hatte aber auch einiges entdeckt, was die Aristoteliker nie gewußt hatten. Nicht Stasis oder Ruhe war, wie er erkannte, das oberste Prinzip des Kosmos, sondern Ruhelosigkeit und Kraft. Alles, die Gestalt von Tieren und Menschen, die Form von Bäumen und Gesichtern, Gebäuden und Bergen, der Lauf von Flüssen und die Linien der Küsten, ließ sich verstehen, wenn ein Mensch wußte, welche Kräfte gewirkt hatten und noch wirkten. Leonardo wußte nicht genug über die Begriffe Kraft und Energie, um seine Vision zu vollenden. Aber er hatte, als er starb, offensichtlich eine letzte Synthese gesucht. Er hinterließ ein gewaltiges unvollendetes Werk und ist ein Beispiel für einen neuen Renaissancemenschen, eine Art verhinderter Aristoteles einer neuen Welt.

Pico della Mirandolas Leben war kurz. Er war 1463 im Herzogtum Ferrara geboren worden, war also elf Jahre jünger als Leonardo, und starb im Alter von nur 31 Jahren in Florenz. Und doch zeigte er einen unmäßigen Drang, alles zu untersuchen und zu wissen. Pico war ein Renaissancemensch par excellence, aber letztlich scheiterte er. Pico erhielt in seinem Elternhaus eine humanistische Erziehung, studierte in Padua aristotelische Philosophie und in Bologna Kirchenrecht und hatte, bevor er zwanzig war, schon Hebräisch, Aramäisch und Arabisch gelernt. Der Platoniker der Renaissance, Marsilio Ficino, zog ihn in «Platons Honigkopf», wie Herman Melville die raffinierten Tricks dieses Zauberers unter den Philosophen nannte, aber er lernte auch die hebräische Kabbala kennen und war der erste, der christliche Theologie mit Hilfe kabbalistischer Gedanken begründete. Pico hielt sich im Alter von 23 Jahren für so gelehrt wie alle anderen lebenden Menschen zusammen. In einer Unverfrorenheit, die in der Geschichte vermutlich nicht ihresgleichen hat, erklärte er sich 1486 bereit, eine Liste von neunhundert Thesen zu verteidigen, die er griechischen, lateinischen, hebräischen und arabischen Schriftstellern entnommen hatte, und lud Gelehrte aus ganz Europa nach Rom zu einer öffentlichen Disputation ein.

Der öffentliche Krieg der Köpfe fand nie statt. Zu Picos Pech und vielleicht auch dem der Nachwelt erfuhr der Vatikan von dieser Liste und erklärte dreizehn der Thesen für ketzerisch. Pico zog die Thesen erschrocken sofort zurück, aber das bewahrte ihn jedoch nicht vor dem Bann, und er kam für kurze Zeit ins Gefängnis. Danach lebte er in Florenz, pflegte seinen intellektuellen Stolz und schrieb ein bemerkenswertes Dokument, das er später unter dem Titel ‹De dignitate homini› veröffentlichte. Diese kurze, leidenschaftliche Abhandlung ist ein ausführlicher Kommentar zu dem alten Ausspruch des Protagoras, wonach der Mensch das Maß aller Dinge sei. Der Mensch ist nach Pico der geistige Mittelpunkt der Welt, oder doch zumindest ein Brennpunkt, und Gott der andere. Dies wäre ein Jahrhundert früher reine Ketzerei gewesen, aber in seiner Zeit erregte das keine Aufmerksamkeit mehr; Pico wurde im 1492 vom Bann erlöst.

Hätte Pico all seine Thesen verteidigen können? Wahrscheinlich nicht, ebensowenig wie irgend jemand heute. Aber Pico wagte den Versuch und forderte damit die gelehrte Welt heraus. Für einen 23jährigen war das Verhalten arrogant. Ein Renaissancemensch jedoch würde niemals zögern, so etwas zu tun, auch wenn der Versuch unweigerlich scheitern muß.

Pico starb 1494. Francis Bacon wurde nur 67 Jahre später, im Januar 1561, in London geboren. In diesen Jahren hatte sich die in Italien geborene Renaissance unaufhaltsam nach Nordeuropa ausgebreitet. Obwohl Cambridge, wo Bacon seine Ausbildung erhielt, noch immer ein Bollwerk der aristotelischen Scholastik war, kamen ihm dort auch Gerüchte über eine neue Form der Naturphilosophie zu Ohren, und sie sollten ihn für den Rest seines Lebens faszinieren.

Bacon war ein Politiker und verdiente sich seinen Lebensunterhalt in den Diensten zuerst von Königin Elisabeth I. und dann von König James I. In seinem Einsatz für seine Monarchen war er unermüdlich. Die Nachwelt fand, daß er in diesem Punkt in seltenem Grad skrupellos war. Im Jahr 1621 fiel er schließlich in die Hand seiner Feinde. Er habe sich, so der Vorwurf, in seinem Amt als Lordkanzler bestechen lassen, wurde schuldig gesprochen und zu einer hohen Geldstrafe und zu Gefängnishaft verurteilt. Zwar kam er bald aus dem Tower heraus, aber er erhielt nie wieder ein Amt.

Dieser Zeit, in der er keine öffentlichen Ämter bekleidete, verdanken wir einen großen Teil des geistigen Schaffens seiner letzten Jahre. Am bekanntesten sind seine *Essays*, die er sein Leben lang schrieb und die voll kerniger Weisheit und schlichtem Charme sind, aber am wichtigsten sind wohl seine Beiträge zum Wissen, die er in ‹Advancement of Learning› (1. – englische – Ausgabe 1605, 2. – lateinische – 1623) und ‹Novum Organon› (1620) machte. Sie zeigen das Wesen eines Renaissancemenschen in all seinem gebrochenen Glanz.

Bacons berühmter Ausspruch: «Ich nehme alles Wissen für mich in Anspruch» macht ihn oberflächlich gesehen zum Renaissancemenschen. Was meinte er damit? Die Behauptung war im wesentlichen aristotelische Prahlerei; Bacon, der ein ausgezeichneter Politiker, aber auf keinem Gebiet ein Experte war, hatte das Gefühl, er verstünde etwas von wissenschaftlicher Forschung und begründete damit seinen Anspruch, in allen Wissenszweigen seiner Zeit eine «praktische Bildung» zu haben. Aber er lehnte die aristotelische Methode des wissenschaftlichen Schlußfolgerns leidenschaftlich ab und behauptete, die sogenannte deduktive Methode stecke in einer Sackgasse. Seine eigene induktive Methode sei ihr ganz entschieden vorzuziehen.

Diese Unterscheidung ist interessant. Die deduktive Methode versagt nach Bacon, weil ein Wissenschaftler aufgrund gewisser intuitiver Annahmen Schlüsse über die Wirklichkeit zieht, die logisch richtig sein können, aber nicht der Natur entsprechen. Die induktive Methode hat Erfolg, weil jemand, der die Natur erforscht, eine, wie Bacon sagte, «geistige Leiter» emporsteigt, die von sehr sorgfältigen und wahrhaft bescheidenen Beobachtungen zu allgemeinen Schlüssen führt, die deshalb wahr sein müssen, weil sie auf Erfahrung gründen. Es ist jetzt allgemein anerkannt, daß die wissenschaftliche Methode Deduktion und Induktion kombinieren muß. Der Wissenschaftler kommt nicht ganz ohne Hypothesen aus. Aber er ist auch zum Irrtum verdammt, wenn er seine Überlegungen nicht an der Natur überprüft, dem letzten Prüfstein der Wahrheit formaler Aussagen. Bacons Analyse war schon deshalb nützlich, weil sie aufdeckte, welchen Fehler man begeht, wenn man sich ausschließlich auf eine der beiden Methoden verläßt. Zu einer Zeit, als viele Experten sich vor der Erforschung der Natur scheuten, war sein Hinweis auf die Bedeutung der Erfahrung und der direkten Begegnung mit der Natur sehr wichtig.

Es entbehrt nicht makaberer Ironie, daß Bacons Tod durch ein bescheidenes Experiment verursacht wurde. Er fuhr im März 1626 durch Highgate und beschloß plötzlich, seine Vermutung zu bestätigen, daß Kälte die Verwesung von Fleisch aufhalten kann. Er stieg aus seiner Kutsche, kaufte ein Huhn und stopfte es mit Schnee aus. Der Ausgang dieses Versuchs ist unbekannt (die Vermutung war natürlich richtig); Bacon zog sich dabei allerdings eine schwere Erkältung zu, an der er wenige Wochen später starb.

Es gelang Bacon ebensowenig wie Leonardo, all seine grandiosen Vorhaben zu vollenden – wie mir scheint, aus demselben Grund. Er war nicht einfach damit zufrieden, im allgemeinen Sinn etwas zu wissen, sondern er wollte in allem ein Fachmann sein. Trotzdem hatte er viel Verständnis für das Wesen des Wissens und insbesondere für das, was den Fortschritt der Wissenschaft behindert. Beispielhaft ist dafür seine berühmte Analyse der sogenannten Urteilstäuschungen durch Idole.

Bacon erfand die «Idole», um das Vorhandensein menschlicher Fehler zu erklären. Er unterschied vier verschiedene Idole, die alle zu seiner Zeit genau wie zu unserer ihre Wirkung zeigen: Das erste sind die Idole des Stammes – gewisse geistige Mängel, die allen Menschen gemeinsam sind, beispielsweise eine allgemeine Neigung zur übermäßigen Vereinfachung, die sich oft in der Annahme zeigt, daß in bestimmten Phänomenen mehr Ordnung steckt, als tatsächlich der Fall ist; oder eine Neigung, sich von Neuem beeindrucken zu lassen: Die neueste Theorie scheint immer die wahrste zu sein, bis schließlich die nächste daherkommt.

Idole der Höhle sind Fehler, die durch persönliche Eigenheiten verursacht werden. Der eine Mensch konzentriert sich vielleicht auf die Ähnlichkeit von Dingen, ein anderer auf die Unterschiede. Solchen Denkgewohnheiten kann man nur dadurch begegnen, daß man sehr viele Menschen gemeinsam nach Wahrheit suchen läßt, so daß die Eigenheiten einander aufheben.

Idole des Marktes entstehen durch die Sprache selbst. George Bernard Shaw scherzte nicht nur, als er einmal bemerkte, Engländer und Amerikaner seien durch eine gemeinsame Sprache getrennt. Die Probleme sind natürlich noch größer, wenn die Sprachen verschieden sind, deshalb verständigen sich Naturwissenschaftler so gern in der Sprache der Mathematik. Aber auch eine universale Sprache wie die Mathematik muß schließlich versagen, weil auch die größten Wahrheiten der Menschheit erst dann wirklich nützlich sind, wenn sie allgemeinverständlich ausgedrückt werden. Aber jeder Mensch versteht Worte auf seine eigene Weise, das führt zu Verzerrungen und Mängeln, die vielleicht unvermeidlich sind.

Schließlich gab es für Bacon das, was er die Idole des Theaters nannte, philosophische Systeme, die der geduldigen, demütigen Suche nach Wahrheit im Wege stehen. Solche Systeme müssen nicht unbedingt philosophisch sein. Im zwanzigsten Jahrhundert haben unterschiedliche Systeme politischen Denkens Marxisten und Demokraten daran gehindert, einander zu verstehen. Die Worte mögen verständlich sein, aber die Gedanken dahinter verschleiern ihren Sinn.

Der Renaissancemensch und der Gedanke der humanistischen Erziehung

Das aristotelische Ideal eines Menschen, der in allen oder fast allen Wissenszweigen Urteilsvermögen besitzt, war jahrhundertelang das Ziel der Bildung. Ursprünglich lernte ein Student die sieben «Artes», zu denen das Trivium (Grammatik, Rhetorik und Logik) und das Quadrivium (Arithmetik, Geometrie, Astronomie und Musik) gehörten. Die Namen sind alt, aber die «Fächer» lassen sich einem modernen Lehrplan mit Sprachen, Philosophie, Mathematik, Geschichte und Naturwissenschaft vergleichen. Die «Artes» hießen «frei», weil sie ja den Gebildeten vom Unwissen des Ungebildeten befreiten.

Im zwanzigsten Jahrhundert veränderte sich dieses traditionelle Bildungssystem radikal. Man fragte sich, warum es der Renaissance nicht gelungen war, erfolgreiche «Renaissancemenschen» hervorzubringen. Wenn das keine Wirklichkeit wurde, was sich Genies wie Leonardo, Pico oder Bacon erträumt haben mögen, nämlich alles Wissenswerte zu wissen, brauchten geringere Menschen es gar nicht erst zu versuchen. Damit war die Alternative offensichtlich: Erwirb Fachwissen auf einem Gebiet, während andere auf ihrem Gebiet Fachleute werden. Dieses Ziel war viel leichter zu verwirklichen; jetzt konnten die Akademiker zufrieden sein, wenn sie auf einem Gebiet kompetent waren, denn sie brauchten sich nur mit denen zu vergleichen, die ebenfalls dieses Gebiet beherrschen.

Der angemessene Weg zu diesen Veränderungen führte über eine immer stärker unterteilte Universität mit verschiedenen Fachbereichen, die, durch ein Meer wechselseitigen Unwissens getrennt, einander wie bewaffnete Feudalreiche gegenüberstanden. Der

Wettbewerb drehte sich um die Verwendung der Gelder, die bald nach Grundsätzen verteilt wurden, die wenig mit akademischen Werten oder Wissen als solchem zu tun hatten. Die ursprüngliche Überzeugung, ein gebildeter Mensch sollte in vielen Bereichen urteilsfähig sein, wurde bald aufgegeben. Schließlich sprachen die getrennten Welten der Universität überhaupt nicht mehr miteinander, wie C.P. Snow (1905–1980) in seinem Büchlein über die zwei Kulturen ausführte. Auch das «Uni» in «Universität» wurde bedeutungslos, als die Institution durch die Zuteilung von Steuergeldern und anderen Fördermitteln für ihre Forschung immer mächtiger geworden war und sich in eine lockere Konföderation unzusammenhängender Institute verwandelte, nicht aber in eine Organisation, die sich der gemeinsamen Suche nach Wissen und Wahrheit verpflichtet fühlte.

In Deutschland fühlten sich die Universitäten dem Humboldtschen Bildungsideal und einem «Studium generale» verpflichtet. Dennoch zog auch hier der Gedanke der frühen Spezialisierung – schon im Gymnasium – ein. Im öffentlichen Bewußtsein blieb lediglich die mal bewundernde, mal ironische und gelegentlich verächtliche Redeweise vom Renaissancemenschen oder Universalgelehrten, wie man fast jeden zu nennen bereit war, der auf mehr als einem Gebiet kompetent war. Dennoch wurde der Begriff nie in seinem ursprünglichen aristotelischen Sinn verwendet. Ideal und Idee sind völlig verlorengegangen.

Der Humanismus der Renaissance

Der Tod Dantes, Petrarcas und Boccaccios innerhalb weniger als zweier Jahre bedeuteten das Ende einer Epoche der italienischen Literatur, deren Großartigkeit nie wieder erreicht wurde. Mit ihrem Ende war jedoch ihr Traum nicht ausgeträumt, eine neue Literatur zu erschaffen, die auf hohem Niveau allgemein interessante Themen behandelte und fast jedem, der lesen konnte, zugänglich war. Der Traum blieb lebendig, ja, er erfüllte sich zweifellos selbst über die kühnsten Hoffnungen hinaus. Ein Beobachter hätte lange Zeit kaum ahnen können, daß dieser Teil des in der Renaissance aufgestellten Programms einmal geradezu triumphal verwirklicht werden würde. Zunächst machte es großen Eindruck, welche Wertschätzung die Wiederentdeckung der großen Werke der klassischen Literatur durch Petrarca und Boccaccio genoß. Weder Petrarca noch Boccaccio hatten das klassische Latein beherrscht, und keiner von ihnen konnte gut Griechisch. Ihre Nachfolger brachten das Studium der klassischen Sprachen auf ein immer höheres Niveau, was leichter wurde, als 1453 Byzanz an die Ottomanen gefallen war und viele griechisch sprechende Flüchtlinge nach Italien kamen. Diese Menschen sprachen nicht nur klassisches Griechisch, sie brachten auch viele Manuskripte klassischer Werke mit.

Im sechzehnten Jahrhundert war das klassische Latein zur Sprache der europäischen Diplomaten geworden, die auch von allen Gelehrten der Welt gelesen, gesprochen und geschrieben wurde. Noch 1650 hatte der englische Dichter John Milton (1608–1674) vor, ein großes Epos auf lateinisch zu schreiben, weil er meinte, nur mit einem in dieser Sprache geschriebenen Werk den weltweiten Ruhm erlangen zu können, den er so sehr begehrte.

Im Lauf der Zeit jedoch fielen die Bemühungen von Dante, Petrarca und Boccaccio, die Vorzüge aufzuzeigen, die die Volkssprache gegenüber dem Lateinischen hat, in ganz Europa auf fruchtbaren Boden. Die Umgangssprache wurde um so mehr zur Sprache der Literatur, je mehr Menschen lesen konnten; das Lesen wurde natürlich viel rascher Allgemeingut, als die Erfindung des Buchdrucks durch Gutenberg zu einer Flut von Büchern geführt hatte. Auf die Bedeutung der durch Gutenberg ausgelösten Revolution gehen wir weiter unten ein.

Im ersten halben Jahrhundert des Buchdrucks, von 1450 bis 1500, waren die Mehrzahl der gedruckten Bücher Neuauflagen griechischer und lateinischer Werke, die zuvor nur als Handschriften existiert hatten. Gegen Ende des Jahrhunderts waren die meisten klassischen Werke gedruckt, und die Verleger suchten unternehmungslustig nach Büchern in der Volkssprache. Ab 1500 überwogen dann Werke in den Nationalsprachen, also beispielsweise Italienisch, Französisch, Englisch, Spanisch, Deutsch.

Der Humanismus nahm seinen Anfang in Italien und erstreckte sich allmählich über Frankreich, England, Spanien und Deutschland auf ganz Europa. Etwa 1600 führte die erste Welle zu einer Blütezeit der Dichtung und Prosa in den Volkssprachen. Die Helden der ersten Welle waren französische Dichter wie Clement Marot (1496–1544) und François Rabelais (1494–1553), englische wie Geoffrey Chaucer (1342/3–1400) und deutschsprachige wie Johann von Saaz (um 1350–1414) mit dem ‹Ackermann aus Böhmen› und Oswald von Wolkenstein mit Minneliedern. Dieser ersten Welle folgten wie in Italien viele Werke im klassischen Latein. Die Verwendung lateinischer Texte führte wiederum zu einer Gegenbewegung zugunsten der Volkssprache, die bald in allen europäischen Ländern die Literatursprache wurde. In Frankreich kam es durch den Einfluß der Gedichte von Pierre de Ronsard (1524–1585) und der Prosa von Montaigne zur Einführung von Französisch anstelle von Latein als der Sprache, in der ernsthafte Dichter (nicht jedoch Geistliche) ihre wichtigsten Werke schrieben. Nach einer ähnlichen Unterbrechung nach dem Tod Chaucers verhalfen die Dichtung Edmund Spencers (1552–1599) und Shakespeares, das moderne Englisch zu begründen. Deshalb entschloß sich Milton, ‹Paradise Lost› auf englisch und nicht lateinisch zu schreiben.

Darüber hinaus stimmte man immer entschiedener Petrarca und Boccaccio zu, wenn sie sagten, die größte Literatur befasse sich mit so populären Themen wie Liebe, Ritterlichkeit und Abenteuer, die jeder erfahren konnte. Selbst wenn die Humanisten ihre Werke auf lateinisch verfaßten, wie Erasmus sein ‹Encomium moriae› (Lob der Narrheit), schrieben sie allgemeinverständlicher und für ein größeres Publikum, als es in der Antike der Fall gewesen war. Wie die großen Maler stellten auch die großen Dichter ihr Licht nicht unter den Scheffel der religiösen Andacht. In den Jahren der ausgehenden Renaissance (etwa zwischen 1500 und 1650) wurde viel über Religion geschrieben. Wahrscheinlich war der Ton, wenn nicht die Absicht, aller neuveröffentlichten Werke, auch der volkssprachlichen, religiös. Die größten Dichter aber schrieben über den Menschen, nicht über Gott, und setzten den Menschen in den Mittelpunkt, feierten ihn, lobten ihn, stellten ihn in Frage und kritisierten ihn, aber sie verachteten weder ihn noch seinen weltlichen Staat, wie es die Anhänger Augustins tausend Jahre lang getan hatten.

Montaigne

Michel de Montaigne wurde 1533 in der Nähe von Bordeaux geboren und von seinem Vater mit besonderer Liebe erzogen; er wurde beispielsweise jeden Morgen mit Musik geweckt. Seine Paten und Kindermädchen waren Bauersleute, weil er sich, wie sein Vater sagte, mit der Milch auch die Weisheit der Bauern einverleiben sollte. Sein Lateinlehrer war ein deutscher Lehrer, der kein Wort Französisch sprach. Montaigne sprach kaum Französisch, bis er sechs Jahre alt war, immer blieb Latein seine «Muttersprache». Nach einem Leben zunächst als Parlamentsrat und später als Oberbürgermeister von Bordeaux begann Montaigne ernsthaft mit dem Schreiben der ‹Essais›, die ihn berühmt machten. Aufgrund seiner Vertrautheit mit dem Landvolk schrieb oder vielmehr erfand er eine leichte, scheinbar kunstlose französische Prosa, die großen Einfluß auf den hohen Standard der Sprache hatte.

Die ‹Essais› sind mehr als ein linguistischer Kraftakt. In gewisser Hinsicht sind sie das eigentliche Buch der Renaissance. Nicht nur begründete Montaigne mit ihnen die literarische Form des Essays, sondern sie sind auch das erste Buch, dessen erklärtes Ziel es ist, mit äußerster Ehrlichkeit und Freiheit Herz und Sinn des Verfassers zu öffnen. Montaigne macht keinen Versuch, seine Fehler zu verbergen, aber er schlägt sich auch nicht reumütig und Vergebung heischend auf die Brust. Er ist zufrieden, zu berichten, was ist, was er denkt, was er fühlt, und vertraut auf die Ähnlichkeit zwischen ihm und seinen Lesern – allen Lesern.

Auch Augustinus hatte, als er über tausend Jahre früher seine ‹Bekenntnisse› schrieb, Herz und Sinn offengelegt. Aber die Absichten des großen christlichen Apologeten waren erbarmungslos didaktisch gewesen. Indem er beschrieb, wie er seine Sünden bekannte und sich zum wahren Glauben wandte, erzählte er die Geschichte eines verruchten Sünders, der durch Gottes Gnade errettet wurde. Wenn mir dies widerfuhr, sagte er, kann es dir auch passieren. Montaigne jedoch ist weniger an dem interessiert, was er erlebt hat, als an dem, was er ist, und er ist eben nichts anderes als ein ganz gewöhnlicher Mensch.

In Montaignes Buch geht es also, wenn es überhaupt nicht nur Selbstzweck ist, um Selbsterkenntnis. Sokrates, Montaignes Held und Vorbild, hatte gesagt, es sei zwar schwierig, aber auch entscheidend wichtig, sich selbst zu kennen. Montaigne wußte, wie schwierig das ist. In gewissem Maße sträubt sich jeder gegen die Selbsterkenntnis, also gegen das Eingeständnis, daß er nicht besser oder schlechter ist, als er ist. Wir alle, die meisten von uns sogar immer, stecken in einem Gemisch von Illusionen. Montaigne wollte über seine eigenen Illusionen hinaus sich selbst so sehen, wie er wirklich war, und das stimmte nicht immer damit überein, wie andere ihn sahen.

Die Renaissance hatte immer und überall den Menschen in die Mitte gesetzt. Vielleicht spürte Montaigne bei dieser neuen Sicht des Menschen eine irritierende Kälte und Distanz. Wer kann für den Menschen als Abstraktum sprechen? Montaigne jedenfalls mochte nur für sich selbst reden. Er konnte sagen, was er war, was er wollte, was er fürchtete (das war sehr wenig), was ihn verletzte, was ihn freute und was ihm gefiel, was ihm an anderen eitel und verrückt vorkam. So stellte er sich selbst immer in den Mittelpunkt, weil er meinte, es könne nichts Interessanteres geben als das, selbst wenn manche Menschen das als egozentrisch empfinden könnten. Die ‹Essais› sind außerordentlich interessant. Sie stellen auch insofern einen Präzedenzfall dar, als sie den Weg zu einer neuen Literaturform öffnen, die in den folgenden Jahrhunderten sehr wichtig wurde. Hunderte von Dichtern, auch die größten, haben versucht, sich selbst mit einer Freizügigkeit und Ehrlichkeit zu enthüllen, die die Montaignes sogar übertraf. Rousseau und Goethe, Wordsworth und George Eliot, Baudelaire und Dostojewski, John Berryman und Philip Roth – sie und viele andere haben die Gesundheit und die Krankheit ihre Seelen geschildert und darauf vertraut, daß beides für andere genauso interessant sei wie für sie selbst.

Heute ist eine Rückkehr zu einer Literatur des Verbergens statt des Erschließens unmöglich, denn sie käme einer von einer eisernen Zensur begleiteten universalen Katastrophe gleich. Wir verdanken das vor allem Montaigne. Er schreibt in ‹Von der Erfahrung›:

> *Wir sind große Toren. «Er hat sein Leben im Müßiggange hingebracht», sagen wir. «Ich habe heute nichts getan.» Wie? Hast du nicht gelebt? Dieses ist nicht allein unsere vorrangigste, sondern auch herrlichste Beschäftigung. «Wenn man mich zu großen Dingen gebraucht hätte, so hätte ich gezeigt, wozu ich fähig bin.» Hast du dein Leben recht überlegt und eingerichtet? Dann hast du das allergrößte Werk getan. Die Natur zeigt sich und tut das Ihre, ohne Glück dazu zu brauchen. Sie zeigt sich in einem Stande so gut als dem anderen, und hinten ebenso wie ohne Vorhang. Hast du deine Sitten wohl eingerichtet, so hast du weit mehr getan, als einer, der Bücher geschrieben hat. Hast du ruhig bleiben können, so hast du mehr getan, als einer der Länder und Städte erobert hat.*
>
> *Das herrlichste Meisterstück eines Menschen ist, recht zu leben. Alle anderen Dinge, regieren, Schätze sammlen, bauen, sind nur kleine Anhänge, und höchstens Hilfsmittel.*
>
> *Sein Wesen gehörig zu brauchen wissen, ist die größte und eine gleichsam göttliche Vollkommenheit. Wir suchen andere Eigenschaften, weil wir uns der unsrigen nicht zu bedienen wissen; und gehen außer uns, weil wir nicht wissen, wie es in uns steht. Auch wenn wir Stelzen anlegen, müssen wir doch auf unsern Füßen gehen. Und auf dem erhabensten Thron von der Welt sitzen wir doch, mit Ehren zu vermelden, auf unserm Steiße.*

Shakespeare

Ich bekenne, daß ich in bezug auf den Verfasser von Shakespeares Dramen einige Zweifel hege. Vielleicht hat sie der Schauspieler aus Stratford geschrieben, vielleicht auch der Earl von Oxford und vielleicht ein anderer Dichter. Nach fünf Jahrhunderten ist die Frage, ob «Shakespeare» der wirkliche Name oder das Pseudonym eines sonst unbekannten Verfassers ist, unwichtig; aber weil sie sich stellt, mache ich keinen Versuch einer Kurzbiographie. Es genügt zu sagen, daß der Verfasser um die Mitte des sechzehnten Jahrhunderts in England geboren wurde und wahrscheinlich bis etwa 1615 lebte. Er schrieb etwa 35 Dramen, von denen anscheinend auch alle zu seinen Lebzeiten aufgeführt wurden, manchmal mehr als eines pro Jahr. Sein Erfolg als Dramatiker war zu seiner wie zu allen späteren Zeiten groß.

Als er (nennen wir ihn Shakespeare) zu schreiben begann, hatte er wenige gute dramatische Vorbilder. Die großen griechischen Tragöden waren ihm unbekannt; er kannte nur Seneca und einige schlechtere zeitgenössische Tragödien im Stil von Seneca, Plautus und Terenz, römische Dichter also, sowie einige Imitationen ihrer klassischen, wenn auch banalen Komödien. Shakespeare erschuf also buchstäblich die englische Dramaturgie. Das allein ist eine ungewöhnliche Leistung, aber für Shakespeare war es nur der Anfang.

Wenn es Shakespeares Dramen nicht gäbe, würden wir nicht wissen, wie tief Literatur die menschliche Seele berühren kann. Immer stehen Menschen im Mittelpunkt seiner Schauspiele. Das mittelalterliche Weltbild, das Shakespeare erbte, verschwindet im Hintergrund; die Menschheit zeigt sich nackt und weder im Schmuck der Gewänder noch im Schutz des Kirchenrechts. Die Schauspiele sind nicht einmal christlich und schon gar nicht orthodox. Das Genie Shakespeares war einzigartig; seine Komödien sind so großartig wie seine Tragödien, und er konnte die beiden sogar vereinbaren, indem er die Komödie benutzte, um die Tragödie zu verdeutlichen, und die Tragödie, um die Komik zu erhöhen. Auch das Leben läßt keine Bevorzugung der Tragödie oder der Komödie zu; seine Dramen kommen einer befriedigenden Nachahmung des menschlichen Lebens näher, als es je einem Dichter gelang.

Die griechische Tragödie, die Shakespeare nicht kannte, hatte mit Familienproblemen zu tun, aber auf einem heroischen, übermenschlichen Niveau. Es ist für jeden Vater oder Ehemann schwer, sich in Ödipus wiederzufinden, und für jede Frau oder Mutter, sich als

Klytämnestra, Agamemnons gequälte Königin zu sehen. Es ist einer der wertvollsten Beiträge Shakespeares, daß er in seinen Schauspielen das Leben gewöhnlicher Familien darstellt und uns zeigt, was wir immer wußten, aber uns nicht klarmachen wollten. Jede der berühmten Tragödien ist bei allem anderen Geschehen auch immer eine Familientragödie. Da sind ‹König Lear› und seine Töchter, ‹Hamlet› mit seiner Mutter und seinem Stiefvater, ‹Othello› und seine junge Frau, ‹Macbeth› und seine blutrünstige, alte, ehrgeizige Frau. Die liebenswerten jungen Liebenden ‹Romeo und Julia› sterben, weil ihre Familien zerstritten sind, und ‹Antonius und Kleopatra› sind zwar nicht verheiratet, aber sie lieben sich – vielleicht gerade deshalb –, nach zwanzig Jahren noch so leidenschaftlich wie damals, als sie jung waren.

Plautus und Terenz hatten eine ganze Bühne voll komischer Figuren erfunden: den angeberischen Soldaten als Liebhaber, die naive aufreizende Tochter, den törichten Vater, der dazu gemacht war, sich sein Juwel abluchsen zu lassen, den schlauen Diener, der alle Fäden zog – sie alle kamen in Pseudo-Familiensituationen vor, die das wahre Leben nachahmten. Shakespeare übernahm diese Gestalten und verwandelte sie in seinen unvergleichlichen Komödien in wirkliche Männer und Frauen. Abgesehen von dem unentbehrlichen Liebespaar, das sich nur selten über die Liebe lustig macht, treten in seinen Schauspielen Väter und Töchter auf, die so wahr und wirklich sind, daß sie uns das Herz brechen. Im Zentrum einer der Komödien steht Shylock, das Musterbild einer tragischen Gestalt, dessen Herz inmitten des Gelächters der Umstehenden, darunter der eigenen Tochter, zerbricht.

Für Montaigne erwies sich die von Rabelais ererbte französische Sprache als unangemessen, und deswegen mußte er eine neue Prosa erfinden. Das Englisch, das Shakespeare in seinen letzten Meisterwerken verwendete, gab es noch kaum, als er seine frühesten Werke schrieb, auch er mußte seine Sprache fast erfinden. Dante, Petrarca und Boccacio haben für das Italienische ein ähnliches Wunder vollbracht wie Cervantes für das Spanische und Lessing und Goethe, aber auch Luther, Grimmelshausen und Schiller für das Deutsche.

> *Welch ein Meisterwerk ist der Mensch! Wie edel durch Vernunft! Wie unbegrenzt an Fähigkeiten! In Gestalt und Bewegung wie bedeutend und wunderwürdig! Im Handeln wie ähnlich einem Engel! Im Begreifen wie ähnlich einem Gott! Die Zierde der Welt! Das Vorbild des Lebendigen! Und doch, was ist mit dieser Quintessenz von Staube?*
>
> Hamlet

Cervantes

Miguel de Cervantes Saavedra wurde wahrscheinlich am 29. September 1547 in Alcalá de Henares in der Nähe von Madrid geboren und starb höchstwahrscheinlich am 22. April 1616, aber Literaturliebhabern ist das traditionelle Datum 23. April lieber, denn das hält man auch für den Todestag Shakespeares. Der Gedanke, diese beiden alten Herren seien am selben Tag gestorben und gemeinsam in den Himmel gekommen – wozu gäbe es einen Himmel, wenn nicht für sie? –, ist ein reizvoller Gedanke, dem keine Tatsachen in den Weg gestellt werden sollten. Cervantes wurde erst spät Schriftsteller. Er war zunächst ein erfolgreicher Soldat; als Seeräuber ihn 1575 gefangennahmen, forderten sie deshalb ein hohes Lösegeld. Vielleicht hat das sein Leben gerettet, denn er wurde auch nach etlichen Fluchtversuchen noch gut behandelt. Er mußte aber fast fünf Jahre in der Sklaverei verbringen, denn seine Familie konnte ihn erst 1580 freikaufen. Sie zahlte einen hohen Preis, war aber nun für den Rest des Lebens verarmt.

Cervantes wollte Schriftsteller werden und schrieb alles, was ihm möglicherweise etwas Geld einbringen konnte: Schauspiele, Geschichten, auch einen Schäferroman im damals modernen Stil. Nichts davon hatte Erfolg. Er hatte immer gern gelesen, besonders die Ritterromane des vergangenen Jahrhunderts. Also erträumte er sich, vielleicht mit dem Mut der Verzweiflung, eine Geschichte von einem alten Herrn der Mancha, der so viele Geschichten gelesen hatte, daß er dabei verrückt wurde und diese Geschichten für wahr hielt. Dieser entschloß sich, selbst ein fahrender Ritter zu werden, und machte sich mit einem rostigen Schwert und einem zerbeulten Schild auf seinem hageren Gaul Rosinante auf, die Welt zu sehen und alle Drachen zu besiegen, die er nur finden konnte. Wie jeder weiß, fand er nichts anderes zu erobern als Schafherden und riesige Windmühlen, mit denen die leeren Ebenen der Mancha bis heute übersät sind. Statt die Windmühlen, die er für bewaffnete Ritter hielt, zu schlagen, wurde er selbst von den Windmühlenflügeln niedergeworfen.

Cervantes erzählte die Geschichte auf zwanzig Seiten. Er muß sie den vier oder fünf weiblichen Verwandten vorgelesen haben, die mit ihm die zwei Zimmer des kleinen Hauses in Asquicias teilten, in dessen Küche er schrieb, während die Frauen sich an ihm vorbeizwängten. Die Geschichten fanden Gefallen, und Cervantes beschloß, mehr zu schreiben. Don Quijote brauchte einen Gefährten, einen Knappen, wie er ihn gern nannte, und Cervantes erfand auch ihn und erdachte dazu den rundlichen Bauern Sancho Pansa mit seinem gesunden Menschenverstand, der mit seinem Esel der Begleiter des Möchtegern-Ritters wurde; gemeinsam reiten sie über die gewundenen Straßen eines verschwundenen Spaniens, das für viele Spanier wirklicher ist als ihre moderne Nation. Don Quijote erlebt dabei viele Abenteuer, in denen er fast immer überlistet, betrogen und verraten wird; Sancho fühlt sich in die Vorstellungswelt seines Meisters ein, hat seine eigenen abenteuerlichen Erlebnisse und hält sich für den Knappen eines echten Ritters. Meistens aber reden sie miteinander, und ihre Unterhaltung gehört zum besten, was sich in Büchern finden läßt.

«Noch niemals sind die Zepter und Kronen von Theaterkaisern aus echtem Gold gewesen», erwiderte Sancho, «sondern nur von Flittergold oder Blech.»
«So ist's in der Tat», versetzte Don Quijote, «denn es wäre nicht vernünftig, wenn die Schmucksachen in der Komödie echt wären, sondern sie müssen nachgemacht und bloßer Schein sein, wie es die Komödie selbst ist. Mit dieser aber, wünsche ich, sollst du dich gut stellen, Sancho, und ihr hold sein, und folglich auch mit denen, die sie aufführen, und mit denen, die sie dichten; denn sie alle sind Werkzeuge, die dem Gemeinwesen vieles Nützliches schaffen, indem sie uns bei jedem Schritt einen Spiegel vorhalten, worin das ganze menschliche Leben sich zeigt, und es gibt keine Zusammenstellung von Wirklichkeit und Nachbildung, die uns lebendiger vor Augen führte, was wir sind und was wir sein sollen, als das Schauspiel und die Schauspieler. Oder sage mir: hast du nicht einmal ein Schauspiel gesehen, wo Könige, Kaiser und Päpste, Edelfrauen und mancherlei andere Personen auftreten? Einer spielt den Raufbold, ein andrer den Gauner, dieser den Kaufmann, jener den Soldaten, ein andrer den schlauen Tölper, ein dritter den tölpischen Liebhaber, und wenn das Stück aus ist und die Bühnentrachten abgelegt sind, so sind die Schauspieler wieder alle gleich.»
«Allerdings habe ich das gesehen», erwiderte Sancho.
«Das nämliche nun», fuhr Don Quijote fort, «geschieht im Schauspiel und Wandel dieser Welt, wo die einen die Kaiser, die andern die Päpste und in einem Wort alle Personen vorstellen, die in einem Schauspiel vorkommen können; wenn es aber zum Schlusse geht, das heißt, wenn das Leben endet, da zieht der Tod ihnen allen die Gewänder aus, die sie voneinander unterschieden, und im Grab sind sie alle wieder gleich.»
«Ein prächtiger Vergleich!» versetzte Sancho. «Zwar ist er nicht so neu, daß ich ihn nicht schon zu öfteren und verschiedenen Malen gehört hätte, gerade wie den Vergleich mit dem Schachspiel, wo jeder Stein, solang das Spiel dauert, seine besondere Verrichtung hat und, wenn das Spiel zu Ende ist, alle vermischt und zusammengelegt und untereinandergeworfen und in

einen Beutel gelegt werden, wie man die Toten ins Grab legt.»
«Von Tag zu Tag, Sancho», sagte Don Quijote, «nimmst du an Einfalt ab und an Verstand zu.»

Weil der große hagere Ritter und sein rundlicher Knappe sofort und für immer jedermanns Vorstellungskraft gefangen halten, ist ihr Bild wohl das bekannteste aller Romanfiguren der Weltliteratur. Im Lauf der Zeit wurde ‹Don Quijote› immer wieder neu aufgelegt und in alle Sprachen Europas übersetzt. Es machte seinen Verfasser fast so berühmt wie seine Helden. Trotzdem verdiente Cervantes damit keine nennenswerten Beträge. Jedenfalls hatte er sich geirrt, als er meinte, die Literatur könne zu Wohlstand führen. Wenn nicht die ‹Essais› von Montaigne das eigentliche Buch der Renaissance sind, dann verdient sicherlich ‹Don Quijote› diesen Titel. Denn welch bessere Möglichkeit gibt es in eine neue Welt einzuführen, als sich über die alte lustig zu machen und alle zum Lachen zu bringen? Die mittelalterliche Welt hatte an das Rittertum geglaubt und es für einen notwendigen Teil eines theokratischen Staates gehalten. Fahrende Ritter waren die Treuhänder des Reiches Gottes auf Erden und säten Gerechtigkeit, wenn sie durch die Felder und in die Dörfer von Ländern wie Avalon und Arkadien ritten, die es nur in ihrem Kopf gab. In untadeliger Moral und Frömmigkeit dienten sie einem himmlischen König und einer unvergleichlichen Magd, einer jungfräulichen Mutter, bis zum Tode und darüber hinaus.

Das Ideal war so schön, daß es Jahrhunderte überdauerte; es überrascht nicht, wenn es Don Quijote fesselte. Aber es überrascht auch nicht, wenn es ihn verrückt machte, denn der Konflikt zwischen schönen Idealen und wirklichen, endlos sich drehenden Windmühlen ist groß. Jedenfalls gehörte die Zukunft den Windmühlen und all ihren technischen Nachfolgern. Aber gibt es deswegen keine gewöhnlichen Abenteuer mehr? Oder wird sie die Möglichkeit eröffnen, beides, Abenteuer und Fortschritt, zu genießen?

Die wahre Größe von Cervantes liegt darin, daß er diese Möglichkeit entdeckte. Ein moderner Dichter hat das, wovon Don Quijote und sein Freund Sancho Pansa träumten, einmal einen unmöglichen Traum genannt, einen Traum der Gerechtigkeit in einem irdischen Paradies, und das ist, wie Pragmatiker immer gewußt haben, ein Widerspruch in sich. Was macht es, daß es den Traum nur in ihren Köpfen gab? Wo sonst sollte er sein? Inzwischen konnte die wirkliche Welt ruhig weiter ihr tödliches, unausweichliches Ziel verfolgen.

Cervantes' Helden stehen beide nicht genau im Mittelpunkt des Rampenlichts. Sie sind ein kleines bißchen erhaben, ihre Füße berühren nicht den Boden. Cervantes erkannte als erster, daß die neu entstehende Welt solche Helden brauchte, um nicht verrückt zu werden. Der größte Teil der Literatur, die die letzten vierhundert Jahre überdauerte, hat diesen Gedanken aufgenommen und entweder neue Helden erfunden, die ihren Kopf hochhielten, oder gezeigt, wie verrückt die Welt ohne sie geworden ist.

Der Schwarze Tod

Es ist eine seltsame Vorstellung, daß eine grausame Epidemie zur Verbreitung von Kultur beitragen kann und tatsächlich dabei hilft, das Gedankengut der Renaissance zum Allgemeingut zu machen. Ausgerechnet die Pest beschleunigte nämlich, was für die Verbreitung von Wissen äußerst wichtig war: die Papierherstellung und den Buchdruck.

Die Pest ist eine bakterielle Infektionskrankheit, die vor allem Nagetiere, gewöhnlich Ratten, befällt. Sie wird vom Rattenfloh übertragen, der auch Menschen anstecken kann. In den beengten Lebensumständen der mittelalterlichen Städte erkrankten ganze Völker. In besonderes belasteten Zeiten, bei Belagerungen oder Hungersnöten, waren Städter besonders gefährdet. Wenn die Pest wie so oft zur Epidemie wurde, war die Todesrate schrecklich, denn man kannte kein Gegenmittel. (Erst mit modernen Antibiotika läßt sich die Krankheit beherrschen.) Anfang 1347 wurde ein genuesischer Handelsposten auf der Krim von einer Armee belagert, zu der Kiptschaken aus Ungarn und Mongolen aus mehreren östlichen Ländern gehörten. Die Mongolen brachten eine neue Form der Pest mit; diese brach während der Belagerung aus und tötete viele Soldaten. Der Befehlshaber der Kiptschaken machte sich dieses Unglück zunutze und ließ mehrere Pestleichen in die Siedlung der Genueser werfen.

Die Genueser waren gegen die Krankheit nicht immun, deshalb starben schon bald viele Einwohner. Einem ihrer Schiffe gelang es, die Blockade zu durchbrechen und nach einer Fahrt durch die Dardanellen um die Küste von Anatolien und über das Mittelmeer im Sommer 1347 nach Messina zu gelangen. Es nahm außer seiner Ladung von Flüchtlingen und Gold auch die Pest mit. Jetzt wurde die Krankheit zur Epidemie. Sie vernichtete in zwei Monaten die halbe Bevölkerung Messinas und griff bald auf andere sizilianische Städte über. Von dort gelangte sie im Herbst nach Italien und breitete sich mit fast konstanter Geschwindigkeit von etwa zehn Kilometern pro Tag nach Norden aus. Anfang 1348 begann das Sterben in den reichen Städten Norditaliens und Nordafrikas, wohin andere Schiffe den Überträger gebracht hatten. Die Seuche erreichte Ende 1348 Frankreich und Spanien, 1349 Österreich, Ungarn, die Schweiz, Deutschland, die Niederlande und England und 1350 schließlich Skandinavien und das Baltikum.

Schätzungen darüber, wieviel Europäer an der Pest starben, schwanken. Zweifellos war es mindestens ein Viertel und vielleicht sogar die Hälfte; vermutlich liegt der richtige Wert bei einem Drittel. Es gab also zwischen 25 und 40 Millionen Tote. Auch 1350 war die Seuche noch nicht erloschen, denn sie brach in den nächsten 20 Jahren in vielen Städten erneut aus. Die Krankheit hinterließ bei den Überlebenden einen unauslöschlichen Eindruck, obwohl beispielsweise Petrarca meinte, künftige Generationen würden das Geschehen nicht glauben können. Gemessen an den reinen Zahlen der Opfer war der Schwarze Tod eine der größten Verheerungen der Geschichte. In Prozenten war er wohl die allerschlimmste – schlimmer jedenfalls als jede andere Epidemie, jeder Krieg.

Jedes Ding hat zwei Seiten: Rund die Hälfte aller europäischen Landarbeiter starb. Die Überlebenden erhielten nun einen wesentlich höheren Reallohn, weil sie jetzt mit den Stadtbewohnern, die so dringend auf die Nahrung der Landbevölkerung angewiesen waren, über die Preise verhandeln konnten. Hundert Jahre später gab es wieder genug Landarbeiter.

Die Pest tötete Menschen, ließ aber das Eigentum unbeschädigt. Und sie traf Arme und Reiche unterschiedslos. Alles, was die Toten besessen hatten, gehörte jetzt anderen. Der neue Wohlstand der Überlebenden führte zu einer der großen Investitionswellen der Geschichte. Das letzte Viertel des vierzehnten Jahrhunderts war daher auch eine Epoche blühenden Wohlstands. Der Epidemie folgte eine allgemeine Lockerung der Sitten, die der Lust am Kaufen und Verbrauchen weiteren Auftrieb gab. Angesichts des Todes lassen sich der Familie, den Nachbarn oder den Untertanen nicht leicht strenge Regeln auferlegen. Die Überlebenden erbten nicht nur Geld, Land und Gebäude, sondern auch Kleidung und Wäsche und anderes, was aus Stoff gemacht war. Aber man kann nicht beliebig viele Anzüge oder Kleider tragen und man braucht nicht beliebig viel Bettwäsche. Plötzlich waren Millionen von Gewändern nutzlos.

Gegen Ende des vierzehnten Jahrhunderts entdeckte man eine neue Verwendung für diese Wegwerfartikel, nämlich die Herstellung von Papier aus Stoffasern, das Hadernpapier.

Der Schwarze Tod wirkte sich auch in anderer Hinsicht auf die von Petrarca und Boccaccio eingeleitete Renaissance aus. Byzanz war eine der ersten Städte, die unter der verheerenden Epidemie zu leiden hatte. Das Heilige Römische Reich des Ostens hatte noch ein Jahrhundert Bestand, bis es 1453 an die muslimischen Türken fiel, aber von 1355 an flüchtete ein steter Strom gebildeter und kultivierter Menschen aus Byzanz nach Westen. Ihre Ankunft kam dem Hunger nach Neuigkeiten, nach Nachrichten und nach besserer Kenntnis der in Byzanz bewahrten klassischen Tradition entgegen. Die meisten der Gelehrten trafen erst im fünfzehnten Jahrhundert in Italien ein, aber der Einfluß der wenigen, die alljährlich ankamen, summierte sich. Im Jahr 1450 hatte der Drang, griechische und römische Texte zu lesen und zu studieren, enorm zugenommen.

Gutenbergs Leistung

Wir wissen erstaunlich wenig über das Leben des Mannes, dessen Erfindungen sich die oft verheerenden Folgen des Schwarzen Tods zunutze machten. Johannes Gutenberg wurde im letzten Jahrzehnt des vierzehnten Jahrhunderts in Mainz geboren und verbrachte sein Leben mit Tätigkeiten, die er zum größten Teil selbst vor seinen Geschäftspartnern geheimhalten konnte, die ihm andererseits die großen dafür benötigten Geldsummen liehen. Seine Geheimniskrämerei und vielleicht auch andere Charaktermängel führten ihn schließlich in den Ruin. Einer seiner Gläubiger verklagte ihn und erhielt, nachdem er vor Gericht Recht bekommen hatte, alles Gerät Gutenbergs. Der Erfinder blieb als armer Mann zurück. Gutenberg starb um 1468, gebrochen und verzweifelt. Damals waren die berühmten Bibeln, die jetzt seinen Namen tragen, schon bewunderte Meisterwerke. In diesen ersten mit beweglichen Lettern gedruckten Büchern versuchte Gutenberg offensichtlich, die mittelalterlichen liturgischen Handschriften mit mechanischen Mitteln zu reproduzieren, ohne auf ihre wunderbare Farbgebung und Verzierung zu verzichten. Zu diesem Zweck, der den meisten seiner Nachfolger gar nicht wichtig war, erfand er vier Geräte, die Druckereien bis ins zwanzigste Jahrhundert verwendeten.

Eine dieser Erfindungen war ein Stempel, der es erlaubte, sehr viele genau gleiche Buchstaben zu gießen. Bewegliche Lettern waren früher in Metall gemeißelt oder aus Holz geschnitzt worden. Beide Verfahren waren anstrengend und langwierig. Das Holz nutzte sich schnell ab, die gemeißelten Lettern hielten lange, waren aber in Größe und Form unterschiedlich. Mit Gutenbergs Gußform ließen sich von jedem Buchstaben viele haltbare und gleiche Kopien herstellen.

Die zweite Erfindung war eine Legierung aus Blei, Zinn und Antimon, aus der die Lettern gegossen wurde. Blei allein oxidiert rasch und konnte dadurch die Form oder Matrix, in die die Lettern gelegt wurden, zerstören. Antinom härtete die Lettern, so daß sie mehrere Druckvorgänge aushalten konnten. Noch bis vor kurzem wurden Lettern aus einer solchen Mischung hergestellt.

Die dritte Erfindung war die Druckpresse selbst. Frühere Druckverfahren mit Holztypen hatten leichte Holzpressen verwendet. Zum Binden von Büchern nahm man jedoch schwere Metallpressen. Eine große Schraube, wie man sie auch bei Öl- und Weinpressen kennt, konnte den nötigen stärkeren Druck erzeugen. Gutenbergs Druckpresse ähnelte den beim Binden verwendeten. Sie hätte die zuvor gebräuchlichen, aus Holz geschnitzten Lettern bald zerstört, aber die neuen, widerstandsfähigen Metalltypen hielten dem höheren Druck stand und erzeugten einen sauberen, genauen Abdruck.

Schließlich stellte Gutenberg nach langem Probieren eine Druckfarbe auf Ölbasis her. Die Tinte ließ sich färben, und dadurch wurde der Druck so schöner Bücher wie der Gutenbergbibel möglich.

Die Erfindung des Papiers wird dem chinesischen Staatsbeamten Cai Lun zugeschrieben und gewöhnlich auf das Jahr 105 datiert. Am Ende des zweiten nachchristlichen Jahrhunderts druckten die Chinesen Bücher mit hölzernen Typen auf Hadernpapier. Die Araber entdeckten im achten Jahrhundert das Geheimnis der Papierherstellung und brachten es nach Ägypten und Spanien. Diese Verfahren stießen dort zunächst auf wenig Interesse, denn die Verfahren zur Herstellung von Papier aus Stoffasern wurden erst gegen Ende des vierzehnten Jahrhunderts bekannt. Dann aber wurde die Papierherstellung ein wichtiger Erwerbszweig, weil nach der Pestepidemie Rohmaterial zur Verfügung stand. Hadernpapier war für den Druck geeigneter als aus Tierhäuten gefertigtes Pergament und Leder, denn es lag flacher und ließ sich leichter falten. Weil es dünner war, ließ es sich auch besser zu Büchern binden, und vor allem der Abdruck war viel deutlicher und klarer.

Gutenberg druckte die ersten Bücher mit beweglichen Lettern um 1450. Natürlich verwendete er dafür Hadernpapier, weil es wenig kostete. Bald wurden Tausende von Büchern auf Papier gedruckt, weil Gutenbergs Erfindungen für dieses reichlich zur Verfügung stehende Material glänzende Verwendungsmöglichkeiten boten. Diese Erfindungen erreichten bald Italien. In Venedig und anderen Städten des Nordens zeigte sich der unersättliche Appetit auf Klassiker. Im Zeitraum von fünfzig Jahren wurde fast jedes wichtige griechische und römische Werk gedruckt und in der ganzen gelehrten Welt verbreitet. Die Bücher kosteten bei weitem nicht soviel wie die früheren Drucke und Handschriften; die Originaltexte waren oft Manuskripte, die Flüchtlinge aus Byzanz mitgebracht hatten, die nach der Eroberung durch die Ottomanen 1453 vor den Türken geflohen waren.

So sicherte also Gutenberg, ohne es je beabsichtigt zu haben, den Triumph von Petrarcas und Boccaccios Renaissance. Als die Werke der Antike in relativ billigen Ausgaben zur Verfügung standen, konnte das Studium der alten Sprachen und Kulturen Fortschritte machen. Früher einmal hatten nur die Reichen Bücher kaufen können, jetzt konnte jeder Gelehrte seine eigenen besitzen. Die Bücher der Antike dienten nicht nur den Bestrebungen der klassischen Philologie, sondern verbreiteten auch Gedanken, die jahrhundertelang vergessen, unbeachtet oder verdrängt worden waren. Außerdem schrieben jetzt viele Menschen selbst Bücher über ihre Interessensgebiete, weil sie hofften, an fernen Orten und unter ihnen Unbekannten Anhänger zu finden. Diese umstürzlerischste aller Erfindungen, das gedruckte Buch, beeinflußte und veränderte alle alten Einrichtungen.

Petrarca und Boccaccio hatten die Möglichkeiten der Verbreitung eines Gedanken zu schätzen gewußt, sie hatten es darin sogar weiter gebracht als alle ihre Vorgänger. Nun brauchte man kein Genie mehr zu sein, wenn man etwas verändern wollte. Es genügte, eine neue Idee zu haben – die nicht einmal gut zu sein brauchte – und ein Buch darüber zu schreiben. Die Verleger warteten begierig auf neue Titel. Die Renaissance wurde also durch eine bemerkenswerte Verbindung von Ereignissen herbeigeführt – die Verfügbarkeit von Papier, die Erfindung des Buchdrucks mit beweglichen Lettern aus Metall und das plötzliche Erscheinen vieler ausgezeichneter Manuskripte, die förmlich nach Veröffentlichung schrien. Ohne dieses Zusammentreffen hätte der Traum von Petrarca und Boccaccio einen völlig anderen Ausgang genommen.

Die Städte der Renaissance

Der Stadtstaat ist eine der großen griechischen Erfindungen. Aristoteles beschreibt, wie es dazu kommt. Der Staat wird gegründet, weil er für das Leben notwendig ist und weil er ein gutes Leben ermöglicht. Menschen, die in einem Staat zusammenleben, merken bald, wieviel Sicherheit und Geborgenheit die Gemeinschaft ihnen, ob als Einzelnen oder als Familie, vermitteln kann. In Griechenland und den griechischen Kolonien entstanden überall Stadtstaaten. Sie waren vor allem Wirtschaftsgemeinschaften, in denen sich Männer, Frauen, Kinder und Sklaven zusammenfanden, um besser leben zu können. Die Stadtstaaten blühten auf und genossen nach den Maßstäben der Antike viel Freiheit. In ihnen lebten manche Männer (aber wenige Frauen und Kinder und kaum ein Sklave) außerordentlich angenehm, konnten in der Palestra ihren Leib stählen, Philosophie erörtern und nach dem Sinn der Tugend fragen.

Alexander der Große hatte gegen Ende des vierten vorchristlichen Jahrhunderts versucht, in den von ihm eroberten Ländern Stadtstaaten einzurichten. Aber der Gedanke fand wenig Anhänger. Seine Kaiserstädte wie Alexandria und Babylon widmeten sich mehr der Verwaltung als der Kultur und dem Handel, während Athen eine Art ruhmreiches Relikt blieb. Die Römer übernahmen zwar viele griechische Gedanken, nicht aber den des Stadtstaates, denn ihnen gefiel eine imperiale Stadt besser als die geschäftigen, dichtbevölkerten, erneuerungsfreudigen griechischen Städte. Mit den Einfällen der Barbaren zog sich die Zivilisation hinter die Klostermauern zurück. Selbst Aachen, der Mittelpunkt des Reichs Karls des Großen, war weit davon entfernt, im griechischen Sinn ein Stadtstaat zu sein. Der griechische Gedanke des Stadtstaates jedoch hatte Bestand. Er wurde im elften und zwölften Jahrhundert neubelebt, als beispielsweise italienische Gemeinden wie Mailand, Pisa, Florenz und Siena mit ihren Landesherren in Widerstreit gerieten, ihre Herrscher absetzten und selbst die Macht ergriffen, oder sich, wie die Städte der Hanse, in einem frühen gemeinsamen Markt zu einer Handelsgemeinschaft zusammenschlossen, die durch ihre wirtschaftliche Macht auch politischen Einfluß ausüben konnte.

Die mittelalterliche italienische *commune* und die deutschen reichsfreien Städte waren wie die griechischen Stadtstaaten des Altertums vor allem ein Zentrum für Handel und Gewerbe. Die Freiheit, der sich eine neue Klasse von städtischen Kaufleuten und Händlern erfreute, diente dazu, neue Vermögen und weit verbreiteten Wohlstand zu erwerben. Im Jahr 1300 war die kleine Stadt Florenz zum Bankier Europas geworden. Ihre Münze, der Florint, wurde zur ersten internationalen Währung. Aber Florenz war mehr als nur ein Geschäftsunternehmen. Seine Bürger suchten außerdem nach einer Art Ruhm, wie man ihn sich seit der großen Zeit Athens im fünften vorchristlichen Jahrhunderts nicht hätte träumen lassen und der auf hervorragender Kunst und Architektur beruhte. Dies machte ihre Stadt weit und breit berühmt und erfüllte die Herzen ihrer Bürger mit Befriedigung und Bürgerstolz, wie sie ihn seit Jahrhunderten nicht gekannt hatten. Die neubelebten Gedanken eines von seinen Bürgern regierten Stadtstaates verbreiteten sich durch ganz Europa. In Deutschland bildeten sich solche Gemeinschaften noch zu einer Zeit, in der die italienischen Stadtstaaten schon ausstarben.

Florenz hatte am Ende des fünfzehnten Jahrhunderts zwar seine politische Unabhängigkeit verloren, nicht aber seinen Reichtum und seine künstlerische Führungsrolle. Gleichzeitig erstand Rom aus der Asche, die sein Untergang vor tausend Jahren gelassen hatte, aber nicht als Stadtstaat, sondern als eine Hauptstadt, mit großer Macht und viel Glanz, aber nur wenig Gemeinsinn. Die Medici, die führende florentinische Familie, hatten ungeschützt durch die Straßen gehen und Armen und Reichen gleichermaßen Audienzen geben können. Im Rom der Renaissance, womit Rom nach etwa 1500 gemeint ist, regierten die Päpste hinter hohen Mauern. Mit ihrem Wohlstand konnten sie die besten Florentiner Künstler kaufen, aber die großen neuen Gebäude, die schöner geschmückt waren denn je, gehörten nicht dem römischen Volk.

Nationalstaaten

Die kleinen italienischen Gemeinden hatten geholfen, Europa aus dem Schraubstock des Feudalismus zu befreien. Aber sie hatten keinen Bestand, sondern wurden Beute größerer Stadtstaaten, und diese Staatsgemeinschaften konnten ihrerseits Bürgerkriege nicht vermeiden. Eine neue politische Idee war nötig. Niemand hat je das Wort «Nation» allgemeingültig definieren können, aber es hatte und hat etwas mit Gemeinsamkeiten wie Sprache und Traditionen zu tun und mit der Fähigkeit, sich gegenüber Feinden zu verteidigen. Eine Nation, die sich nicht verteidigen kann, kann nicht lange Bestand haben. Fürsten vergewisserten sich deshalb, daß ihre Untertanen sich dieser Tatsache bewußt waren und sich nicht zu sehr gegen die Steuern wehrten, die für die Verteidigung aufzubringen waren. Damals wie heute war oft Angriff die vermeintlich beste Verteidigung, und deshalb gab es viele Kriege. Größe erwies sich als ein Vorteil, deshalb wuchsen die Nationen zu immer größeren politischen Einheiten an, indem sie ihre schwächeren Nachbarn eingliederten. Auch ein zentrales Wirtschaftssystem erwies sich als vorteilhaft. So sammelte sich immer mehr Wirtschaftsmacht in immer weniger Händen.

Der Krieg war kein Dauerzustand, und in Friedenszeiten wurde Diplomatie betrieben. Man verhandelte üblicherweise in elegantem Latein, denn Latein war die einzige Sprache, die alle zivilisierten Machthaber beherrschten. Die Humanisten der Renaissance waren die besten Lateiner, und deshalb wurden sie von den Fürsten eingestellt, um ihren Zwecken zu dienen, also noch mächtiger und wohlhabender zu werden. Bald wurden die Erben von Dante, Petrarca und Boccaccio zu Angestellten von eitlen Monarchen, von Möchte-Gern-Kaisern, die sich selbst römisch nannten, und von gottlosen Päpsten. Die bildenden Künstler wurden mit der Ausschmückung ihrer Thronsäle beschäftigt.

Die Geschichte der europäischen Renaissance ist ein gutes Beispiel dafür, daß nichts so erfolglos ist wie der Erfolg. Um 1700 waren die meisten der ursprünglichen Merkmale der Renaissance bis zur Unkenntlichkeit verzerrt worden, weil reiche, mächtige und skrupellose Menschen Möglichkeiten gefunden hatten, sie für sich zu nutzen, und, schlimmer noch, weil außerordentlich geschickte Künstler Mittel erfanden, sie zu verkaufen.

Wenn dieses unvermeidliche Ergebnis auch bedauerlich ist, so erwiesen sich die politischen Leistungen der Renaissance doch als bedeutend. Um 1500 hatte die Bevölkerung Europas wieder den Stand von 1350 erreicht, und als die Lebensumstände besser wurden, wuchs sie rasch an. Die Pest hatte viele Dörfer verwaisen lassen, und Ackerland war wieder zu Wald geworden. Jetzt wurde das Land wieder bestellt, und die «unerschöpflichen» Wälder Europas erwiesen sich sogar bald als unzureichend für den gestiegenen Holzbedarf, den der Bau der Kriegsschiffe mit sich brachte. Um 1500 konnten sich die politischen Gemeinschaften in Europa Herausforderungen stellen, die die kleinen, unabhängigen, unregierbaren Gemeinschaften, die zweihundert Jahre zuvor geblüht hatten, überwältigt und ruiniert hätten.

Die neuen Nationen waren despotisch, konnten aber ihre Untertanen davon überzeugen, daß ihre Herrscher es meistenteils gut mit ihnen meinten und man gar keine andere Möglichkeit hatte, als sich von einem Monarchen regieren zu lassen. Könige, ob wohlwollend oder nicht, erfüllten nützliche Funktionen oder sorgten dafür, daß ihre Minister dies taten. Neue Straßen wurden gebaut, neue und größere Schiffe durchfuhren die Meere und Binnengewässer, in den meisten Ländern gab es eine Art Postdienst, der Handel war einigermaßen sicher und geschützt, die Steuern waren so ungerecht wie immer, aber nicht so beliebig, Nachrichten wurden verbreitet und waren auch gelegentlich zuverlässig. Das moderne Leben war also zweihundert Jahre nach dem Beginn der Renaissance völlig anders, als es im Mittelalter gewesen war. Es gab ein Gefühl von Fortschritt; die Lebensqualität war besser geworden und schien sich weiterhin zu entwickeln. Trotzdem mußten noch einige große Probleme gelöst werden.

Die Krise des theokratischen Staats

Das quälendste Problem betraf die religiöse Spaltung, denn der Humanismus stellte die Idee des Gottesstaates in Frage, wovon – den neuen Nationalstaaten zum Vorteil gereichend – vor allem die Kirche betroffen war. Aber es dauerte nicht lange, bis auch die despotischen Monarchien, die die früheren Kleinstaaten ersetzt hatten, ihre Macht verloren hatten, weil ein neues Weltbild, in dem der Mensch und nicht Gott im Mittelpunkt stand, sie gefährdete und schließlich abschaffte. Die Einstellung der Kirche zum Humanismus war immer ambivalent. Einerseits waren viele der großen Kirchenmänner trotz all ihrer echten oder zur Schau gestellten Frömmigkeit eigentlich Renaissancefürsten, andererseits lehnten sich andere gegen die zunehmende Weltlichkeit ihrer Mitbrüder auf. Um 1500 begann man an Reformen zu denken. Es hatte schon früher Reformbewegungen gegeben, aber jetzt erkannte man weithin, wie notwendig sie waren.

Die Kirche hatte als Verwalter weltlicher Güter neue politische Verantwortung übernommen. Für diese Aufgaben brauchte sie viel Geld. Man bewunderte zwar die Armut der Urgemeinde. Aber wie konnte die moderne Kirche wieder arm werden, ohne sich selbst zu zerstören oder von den Feinden zerstört zu werden? Die neuen Despoten, die Könige von Frankreich und England, der deutsche Kaiser, selbst der König von Spanien, der immer wieder seine unverbrüchliche Treue zu Rom beschwor, wollten immer mehr Unabhängigkeit. Aber kostete das nicht Seelen, die verloren und auf ewig der Verdammnis preisgegeben wären? Sicher waren Reformen nötig, aber konnte die Kirche es sich leisten, das öffentlich zuzugeben?

Viel zu lange wurde nichts getan. Schließlich bahnten die neuen Möglichkeiten, Veränderungen bekanntzumachen – die neuen Druckverfahren –, der Reform den Weg. Die religiöse Reform erschütterte Europa gesellschaftlich und politisch zwei Jahrhunderte lang. Die Lebensläufe von vier berühmten Menschen, die alle in der letzten Hälfte des fünfzehnten Jahrhunderts geboren wurden, zeigen, wie tief die religiöse Kluft war, die damals Völker und Nationen spaltete. Alle vier kannten einander, zwei waren sogar eng miteinander befreundet.

Erasmus

Desiderius Erasmus, gewöhnlich Erasmus von Rotterdam genannt, wurde 1466 in Rotterdam geboren. Sein Vater war Priester, seine Mutter die verwitwete Tochter eines Arztes. Seine uneheliche Geburt scheint seiner Karriere jedoch nicht hinderlich gewesen zu sein. Wenn man die Medizin als Vertreterin der Naturwissenschaft sieht, läßt sich diese Kreuzung von zweierlei Wissen, dem weltlichen und dem heiligen, als symbolisch für das Leben dieses Mannes betrachten. Erasmus wurde Priester und schließlich Mönch. Er war immer ein frommer Katholik, dessen Liebe der Gelehrsamkeit gehörte. Er und andere schätzten damals die Philologie, also das Studium der antiken Sprachen Latein und Griechisch, besonders hoch; in diesen Sprachen war seiner Meinung nach praktisch alles Lesenswerte geschrieben worden. Man hielt sein Latein für das Ciceros ebenbürtig, und seine Kenntnisse des Griechischen wurden von keinem seiner Zeitgenossen übertroffen. Seine Übersetzungen der Texte der griechischen Klassik wurden deshalb sowohl bewundert als auch weithin gelesen.

Um 1500 war Erasmus der Fürst der Humanisten; er war, wie es sich für Humanisten gehörte, die sich ihren Lebensunterhalt verdienen mußten, als Gelehrter und Diplomat berühmt. Damals begann er, sich für den griechischen Text des Neuen Testaments zu interessieren. Je mehr er sich damit beschäftigte, um so größer wurden seine Zweifel an der Genauigkeit der Vulgata, der Bibelübersetzung, die der Heilige Hieronymus um 400 verfaßt hatte. In England begann

Erasmus damit, den bestmöglichen Text des Neuen Testaments zu erarbeiten, indem er Manuskripte kopierte, die in Klöstern gefunden und ihm von seinem Freund Thomas Morus gegeben worden waren. Nach Holland zurückgekehrt, begann er mit einer Übersetzung ins Lateinische, die zusammen mit einem Kommentar und einem verbesserten griechischen Text 1516 erschien. Sein Werk unterschied sich an vielen Stellen von der Vulgata und wurde sofort als die bis dahin genaueste Übersetzung anerkannt.

Erasmus beabsichtigte, einen genauen Text beider Testamente zu erarbeiten (obwohl ihm das Alte Testament nicht gefiel und er sich niemals viel damit beschäftigte), der dann gedruckt und weit verbreitet, von vielen Gelehrten untersucht und in der Folge weiter verbessert werden konnte. Natürlich kam seine Idee an. Aber sie führte zu Ergebnissen, die Erasmus sich nicht gewünscht hatte.

Als Erasmus fünfzig wurde, forderte Martin Luther mit seinen berühmten Thesen (dem Ursprung des Protestantismus) die römische Kirche heraus, und als Erasmus starb, war die Reformation auf ihrem Höhepunkt. Erasmus hatte zunächst versucht, Inhalt und Folgerungen der Worte Luthers zu ignorieren. Er war ein frommer Mann, aber im Grunde nahm er die Religion (im Gegensatz zur Theologie) nicht so ernst wie Luther. Erasmus wollte frei sein zu studieren, die großen klassischen Bücher zu lesen und seine anregenden, bezaubernden und sehr lesbaren lateinischen ‹Colloquia› (Gespräche) zu schreiben, mit deren Hilfe er seine Schüler die elegante Verwendung der Sprache lehren konnte (wozu sie bis ins zwanzigste Jahrhundert auch verwendet wurden), außerdem guten Wein zu trinken und gut zu speisen und sich über die Narrheiten dieser Welt lustig zu machen.

‹Lob der Narrheit› ist mit Recht sein berühmtestes Werk. In ihm hatte Erasmus die Freiheit, sich im ironischen Stil des Lukian, dessen Werke er aus dem Griechischen übersetzte, über alle die Narrheiten und der fehlgeleiteten Pracht der Welt zu äußern. Spätere Zeiten haben sein Buch sehr geschätzt. Damals jedoch machte er sich damit mehr Feinde als Freunde. Pompöse und verrückte Menschen lassen sich nicht gern auslachen.

Schließlich wurde er gezwungen, zwischen Luther und dem Papst zu wählen, und er wählte natürlich den Papst, denn er wollte niemals etwas anderes sein als ein ernsthafter, aber nicht aggressiver Katholik. Als er sich kritisch über Luthers Ansichten äußerte, entgegnete Luther darauf so ärgerlich und glänzend, wie es seine Art war, und Erasmus zog sich im Gefühl, selbst ein Prahler und Narr zu sein, zurück. Er starb 1436, wenige Monate vor seinem siebzigsten Geburtstag, in dem Bewußtsein, daß seine Form einer sanften Skepsis, wie sie dem Humanismus entsprach, in einer zornigen neuen Welt nichts erreichte.

Thomas Morus

Thomas Morus, der berühmte Schriftsteller, Politiker und Märtyrer, wurde zum besten Freund von Erasmus, der ihn in untadeligem Latein *omnium horarum homo*, also etwa «Mann für alle Zeiten», nannte. Morus, 1477 in London geboren, wuchs im Haus von John Morton auf, dem Lordkanzler und Erzbischof von Canterbury. Nach zwei Jahren in Oxford kehrte er nach London zurück, um Jura zu studieren. Er lernte Erasmus 1499 bei dessen Englandbesuch kennen; als Thomas fünf Jahre später heiratete, richtete er eine Reihe von Zimmern speziell für Erasmus ein, der ihn oft besuchte. Auch als vielbeschäftigter, erfolgreicher Rechtsanwalt las und schrieb Morus unermüdlich. Er veröffentlichte 1516 ‹De optime statu rei publicae deque nova insula Utopia›, das «goldene Büchlein», das eine literarische Welt beschreibt, die für die Übel Europas unempfänglich ist, in der alle Bürger gleich sind und an einen guten und gerechten Gott glauben. Sein Buch ‹Utopia› (dieses Wort ist eine Erfindung von Morus) beschreibt eine Art primitiven Kommunismus, deshalb steht sein Name auf Moskaus Rotem Platz als der eines Helden der russischen Revolution. Von 1518 an widmete Thomas Morus seine Dienste ausschließlich dem König; nach dem Fall von Kardinal Wolsey 1529 stieg er sogar zum Lordkanzler auf und wurde damit zum zweitwichtigsten Mann Englands. Aber diese Zeit war kurz, denn er konnte die Scheidung Heinrich VIII. von Katharina von Aragon und die darauffolgende Heirat mit Anne Boleyn nicht billigen. Weil auch der Papst die Zustimmung verweigerte und ihn exkommunizierte, sagte sich Heinrich VIII. vom Papst los und erklärte sich selbst zum Oberhaupt der anglikanischen Kirche.

Morus hätte sich wohl widerwillig mit einem königlichen Ehebrecher abgefunden, aber er konnte sich nicht überwinden, ihm den Suprematseid zu leisten und ihn damit als Oberhaupt der anglikanischen Kirche anzuerkennen. Heinrich erwies sich als erbarmungslos, obwohl er Morus schätzte. Morus wurde des Hochverrats angeklagt und in einem Prozeß zum Tod eines Verräters verurteilt – er sollte gerädert, gehängt und gevierteIt werden –, aber der König wandelte diese Strafe in Erhängen um. Morus starb am 6. Juli 1535.

In einem seiner «Gespräche» hatte Erasmus geschrieben: «Könige führen Kriege, Priester bemühen sich darum, ihren Wohlstand zu vergrößern, Theologen erfinden Syllogismen, Mönche reisen durch die Welt, das Volk macht Aufstände, Erasmus schreibt Gespräche.» Darin lag eine gewisse Gerechtigkeit: Erasmus, der einflußreichste Gelehrte Europas, hatte sich geweigert, seinen Einfluß zu nutzen, um die erschreckende Welle der Gewalt zu beschwichtigen, die seine späten Jahre überrollte. Wahrscheinlich hatte er Angst gehabt. Thomas Morus, Ritter und Heiliger (1935 wurde er von Papst Pius XI. heilig gesprochen) war anscheinend furchtlos, aber er verlor sein Leben, weil seine Auseinandersetzung mit dem König ein Streit zwischen ungleichen Partnern war. In jener Zeit führten Gewissenskonflikte fast unweigerlich zu Gewalt.

Heinrich VIII.

Heinrich Tudor, der spätere König von England, wurde 1491 in Greenwich geboren. Er war der zweite Sohn von Heinrich VII. und nur deshalb der Thronerbe, weil sein älterer Bruder Arthur 1502 starb. Heinrich wurde 1509 König, begrüßt von den begeisterten Erwartungen aller Engländer. Er war damals achtzehn Jahre alt, hochgewachsen und von kräftiger Statur, das Bild eines Königs, der seine Landsleute immer durch seine königliche Haltung beeindruckte, auch wenn seine Diplomatie sie oft enttäuschte. Gewöhnlich konnte er die Schuld für unpopuläre Entscheidungen auch dann Ministern zuschreiben, wenn er sie eigentlich selbst getroffen hatte.

Bald nach seiner Thronbesteigung heiratete er Katharina von Aragon, die Witwe seines Bruders; für diese Verbindung, die von vielen für inzestuös gehalten wurde, hatte er um einen hohen Preis die Genehmigung des Papstes erhalten. Eine Zeitlang liebte er Katharina, aber mehrere Kinder wurden tot geboren; nur eine Tochter, Maria, die spätere Königin, überlebte. Heinrich war enttäuscht, verärgert und sicher, daß es nicht an ihm lag, wenn er keinen Thronerben hatte. Er suchte Trost bei Anna Boleyn, der empfindsamen Schwester einer seiner früheren Geliebten. Anna verhieß ihm einen Sohn und auch unsagbare Freuden, aber nur, wenn er sich von Katharina scheiden lassen und sie zur Königin machen würde. Heinrich wollte beides so sehr wie sie, wußte aber nicht, wie er es anstellen sollte.

Es gab viele Probleme. Erstens war Katharina von Aragon die Tante von Karl V., dem Kaiser des Heiligen Römischen Reichs. Bei seiner Wahl 1519 war Karl sofort zum mächtigsten Mann in ganz Europa geworden, der die Kronen von Spanien, Burgund, Österreich und Deutschland trug und sagen konnte, in seinem Reich ginge die Sonne niemals unter. Karl fühlte sich seiner Familie verpflichtet und wollte eine Kränkung seiner Verwandten nicht hinnehmen. Heinrich bat den Papst, Clemens VII., um eine Annullierung der Ehe, aber Clemens hatte Angst vor Karl, der ihn 1527/1528 wegen Ungehorsams gefangengenommen hatte. Außerdem hatte Heinrich ja einen Dispens erhalten, um Katharina überhaupt heiraten zu können. All dies dauerte jahrelang. Inzwischen verzehrte sich Anna, und Heinrich brannte.

Heinrich erwartete Hilfe von seinem Premierminister Kardinal Wolsey. Wolsey versuchte alles nur Erdenkliche, um den Papst zu einer inzestbedingten Annullierung zu bringen, hatte aber keinen Erfolg. Wegen seiner Erfolglosigkeit wurde er des Verrats angeklagt; er starb auf dem Weg zum König. Ein neuer Minister, Thomas Cromwell, machte dem König bald einen besseren Vorschlag: den Papst zu entmachten und sich selbst in geistlichen wie in weltlichen Fragen zum Oberhaupt Englands erklären. Dann stünde einer Scheidung von der Königin, einer Heirat mit Anna Boleyn und einer eigenen englischen Kirche nichts mehr im Wege.

So geschah es 1532. Von den engsten Beratern des Königs erhob nur sein Lordkanzler, Thomas Morus, Einwände gegen die neue Politik. Heinrich selbst war begeistert. Als Renaissancefürst par excellence sah er sich als König im Mittelpunkt der Weltbühne. Kein Mann könne ihn überragen, wie er gelegentlich sagte, weder Karl V. noch der Papst in Rom. Heinrich war wohl fromm, aber wie es einem Renaissancemenschen zukommt, fühlte er sich allein Gott verpflichtet und nicht der Kirche. Unter dem neuen von Cromwell aufgestellten Gesetz wurde Heinrich zum Oberhaupt der Kirche von England ernannt. In den acht Jahren, in denen Cromwell, natürlich in Heinrichs Namen, über England herrschte, machte die englische Reformation rasche Fortschritte. Unter anderem löste Cromwell fast alle Klöster auf und vermachte ihre Reichtümer der Krone. Dadurch verdoppelte sich der Wohlstand des Königs.

Anna Boleyn erwies sich als Ehefrau weniger aufregend denn als Geliebte, und Heinrich wurde ihrer bald überdrüssig. Zudem gebar auch sie ihm nur eine Tochter, die spätere Königin Elisabeth I. Deshalb wurde sie hingerichtet. Ihre Nachfolgerin, Jane Seymour, starb im Kindbett. Cromwell bemühte sich dann drei Jahre lang, eine passende Frau für den Mann zu finden, der, obwohl König, möglichen Schwiegervätern doch als höchst gefährlich galt. Cromwells Wahl fiel auf Anna von Kleve, die die Beziehungen zu Deutschland hätte verbessern können, aber Heinrich verabscheute sie, als er sie – bei der Hochzeit – sah und ließ sich auch von ihr scheiden. Eine Weile fand Catherine Howard als eine junge fünfte Frau sein Wohlgefallen, aber sie pflegte als Königin andere Liebesbeziehungen und deshalb wurde sie enthauptet. Seine sechste und letzte Frau, Catherine Parr, war träge und freundlich und tröstete ihn im Alter, bis er im Januar 1547 starb.

Heinrichs Eheabenteuer hatten ihn lächerlich gemacht, und seine willkürliche Grausamkeit machte ihn in seinen letzten Lebensjahren geradezu verhaßt. Die Katholiken haben ihm niemals die Legalisierung der Annektierung der Kirchenschätze vergeben. Er war sowieso niemals ein guter König, obwohl er gute Minister hatte, die er allerdings umbringen ließ, wenn sie ihm nicht mehr nützlich waren. Trotzdem ist er der berühmteste der englischen Könige und einer der berühmtesten aller europäischen Monarchen. Denn er verkörperte den vollkommenen Herrscher einer Zeit, in der der Humanismus Menschen neue Gedanken über das Staatswesen und die neuen Nationalstaaten vermittelte.

Heinrich hielt sich selbst für einen kompetenten Theologen und verbrachte einen großen Teil seiner letzten Jahre im qualvollen Bemühen, seinen Landsleuten die neue Beziehung zwischen Mensch und Gott zu deuten, die durch seine Rolle als weltlicher Herrscher symbolisiert wurde, der zugleich Oberhaupt der Kirche von England war. Die Rolle, die er in der Bekehrung seines Volkes zum Protestantismus gespielt hatte, bereitete ihm immer Sorgen. Wäre er nicht ein so kraftvoller, eitler, egozentrischer Renaissancemensch gewesen – England wäre vielleicht noch heute katholisch.

Martin Luther

Der von der Suche nach dem gnädigen Gott getriebene große Begründer des Protestantismus und Anstifter der Reformation wurde 1483 in Eisleben geboren. Obwohl sein Vater, ein Bergarbeiter, wünschte, er solle Jura studieren, trat er in das Kloster der Augustiner-Eremiten ein, in denselben Orden also, zu dem Erasmus gehörte, als er ein Bekehrungserlebnis hatte. Bald schon erkannte man seine

Begabung für die Theologie, und 1510 erhielt er einen Ruf zu einer Professur nach Wittenberg. Im selben Jahr reiste er im Auftrag der Kirche nach Rom. Noch Jahre später erinnerte er sich an den Schock, den ihm der behäbige Prunk und die Weltlichkeit der römischen Prälaten versetzt hatte. Man könnte das Jahr 1510 sehr wohl den Höhepunkt der Renaissance in Italien nennen, denn Julius II. war Papst und steckte all seine Energien in Pläne, mit Hilfe von Michelangelo und Raphael den alten Glanz der Ewigen Stadt zu erneuern.

Als Professor war Luther sowohl provozierend als auch überzeugend; er zog hervorragende Schüler an, die später seine unerschütterlichen Anhänger wurden. Aber die Jahre nach 1510 waren voll innerer Kämpfe, da er mit dem Problem rang, was Paulus mit Gottes Gerechtigkeit gemeint habe. Luther fragte sich, wie er einen so strengen und erbarmungslosen Gott lieben könnte. Schließlich kam er zu der Überzeugung, daß sich Gottes Gerechtigkeit für den Menschen in der Gnade des Glaubens vollendet, der Mensch also durch den Glauben, und allein durch den Glauben, gerechtfertigt ist. Die riesige Infrastruktur der Kirche, die ihm eher ein Hindernis als eine Hilfe auf dem Weg von Mensch zu Gott zu sein schien, war also für das Seelenheil gar nicht nötig.

Der Beginn der Reformation wird – genauer als der Beginn der meisten historischen Bewegungen – auf den Abend des 31. Oktober 1517 datiert, an dem Luther seine 95 Thesen an das Portal der Schloßkirche in Wittenberg geschlagen haben soll. Viele der Thesen betrafen den Ablaß. Luther ärgerte sich besonders über die Geschäftstüchtigkeit des Dominikaners Tetzel, der den Mitgliedern seiner Pfarrgemeinde Ablässe verkaufte. Offiziell hatte es die Kirche immer vermieden zu sagen, ein Ablaß könne Verdammnis verhüten oder das Heil garantieren, aber die Ablaßhändler nahmen es nicht immer so genau, und dieser Tetzel versprach mehr («So bald der Gülden im Becken klingt, Im Huy die Seel in Himmel sich schwingt») als er oder, wie Luther meinte, irgend jemand sonst je halten konnte.

Die Schloßkirche enthielt viele wertvolle Reliquien, die ebenfalls jede einen Ablaß gewähren sollten, wenn sie an Allerheiligen, dem folgenden Tag, enthüllt würden. Deshalb würden viele Kirchenbesucher die Thesen lesen, die implizit auch die Autorität des Papstes in Frage stellten. Luther hatte sich das neue Druckverfahren zunutze gemacht, und Kopien an viele Freunde und Kollegen geschickt. In den fast fünf Jahrhunderten seit 1517 haben andere

Rebellen und Reformatoren herausfordernde Thesen an die Türen von Kirchen und anderen Gebäuden geheftet oder, die moderne Variante, über das Fernsehen verbreitet, aber nur wenige haben auch nur annähernden Erfolg gehabt wie Luther.

Die Revolution begann langsam, war aber unaufhaltsam. Luther war ein meisterhafter Politiker. Wichtiger noch, seine Herausforderung Roms fand insbesondere in Deutschland Unterstützung. Die Kirche stellte sich ihm mit großer Entschiedenheit entgegen. Luther wurde der Ketzerei angeklagt, vom Papst exkommuniziert und im April 1521 vor den Reichstag in Worms geladen. Er antwortete seinen Anklägern mit einer glänzenden Rede, die mit den berühmten, unnachgiebigen Worten endet: «Daher kann und will ich nichts widerrufen, weil wider das Gewissen etwas zu tun weder sicher noch heilsam ist. Hier stehe ich! Ich kann nicht anders! Gott helfe mir! Amen!» Er kam in die Reichsacht, wurde aber von seinem Landesherrn, Kurfürst Friedrich dem Weisen, auf der Wartburg versteckt, wo er mit der Übersetzung der Bibel ins Deutsche begann. Die Reformation war eine komplexe Bewegung, genau wie die Gegenreformation, die sich ihr entgegenstellte. Beide Bewegungen waren sich einig, daß die Kirche reformiert werden müsse, und beide forderten und bewirkten Reformen. Ein einfaches, freidenkerisches Christentum war nicht länger möglich.

Die Reform wurde sowohl Selbstzweck als auch Mittel für andere Zwecke. Heinrich VIII. behauptete, die Geistlichkeit reformieren zu wollen, aber er wollte auch seine Scheidung und den in den Klöstern angesammelten Kirchenschatz. Die deutschen Fürsten, die hinter Luther standen, wollten eine Reform, aber sie wollten auch Unabhängigkeit von Rom und einen größeren Anteil an den Steuern, die die Kirche in ihrem Herrschaftsbereich eintrieb. Und es gab noch viele andere weltliche Gründe. Die Atmosphäre wurde jedoch am meisten durch die Vorwürfe angeheizt, die Luther der Kirche in seinen Vorlesungen machte, und durch einige der Fragen, die er stellte: Wie kommt ein Mensch zum Heil? Durch das Eingreifen von Priestern und Bischöfen, wie die Kirche immer gesagt hatte, oder durch seinen eigenen, privaten, persönlichen Glauben? Wenn der Glaube Privatsache ist – wie könnte es auch anders sein? –, war es schwer, Luther nicht zuzustimmen und nicht sowohl nationale Unabhängigkeit von Rom als auch persönliche Unabhängigkeit von religiösen Einrichtungen zu fordern.

Luther bestand darauf, daß er niemals so weit hatte gehen wollen. Die Kirche als Institution hatte Bestand, auch wenn es nicht mehr nur eine katholische gab. Luther betonte noch im Sterben die Macht des Abendmahls und sagte mit seiner üblichen Direktheit, daß er Holzäpfel und Dung essen würde, wenn Gott das von ihm forderte, und warum sollte er dann nicht an die Heiligkeit des Körpers und Blutes Christi glauben, wenn Gott das so wünschte. Aber im Grunde war dieser im Alter steinharte, grimmige Mann ein Revolutionär. Andere verstanden das und folgten ihm, wohin er sie führte. Sie übernahmen offenbar begierig auch seine tiefe Überzeugung, daß man andere Menschen töten dürfe, wenn sie nicht den richtigen Glauben an Gott haben.

Toleranz und Intoleranz

Luther begann die Religionskriege des sechzehnten und siebzehnten Jahrhunderts nicht eigenhändig. Aber er hatte einen so großen Anteil an der Intoleranz, die diese Epoche kennzeichnet, wie niemand sonst. Protestanten töteten ihrem Glauben zuliebe; die Kirche reagierte mit einer neuen Inquisition. Noch mehr als hundert Jahre nach Luthers Tod 1546 konnte die Überzeugung, die ein Mensch in kleinen Dingen vertrat, ein Grund für Mord sein. Jonathan Swift spottete über diese kriegsführenden Partisanen, die, wie er sagte, darüber stritten, ob man ein gekochtes Ei am spitzen oder am stumpfen Ende aufschneiden sollte. Eine Zeitlang war der interkonfessionelle Konflikt fast so tödlich wie die Pest.

Das siebzehnte Jahrhundert sah die theoretische Lösung des Problems, an dessen Erschaffung Luther so großen Anteil hatte. Es ließ sich kein Kompromiß in bezug auf die Regeln der Kirche oder die Sakramente oder die Rolle der Bischöfe oder die Heirat der Geistlichen finden. Die einzige Lösung war, mehrere christliche Kirchen zu haben, nicht nur eine. Die Frage stellte sich dann, welche Kirche in dieser Nation, in jener Stadt, die richtige wäre. Dies führte noch lange, nachdem der Gedanke im Prinzip angenommen worden war, zu viel Durcheinander.

Schließlich wurden die religiösen Unterschiede unerträglich. An Lösungen arbeitete unter anderen John Locke (1632–1704), dessen ‹Brief über die Toleranz› 1689 veröffentlicht wurde.

Wenn man annimmt, daß die Seele unsterblich ist, daß unser Bleiben auf Erden nur kurz ist und daß das Wesen unseres Glaubens bestimmt, wie wir die Ewigkeit verbringen – ob in Qualen oder im Segen –, dann ist die Religion ein sehr ernstes Geschäft, viel ernster als alles andere, was man tun oder über das man nachdenken könnte. Im Glauben zu sterben, wenn man glaubt, damit ewige Seligkeit zu erlangen, ist offensichtlich keinerlei Verlust. Dieser Ansatz sieht die Religion vom Gesichtspunkt eines Einzelnen aus. Aber zwei andere Punkte müssen erwogen werden. Der eine bezieht sich auf die Menschen, deren Glauben sich von unserem unterscheidet. In den zwei Jahrhunderten vor dem ‹Brief über die Toleranz› fiel es Menschen leicht zu glauben, sie müßten ihrer religiösen Überzeugung wegen jene, die nicht ihrer Meinung waren, foltern oder auf dem Scheiterhaufen verbrennen, auch wenn die Meinungsunterschiede schwer auszumachen waren. Wir Heutigen bestreiten in der Regel, daß eine andere religiöse Überzeugung ein Grund für Folter und Tod sein könne. Zu Luthers Zeit hätten die meisten Leute diese Überlegung gar nicht verstanden.

Locke hatte einen anderen Ansatz; er fragt, ob der Gott der Gnade und Liebe die Handlungen jener billigt, die «angeblich aus Wohltätigkeit und Liebe für die Seele der Menschen ... andere um ihren Besitz bringen, sie mit körperlichen Strafen verstümmeln, hungern und in ungesunden Gefängnissen schmachten lassen und ihnen am Ende sogar das Leben nehmen.» Locke antwortet klar und deutlich:

> *Daß einer es für passend halten sollte zu bewirken, daß ein anderer – dessen Heil er von Herzen wünscht – unter Martern seine Seele aushaucht, und noch dazu in einem unbekehrten Zustande, dies scheint mir, wie ich gestehe, höchst erstaunlich und ich denke, jedem anderen auch. Sicher aber wird niemand jemals glauben, daß solch ein Benehmen seinen Ursprung in Barmherzigkeit, Liebe oder gutem Willen hat. Wenn einer behauptet, Menschen müßten durch Feuer und Schwert gezwungen werden, gewisse Lehren zu bekennen oder sich dieser oder jener äußeren Gottesverehrung anzupassen, ohne jede Rücksicht auf ihre Moral; wenn einer bestrebt ist, die, die im Glauben irren, zu bekehren, indem er sie zwingt, Dinge zu bekennen, die sie nicht glauben, und ihnen erlaubt, Dinge zu tun, die das Evangelium verbietet, so kann freilich kein Zweifel sein, daß solche einer eine zahlreiche Gmeinde haben möchte, die mit ihm selbst unter demselben Bekenntnisse vereint ist; aber daß er in erster Linie beabsichtigt, durch solche Mittel eine wahrhaft christliche Kirche zusammenzubringen, ist ganz und gar unglaublich.*

Der moderne Klang dieser Worte ist trotz der altmodischen Sprache ein Zeichen dafür, wie nahe uns einige Denker des siebzehnten Jahrhunderts sind. Daß Locke wegen der Veröffentlichung seiner Gedanken heftig angegriffen wurde, zeigt, wie weit die Ära der

Reformation und Gegenreformation und das Jahrhundert religiöser Kriege von unserer Sicht dieser Dinge entfernt war.

Der Mensch im Mittelpunkt

Wir fragten zu Beginn dieses Kapitels, welcher große Begriff in der Renaissance wiedergeboren wurde. Die Antwort: Die alte Idee, daß der Mensch im Brennpunkt des menschlichen Interesses steht. Wie Protagoras es vor 25 Jahrhunderten sagte, ist der Mensch das Maß aller Dinge. Die Reformation bestätigte dies, denn sie betonte das Bedürfnis des Einzelnen nach Gnade. Jeder mußte jetzt die Bibel lesen können, damit er ihren Sinn für sich selbst bestimmen konnte. Die Erfindung des Drucks machte das möglich, die Übersetzungen der Bibel in alle europäischen Sprachen machte es einfacher. Jeder konnte jetzt sein eigener Theologe sein, und Gott lebte im Herzen jedes Christen.

Die neue Selbstzentriertheit hatte, wie moderne Historiker gezeigt haben, auch andere Auswirkungen. Besonders eng ist nach Meinung des deutschen Soziologen Max Weber (1864–1920) und des englischen Historikers R.H. Tawney (1880–1962) die Verbindung zwischen Protestantismus und dem Aufstieg des Kapitalismus. Die Disziplin, die ein Mensch aufbringen muß, wenn er sich einmal vom Rückhalt einer allumfassenden katholischen Kirche gelöst hat, hat vielleicht etwas mit dem Selbstvertrauen zu tun, das im Kapitalismus eine Voraussetzung für den Erfolg ist. Es könnte auch der Wesenszug sein, der gute Bürger in einer Demokratie auszeichnet. Ob das so ist oder nicht, die Menschen in der europäischen Renaissance wußten noch nichts davon. Sie hatten vielleicht einen ganz anderen Grund, die von ihnen wiederentdeckte klassische Kultur so interessant zu finden.

Nach dem Fall Roms hatten die Menschen tausend Jahre lang die Verantwortung für ihr moralisches Leben den Stellvertretern Gottes auf Erden überlassen, also dem Papst in Rom, seinen Bischöfen, den Priestern und Pfarrherren. Sie hatten dies aus sehr guten Gründen getan, vor allem, weil sie davon überzeugt waren, daß sie damit das Heil und ewigen Segen erlangen könnten. Vielleicht überraschte es sie, zu entdecken, daß die wegen so vieler Dinge bewunderten alten Griechen und Römer sich auf keinen solchen Handel eingelassen hatten. Insbesondere die Römer hatten an Götter geglaubt und versucht, ein aufrechtes moralischen Leben zu führen, aber sie hatten selbst die Verantwortung für die Wahl ihrer Lebensweise übernommen. Diese Verantwortung war ihrer Meinung nach offensichtlich unveräußerlich.

Je mehr die Menschen der Neuzeit darüber nachdachten, um so auffallender und mutiger erschien ihnen dieser Gedanke. Die Menschen der Antike waren für sich selbst verantwortlich gewesen und hatten die Folgen ihrer Fehler selbst tragen müssen. Das Risiko, das sie damit eingingen, erwies sich, wie die Renaissance erkannte, als groß. Konnte der Lohn ähnlich groß sein?

Auch die Menschen der Renaissance bejahten diese Frage, dies führte zur kollektiven Entscheidung, den theokratischen Staatsgedanken aufzugeben und ihn durch einen weltlichen Staat und eine Gesellschaft zu ersetzen, für die sie jetzt die volle Verantwortung übernehmen wollten. Sie akzeptierten Geistliche als Berater, aber nicht als Regenten. Wir modernen Menschen haben diese ihre Entscheidung übernommen und vertreten sie, mit wenigen Ausnahmen, seither.

Kapitel 7: Europa expandiert

Zu Beginn der christlichen Zeitrechnung zählte die Weltbevölkerung etwa 300 Millionen Menschen. Um 1500 lebten etwa 400 Millionen Menschen, die ungefähr wie folgt verteilt waren:

China, Japan und Korea: 130 Millionen
Europa (einschließlich Rußland): 100 Millionen
Indien: 70 Millionen
Südostasien und Indonesion: 40 Millionen
Mittel und Westasien: 25 Millionen
Afrika: 20 Millionen
Amerika: 15 Millionen

Zwischen 1500 und 1800 verdoppelte sich die Weltbevölkerung und um 1900 war sie wieder um das Doppelte, auf 1600 Millionen, angewachsen. Bis 1960 hatte sie sich erneut verdoppelt, und bis zum Jahr 2000 werden zwischen sechs und sieben Milliarden Menschen auf dem Planeten leben, also wiederum doppelt so viele. Einer der Hauptgründe für die Vermehrung der Bevölkerung zwischen 1500 und 1800 war die weltweite Verbreitung neuer Entdeckungen und Verfahren in der Landwirtschaft. Weil viel mehr Nahrung zur Verfügung stand, konnten viel mehr Menschen überleben. Um 1500 war weniger als ein Viertel des kultivierbaren Bodens der Erde bearbeitet. Der Rest wurde von Jägern und Sammlern, nomadischen Hirtenvölkern oder Völkern wie den Inka, die das Land von Hand bestellten, bewohnt. Diese primitiven Verfahren erwiesen sich als viel weniger effektiv als die Bearbeitung mit dem Pflug. Außerdem wurde die Bevölkerung durch Hungersnöte dezimiert, wenn Mißernten eintraten und die Menschen sich weigerten, verfügbare, ihnen aber unbekannte Nahrung zu verzehren.

Nach 1500 begann in gewisser Weise die Weltwirtschaft: Rinder, Schafe und Pferde wurden in die neue Welt gebracht, wo sie dann gut gediehen. Weizen, der seinen Ursprung im Nahen Osten hatte, breitete sich zunächst in Asien und dann überall auf der Erde aus. Zu diesen Grundnahrungsmitteln gesellten sich bald Süßkartoffeln, Reis und Zuckerrohr, alle aus Asien, und Mais, Kartoffeln, Tomaten und viele andere Nahrungsmittel aus Amerika.

Es hatte etwa 100 000 Jahre gedauert, bis die Weltbevölkerung im Jahr 1500 auf 400 Millionen angewachsen war. In den fünf Jahren zwischen 1995 und 2000 wird die Anzahl der Menschen auf der Erde um mehr als diesen Betrag zunehmen. Dieses explosive Bevölkerungswachstum beruht natürlich auf viel mehr als nur einer Umstellung der Landwirtschaft. Aber die Explosion begann um 1500, und dadurch wird diese Zeit zu einer Wendezeit in der Geschichte der Menschheit.

Die mongolischen Reiche

Heute ist die Mongolei das sechstgrößte, aber mit einer Bevölkerung von weniger als zwei Millionen außerordentlich dünn besiedelte Land Asiens. Die dürre, windgepeitschte Steppe konnte noch nie viele Menschen ernähren. Ihre Bewohner aber hatten großen Einfluß auf die gesamte Welt. Wir sahen schon, wie die Xiongnu oder Hunnen im dritten nachchristlichen Jahrhundert die Chinesische Mauer durchbrachen und eine Völkerwanderung auslösten, die zweihundert Jahre später zur Zerstörung des Römischen Reiches führte. Nach dieser Zeit blieb die Mongolei ein Jahrtausend lang ruhig, das heißt, die Chinesen hielten die Glut durch eine Kombination von militärischer Macht und Diplomatie davon ab, zu einem Brand zu werden. Zu Beginn des dreizehnten Jahrhunderts jedoch brach eine neue Welle wilder und rücksichtsloser Reiter aus der Mongolei heraus und schuf bald das größte Reich, das die Welt je gesehen hat.

Die Namen der mongolischen Führer gehören zu den berühmtesten der Geschichte. Dschingis Khan (1167–1227) vereinte 1206 die mongolischen Stämme und eroberte in den nächsten zwanzig Jahren Nordchina und ganz Asien westlich vom Kaukasus. Der Groß-Khan Ügedei (er starb 1241) vollendete die Eroberung von China und Korea und plante den Feldzug nach Westen, der die Mongolen bis an die Adria führte. Im April 1241 zerstören Ügedeis mongolische Horden Budapest und Breslau und besiegten bei Wien polnische, deutsche und ungarische Heere. Nur der Tod Ügedeis im Dezember dieses Jahrs bewahrte Europa vor diesen neuen Barbaren. Der Groß-Khan Kublai (1215–1294) gründete die Yuan-Dynastie; unter ihm als erstem chinesischem Kaiser seiner Dynastie wurde das seit dem Fall der Tangs 907 aufgeteilte China erstmals wieder vereinigt. Schließlich eroberte Timur (1336–1405), der wegen seines lahmen Beins auch Timur Lenk (der Lahme) oder Tamerlan hieß, ein riesiges Reich, das sich von Südrußland bis in die Mongolei und nach Süden bis nach Indien, Persien und Mesopotamien erstreckte. Es zerfiel aber nach seinem Tod.

Marco Polo

Marco Polo wurde 1254 in Venedig geboren, wo er 1324 nach einem außerordentlich abenteuerlichen Leben auch starb. Seine Familie hatte lange mit dem Osten Handel getrieben; sein Vater Niccolo und sein Onkel Maffeo hatten sich 1260 von Konstantinopel aus auf die Reise nach Asien gemacht, wo sie schließlich zur Sommerresidenz des Groß-Khans kamen und dort, in Shangdu, vom Kublai Khan empfangen wurden. Kublai schickte sie als Botschafter zurück nach Europa; sie sollten dem Papst Briefe überbringen, in denen er gebeten wurde, Kublai einhundert gebildete Männer zur Verfügung zu stellen, die «mit den sieben freien Künsten vertraut waren». Niccolo kam 1269 nach Venedig zurück; sein Sohn Marco war inzwischen 15jährig. Der Papst Clemens IV. war vor kurzem gestorben, und Niccolo mußte die Wahl eines neuen abwarten, um Kublais Bitte erfüllen zu können. Als nach zwei Jahren immer noch kein Nachfolger gewählt worden war, machten sich Marcos Vater mit Bruder und Sohn erneut auf die Reise. In Palästina gab ihnen der päpstliche Legat Briefe für den Groß-Khan mit. Dies erwies sich als richtig, weil dieser Legat bald darauf als Gregor X. zum Papst gewählt wurde. Die Bitte um hundert gebildete Männer jedoch konnte nicht erfüllt werden, denn nur zwei Dominikaner fanden sich Ende 1271 in Akkon zur Reise bereit, kehrten jedoch aus Angst vor den Gefahren bald um. Unverdrossen reisten die Polos allein weiter.

Viele Jahre später, nach Venedig zurückgekehrt, berichtete Marco in ‹Il Milione› von dieser Reise. Dieses «Buch der Wunder», die «Beschreibung der Welt», wie er sie auf der Reise von Venedig nach China erlebt hatte, wurde zum Bestseller und ist immer noch eines der großen und meistgelesenen Reisebücher, obwohl viele von Polos Zeitgenossen das Werk offenbar für völlig erfunden hielten. Die Forschungen neuerer Zeit haben den sicheren Kern der historischen und geographischen Informationen des Werkes nachweisen können. Die Polos brauchten etwa drei Jahre für ihre Reise von Akkon bis zur mongolischen Sommerresidenz Shazhou. Wahrscheinlich wurden sie durch eine Krankheit aufgehalten (es könnte Malaria gewesen sein), aber als unverbesserliche Touristen machten sie gern längere Abstecher, um Sehenswürdigkeiten zu besuchen, von denen man ihnen erzählt hatte. Kublai Khan freute sich über das Wiedersehen mit Niccolo Polo, die päpstlichen Briefe und das erbetene «ein wenig Öl aus der Lampe vom Grab Christi» (seine Mutter war Christin). Offensichtlich fand der Khan auch an dem Sohn Gefallen, der den großen Herrscher mit Geschichten von fremden Ländern und Menschen erfreute.

Kublai betraute den jungen Venezianer mit Verwaltungsaufgaben und schickte ihn auf zahlreiche Erkundungsreisen in ferne Teile des Reiches, von denen Marco wertvolle Informationen und, besser noch, gute Geschichten zurückbrachte. Marco wurde anscheinend von Kublai auch mit der Überwachung des Salzhandels beauftragt und war drei Jahre lang vermutlich sogar Gouverneur der Region Yangzhou. Die drei Kaufleute blieben mindestens fünfzehn Jahre lang am Hof des Groß-Khan, wo sie mit ihrem Handel ein Vermögen erwarben und viele ruhmreiche Abenteuer erlebten, von denen, wie Marco auf seinem Totenbett erklärt haben soll, nur weniger als die Hälfte in sein Buch hatten aufgenommen werden können. Um 1290 wollten sie anscheinend gern nach Venedig zurückkehren, aber der Kublai wollte sie zunächst nicht ziehen lassen. Sie warteten über ein Jahr auf eine Gelegenheit, die ihre Heimreise für den Khan vorteilhaft erscheinen lassen konnte. Nach der herkömmlichen Datierung ergab sie sich 1292.

Gesandte des Khans der Tartaren hatten für ihren Herrscher Arghun um eine mongolische Prinzessin geworben, die von etwa 600 Höflingen nach Persien begleitet werden sollte. Die Polos überzeugten Kublai, daß sie der Prinzessin sicheres Geleit geben könnten, weil sie diesen Reiseweg schon zurückgelegt hätten. Tatsächlich aber wollte die Prinzessin Indien umsegeln, während die Polos auf dem Landweg von Persien nach China gekommen waren und diese Route nicht besser kannten als sie. Marco hält sich in seinem Buch nicht mit dem Abschied vom Groß-Khan auf, aber er muß bewegend gewesen sein. Der fast achtzigjährige Kaiser wird gewußt haben, daß er seinen jungen Freund nicht wieder sehen würde, und Marco war wahrscheinlich sicher, daß er niemals zurückkehren würde, denn eine neue Regierung könnte ausländerfeindlich sein. Marco war jetzt schon fast vierzig Jahre alt, nach damaligen Maßstäben also auch schon alt, und er wollte seine letzten Lebensjahre gern in seiner Geburtsstadt verleben.

Die Reise von China nach Persien dauerte über ein Jahr. Als die Prinzessin mit ihrer Flotte an ihrem Bestimmungsort ankam, mußte sie feststellen, daß ihr Verlobter schon gestorben war. Der Herrscher

Persiens war dessen Sohn, Mahmud Ghazan, der die Prinzessin selbst heiratete. Die Polos nahmen an den Hochzeitsfeierlichkeiten teil und fuhren mit Geschenken beladen nach Europa. In Trapizunt, an der Südküste des Schwarzen Meers, verließen sie den mongolischen Herrschaftsbereich und kehrten in die Kultur zurück, aus der sie stammten. Sie wurden jedoch auf grausame Weise von einer Räuberbande begrüßt, die ihnen fast all ihre Güter raubte, sie aber am Leben ließ.

Dieses Ereignis entbehrt nicht der Ironie. Seit undenklichen Zeiten hatte man es für unmöglich gehalten, daß Europäer auf dem Landweg in den Fernen Osten gelangen könnten. In einer Art goldener Zeit zwischen 1200 und etwa 1400 hatten die Groß-Khans sicheres Geleit garantiert. Ihre Macht reichte nicht über Trapizunt hinaus, östlich von Trapizunt jedoch waren die Reisenden sicher. Aber selbst im Osten war diese Sicherheit nicht von Dauer. Tamerlan verlor die Herrschaft über das eigentliche China 1368, als die chinesische Dynastie der Ming das Land eroberte. Während die Macht der Mongolen abnahm, nahmen Macht und Einfluß der Ming über China hinaus zu. Schon zu Beginn strebte die Dynastie nach außen. Die Chinesen erkundeten in Expeditionen, die von dem großen Eunuchen Admiral Zheng He (1371–1435) angeführt wurden, den Indischen Ozean, und 1431 hatte eine Flotte von 62 Schiffen mit fast dreißig tausend Männern die Ostküste Afrikas erreicht. Innerhalb des nächsten halben Jahrhunderts hätten die Chinesen Europa entdeckt.

Dann jedoch nahm die Politik aus Gründen, die wir bisher noch nicht gut genug kennen, plötzlich eine Wende. Die Reisefreudigkeit der Ming-Kaiser hörte auf und wurde durch einen fremdenfeindlichen Konservationismus ersetzt. Die Wissenschaft verfiel. Der Handel brach zusammen. Die Entdeckungen der Seefahrer blieben unbeachtet oder wurden vergessen. China schloß sich fast fünfhundert Jahre lang von der Welt ab. Es wurde zu einer Nation, die nicht mehr nach außen wirkte.

Mit dem Tod Tamerlans 1405 und dem Rückzug der Expeditionsflotten eine Generation später fiel wieder einmal der Vorhang zwischen Europa und Asien. Die Reisen hörten praktisch auf, und Kublai Khan wurde zu einer romantischen Legende, die nur bei einigen Venezianern Glauben fand. Die Familie Polo wußte, daß es möglich war, den Fernen Osten, die Quelle der größten Reichtümer der Welt, zu Land und zu See zu erreichen, denn sie kannte beide Wege. Aber im Lauf der Zeit, als sich die Überlieferung zu Legenden verdichtete und verwirrte, sahen andere Europäer aus Angst vor den Gefahren der Reise Hindernisse, wo gar keine waren. Um die Mitte des fünfzehnten Jahrhunderts gehörte es zum «Allgemeinwissen», daß für Europäer kein Weg in den Osten führte. Selbst die kühnsten Händler fürchteten die Ungeheuer, Unholde und andere Höllenmächte, die mutmaßlich den Weg versperrten. Gleichzeitig machte der wirtschaftliche Druck es immer notwendiger, einen solchen Weg zu entdecken.

Entdeckungsreisen

Jahrhundertelang hatten die Bauern in Nordeuropa nicht mehr als einige wenige Rinder durch den langen kalten Winter bringen können, deshalb wurde der größte Teil der Herde jeweils im Herbst geschlachtet. Ohne Gewürze zur Haltbarmachung verdarb das Fleisch rasch, deshalb war insbesondere Pfeffer mehr als nur eine Delikatesse. Um den wirtschaftlichen Ruin zu verhindern, mußte also Pfeffer gekauft werden, und dafür kannte man nur eine einzige Quelle, nämlich die arabischen Händler, die es auf ihren Kamelen durch die geheimnisvolle Wüste nach Ormuz, Aden und Alexandria brachten. Leider wollten die Araber den Pfeffer ausschließlich gegen Gold tauschen. Gold aber war in Europa ausgesprochen rar.

Reisende, die vielleicht nicht vertrauenswürdig waren, behaupteten, im Süden der Sahara gebe es reichlich Gold. Aber wie sollte man dorthin kommen? Karawanen durchquerten die Wüste, doch Europäer waren unwillkommen. Der einzige andere Zugang führte über das Meer außerhalb der Säulen des Herkules, der heutigen Straße von Gibraltar. Aber die Weltmeere waren, wie jeder wußte, nicht schiffbar. Ihre großen und gefährlichen Weiten wurden von unbeschreiblichen Wesen bewohnt, die Schiffe und Menschen verschlangen wie Hunde Brosamen.

Vielleicht gab es, so meinte der portugiesische Prinz Heinrich der Seefahrer (1394–1460), noch eine andere Möglichkeit. Das kleine Portugal lag ja schon außerhalb der Straße von Gibraltar, und seine Fischer fürchteten den Atlantik nicht so sehr wie die Völker am Mittelmeer. Außerdem kämpften portugiesische Seefahrer und Soldaten seit 1420 gegen die Eingeborenen auf den Kanarischen Inseln, die in über tausend Kilometer Entfernung südwestlich der Südspitze von Portugal und nur wenige Kilometer vor der Küste Afrikas lagen. Konnten die Kanarischen Inseln als Sprungbrett dienen? Von dort aus könnten die Schiffe die Küste entlang nach Süden segeln und hoffen, gute Häfen zu finden, von wo aus sie direkt mit denen, die Gold hatten, handeln konnten.

Und so geschah es auch. Zu Heinrichs Lebzeiten noch wurde die Küste bis zur großen, bei Sierra Leone nach Osten schwingenden Kurve Westafrikas erkundet. In den nächsten zwanzig Jahren, bis 1480, erforschten die Portugiesen die Goldküste, die so genannt wurde, weil hier viel Gold gefunden wurde, mit dem man Pfeffer kaufen konnte. Dann wagte man sich 1485 über Kap Palmas und Kap Santa Katharina hinaus, bis bei 22° südlicher Breite Kap Kreuz erreichte wurde. Damit war die Frage, ob man einen Weg um den Kontinent herum finden könne, noch brennender geworden als die, ob sich die Suche nach Gold lohnte. Hörte Afrika je auf? Konnten Schiffe es umsegeln und nach Indien und zu den Gewürzinseln gelangen? Denn dann könnte man direkt mit den Gewürzkaufleuten handeln und müßte den arabischen Mittelsmännern kein Gold mehr zahlen.

Bartolomeu Diaz (etwa 1450–1500) erkundete den Weg. Er setzte im August 1487 in Lissabon Segel, segelte nach Süden zu den Kapverdischen Inseln und dann weiter auf der jetzt schon vertrauten Route die Küste entlang nach Süden. So passierte er, immer der sich nach Osten krümmenden Küstenlinie folgend, Kap Santa Maria, Kap Santa Katharina und Kap Kreuz. Anfang Januar 1488 trieben ihn Stürme aufs Meer hinaus. Als die Winde nachließen, segelte er auf der Suche nach Land wieder nach Osten, fand aber keines. Zuerst war er verwirrt, aber bald begriff er, was passiert war. Er hatte die Südspitze Afrikas passiert, ohne sie zu sehen. (Er erblickt sie erst bei seiner Rückkehr noch im selben Jahr und nannte sie das Kap der Guten Hoffnung.) Als er nach Norden segelte, sah er am 3. Februar 1488 Land. Hier verlief die Küste nach Nordosten. Seine Mannschaft forderte die Umkehr, deshalb kehrte Diaz um, nachdem er noch etwa tausend Kilometer östlich bis zur Mündung des Großen Fish River in der Nähe des heutigen Port Elizabeth gesegelt war. Die Küste wandte sich nicht wieder nach Süden. Endlich schien der Weg nach Indien frei zu sein. Man konnte Afrika umsegeln.

Das tat als erster Vasco da Gama (1462–1524), der im Juli 1497 in Lissabon in See stach und nach vielen Abenteuern im Mai des nächsten Jahres Calicut, den wichtigsten indischen Handelshafen bei 11° nördlicher Breite erreicht hatte. Es kam dort bald zu Auseinandersetzungen zwischen da Gama und den muslimischen Händlern, die ihn als Rivalen und Christen gar nicht zu schätzen wußten. Bei seiner Rückkehr nach Lissabon schwor da Gamo Rache; als er 1502 nach Calicut zurückkehrte, beschoß er die Stadt, verbrannte ein Schiff mit arabischen Männern, Frauen und Kindern, weil sein Kapitän ihn beleidigt hatte, und forderte, die Muslime sollten den Handel den Portugiesen überlassen. Diese Forderungen wurden innerhalb einer Generation erfüllt, und damit gehörte seinen Landsleuten die Herrschaft über den Gewürzhandel.

Columbus

Der Handel blieb aber komplizierter, als es den Portugiesen lieb war, denn jetzt erhielten indische Mittelsmänner einen großen Teil des Profits. Deshalb suchte man einen direkten Weg nach Ostindien, dem Ursprungsland der Gewürze. Dann nämlich könnte man die märchenhaft wertvollen Kostbarkeiten unmittelbar von jenen kaufen, die sie anbauten und so ein einträgliches Handelsmonopol schaffen. Da muslimische Seeräuber den Indischen Ozean unsicher machten, träumten portugiesische und spanische Forschungsreisende von einer westlichen Route, die jeden Wettbewerb vermeiden würdc. Christoph Columbus (1451–1506) verwirklichte den Traum. Italien behauptet, sein Vaterland zu sein, und er wurde auch wirklich auf italienischem Boden, in Genua, geboren, aber in jeder anderen Hinsicht war er kein Italiener. Vielleicht waren seine Eltern spanische Juden, die von der Inquisition verbannt worden waren. Jedenfalls landete Columbus am 13. August 1476 in Portugal, als er sich schwimmend von einem brennenden Schiff retten mußte. Dieser legendäre Auftritt war für ihn kennzeichnend; Columbus selbst sah darin eine Vorhersage seiner zukünftigen Größe.

Columbus war sicherlich genial und wahrscheinlich auch verrückt. Seine Genialität zeigte sich auf viele Weisen. Als ausgezeichneter Navigator und fähiger, erfahrener Seefahrer plante er einen Weg nach Indien, der in fast jeder Weise stimmte; er verrechnete sich einige Male, was zum Teil auf Unwissen und zum Teil auf einem Größenwahn beruhte, der ihn all das für wahr halten ließ, was er sich als wahr wünschte. Sein seefahrerisches Können führte in Verbindung mit seinen fixen Ideen zu seiner unumstößlichen Überzeugung, daß Indien (wenn nicht Cathay, also China) knapp 6000 Kilometer westlich der Kanarischen Inseln liegen müsse. Dort liegt aber weder Indien noch China, wohl aber Amerika. War das Genialität, Verrücktheit oder das Glück des Narren?

Columbus hartnäckige Überzeugung, in allen Dingen recht zu haben, brachte ihm viel Erfolg, aber auch tragisches Versagen und Verluste. Innerhalb von zwei Jahren nach seiner Landung in Portugal hatte er eine der führenden portugiesischen Familien überredet, ihm eines der begehrenswertesten jungen Mädchen zur Frau zu geben. Anschließend begann Columbus mit seiner langen Kampagne, bei der er mächtige portugiesische oder spanischen Förderer zu überreden versuchte, ihm das Geld für eine Expedition nach Indien und Cathay zur Verfügung zu stellen. Seine Überzeugungskraft war so groß, daß viele sich für ihn interessierten; sie meinten, ein Mann, der so wenig zweifelte, müsse einfach Recht haben. Columbus verhehlte seinen Förderern nicht, daß seine Gewißheit keine gewöhnlichen Grundlagen hatte. Sein Entschluß, nach Westen zu segeln, beruhte weder auf Vernunft noch auf Mathematik noch auf Land- und Seekarten, sagte er 1502 König Ferdinand und Königin Isabella, sondern vielmehr stamme seine Überzeugung aus der Bibel, beispielsweise Jesaja 11, 10–12 und 2. Esra 3, 18. Diese wunderlichen geographischen Quellen überzeugten die Geldgeber seiner Zeit; heute könnten sie es wohl nicht mehr.

Nach jahrelangen Verhandlungen durfte Columbus dem spanischen Königspaar 1490 endlich einen Vorschlag machen. Seine Forderungen, die extravagant, um nicht zu sagen skandalös waren, lösten höchste Verwunderung aus. Kein Forschungsreisender hatte je die Verleihung eines erblichen Adelstitels und eine Kommission von zehn Prozent auf alle Transaktionen gefordert, die in seinem Bereich abgeschlossen werden sollten. Der Antrag wurde abgelehnt, woraufhin Columbus Anfang 1492 den spanischen Hof verließ, um nach Frankreich und England zu reisen. Bevor er weit gekommen war, überredeten Freunde am Hof Ferdinand und Isabella, ihn zurückzurufen und alle seine Forderungen zu erfüllen.

Columbus war ein aktiver Charakter, und seine Energie und sein Sendungsbewußtsein kamen ihm zustatten, als er den Kauf und die Ausrüstung seiner drei Schiffe überwachte. Dabei half ihm sein Freund Martín Alonso Pinzón, der auf der Pinta segelte und dem ein größerer Anteil am Erfolg des Vorhabens zukommt, als Columbus je zuzugeben bereit war. Die Expedition war in kürzerer Zeit ausgerüstet, als man für möglich gehalten hatte, und am 3. August, eine halbe Stunde vor Sonnenaufgang, setzten die Santa Maria, die Pinta und die Niña in Palos die Segel. Die Mannschaft war in großer

Eile angeheuert worden und so unwissend und abergläubisch wie jede andere Gruppe von Seeleuten jener Zeit. Columbus wußte, wie schwierig die Aufgabe war, die Männer Tag für Tag und Woche für Woche auf hoher See nach Westen fahren zu lassen. Gleichzeitig wollte er sowohl seinen Kurs als auch die pro Tag zurückgelegten Entfernungen vor seiner Mannschaft geheimhalten, weil er Angst hatte, sie könnten seine Geheimnisse anderen Abenteurern verkaufen. Dieser Konflikt führte zu Widersprüchen, die sich nur teilweise durch einen Vergleich der offiziellen Reisebeschreibung und seines privaten Tagebuchs auflösen lassen. Weitere Verwirrungen entstanden durch seine erschreckend schlechten Messungen der Höhe des Polarsterns, die zu allen Zeiten zu groben Fehlberechnungen der Position seiner Schiffe führten.

Hätte er Amerika überhaupt verpassen können, wenn er es nur schaffte, immer weiter zu segeln? Süd-, Mittel- und Nordamerika bilden schließlich eine nicht passierbare Grenze von 13 000 Kilometern Länge, die sich von etwa 57° südlicher Breite bis etwa 70° nördlicher Breite erstreckt. Damit ein nach Westen segelndes Schiff sowohl Nord- als auch Südamerika als auch die sie verbindende Landbrücke verfehlt, müßte es sich seinen Weg im Süden um Kap Horn herum oder im Norden durch das ewige Eis des Polarkreises bahnen. Beiden entging Columbus. Auf den Schwingen seiner eigenen verrückten Gewißheit und der geographischen Unvermeidbarkeit entdeckte er Amerika und sah am 12. Oktober 1492 Land. Es war eine schöne kleine Insel, die zu den Bahamas gehört. Columbus taufte sie San Salvador, heute heißt sie Guanahaní.

Es entbehrt nicht wunderbarer Ironie, daß Columbus niemals erfuhr, was er eigentlich entdeckt hatte. Insgesamt machte er vier Reisen nach «Westindien», blieb aber der festen Meinung, er sei in «Ostindien» gewesen, in der Nähe von Japan und China, mit Indien gerade jenseits des Horizonts. Dessen war er sicher. Die Bibel hatte es ihm gesagt. Aber was zählt dieser Fehler schon, außer für sein persönliches Leben? Nach ihm fanden andere bald heraus, wo sie wirklich waren; aber wo auch immer, überall gab es Wunderschönes und Seltsames, und fast mühelos Gold und Silber dazu. Auch Tabak und Baumwolle ließ sich in Europa verkaufen, und diese Waren veränderten das Leben in der Alten Welt noch stärker als das Gold. Für Columbus persönlich war das Leben eher ein jämmerlicher Fehlschlag, obwohl er als oft irrender, aber weitaus öfter glücklicher Navigator erstaunlichen Erfolg hatte. Doch so großartig er als Seefahrer war, so schlecht war er als Verwalter, wie Ferdinand und

Isabella bald erkannten. Sie hatten ihm Versprechen gegeben, und sie bewiesen diesem seltsamen, verrückten, wunderbaren Mann, der sie fast so berühmt gemacht hatte, wie er es war, immer wieder ihre Großzügigkeit und ihr Wohlwollen. Aber sie konnten seine selbstherrliche Behauptung, er sei der König der Welt im Westen und sie nur die spanischen Vizekönige, nicht durchgehen lassen.

Sie schickten während seiner dritten Reise 1500 einen mit allen Vollmachten ausgestatteten Botschafter nach Santo Domingo auf der Insel, die Columbus Española genannt hatte und in die sich jetzt Haiti und die Dominikanische Republik teilen. Es folgten Monate bitterer Verhandlungen, die Columbus nicht gewinnen konnte; schließlich wurde er festgenommen und in Ketten nach Spanien gebracht. Die Königin befahl seine Freilassung und ließ ihn zu sich bringen. Bei der Begegnung fiel er auf die Knie und brach in Tränen aus.

Eigentlich hat Columbus Amerika gar nicht entdeckt, denn europäische Fischer – Isländer im zehnten Jahrhundert und vielleicht auch jahrhundertelang zuvor – hatten schon lange vor ihm im Westen Land gefunden. Sie waren daran interessiert, ihr Wissen geheim zu halten. Im Gegensatz dazu lag es im Interesse von Columbus, Amerika bekannt zu machen und die ganze Welt davon wissen zu lassen, auch wenn er nicht wußte, daß es Amerika war. Er enthüllte das Geheimnis erfolgreicher, als die Fischer es bewahrt hatten. Als das Geheimnis erst einmal verraten war, war die Welt eine andere.

Weltumsegler

Die Entdeckung Amerikas durch Christoph Columbus ist wahrscheinlich als einzelnes Faktum die größte Bereicherung menschlichen Wissens, die je auf einen einzelnen Menschen zurückzuführen ist. Aber es gab noch viel mehr in Erfahrung zu bringen. Columbus hatte behauptet, die Erde sei rund, und ein nach Westen segelndes Schiff müsse schließlich wieder zu Hause ankommen. Aber stimmte das wirklich? Niemand konnte dessen sicher sein, bevor nicht jemand die Welt umrundet hatte. Und Westindien, das mußte man zugeben, war nicht dasselbe wie Ostindien. So reich und interessant die neuen Länder auch waren, sie waren nicht die Gewürzinseln, zu denen sich die Europäer schon so lange direkten Zugang erhofften.

Der portugiesische Seefahrer Ferdinand Magellan (etwa 1480–1521) wurde von den Spaniern auserwählt, dieses Problem zu lösen und einen westlichen Weg zu den Molukken zu finden, also auf südwestlicher Route um die Spitze Südamerikas herum nach Ostindien zu segeln. Gab es einen solchen Weg? Wo war die Spitze des Kontinents? Magellan verließ Spanien im September 1519 und erreichte nach einer problemlosen Reise im Dezember die Bucht von Rio de Janeiro. Er verbrachte die ersten Monate des Jahres 1520 auf der Suche nach einem Weg durch den Kontinent, indem er die Mündungen mehrerer Flüsse erkundete. Erst im November 1520 gelang es ihm, den gesuchten Weg zu entdecken, als er, immer nach Süden segelnd, die Magellanstraße durchfuhr und am 28. November die Südsee erreichte. Dann begann die Flotte mit der Überquerung des Pazifischen Ozeans, den die Seefahrer auch den Stillen Ozean nannten, weil sie, solange sie von Südamerika zu den Philippinen segelten, immer mäßigen Seegang und frischen und beständigen Wind hatten.

Trotz der günstigen Bedingungen war die Reise beschwerlich. Bis zum 18. Dezember segelte die von ursprünglich fünf auf nur drei Schiffe reduzierte Flotte auf der Suche nach den Passatwinden der Küste Chiles nach Norden. Dann stach Magellan nordwestlich ins offene Meer. Weder er noch seine Mannschaft hatten eine genaue Vorstellung von der zurückzulegenden Entfernung, aber sie erkannten bald, daß sie nicht genug Wasser und Nahrung haben würden. Von unstillbarem Durst gequält und durch Skorbut dezimiert, waren sie gezwungen, von Ratten angefressenes Gebäck und Leder zu essen, aber Magellans eiserne Entschlossenheit hinderte sie trotzdem an der Umkehr. Die Flotte landete schließlich nach 99 Tagen auf hoher See am 6. März 1521 auf der Insel Guam in den Marianen. Dort genossen sie nach über drei Monaten zum ersten Mal wieder frische Nahrung und Wasser. Magellan wollte unbedingt weiterkommen und segelte nach nur drei Tagen Aufenthalt west-südwestlich weiter zu den Inseln, die später die Philippinen genannt wurden. Er erklärte das Land für spanisch und bekehrte die Herrscher und seine Häuptlinge zum Christentum, aber sein Erfolg war kurzlebig. Am 27. April 1521, nur einen Monat nach seiner Ankunft, wurde Magellan im Kampf mit Eingeborenen auf der Insel Mactan getötet.

Ohne Magellan als Anführer erlitt die Flotte weitere Verluste. Zwei Schiffe erreichten die Molukken. Nur eines kehrte unter dem Kommando von Juan Sebastián Elcano, einem Basken, der Magellans erster Offizier gewesen war, nach Spanien zurück. Sein Schiff, die Vittoria, schaffte die Heimreise kaum, weil es überall leck war, aber es war hochbeladen mit Gewürzen und hatte die Welt umrundet. Elocano durfte zum Lohn sein Familienwappen mit einem Globus verzieren, der die Inschrift trug: *Primus circumdisti me*: «Du hast mich als erster umsegelt.»

Die Geburt des Welthandels

So stellten sich also alle Weltmeere als miteinander verbunden heraus, und kein vernünftiger Mensch konnte je wieder denken, die Erde sei nicht rund. Weil die Ozeane in allen Richtungen offen sind, konnten theoretisch alle Schiffe die Welt umsegeln. Aber die Fahrt durch Magellans enge Straße ist nur in den Monaten Dezember bis April (dem südlichen Sommer) möglich und sehr schwierig. Sie konnte blockiert werden, deshalb schafften es Spanien und Portugal ein Jahrhundert lang mit Gewalt und Tücke, auf der südlichen Handelsstraße zwischen Westen und Osten ein Monopol auf den Welthandel zu halten. Frustriert suchten Engländer, Franzosen und Holländer nach einer Nordroute, auf der sie die Verfolgung durch spanische und portugiesische Kriegsschiffe nicht zu fürchten brauchten. Das führte zu einer weiteren überraschenden Entdekkung, nämlich der des Kontinents Nordamerika, dessen großer Reichtum bald überall in Europa bekannt wurde. Das war die Geburt einer neuen Form des Handels, der schließlich einmal die ganze Welt, auch wenn sie aus vielen getrennten politischen Einheiten bestand, wirtschaftlich einigen sollte.

Innerhalb eines Jahrhunderts wurde der Handel grundsätzlich umgestellt. Es wurden nicht länger vor allem Luxusgüter gehandelt. Auch mit der Massenverschiffung so profaner Dinge wie Stoffe, Zucker und Rum ließen sich große Profite erzielen. Das war etwas ganz anderes als der alte Handel, bei dem auf dem Rücken von Kamelen kleine Mengen wertvoller Gewürze, Drogen und Seide zu Lande befördert wurden. Niemand beklagte die Veränderung, weil die Reichtümer, die sich auf den neuen Handelswegen erwerben ließen, unvergleichlich größer waren. Außerdem wurden diese Seewege in ihrer ganzen Länge von Europäern kontrolliert. Es waren keine Zwischenhändler nötig, weder arabische noch andere. Bald wurden andere Massenwaren wie Tabak und Reis verschifft, und im neunzehnten Jahrhundert sogar Granit und Eis, die zunächst nur als Ballast dienten, aber schließlich die Kapitäne Neu-Englands reich machten. Auch ganze Schiffsladungen billigen chinesischen Porzellans fanden den Weg vom Orient nach Europa und Amerika. Diese Güter bestimmten den Geschmack des Westens über Generationen.

In dieser neuen Welt wurden Zucker und Sklaverei untrennbar miteinander verknüpft. Vor 1500 mußte der Süßigkeitsbedarf der Welt durch Honig und einige wenige Bonbons aus exotischen östlichen Quellen befriedigt werden. Dann errichteten zuerst die Spanier und später die Engländer auf den karibischen Inseln sowie in Südamerika und portugiesische Abenteurer in Brasilien ihre eigenen Zuckerplantagen. Zucker wurde so reichlich wie Salz und genauso profitträchtig. Aber immer fehlte es auf diesen Plantagen an Arbeitskräften. Die Arbeit war mörderisch. Die sowieso nur spärlichen Eingeborenen waren durch den Ansturm der Europäer weiter dezimiert worden, denn diese hatten nicht nur grausame Waffen gebracht, sondern auch Krankheiten, gegen die die Eingeborenen nicht immun waren. Die Lösung war: Sklaverei. Drei Jahrhunderte lang waren afrikanische Sklaven die wertvollste Fracht, selbst wenn nur die Hälfte jener, die auf Schiffen die Westküste Afrikas verließen, lebend Amerika erreichten. Allen Einwänden gegen diesen Menschenhandel ließ sich mit der Lehre des Aristoteles von der natürlichen Sklaverei begegnen. Und wer sonst war «von Natur aus» Sklave, wenn nicht ein Mensch mit schwarzer Haut? Bis ins neunzehnte Jahrhundert wurde die «Logik» dieser Überlegung selten in Frage gestellt.

Der Handel mit Gedanken

Die Schiffe, die die Weltmeere in den drei Jahrhunderten nach 1492 durchquerten, trugen außer den allen sichtbaren Waren auch unsichtbare Ladung. Sie bestand in dem Wissen, den Gedanken und auch den religiösen Überzeugungen der Seefahrer, und diese Ladung reiste in beide Richtungen, von Westen nach Osten wie von Osten nach Westen. Beim Austausch aber veränderten sich die Gedanken. Ein gutes Beispiel für eine solche Veränderung gibt das um 1000 in China erfundene Schießpulver. Die Chinesen verwendeten Schießpulver vor allem für Feuerwerke und andere friedliche Zwecke. Arabische Söldner, die von den Chinesen Schießpulver erhalten hatten, bauten die ersten Gewehre. Die Europäer vervollkommneten sie und beschäftigten sich darüber hinaus mit einzigartiger Intensität mit der Kunst, Gewehre und Kanonen einzusetzen.

Um 1500 ging es den Militärstrategen in Europa zu Wasser und zu Lande um den Erwerb und die Erhaltung überlegener Waffengewalt. Bis heute ist die Überlegenheit von Waffengewalt über Menschenkraft und Taktik im Westen der Grundgedanke militärischer Überlegungen.

Da die militärischen Führer im Westen immer auf der Priorität dieses Grundsatzes bestanden, gewann in fast allen Kriegen zwischen westlichen Mächten die Seite, die in bezug auf Waffen und Munition überlegen war. Manchmal konnte die schwächere Seite einen guten Kampf liefern, so beispielsweise im amerikanischen Bürgerkrieg, als der Süden, dem die Gießereien und Waffenschmieden des Nordens fehlten und der deshalb keine vergleichbare Ausrüstung herstellen konnte, diesen Nachteil fast vier Jahre lang durch überlegene Kriegsführung wettmachte. Die Menschen, so ist anzunehmen, waren in ihrem Können objektiv gesehen gleich, weil in diesem Krieg oft Brüder auf gegnerischen Seiten kämpften. Schließlich gewann das Übergewicht der Gewehre und Waffen, über die der Norden verfügen konnte, den Krieg.

Erst im zwanzigsten Jahrhundert wurde dies entkräftet. Im Vietnamkrieg beispielsweise waren die USA überwältigend besser ausgerüstet und doch siegte eine unerfahrene Armee, die nicht über Bomben und Feuerschiffe verfügte, sondern nur über Gewehre und Granaten, und deren Soldaten mit Fahrrädern auf Dschungelpfaden fuhren statt mit Panzern, die nur auf Straßen vorwärtskommen konnten. Dieser Krieg könnte sich nicht nur wegen seiner politischen Auswirkungen als einer der wichtigsten der Geschichte erweisen, weil er die Militärs zum Umdenken zwingen könnte. Dies hat jedoch das Denken der sowjetischen Strategen offenbar nicht beeinflußt, die sich nur wenige Jahre nach dem Ende des Vietnamkriegs in Afghanistan in einen ähnlichen Konflikt verwickelt fanden. Wie die amerikanischen Generäle in Vietnam glaubten auch die sowjetischen Generäle in Afghanistan, sie müßten gewinnen, weil sie schwerere Panzer und größere Geschosse hatten. Auch sie wurden besiegt.

Der Glaube an die Vorteile des Besitzes überlegener Waffen ist natürlich nicht nur ein Vorurteil. Unter gleichen Bedingungen wird fast immer die Seite mit den größeren, schneller feuernden Gewehren gewinnen. Einige Jahrhunderte nach der Zeit, in der Europa den Rest der Welt entdeckte, waren die Bedingungen jedoch gleich. Die Soldaten des Ostens waren nicht besser und nicht schlechter als die des Westens, und die Kriegstaktik keiner Seite war wesentlich überlegen. Weil aber der Westen weiterhin die größeren Gewehre hatte, errang er fast immer den Sieg gegen die Feinde aus dem Osten.

Was Vasco da Gama 1502 tat, war also kein Zufall. Als er mit seinen schwereren Gewehren brutal ein arabisches Schiff in Brand setzte, sicherte seine siegreiche Seite sich ein Handelsmonopol. Solche Handlungen und Folgen waren üblich. Dadurch konnte sich der Mythos entwickeln, der Westen sei «unbesiegbar». Da Ost und West beide daran glaubten, wurde dieser Mythos zur mächtigsten aller Waffen im Arsenal des Westens.

Ihm konnte man nur durch einen anderen Mythos begegnen. Die Europäer, die nach China und Indien kamen, fanden beide Länder so gewaltig groß, daß sie ihre Komplexität lange Zeit nicht fassen konnten. Die Geheimnisse der Macht, besonders in China, entgingen ihnen. Sie konnten nicht verstehen, warum die Kenntnis eines zweitausend Jahre alten Textes einem alten Mann die höchste Macht verleihen sollte und man ihm als einem Vertreter eines Kaisers, den kein Europäer je gesehen hatte, Gehorsam schulden sollte. Die Europäer wußten nicht, wer China regierte und wie es regiert wurde, und weil sie auch ohne dieses Wissen Geschäfte abschließen konnten, bemühten sich die Menschen aus dem Westen gar nicht darum. Aber der Mythos des «geheimnisvollen» Ostens entstand bei diesen ersten Begegnungen zwischen Osten und Westen und hielt sich viele Generationen lang. Dieses Geheimnis war der einzige Schutz, den die Leute aus dem Osten den starken Waffen des Westens entgegensetzen konnten.

Es gab zwei Dinge, die der Westen über den Osten zu wissen meinte. Erstens fehlte dem Osten eine anständige Religion, womit eine monotheistische Religion gemeint war. Zweitens war der Osten unglaublich reich. Auf diese «Reichtümer des Ostens» werden wir binnen kurzem zurückkommen. Als Columbus versuchte, Ferdinand und Isabella zur Unterstützung seines Vorhabens zu bringen, hatte er vor allem auf zwei Punkte hingewiesen. Es gab in der neuen Welt Gold in Hülle und Fülle und man konnte und sollte den Eingeborenen, die zweifellos unschuldige Heiden waren, das Christentum bringen. Die Verheißung von Gold traf nicht auf taube Ohren, aber als wirklich fromme Leute fanden König und Königin vermutlich die Aussicht, in den neu entdeckten Ländern das Evangelium verkünden zu können, noch verlockender.

Es war für das Ansehen des Christentums im Osten eine unglückliche Fügung, daß es sich gerade in einander bekriegende Teile zu trennen begann, als Columbus die neue Welt entdeckte. Ferdinand und Isabella beispielsweise waren sicher, daß den unschuldigen Eingeborenen die Lehre der römisch-katholischen Kirche am meisten nützen und ihnen, wenn nötig mit Gewalt, das Heil bringen würde. Ein Jahrhundert später brachten die Engländer und Holländer protestantische Geistliche nach Nordamerika, um die Indianer zu bekehren, was gewöhnlich auch gelang, denn die Waffengewalt der Europäer war unwiderstehlich. Aber die Neubekehrten beobachteten erstaunt, wie die Friedensapostel einander über Fragen der Lehre bekämpften, die die unschuldigen Eingeborenen nicht verstanden.

Hatten die Eingeborenen auch (abgesehen vom Heil) Vorteile von ihrer neuen Religion? Sicherlich. Wenn nicht die Missionare die Soldaten und Händler begleitet hätten, wäre es ihnen noch schlimmer gegangen. Die Missionäre waren zwar gewöhnlich verhältnismäßig ohnmächtig, aber sie waren nicht völlig machtlos, und mehr als einmal konnten sie eine bessere Behandlung der Eingeborenen durchsetzen, als diese sonst erhalten hätten.

Heute sehen wir die Länder der sogenannten Dritten Welt gewöhnlich als sehr arme Länder. In den ersten Jahrhunderten unmittelbar nach 1500 wurden eben diese Länder für sehr reich gehalten. Hat sich ihre wirtschaftliche Lage so radikal verändert? Im Vergleich mit dem Westen hat sie sich verändert, aber nicht genug, um diese Veränderung zu erklären; sie ist darauf zurückzuführen, daß wir den Unterschied zwischen Wohlstand und Armut deutlicher empfinden, als unsere Vorfahren es taten. Die europäischen Seefahrer, Soldaten und Kaufleute, die als erste in den Osten kamen, dachten zu wenig politisch, um sich klarzumachen, daß der Osten nur deshalb reich zu sein schien, weil nur wenige sich den gesamten Reichtum aufteilten. Die Europäer sahen nicht die Armut, in der die allermeisten Menschen dort lebten. Sie verstanden auch nicht, daß diese elende Armut durch die Geburt bestimmt, durch die Tradition bewahrt und vom Gesetz gefordert war. Sie verstanden die Armut des Ostens auch deshalb nicht, weil die Extreme von Wohlstand und Armut daheim die gleichen Ursachen hatten. Aber die Mobilität zwischen den Klassen war in den meisten europäischen Ländern größer, und außerdem machte man sich schon um die Mitte des sechzehnten Jahrhunderts Gedanken über soziale und wirtschaftliche Gleichberechtigung, was das Denken des Abendlandes stark beeinflußte. Diese Gedanken gab es im Osten erst, als der Westen sie zu Beginn des neunzehnten Jahrhunderts nach der Französischen Revolution in der übrigen Welt verbreitete, also über dreihundert Jahre nach der Entdeckung Amerikas.

Letztlich wurde der Handel zwischen Westen und Osten also auch und vielleicht vor allem vom Gedankenaustausch beherrscht. Aber das wußte damals noch niemand.

Homage an Columbus

Man versuche, sich die Welt vorzustellen, in die Columbus 1451 hineingeboren wurde. Wie wäre sie einem Europäer erschienen?

Zunächst einmal nicht als rund. Die mathematische Vorstellung einer runden Erde geht auf die alten Griechen zurück, aber für die meisten Menschen war sie eine Abstraktion. Seefahrer, die ein Schiff am Horizont verschwinden sehen, wußten zumindest, daß das Meer nicht flach war. Die runde Erde ist für uns keine Abstraktion. Wir sind sicher, daß wir, wenn wir in beliebiger Richtung – Osten, Westen, Norden, Süden – um die Welt reisen, früher oder später dorthin zurückkommen, wo wir wegfuhren. Wenn wir bewährten Wegen folgen, dauert das höchstens drei bis vier Tage. Außerdem wissen wir, daß wir, soweit es politische Ruhe oder Wirren zulassen, überall so sicher sind wie zu Hause. Wir sind also sicher, daß es keine Ungeheuer oder andere mythische Hindernisse gibt, die uns davon abhalten könnten, die Erde zu umrunden.

Die Welt wäre uns 1450 nicht rund erschienen, weil unser Verstand, wenn wir nicht gerade ein Genie wie Columbus gewesen wären, sie sich nicht rund hätte vorstellen können, also nicht so, wie wir sie heute sehen. Columbus hat das Weltbild verändert, das die Menschen im Kopf hatten. Kein anderer, der je gelebt hat, hat das so gründlich getan.

Die Erkunder und Entdecker waren alle große Menschen: Prinz Heinrich der Seefahrer, Bartolomeu Diaz, Vasco da Gama, Ferdinand Magellan und viele andere. Sie alle gingen atemberaubende Risiken ein. Die meisten von ihnen konnten die Früchte ihrer großen Entdeckungen nicht ernten, weil sie nicht zurückkamen. So kehrten von den 270 Männern, die 1519 unter der Führung von Magellan Spanien auf fünf Schiffen verließen, zwei Jahre später nur 18 zurück. Einige waren desertiert, die meisten aber an Hunger, Krankheiten oder Verletzungen gestorben. Die Aussichten, eine dieser frühen, so atemberaubenden und wagemutigen Reisen zu überleben, war viel geringer als jene, die Neil Armstrong hatte, als er 1969 zum Mond flog. Und doch fehlten in den Häfen Spaniens und Portugals in den ersten Jahren des sechzehnten Jahrhunderts und später in den englischen, französischen und holländischen Häfen niemals Matrosen für die Mannschaften und Kapitäne für die Kommandobrücken, wenn sie für den steten Strom der Schiffe gesucht wurden, die zu jenen Orten fuhren.

Die Seeleute waren nicht wahnwitzig. Wie Neil Armstrong und die anderen Astronauten waren sie davon überzeugt, daß sie von den bestmöglichen technischen Hilfsmitteln unterstützt wurden. Sie meinten also, die bestmöglichen Erfolgsaussichten zu haben. Sie gingen oft fort, nachdem sie geheiratet und ein Kind gezeugt hatten, damit ihr Name erhalten bliebe, falls sie nicht selbst am Leben blieben, und sie versäumten es selten, ihr Testament zu machen. Sie gingen trotz ihrer Ängste, denn nichts konnte sie davon abhalten.

Warum gingen sie? Für viele genügte das Versprechen großen Reichtums, ob wirklich oder vorgestellt, um sie von ihrer Heimat aufs Meer zu ziehen. Für die, die weggingen, als die ersten großen Entdeckungen schon gemacht waren, enthielt wohl die Aussicht auf Wohlstand den größten Reiz. Aber für die Entdecker selbst galt das meiner Meinung nach nicht. Sicherlich galt es nicht für Columbus.

Christoph Columbus war sicherlich genial und vermutlich auch verrückt, aber jedenfalls war er einer der bemerkenswertesten Menschen, die je gelebt haben. Er verschmähte nie den Reichtum, aber er suchte keine Reichtümer und opferte ihnen nicht sein Leben. Er suchte vielmehr ewigen Ruhm. Der überwältigende Wunsch nach Ehre oder Ruhm wurde von John Milton als letzte Krankheit des edlen Geistes bezeichnet. Der Satz wird oft mißverstanden. Milton meinte, daß von allen Beweggründen nur einer größer ist als der nach Ruhm und Ehre, nämlich der Wunsch nach dem Heil. Der Wunsch nach Ruhm ist von großer Reinheit, die nur von der übertroffen wird, die Heilige wollen oder kennen. Columbus war weiß Gott kein Heiliger; er war dazu ein zu großer Sünder. Aber wenn es weltliche Heilige gibt, Menschen, die eine Reinheit des Herzens und Willens haben, die dem Heiligen und Göttlichen nahekommt, dann gehörte Columbus zu ihnen.

Kapitel 8: Die Erfindung der naturwissenschaftlichen Methode

Von allem Wissen, das der Welt vom Abendland geschenkt wurde, ist das wertvollste die sogenannte «wissenschaftliche Methode». Sie wurde zwischen etwa 1550 und 1700 von einer Reihe europäischer Denker entwickelt, aber sie ging letztlich auf die alten Griechen zurück. Wissenschaft war früher einfach das, was Wissen schafft, und Wissen schaffen konnte jeder. Auch über die Natur konnte jeder etwas wissen. Mit Naturwissenschaft meinen wir heute jedoch nicht mehr das Wissen, das jeder hat oder haben kann. So zählt beispielsweise das Wissen eines Dichters oder eines Tischlers oder auch das eines Philosophen oder Theologen nicht zur Naturwissenschaft. Gewöhnlich zählt auch das Wissen eines Mathematikers nicht dazu, sondern nur das eines «Naturwissenschaftlers». Naturwissenschaftler sind besondere Menschen. Nicht jeder zählt dazu.

Die Bedeutung der Naturwissenschaft

Das alles ist wohl selbstverständlich. Aber es gibt Verwicklungen in der Bedeutung von «Naturwissenschaft», die schwer zu entwirren sind. Betrachten wir das Wort Naturwissenschaft einmal im Zusammenhang einiger Sätze.

1. *Die Naturwissenschaft wird das Geheimnis des Lebens niemals ergründen.*
2. *Früher oder später werden die Naturwissenschaftler AIDS heilen können.*
3. *Naturwissenschaft und Kunst haben nichts miteinander zu tun.*
4. *Ich höre eine naturwissenschaftliche Vorlesung, aber auch eine in Geschichte.*
5. *Die Sprache der Naturwissenschaft ist die Mathematik.*
6. *Naturwissenschaftler versuchen herauszufinden, ob Shakespeare tatsächlich alle ihm zugeschriebenen Bücher geschrieben hat.*
7. *Literaturkritik ist keine Naturwissenschaft, weil sie keine Vorhersagen machen kann.*
8. *Die meisten Dichter bekommen einen glasigen Blick, wenn sie eine mathematische Formel sehen, die meisten Naturwissenschaftler dagegen, wenn sie ein Gedicht sehen.*

9. Wer zweisprachig ist, braucht noch nichts über Sprache zu wissen.
10. Ich kenne die Antwort, aber ich kann sie nicht erklären.

Alle diese Sätze sind in dem Sinn «wirklich», daß sie aus Schriften ernstzunehmender Verfasser stammen (die Sätze 4, 9 und 10 wurden von ernstzunehmenden Sprechern mündlich geäußert). Was meine ich mit «ernstzunehmend»? Ich meine, daß die Verfasser oder Sprecher einigermaßen gebildet waren und das, was sie sagten, ernst meinten; sie hielten das Gesagte also für verständlich und wahr. Außerdem sind alle Sätze in dem Sinn modern, als sie in den letzten zehn Jahren geäußert wurden. Sie stellen ganz offensichtlich eine Art modernen Konsens über die Bedeutung des Wortes Naturwissenschaft dar, auch wenn es in den letzten beiden Sätzen nicht ausdrücklich vorkommt.

Betrachten wir einige der Sätze. Der erste beispielsweise lautet: «Die Naturwissenschaft wird das Geheimnis des Lebens niemals ergründen.» Stimmt das? Nachweislich haben Naturwissenschaftler vor kurzer und in einigen Fällen auch vor nicht so kurzer Zeit viele der «Geheimnisse» des Lebens, darunter die Struktur und Evolution von Zellen, die Wirkungsweise des Immunsystems, die Rolle der DNA in der Genetik und sehr viel mehr, entdeckt. Und sicherlich werden Naturwissenschaftler sich weiterhin um die Erforschung des Lebens und das Aufdecken seiner Geheimnisse bemühen. In dem Wort *Geheimnis* liegt jedoch etwas, das diesen Satz sowohl wahr als auch unanfechtbar macht, etwas Unergründliches. Dieses Geheimnis läßt sich wohl nur lösen, wenn man über andere Formen des Wissens verfügt, ganz gleich, was Wissenschaftler jetzt oder in Zukunft über das Leben in Erfahrung bringen werden.

Oder betrachten wir Satz 5: «Die Sprache der Naturwissenschaft ist die Mathematik.» Danach besteht zwischen Mathematik und Naturwissenschaft eine enge Beziehung, aber sie sind sicherlich nicht identisch. Naturwissenschaftler können Mathematik verwenden, aber sie betreiben keine Mathematik; Mathematiker andererseits brauchen genauso wenig über naturwissenschaftliche Methoden und Ergebnisse zu wissen wie Laien. Albert Einstein war ein großer Theoretiker, aber kein gleich großer Mathematiker; wenn er in einer Klemme steckte, ging er zu seinen mathematischen Freunden, die ihm dann zuweilen helfen konnten. Aber bei all ihrem Können hätten seine Freunde niemals die Relativitätstheorie aufstellen können. Zugleich scheint der Satz zu sagen, daß Mathematik eine andere Art Sprache ist – wie Französisch oder Chinesisch oder die Sprache der Körperbewegungen oder die Notenschrift. All das sind auch Sprachen, aber keine von ihnen könnte je *die* Sprache der Naturwissenschaft genannt werden, obwohl Naturwissenschaftler jede von ihnen lernen könnten.

Satz 9, «Wer zweisprachig ist, braucht noch nichts über Sprache zu wissen» ist Ausdruck eines Grundgefühls, das wir, ob gerechtfertigt oder nicht, über die Sprache haben. Er behauptet auf einem seltsamen Umweg, ein Wissen, wie es etwa zur Beherrschung von zwei Sprachen nötig ist, sei kein Teil der Naturwissenschaft. Naturwissenschaft an sich ist, so folgt dann, nicht unbedingt praktisch oder nützlich. Dieser Satz besagt nichts Gutes über die Naturwissenschaft. Viele Menschen würden lieber zweisprachig sein als Sprachwissenschaftler. Zweisprachigkeit ist gut für das Gehirn, während eine Beherrschung der Sprachwissenschaft nur für solche Menschen von Vorteil ist, die auf diesem Gebiet forschen oder lehren wollen. Man schließt aus diesem Satz, das Wissen der Naturwissenschaftler sei gewöhnlich, wenn nicht immer, spezialisiert und für gewöhnliche Menschen wenig nützlich.

Satz 2 jedoch, «Früher oder später werden die Naturwissenschaftler AIDS heilen können», bezeugt unser tiefes Vertrauen in die Naturwissenschaft, unser Gefühl, daß wir uns auf die Naturwissenschaft verlassen müssen und können, wenn es darum geht, die wirklich schweren und drückenden praktischen Probleme zu lösen, die sich uns stellen. Der Satz deutet auch unser Gefühl an, daß nur von Naturwissenschaftlern ein Mittel gegen AIDS erwartet werden kann. Dichter, Tischler und Philosophen werden es sicherlich nicht finden, und auch ein gewöhnlicher Mensch nicht, indem er einfach darüber nachdenkt. Dies ist wohl eine der verbreitetesten Auffassungen, die mit dem Wort verknüpft sind.

Wenn in unserem wissenschaftlichen Zeitalter Schüler Satz 10 sagen («Ich kenne die Antwort, aber ich kann sie nicht erklären»), entgegnen Lehrer gern: «Wer es nicht erklären kann, weiß es auch nicht!» Und geben dann eine schlechte Note. Wissen, das sich nicht in mathematischer oder anderer Form fassen und mitteilen läßt, gehört, anders gesagt, nicht zur Wissenschaft und sicherlich nicht zur Naturwissenschaft, die als öffentliches Wissen in dem Sinn empfunden wird, daß es feststellbar sein kann und muß, damit andere Naturwissenschaftler es überprüfen und bestätigen können.

Das aber schließt, wie wir sahen, einen riesigen Bereich menschlicher Überlegungen und Handlungen von der Naturwissenschaft aus, die doch einmal alle Formen von Wissen umfaßten, nämlich all jene, die nicht die Art inhärenter Gewißheit aufweisen, wie sie bei naturwissenschaftlichen Kenntnissen vorausgesetzt wird. Auch gute Detektive hegen immer Vermutungen, die sie nicht erklären können, die aber sich trotzdem jedenfalls in Krimis als richtig erweisen. Große Sportler haben ein geniales, unerklärbares und unbeschreibbares Gefühl dafür, wo der Ball ist und wie er gespielt werden sollte. Wenn Soldaten überleben, tun sie das oft wegen ihres sechsten Sinns, mit dem sie die Gefahr vermeiden. Und Heilige haben mehr Gewißheit als alle Naturwissenschaftler darüber, was Gott ihnen gesagt hat oder was sie auf andere Weise über Gott in Erfahrung bringen. Wir versuchen trotzdem nicht, den Satz zu widerlegen, und er ist auch nicht falsch, denn er drückt ein Gefühl aus, das viele bezüglich der Naturwissenschaft haben: Sie kann nicht ausschließlich intuitiv sein, obwohl Intuition irgendwie mit jeder wichtigen wissenschaftlichen Entdeckung und jedem wissenschaftlichen Durchbruch verknüpft sein kann.

Schließlich deckt Satz 3, «Naturwissenschaft und Kunst haben nichts miteinander zu tun», das wohl stärkste Vorurteil über die Naturwissenschaft – und über die Kunst – auf, das so oberflächlich sicherlich nicht zutrifft. Naturwissenschaft und Kunst weisen viele Gemeinsamkeiten auf. So beschäftigen sich mit ihnen beispielsweise viele der begabtesten Menschen, beide können uns Erleuchtung bringen und Schmerzen lindern, beide sind ungeheuer schwierig und fordern von denen, die mit ihnen Erfolg haben wollen, alle Fähigkeiten und Kenntnisse. Aber in einem anderen Sinn ist dieser Satz auch wahr. Sicherlich sehen Naturwissenschaftler und Künstler das, was sie tun, auf unterschiedliche Weise. Sie tun das, was sie tun, selbst dann aus unterschiedlichen Gründen, wenn es ähnlich ist – man denke an einen Metallurgen und einen Bildhauer, der mit Metall arbeitet. Eben diese Unterschiedlichkeit der Sichtweise sagt uns mehr über das, was «Naturwissenschaft» bedeutet und was «Naturwissenschaftler» tun.

Drei Kennzeichen der Naturwissenschaft

So, wie wir das Wort Naturwissenschaft in unserer Alltagssprache verwenden, bezeichnet es ein durch drei Dinge gekennzeichnetes menschliches Unterfangen. Erstens beschäftigen sich Menschen mit ihr, die die Welt auf besondere Weise sehen. Als Naturwissenschaftler möchten sie objektiv, unsentimental und nicht gefühlsbetont sein. Sie sind ganz auf die Beobachtungen wirklicher Dinge gerichtet, die sie Fakten nennen. Sie arbeiten oft in Laboratorien oder anderen Bereichen, wo sie das, an dem sie arbeiten, sorgfältig kontrollieren können. Sie gehen nicht als Wissenschaftler ans Meer, um staunend den Sonnenuntergang zu betrachten, wie es ein Dichter tun könnte. Im Idealfall sind sie ebenfalls sowohl ehrlich wie bescheiden. Sie bemühen sich immer, so von ihren Ergebnissen zu berichten, daß andere sie überprüfen und dann für ihre eigene Arbeit nutzen können. Sie behaupten nicht mehr, als sie beweisen können, und oft sogar weniger. Aber sie sind sehr stolz auf ihren Beruf und reden lieber mit Naturwissenschaftlern als mit anderen Menschen, insbesondere als mit Dichtern, die ihnen ein eher unbehagliches Gefühl vermitteln und sie mißachten. (Natürlich haben Dichter das Gefühl, das beruhe auf Gegenseitigkeit.)

Zweitens geht es in der Naturwissenschaft fast ausschließlich um Dinge, nicht um Gedanken oder Gefühle; und es geht um die Außenwelt des Menschen und das Geschehen in ihr und nicht um innere Abläufe und ihre Auswirkungen, auch wenn sich einige Psychologen viel Mühe geben, wissenschaftlich zu sein oder zu scheinen. Der menschliche Körper gilt als ein Teil der Außenwelt; die Seele nicht. Deshalb bemühen sich die Naturwissenschaftler darum, den Körper zu verstehen, nicht aber die Seele. Auch das Sonnensystem und das Weltall gehören zur Außenwelt, obwohl wir wenige direkte Hinweise auf ihre Seinsweise haben. Naturwissenschaftler neigen zu der Annahme, die Grundbedingungen der Natur seien überall im Kosmos dieselben wie auf der Erde. Die Welt der Naturwissenschaftler enthält einige Dinge wie Quanten, Quarks und Quasare, die genauso geheimnisvoll sind wie Engel und normalerweise ebenso unsichtbar. Aber dies bekümmert sie nicht, weil sie meinen, sie könnten gut mit den Elementarteilchen umgehen, die sie nicht sinnlich wahrnehmen und auch nie sehen werden. Genaugenommen ist die Außenwelt alles, was Naturwissenschaftler messen und in mathematischen Begriffen beschreiben können, und sie schließt alles übrige aus. Der Begriff der Außenwelt ist also ziemlich verschwommen, der zugrundeliegende Gedanke jedoch überhaupt nicht.

Drittens hat die Naturwissenschaft eine ganz eigene Art, mit all dem umzugehen, mit dem sie sich abgibt; sie verwendet dabei spezielle Methoden und berichtet ihre Ergebnisse in ihrer eigenen Sprache. Die bekannteste, aber wohl nicht die am häufigsten verwendete Methode ist das Experimentieren; dazu gehört eine Idee – woher sie kommt, interessiert die meisten Naturwissenschaftler nicht –, die zunächst als überprüfbare Hypothese formuliert und dann in einer kontrollierten Umgebung überprüft wird, um herauszufinden, ob sie gültig ist oder nicht. Die Umgebung muß sorgfältig kontrolliert werden, damit alle wesentlichen Faktoren berücksichtigt werden und andere den Versuch wiederholen können, denn das ist der beste Hinweis auf die Richtigkeit.

Aber das wohl deutlichste Kennzeichen der wissenschaftlichen Methode ist die Sprache, in der die Ergebnisse berichtet werden und in der die Arbeit getan und mit der sie überprüft wird – nämlich die der Mathematik. Viele Naturwissenschaftler meinen, man betreibe erst dann Naturwissenschaft, wenn das Ergebnis mathematisch erfaßt ist, und sie berichten ihre Ergebnisse lieber in mathematischer Sprache, weil das (für sie) viel einfacher und schneller ist und weil Naturwissenschaftler auf der ganzen Welt sie verstehen können. Es ist auch wichtig, daß die Arbeit selbst mathematisch gefaßt wird, was bedeutet, daß die betrachteten Beobachtungen zunächst einmal in Zahlen umgewandelt – oder auf sie reduziert – werden müssen, damit sie untersucht werden können. Der alte Gedanke der ersten griechischen Naturwissenschaftler – wonach die Welt im wesentlichen deshalb verständlich ist, weil sie irgendwie dem menschlichen Geist entspricht – verwandelt sich so in die pythagoräische Sicht, wonach die Welt, jedenfalls die Außenwelt, im wesentlichen deshalb mathematisch und damit verständlich ist, weil der menschliche Geist ebenfalls im wesentlichen mathematisch ist.

Wann immer Menschen in der Lage waren, Dinge zu messen, also sie auf Zahlen zu beziehen, haben sie in ihrem Verständnis und ihrer Beherrschung der Natur tatsächlich große Fortschritte gemacht. Wo Menschen keinen Weg zur Messung gefunden haben, waren sie viel weniger erfolgreich, was zum Teil das relative Versagen der Psychologie, Ökonomie und der Literaturwissenschaft bei ihrem Streben nach dem Status gleich dem einer Naturwissenschaft erklärt.

Die Naturwissenschaft war die große Entdeckung oder Erfindung des siebzehnten Jahrhunderts. In dieser Zeit entdeckten Menschen – und das war eine sehr große, revolutionäre Entdeckung –, wie sie auf die Art und Weise, die wir heute wissenschaftlich nennen, Naturerscheinungen messen, erklären und damit umgehen konnten. Seit dem siebzehnten Jahrhundert hat die Naturwissenschaft viele Fortschritte gemacht, viele Wahrheiten entdeckt und viele Wohltaten gebracht, die das siebzehnte Jahrhundert nicht kannte. Aus diesem Grund ist das siebzehnte Jahrhundert vielleicht das für die Geschichte der Menschheit wichtigste Jahrhundert. Es brachte unwiderrufliche Veränderungen für das Leben der Menschen auf der Erde. Wir können niemals zur Lebensweise beispielsweise der Renaissance zurückkehren. Wir können uns nur fragen, ob die Veränderungen insgesamt zum Besseren waren.

Aristotelische Naturwissenschaft: Materie

Bevor die wissenschaftliche Methode erfunden werden konnte, mußte im siebzehnten Jahrhundert zunächst die Weltsicht des Aristoteles überwunden werden, des größten Naturwissenschaftlers, der bis dahin gelebt hatte. Um das Geschehen verstehen zu können, müssen wir etwas über die Welt wissen, wie Aristoteles sie sah und beschrieb. Das betrifft hier insbesondere zwei Aspekte dieser Welt, nämlich Materie und Bewegung. Jedes Ding, sagte Aristoteles, hat sowohl einen materiellen als auch einen formalen Aspekt. In gewissem Sinn ist die Materie die Möglichkeit eines Dings. In diesem Sinn gibt es Materie nicht für sich. In anderem Sinn ist Materie das Substrat, aus dem Dinge bestehen. Sie ist das Wachs, aus dem das Bild durch Aufprägung der Form entsteht, um ein altes, bei den Aristotelikern beliebtes Bild zu gebrauchen.

In unserer sublunaren Welt, der Welt unterhalb des Mondes, in der die Dinge ganz anders sind als oberhalb, bestehen die Dinge nach Meinung der Aristoteliker aus vier Arten von Materie oder, wie sie gern sagten, Elementen. Diese Elemente sind Erde, Wasser, Luft und Feuer. Keines der Elemente existiert in unserer unvollendeten Welt in Reinform, sondern immer in Mischungen, die mehr oder weniger erdig, feucht, luftig oder feurig sind. Irdische Dinge bestehen meistens, wenn auch niemals völlig, aus Erde. Leichtere Dinge haben eine Beimischung von Wasser, Luft oder auch Feuer, das sich wie die anderen Elemente mischt. Da die vier Elemente niemals allein in ihrer ihnen eigenen reinen Form vorkommen, lassen sie sich nur sehr schwer messen. In gewissem Sinn sind sie unsichtbar. Aber es ist offensichtlich, so sagten die Aristoteliker, daß ein Mensch eine große Menge Erde in sich hat, die ihn schwer macht und beispielsweise zur Stärke seiner Knochen beiträgt; und auch einen wesentlichen Anteil an Wasser, das sein Blut und andere Körperflüssigkeiten ausmacht, Luft, die er ein- und ausatmet, und Feuer, das ihn wärmt und in gewisser Weise das Eigentliche des Lebens ausmacht. So ist es auch mit anderen Dingen unterhalb des Mondes.

Oberhalb des Mondes, also in der Sonne und den Planeten und den großen Kugelflächen, auf denen sie alle sich bewegen, gibt es ein fünftes Element, die sogenannte Quintessenz. Die Sonne und die anderen Himmelskörper bestehen aus der Quintessenz, die es in ihnen in Reinform gibt. Der Mond besteht hauptsächlich aus der Quintessenz, obwohl er auch eine kleine Beimischung der irdischen Elemente enthält, weil er uns so nahe ist, und die Erde besteht natürlich vor allem aus Erde. Der Beweis dafür sind die Markierungen auf dem Mond, die den Falten und Runzeln gleichen, die sich im Lauf der Zeit auf einem schönen Gesicht einstellen. Die Quintessenz, aus der die Himmelskörper bestehen, ist jedoch noch Materie. Engel beispielsweise bestehen nicht aus Materie, weil sie, wie Gott, nicht materiell sind.

Der Bewegungsbegriff bei Aristoteles

Für Aristoteles war es eine Tatsache, die all seiner sorgfältig und widerspruchsfrei konstruierten Physik zugrunde liegt, daß der natürliche Zustand aller sublunaren Dinge die Ruhe ist. Folglich war Bewegung immer entweder heftig oder unnatürlich, oder sie war eine natürliche Korrektur eines früheren Zustands des Ungleichgewichts, also ein Streben des Körpers nach seinem Ort der Ruhe. Wenn dieser Ort einmal erreicht ist, hört die Bewegung auf. Erde, Wasser und bis zu einem bestimmten Grade auch Luft streben in diesem Weltbild von selbst nach unten, zum Erdmittelpunkt hin, den sie erreichen würden, wenn sie könnten, wenn sie also nicht von einer undurchdringlichen Schicht, etwa der Erdoberfläche, daran gehindert würden. Feuer fliegt zu seinem natürlichen Ort der Ruhe, der über uns ist, nach oben, aber nicht unendlich hoch; der Ruhepunkt liegt weit unterhalb der Sphäre des Mondes. Luft ist oft, vielleicht sogar immer, mit Feuer gemischt und auch mit den schwereren Elementen, deshalb ist sie flüchtig und ihr Verhalten unvorhersagbar. Sie steigt auf und sinkt herab, und ihre Bewegungen sind oft wegen der seltsamen Mischung ihrer Elemente sehr unregelmäßig. Wäre die Luft rein, würde sie an ihrem natürlichen Ort über Wasser und Erde und unter dem Feuer um uns herum ruhen, und es gäbe keinen Wind.

Bevor wir dieses Weltbild verwerfen, sollten wir uns überlegen, wie sinnvoll es ist und welch genialer Einfall dahintersteckt. Unserer Erfahrung nach ist ja wirklich alles in Ruhe, wenn es nicht auf der

Suche nach jenem natürlichen Ort ist, wo es Ruhe finden kann, wie der Fluß im Meer und die Flamme hoch oben, oder wenn es zur Bewegung gezwungen wird. Wenn wir ein Ding zur Bewegung zwingen – etwa einen Ball werfen –, kommt es bald zur Ruhe und bleibt an dem einmal gefundenen Ort, bis wir es erneut in Bewegung versetzen. So ist es mit allen materiellen Dingen. Wir nehmen mit unseren Sinnen absolut nichts wahr, das sich nicht zu «wünschen» scheint, einen Ort zu finden, an dem es ruhen kann.

Und wie ist es mit beseelten Dingen, etwa Tieren und Menschen? Auch sie scheinen ihren natürlichen Ort zu suchen, ein Heim, schließlich ein Grab. Denn ist nicht das Grab das Ende und das Ziel allen Strebens? Der Körper sucht dieses Ziel. Aber die menschliche Seele strebt nach etwas anderem, nämlich nach der Einheit mit Gott, nach dem Frieden, den allein Gott geben kann. Das ist der höchste und stärkste Wunsch der Seele, selbst wenn die Seele, wie Dante im sechzehnten Gesang des *Purgatorio* sagt, manchmal irrt. «Meinc Liebe ist mein Gewicht», sagte Augustinus, was unverständlich bleibt, wenn man nicht das Weltbild des Aristoteles kennt. Mein Körper sucht die Erde, weil er irdisch ist. In ihm herrscht das Element Erde vor. Mein Geist möchte gern an einem höheren Ort zur Ruhe kommen, aber das Gewicht meines Körpers zieht mich nach unten. Mein Geist wiegt nur wenig, weniger als Luft und weniger als Feuer, und wegen seiner Leichtigkeit strebt er nach oben zu seinem natürlichen Ruhepunkt, während mein Körper auf Erden zur ewigen Ruhe kommt.

In der sublunaren Welt gibt es also Ruhe und zwei Arten von Bewegung: Natürliche Bewegung, die natürlich ist, weil sie sich aus dem «Gewicht» eines Dings ergibt, das immer nach seinem richtigen Platz sucht (der «richtige» ist dann der «eigene»); und unnatürliche oder gewaltsame Bewegung, wie Aristoteles sagte, weil sie das Ergebnis einer auf ihn wirkenden Kraft ist. Aber wie ist es mit der Welt über dem Mond? Auch dort gibt es Bewegung! Die Sonne und die Planeten bewegen sich, die Fixsterne umkreisen die Welt an jedem Tag einmal. Welche Art von Bewegung ist das? Das war eine schwierige Frage, denn unterhalb des Mondes verlaufen alle Bewegungen auf Geraden, wenn nicht eine gewaltsame Kraft einen Körper vom richtigen Weg abbringt. Über dem Mond bewegen sich die Sonne, die Planeten und die Fixsterne anscheinend auf Kreisbahnen. Werden sie dazu gewungen? Das können wir nicht annehmen, sagten Aristoteles und seine christlichen Anhänger, denn die Himmelskörper sind vollkommen, und es wäre unvollkommen, wenn sie angetrieben würden. Ihre Kreisbewegung muß irgendwie eine natürliche Bewegung sein.

Die Lösung war einfach: Die natürliche Bewegung der Quintessenz ist die gleichförmige Kreisbewegung, die sich von den Bewegungen der sublunaren Dinge unterscheidet, wie auch die Himmelskörper selbst sich von sublunaren Dingen unterscheiden. Damit war augenblicklich alles erklärt. Die Himmelskörper oder vielmehr die Sphären, auf denen sie sich bewegen, drehen sich unablässig, weil das ihre Natur ist, und wenn wir zum Himmel aufblicken, sehen wir das Ergebnis.

Von Zeit zu Zeit wurde eine andere Theorie vertreten, wonach Engel die Planeten auf ihren Bahnen lenkten und sie mühelos auf den ihnen bestimmten Kreisen antrieben. Diese Theorie war sogar im frühen Mittelalter weit verbreitet. Als man nach dem Jahr 1000 Aristoteles wiederentdeckte, wurde klar, wieviel besser seine Annahme einer natürlichen Bewegung der Quintessenz war, die einer natürlichen Substanz, eben der Quintessenz, eigen war. So machte die Welt mehr Sinn und war irgendwie richtiger, schöner, vollkommener – mehr, wie Gott sie gewißlich geplant hatte. Und so wurde diese Theorie der Planetenbewegung zu einem Dogma. Wer diese Überzeugung in Frage stellte, stellte Gottes Weltenplan in Frage.

Der Aufstand gegen Aristoteles

Galilei stellte die Bewegungslehre des Aristoteles in Frage, was zu einem der berühmtesten Momente in der Geschichte der Naturwissenschaft führte. Aber schon mindestens zwei Jahrhunderte vor Galilei waren erste Zweifel geäußert worden.

Wie kam es dazu? Die Bewegungslehre des Aristoteles erklärte, wie Dinge natürlich fallen oder nach unten fließen – ein Ball, der auf einem Turm losgelassen wird, ein zum Meer strömender Fluß –, konnte aber viel weniger überzeugend die Bewegung erklären, die Aristoteles gewaltsam nannte. Dies ist beispielsweise die Bewegung eines Körpers, der von einer Wurfmaschine oder einer Kanone hinausgeschleudert wird. Vielleicht hat die Erfindung oder Verwendung von Wurfmaschinen überhaupt erst zu solchen Fragen geführt. Die herkömmliche Theorie jedenfalls erklärte ihre Wirkungsweise nicht sehr gut. Das ist für uns nicht leicht zu verstehen, weil wir jetzt eine ganz andere Bewegungstheorie haben. Wenn man jedoch bedenkt, daß das Trägheitsgesetz des Aristoteles auf dem Prinzip der

Ruhe beruht, sieht man, wo das Problem liegt. Nach dieser Theorie bewegt sich ein Körper nur, wenn er gestoßen wird, und solange die Bewegung Teil einer natürlichen Bewegung ist, wie dann, wenn ein Körper zum Erdmittelpunkt hin fällt oder die Himmelskörper auf gleichförmige Kreisen laufen.

Ein von einer Wurfmaschine hinausgeschleudertes Geschoß bewegt sich also «nicht natürlich». Während die Maschine es beschleunigt, wird es offensichtlich gestoßen. Aber warum bewegt es sich weiter, wenn es das Katapult verlassen hat? Es wird dann nicht länger gestoßen. Warum fällt es nicht einfach auf den Boden, wenn es frei ist, das zu tun?

Die Aristoteliker hatten Antworten auf diese Fragen, aber sie waren vage und nicht sehr aussagekräftig. Die so selbstverständliche Theorie der trägen Ruhe versagt bei gewaltsamen Bewegungen. So sagte man beispielsweise, daß das Geschoß die Luft in seiner Umgebung störte, diese dann um das Geschoß herum nach hinten strömte, um die durch den Durchgang des Geschosses verursachte Leere zu füllen, weil die Natur einen *horror vacui* habe, also den leeren Raum verabscheue. Diese hektischen Bemühungen der Luft, ein Vakuum zu vermeiden, stießen dann das Geschoß nach vorn.

Viele Philosophen gaben den Versuch einer Erklärung als hoffnungslos auf. Gewaltsame Bewegung sei eben schwer beschreibbar, sagten sie, aber die Theorie sei im allgemeinen offensichtlich richtig, deshalb falle dies nicht besonders ins Gewicht. Einige der hervorragenden Theologen an der Universität von Paris waren skeptischer. Da sie anerkannte Kapazitäten waren, konnten sie ungestraft einen Teil der Theorie des Aristoteles in Frage stellen, denn sie wußten, wie sie die übrige Theorie vor Zweifeln bewahren konnten. Dies jedoch wollte oder konnte Galilei später nicht tun.

Jean Buridan (1300–1358) war einer dieser Theologen, Nicolas von Oresme (etwa 1325–1382) ein anderer. Sie erkannten das Problem, und sie fanden eine Lösung. Die Wurfmaschine, sagten sie, gibt dem Geschoß einen gewissen *Impetus*, und das Geschoß bewegt sich dann aus eigener Kraft, bis dieser Impetus verbraucht ist. Die gewaltsame Bewegung liegt also, anders gesagt, im Wesen der Dinge. Wie bei der natürlichen Bewegung liegt ihr Prinzip im bewegten Körper selbst. Wenn der Impetus erst durch eine Kraft auf das Geschoß übertragen ist, braucht das Geschoß nicht mehr angestoßen zu werden, sondern es fliegt weiter, bis es zur Erde fällt.

Diese Erklärung war besser, aber nicht ausreichend. Das Problem der gleichförmigen Kreisbewegung blieb ungelöst, und die

Theologen sahen nicht, wie sie ihre Einsicht auf dieses Problem anwenden sollten.

Es gab mehrere ernsthafte Probleme bezüglich der tatsächlichen oder erwarteten Bewegung der Himmelskörper. Erstens fragte man sich, ob die Annahme der gleichförmigen Kreisbewegung die Erscheinungen retten könnte, wie man gern sagte. Konnte sie das erklären, was die Astronomen sahen, wenn sie zum Himmel schauten? Für Ptolemäus, den großen Mann aus Alexandria, der zwölfhundert Jahre früher gelebt hatte, war die Kreisbewegung als Erklärung dessen, was er beobachten konnte und was seine Vorfahren ihm als Beobachtungen übermittelt hatten, ausreichend gewesen. Aber jetzt waren die Himmelserscheinungen mit sorgfältiger Aufmerksamkeit von einem ganzen Schwarm von arabischen und griechischen, indischen und italienischen Astronomen jahrhundertelang beobachtet worden. Wenn ihre Beobachtungen zusammengefaßt und verglichen wurden, sah es aus, als ob die Theorie der gleichförmigen Kreisbewegung auch dann die Erscheinungen nicht retten konnte, wenn die Bewegungen auf einfallsreiche Weise miteinander verknüpft wurden.

Diese Verknüpfung gleichförmiger Kreisbewegungen war schon seit einiger Zeit nötig gewesen. Die alten griechischen Astronomen hatten beispielsweise bemerkt, daß die scheinbare Bewegung der Venus am Himmel nicht gleichförmig auf einem Kreis um die Erde verläuft. Dies ließ sich durch die Annahme erklären, ein idealer Punkt, der der idealen Stellung der Venus entspricht, umkreise gleichförmig die Erde, der Planet selbst jedoch umkreise den idealen Punkt gleichförmig. Diese Annahme erklärte die Beobachtung, daß sich die Venus auf ihrer Bahn zu gewissen Zeiten rascher bewegt als zu anderen und gelegentlich sogar in sogenannter retrograder Bewegung auf ihrer Bahn rückwärts läuft. Die gleichförmige Kreisbewegung der Venus um ihren idealen Punkt wurde der Epizyklus der Venus genannt. Als im Lauf der Jahrhunderte genauere Beobachtungen gemacht wurden, waren zur Erklärung der Beobachtungen immer mehr Epizyklen nötig, und schließlich brauchte jeder Planet seinen Epizyklus. Mars brauchte zwei, denn die Störungen in der beobachteten Planetenbahn ließen sich nur erklären, wenn man annahm, der Planet umkreise einen Punkt auf einem Epizyklus, der seinerseits den idealen Punkt des Mars gleichförmig umkreiste. Selbst so bewährte sich die Theorie der Epizyklen nicht vollkommen, als die Genauigkeit der Beobachtungen weiter zunahm. Außerdem waren Epizyklen nicht elegant. Es war unerfreulich, sich den Himmel voller so unschöner Kurbelbewegungen vorzustellen.

Wie aber bewegten sich die Planeten um die Erde, wenn nicht in gleichförmigen Kreisen? Gab es eine andere Form der einfachen Bewegung, die die Erscheinungen erklären konnte und die sich «natürlich» nennen ließ? Anscheinend nicht. Jedenfalls konnte sich niemand eine vorstellen.

Im Lauf der Zeit gab es viele andere ungelöste Probleme. Warum bewegten sich die Himmelskörper überhaupt, ob nun auf Kreisen oder auf anderen Bahnen? Die einst unbezweifelte Antwort – Gott wollte es so, deshalb bewegten sie sich – bereitete kühneren Geistern jetzt Mühe. Auch die Annahme der Quintessenz fiel nicht leicht. Das galt insbesondere für ihre Bewegung. Vielen, die darüber nachdachten, gefiel der Gedanke nicht, es gäbe eine Bewegung, die auf der Erde niemals beobachtet werden kann, denn auf ihr bewegt sich von selbst nichts auf einer Kreisbahn. (Wenn sich auf der Erde etwas auf einem Kreis bewegt, dann deshalb, weil es zu einer solchen Bewegung gezwungen wird.) Was bewirkte diese Bewegung, wenn es keine Engel oder intelligente Wesen gab, die die Sonne und die Planeten und die Fixsterne bewegten – wenn sie sich also von selbst bewegen?

Außerdem gab es das Problem der Himmelssphären, auf die die Bewegung der Himmelskörper angeblich beschränkt war. Sie durften sich nicht im leeren Raum bewegen, denn leerer Raum war aus mehreren Gründen – beispielsweise weil die Natur ein Vakuum verabscheut – undenkbar. (Darüber hatte sich Aristoteles mit Demokrit auseinandergesetzt.) Diese großen Kugelflächen, die bei ihren Umläufen himmlische, wenn auch unhörbare, Musik machten, waren unsichtbar. Aber die Epizyklen, von denen einige von anderen überlagert werden, waren ebenfalls Kristallkugeln, und es sah so aus, als ob einige der Kugeln andere durchdrangen. Das jedoch war unmöglich, weil die Quintessenz, aus der sie bestanden, angeblich undurchdringlich, unveränderlich, unzerstörbar und so weiter war.

Schließlich gab es noch ein besonderes Problem mit den Fixsternen. Sie sollten sich jenseits der Sphäre des Saturn auf einer Kristallkugel bewegen. (Jenseits der Fixsterne war die Wohnung Gottes und der Seligen, der höchste Himmel.) Beobachtungen an Sternparallaxen, die bis in die Zeit von Ptolemäus zurückgingen, hatten gezeigt, daß diese Kugel und alle Sterne auf ihr sehr weit entfernt sein mußten. Aber wenn die Sterne so weit entfernt waren, mußte die Geschwindigkeit, mit der sich ihre Sphäre in vierundzwanzig Stunden um die Erde drehte, unvorstellbar groß sein. Dies war in gewisser Weise kein Problem, weil Gott es so eingerichtet haben könnte, wenn es ihm gefallen hätte. Der göttlichen Macht waren keine Grenzen gesetzt.

Aber auch so schien die Theorie schwierig zu sein. Und viele Menschen in vielen Ländern suchten nach einfacheren Lösungen.

Kopernikus

Nikolaus Kopernikus wurde als Nikolaus Koppernigk am 19. Februar 1473 im ostpreußischen Thorn geboren. Er studierte in Krakau, Bologna, Rom, Padua und Ferrara und lebte ab 1512 überwiegend im ostpreußischen Frauenburg als Domherr. Schon um 1500 sagte man von ihm, er beherrsche das Wissen seiner Zeit wie kein anderer, denn er hatte Medizin und Jura ebenso studiert wie Mathematik und Astronomie. Als sein Fach wählte er unter all diesen Wissensgebieten die Astronomie. Je besser er die vorherrschende Theorie des Himmels von Ptolemäus und Aristoteles kennenlernte, um so mehr bereitete sie ihm Sorgen. Die Theorie erschien ihm unnötig kompliziert. Beispielsweise erklärt sich ganz einfach, warum die Fixsterne die Erde tagtäglich umrunden, wenn die Erde selbst sich drehen würde, das löst auch das Problem der raschen Bewegung, weil die Sterne sich dann gar nicht zu bewegen brauchten. Und wenn die Erde die Sonne umrundet, und nicht die Sonne die Erde, ließen sich auch die Planetenbahnen leicht verstehen.

Kopernikus studierte alle alten griechischen astronomischen Texte, die er nur finden konnte. Er entdeckte, daß schon antike griechische Astronomen an eine rotierende Erde und ein heliozentrisches System gedacht hatten. War es möglich, die Annahmen geringfügig zu verändern und eine wesentliche Verbesserung zu erhalten? Kopernikus kam dazu, diese Frage zu bejahen. Er war jedoch vorsichtig und zögerte die Veröffentlichung seines Buches ‹De revolutionibus orbium coelestium› lange hinaus. Es ging erst in Druck, als Kopernikus auf dem Totenbett lag, und er sah eine erste Ausgabe seines großen Werks an seinem Todestag 1543.

Kopernikus hatte sich vor der religiösen Kontroverse gescheut und vor dem, was die orthodoxen Aristoteliker zu seinen Gedanken sagen würden. Seine Gegner aber sagten eigentlich überraschend wenig, zum Teil, weil eine von einem Freund geschriebene Einleitung zu seinem Buch betonte, daß die Theorie nur eine Hypothese sei, die gewisse mathematische Schwierigkeiten beheben sollte. Kopernikus behauptete nicht wirklich, daß sich die Erde einmal am Tag um sich selber und einmal im Jahr um die Sonne drehe, so die Einführung, obwohl aufmerksame Leser des Buchs erkannten, daß

Kopernikus eigentlich genau das sagte. Wohl deshalb führte die neue Theorie nicht zu der intellektuellen Revolution, die Kopernikus vielleicht sogar gewünscht hatte, auch wenn er Angst hatte, sie zu seinen Lebzeiten herbeizuführen.

Vielleicht führte Kopernikus die sogenannte kopernikanische Wende vor allem deshalb nicht selbst herbei, weil er sorgfältig an zwei wichtigen Merkmalen des aristotelischen Systems festgehalten hatte. Das eine war die gleichförmige Kreisbewegung, das andere die Quintessenz, für die eine solche Bewegung als natürlich vorausgesetzt wurde. Theologen und Astronomen konnten deshalb denken, es habe sich nichts wirklich Wichtiges verändert. Tatsächlich sieht Goethe das Verdienst von Kopernikus in der ‹Farbenlehre› wohl richtig:

> *Doch unter allen Entdeckungen und Überzeugungen möchte nichts eine größere Wirkung auf den menschlichen Geist hervorgebracht haben als die Lehre des Copernicus. Kaum war die Welt als rund anerkannt und in sich selbst abgeschlossen, so sollte sie auf das ungeheure Vorrecht Verzicht tun, der Mittelpunkt des Weltalls zu sein. Vielleicht ist noch nie eine größere Forderung an die Menschheit geschehen: denn was ging nicht alles durch diese Anerkennung in Dunst und Rauch auf: ein zweites Paradies, eine Welt der Unschuld, Dichtkunst und Frömmigkeit, das Zeugnis der Sinne, die Überzeugung eines poetisch-religiösen Glaubens; kein Wunder, daß man dies alles nicht wollte fahren lassen, daß man sich auf alle Weise einer solchen Lehre entgegensetzte, die denjenigen, der sie annahm, zu einer bisher unbekannten, ja ungeahnten Denkfreiheit und Großheit der Gesinnungen berechtigte und aufforderte.*

Tycho Brahe

Diesem großen dänischen Astronomen war klar, daß sich vieles verändert hatte. Der 1546 geborene Brahe wurde früh von einem kinderlosen wohlhabenden Onkel entführt, der ihn, nachdem die Familie den Schock überwunden hatte, wie sein eigenes Kind erzog, für eine ausgezeichnete Ausbildung sorgte und ihn zu seinem Erben machte. Brahe enttäuschte seinen Wohltäter nur in einer Hinsicht. Sein Onkel hatte gewünscht, er solle Rechtsanwalt werden, er aber bestand auf einer Laufbahn als Astronom. Nachdem er schon mit 25 Jahren Erbe der Güter seines Vaters und seines Onkels geworden war, konnte er als wohlhabender Mann sein Leben ganz nach seinem Belieben gestalten. Mit zusätzlicher finanzieller Hilfe vom dänischen König baute Brahe auf einer Insel in der Nähe von

Kopenhagen seine eigene Sternwarte Uraniborg, wo er sich daran machte, das auszuführen, was er sich zum Lebensziel gesetzt hatte, nämlich alle bekannten astronomischen Aufzeichnungen, die bekanntermaßen ungenau waren, zu berichtigen. Vielleicht war das aufregendste Ereignis in seinem Leben die Entdeckung einer Nova im Sternbild der Cassiopeia. Er beobachtete diesen 1572 auftauchenden Stern einige Monate lang und veröffentlichte 1573 eine Monographie, die ihn augenblicklich berühmt und zugleich umstritten machte.

Neue Sterne hatten im aristotelischen und im christlichen Weltall keinen Platz. Die Welt unterhalb des Mondes war chaotisch, unvollkommen und unvorhersagbar veränderlich. Das war eine annehmbare, aber nicht sehr wünschenswerte Lage. Im Grunde war es die Schuld des Teufels, der Gottes ursprünglich vollkommene Welt gestört hatte, indem er Eva und Adam zur Sünde verführt hatte. Oberhalb des Mondes jedoch änderte sich der Himmel nicht. Dort spiegelte sich Gottes unverbrüchliche Liebe für die Welt und für die Menschheit. Die Theologen schlossen deshalb nach einer pflichtschuldigen Untersuchung von Brahes Schrift, daß die Arbeit und sein Verfasser sich irrten. Der neue Stern war nicht wirklich neu. Er war einfach noch nicht beobachtet worden.

Brahe war nicht überrascht und auch nicht sehr enttäuscht. Er war finanziell unabhängig, und Dänemark war ein lutherisches Land. Sein König war ein überzeugter Protestant und kümmerte sich kaum mehr als Brahe um die Kritik der römisch-katholischen Geistlichen. Jedenfalls ging es Brahe weiterhin vor allem darum, der Nachwelt eine Sammlung astronomischer Daten zu überlassen, die sich wegen ihrer Genauigkeit auch für spätere Generationen als nützlich erweisen könnten. Nach 1588 gewährte ein neuer König weniger finanzielle Unterstützung, und Brahe mußte seine geliebte Sternwarte aufgeben; er ließ sich in Prag nieder, wo er seine Arbeit unter viel bescheideneren Umständen fortführen konnte. Dort gehörte der 25 Jahre jüngere Johannes Kepler zu seinen Mitarbeitern, der nach Brahes Tod 1601 Zugang zu dessen astronomischen Daten erhielt. Was Kepler mit ihnen tat, werden wir in Kürze erfahren.

Gilbert

Der Engländer William Gilbert (1544–1603) fügte dem immer größer werdenden Wissen, das schließlich das feste und unveränderliche aristotelische Weltbild entthronen und durch ein anderes ersetzen sollte, eine Entdeckung und eine kühne Hypothese hinzu. Wie sein Zeitgenosse William Harvey (1578–1657), der Entdecker des Kreislaufs, in dem das Herz Blut durch die Arterien und Venen pumpt, war auch Gilbert ein erfolgreicher praktischer Arzt. Berühmt aber wurde er durch seine wissenschaftliche Liebhaberei, seine Begeisterung für den Magneteisenstein, ein jetzt Magnetit genanntes Mineral, das magnetisch ist und vielerorts gefunden wird. Gilbert untersuchte Magnetsteine aller Arten, Formen und Magnetstärken. Seine wichtigste Entdeckung war, daß die Erde selbst ein Magnet ist. Er erfuhr dies, als er beobachtete, daß eine Kompaßnadel nach unten ausschlägt, wenn sie (in der nördlichen Halbkugel) den magnetischen Nordpol findet. Gilbert vermutete, daß Schwerkraft und Magnetismus der Erde irgend etwas miteinander zu tun hätten, aber er fand nie heraus, was es war.

England war wie Dänemark ein protestantisches Land, und wie Brahes Geldgeber war auch Gilberts Förderin, Königin Elisabeth I protestantisch. Gilbert durfte seine bemerkenswert modernen Gedanken deshalb bekanntgeben. Dabei sprach er sich deutlich für das von Kopernikus entwickelte heliozentrische Weltbild aus und schloß, daß nicht alle Fixsterne gleich weit von der Erde entfernt sind. Am provozierendsten war sein Gedanke, daß die Planeten durch eine Art Magnetismus in ihren Bahnen gehalten würden. Niemand verstand damals, was dieser Vorschlag für Folgen hätte, auch Gilbert selbst nicht.

Kepler

Johannes Kepler wurde 1571 im württembergischen Weil der Stadt geboren und starb 1630 in Regensburg. Obwohl er der Sohn armer (wenn auch adliger) Eltern war, erhielt er eine ausgezeichnete und umfassende Erziehung in lutherischen Schulen und an der Universität Tübingen. Er fand, als er in die Wirren der Gegenreformation geriet, keine seinen Fähigkeiten entsprechende Anstellung; doch dann erregte eine Arbeit über ein astronomisches Thema die Aufmerksamkeit von Tycho Brahe, damals schon in Prag, der den jungen Mann einlud, sein Assistent zu werden. Nach Brahes Tod 1601 wurde er an seiner Stelle zum kaiserlichen Mathematiker ernannt und erhielt schließlich Zugang zu Brahes umfangreichen Aufzeichnungen genauer astronomischer Beobachtungen.

Kepler hatte von Brahe mehr als nur Daten geerbt, denn er erkannte allmählich auch Brahes unorthodoxe Ansichten, von denen er einige erst nach Brahes Tod kennenlernte. Brahe hatte Arbeiten veröffentlicht, die die Theorie der Kristallsphären in Frage stellten, auf denen sich die Planeten mutmaßlich bewegten. Kepler führte die Überlegung weiter, daß sich die Planeten frei im Raum bewegen könnten, und nahm sie in seine eigene Arbeit auf. Wie Brahe sah auch Kepler die heliozentrische Theorie des Kopernikus als mehr als nur eine Hypothese, und er veröffentlichte Arbeiten, in denen er behauptete, eine Beschreibung der Welt, in der die Erde und nicht die der Sonne im Mittelpunkt stehe, sei unannehmbar. Aber sein größter Beitrag sind die drei Gesetze der Planetenbewegung, die das Problem der Epizyklen und exzentrischen Bahnen ein für allemal lösen. Diese drei nach ihm benannten Gesetze gelten auch nach heutiger Kenntnis in sehr guter Näherung.

Das erste Gesetz ist eine wesentliche Veränderung des aristotelischen Systems, denn das Gesetz beschreibt die Planetenbewegung nicht als Kreisbewegung, sondern als Ellipsen, in deren einen Brennpunkt die Sonne steht. Diese Ellipsen sind sehr kreisähnlich, was erklärt, warum die frühere Annahme von Kreisbahnen angemessen war, solange die Beobachtungen relativ ungenau waren. Die neue Annahme war nun innerhalb der Grenzen der Beobachtungsgenauigkeit der damaligen Zeit ebenfalls richtig und brauchte keine weiteren Korrekturen, keine Exzentrizitäten, keine Epizyklen, keine Kunstgriffe.

Keplers zweites Gesetz der Planetenbewegung behauptet, daß die Strecke, die einen Planeten mit der Sonne verbindet, in gleichen Zeiten gleichgroße Flächen überstreicht. Wenn also ein Planet der Sonne näher ist, läuft er auf seiner Bahn rascher, als wenn er weiter entfernt ist. Diese brillante Einsicht, die für Newton eine wesentliche Anregung bedeutete, gilt für alle Körper, auf die eine Zentralkraft wirkt. Sie konnte die meisten der Unstimmigkeiten zwischen der astronomischen Theorie und den Beobachtungen erklären. Leider konnte Kepler den Kraftbegriff nicht als Gesetz erfassen. Er wußte, daß seine Einsicht richtig war, und damit hatte er recht, aber er verstand den Grund dafür nicht wirklich.

Das dritte Gesetz stellt eine mathematische Beziehung zwischen den Umlaufzeiten der Planeten und ihrer Entfernungen von der Sonne her. Die Entdeckung dieses Gesetzes war eine bemerkenswerte Leistung, denn die primitiven Instrumente seiner Zeit lieferten nur ungenaue Daten.

Kepler verbrachte viele Jahre nicht nur damit, diese Gesetze zu entwickeln und die Veröffentlichung von Brahes Tabellen vorzubereiten, sondern auch damit, über das nachzudenken, was er als das große ungelöste Problem der Planetenbewegung erkannte, nämlich die Frage, warum die Planeten die Sonne umlaufen. Was hält die Planeten auf ihren Bahnen und was treibt sie an? Kepler vermutete einen Zusammenhang mit den Ideen Gilberts zum Magnetismus und befreite sich von fast der gesamten aristotelischen Last, auch von dem Gedanken, daß es Intelligenzen seien, die die Planeten auf ihren ewigen Runden lenken. Er konnte auch den Gedanken akzeptieren, daß eine Fernkraft auf die Planeten wirkt, man also zwischen Sonne und Planeten keinen physikalischen Mittler braucht. Er konnte jedoch eine entscheidende aristotelische Annahme, nämlich die der trägen Ruhe, nicht ablegen. Er kam sehr nahe an die Entdekkung des Geheimnisses, das Newton zu einem der größten Naturwissenschaftler machte, aber er verfehlte sie, weil er dachte, die Planeten würden zu einem Stillstand kommen, wenn sie nicht angetrieben würden.

Galilei

Galileo Galilei wurde 1564 in Pisa geboren und starb 1642 in Acetri bei Florenz. Er war katholisch und lebte in einem katholischen Land. Das unterscheidet ihn wesentlich von Brahe, Gilbert und Kepler. Galilei studierte in Pisa und lehrte in Padua Mathematik. Er war der führende mathematische Physiker seiner Zeit, und das nicht nur, weil er ein sehr guter Geometer war. Er war auch der erste moderne Mensch, der begriffen hatte, daß die Mathematik die physikalische Welt beschreiben kann. «Das Buch der Natur», sagte er, «ist in der Sprache der Mathematik geschrieben.» Als junger Mann zeigte Galilei in eleganten Experimenten, wie wenig angemessen die aristotelische Theorie der gewaltsamen Bewegung ist. Er akzeptierte Buridans Impetus-Theorie und bewies, daß Geschosse Parabelbahnen folgen. Er untersuchte die Pendelbewegung und bewies, daß sie wie die Planeten in gleichen Zeiten gleiche Flächen überstreichen. All dieses waren praktische Beweise theoretischer Überlegungen, die ihn nicht in Schwierigkeiten brachten. Seine Probleme begannen, als er im Frühling 1609 in Venedig von der Erfindung des Teleskops erfuhr und sich nach der Rückkehr in Padua ein eigenes Fernrohr baute und so lange korrigierte, bis es besser war als alle anderen, die es damals gab. Im Sommer und Herbst 1609 und im Winter 1610 machte er damit eine Reihe von Beobachtungen.

Zunächst beobachtete er mit seinem Fernrohr den Mond. Zu seinem großen Erstaunen entdeckte er, daß die Mondoberfläche nicht glatt ist, sondern Berge und Täler dem entsprechen, was man immer gesehen, aber niemals zuvor verstanden hatte. Dies war aber nicht so überraschend, weil man immer angenommen hatte, daß der Mond nicht ausschließlich aus der Quintessenz, dem fünften Stoff, bestand. Dann beobachtete er Jupiter und entdeckte seine Monde. Jupiter und seine Monde bildeten also ein kleines «Sonnensystem», das sich seinerseits um einen größeren Körper drehte. Schließlich richtete er sein Fernrohr auf die Sonne und entdeckte dort seltsame Flecken, dunkle Bereiche, die nicht konstant waren, sondern Form und Lage von einem Tag zum nächsten und von einem Monat zum anderen veränderten. Die Himmel waren also nicht unveränderlich und unzerstörbar. Die Entstehung der Berge und Täler auf dem Mond mußte, so schloß Galilei, jener der irdischen geähnelt haben. Jupiter hatte ein kleines Planetensystem, und vielleicht gab es viele weitere solche Systeme, die er mit seinem Instrument noch nicht sehen konnte. Die Sonne war also eine Art Lebewesen, das sich verändern konnte und das auch vor seinen Augen tat.

Galilei ging 1611 nach Rom, um am päpstlichen Hof von dem zu berichten, was er gesehen hatte. Er nahm sein Fernrohr mit. Viele waren von seinen Entdeckungen beeindruckt, deren Bedeutung sie gar nicht gleich verstanden. Aber Galilei forderte, sie sollten ihre Augen für diese Folgerungen öffnen. Unter anderem behauptete er (zu Unrecht), er habe einen mathematischen Beweis dafür, daß die Erde sich um die Sonne dreht und nicht die Sonne um die Erde. Ptolemäus hatte also unrecht und Kopernikus recht. Und, so behauptete er, seine teleskopischen Beobachtungen bewiesen, daß der Himmel gar nicht so verschieden war von der sublunaren Welt. Es gab keine Quintessenz. Alle Materie müsse überall gleich oder wenigstens sehr ähnlich sein.

Das läßt sich nicht mit Mathematik beweisen, sagte Kardinal Robert Bellarmin (1542–1621), der wichtigste Theologe der römischen Kirche. Er erinnerte Galilei an die altehrwürdige Überzeugung, daß mathematische Hypothesen nichts mit der physikalischen Wirklichkeit zu tun haben. Diese jahrhundertelang von der Kirche vertretene Überzeugung hatte das Werk des Kopernikus vor dem Vergessenwerden bewahrt. Die physikalische Wirklichkeit, sagte der Kardinal, wird nicht durch Mathematik, sondern durch die Heilige Schrift und die Kirchenväter erklärt. Schauen Sie durch mein Fernrohr und sehen Sie selbst, sagte Galilei. Bellarmin schaute, aber er sah nichts. Warum konnten Kardinal Bellarmin und die Dominikaner, deren Hilfe er bei einer Kampagne gegen Galilei in Anspruch nahm, nicht sehen, was Galilei sah, und was wir sehen würden, wenn wir durch das Fernrohr schauten? Ihre Augen waren physikalisch dieselben wie unsere, aber sie sahen die Welt anders als wir. Sie glaubten zutiefst an das ptolemäische System und die aristotelische Weltordnung, aber nicht, weil sie Physiker waren, die meinten, jene Theorien könnten die Erscheinungen besser erklären. Sie wußten wenig oder nichts über die Erscheinungen. Sie glaubten an die alten Theorien, weil die Theorien ihre noch festeren Überzeugungen bestätigten. Und wenn jene tiefsten Überzeugungen in Frage gestellt wurde, brach die Welt zusammen. Dieser Möglichkeit konnten sie nicht ins Auge sehen.

Augustinus hatte vor über tausend Jahren in seinem ‹Gottesstaat› zwischen einem himmlischen und dem irdischen Staat unterschieden, von denen er sagen konnte, sie bestimmten das Menschenleben und die Pilgerschaft seines Geistes. Augustins Unterscheidung war sicherlich nur allegorisch gewesen, er hatte also nicht gemeint, daß man den Gottes- oder Menschenstaat anders als mit dem inneren Auge sehen könne. Im Lauf der Jahrhunderte hatten diese großen Bilder jedoch eine Art Wirklichkeit erlangt, die sich als mächtiger erwies als das, was den Augen sichtbar war. Der Menschenstaat war hier, unterhalb des Mondes. Er war irdisch, materiell, mit starkem Geschmack und Geruch, eben das gewöhnliche Menschenleben. Aber am Himmel, nachts, wurde der Gottesstaat jenen sichtbar, die Augen hatten, ihn zu sehen. Er glänzte dort unveränderlich, unzerstörbar, ewig schön. Es war das Versprechen Gottes an die Gläubigen, das Zeichen des christlichen, nicht des jüdischen Bundes. Er war das Schönste, Wünschenswerteste der ganzen Welt. Es war undenkbar, ihn in Frage zu stellen, zu zerstören, umzustürzen. Jeder, der drohte, das zu tun, mußte daran gehindert werden und wenn notwendig auch auf dem Scheiterhaufen verbrannt werden. Selbst wenn er der Welt größter Naturwissenschaftler wäre.

Galilei interessierte sich wenig oder gar nicht für den Gottesstaat des Augustin. Er war ein guter Christ, aber sein Glaube war so einfach, wie seine Mathematik subtil und kompliziert war. Er ging zur Kirche und zur Kommunion, aber während der Predigt führte er im Kopf Rechnungen durch. Er beobachtete die kleinen Schwingungen des Leuchters im Dom zu Pisa und erarbeitete eine Theorie der Pendelbewegung. Auch für ihn besaß der Himmel einen außerordentlichen Glanz, aber der war ganz anders als der Glanz des Kardinals Bellarmin. Der Himmel barg auch für ihn eine Verheißung: Galilei träumte davon, den Himmel zu erforschen, zu verstehen, sogar in gewisser Weise zu beherrschen.

Bellarmin beging einen Fehler, als er nicht versuchte, Galilei zu verstehen, als er nicht erkannte, welch ein Mann dieser war, nämlich ein guter Katholik, der niemals willentlich der Kirche Schaden zufügen wollte, und sich sicherlich nicht, wie Bellarmin fürchtete, von Protestanten gewinnen lassen würde. Eine andere altehrwürdige Lehre unterstützte Galilei; wenn nämlich die Heilige Schrift im Widerspruch zu wissenschaftlicher Wahrheit steht, mußte die Schrift allogorisch verstanden werden, um den «schrecklichen Schaden für Seelen zu vermeiden, wenn Menschen sich durch Beweis von etwas überzeugt fanden, das doch zu glauben eine Sünde war». Diese raffinierte Überlegung war Galilei vermutlich von einem befreundeten Theologen nahegelegt worden. Er selbst wäre wohl nicht darauf gekommen. Aber Bellarmin ignorierte sie, obwohl sie ihm einen guten Rückzug erlaubt hätte. Er stürmte nach vorn, ungeachtet der politischen Folgen, die es haben könnte, wenn Galilei verfolgt und vielleicht sogar zum Tode verdammt würde.

Auch Galilei beging einen Fehler, als er sich nicht um Verständnis für Bellarmin und jene, die dachten wie dieser, bemühte. Der Streit war nicht rein naturwissenschaftlich, und es ging sicherlich nicht um eine bestimmte wissenschaftliche Wahrheit wie etwa darum, ob die Sonne um die Erde läuft oder die Erde um die Sonne. Es ging vielmehr um die Naturwissenschaft selbst, um die Rolle, die sie im Menschenleben spielen sollte und besonders darum, ob es Naturwissenschaftlern erlaubt sein sollte, mit absoluter Freiheit Mutmaßungen über die Wirklichkeit anzustellen. Es ging sogar um noch mehr, nämlich um den Gottesstaat, der nie wieder so gesehen werden konnte wie früher, falls Galilei recht hatte. Jeder wußte, daß er in gewisser Weise recht hatte; seine Hypothesen waren viel befriedigender als alle anderen. Aber Galilei wollte über reine Hypothesen hinausgehen. Er bestand darauf, daß das, was er mathematisch und mit Hilfe seiner Beobachtungen beweisen konnte, *wahr* war und von keinem anderen als einem besseren Mathematiker oder einem besseren Beobachter in Frage gestellt werden konnte.

Die Kirche hatte, so sagte er, nicht das Recht, die physikalische Wirklichkeit zu beschreiben. Aber welches Recht blieb der Kirche dann? Würde die Kirche nicht auf reine Seelsorge reduziert werden, wenn sie nicht mehr in jedem Bereich, sondern nur in geistlichen Belangen sagen konnte, was richtig war und was nicht? Und falls das geschah, bestand die Gefahr, daß Millionen Seelen aufhören würden, den Rat der Kirche zu erbitten. Und würden dann nicht aller Wahrscheinlichkeit nach die meisten von ihnen in die Hölle kommen?

So argumentierte Kardinal Bellarmin. Es war klar, wie er die Wahl verstand, vor der die Menschheit stand. Galilei wurde zum Schweigen verdammt, und daran hat er sich auch fast immer gehalten. Bellarmin wurde 1930 heilig gesprochen. Aber auf Dauer gesehen hat natürlich Galilei gewonnen. Die Kirche wurde, jedenfalls in der westlichen Welt, auf ihre Seelsorgefunktion reduziert, während die Naturwissenschaft den Rang einer überragenden Autorität erhielt.

Bellarmin versagte, weil er als Theologe nicht gut genug war. Er hätte Augustin genauer lesen sollen; dann hätte er gesehen, daß Gottes- und Menschenstaat nur allegorisch zu verstehen sind. Sie sind nicht in derselben Weise wirklich wie das, was man durch ein Fernrohr sieht. Augustin und viele, die ihn gut verstanden, hatten immer mit zwei Wirklichkeiten jonglieren können, die den beiden Staaten entsprechen konnten. Galilei hätte dann im Menschenstaat Autorität gehabt, die Kirche hätte ihre Autorität im Gottesstaat behalten. Weil die Kirche die Autorität in beiden für sich in Anspruch nahm, hatte sie am Schluß gar keine. Wenn wir heute in einer klaren dunklen Nacht zum Himmel schauen, ist der Anblick wunderbar, aber wir sehen nicht mehr das, was die Menschheit dort früher einmal sah. Wir haben dadurch sowohl gewonnen als auch verloren.

Descartes

René Descartes wurde in La Haye (dem jetzigen La Haye-Descartes) 1596 geboren und starb 1650 in Stockholm an einer Erkältung, die er sich zuzog, weil er im kalten nordischen Winter schon um fünf Uhr morgens Philosophie lehren sollte. Er hatte es immer vorgezogen, lange im Bett liegen zu bleiben, und er verabscheute die Kälte, aber seine Gönnerin, die Königin Christina, wollte den Unterricht unbedingt in aller Herrgottsfrühe haben, und das konnte Descartes ihr nicht abschlagen. Solche Ironien des Schicksals machen die Geschichte der Naturwissenschaften gelegentlich sehr amüsant.

Die Biographie von René Descartes weist noch weitere Widersprüche auf. Er war ein überzeugter Katholik, aber seine Schriften haben die Autorität der Kirche wohl stärker untergraben als die Worte eines jeden anderen Menschen. Er schuf eine wissenschaftliche Methode, die nicht nur die Naturwissenschaften revolutionierte, sondern auch die Art und Weise, wie die Menschheit in der Welt lebt. Aber seine eigenen Ansichten der Dinge waren oft falsch und in einigen Fällen so verheerend, daß sie den Fortschritt der Wissenschaft in Frankreich zwei Jahrhunderte lang aufhielten, da französische Denker zu der Meinung neigten, sie müßten Descartes folgen, ob sie ihn nun verstanden oder nicht. Ähnlich bestanden die Engländer darauf, daß Newtons Schreibweise für die Infinitesimalrechnung zweckmäßiger sei als die von Leibniz – was Unsinn war, auch wenn Newton die Infinitesimalrechnung sicher als erster erfunden hatte –, und das hielt die englische Mathematik über ein Jahrhundert lang zurück. Als besonders ironisch erscheint, daß die Suche des Descartes nach Sicherheit auf dem Prinzip beruhte, daß alles bezweifelt werden sollte. Der Gedanke war seltsam, aber er bewährte sich.

Descartes erhielt die beste jesuitische Ausbildung, die es seinerzeit in Europa gab; zu ihr gehörte eine gründliche Beschäftigung mit der Logik und Physik des Aristoteles. Als Descartes 20jährig seine Studien abschloß, war er verzweifelt, denn er hatte das Gefühl, er wisse nichts mit der Gewißheit, mit der er alles zu wissen begehrte. Oder vielmehr, er wisse bis auf einige mathematische Wahrheiten nichts mit Sicherheit. In der Mathematik, meinte er, gab es sicheres Wissen, denn man konnte mit Axiomen beginnen, die das Merkmal unbezweifelbarer Wahrheit hatten, und davon ausgehend in kleinen Schritten ein Gedankenbebäude errichten, das ebenso gefestigt war. Solche Gewißheit kam seiner Meinung nach keinem anderen Gebiet zu, weder der Naturwissenschaft noch der Geschichte oder der Philosophie, nicht einmal der Theologie, obwohl diese ja behauptete, sie allein könne dem menschlichen Geist die höchste Gewißheit vermitteln.

Descartes fühlte sich 1639 nach weiten Reisen, umfangreicher Lektüre und einem ausgedehnten Schriftwechsel mit den fortschrittlichsten Menschen Europas in der Lage, eine Art Summe seiner Philosophie zu ziehen. Er wollte alles Wissen in einem großen Gedankengebäude zusammenfassen, das auf einer allgemeingültigen Methode beruhte, die zu Gewißheit führte. Aber in diesem Jahr erfuhr er von Galileis Verdammung und beschloß, das Buch lieber nicht zu schreiben. Stattdessen schrieb er ‹Discours de la Méthode›, in dem er sich ausschließlich auf die Methode konzentrierte und überließ anderen die Arbeit, mit ihrer Hilfe umstrittene neue Wahrheiten zu entdecken. Trotzdem brachten ihn diese ‹Abhandlungen über die Methode› in ernste Schwierigkeiten.

Das Buch ist absolut erstaunlich. In ihm gibt er in einem Französisch, das beispielhaft für die Klarheit und Deutlichkeit der Gedanken seines Verfassers ist, die Geschichte seiner geistigen Entwicklung wieder; er schildert, wie er begann, das, was man ihn gelehrt hatte, zu bezweifeln und wie er weiter zweifelte, bis er zu dem einfachen Schluß kam, es sei alles zweifelhaft, nur nicht die Tatsache, daß es ihn, den Zweifler, gibt, weil er zweifelte (*Dubito ergo sum* – «Ich zweifle; deshalb bin ich»). Er entwickelte dann ein Verfahren, wie sich auch in anderen Bereichen ähnliche Gewißheit gewinnen läßt, wenn alle Probleme auf eine mathematische Form und Lösung zurückgeführt werden. Daraufhin «bewies er mathematisch» die Existenz Gottes und zeigte gleichzeitig, wie Gott eine Welt erschaffen hatte, die ohne seinen Eingriff wie eine riesige, komplizierte und reichverzierte Uhr immer weiterlaufen konnte. All das schilderte er auf 25 Seiten. Eine erstaunliche Leistung.

Das Wichtige war die Methode selbst. Um eine Erscheinung zu verstehen, müsse sich der Geist erstens von allen vorgefaßten Meinungen frei machen. Das ist nicht einfach, und Descartes war dabei nicht immer erfolgreich. Zweitens müsse das Problem auf eine mathematische Formulierung zurückgeführt werden und mit möglichst wenigen Axiomen oder selbstverständlichen Aussagen formuliert werden. Dann reduziere man die Beschreibung der Erscheinungen mit Hilfe der analytischen Geometrie, die Descartes eigens dazu erfand, weiter auf eine Menge von Zahlen. Schließlich löse man die sich ergebenden Gleichungen nach den Regeln der Algebra, und dann liege das gesuchte sichere Wissen offen da.

Galilei hatte gesagt, das Buch der Natur sei in der Sprache der Mathematik geschrieben. Descartes zeigte, daß diese mathematische Sprache aus Zahlen besteht, denn an jedem reellen Punkt läßt sich ein cartesisches Koordinatensystem, wie Leibniz es nannte, anheften, und jeder Kurve, ob Gerade oder nicht, und jedem Körper, ob einfach oder komplex, entsprechen dann mathematische Gleichungen. Menschen sind keine mathematischen Gleichungen, das gab Descartes zu, aber für viele Zwecke genügt es, sie als solche darzustellen. Im Fall der Maschinen, die wir Tiere nennen – sie sind Maschinen, so sagte er, weil sie keine Seelen haben –, reichen die Gleichungen für alle Zwecke aus. Für alle anderen Maschinen, einschließlich der allergrößten, des Weltalls, sind die Gleichungen sowieso angemessen. Sie brauchen nur noch gelöst zu werden. Das kann sehr schwierig sein, ist aber nach Definition möglich.

Die cartesische Weltsicht beeinflußte alle, nicht zuletzt jene, die Descartes ihretwegen haßten und verdammten. Pascal konnte ihm nicht verzeihen, daß Gott ihm nur dazu diente, das Weltall in Gang zu setzen, und die katholischen Theologen, die jetzt so verzweifelt waren wie Descartes nach Abschluß seines Studiums, hielten es für nötig, ihn wegen einem Dutzend Ketzereien zu verdammen und seine ‹Abhandlungen über die Methode› auf den Index verbotener Bücher zu setzen. Aber selbst sie suchten die Gewißheit, die Descartes und seine Methode versprachen. Wenn nur die Theologie auf die Geometrie zu reduzieren wäre!

Das ist nicht möglich, denn die Theologie hat es mit einer unstofflichen Welt zu tun, in die die Mathematik nicht eindringen kann. Es war das Hauptkennzeichen der Theologie, tausend Jahre lang das leidenschaftliche Interesse der besten Denker zu fesseln, jetzt hatte sie plötzlich ihren Reiz verloren. Die früher so äußerst interessante Welt des Unstofflichen war plötzlich nicht mehr viel wert. Dies war eine der radikalsten Veränderungen in der Geschichte des Denkens.

Und es hatte wesentliche Folgen: Descartes Triumph bestand in seiner Erfindung eines Verfahrens zum effektiven Umgang mit der materiellen Welt. Er versagte andererseits so verheerend, weil seine Methode nur mit der materiellen Welt effektiv umgehen kann. Wir bewohnen, da wir im Kielwasser dieser großen Erfindung leben, eine Welt, die ganz entschieden materiell und deshalb in vieler Hinsicht eine geistige Wüste ist. Vor Descartes war die Theologie die Königin aller Wissenschaften gewesen und die mathematische Physik eine arme Verwandte. Nach ihm war die Reihenfolge praktisch umgekehrt. Nicht einen Augenblick lang war die Welt des Wissens im Gleichgewicht gewesen. Kann sie das überhaupt sein? Diese Frage muß die Zukunft entscheiden.

Newton

Isaac Newton, ein Genie der Naturwissenschaften, wurde Weihnachten 1642 in Woolsthorpe in Lincolnshire geboren. Er studierte in Cambridge und erhielt gleich nach seinem Studienabschluß eine Professur für Mathematik. Sein Vorgänger und Lehrer Isaac Barrow trat zurück, um für seinen außerordentlichen Schüler Platz zu schaffen. Vor seinem Studienabschluß hatte Newton den binomischen Satz entdeckt (er hatte ihn ohne Beweis behauptet). Das wäre für die meisten anderen Mathematiker der Höhepunkt ihrer Karriere gewesen. Für ihn jedoch war es der Anfang. Als die Pest, die London dezimiert hatte, 1666 auf Cambridge übergriff, zog Newton sich auf das Landgut seiner Mutter zurück. Er interessierte sich nicht für die Landwirtschaft, richtete sich vielmehr einen Raum ein, in dem er mit Licht experimentieren konnte. Vierzig Jahre später faßte er die dabei gewonnenen umwälzenden Ergebnisse in seinem Buch ‹Opticks› zusammen. In diesem Jahr 1666, seinem *annus mirabilis*, entwickelte er noch erstaunlichere Gedanken.

Alle intellektuellen Wege führten zu diesem Zimmer. Gilbert hatte seine Versuche am Magneteisenstein durchgeführt und eine Erde angenommen, die wie ein Magnet eine Anziehungskraft ausübt. Galilei hatte nicht nur die Monde des Jupiter beobachtet, sondern auch fallende Objekte und die Schwerkraft auf Meereshöhe gemessen. Descartes hatte gezeigt, wie sich mathematische Methoden auf physikalische Probleme anwenden lassen. Kepler hatte die elliptischen Bahnen der Planeten beschrieben und eine seltsame von der Sonne ausgehende Kraft angenommen, die die Planeten auf ihren Bahnen hielt. Und die Theologen in Paris hatten die Impetus-Theorie der gewaltsamen Bewegung aufgestellt, die die Annahme der trägen Ruhe des Aristoteles in Frage stellte. Im Rückblick scheint das, was Newton tat, nicht besonders schwierig gewesen zu sein. Man könnte fast denken, jeder, der all diese Bruchstücke kannte, hätte es ebenso tun können. Wenn man das sagt, nimmt man dem Genie Newton nichts. Denn obwohl alle Stücke des Puzzles vor ihm lagen und er sie nur noch zusammenfügen mußte, bleibt es doch wahr, daß das nur jemandem möglich war, der völlig frei war von herkömmlichen Denkweisen und der die Welt auf neue Art sehen konnte. Es hat nur wenige solche Menschen gegeben; in der Naturwissenschaft sogar nur sehr wenige.

Das Herumschieben von Puzzleteilen genügte dazu nicht. Erstens beherrschte Newton die Naturwissenschaft seiner Zeit. Dann mußte er gut experimentieren und mit Instrumenten umgehen können. Schließlich mußte er, wie Descartes, ein außerordentlicher Mathematiker sein, um die zur Lösung der selbstgestellten Probleme nötige Mathematik entwickeln zu können. Die analytische Geometrie des Descartes hatte für den Umgang mit einem statischen Weltall ausgereicht. Aber die wirkliche Welt ist immer in Bewegung. Newton erfand – wie unabhängig von ihm auch Leibnitz – die

Differential- und Integralrechnung, um mit diesem Phänomen umgehen zu können. Wohl kein einzelnes Geschenk an die Naturwissenschaft ist je mehr geschätzt worden.

Gilbert plus Galilei plus Kepler plus Descartes ergeben zusammen die Newtonsche Mechanik. Ein neues System von Bewegungsgesetzen war der erste Schritt. Sie werden am Anfang von Newtons großem Buch ‹Philosophiae naturalis principia mathematica› (kurz «Newtons Principia» genannt) mit vollendeter Einfachheit formuliert. Die durch sie beschriebene Welt ist ganz anders als die des Aristoteles.

Das erste Gesetz besagt, daß jeder Körper in seinem Zustand der Ruhe oder der gleichförmigen Bewegung auf einer Geraden beharrt, wenn er nicht durch eine Kraft gezwungen wird, diese Bewegung zu verändern. Ein bewegtes Geschoß bewegt sich weiter auf einer Geraden, wenn es nicht durch den Luftwiderstand behindert oder seine Bahn durch die Schwerkraft nach unten gekrümmt wird. Ein Kreisel dreht sich, wenn er einmal in Bewegung ist, bis er durch die Reibung am Auflagepunkt oder durch den Luftwiderstand gebremst wird. Die großen Körper der Planeten und Kometen, die im leeren Raum wenig oder keinen Widerstand erfahren, setzen ihre Bewegungen, ob gerade oder auf gekrümmten Bahnen, viel länger fort.

Dieses Gesetz machte den aristotelischen Begriff der Trägheit überflüssig. Es gibt keine «natürliche Ruhe» eines Körpers. Wenn ein Körper in Ruhe ist, bleibt er immer in Ruhe, bis er bewegt wird. Wenn ein Körper in Bewegung ist, bewegt er sich immer weiter, bis er aufgehalten wird oder sich durch eine auf ihn wirkende Kraft die Geschwindigkeit oder die Richtung seiner Bewegung ändert. Statt wie Aristoteles zwischen «natürlicher» und «erzwungener» Bewegung zu unterscheiden, sieht Newton einen Unterschied zwischen Bewegungen, die auf Trägheit beruhen, und solchen, die durch Kräfte hervorgerufen werden. Es gibt also keine Bewegung, die im Gegensatz zu einer «gewaltsamen» «natürlich» ist, und keine Form der Bewegung erfordert eine besondere Erklärung. Folglich gibt es keine «quintessentielle Bewegung», die «natürlich gleichförmig und kreisförmig» ist. Gleichförmige Bewegung auf einem Kreis ist möglich, aber sie ist nicht mehr oder weniger natürlich als jede andere Bewegung. Wie alle Bewegungen wird sie außerdem durch die Trägheit von Körpern und die auf sie wirkenden Kräfte erklärt.

Newtons zweites Gesetz besagt, eine Veränderung der Bewegung sei proportional zu der auf den Körper wirkenden Kraft und erfolge in Richtung der Geraden, längs der die Kraft wirkt. Eine größere Kraft führt zu einer größeren Veränderung der Bewegung, und mehrfache Kräfte erzeugen eine Veränderung, die eine Kombination der unterschiedlichen Stärken und Richtungen der Kräfte ist. Eine Untersuchung der Zusammensetzung der Kräfte ist immer mit Hilfe der euklidischen Geometrie möglich. Mit Hilfe der euklidischen Geometrie allein kann man nicht erfassen, wie die stetigen Einwirkungen einer Kraft auf einen Körper diesen dazu bringen können, auf einer gekrümmten Bahn, beispielsweise einem Kreis oder einer Ellipse, zu laufen. Das Beispiel war äußerst wichtig, weil im Sonnensystem alle Bahnen gekrümmt sind. Newton machte die Annahme, daß man sich eine gekrümmte Bahn mathematisch als aus unendlich vielen unendlich kurzen geraden Strecken zusammengesetzt denken kann, die wie mit einem Faden mit dem Mittelpunkt (oder dem Brennpunkt) der Bahn verbunden sind. Mathematisch gesprochen ist die gekrümmte Bahn der «Grenzwert» eines Streckenzuges, bei dem jeder einzelne Abschnitt so klein und so punktähnlich wird wie nur möglich; die Gesamtheit aller Segmente der glatten Bahn kommt der Kurve so nahe wie gewünscht. Das ist das Verfahren der Infinitesimalrechnung, soweit es sich in Worten und ohne mathematische Zeichen beschreiben läßt.

Das dritte Bewegungsgesetz besagt, daß es für jede Wirkung immer eine entgegengesetzt gleiche Gegenwirkung gibt, zwei Körper also aufeinander immer gleich große, aber entgegengesetzt gerichtete Wirkung aufeinander ausüben. «Wenn man mit dem Finger auf einen Stein drückt», sagt Newton, «wird der Finger auch von dem Stein gedrückt.» Und nach diesem dritten Gesetz bewegt sich ein Flugzeug dann, wenn man heiße Luft aus seinen Düsen hinauspreßt, in die entgegengesetzte Richtung. Wenn sich ein Körper um einen zweiten dreht, dreht sich also auch der zweite um den ersten; sie umlaufen einander. Die Geschwindigkeiten brauchen nicht gleich zu sein. Wenn ein Körper viel massenreicher ist als der andere, bewegt er sich sehr langsam, während sich der andere relativ rasch dreht. Darin liegt Newtons Lösung für das alte Rätsel, ob die Sonne um die Erde oder die Erde um die Sonne läuft. Sie umlaufen einander, und Ptolemäus und Kopernikus hatten beide recht, wenn auch aus den falschen Gründen.

Nehmen wir diese drei Gesetze als gegeben an und stellen wir uns die Planeten dann in Bewegung vor. Sie bleiben also in Bewegung, wenn sie nicht durch eine Kraft daran gehindert werden. Diese Kraft bräuchte sie nicht vollständig zum Stillstand zu bringen, sondern könnte sie auch nur von der geradlinigen Bewegung ablenken, sie könnte sie etwa auf elliptische Bahnen bringen. Nach der herkömmlichen Geometrie der Kegelschnitte (die bis auf Apollonius von Perga im dritten vorchristlichen Jahrhundert zurückgeht, also keineswegs neu ist), führt eine zentripetale Kraft – also eine, die die Planeten nach innen zieht, weg von ihrer trägen Tendenz, vom Mittelpunkt auf Geraden wegzufliegen – immer zu elliptische Bahnen und diese zentripetale Kraft ist proportional zum Inhalt des Quadrats der Entfernung zwischen den Planeten und dem Körper, der auf sie eine Kraft ausübt.

Stellen wir uns vor, dieser Körper sei die Sonne. Was könnte dann die zentripetale Kraft sein? Gilbert und Kepler hatten vermutet, sie müsse etwas mit dem natürlichen Magnetismus der Erde zu tun haben, aber sie kannten Galileis Messungen der Schwerkraft auf Meereshöhe nicht. Wenn diese Zahlen berücksichtigt werden, ist die geheimnisvolle Kraft entdeckt. Sie ist nichts anderes als die Schwerkraft, die Kraft, die den Mond auf seiner Bahn um die Erde hält und es ihm erlaubt, die Gezeiten zu bewirken; die das Sonnensystem auf seinen imposanten Bahnen hält und die reife Äpfel auf die Erde oder auf den Kopf eines ahnungslosen, unter dem Baum liegenden Mathematikers fallen läßt.

Newton behauptete, er habe all dies begriffen, als er 1666 seinen erzwungenen Urlaub in Lincolnshire verbrachte. Es kam ihm so selbstverständlich vor, sagte er, daß er zwanzig Jahre lang keinem davon erzählte. In der Zwischenzeit arbeitete er an anderen Themen, die ihn mehr interessierten. Als seine Principia 1686 endlich erschienen, staunte die ganze Welt. Das größte Problem, das die Geschichte der Naturwissenschaften bis dahin gekannt hatte, das Problem also, wie sich die Himmelskörper bewegen und warum gerade so, war gelöst. Der Dichter Alexander Pope schrieb:

Die Welt und ihr Gesetz in Nacht verborgen lag,
Gott sprach: Es werde Newton, und es wurde Tag.

Regeln des logischen Schließens

Isaac Newton war von Natur aus ein bescheidener, wenn auch etwas barscher Mann, der sich oft mit seinen Kollegen auf Streitereien einließ. Er sagte einmal zu einem Biographen: «Ich weiß nicht, wie ich der Welt erscheinen mag, aber ich selbst komme mir vor wie ein am Strand spielendes Kind, das sich freut, ab und zu einen glatteren

Kieselstein oder eine schönere Muschel zu finden als gewöhnlich, während das große Meer der Wahrheit ganz unentdeckt vor ihm liegt.» Das Bild ist so berühmt wie faszinierend. Wahrscheinlich trifft es noch besser zu, als Newton wußte. Er hatte wohl recht, wenn er sich eingestand, daß er im Vergleich mit dem, was gewußt werden konnte, nicht viel wußte, auch wenn er mehr wußte als jeder andere Mensch seiner Zeit. Und er hatte auch recht, wenn er sich mit seinem Unwissen zufrieden gab. Das Meer der Wahrheit lag vor ihm, aber er wollte nicht einmal in den Fuß hineintauchen und sich erst recht nicht vom Ufer abstoßen, um die andere Seite zu erreichen.

Buch Drei von Newtons Principia trägt den ehrfurchtgebietenden Titel: ‹Vom Weltsystem› und beginnt mit zwei Seiten, die mit «Regeln zur Erforschung der Natur» überschrieben sind. Sie sind gleichsam eine große Fußnote zu Descartes ‹Abhandlungen über die Methode›.

Was sind diese Regeln vernünftigen Schließens in der Naturwissenschaft? Es gibt nur vier. Die erste ist diese: An Ursachen zur Erklärung natürlicher Dinge nicht mehr zuzulassen, als wahr sind und zur Erklärung jener Erscheinungen ausreichen. Dies ist eine Umformulierung des zuerst von William von Ockham ausgesprochenen methodischen Prinzips, das oft als Ockhams Rasiermesser bezeichnet wird: «Was mit weniger getan werden kann, wird vergeblich mit mehr getan.» Newton sagt das etwas poetischer so: «Die Physiker sagen: Die Natur tut nichts vergebens, und vergeblich ist dasjenige, was durch vieles geschieht und durch weniger ausgeführt werden kann. Die Natur ist nämlich einfach und schwelgt nicht in überflüssigen Ursachen der Dinge.»

Die zweite Regel stellt fest: «Man muß daher, so weit es angeht, gleichartigen Wirkungen dieselben Ursachen zuschreiben. So dem Atmen der Menschen und der Tiere, dem Fall der Steine in Europa und Amerika, dem Licht des Küchenfeuers und der Sonne, der Zurückwerfung des Lichtes auf der Erde und den Planeten.»

Regel drei beantwortet eine Frage, die die Aristoteliker schon seit Jahrhunderten plagte. Sie behauptet, solche Eigenschaften, die im Rahmen unserer Experimente allen Körpern zukommen, sollen ganz allgemein allen Körpern überhaupt zugeschrieben werden. Wenn wir beispielsweise finden, sagt Newton, daß die Gravitationskraft im Sonnensystem wirkt, wie es doch wohl ist, können, ja müssen wir nach dieser Regel behaupten, daß *alle* Körper gegeneinander schwer sind.

Die vierte Regel ist aus Newtons Sicht wohl die wichtigste. Sie soll hier ganz zitiert werden:

> *In der Experimentalphysik muß man die aus den Erscheinungen durch Induktion geschlossenen Sätze, wenn nicht entgegengesetzte Voraussetzungen vorhanden sind, entweder genau oder sehr nahe für wahr halten, bis andere Erscheinungen eintreten, durch welche sie entweder größere Genauigkeit erlangen, oder Ausnahmen unterworfen werden.*

Newton fügt hinzu: «Dies muß geschehen, damit nicht das Argument der Induktion durch Hypothesen aufgehoben werde.» Newton mochte Hypothesen nicht. Er sah in ihnen all die ungeheuerlichen und schädlichen Fehler der Vergangenheit. Mit «Hypothesen» meinte er die Art von Erklärung, wie sie die Scholastiker zur Erklärung von Naturerscheinungen erdacht hatten, die Theorie der Elemente, die Annahme einer Quintessenz und die krampfhafte Erklärung mittels sogenannter gewaltsamer Bewegung, die sogar für die Pariser Theologen unannehmbar gewesen waren. Und er war bereit einzugestehen, was er nicht wußte.

Das Wichtigste, was er nicht wußte, war der Grund oder die Ursache der Schwerkraft. Daß die Erde und die anderen Planeten durch die Schwerkraft der Sonne auf ihrer Bahn gehalten wurde, bezweifelte er nicht, aber er wußte nicht warum. Aber, erklärte er, «Hypothesen erdenke ich nicht. Alles nämlich, was nicht aus den Erscheinungen folgt, ist eine Hypothese, und Hypothesen ... dürfen nicht in die Experimentalphysik aufgenommen werden.»

In den vier Regeln des Schließens und dem zusätzlichen Verbot der Hypothesenbildung, also von Erklärungen, die nicht direkt durch das Experiment gestützt werden, könnte man eine Definition der wissenschaftlichen Methode sehen, wie sie seit Newtons Zeit praktiziert wurde und noch heute größtenteils praktiziert wird. Es könnte einige sehr neue Ausnahmen geben (siehe Kapitel 15). Newtons Regeln etablierten ein neues Paradigma, um den Ausdruck zu verwenden, den der hervorragende Wissenschaftsgeschichtler Thomas S. Kuhn in ‹The Structure of Scientific Revolutions› (1962) gebrauchte. Das neue Paradigma läutete das Zeitalter der Naturwissenschaft ein. Die Menschheit erhielt damit das wertvollste und nützlichste je zum Wissenserwerb erfundene Werkzeug; mit seiner Hilfe konnte sie versuchen, alles Sichtbare und vieles Unsichtbare zu verstehen und sich auch ihre Umwelt in einem bis dahin unvorstellbaren Ausmaß Untertan zu machen.

Newton verstand bei all seiner Genialität nicht, warum die Schwerkraft so wirkt, wie sie wirkt. Er wußte also nicht, was die Schwerkraft ist, und wir wissen es auch nicht. Er wußte nur, daß sie so wirkt, wie sie wirkt. Damit hatte er recht, und das gereicht ihm zum ewigen Ruhm. Aber die Ursachen der Dinge, wie Pascal sie genannt haben könnte, lagen noch im dunkeln. Das ist zum Teil die Schuld von Descartes, der die Suche nach ihr vielleicht auf ewig unbeliebt machte. Zum Teil liegt es aber auch an Newton selbst. Sein erstaunlicher, großartiger Erfolg machte die Welt blind für die vielen Dinge, die sie immer noch nicht wußte und vielleicht niemals wissen wird. Es liegt schließlich vor allem an der Welt selbst, denn sie ist schwerer zu verstehen, als die Menschheit wahrhaben möchte.

Die galileisch-cartesische Wende

Bevor wir zum Zeitalter der politischen Revolutionen kommen, sollte ein Wort über die Bezeichnungen gesagt werden, die Revolutionen aller Arten gegeben werden. Oft wird das Verdienst oder die Schuld den falschen Menschen zugesprochen. Wir lernen im nächsten Kapitel weitere Beispiele dafür kennen. Ein bemerkenswertes Beispiel findet sich in diesem Kapitel. Es ist üblich geworden, die Revolution, die sich im siebzehnten Jahrhundert abspielte – die Revolution der Wege des Wissens, die zur Etablierung der Naturwissenschaft als letzte Autorität über die materielle Wirklichkeit führte – als die kopernikanische Wende zu bezeichnen. Aber ich halte das für ungerechtfertigt. Falls Kopernikus überhaupt eine wesentliche Veränderung im Nachdenken über die Welt bewirken wollte, hatte er jedenfalls Angst, das zu seinen Lebzeiten zu tun. Vielleicht hatte er solche Gedanken auch gar nicht. Sein Vorschlag, daß sich die Erde um die Sonne dreht und nicht die Sonne um die Erde, war überhaupt nicht revolutionär. Schon einige alte Griechen hatten dasselbe gesagt, und andere hatten den Gedanken erwogen. Es war an sich keine wesentliche Veränderung.

Wir sagen, es sei eine kopernikanische Wende gewesen und beschwören damit die mutmaßlich wichtige Vorstellung, daß vor Kopernikus der Mensch der Mittelpunkt der Welt war und danach nicht mehr. Aber das ist weit von der Wahrheit entfernt. Wie wir sahen, läßt sich sinnvoll behaupten, der Mensch sei in der Renaissance (etwa mit der Entdeckung der Perspektive in der Malerei) in den Mittelpunkt der Welt gerückt worden, wo er noch am Ende des siebzehnten Jahrhunderts war, als Newtons Principia erschienen. Dieses Buch festigte eigentlich die zentrale Stellung des Menschen ebenso wie aller später naturwissenschaftlicher Fortschritt. Wenn wir heute den Nachthimmel betrachten und wissen, daß es viele Milliarden Sterne und Galaxien gibt und wie winzig unsere Sonne und ihr noch winzigeres System der Planeten ist, unter denen die Erde keineswegs zu den größten gehört, fühlen wir uns deshalb noch nicht klein oder unbedeutend, sondern eher stark und gut, weil wir das alles verstehen. Die Naturwissenschaft erhebt uns; sie setzt uns nicht herab.

Galilei war ein ganz anderer Mensch als Kopernikus. Zum einen hatte er keine Angst vor den Auseinandersetzungen, zu denen, wie er wußte, seine neuen Gedanken führen würden. Er war sich auch durchaus der wahren Bedeutung dessen, was er sagte, bewußt. Er wollte die Autorität der Kirche durch eine andere Autorität ersetzen, weil er meinte, die neue Autorität – die der Naturwissenschaft – sei in vieler Hinsicht vorzuziehen. Er ging dem Problem nicht aus dem Weg, wie Kopernikus es getan hatte. Er wollte wirklich revolutionäre Veränderungen der Art und Weise bewirken, wie die Menschen über die Dinge dachten.

Das wollte auch Descartes. Er teilte viele Charakterzüge mit Galilei, obwohl er persönlich nicht so mutig war. Er war arroganter, was ihn nicht so liebenswert macht. Aber auch er wußte, wie Galilei, und im Gegensatz zu Kopernikus, was er tat. Wenn die Revolution des siebzehnten Jahrhunderts den Namen eines Menschen tragen muß, dann sollte sie galileische Revolution oder vielleicht besser noch galileisch-cartesische Revolution heißen. Newtons Name sollte dagegen nicht benutzt werden. Er sah sich selbst nicht als Urheber eines völlig anderen Denkens, sondern führte die Arbeit der großen Männer weiter, die ihm vorangegangen waren. Auch wenn er der größte von ihnen zu sein scheint, war er doch nicht wesentlich anders als sie. Leider geht uns der Ausdruck «galileisch-cartesische Revolution» nicht gut von der Zunge. Und solche Dinge sind wichtig. Kopernikanische Wende klingt viel besser. Und deshalb verwenden die Historiker diesen Namen weiterhin. Aber ich denke, daß Galilei und Descartes größere Verdienste an dieser Revolution haben als Kopernikus.

Kapitel 9: Ein Zeitalter der Revolutionen

Als 1687 Isaac Newtons ‹Principia mathematica philosophiae naturae› erschien (das Buch wurde 1729 auf englisch und sogar erst 1871 auf deutsch veröffentlicht), war das sowohl ein Ende als auch ein Anfang. Wir sahen schon, welch großes Abenteuer menschlichen Denkens dieses Buch zusammenfaßt und abschließt, indem es der Menschheit die anscheinend endgültigen mechanischen Grundlagen der natürlichen Welt offenbart. Aber die Idee und das Bild dieser seit kurzem erst als mechanisch gesehenen Welt eröffnete auch dem Denken und Handeln neue Wege. Die Bedeutung der Principia als Krönung der Neugierde, mit der die Renaissance die Natur betrachtete, wird noch übertroffen von der Erleuchtung, die dieses Buch für die Welt der Arbeit brachte, und von der Herausforderung, die es für Erfinder und Entdecker bedeutete, unter Verwendung der Grundsätze Newtons die Welt zum – vermeintlichen – Wohl aller besser zu machen.

Die industrielle Revolution

Die fünf einfachen Maschinen (Hebel, Keil, Rad mit Achse, Flaschenzug und Schraube) waren schon seit Jahrtausenden bekannt. Menschen haben schon vor hundert Jahrtausenden einen Hebel benutzt, wenn sie mit Hilfe einer Stange einen Stein bewegten, und einen Keil, wenn sie mit Hilfe einer Axt ein Stück Holz oder Knochen formten. Rad und Rolle, Achse und Flaschenzug sind uralt und waren schon den ägyptischen Pyramidenbauern bekannt. Der im dritten vorchristlichen Jahrhundert lebende Archimedes wußte, worauf die Wirkung einer mechanischen Schraube beruht. Im folgenden Jahrtausend wurden diese einfachen Maschinen verbessert und in den unterschiedlichsten Kombinationen zur Herstellung anderer, nun nicht mehr einfacher Maschinen verwendet, um Bewegungen zu steuern und zu lenken und Kräfte zu vervielfachen. Um 1600 gab es in Europa und Asien Geräte aller Arten, die Frucht von Jahrhunderten langsamer, aber stetiger Weiterentwicklung praktischen Wissens. Die meisten dieser Maschinen ließen sich jedoch nicht besonders gut beherrschen; sie nutzten die hineingesteckte Energie nur wenig aus, weil man die Grundlagen ihrer Wirkungsweise noch nicht gut verstanden hatte – in vielen Fällen waren sie sogar unbekannt.

Hundert Jahre später, um 1700, hatten Galilei, Descartes und Newton gemeinsam mit ihren vielen wissenschaftlichen Zeitgenossen dieses Nichtwissen in Wissen verwandelt. Plötzlich erkannten die Praktiker, *warum* Maschinen funktionierten. Damit konnten sie sie erfolgreich verbessern. Die Entdeckungen der Mechanik folgten einander mit erstaunlicher Geschwindigkeit, und jede neue Entdekkung führte zu einer weiteren. Bald ließen sich die leistungsfähigeren Maschinen nur noch verbessern, wenn bessere Kraftquellen zur Verfügung standen. Kohle, die sich rasch als eine solche bessere Quelle erwies, konnte Wasser in Dampf verwandeln, der wiederum Kolben heben, und, bald darauf, Räder auf Schienen zum Rollen bringen konnte. Lange war die Dampfkraft der Motor der industriellen Revolution. Auch heute treibt Dampf in der Industrie viele Prozesse an, wenn das Wasser auch gewöhnlich anders, beispielweise durch Kernkraft, erhitzt wird.

Jede Maschine arbeitet besser, wenn ihre Teile genau zueinander passen und sich wenig abnutzen. Deshalb war die Entwicklung neuer Stahlarten, die bei hohen Temperaturen in Kohle- und Koksöfen geschmolzen wurden, höchst bedeutsam. Schon die Spartaner der Antike hatten zur Herstellung ihrer hervorragenden Waffen und Rüstungen Stahl verwendet. Maschinen, deren Achsen, Kugellager und andere bewegliche Teile aus dem widerstandfähigen Stahl bestanden, nutzten sich nur wenig ab und liefen mit größerer Genauigkeit, als Ingenieure es jemals für möglich gehalten hatten. Sie leisteten mehr und hatten eine längere Lebensdauer.

Menschliche Maschinen und mechanische Menschen

Auch Menschen wurden nun als Maschinen gesehen, deren Arbeitskraft nach mechanischen Prinzipien verbessert werden konnte. Das führte zur modernen wissenschaftlichen Medizin. Selbst das Weltall wurde als eine von Gott gesteuerte Maschine gesehen – falls Gott zum Betrieb einer solch wunderbaren Maschine überhaupt noch nötig war.

Die wohl wichtigste mechanische Erfindung des achtzehnten Jahrhunderts war die Fabrik, diese große Maschine, in der Menschen und Mechanik zusammenwirkten, um zuvor unvorstellbare Mengen von Gütern zu erzeugen, die dann von einem ebenfalls mechanisch gesehenen Markt absorbiert wurden. In seinem berühmten Buch Der ‹Wohlstand der Nationen›, das 1776 veröffentlicht wurde, bestaunt Adam Smith (1723–1790) die wunderbaren Leistungen einer einfachen Nadelfabrik.

> *Der eine Arbeiter zieht den Draht, der andere streckt ihn, ein dritter schneidet ihn, ein vierter spitzt ihn zu, ein fünfter schleift das obere Ende, damit der Kopf aufgesetzt werden kann. Auch die Herstellung des Kopfes erfordert zwei oder drei getrennte Arbeitsgänge. Das Ansetzen des Kopfes ist eine eigene Tätigkeit, ebenso das Weißglühen der Nadel, ja, selbst das Verpacken der Nadeln ist eine Arbeit für sich. … Ich selbst habe eine kleine Manufaktur dieser Art gesehen, in der nur 10 Leute beschäftigt waren, so daß einige von ihnen zwei oder drei solcher Arbeiten übernehmen mußten. Obwohl sie nun sehr arm und nur recht und schlecht mit dem nötigen Werkzeug ausgerüstet waren, konnten sie zusammen am Tage doch etwa 12 Pfund Stecknadeln anfertigen, wenn sie sich einigermaßen anstrengten. Rechnet man für ein Pfund über 4000 Stecknadeln mittlerer Größe, so waren die 10 Arbeiter imstande, täglich etwa 48 000 Nadeln herzustellen, jeder also ungefähr 4800 Stück. Hätten sie indes alle einzeln und unabhängig voneinander gearbeitet, so hätte der einzelne gewiß nicht einmal 20, vielleicht sogar keine einzige Nadel am Tag zustande gebracht.*

Diese neue Maschine mit all ihren menschlichen und nichtmenschlichen Teilen erschien Smith als das Wunder seiner Zeit und als mögliche Quelle «universeller Opulenz». Die «Maschine Fabrik» müsse unweigerlich zu neuem Wohlstand führen, an dem als Folge der Arbeitsteilung nicht nur die Arbeiter einer einzelnen Fabrik, sondern alle Arbeiter einer Nation und sogar darüber hinaus Anteil hätten. So schrieb Adam Smith über die Herstellung einer Jacke:

> *Man braucht sich nur die Ausstattung eines ganz gewöhnlichen Handwerkers oder Tagelöhners in einem entwickelten und aufstrebenden Land anzusehen, um sofort zu erkennen, daß die Zahl derer, die an seiner Versorgung beteiligt sind, wie klein auch immer ihr Beitrag sein mag, alle Schätzungen übertrifft. So ist die Wolljacke, die der Tagelöhner trägt, so grob und derb sie auch aussieht, das Werk der Arbeit vieler. Der Schäfer, der Wollsortierer, der Wollkämmerer oder Krempler, der Färber, der Hechler, der Spinner, der Weber, der Walker, der Zuschneider und viele andere mußten zusammenwirken, um auch nur dieses anspruchslose Produkt zuwege zu bringen. Wie viele Kaufleute und Fuhrleute waren außerdem mit dem Transport des Materials von einem Handwerker zum anderen beschäftigt! Wieviel Handel und namentlich wieviel Schiffahrt, wie viele Schiffsbauer, Seeleute, Segelmacher und Seiler mußten eingesetzt werden, damit der Färber seine verschiedenen Rohstoffe bekam.*

Das Prinzip der Arbeitsteilung wurde nicht erst im achtzehnten Jahrhundert entdeckt. Die Entdeckung ist vielmehr um viele Jahrhunderte, sogar Jahrtausende älter. Aber diese Zeit war gekennzeichnet durch das Bedürfnis, das Prinzip auf praktische Probleme anzuwenden. Die meisten der Praktiker, die das taten, hatten wohl niemals von Descartes gehört; das Prinzip jedoch läßt sich so, wie es im achtzehnten Jahrhundert verstanden wurde, auf seine «geometrische Methode» zurückführen, bei der jede Situation oder Operation in ihre kleinsten Bestandteile zerlegt wird, die dann je für sich mathematisch behandelt werden. Descartes meinte, dieses Vorgehen sei immer möglich, wenn die Teile nur klein genug seien. In der Tat ähnelt die Nadelfabrik Adam Smiths einer mathematischen Operation, bei der sehr viele sehr kleine Schritte insgesamt stetig auf ein Ziel hin führen.

Descartes hatte in dieser Denkweise keinerlei Gefahr gesehen, ebensowenig wie Adam Smith und irgend jemand sonst im achtzehnten Jahrhundert. Heute hegen wir Zweifel, ob es gerechtfertigt ist, einen Menschen einen ganzen Tag (und nicht nur einen Tag, sondern eine endlose Reihe von Tagen) mit neun anderen ähnlich beschäftigten Menschen über 48 000 Nadeln herstellen zu lassen, wenn die Arbeit für einen einzelnen Menschen im Abschleifen eines Drahtendes besteht, so daß daran ein Nadelkopf befestigt werden kann. Wenn es um Wolljacken geht, sehen wir die Sache wohl erst recht ganz anders als Adam Smith. Es stimmt, daß eine Jacke, «so grob und derb sie auch aussieht», sich durch die gemeinsamen Mühen von Dutzenden, Hunderten, sogar Tausenden von Menschen herstellen läßt, von denen jeder seinen kleinen Teil der Arbeit erledigt und mehr oder weniger weiß, was dabei schließlich herauskommen soll. Aber eine solche Jacke kann auch von ein oder zwei Menschen oder vielleicht von einem Ehepaar gemacht werden, das die Schafe aufzieht und schert, die Wolle sortiert und kämmt, färbt und spinnt, webt und näht und schließlich dem glücklichen Besitzer lächelnd das fertige Produkt überreicht.

Adam Smith fand daran nichts Besonderes. Er wußte, daß Bauern Jacken und andere Dinge nicht besonders effektiv hergestellt haben. Die schwere Arbeit hatte auch die Seele der Bauern zerstört, die ihr Leben so sehr haßten, daß sie jede Gelegenheit nutzten, ihm zu entfliehen, und selbst die anstrengendste und gefährlichste Fabrikarbeit zu verrichten. Die industrielle Revolution hätte keinen Erfolg gehabt, wenn nicht jeder, sowohl die ausbeutenden Kapitalisten als auch die ausgebeuteten Arbeiter, sie gewollt hätten. Aber die Menschen hatten noch nicht erlebt, wie die von der Fabrikarbeit geforderte Spezialisierung die Seele des Menschen zerstört, indem sie Arbeiter wie Teile einer Maschine behandelte.

Ein Zeitalter der Vernunft und der Revolution

Die Vorstellung, die das achtzehnte Jahrhundert sich von der Ordnung der Welt machte, war geprägt von der großartigen Erkenntnis des Thales. Er hatte als ein erstes Prinzip aufgestellt, daß Außenwelt und Innenleben viel Gemeinsames haben mußten, denn wie sonst konnte die Außenwelt dem Verstand zugänglich sein? Diese Gemeinsamkeit hieß Vernunft. Das achtzehnte Jahrhundert verwendete dieses Wort gern und übernahm den Gedanken des Thales mit Begeisterung, ohne notwendigerweise die Quelle zu kennen. Der Mensch, das war die verbreitete Meinung, ist ein vernunftbegabtes Wesen; auch die Welt, um deren Erklärung er sich bemüht, ist als Werk eines vernünftigen Schöpfers durch Vernunft bestimmt. Der Beweis gründete darauf, daß die Grundlagen der Mechanik wahr waren. Der Beweis für ihre Wahrheit war die Tatsache, daß sie sich bewährten. Der Zirkelschluß dieser selbst wieder mechanischen Überlegung bestätigte lediglich sich selber. Schon im ersten Drittel des achtzehnten Jahrhunderts hatten die Menschen ihr Zeitalter ein Zeitalter der Vernunft genannt. Und dieser Name war Ausdruck einer der am tiefsten verwurzelten Überzeugungen jener Zeit.

Aber selbst besonders tiefe Überzeugungen enthüllen nicht immer das wahre Wesen einer Zeit, auch wenn sie Vorurteile aufdekken können. Das achtzehnte Jahrhundert hielt die Anwendung der mathematischen Methoden von Descartes und der mechanischen Prinzipien Newtons auf die Herstellung von Nadeln für die wichtigste Errungenschaft. Im Rückblick kommen uns Zweifel. Schließlich war das Zeitalter der Vernunft in vieler Hinsicht keine vernünftige Zeit. Es war voller Leidenschaft und ungemein bedrängender Träume. Es war eine Zeit des Wahnsinns und des Mordens. Es war eine Epoche radikaler Veränderung. Es war ein Zeitalter der Revolution. Die Männer und Frauen des achtzehnten Jahrhunderts akzeptierten diesen Widerspruch mit Gelassenheit. Einerseits sahen sie ihre Zeit als eine, in der das Leben angenehm geworden war, auf eine Weise, die sowohl vernünftig war als auch Bestand hatte. Das Symbol dafür war die Maschine, und das Merkmal der Maschine ist Beständigkeit, nicht Veränderung. Eine Maschine läuft nicht an einem Tag anders als am anderen. Wenn sie das tut, ist sie kaputt.

Andererseits sahen sie ihre Zeit als eine, in der sich enorme Veränderungen abspielten, von denen die meisten Vorteile brachten. Der Gedanke des Fortschritts ist eine Erfindung des achtzehnten Jahrhunderts. Die Antike kannte diesen Begriff nicht, jedenfalls nicht im Sinn einer steten Verbesserung im Lauf von Jahrhunderten und Jahrtausenden. In der Antike war man sich bewußt, daß die Bedingungen sich veränderten, aber man hielt die Veränderungen im allgemeinen für zyklisch: Manchmal ging es besser, manchmal schlechter. Das achtzehnte Jahrhundert glaubte nicht nur an Fortschritt, es begann sogar, Fortschritt für *notwendig* zu halten: Die Dinge *mußten* besser werden, das lag einfach in ihrem Wesen.

Darin lag ein weiterer Widerspruch. Warum sollte man sich um Fortschritt bemühen, wenn man ihn für unvermeidlich hielt? Er muß doch von selbst kommen. Aber vermeintlich vernünftige Menschen arbeiteten Ende des achtzehnten Jahrhunderts wie wild daran, Veränderungen zu bewirken, die ihrer Meinung nach zum Besseren führen sollten. Sie kämpften, sie stritten, sie gaben sogar ihr Leben für den notwendigen und unvermeidlichen Fortschritt. Ihnen scheint niemals bewußt geworden zu sein, daß sie gegen sich selbst kämpften, gegen ihre innersten Überzeugungen. Aber diese Art von Widersprüchlichkeit gehört mehr als alle mechanische Notwendigkeit eigentlich zum menschlichen Wesen. Zudem brachte dieser Kampf für den Fortschritt, so unvernünftig er auch gewesen sein mag, der Menschheit viel Gutes.

John Locke und die Revolution von 1688

Im Rückblick bezeichnen wir die große Veränderung in Arbeitsweise und Produktion, die in der zweiten Hälfte des achtzehnten Jahrhunderts vor allem in England begann, als *industrielle Revolution*. Sie stellte viele Dinge auf den Kopf, schuf eine neue Klasse von Wohlhabenden und Mächtigen, beeinflußte wohl unumkehrbar die natürliche Umwelt und hatte noch viele weitere bemerkenswerte Folgen. Aber eine andere Form der Revolution ist für diese Zeit noch charakteristischer. Auch sie begann in England.

Diese andere Revolution war eine politische, nicht wirtschaftliche und brach während der englischen Bürgerkriege von 1642–1651 aus. Im Januar 1649 wurde König Charles I. hingerichtet und dem

Parlament die oberste Gewalt in England zuerkannt; es regierte mit seinem siegreichen General Oliver Cromwell (1599–1658). Nach dem Tod des Königs und der Ernennung Cromwells zum Lord Protector des neuen Commonwealth erhoben einige von Cromwells Soldaten ihre Stimmen im Protest. Auch wir, so sagten sie, haben einen Anteil am Sieg gehabt. Und deshalb steht uns auch ein Anrecht an der Regierung zu. Nein, sagte Cromwell, denn ihr habt kein Eigentum, und die Regierung war immer und sollte immer eine sein, bei der Besitzende aufgrund ihres Besitzes und für die Besitzenden regieren. Auch wenn wir keinen Besitz haben, antworteten die Soldaten, sind wir doch ebenso daran interessiert, daß gute Gesetze verabschiedet werden, denn auch wir müssen unter diesen Gesetzen leben. Vertraut uns, den Besitzenden, sagte Cromwell und wurde ärgerlich. Wir werden gleichermaßen in unserem wie in eurem Interesse regieren.

Die Auseinandersetzung währte lange, aber schließlich gewann Cromwell, denn er hatte die Unterstützung der Offiziere, die zumeist Landbesitzer waren. Einige der Protestierenden wurden getötet, die anderen gaben grollend auf. Nach Cromwells Tod wurde 1660 der aus seinem französischen Exil zurückgekehrte Sohn des Königs als Charles II. König von England. Eine Zeitlang sprach niemand mehr von Rechten der Besitzlosen oder überhaupt von Rechten. Aber das Thema war nicht vom Tisch. Es wurde im selben Jahrzehnt wieder aktuell, in dem Newtons Principia veröffentlicht wurden.

Cromwells Soldaten hatten keinen beredten Sprecher für ihre radikalen Ansichten finden können. Aber es gab ihn, auch wenn er zu spät geboren wurde, um den Angehörigen der neuen Armee nutzen zu können. Es war John Locke (1632–1704), dem wir schon als Vertreter einer neuen religiösen Toleranz begegneten. Locke war in Somerset geboren worden, hatte Westminster School und die Universität Oxford besucht, fand aber wie viele seiner Zeitgenossen an der dort noch gelehrten scholastischen Philosophie keinen Gefallen. Er meinte, was im Geist vorging, sollte sich einfacher erklären lassen, als die Scholastik es tat, wenn sie von Essenzen, Entelechien und eingeborenen Kräften sprach. Das Kind wurde, so sagte Locke, mit einer tabula rasa, einer leeren Tafel, geboren. Auf sie schrieb die Erfahrung Worte, und dadurch kam es zu Wissen und Verständnis, durch das Zusammenwirken der Sinne und all ihrer Wahrnehmungen.

Lockes Leben war fest umrissen und seine Aussichten waren bescheiden gewesen, bis er 1666 Sir Anthony Ashley Cooper, dem späteren Earl of Shaftesbury (1621–1683) begegnete, dessen Arzt, Sekretär und Berater er für die nächsten fünfzehn Jahre wurde. Shaftesburys Karriere nahm in diesen Jahren einen kometenhaften Aufstieg. Er war einer der Botschafter, die, von England gesandt, Charles die Rückkehr als König anzubieten hatten und wurde bald nicht nur einer der engsten Berater des neuen Monarchen, sondern 1672 sogar Lordkanzler, praktisch also Premierminister. Aber er fiel bald wegen einer Auseinandersetzung mit dem König über das wahre Wesen der Regierung in Ungnade.

In den siebziger Jahren des siebzehnten Jahrhunderts kam es zu lebhafter politischer Aktivität, als Gerüchte vor einem Komplott warnten, bei dem Charles II. hingerichtet und durch seinen katholischen Bruder, den späteren James II. ersetzt werden sollte. Shaftesbury war als frommer Protestant der Meinung, auch der König solle protestantisch sein. Er schlug deshalb ein Gesetz vor, das Katholiken von der Thronfolge ausschließen sollte. Seine politischen Gegner, die vielleicht insgeheim vom König angestachelt worden waren, reagierten darauf mit Überlegungen zum sogenannten Gottesgnadentum der Könige, wozu mutmaßlich auch das Recht eines Königs gehörte, seine Religion selbst zu wählen. Zu ihrer Unterstützung ließen sie ein altes Buch mit dem Titel ‹Patriarcha› auflegen, das von Sir Robert Filmer (1588–1653) stammte und das absolute Recht der Erbfolge verteidigte. Diese Patriarchaltheorie, eine während der englischen Bürgerkriege erschienene Polemik, war vierzig Jahre lang von niemandem beachtet worden. Aber jetzt schienen sich viele Leser von Filmer überzeugen zu lassen, vielleicht, weil sie die Folgen befürchteten, die ein erneuter Konflikt mit der bestehenden Regierung haben würde. Die Bürgerkriege waren blutig und grausam gewesen, und die meisten Politiker konnten sich noch lebhaft an sie erinnern.

An diesem Punkt wandte sich Shaftesbury an Locke und bat ihn, eine Entgegnung auf Filmer zu verfassen. Das war einfach, denn Filmer war kein Regierungstheoretiker gewesen, Locke dagegen war darin ein Meister. In seinem ‹First Treatise on Civil Government› zerschmetterte er Filmers Werk. Aber damit nicht genug. Er schrieb eine zweite Abhandlung über die Regierung aus allgemeinerer Sicht. Ob der König diese beiden aufrührerischen Dokumente jemals gelesen hat, bleibt ungewiß, obwohl Shaftesbury ihn zweifellos mit den Thesen bekannt gemacht hat. Beide Abhandlungen wurden Ende 1680 vollendet, aber nicht veröffentlicht. Mitte 1681 forderte Shaftesbury den König zur Lösung der Nachfolge auf. Der König löste das Parlament auf, entzog damit Shaftesbury die politische Grundlage, warf ihn in den Londoner Tower und beschuldigte ihn des Hochverrats. Shaftesbury wurde freigesprochen, aber ihm blieb nichts anderes übrig, als ins Exil zu gehen. Er floh nach Holland, wo ein freierer Wind wehte, und nahm Locke mit sich.

Lockes ‹Second Treatise on Civil Government› beschäftigt sich mit dem Zusammenhang zwischen den drei großen Begriffen Eigentum, Regierung und Revolution. Die Regierung entsteht, sagte Locke, weil es Eigentum gibt. Wenn es kein Eigentum gibt, braucht es zu seinem Schutz auch keine Regierung. Wozu brauche ich die Staatsmaschinerie, Gesetze und Richter, Polizisten und Gefängnisse, wenn ich überhaupt nichts besitze?

Natürlich gibt es Eigentum. Für Locke ging es darum, ob Eigentum rechtmäßig ist. Das ist keine einfache Frage, denn das Wort legitim hat weitreichende Konnotationen. Es stammt vom lateinischen Wort *leges*, «Gesetz» ab, meint aber nicht die gewöhnliche Form des Gesetzes, das von einem Parlament verabschiedet oder von einem Richter ausgelegt wird. Gesetze können selbst legitim oder illegitim sein. Ein Gesetz kann deshalb nach einem Prinzip, das offensichtlich höher ist als das der gewöhnlichen Legalität, selbst ungesetzlich sein. Dieses Prinzip hat mit Recht zu tun, einem zugegebenermaßen abstrakten Begriff. Recht wiederum hat mit Rechten zu tun, die ihrerseits überhaupt nicht abstrakt sind. Jedenfalls kämpfen und sterben Menschen für sie.

Eigentum, Regierung und Revolution

Damit stellt sich die Frage, ob es ein Recht auf Eigentum gibt. Ja, sagte Locke, aber nur in vernünftigen Grenzen. Unter bestimmten Umständen könne ein Mensch rechtmäßig mehr besitzen als das, worauf er ein Anrecht hat. (Diese radikale Lehre blieb über ein Jahrhundert lang unbeachtet.) Wenn Besitz legitim ist, war also auch eine Regierung legitim, denn wer zu Recht Eigentum besaß, hatte ein Recht, es zu schützen, und die Regierung war eine Institution, die die Sicherung und den Schutz der Rechte gewährleisten sollte. Ist eine Regierung immer legitim? Sicherlich dann, wenn Regenten und Regierte darin übereinstimmen, daß sie beide an ihr beteiligt sind. Legitime Herrscher müssen zum Wohl der Regierten herrschen, nicht nur zum eigenen. Dann nämlich geben die Regierten ihre Zustimmung dazu, daß sie regiert werden, weil sie überall um sich herum Gerechtigkeit sehen.

Können die Regierten ihre Zustimmung jemals rechtmäßig entziehen? Ja, auch das, sagte Locke. Eine Revolution ist dann legitim, wenn der Herrscher ein Tyrann geworden ist, wenn der Herrscher, ganz gleich, wie er an die Macht kam, nicht aufgrund von Gesetzen, sondern nach seinem Willen regiert und seine Vorschriften, Befehle und Handlungen nicht auf die Besitzwahrung seines Volkes gerichtet sind, sondern auf die Befriedigung seines eigenen Ehrgeizes, auf Rache, Begierde oder andere irreguläre Leidenschaften. In dem Fall haben die Regierten ein Recht, sich zu erheben und die Regierung zu ändern, denn sie können mit gutem Recht behaupten, sie sei zu ihrem eigenen Nutzen da. Locke kam möglicherweise nur widerwillig zu diesem Schluß. Sicherlich hatte er Angst vor den Folgen; er blieb zehn Jahre in Holland, ohne sein Werk zu veröffentlichen. Trotzdem hallten seine Worte wider, wie wenn man einen großen Messingring auf Marmor fallen läßt.

> *Wie Usurpation die Ausübung einer Gewalt ist, auf die ein anderer ein Recht hat, so ist Tyrannei die Ausübung einer Gewalt jenseits allem Recht, wozu niemand berechtigt sein kann.*
> *Es ist ein Irrtum zu glauben, dieser Fehler sei allein den Monarchien eigen. Andere Regierungsformen sind ihm ebenso ausgesetzt wie diese.*
> *Wo immer das Gesetz ein Ende findet, fängt Tyrannei an, wenn das Gesetz zum Schaden eines anderen überschritten wird.*
> *Darf also den Befehlen eines Fürsten Widerstand geleistet werden? Darauf ist meine Antwort: Nur der ungerechten und ungesetzlichen Gewalt darf Gewalt entgegengesetzt werden.*
> *Hier wird man sicher die übliche Frage erheben: Wer soll Richter sein, ob der Fürst oder die Legislative entgegen dem in sie gesetzten Vertrauen handeln? Darauf antworte ich: Das Volk soll Richter sein!*

Schon in der Vergangenheit waren Regierungen gestürzt und Könige abgesetzt worden, und kluge Philosophen hatten diese Handlungen gerechtfertigt. Aber niemals zuvor hatten sie dafür Gründe angeführt, die wie die Lockes auf einem allgemeinen Begriff von Recht beruhten, nämlich dem Recht auf Eigentum, Regierung und Revolution. Der Kern lag in dem Gedanken an ein Recht auf Regierung, das die Regierten und nicht die Regenten beanspruchten. Jahrtausendelang hatte man angenommen, der Herrscher habe ein Recht zu herrschen und das Volk müsse das im Vertrauen auf die Güte des Regenten hinnehmen. Jetzt sagte Locke, das Volk, zu dem der König natürlich auch gehörte, habe ein Recht auf eine gute, *rechtmäßige* Regierung, und der König müsse sie ausüben, wenn er nicht *rechtmäßig* abgesetzt werden wolle.

Jeder, der Augen hatte, sah, daß Könige herrschten, ob es ihrem Volk gefiel oder nicht, solange sie die Macht hatten. Locke hatte mit seinen klangvollen Worten nicht etwa die Tyrannei abgeschafft. Die Tyrannei gedeiht auch heute, am Ende des zwanzigsten Jahrhunderts, und sie wird vielleicht bis zum Ende der Zeiten gedeihen. Aber seine Lehre hatte die Gewaltherrschaft für die Gewaltherrscher schwieriger gemacht, und die Feinde der Tyrannen jetzt – und für alle Zeit – gestärkt, weil sie darauf vertrauen konnten, das Recht auf ihrer Seite zu haben.

Bald schon erhielt die zweite Abhandlung über die Regierung durch den Gang der Ereignisse eine Bedeutung, die wohl weit über Lockes ursprüngliche Absichten hinausging. Charles II. starb 1685; ihm folgte James II., sein Bruder. Sein Katholizismus erschien den meisten Engländern binnen kurzem unannehmbar, genau wie es der bereits verstorbene Shaftesbury vorhergesagt hatte, und man unternahm Schritte, James abzusetzen.

James II. mußte 1688 abdanken. Sein Nachfolger war der Holländer William von Oranien, ein guter Protestant, dessen Frau Mary Engländerin war. Locke kehrte im Frühling 1689 auf demselben Schiff wie Königin Mary mit seinen beiden Manuskripten nach England zurück. Sie wurden Ende des Jahres veröffentlicht und von Politikern überall gelesen.

Zwei Formen der Revolution

Locke hatte eine weitere wichtige Unterscheidung gemacht, als er schrieb: «Wer mit Klarheit von der Auflösung der Regierung sprechen will, sollte vor allem zwischen der Auflösung der Gesellschaft und der Auflösung der Regierung unterscheiden.» Die glorreiche Revolution von 1688 zerstörte die Gesellschaftsordnung nicht, diese war nachher im wesentlichen dieselbe wie zuvor. Die Veränderung ging jedoch tiefer, als viele vermuteten. Nicht nur der Name des Monarchen hatte gewechselt, auch die Beziehung des Monarchen zu seinem Volk sollte nie wieder die gleiche sein wie unter Charles II. und James II., von der unter Charles I., James I. oder Elizabeth gar nicht zu reden. Von jetzt an regierte in England das Parlament, unabhängig davon, ob es dem König gefiel oder nicht. König William hatte gewarnt, er wolle nicht nur ein Aushängeschild sein, aber er war es trotzdem, und seine Nachfolger auch. Die «Achtundachtziger» war also eine echte Revolution, auch wenn sie nicht annähernd so weit ging, wie es möglich gewesen wäre.

Wenn das Parlament die Herrschaft hat, stellt sich die Frage, wer die Herrschaft über das Parlament hat. Wenn nur eine Handvoll erwachsener männlicher Engländer die Mitglieder des Parlaments wählen durfte und ihre Stimmen oft schamlos gekauft werden konnten, lautete die Antwort wohl kaum: das Volk. Aber selbst ein Kandidat, dessen Stimmen gekauft worden waren, konnte sich als sehr guter Parlamentarier erweisen, und tatsächlich war das Niveau der parlamentarischen Politik im England des achtzehnten Jahrhunderts erstaunlich hoch, wenn man den moralischen Morast bedenkt, in dem sie gesteckt hatte und den das Parlament über ein Jahrhundert lang nicht bereit war zu reformieren. Noch 1920 wählte eine Minderheit aller Engländer die Volksvertreter. Das Niveau der parlamentarischen Politik blieb zum Teil deshalb so hoch, weil sie von Lockeschen Vorgaben bestimmt wurde. Politiker aller Richtungen fanden, daß sie kaum sprechen konnten, ohne die großen Worte Eigentum, Recht, Rechtmäßigkeit und Revolution zu verwenden, die Locke ihnen in den Mund gelegt hatte. Diese Worte sind gewaltig und machen jeden Diskurs ernsthaft und gewichtig.

Thomas Jefferson und die Revolution von 1776

Die ungeheuren Reichtümer und noch größeren Verheißungen Amerikas verführten viele Engländer. Das Abenteuer der neuen Welt hatte einen dreifachen Reiz. Im Norden lag Kanada, eine unverstellbar große Wildnis. Dort gab es wenig anderes als Pelztiere und Indianer. Die Engländer schafften es, Kanada zu behalten. Im Süden lagen die karibischen Inseln, mit ihren Zuckerrohrplantagen und ihrer Sklavenwirtschaft. Die eingeborene Bevölkerung war ausgerottet, und die eingeführten Afrikaner hatten keine Möglichkeit, sich gegen ihre Behandlung zu wehren. Die westindischen Inseln brachten den Engländern große Gewinne, und wegen dieses Wohlstands und weil sie sich relativ leicht regieren ließen, kamen den Engländern die karibischen Inseln noch wertvoller vor, als sie eigentlich waren.

Dazwischen lagen die amerikanischen Kolonien, die sich entlang des Atlantik von New Hampshire bis Georgia erstreckten und vor allem von Engländern bewohnt waren. Das verursachte viele Probleme, weil sich alle Engländer nach der glorreichen Revolution ihrer politischen Rechte bewußt geworden waren. Diese kolonialen Engländer waren streitfreudig, anspruchsvoll und fühlten sich ständig angegriffen.

Solange es einen Kontinent gab, der erkundet und ausgebeutet werden konnte, hielten sich die Schwierigkeiten zwischen den amerikanischen Kolonisten und ihren britischen Gouverneuren in Grenzen. Aber 1763, nach dem Ende des Siebenjährigen Kriegs, beschlossen die Engländer, nicht weiter nach Westen in das Tal des Mississippi vorzudringen, als sie schon gekommen waren; vor allem wollten sie Schwierigkeiten mit den Indianern vermeiden. Dies erwies sich zwar als zeitlich begrenzt, aber die Proklamation von 1763, die Gesetzeskraft hatte, verärgerte die Amerikaner. Was maßten sich die Engländer an, wenn sie ihnen verboten, weiter nach Westen in die Wildnis zu ziehen, die vor ihren eigenen Siedlungen lag? Die Engländer sagten, sie wollten Schwierigkeiten mit den Indianern vermeiden, und die Amerikaner erwiderten, mit solchen Problemen würden sie selbst fertig. Die Spekulation mit noch nicht besiedeltem Land nahm nach der Proklamation ab, die Verärgerung und die Frustration der amerikanischen Siedler aber nahm zu.

Durch den Streit um die Proklamation von 1763 geriet eine andere Frage über die Legitimität der Regierung in den Vordergrund. Die englische Regierung behauptete, die Kolonisten seien zwar alle Engländer, sie könnten aber nicht im Parlament vertreten sein, weil Amerika zu weit entfernt sei. Ein amerikanischer Abgeordneter in England habe einfach zu wenig Kontakt mit seiner Wählerschaft. Das gelte selbst für die Steuern, sagten die Engländer; die könnten auch dann rechtmäßig erhoben werden, wenn die Kolonisten nicht im Parlament vertreten waren. Nein! sagten die Kolonisten. Besteuerung ohne Mitsprache ist Tyrannei! Vertraut uns, sagten die britischen Behörden, denn wir kennen eure Lage und vertreten eure Interessen.

Einige wenige britische Politiker waren mit Recht vertrauenswürdig, so beispielsweise Edmund Burke (1729–1797), der sich für eine respekt- und verständnisvolle Behandlung der Kolonien einsetzte, weil das sowohl politisch angebracht als auch sonst recht und richtig zu sein schien. Aber die Mehrheit der Briten dachte anders. Weil die Amerikaner so streitsüchtig waren, mußte man hart mit ihnen verfahren. Die Kolonisten vertraten dagegen die Überzeugung, daß das englische Grundrecht auf Revolution auch in ihrem eigenen Fall anzuwenden sei. Der Gedanke war natürlich furchteinflößend. Schlimmer als ein Aufstand war aber einzig kein Aufstand. Und so kam es 1775 zum Krieg zwischen den Engländern und den Kolonisten.

Die Unabhängigkeitserklärung

Wie der Regierungswechsel 1688 brauchte auch diese Revolte eine Rechtfertigung. Als sich im Frühjahr 1776 der Kongreß versammelte, wandten sich die Amerikaner an Thomas Jefferson (1743–1826). Der in Virginia geborene Jefferson hatte sich immer als Engländer gefühlt. Das änderte sich, als er Locke gelesen hatte und viele seiner Sätze und Aussprüche auswendig konnte. Sie klingen auch in der Deklaration, die er für den Kontinentalen Kongress verfaßte und die fast unverändert übernommen wurde. Jefferson begann, indem er von «Lösung» sprach, mit einem der Schlüsselbegriffe Lockes. «Wenn es im Lauf der Ereignisse für ein Volk nötig wird, die politischen Bande zu lösen, die es verbunden haben, … fordert ein angemessener Respekt für die Meinungen der Menschen, daß sie die Gründe darlegen, die sie zur Trennung zwingen.» Den Ursachen, die weiter unten angeführt werden, lagen gewisse Prinzipien zugrunde. Erstens, daß alle Menschen nicht nur gleich erschaffen sind, sondern auch mit gewissen «unveräußerlichen» Rechten ausgestattet sind, die ihnen also durch nichts genommen werden dürfen, obwohl sie von denen, die die Macht dazu haben, ignoriert und verletzt werden könnten. Zu diesen Rechten gehören, so sagte Jefferson, Leben, Freiheit und das Streben nach Glück. Locke hatte von Leben, Freiheit und Eigentum gesprochen. Zweitens, daß zur Versicherung dieser Rechte Regierungen eingeführt worden sind. Locke hatte gesagt, die erste Aufgabe der Regierung sei die Sicherung des Eigentums. Drittens, daß eine Regierung nur so lange rechtmäßig ist, wie sie diese Rechte sichert und sich deshalb der Einwilligung derer erfreuen kann, die sie regiert. Viertens ist es das Recht des Volkes, eine Regierung dann, wenn sie diesen Zwecken verderblich wird, zu verändern oder abzuschaffen und eine neue Regierung einzusetzen.

All dies wiederholte, was jeder gebildete Engländer wußte oder hätte wissen müssen, wenn er seine eigene Geschichte kannte. Der fünfte Schritt von Jeffersons Überlegung aber war für die Engländer nicht leicht annehmbar. Die Unabhängigkeitserklärung erinnerte sie an das, was Locke gesagt hatte und was sie fast ein Jahrhundert lang geglaubt hatten: Wenn langer Mißbrauch und Anmaßung, die alle denselben Zweck verfolgen, deutlich machen, daß ein absoluter Despotismus sie zu unterwerfen sucht, haben sie das Recht und die Pflicht, eine solche Regierung loszuwerden. «Die Geschichte des jetzigen Königs von Großbritannien», fügte Jefferson hinzu, «ist eine Geschichte von wiederholten Ungerechtigkeiten und gewaltsamen Eingriffen, welche alle die Errichtung einer absoluten Tyrannei über diese Staaten zum Endzweck haben.» Der Kern der Überlegung war natürlich der behauptete Mißbrauch. Jefferson stellte eine lange Liste auf, darunter diesen wütenden Protest: «Er hat unsere Seen geplündert, unsere Küsten verheert, unsere Städte verbrannt und unser Volk ums Leben gebracht.» Dies konnte, wie sich zeigte, die Amerikaner überzeugen. Die Frage war, ob die Engländer zustimmen würden, daß dieser Mißbrauch tatsächlich stattgefunden hatte.

Wenn sie zustimmten, war Jeffersons Überlegung wirklich unwiderlegbar. Sie überzeugte einige Engländer, die sie sorgfältig lasen. Sie überzeugte jedoch nicht Georg III. und seine Ratgeber, die verärgert behaupteten, die Kolonisten könnten zwar theoretisch im Recht sein, es sei ihnen aber in der Praxis nicht erlaubt, die Waffen gegen ihre Herrscher zu erheben, wie sie es zweifellos getan hatten. Der Krieg wurde deshalb von beiden Seiten heftig geführt. Der König setzte zum größten Teil ausgezeichnet ausgebildete fremde Söldnerheere ein. Die Gefahr war gering, daß Jeffersons Worte sie überzeugen würden, denn sie konnten kein Englisch lesen.

Die Amerikaner gewannen den Krieg aus einer Reihe von Gründen. Amerika war in der Tat sehr weit von Großbritannien entfernt, und die Einheimischen kannten sich in den ungeheuren Weiten Amerikas im Kampf besser aus als die Söldner, die für einen Krieg unter ganz anderen Umständen geschult worden waren. Zudem hielt Frankreich, im ganzen achtzehnten Jahrhundert der Feind Englands, es für ratsam, den Kolonisten zu helfen, vor allem, um den alten Gegner zu verärgern, aber auch in der Hoffnung, daraus im Lauf der Jahre Vorteile ziehen zu können – was sich schließlich auch bestätigte. Auch die Illusionen, die sich die Engländer machten, also die den Wert der westindischen Inseln mit den amerikanischen Kolonien verglichen, spielte für ihre Niederlage eine Rolle. Viele dachten, es sei ganz gut, wenn sie diese rebellischen Amerikaner loswürden, die dem Mutterland mehr Proteste als Profite brachten. Für den Sieg der Amerikaner dagegen gab ihre politische Einstellung *nach englischem Gesetz* den Ausschlag.

Dieser Sieg wiederum bestätigte die Richtigkeit der politischen Doktrin Englands und Lockes; seitdem ist sie auf der Weltbühne richtungsweisend. In den letzten beiden Jahrhunderten hat niemand einen vernünftigen Beweis gegen die These führen können, daß dem Volk, und nicht der Regierung, das Urteil darüber zukommt, ob die Regierung rechtmäßig ist oder nicht und daß eine Regierung, die unrechtmäßig ist, weil sie nicht mehr die Zustimmung der Regierten findet, mit Recht verworfen werden darf.

Diese These wurde nur durch eine einzige Methode (leider oft) erfolgreich erschüttert, nämlich durch die Gewehrschüsse von Gewaltherrschern, die sich gegen das eigene Volk richteten. Die Macht steckt, wie Mao Zedong sagte, in der Mündung eines Gewehrs. Aber sie steckt auch in Worten, und auf Dauer triumphieren Worte über Gewehre.

Der Besitz von Rechten

Waren Jefferson und Locke in bezug auf Eigentum derselben Meinung? Die Annahme scheint gut begründet. Wo Locke das Wort «Eigentum» benutzte, sprach Jefferson von «Streben nach Glück». Das scheint ein umfassenderer, großzügigerer Begriff zu sein. Der Gedanke, daß die Regierung entsteht, weil es Eigentum gibt – um es zu schützen und zu sichern – ist recht kaltherzig. Hatte Locke die These vertreten, besitzende Menschen hätten ein Recht auf Revolution, wenn ihre Rechte beschnitten wurden, andere Menschen aber nicht? Und was, wenn – um den schwierigsten Fall zu nehmen – zu ihrem Eigentum auch Sklaven gehörten, also andere Menschen, die anscheinend doch auch zu jenen zählten, die Jefferson meinte, wenn er davon sprach, daß alle Menschen gleich geschaffen sind und Rechte haben? Jefferson hatte selbst Sklaven und fragte sich bis zu seinem Tode, ob Neger den Weißen gleich waren. Hatten sie dann auch Rechte? Sie hatten praktisch keinen Besitz. Gab es ein Besitzrecht, das anders zu verstehen war?

James Madison (1752–1836), Jeffersons Nachfolger als Außenminister der neuen amerikanischen Regierung und später als Präsident, versuchte diese Schwierigkeiten in einem Artikel auszuräumen, der 1792 in einer Zeitung veröffentlicht wurde. Der Ausdruck Eigentum, schrieb Madison, bedeute in diesem Fall die Anwendung der Macht, die ein Mensch unter Ausschluß jedes anderen Menschen über die äußeren Dinge der Welt ausübt. Dies ist mein Haus, mein Land, mein Bankkonto, und es gehört niemandem sonst. Der Begriff ist allgemein verständlich. Aber Madison machte eine umfassendere Aussage. «In seiner weiteren und gerechteren Bedeutung», sagte er, «umfaßt Eigentum alles, dem ein Mensch einen Wert zuschreibt und auf das er ein Recht haben kann und was jedem anderen den gleichen Vorteil verschafft.»

Im ersten Sinn sind einem Menschen sein Land, sein Geld, seine Waren zu eigen. Im zweiten Sinn gehören einem Menschen seine Meinungen, besonders seine religiösen Überzeugungen, die «Sicherheit und Freiheit seiner Person», der «freie Gebrauch seiner Fähigkeiten und die freie Wahl der Dinge, auf die er sie anwendet.» Kurz, so schloß Madison, «wie man sagt, daß ein Mensch ein Recht auf Eigentum hat, so kann man auch sagen, er habe ein Eigentum an seinen Rechten». Die Regierung ist dazu da, fügte Madison hinzu, «Eigentum aller Art zu schützen, sowohl soweit es die jeweiligen Rechte des Einzelnen betrifft, als auch das, was der Begriff im besonderen meint. Nachdem dies das Ende der Regierung ist, ist nur die Regierung gerecht, die jedem Menschen *unparteiisch* ohne Ansehen der Person das zukommen läßt, was ihm zu *eigen* ist.» Unsere Rechte sind, wie Jefferson und andere erklärt haben, unser Eigentum und nicht von uns zu trennen. Politisch gesehen, sind wir unsere Rechte. Sie sind das, was uns am meisten zu eigen ist.

Madisons Lösung des möglichen Konflikts zwischen Jefferson und Locke führt zu einer politischen Lehre, die so radikal revolutionär ist, daß man meiner Meinung nach wohl nicht mehr weiter hinaus kann. Seit dem amerikanischen Aufstand Ende des achtzehnten Jahrhunderts sind viele Revolutionen gescheitert, oder sie haben gezögert, so weit zu gehen. Unabhängig von der Reichweite, die ihre Reformen für Gesellschaft und Wirtschaft hatten, schaffte selbst die russische Revolution den letzten Schritt nicht, den Madison für die USA für geboten gehalten hatte, nämlich «gleichermaßen die Rechte auf Besitz und den Besitz der Rechte» zu respektieren.

Die Sowjets haben in diesem Jahrhundert die erste Art des Eigentums auf den Kopf gestellt, indem sie es denen gaben, die nichts hatten, und es jenen nahmen, die alles hatten. Darin liegt eine einfache Form der Gerechtigkeit, auch wenn das Vorgehen wirtschaftlich gesehen schrecklich fehlgeleitet ist. Aber in diesem Jahrhundert waren in der Sowjetunion die Rechte keines Menschen, ob Mann, Frau oder Kind, geschützt, während sie in Madisons eigenem Land heute im wesentlichen sicher sind. Die Sowjets glaubten, sie müßten alles Privateigentum abschaffen, wenn sie mit ihrer Revolution Erfolg haben wollten. Vielleicht wollten sie nur das Privateigentum abschaffen, zu dessen Schutz, wie Locke behauptet, Regierungen eingesetzt sind. Aber sie schafften auch das andere Eigentum, den Besitz von Rechten ab. Deshalb war ihre Revolution letztlich ein Fehlschlag. In kommunistischen Ländern hat die Zensur versucht, die Lehre Madisons und ihren Erfolg geheimzuhalten. Aber das Volk, insbesondere die jungen Menschen in China oder Osteuropa und einem Dutzend anderer Länder, wußte es trotzdem. Und sie haben bewiesen, daß sie für ihre Rechte auch zu sterben bereit sind.

Robespierre, Napoleon und die Revolution von 1789

War die amerikanische Revolution von 1688 die «Lösung der Regierung» und ihre Ersetzung durch eine andere oder war sie auch eine «Lösung der Gesellschaft»? Die Gelehrten haben diese Frage ein Jahrhundert lang erörtert. Der Krieg mit England brachte wenig wirtschaftliche Veränderung. Nach dem Krieg waren dieselben Menschen die Besitzenden wie vorher. Und das Stimmrecht war auch nach dem Krieg nicht weiterverbreitet. Noch lange danach wählte nur eine Minderheit die Gesetzgeber und den Präsidenten. Alle Männer ohne Eigentum, alle Frauen, alle Sklaven und noch einige mehr waren ausgeschlossen. Trotzdem gab es einen Unterschied. Jene, die das Wahlrecht hatten, konnten erstmals wirklich ihre Herrscher wählen. Deshalb war die amerikanische Revolution eine tiefere als die englische. Aber sie war noch weit davon entfernt, das zu sein, was eine Revolution theoretisch sein konnte und was die französische Revolution nur wenige Jahre später auch wirklich war.

Frankreich war in dem Jahrhundert von 1650 bis 1750 wohl die reichste Nation der Welt und sicher eine, die besonders beneidet und nachgeahmt wurde. Der große Krieg zwischen England und Frankreich, eigentlich eine Reihe von Kriegen, die 1756 ausbrachen und sich mit Unterbrechungen bis 1815 hinzogen, wurde durch die industrielle Revolution ermöglicht, die England, vorher eine zweitrangige Nation, mit Frankreich nahezu gleichwertig gemacht hatte. England zog sich in diesem turbulenten Jahrhundert am eigenen Schopf zu einer Bedeutung empor, die die achtungsgebietende Macht Frankreichs in Frage stellte, während Frankreich gerade begann, sich aus dem Mittelpunkt der Macht zurückzuziehen.

Die Gelehrten haben über die Gründe dieser Veränderung gestritten. Wieder sind es zugegebenermaßen viele. Aber es war nicht unwichtig, daß Frankreich in diesen Jahren auf einer – nach den Revolutionen in England und Amerika letztlich überholten – politischen Idee beharrte: nämlich dem Gedanken, daß die Souveränität der Nation in einem einzelnen Menschen, dem Souverän, verankert ist, der dann die absolute Macht hat und sie notwendigerweise zum Wohl seines Volkes ausübt, unabhängig davon, ob das Volk das erkennt oder nicht. Eine Regierung gleicht demnach also, kurz gesagt, einer Firma oder einer Familie, die nur einen Kopf hat. Die Forderung nach der Herrschaft des Volkes war also sinnlos. Denn wer ist das Volk? Lediglich eine Horde Einzelner mit unterschiedlichen Wünschen und Ansichten. Am Schluß muß immer einer entscheiden. Und der Effizienz zuliebe sollte diese Entscheidung immer von demselben Menschen getroffen werden. Nur eine solche Regierung, sagten die französischen Apologeten, verdiene es, rechtmäßig und vernünftig genannt zu werden. Alles andere schaffe bestenfalls Verwirrung und schlimmstenfalls Anarchie.

Die Rechtfertigung eines «wohlwollenden Despotismus» beruhte auf einer Meinung über die Beschaffenheit der Welt, die den Namen Große Seinskette trug. Dieser politisch bald unhaltbare Gedanke hat wie so viele philosophische Gedanken seine Wurzeln bei Platon und bei Plotin, seinem neuplatonischen Nachfolger.

Nach Platon und Plotin wurde das Weltall von einem großzügigen Gott geschaffen, der es aus Liebe zu seiner Schöpfung bis zum Rand mit Sein füllte. Nach ihrer Lehre der Fülle mußte es alles geben, was es geben kann. In der Folge, die von den niedrigsten Wesen – Steinen, Sandkörnern und ähnlichem – zu Pflanzen und Tieren, zum Menschen und darüber hinaus zu den Engeln und schließlich zu Gott als dem Höhepunkt der Seinskette hinaufführt, kann es keine Lücken geben. Der Gedanke wurde im Mittelalter und während der Renaissance entwickelt und erreichte seine Blütezeit im achtzehnten Jahrhundert. Wie spätere Philosophen jedoch erkannten, hatte er durchaus Mängel. Insbesondere verträgt er sich anscheinend nicht mit der großen Idee des Fortschritts durch Evolution. Die Lehre der Fülle fordert, daß es alles gibt, was es geben kann und daß außerdem alles, was es gibt, so vollkommen sein muß wie nur möglich. Wie kann dann die Welt als Ganzes als eine gedacht werden, die immer besser, immer vollkommener wird? Dieser tiefliegende Widerspruch zerstörte schließlich die Vorstellung von der großen Seinskette, die im neunzehnten Jahrhundert ihre philosophische Bedeutung völlig verlor. Trotzdem erwies sich das Bild einer großen Kette oder Leiter, die vom niedrigsten bis zum höchsten Wesen reicht, als so ansprechend, daß er zum Paradigma jeder rationalen politischen Organisation gemacht wurde. Wenn Gott es für angebracht gehalten hatte, das Weltall als eine Hierarchie von Seins- und Wertegraden zu erschaffen, sollte der Mensch Gottes Bauweise nachahmen, wenn es um die Erschaffung eines Staates geht. Damit war die Herrschaft eines einzelnen Souveräns gerechtfertigt.

Dies war um so leichter, als dieses Verfahren schon so lange praktiziert wurde. Wir sahen schon, wie die alten Reiche mit ihrer überlieferten Weisheit strenge Hierarchien waren, mit Gott oder Göttern an der Spitze, dem König oder Kaiser als Stellvertretern Gottes auf Erden in der Mitte und dem Volk ganz unten, wobei jeder Mensch an dem für ihn richtigen Platz stand. Die griechischen Stadtstaaten, die römische *res publica* und die freien Städte des ausgehenden Mittelalters hatten das System vorübergehend in Frage gestellt, aber im weiteren Verlauf der Ereignisse erwiesen sie sich als Ausnahmen, die die Regel bestätigten. Der Stadtstaat war durch Alexander den Großen in einer Art persischen Monarchie aufgegangen. Die *res publica* hatte sich zum Römischen Reich entwickelt, und die reichsfreien Städte waren Teil der modernen Nationalstaaten geworden, deren Könige alle absolut und nach göttlichem Recht herrschten.

Nicht jeder in Frankreich fand den Ansatz zutreffend. Zum einen gab es Franzosen, die Locke und Jefferson lesen konnten und auch lasen. In den meisten Fällen wurden sie mit Geld zum Schweigen gebracht oder erbarmungslos niedergemacht. Der König hatte Soldaten, das Volk nicht. Macht liegt in der Mündung eines Gewehrs. Aber die Franzosen hatten den Amerikanern bei ihrem Revolutionskrieg geholfen, und die Erinnerung daran quälte den König und seine Minister. Französische Soldaten und auch einige der Offiziere hatten gesehen, wie ein Volk für seine Freiheit und Unabhängigkeit kämpfte, und wie es gewann. Sie konnten kaum nach Europa zurückkommen, ohne eine andere Einstellung zu dem Despotismus zu haben, wie sie ihn gekannt hatten. Außerdem griffen politische Philosophen wie Voltaire, Rousseau und Diderot den Begriff eines «rechtmäßigen» Despotismus oder einer solchen Tyrannei weiterhin an. Sie ermutigten das Volk zu fragen, ob Despotismus oder Tyrannei je rechtmäßig sein könne. So baute sich Druck auf.

Wenn es eine andere Möglichkeit gegeben hätte, die Bürger Frankreichs zu beruhigen, hätte es 1789 wohl keine Revolution gegeben. Sie hätte später stattgefunden. Oder überhaupt nicht. Es kam zur Revolution, weil der König und seine Minister ihre Ansichten zur Regierungsform nicht rasch genug änderten. Am Ende war es nicht die belesene und gebildete Minderheit der Franzosen, die die Regierung stürzte, wie es in England und in Amerika gewesen war, sondern das gewöhnliche Volk, das zuerst die Bastille erstürmte und dann den Palast in Versailles, wo König und Königin residierten. Dieses Volk vernichtete das Werk von Jahrhunderten und führte nicht nur eine neue Regierung ein, sondern ersetzte auch die alte Gesellschaft durch eine neue.

Welch Segen, diese Morgendämmerung mitzuerleben,
Aber dann jung sein war reiner Himmel!

So sah es William Wordsworth (1770–1850) im Rückblick auf die ruhmreichen Ereignisse von 1789, den Eifer und die Verheißungen der noch jungen französischen Revolution. Hier veränderte sich die Gesellschaft, nicht nur die Regierung. Endlich hatte das Volk die Herrschaft in die eigenen Hände genommen und konnte Gesetze und Gesetzgeber – wie es ihr unbezweifelbares Recht war – für alle Zeiten als Gut und Böse beurteilen. Hier war endlich eine Regierung, deren Rechtmäßigkeit politische Philosophen nicht bestreiten konnten, wenn sie nicht von Königen und Eroberern gekauft worden waren, um deren Herrschaft zu rechtfertigen. Und hier verwirklichte sich eine neue Welt voller gleichwertiger Menschen und Frauen, die alle voller Hoffnung und Energie für eine Zukunft waren, die unbedingt heller sein sollte, als die Vergangenheit es gewesen war.

Im großen und ganzen fanden die Vorgänge in Frankreich den Beifall der Amerikaner. Sie begriffen, daß miteinander einig waren, wenn sie behaupteten, der Besitz von Rechten sei noch entscheidender als das Recht auf Besitz. Im August 1789 verbreiteten die Franzosen eine Erklärung der Menschen- und Bürgerrechte, die über die amerikanische Erklärung sogar hinausging, denn sie stellte fest, daß nichts, das nicht vom Gesetz verboten ist, verhindert werden darf und niemand gezwungen werden kann, etwas zu tun, was das Gesetz nicht verfügt, denn «Freiheit besteht darin, alles tun zu können, was anderen nicht schadet». Diese Lehre legte dem positiven Gesetz eine enorme Last auf, weil es die Möglichkeit ausschloß, daß gewöhnliches oder gemeines Recht irgendeine Wirkung auf das Handeln der Menschen haben sollte.

Die französische Revolution versagte demnach – letztlich aus vielen Gründen. Einige waren strategischer Art. England blieb Frankreichs alter Feind und setzte sich für die sogenannten *emigrés* ein, die – zumeist Adlige – aus Frankreich geflohen waren, um der Guillotine zu entkommen und die nun ihre Kräfte sammelten und vereinten, um die Revolution besiegen zu können. Der Angriff der Herrscher Österreichs und Rußlands auf das Frankreich unter dem neuen Regime war eher ideologisch motiviert. Ihnen gefiel der Gedanke nicht, ihre eigenen Völker könnten sich eine so erfolgreiche Revolte gegen despotische Herrscher zum Vorbild nehmen. Diese Vorgänge spielten sich ja fast vor ihrer Haustür ab. Schließlich gingen die Franzosen unter Napoleon selbst zu weit, als sie versuchten, ihre Revolution in Länder wie Spanien und Italien zu exportieren, die noch nicht reif dafür waren.

Es gab noch einen weiteren Grund. Die Erklärung der Menschen- und Bürgerrechte hatte auch beinhaltet, der Ursprung der Souveränität liege im wesentlichen in der Nation, und keine Körperschaft und kein Einzelner könne eine Macht ausüben, die ihr nicht ausdrücklich verliehen worden sei. Dies ist, wie die Franzosen bald herausfanden, eine gefährliche Lehre. Denn wer konnte Einwände geltend machen, und wie konnte er sie begründen, wenn ein Anführer behauptete, er und er allein spräche für die Nation, und die Macht dazu sei ihm von ihr verliehen worden?

Ein solcher Anführer war Robespierre (1758–1894), der als «der Unbestechliche» bekannt wurde und alle jene zum Tod verurteilte, die er für Feinde der Revolution hielt. Ein häufiges Ergebnis von Revolutionen: Es kommt zu Säuberungen, zu Versuchen, alle jene Mitglieder der alten Gesellschaft auszurotten, die nicht bereit sind, die neue anzunehmen. So starben in den Monaten der Schrekkensherrschaft 1793 und Anfang 1794 Tausende unter der Guillotine. Im Januar 1793 wurde Ludwig XVI. hingerichtet, die Königin, Marie Antoinette, verlor ihren Kopf im Oktober. Robespierre selbst verlor seine Macht im Juli 1794 und erlitt dasselbe Schicksal.

Es stimmt, daß der Tod des Königspaares das alte Regime zu Fall brachte, aber dies war für das neue auch eine große Last. Der Nachricht vom Tod der Königin unter der großen Guillotine mitten auf dem Platz der Revolution bewirkte politische Konklaven auf der ganzen Welt. Wenn man schon der Frau seines Feindes den Kopf abschlägt, muß man bereit sein, sich zu verteidigen.

Frankreich war bereit, denn es hatte Napoleon Bonaparte (1769–1821) gefunden, den brillantesten Feldherrn in der Geschichte Europas. Aber wie zuvor Robespierre wurde auch Napoleon durch jene Klausel der Erklärung der Bürger- und Menschenrechte in Versuchung geführt. Auch er sah sich bald als Sprecher der Nation und von ihr mit Macht ausgestattet. Er ließ sich Erster Konsul nennen und erinnerte mit dem Titel an die römische Republik, aber nicht an das Römische Reich. Napoleon wollte jedoch lieber Imperator sein. Er arrangierte seine Krönung durch den Papst, nahm diesem jedoch im letzten Moment die Krone aus der Hand und setzte sie sich selbst aufs Haupt. Die Bedeutung dieser symbolischen Handlung entging niemandem.

Frankreich hatte also wieder einmal einen absoluten Monarchen und zudem einen, der absoluter war als je ein französischer König zuvor. Die Folgen erwiesen sich als zerstörerisch für Frankreich und für die Revolution. Zehn Jahre lang kämpften französische Bauern-Soldaten tapfer für Brüderlichkeit, wenn auch nicht mehr für Freiheit, aber schließlich wurden sie in Rußland und sonstwo durch die vereinten Kräfte der europäischen Reaktion besiegt. Kaiser Napoleon wurde in ein behagliches Exil auf die Insel Elba vor der Toskana geschickt. Aber er floh Anfang 1815 und marschierte mit einem Heer von Veteranen nach Paris, in der Hoffnung, noch einmal beginnen zu können. Er traf am 18. Juni 1815 im belgischen Waterloo auf den Herzog von Wellington, den Befehlshaber der vereinigten Gegner der Franzosen, und als ihm die Preußen unter General Blücher in den Rücken fielen, wurde er in einer der wichtigsten Schlachten der Weltgeschichte endgültig besiegt.

Die Alliierten hatten ihre Lektion gelernt. Sie verbannten Napoleon jetzt auf die Insel St. Helena, tief im Südatlantik, wohin niemals ein Schiff kam. Sie vergifteten ihn außerdem, indem sie ihm Arsen ins Essen mischten. Als er 1821 starb, hatte Graf Metternich, der Apostel der Reaktion beim Wiener Kongreß, die alte politische Ordnung in Europa schon wiederhergestellt. Sie sollte im wesentlichen bis 1917 Bestand haben.

Der Aufstieg der Gleichwertigkeit

Der Fall war tief gewesen, und Graf Metternich konnte auch mit Hilfe aller Könige und Minister das Alte nicht restlos wiederherstellen. Wie in einem Zerrspiegel hatten die Völker Europas in der französischen Revolution eine neue Ordnung zwischen Menschen gesehen. Nach 1815 waren sie jahrzehntelang, wenn auch widerstrebend, bereit, freiheitsfeindliche und despotische Regierungen zu dulden. Aber sie waren niemals bereit, auf die soziale Gleichwertigkeit zu verzichten, die sie in dem ruhmreichen Jahr 1789 gewonnen hatten. Alexis de Tocqueville (1805–1859), der 1835 über die Erfolge schrieb, die die junge Demokratie in Amerika erzielt hatte, sah klarer als jeder andere zu seiner Zeit, daß der Fortschritt zu mehr Gleichwertigkeit unaufhaltsam und unumkehrbar war, mächtiger als jeder König oder Kaiser. Er erkannte auch klarer als die meisten Demokraten (er war selbst ein Aristokrat, ein Mitglied des *ancien régime*, dessen Epitaph er in einem späteren Buch niederlegte), was bei diesem unaufhaltsam Fortschritt zu verlieren und zu gewinnen war.

Zweifellos mußte Gerechtigkeit herrschen. Denn die alte Gesellschaftsordnung war ungeheuer ungerecht gewesen und hatte, wie Tocqueville sofort bereit war zuzugeben, den Tod verdient. Er wußte auch, daß sie durch ihre eigene augenfällige Ungerechtigkeit zu Fall gekommen war. So hatte beispielsweise der Brauch, die Adligen und gewisse Amtsinhaber der Mittelklasse von der Besteuerung auszunehmen, die französische Bauernschaft so sehr aufgebracht, daß sie eine nicht mehr zu vernachlässigende politische Macht wurde. Von da an, sagte Tocqueville voraus, werde die Gleichwertigheit immer und überall zunehmen, und das werde der Gerechtigkeit im Leben der Menschheit dienen.

Gleichzeitig war sich Tocqueville bewußt, was dabei verlorengehen konnte. Die privilegierten Klassen Frankreichs und der anderen europäischen *anciens régimes* hatten im Staat eine wichtige politische Rolle gespielt, weil sie zwischen der absoluten Tyrannei des Monarchen über ihnen und dem Volk unter ihnen vermittelten. Gerade wegen ihrer Vorrechte hatten sie die Gerechtigkeit nicht nur für sich selbst, sondern auch für das Volk verteidigt und dabei oft Erfolg gehabt. Jetzt wurden die Demokraten nicht mehr durch die traditionellen Institutionen geschützt und liefen Gefahr, der absoluten Tyrannei des Staates ausgesetzt zu sein, den sie selbst geschaffen hatten. Die von Tocqueville beschriebene politische Lage sollte später Totalitarismus genannt werden; Tocqueville hatte dieses System nie gesehen, aber mit erstaunlicher Genauigkeit fast ein Jahrhundert, bevor es ins Leben kam, vorhergesagt.

Noch etwas sollte verlorengehen, wie Tocqueville vorhersah, nämlich die Extreme im gesellschaftlichen, wirtschaftlichen und kulturellen Leben, wenn sich immer mehr Menschen um eine mittlere Norm gruppierten. Die brutalen Exzesse der untersten Klassen würden vergessen werden, aber auch die höchste Kultur. Wenn einer immer beleseneren Bevölkerung Information zur Verfügung steht, gehört das jämmerliche Unwissen des alten Regimes der Vergangenheit an, werden aber auch Genies seltener. Dann würden nicht mehr Tugenden in ihrer höchsten, klarsten und reinsten Form die Größe dessen enthüllen, was in den besten Menschen ruht; wohl aber wird zugleich das Schlechteste, das es in anderen gibt, abgeschwächt. Er schließt:

> *Wenn ich unter all diesen verschiedenen Merkmalen das allgemeinste und das auffallendste suche, so sehe ich, daß das für die Vorzüge Kennzeichnende in unzähligen Formen vorkommt. Die Gegensätze sind fast durchweg gemildert und verwischt; fast alle hervorragenden Punkte verschwinden, um einem Mittelmaß zu weichen, das weniger hoch und weniger niedrig zugleich ist, weniger glanzvoll und weniger ruhmlos, als es die Welt bisher aufwies.*

Der große Schritt zu allgemeiner menschlicher Gleichwertigkeit, der in dieser höchst unmenschlichen, aber auch höchst gerechten Revolution von 1789 getan wurde, war sicherlich auf neues Wissen und mehr Verständnis zurückzuführen. Es stimmt, daß alle Menschen von Natur aus mit denselben unveräußerlichen Rechten ausgestattet sind. Nach Locke und Jefferson, nach Robespierre und Danton, selbst nach Napoleon, der sowohl ein Ungeheuer war als auch der Schöpfer großer neuer Institutionen, lassen sich diese Behauptungen von vernünftigen Menschen nicht mehr leugnen. Sie lassen sich nur von jemandem bestreiten, der ein Gewehr in der Hand hält, oder von einem Staat, der Millionen Gewehre in Position gebracht hat.

Wir haben gesehen, daß etwas Schönes und Besonderes verlorenging, als Galilei, Descartes und Newton die geistige Ordnung des Mittelalters über den Haufen warfen und das Bild des Gottesstaats erschütterten, das an den Himmel gemalt worden war. Wir können nicht zu dieser Sichtweise zurück, und die meisten Menschen würden das auch nicht wollen. Aber wir spüren eine gewisse Nostalgie, wenn wir uns an das erinnern, was einmal war und nicht wieder sein kann. Wurde noch anderes Schönes und Einmaliges erschüttert und zerstört, als das europäische Kastensystem, die Gesellschaftsordnung, die wir als das *ancien régime* kennen, über den Haufen geworfen wurde? Oder war Tocqueville lediglich ein sentimentaler alter

Narr, als er diese traurigen und doch hoffnungsvollen Worte über Verlust und Gewinn schrieb?

Kurz: Kostet der Fortschritt des Wissens immer einen hohen Preis? Ich halte den Preis für hoch, sehe aber keine Möglichkeit, sich um das Bezahlen zu drücken.

Mozarts Don Giovanni

In einem der vorangegangenen Kapitel sahen wir, wie John Locke am Ende des siebzehnten Jahrhunderts mit den Mitteln der Vernunft sowohl seine Mitbürger als auch seine Zeitgenossen in anderen Ländern davon zu überzeugen versuchte, daß die Duldung religiöser Unterschiede das einzig wahre Christentum darstellt. Die über ein Jahrtausend alte Gottesbesessenheit war nicht so leicht besänftigt, und die Intoleranz wütete auch im Zeitalter der politischen Revolutionen. Dies galt nicht nur für katholische Länder. Die römisch-katholische Kirche versuchte mit leidenschaftlichem Eifer bis zur französischen Revolution und über sie hinaus die Ketzerei auszurotten. Genauso leidenschaftlich wurde in protestantischen Ländern Ketzerei einer anderen Art gestraft. Gleichzeitig wurden die Angriffe auf die begrenzte Macht der institutionalisierten Religion heftiger und letztlich auch einfallsreicher. Die stärkste gesetzliche Verankerung fand der Gedanke der Toleranz im Zusatz zur Verfassung der USA, die es dem Staat verbietet, sich in das religiöse Leben seiner Bürger einzumischen. Einzelne Menschen haben das weiterhin getan und tun es immer noch, aber der Staat darf es nach dem Gesetz nicht. Der amerikanische Staat hat in den zwei Jahrhunderten, seit die Gründungsväter darauf bestanden, diese Grundfreiheit in das Grundgesetz ihres Landes aufzunehmen, auch nur selten versucht, den Bürgern zu sagen, was sie glauben sollten oder nicht.

Thomas Jefferson hatte seinen Anteil an der Abfassung dieser ‹Bill of Rights›, wie er an fast allem beteiligt war, was es im amerikanischen politischen Leben an Neuem gab. Wie viele seiner Kollegen in der ersten Regierung der USA war er ein Theist; er glaubte an Gott, aber nicht im Rahmen einer bestimmten Religion. Menschen wie er sehen viele Wege, Gott zu dienen und seinem Weg zu folgen, unabhängig davon, welchen Weg ein einzelner Mensch wählen möchte. Und selbst wenn vielleicht einige Menschen schließlich verdammt werden sollten, weil sie den falschen Weg wählen, sollte der Staat seinen Bürgern niemals einen bestimmten Weg aufzwingen, denn sie müssen ja die Freiheit haben, ihre eigenen Fehler zu machen. Wie sollten sie sonst je erwachsen werden?

Die Engländer hatten die politische Freiheit vor den Amerikanern erlangt, aber sie brauchten viel länger, um wirkliche religiöse Freiheit zu erreichen. In Frankreich wurde der aggressive antireligiöse Eifer der Revolution nach dem Fall Napoleons durch eine neue Welle des religiösen Konservativismus ersetzt. In Deutschland und Italien wurde die Religionsfreiheit erst im zwanzigsten Jahrhundert garantiert. Auch in den neugegründeten kommunistischen Staaten Europas und im Osten gab es keine Religionsfreiheit. Hier war alle Religion verboten, und Menschen wurden zuweilen erschossen, wenn sie den Wunsch äußerten, Gottesdienst zu feiern.

Nicht nur Politiker kämpften um die Befreiung der Menschen von den starren Fesseln einer Staatsreligion, sondern auch Künstler. Oft führten sie den Kampf sogar an, und als Künstler stellten sie ihre Meinung auf eine oft überraschende, ja sogar spöttische Weise dar. Ein Beispiel ist Mozart, dessen Oper ‹Don Giovanni› ein scharfer und brillanter Angriff auf religiöse Intoleranz ist. Sie ist auch und gleichzeitig die Tragödie eines Mannes, dessen einzige Religion Wissen ist. Im wesentlichen behauptet sie, daß ein Mann frei sein muß, überall nach Wissen zu suchen. Aber sie stellt auch die Frage, ob ein Mensch nur nach Wissen streben sollte.

Die Geschichte von Don Juan ist sehr alt. Ihre Ursprünge verlieren sich in den Nebeln des Mittelalters. Sie ist ein Mythos der Freidenkerei, als diese noch gefährlich und angsterregend war. Don Juan fand seine erste literarische Verkörperung in der Tragödie ‹El Burlador de Sevilla›, das der spanischen Dramatiker Tirso de Molina 1630 verfaßt haben soll. Durch dieses Schauspiel wurde Don Juan zu einem weithin bekannten Charakter, so bekannt wie Don Quichote, Hamlet und Faust, von denen keiner je existiert hat, die sich aber alle eines Daseins jenseits des Lebens erfreuten und erfreuen. Der Legende zufolge war Don Juan ein unverbesserlicher Verführer junger Frauen. Auf dem Höhepunkt seines zügellosen Treibens verführte er eine junge adlige Dame und tötete ihren Vater, der ihn, um seine Tochter zu rächen, herausgefordert hatte. Als Don Juan später auf dem Grab des Vaters dessen Statue sieht, lädt er dieses steinerne Ebenbild zum Mahl ein. Der steinerne Geist nimmt die Einladung an und sagt dem Sünder Tod und Verdammung vorher. Der von Tirso de Molina erfundene Charakter hatte einen Mut und eine Rauheit, die der Tragödie beträchtliche Kraft verlieh.

Don Juan hatte auch einen sprühenden Sinn für Humor, und das gab seinem Untergang eine Dimension, die in der Legende fehlt.

Wolfgang Amadeus Mozart (1756–1781), musikalisches Wunderkind, der berühmteste Sohn seiner Vaterstadt Salzburg, hatte schon als 25jähriger 1781 Hunderte von Werken komponiert, als er mit seinem Gönner, dem Erzbischof von Salzburg, brach und versuchte, ohne die Hilfe wohlhabender Aristokraten selbständig Karriere zu machen. Seine Versuche, frei zu sein, mißlangen. Er starb nur zehn Jahre. Der große Erfolg kam erst nach seinem Tode, als man in ihm endlich einen der größten Komponisten erkannte, die je gelebt haben. Mozart war ein kleiner Mann mit einem fröhlichen Gemüt. Einige seiner Zeitgenossen hielten ihn für einen *idiot savant*, eine Art genialen Possenreißer mit einer unerklärlichen Begabung. Er war weit davon entfernt, ein Philosoph zu sein, aber er begriff so gut wie jeder seiner Zeitgenossen, welche Herausforderung die moderne Welt für die traditionelle Religion bedeutete. In seinen drei letzten Opern geht es immer auch um dieses Thema. Don Giovanni geht damit in erschreckender Weise um.

Die Oper, deren Libretto von Lorenzo da Ponte stammt (1749–1838), wurde im Oktober 1787 in Prag uraufgeführt. Sie hatte damals sensationellen Erfolg, obwohl sie im Jahr darauf im konservativen Wien durchfiel. Ihr Mißerfolg in seinem Heimatland könnte Mozarts Lebensmut gebrochen haben. Mozarts Don Giovanni ist ein brillanter und charmanter Mann. Er verführt eine Reihe junger Frauen, nicht so sehr aus Liebe, obwohl er ihnen natürlich erzählt, wie sehr sein Herz von Liebe zu ihnen brennt, sondern aus seinem Bedürfnis heraus, sie kennenzulernen, was ihm anders nicht möglich ist. Da seine Neugierde rasch befriedigt ist, verläßt er sie alle und bricht ihre Herzen. Der Vater seiner letzten Geliebten fordert den Verführer zu einem Duell heraus. Don Giovanni lacht und tötet den älteren Gegner. Als er auf einem Friedhof Schutz vor Verfolgung sucht, liest er auf dem Grabstein seines Opfers von dessen Racheschwüren und zwingt seinen Diener Leporello, die Statue zum Mahl zu laden. Selbst der ist von dieser Blasphemie schockiert. Warum behandelt Don Giovanni den alten Mann so grausam? Er entdeckt in ihm einen Anflug von Sentimentalität, den er nicht ertragen kann. Don Giovanni selbst fehlt jedes Gefühl. Er ist ein Wissenschaftler und experimentiert mit Frauenseelen. Er sucht in seinen Opfern einen Anflug von Größe, den sie nicht besitzen. Am Ende enttäuschen sie ihn immer. Der Vater seiner Geliebten ist erst recht keine Herausforderung. Don Giovanni tut ihn ab, wie er einen zarten

Liebesbrief abtun würde, der nichts enthüllt, da es nichts mehr zu enthüllen gibt.

Don Giovanni hat viele Feinde. Allmählich sind sie überall und treiben ihn in die Verdammnis. Es gibt Tafelmusik, der Koch wird gelobt und Leporello ißt heimlich vom Fasan. Plötzlich ertönt ein donnerndes Pochen an der Tür. Leporello schreckt vor Angst zurück, aber Don Giovanni reißt unerschrocken die Tür auf. Blaß und gespenstisch steht der Commandatore vor ihm. Er hat die Einladung angenommen und lädt nun seinerseits ein. Er nimmt Don Giovannis Hand in seinen eisigen Griff. Der Lebende kann sich nicht losreißen. Der Geist zieht ihn, während Leporello seinen Herrn anfleht, sich zu wehren. Aber Don Giovanni will das gar nicht, auch wenn er könnte. Er ist von dem, was ihn erwartet, fasziniert. Er hat endlich eine Herausforderung gefunden, die seiner wert ist. Er wird seine Suche nach Wissen auch in der Hölle fortsetzen. Bereue, ändere dein Leben, ruft der Geist, aber Don Giovanni erwidert ruhig und gelassen, er habe nichts zu bereuen. Das ist einer der großen Augenblicke in der Geschichte der Kunst. Das Orchester schließt mit einem donnernden Fortissimo, die Feuer der Hölle schlagen hoch, ein Schrei läßt das Blut stocken, und der Held verschwindet, während die anderen Mitwirkenden erscheinen und davon singen, daß alle Übeltäter ein solches Ende ereilen wird.

Ist die Oper Don Giovanni eine Komödie oder eine Tragödie? In seinem Spiel ‹Man and Superman› (1905) zeigt uns George Bernard Shaw (1856–1950) einen an Mozart erinnernden komischen Intellektuellen, der die Teufel in der Unterwelt bezaubert, dem einzigen Ort, an dem auch Don Juan sich wirklich wohl fühlt. Aber Shaw hat nur Worte. Mozarts Musik fügt eine Dimension hinzu, die in jeder anderen Fassung der berühmten Legende fehlt. Don Giovannis letztes Souper wird überwältigend und unvergeßlich durch die großen Akkorde im Orchester, den edlen Baß des Kommandatore und den überschäumenden Mut von Don Giovanni. Er behauptet, er könne leben, ohne von Gott die Antworten auf seine Fragen zu erhalten. Er möchte die Antworten selbst finden, auch wenn die Strafe für diese Anmaßung das ewige Höllenfeuer ist. Wenn das Leben und der Tod des Don Giovanni in Mozarts Darstellung tragisch sind, so ist es doch eine neue Form von Tragödie, ganz anders als die Schauspiele der alten Griechen oder eines Shakespeare. Don Giovanni ist sarkastisch und zynisch, er hat vor nichts Angst, vor keiner Tugend Respekt. Seine Tragödie, wenn es eine ist, liegt in seiner totalen Isolation von der Gesellschaft, über die er lacht. Die uralten Sitten dieser Gesellschaft haben für ihn keine Kraft. Mehr noch, er ist sich dessen bewußt, daß sie auch für viele Mitglieder dieser Gesellschaft keine Kraft mehr haben, obwohl sie das aus Unwissen oder Angst noch nicht zugeben können. Deshalb ist es für ihn so einfach, die jungen Frauen zu verführen, die ihm verfallen, wenn er nur romantisch seufzt. Diese jungen Frauen sehnen sich genauso wie er nach einer neuen Art von Freiheit und Abenteuer, obwohl sie zugleich fordern, daß er sie auf die übliche Weise umwirbt, bevor sie es wagen, ihm und ihren eigenen Wünschen nachzugeben in einer Gesellschaft, die es ihnen nicht erlaubt, dieselbe Freiheit zu genießen wie Männer. Als Frauen müssen sie wegen ihrer «Unmoral» Schuld und Strafe ertragen.

Einzig Don Giovanni ist sich völlig dessen bewußt, was abläuft. Auch sein Diener Leporello – der vielleicht besonders – hat kein Verständnis für das, was wirklich passiert, obwohl auch er ein Libertin der alten Schule ist, der gerne schöne Frauen verführt, aber er spielt das Spiel auf die alte Weise.

Don Giovannis neue Weise versucht, die Frauen, die seine Geliebten werden, dazu zu bringen, sich zu ihrem Wunsch zu bekennen, mehr sein zu wollen, als ihre Mütter waren. Das können sie zu seiner großen Enttäuschung nicht, und das zwingt ihn dazu, immer wieder neue Opfer zu suchen. Aber «Opfer» ist das falsche Wort, denn Don Giovanni weiß sehr wohl, daß jede seiner Bettgesellinnen eine willige Partnerin ist. Deshalb kann er dem steinernen Gast ganz ehrlich sagen: «Ich habe nichts zu bereuen.» Das Ende der Oper ist verstörend. Es erschüttert uns und läßt uns die Haare zu Berge stehen, weil uns klar wird, wie ungerecht die Verdammung Don Giovannis zum ewigen Höllenfeuer eigentlich ist. Das Leiden seiner verlassenen Geliebten jedoch, die die traditionelle Männergesellschaft nicht entkommen läßt und so grausam bestraft, ist genau so ungerechtfertigt.

Goethes Faust

Die Legende von Dr. Faustus ist so alt wie die von Don Juan und womöglich noch bekannter. Es gab einen historischen Faust, der um 1540 starb, einen berühmten Zauberer, der Männer und junge Frauen mit seinen Zauberkünsten verführte und ihnen alles nahm, was sein böser Geist begehrte. Im Jahr 1587 erschien eine Sammlung von Geschichten über solche Zauberer – weise Männer, die sich in den

Geheimwissenschaften auskannten. Das Mittelalter erzählte diese Geschichten von so bekannten Zauberern wie Merlin. Im ersten ‹Faustbuch› werden alle diese Taten Faust zugeschrieben. Ihm wurde ein ungetümer Dämon namens Mephistopheles zugesellt. Die Geschichten sind von einem groben und grausamen Humor durchzogen, der auf Kosten von Fausts Opfer ging. Aber es stand niemals in Frage, daß Faust letztlich verdammt werden würde. Faust hatte seine Seele dem Teufel verschrieben und würde seine Triumphe mit ewiger Verdammnis zu bezahlen haben.

Das erste ‹Faustbuch› wurde in viele Sprachen übersetzt. Die englische Fassung regte Christopher Marlowes ‹Tragicall History of Dr. Faustus› an (zuerst 1604 veröffentlicht, aber schon früher verfaßt), das dem legendären Charakter weiteren Ruhm verlieh. In den nächsten zweihundert Jahren erschienen zahlreiche andere Bücher mit Faustgeschichten und auch Zauberbücher, die seinen Namen trugen. Einige dieser Handbücher enthielten Anweisungen, wie der Pakt mit dem Teufel zu vermeiden oder auch zu brechen sei, wenn er einmal gemacht worden war.

Der ursprüngliche Faust hatte sich vor allem anderen Sexualität, Wohlstand und Macht über andere gewünscht, aber als sich die Legende verbreitete, erhielt sie andere Bedeutungen. Faust hatte Wissen begehrt, wenn auch nur seinen bösen Zielen zuliebe. Gotthold Ephraim Lessing (1729–1781) bewertete Fausts Suche nach Wissen als edel und führte in einem unvollendeten Schauspiel eine Versöhnung zwischen Gott und Faust herbei, der also den Krallen des Teufels entkommen konnte. Ähnliche Auffassungen haben andere Bearbeitungen der Faustlegende beeinflußt, so die von Hector Berlioz, Heinrich Heine, Paul Valery und Thomas Mann. Der berühmteste und der verstörendste Faust stammt von Goethe.

Johann Wolfgang von Goethe wurde 1749 in Frankfurt am Main geboren und starb 1832 in Weimar im Alter von 82 Jahren nach einem Leben, das im wesentlichen ein langer und ununterbrochener Triumph war. Er war nicht nur Wissenschaftler, Philosoph, Kritiker und Politiker, er schrieb auch Romane, Gedichte, Dramen und Balladen und war nach – oder vielleicht auch vor – Napoleon die führende Gestalt seiner Zeit. Die beiden Männer sind sich einmal begegnet, und Napoleon erklärte ehrfürchtig, im Bewußtsein, daß viele zuhörten: «Sie sind ein Mensch!» Faust war ein Lebenswerk. Es wurde in den siebziger Jahren des achtzehnten Jahrhunderts begonnen und fast sechzig Jahre später vollendet. Nach der Veröffentlichung eines Fragments 1780 wurde die Arbeit an diesem Meisterwerk oft unterbrochen. Der erste Teil wurde auf Drängen von Friedrich Schiller (1759–1805), Goethes Dichterfreund, 1808 fertiggestellt und veröffentlicht. Wieder kam es zu Aufschüben, und der zweite Teil wurde nur wenige Monate vor Goethes Tod abgeschlossen. Es war nicht nur drängende andere Arbeit, die die Vollendung hinausschob. Goethe wußte, daß das Werk seine ganze Genialität, alles Wissen und alle Erfahrung forderte, und deshalb widmete er ihm sein ganzes Leben.

Der erste Teil, dem die Zerstörung der älteren Welt und ihre Ersetzung durch eine moderne Gesellschaft zugrunde liegt, beginnt im Mittelalter. Faust sitzt in seinem hohen gotischen Studierzimmer und ist verzweifelt. Er hat das Wissen erreicht, das Don Giovanni suchte, aber um den Preis derselben Isolation, unter der der Spanier litt. Mephistopheles erscheint, zunächst als schwarzer Pudel. Er bietet Faust die Chance, über Wissen hinauszukommen und Freude, Reichtum, die Gesellschaft interessanter Menschen und Macht über die Natur zu genießen. Faust nimmt das Angebot an, aber er verweigert den üblichen Tauschhandel. Er behauptet, er sei schon in der Hölle und brauche deshalb keine weitere Strafe. Mephisto ändert deshalb die Bedingungen. Wenn er es je schafft, Faust dazu zu bringen, zu sagen, er sei zufrieden, sein getriebener gequälter Geist wünsche zu ruhen, dann habe der Teufel gewonnen. «Getan», ruft Faust, und der große Kampf beginnt.

Der erste Teil, 1790 als ‹Faust: Ein Fragment› erschienen, wurde in Deutschland wegen seiner Liebesgeschichte berühmt. Die Veröffentlichung des ersten Teils 1808 machte die Geschichte überall in Europa bekannt. Faust verliebt sich in ein einfaches junges Mädchen; Gretchen lebt in einem kleinen Haus in einer kleinen Stadt, die despotisch von traditionellen Werten bestimmt ist. Sie hat noch nie einen Liebhaber gehabt und nicht einmal ein Geschenk von einem Mann erhalten. Faust schenkt ihr einen wunderschönen Schmuck, den Mephisto ihm besorgt hat, damit er um sie werben und sie verführen kann. Gretchen legt den Schmuck an und betrachtet sich im Spiegel. Was sie sieht, ist ein anderer Mensch, der sie schon geworden ist und der zu werden sie schon immer die Möglichkeit hatte. Gretchen weiß instinktiv, wie jedes Mädchen es wissen würde, was das Geschenk bedeutet, und sie erkennt sowohl die Gefahr als auch die Verheißung. Die Gefahr wird kommen, wenn sie von dem Mann, den sie schon als ihren Geliebten sieht, verführt und dann verlassen wird. Mephisto hat Faust wieder so schön gemacht, wie er früher war, und um dreißig Jahre verjüngt. Faust plant die

Flucht aus dem engen Zimmer in dem kleinen Haus in der alten Stadt, in dem Gretchen ihr Leben verbringt, und sie zögert nicht lange, sondern gibt sich Faust hin und verfällt ihm mit Herz und Seele.

Es war, wie Marshall Berman sagt, unvermeidlich, daß sie sich auf die Verheißung eines neuen und größeren Lebens einließ. Der Druck auf das arme anständige Gretchen hat sich fünfhundert Jahre lang aufgebaut, seit 1300, als Dante, Petrarch und Boccaccio die Renaissance begründeten und begannen, die Gitterstäbe aufzubrechen, die die Menschen im Weltbild des Mittelalters gefangenhielten. Die meisten Europäer lebten 1800 noch in der engen, feudalen, traditionsverhafteten Welt und gehorchten den alten Regeln, die von Geistlichen aller Sekten und Richtungen vertreten und überliefert wurden. Fünfhundert Jahre lang hatten unternehmungslustige Geister, wie sie in den vorangehenden Kapiteln beschrieben wurden, versucht, die Menschen aus dem Gefängnis ihrer Vorurteile und Ängste zu befreien.

Es gab immer mutige junge Mädchen wie Gretchen, und ob sie es wußten oder nicht, immer suchten sie nach einem Faust, dem abenteuerlichen Fremden, der neu in die Stadt kam und sie mit der Dorfschönen verließ, die manchmal überlebte und manchmal nicht. Das hing gewöhnlich vom Mann ab. Im Lauf der Zeit gab es immer mehr Fausts und immer mehr Gretchen. Sehr viele Amerikaner haben solche Menschen als Vorfahren, denn der Wunsch, dem noch im wesentlichen mittelalterlichen Feudalwesen ihrer Jugend zu entfliehen und auf der Suche nach einem besseren Leben über das Meer zu fahren, brachte mehr Einwanderer in die Neue Welt als alles andere. Gretchen macht einen oft wiederholten Fehler, als sie sich Faust zu schnell hingibt. Obwohl Faust von ihrer Verwandlung in eine bezaubernde Frau fasziniert ist, meint er, er brauche mehr, als sie ihm geben kann. Das ist zum Teil das Werk des Mephisto, zum Teil aber liegt es auch im Wesen von Faust, der dazu verdammt ist, niemals zufrieden zu sein. Und so verläßt er sie. Ohne Faust als Beschützer wird Gretchen in die Verzweiflung getrieben. Ihr Bruder Valentin verspottet sie und macht ihr Vorwürfe. Faust tötet ihn mit Hilfe Mephistos in einem Duell. Gretchens Kind stirbt, und sie wird des Mordes an ihrem Kind angeklagt, kommt ins Gefängnis und wird zum Tod verurteilt. Sie wartet auf ihre Hinrichtung, als Faust zurückkehrt und, wieder mit Mephistos Hilfe, ihre Zelle betritt.

Zunächst erkennt sie ihn nicht. Sie hält ihn für den Scharfrichter und bietet in rührender Weise ihren Körper dem Beil dar. Still, warnt

Faust, ich komme dich zu befreien! Nur einen Schritt, so bist du frei! Gretchen weigert sich. Sie weiß, daß Faust sie nicht liebt, daß er aus Schuld handelt. Und sie will auch nicht in der Weise frei sein, in der er frei ist. Obwohl sie die Grausamkeit ihrer engen Welt besser kennt als Faust, erkennt sie auch das Gute, das in ihr Bestand hatte: Ihre Verpflichtung an Ideale, ihre Hingabe an ein Leben, das der Treue und der Liebe gewidmet ist. Auch wenn ihre Welt sie verraten hat, will sie diese Welt nicht verraten. Und sie will auch ihre Liebe zu Faust nicht verraten. Sie vergibt ihm und spricht ihn aus ihrer Sicht von Sünde frei.

Der zweite Teil von Goethes ‹Faust› ist ein Werk des neunzehnten Jahrhunderts und sollte im Zusammenhang mit jener Epoche besprochen werden. Wir heben uns die Bemerkungen dazu deshalb für das nächste Kapitel auf.

Der erste Teil der Dichtung ist eine natürliche Ergänzung zu ‹Don Giovanni›. Er ist tiefgründiger, denn Goethe war ein größerer Dichter als Lorenzo da Ponte. Er führt auch die Sinnlinie weiter, die Mozart mehr noch als da Ponte begonnen hatte.

Die Liebesgeschichte von Faust und Gretchen ist nicht nur eine Herausforderung an die traditionelle Religion, genausowenig wie die Moral von Don Giovanni nicht lautet, daß alle Verführer in die Hölle kommen. Beide Werke, besonders ‹Faust›, fordern, daß wir die Geburt einer neuen Welt wahrnehmen. Im Moment, sagen sie beide, kann nur eine Minderheit von Menschen diese Wahrheit verstehen und nutzen. Im Fall des Don Giovanni erkennt das nur einer, er selbst, und er zahlt seinen Preis. Aber selbst Faust braucht trotz all seiner Brillanz die Hilfe des Teufels. Er kann sich nicht selbst befreien.

Fast zwei Jahrtausende lang hatten Christen geglaubt, wahre Freiheit komme von Gott. Dante hatte behauptet, «sein Wille ist unser Frieden», und tausend Predigten hatten ihren Zuhörern verheißen, sie würden ewigen Segen erhalten, wenn sie nur Gottes milden Geboten folgten. Aber zweitausend Jahre lang war die Welt auf ihrem unausweichlichen Weg weitergelaufen, hatte die Körper und den Verstand von Menschen zermalmt und ihre Sicht des Guten verzerrt. Ein neuer Handel war nötig. Der Handel mit Gott hatte sich nicht bewährt. Die einzige Alternative war ein Handel mit dem Teufel. Mozart konnte das nicht ausdrücklich sagen, aber seine Musik sagt es. Goethe legt es Mephisto in den Mund:

Ich bin der Geist, der stets veneint.
Und das mit Recht; denn alles, was entsteht,
ist wert, daß es zu Grunde geht.

Und doch ist der Teufel gleichzeitig ein Teil der Kraft, die «stets das Gute will und stets das Böse schafft». Gott ist in seiner überwältigenden Liebe zum Menschen destruktiv für die Schöpferkraft des Menschen. Die dämonische Lust nach Zerstörung ist kreativ. Wir müssen die alten Wege verlassen und neue finden, sonst ist Fortschritt unmöglich. Fortschritt ist also der Handel mit dem Teufel, nicht mit Gott. Das ist ein seltsamer Schluß. Und doch hat die Welt zwei Jahrhunderte lang so getan, als ob der Schluß unzweifelhaft wahr sei, und die Welt gibt jetzt, am Ende des zwanzigsten Jahrhunderts, keine Hinweise darauf, daß sie ihre Meinung geändert hat.

Kapitel 10: Das neunzehnte Jahrhundert – ein Vorspiel zur Moderne

Während der ungestümen hundert Jahre des neunzehnten Jahrhunderts prägte Europa den Rest der Welt, und Briten, Spanier, Portugiesen, Franzosen und Holländer konnten sich damit brüsten, daß in ihrem Reich die Sonne niemals unterging. Die aufblühenden USA, die große «Zukunftsnation», brauchten kein Reich zu gründen. Die Verkündung der Monroe-Doktrin 1823 stellte den amerikanischen Einfluß auf der westlichen Halbkugel außer Frage und ersparte dem Land die Last, ein Dutzend kleiner Staaten verwalten zu müssen. Japan, das schneller als die meisten erkannte, woher der Wind der Zukunft wehte, öffnete sich 1868 zum Westen hin und hatte dadurch teil an den Wohltaten der westlichen Technik, statt wie China gezwungen zu sein, lediglich Rohstoffe und Arbeitskräfte zu liefern. Und ein fast vollkommen friedliches Jahrhundert, unterbrochen nur von kleineren Stellungskriegen zwischen den Kolonialmächten, erlaubte es der Welt von 1815 bis 1914, mit ihrer überschüssigen Energie einen Weltmarkt statt für Luxusgüter für Lebensmittel zu entwickeln. John Masefields ‹Fracht› schildert den Wandel:

Quinquireme von Nineveh aus dem fernen Ophir
Rudert heim in den Hafen im sonnigen Palästina
Mit einer Fracht von Elfenbein
Und Affen und Pfauen,
Sandelholz, Zedernholz und süßem weißen Wein.

Stattliche spanische Gallionen kommen vom Isthmus
Segeln durch die Tropen, vorbei an palmgrünen Küsten
Mit einer Fracht von Diamanten,
Smaragden, Amethysten
Topasen, Zimt und Goldmünzen.

Schmutzige britische Küstenfahrzeuge mit salzverkrustetem Schornstein
Stampfen im mutwilligen März durch den Kanal,
Mit einer Fracht von Kohle,
Bahnschwellen, Blockblei
Feuerholz, Gußeisenware und billigen Zinntellern.

Das neunzehnte Jahrhundert entdeckte den Nutzen neuer Energiequellen wie Öl und Elektrizität. Es feierte die neuen weltweiten und regionalen Verständigungsmittel wie Telegraf und Telefon. Und es begrüßte freudig neue Möglichkeiten, das Leben zu vereinfachen, vom elektrischen Licht bis zu billigen gußeisernen Öfen. In der Fabrik hergestellte Dinge wie Eisenzäune für den Rasen und in Massen angefertigte Möbel für Wohn- und Schlafzimmer ersetzten handgefertigte Einrichtungen, die erst im ausgehenden zwanzigsten Jahrhundert wieder ihre Nische fanden. In einigen wenigen hochentwickelten Ländern setzten Literatur und Journalismus voraus, daß alle lesen konnten, und Missionare aus diesen Ländern versuchten, das Licht des Lernens überall auf der Erde zu verbreiten. Eisenbahnen schlängelten sich durch Wälder und Wüsten, überquerten Flüsse und verbanden Orte, die Jahrhunderte lang getrennt gewesen waren; sie schufen so ein neues Bild der Gesellschaft, während sie alte Bilder zerstörten. Gegen Ende des Jahrhunderts erkannten prophetische Geister in Deutschland und in den USA, daß das eben erfundene Automobil sich als das revolutionärste und auch profitträchtigste Gefährt erweisen würde, das die Welt je gesehen hatte.

Überhaupt war das neunzehnte Jahrhundert ein Zeitalter, das sich selbst gern als «neu» sah und auch so nannte. Das Wort trifft zu. Aber keines der oben angeführten Beispiele weist auch nur im geringsten auf die wichtigste Neuerung hin.

Der Unterschied, den Geld macht

In gewisser Hinsicht haben sich die Menschen in den letzten fünf- bis zehntausend Jahren nicht sehr verändert. Die alten Ägypter liebten ihre Kinder, gewöhnlich jedenfalls, aber nicht immer; so ist es auch bei uns. Die alten Griechen aßen und tranken gern, saßen in der Sonne und unterhielten sich über philosophische Themen, und das tun auch wir, obwohl wir solche Gespräche vielleicht nicht philosophisch nennen würden. Römische Hausfrauen schwatzten und klatschten gern, wenn sie sich beim Wäschewaschen trafen; wir tun das im Waschsalon. Die Menschen früher wurden krank und starben, genau wie wir. Sie waren gelegentlich großzügig und manchmal grausam, genau wie wir. Sie waren manchmal eitel und egoistisch, und zu anderen Zeiten erkannten sie ihre Lage klar und deutlich; dasselbe könnte man über uns sagen. In anderer Hinsicht sahen die Menschen früher das Leben anders als wir. Natürlich hatten sie keine Kühlschränke und Fernseher, Mikrowellenherde, Autos und Computer. Das ist kein großer Unterschied. Sie machten keine Ferien und fragten sich nicht, was sie in ihrer «Freizeit» anfangen sollten. Das ist ein größerer Unterschied. Sie impften ihre Kinder nicht gegen Kinderkrankheiten und erwarteten nicht, daß diese es im Leben «weiterbringen» sollten als sie selbst. Das ist ein noch größerer Unterschied. Sie hielten Geld nicht für sehr wichtig. Das ist ein sehr großer Unterschied, so groß, daß er nur schwer verständlich ist.

Er ist um so schwieriger zu verstehen, wenn wir erkennen, daß nicht nur die Menschen der Antike den Wert des Geldes nicht besonders hoch einschätzten. Das traf auch später in allen Ländern für die allermeisten Menschen zu, im Mittelalter ebenso wie in der Renaissance, im siebzehnten und sogar im achtzehnten Jahrhundert. Bis zum Ende des achtzehnten Jahrhunderts, also noch bis gestern, hatten die meisten Menschen noch nicht entdeckt, wie wichtig Geld sein kann. Deshalb war ihr Leben ganz anders als das unsere, selbst wenn es psychologisch gesehen viel mehr Gemeinsamkeiten mit uns gab als Unterschiede. Wenn wir diesen grundlegenden Unterschied zwischen den Menschen der jüngeren Vergangenheit und uns selbst sehen können, verstehen wir auch einen der wichtigsten Beiträge des neunzehnten Jahrhunderts zum menschlichen Allgemeinwissen. Vielleicht läßt sich das neunzehnte Jahrhundert in diesem Sinn mehr als in jedem anderen als ein Vorspiel zu unserem zwanzigsten Jahrhundert sehen.

Das Geld wurde im neunzehnten Jahrhundert nicht erst erfunden. Als Tauschmittel, zum Ausgleich der Konten des Käufers von Gütern oder Diensten und dem Verkäufer, ist Geld schon sehr lange bekannt. Man hat wenige Völker gefunden, unabhängig davon, wie primitiv sie waren, die keinerlei Begriff von Geld haben und nichts verwenden, das für Geld steht, wie Knochen oder Metallstücke. Man hat auch nie ein Volk gefunden, das kein Geld wollte, wie auch immer sie es sahen oder zählten. Um so erstaunlicher ist die Erkenntnis, daß die meisten Menschen, so ähnlich sie uns auch sonst waren, bis vor kurzem keinerlei Vorstellung davon hatten, wie man Geld verdient, was für uns so offensichtlich ist. Sie hätten nicht begriffen, was mit «sich den Lebensunterhalt verdienen» gemeint ist. Heute kennt wohl fast jeder Mann, jede Frau und jedes Kind diesen Ausdruck, auch wenn nicht alle darin erfolgreich sind.

Wirtschaftsleben vor 1800: Der Bauer

Malen wir uns einmal aus, wie das Leben einiger sozialer Gruppen oder Klassen vor 1800 aussah. Der Zeitpunkt ist nicht so entscheidend. Einige der Gruppen waren in manchen hoch entwickelten Ländern, wie England und Amerika, schon vor 1800 keine wesentlichen Wirtschaftsfaktoren mehr, während sie in anderen Ländern fast bis heute, jedenfalls aber bis nach dem Zweiten Weltkrieg überlebten. Aber das Jahr 1800 ist eine gute Trennscheide zwischen dem alten, vorindustriellen, nicht vom Geld geprägten Wirtschaftssystem, in dem sich das Leben der Menschen im allergrößten Teil ihrer Geschichte abgespielt hat, und der neuen, industriellen und nachindustriellen Geldwirtschaft, in der wir heute leben.

Denken wir zunächst an den Bauernstand. Ich bezeichne als Bauern die allermeisten Menschen in fast allen Ländern vor 1800, die auf dem Land lebten, dem Land ihr Leben widmeten und mit dem kleinen Überschuß, den sie erwirtschaften konnten, die ganze Sozialstruktur aufrechterhielten, von der sie selbst kaum Nutzen hatten. In einigen Ländern wurde diese Klasse Leibeigene genannt, in anderen Sklaven, in wieder anderen Unberührbare. «Bauern» scheint für sie alle ein geeigneter Oberbegriff zu sein. Bauer und Bäuerin arbeiteten den ganzen Tag, jeden Tag, von dem Tag an, an dem sie das einfachste Werkzeug halten konnten, bis sie schließlich zu alt, zu krank oder zu schwach waren; dann kam bald der Tod. Sie hatten wahrscheinlich etwas Geld, einige Pfennige oder deren Äquivalent. Aber sie arbeiteten nicht für Geld. Sie arbeiteten, weil das Leben aus Arbeit bestand und Arbeit aus Leben und die beiden untrennbar waren. Insbesondere spielte Geld für die Beziehung zwischen Leben und Arbeit, als ein Tauschmittel auf dem Arbeitsmarkt, keine Rolle.

Bauern hatten also keinen «Job», für den Lohn oder Gehalt gezahlt wurde. Sie konnten ihre «Stelle» auch nicht verändern, wenn sich die Gelegenheit ergab, und eine andere, besser bezahlte, annehmen. Bauern waren meistens an das Land gebunden, auf dem sie geboren worden waren. Selbstverständlich würden sie dort ihr Leben lang arbeiten. Sie konnten ihr Land und seinen Besitzer höchstens dann verlassen, um einem anderen Herrn zu dienen, wenn die beiden Lehnsherren übereinstimmten und sich davon einen Nutzen versprachen. Bauern konnten aber auch dann keinen höheren Lohn fordern. Genaugenommen arbeiteten sie für sich selbst und für ihren Herrn, und ihre Arbeit erzeugte die Nahrung, die sie für sich selbst, ihre Kinder und andere von ihnen abhängige Menschen, etwa ihre alten Eltern, brauchten. Der Lehnsherr erlaubte ihnen, einen kleinen Teil ihrer Erzeugnisse auf den Markt zu tragen, um sie dort an Städter zu verkaufen, Menschen also, die nicht ihr eigenes Land bestellten. So konnten sie etwas Geld einnehmen. Einen Teil dieses Geldes mußten sie dann wieder ihrem Herrn geben, der das Recht hatte, alle Handelsgeschäfte in seinem Herrschaftsbereich zu besteuern. Der Rest diente dazu, notwendige Dinge wie Salz oder Eisen oder möglicherweise Bücher zu kaufen, die nicht auf ihrem Land, also dem Land ihres Herrn, erzeugt werden konnten.

Was erhofften sich Bauern vom Leben? Vor allem wollten sie in Frieden gelassen werden, Kinder haben und aufziehen, so wenig Schmerzen wie möglich erleiden und einen sanften Tod sterben. Unter diesen Zielen war nicht das unwichtigste, in Ruhe gelassen zu werden. Bauern standen in der Gesellschaftsordnung ganz unten, und sie waren von vielen Feinden umgeben und bedroht. Alle diese Feinde wollten sie berauben, ihnen das wenige Geld, das sie besaßen, und alles andere, was wertvoll sein konnte, wegnehmen. Wertvoll war ihre Arbeit, und deshalb versuchten ihre Feinde, beim Landbesitzer angefangen, immer, ihnen auch diese zu stehlen. Bauern hofften, nicht ärmer zu sterben, als sie geboren worden waren. Sie erwarteten nicht, reicher zu sterben. Sie erwarteten auch nicht, daß ihre Kinder reicher sein würden als sie selbst. Für ihre Kinder erhofften sie, soweit sie überhaupt eine Hoffnung hatten, nichts anderes als für sich selbst.

Der Edelmann

Es handelt sich wieder um einen Oberbegriff. Landbesitzer und Lehnsherren können viele Namen haben, etwa Freiherr, Graf oder Baron, Lord, Senor, Signore oder einfach Chef. Wie der Bauer hatte der Edelmann wenig Geld zur Verfügung, obwohl er natürlich mehr hatte als der Bauer, nämlich ein paar Mark und nicht nur Pfennige. Anders als ein Bauer war der Edelmann aber der Besitzer des Landes, an das sie beide, jeder auf seine Art, gebunden waren.

Der Landbesitzer konnte sein Land rechtmäßig verlassen, wenn er das wollte, aber das war gewöhnlich unklug, wenn er an seine Feinde dachte. Falls der Bauer kein Leibeigener war, gehörte er dem Edelmann nicht, aber der Edelmann lebte von seiner Arbeit. Ein Bauer bestellte also das Land für den Edelmann und dessen Familie ebenso wie für sich und seine Familie und besorgte die Nahrung für beide. Der Edelmann wiederum schützte den Bauern vor rücksichtslosen Feinden, wie Banditen und Verbrechern.

Welche Erwartungen hatte der Edelmann? Erstens wollte er nichts von seinem Land verlieren, sondern es seinen Söhnen vererben. Zweitens, und in vielen Fällen war das sehr zweitrangig, wollte er mehr Land erwerben. Aber wie konnte der Edelmann Land erwerben, wenn alles Land schon anderen Grundbesitzern oder dem König gehörte? Eine Möglichkeit war, durch die Heiraten seiner Kinder mehr Land zu bekommen. Ein Überfluß an Töchtern jedoch, zu deren Aussteuer jeweils Land gehören sollte, konnte den Landbesitz einer Familie deutlich verringern. Deshalb wurden Söhne immer für wertvoller gehalten als Töchter.

Der König konnte einem Edelmann Land wegnehmen und es einem anderen geben, um ihm für einen wichtigen Dienst zu danken. Dies war eine Möglichkeit «voranzukommen». Der König selbst hatte in dieser Hinsicht Schwierigkeiten, denn eine seiner wichtigsten politischen Rollen war es, seinen Fürsten den Besitz ihrer Ländereien zu sichern, und wenn er dazu nicht in der Lage oder nicht bereit war, stand er in der Not möglicherweise ohne Unterstützung da. Deshalb war die beste Art des Landerwerbs, das Land jemandem wegzunehmen, es also in einem sogenannten «gerechten» Krieg zu erobern. Die Edelleute verbrachten den größten Teil ihrer Zeit damit, gegen andere Adlige zu kämpfen, deren Land sie haben wollten oder die das ihre wollten. Das war ihre Arbeit, der sie sich ausdauernd hingaben und auf die sie viel Zeit und Mühe verwendeten, wenn auch nicht soviel, wie der Bauer auf seine Arbeit verwenden mußte. Die Adligen arbeiteten also für Land, nicht für Geld. Sie stahlen ihr Geld, das heißt, sie «eroberten» es, wenn sich Gelegenheit dazu bot, und waren froh, wenn sie es hatten, weil es ihnen viele Annehmlichkeiten ermöglichte. Aber im Vergleich zum Land war Geld meistens unwichtig.

Der Geistliche

Dieser Oberbegriff meint Priester, Pfarrer oder ähnliche Berufe. Der Geistliche lebte wie der Edelmann von der Arbeit des Bauern. Nach dem Gesetz konnte er den «Zehnten», also ein Zehntel der Erzeugnisse der Bauern als Zins beanspruchen. Oft betrug der Zins mehr als ein Zehntel. Weil der Geistliche dem Bauern kein Geld wegnehmen konnte, verkaufte er überschüssige Güter und kaufte mit dem Geld, das er dafür erhielt, Dinge, die der Bauer ihm nicht liefern konnte, Seide etwa und andere schöne Stoffe für Gewänder, Silber und Gold für Altargehänge und schöne Bücher, aus denen er den Bauern Gottes Wort vorlesen konnte, wenn sie in der Kirche knieten. Der Geistliche seinerseits garantierte den Bauern eine sichere Reise in die nächste Welt.

Welche Hoffnungen und Erwartungen hatte der Geistliche? Abgesehen vom Heil, das je nach der Art und der Tiefe seines Glaubens mehr oder weniger wichtig war, hoffte er darauf, in der kirchlichen Hierarchie aufzusteigen und Macht zu erhalten. Die Kirche war die einzige Meritokratie des vorindustriellen alten Regimes. Kirchenmänner konnten in der Hierarchie je nach Verdienst auf- und absteigen, wenn auch nicht jeder Auf- und Abstieg auf Verdienst beruhte. Viel hing von der Geburt ab, aber nicht, wie bei Adligen und Bauern, alles. Ein herausragender Priester der katholischen Kirche konnte auch Bischof oder Kardinal werden, wenn er nicht adlig war, ja sogar Papst, wenn er Italiener war. Hohe Kirchenämter konnten großen Wohlstand bringen, wozu auch Geld gehörte, aber gewöhnlich bestand der Reichtum in Land und Juwelen, Pelzen und Kunstwerken. Kein Geistlicher arbeitete für Geld als solches.

Der König

Der König schließlich, ganz gleich, wie er genannt wurde, war das Oberhaupt der gesellschaftlichen Hierarchie. Er lebte von der Arbeit aller anderen, obwohl er selbst vielleicht schwer arbeitete, indem er jagte (der königliche Sport), Recht sprach (die Pflicht der Könige – *noblesse oblige*) und Krieg führte (der königliche Beruf). Er hatte viel Geld, aber auch seine Unkosten waren hoch, gewöhnlich höher als sein Einkommen, so daß er ständig bei seinem Volk oder bei anderen Königen betteln, borgen oder stehlen mußte – oft alle drei. Sein Ehrgeiz war es, so viele andere Könige wie möglich zu besiegen. Wenn er Erfolg hatte, belohnte er sich, indem er die Verehrung der Welt entgegennahm. Er arbeitete für Ruhm.

Er brauchte Geld vor allem, um sich damit Soldaten zu kaufen, die ihm Ehre und Ruhm verschafften, eben das, was er sich am meisten wünschte. Wurde er erobert, kam das einer unfreundlichen Machtübernahme oder der Bankrotterklärung eines heutigen Unternehmens gleich.

Der Kaufmann

Eine Klasse des alten Regimes hatte Geld im modernen Sinn verstanden, diese Menschen handelten mit Geld, wußten, wie sie zu Geld kommen und wie sie es vermehren konnten und begehrten Geld mehr als alle anderen weltlichen Güter. Sie waren Kaufleute, Händler und Geldverleiher. Noch um 1800 gab es nur relativ wenige Kaufleute. Aber ihr Einfluß war viel größer als ihre Anzahl, denn ihnen gehörte viel Geld, oder es hätte ihnen gehören können oder man vermutete, daß sie es hätten. Sie verfügten also über die großen Geldmengen, die Könige und hohe Adlige von Zeit zu Zeit bitter benötigten und sich dann zu gewaltig hohen Zinsen leihen konnten. Fünfzig Prozent im Jahr war noch um 1700 ein günstiger Zinssatz. Mit solchen Geschäften machten Familien wie die deutschen Fugger und die toskanischen Medici Vermögen. Aber das Geschäft erwies sich als gefährlich, denn oft weigerten sich die Könige, ihre Schulden zu bezahlen, und Bankiers hatten gewöhnlich keine Mittel, ihren finanziellen Forderungen Nachdruck zu verleihen. Natürlich konnten sie sich das nächste Mal weigern, Geld zu verleihen, aber auch das konnte gefährlich werden, denn der König hatte Soldaten, die Bankiers aber nicht.

Wenn Geldgeber vor dem achtzehnten Jahrhundert Zinsen nahmen, war das gewöhnlich illegal. Die Kirche hielt Wucher, wie das Verleihen von Geld gegen Zins genannt wurde, für eine Sünde wider die Natur und Gott. Das ließ sich auf Aristoteles zurückführen, der zwischen zwei Formen wirtschaftlicher Tätigkeit unterschieden hatte. Zur einen, der häuslichen, gehörten Erzeugung und Verbrauch der lebensnotwendigen Dinge. Wieviel Nahrung jemand braucht, wird durch die Natur bestimmt, nicht durch den Wunsch. Der Nahrungsaufnahme sind natürliche Grenzen gesetzt. Aristoteles behauptete deshalb, Erzeugung, Verteilung und Verzehr von Nahrung seien natürliche menschliche Beschäftigungen, und als solche auch gut. Ähnliches galt für Kleidung, Wohnung und so fort. Zwar konnte die Begierde einen Menschen dazu bringen, ein bißchen mehr zu wollen, als er wirklich brauchte. Aber meistens war der Bedarf das Maß der Dinge und garantierte die natürliche Redlichkeit des Tauschhandels mit diesen Dingen. Geld an sich war nutzlos, sagte er, und damit zu handeln – es beispielsweise gegen Zins zu verleihen – konnte zu nichts Gutem führen, und deshalb war eine solche Handlung völlig unnatürlich, weil sie nicht auf einem natürlichen

Bedarf beruhte. Ein solcher Händler war ja nur von seiner Begierde angetrieben und der Geldgier sind keine Grenzen gesetzt.

Die Kirche war bereit, den Handel als natürlich hinzunehmen, wenn dabei soweit wie möglich Naturalien ausgetauscht wurden. Aber Wucher war nach Aristoteles unbedingt als unnatürlich anzusehen; wie Völlerei und Unzucht wurde Wucher zur Sünde erklärt. Alle, die ihn betrieben, mußten Absolution suchen, und die ihn zu oft betrieben, konnten zum Tod verurteilt werden.

Die Ungesetzlichkeit und die Sündigkeit des Geldwuchers hatten Folgen. Erstens zwangen sie einen großen Teil des Geldverleihs gegen Zinsen in die Hände von Juden, die keine Vorurteile gegen Wucher hatten. Ihrer Meinung nach unterschied sich die Einnahme von Zinsen für Geld nicht von der Einnahme von Miete oder Pacht für Land, die auch Christen für natürlich hielten. Juden war oft der Landbesitz verboten, dem außer Geld einzigen Mittel, zu Wohlstand zu kommen, deshalb konzentrierten sie ihre Bemühungen und ihre Fähigkeiten auf das Bankwesen, in dem sie sehr tüchtig wurden.

Aber wenn auch die Zinsnahme nach jüdischem Gesetz erlaubt war, blieb sie doch nach christlichem verboten, und das diente Schuldigern oft als Ausrede, ihre Schulden nicht zu bezahlen. Weil weiterhin Geld gebraucht wurde, führten all diese Hindernisse und Schwierigkeiten zu höheren Zinsraten, mit denen Geldgeber das größere Risiko wettmachen wollten, wenn sie ihren Kunden mißtrauten. Das führte letztlich zu einer Reduktion der verfügbaren Kapitalmenge. Ausgenommen waren immer die Kosten für das Militär, das seinen Sold auch dann erhielt, wenn für alle anderen Zwecke Geld fehlte. Auch für friedliche Unternehmungen ließen sich relativ große Geldmengen auftreiben, wenn die gesamte Gesellschaft sich über ihren Nutzen einig war. Ein ausgezeichnetes Beispiel gibt Frankreich in dem Jahrhundert zwischen 1150 und 1250, als überall im Land große Kathedralen gebaut wurden, deren Gesamtkosten auf ein Viertel des Bruttosozialprodukts dieser Jahre geschätzt wurden. In jeder Stadt wuchs eine Kathedrale empor. Fast jeder Bürger trug willig und oft begeistert dazu bei. Die Zeit des Kathedralenbaus endete um die Mitte des dreizehnten Jahrhunderts, danach wurden bis ins neunzehnte Jahrhundert nur wenige vergleichbare Vorhaben durchgeführt. Sie waren selbstverständlich geworden. Das ist einer der großen Unterschiede, die Geld bewirken kann.

Kaufleute und Bankiers waren nicht ganz die einzigen, die in der vorindustriellen Gesellschaft des alten Regimes unmittelbar für

Geld arbeiteten. Gewöhnlich erwarben Leibeigene, die ihrem Herrn und seinem Land entkommen konnten, die Freiheit, wenn sie es schafften, ein Jahr und einen Tag nicht gefangen und zu ihrem Herrn zurückgebracht zu werden. Im elften und zwölften Jahrhundert führte eine lange Zeit relativen Friedens und guter Ernten zu einer Bevölkerungszunahme. Viele jüngere Söhne flohen aus den Katen ihrer Eltern in Italien und Nordeuropa in die neuen freien Städte, denn «Stadtluft macht frei». Die Kaufmannschaft dieser Städte fragte nicht nach der Herkunft der arbeitswilligen jungen Menschen und gewährte ihnen Schutz vor ihren Häschern. Diese jungen Leute wurden oft Glieder einer Geldwirtschaft, denn sie erhielten festen Lohn für ihre Arbeit und konnten sich, sowie sie die Freiheit erworben hatten, auch eine andere suchen.

Ähnliche Freiheit genossen auch einige Freigelassene, nachdem der Schwarze Tod die Bevölkerung Europas in der Mitte des vierzehnten Jahrhunderts dezimiert hatte. Aber diese Zeiten waren Ausnahmen. Meistens wurde es den Leibeigenen sehr schwer gemacht, ihre Herren zu verlassen und freie Arbeiter zu werden, und das Leben derer, die es schafften, war kaum begehrenswert. Bis zum Ende des achtzehnten Jahrhunderts lebten die meisten Menschen in Europa in einer vorindustriellen Gesellschaft, wie sie es im größten Teil der sogenannten Dritten Welt bis heute tun; sie hatten und haben sehr wenig Geld und konnten weder das genießen, was Geld kaufen kann noch ihr Geld «arbeiten lassen».

Der Aufstieg des Arbeitsmarktes: Die Wirtschaft

Man vergegenwärtige sich einmal den Unterschied zwischen den in den vorigen Abschnitten beschriebenen Lebensbedingungen und den unsrigen. Im zwanzigsten Jahrhundert arbeitet fast jeder in fast jedem Land für Geld und verwendet das Geld dazu, die Dinge zu kaufen, die er braucht und begehrt, um gut leben zu können. Kaum jemand kann gut leben, wenn er kein Geld hat. Wer mehr Geld hat, wird von denen beneidet, die weniger haben, und praktisch jeder sucht fortwährend nach Möglichkeiten, mehr zu verdienen, als er zur Zeit verdient. Natürlich gibt es selbst heute einige Menschen, die sich aus Geld nicht viel machen. Ihnen ist die Arbeit, die sie tun, wichtiger als das Geld, das sie mit ihr verdienen können, oder ihnen ist ihre Lebensweise wichtiger, oder sie wollen den Konkurrenzkampf vermeiden. Doch selbst diese relativ seltenen Menschen brauchen Geld zum Leben.

Früher einmal war Landbesitz ein Ersatz für Einkommen in Form von Geld. Heute könnten wir, wenn uns das Unglück widerführe, Land zu besitzen, aber kein Geld zu haben, um es zu bestellen oder zu pflegen oder zu bebauen, am Ende ärmer dastehen als früher der ärmste Bauer. Wenn wir König wären und damit von der Arbeit und dem Wohlwollen des Volkes abhängig, würden wir vielleicht beschämt sein oder jedenfalls uns unbehaglich fühlen. Als aufrichtiger Geistlicher, der den Gemeindegliedern helfen will, würden wir wohl spüren, wie uns die meisten von ihnen wegen unserer Armut bemitleiden, selbst wenn wir uns selbst reich fühlten, weil wir die Arbeit des Herrn verrichten.

Von 1800 bis heute hat sich außerordentlich viel verändert. Damals war Geld fast überall in der Welt praktisch unsichtbar, heute ist es allgegenwärtig. Arbeit gab es damals wie heute, aber die Auffassung, das Leben sei Arbeit und die Arbeit sei das Leben, ist ziemlich verschwunden. Wir arbeiten, um unseren Lebensunterhalt zu verdienen, und wir träumen vielleicht sogar von dem Tag, an dem wir nicht mehr zu arbeiten brauchen, damit wir endlich Zeit haben, «richtig zu leben». Arbeit und Leben sind nicht mehr untrennbare Bestandteile unseres Seins, sondern sind zu widersprüchlichen, fast gegensätzlichen Begriffen geworden. Die Industrialisierung begann in der ersten Hälfte des achtzehnten Jahrhunderts und wurde erst in der letzten des zwanzigsten abgeschlossen. Aber die Veränderung ist im wesentlichen das Werk des neunzehnten Jahrhunderts, der Zeit zwischen 1815, dem Ende des *ancien régime*, und dem Beginn des ersten Weltkriegs 1914. Noch 1815 lebten die meisten Menschen ein Leben, in dem Geld keine Rolle spielte. Dagegen beruhte das Wirtschaftssystem der meisten Industrienationen 1914 auf Geld. Das gehört sogar zur Definition von «Industrienation». Die Ausbreitung der Industrialisierung in unserem Jahrhundert wurde vom Übergang zur Geldwirtschaft begleitet.

Diese große Veränderung in der Grundstruktur des menschlichen Lebens ging mit der Entdeckung oder vielleicht auch Erfindung der Volkswirtschaft einher. Diese «mürrische» Wissenschaft wurde von einer Gruppe nüchterner Denker begründet, die eine eher pessimistische Sicht der menschlichen Belange vertraten. Sie meinten, im Grunde seien Menschen nicht von einem Weizensack oder einem Bleibarren zu unterscheiden. Sie sahen den Menschen als eine wirtschaftliche Einheit, die man wie einen Laib Brot kaufen und verkaufen konnte. Die menschliche Seele war keine wirtschaftliche Einheit, und deshalb erhoben sich Zweifel an ihrer Existenz.

Adam Smith beschrieb in seinem 1776 veröffentlichten Buch Der ‹Wohlstand der Nationen› als erster das erstaunliche Phänomen des Arbeitsmarkts. In gewisser Weise gab es den Arbeitsmarkt nicht, bevor er ihn benannte und beschrieb. Wo Leben Arbeit ist und Arbeit Leben, kann ein Mensch seine Arbeit nicht von seinem Leben trennen und sie jemandem verkaufen, ohne gleichzeitig sich selbst zu verkaufen. Adam Smith gehörte zu den ersten, die erkannten, daß Arbeit in der neuen Welt, die die industrielle Revolution schuf, eine Ware war wie andere Waren und deshalb käuflich. Tatsächlich war alles käuflich. Das Leben bestand aus Kaufen und Verkaufen, nicht aus Arbeit, und Geld war das Lebensblut des Marktes. Über dem Markt schwebte eine «unsichtbare Hand», wie Smith sagte, die die wirtschaftliche Leistungsfähigkeit sicherte. Außerdem lag das Glück der Menschheit in rationellem Kaufen und Verkaufen. Das Zeichen dieser Geschäftstüchtigkeit war der Profit, der in Geld gemessen wurde. Und so entstand die moderne Welt.

Auf Adam Smith folgten der wohl pessimistischste von allen, Thomas Robert Malthus (1766–1834), David Ricardo (1772–1823), John Mill (1773–1836) und sein Sohn John Stuart Mill (1806–1873), Friedrich List (1789–1846), Henry George (1839–1897) John Maynard Keynes (1883–1946) und Joseph Aois Schumpeter (1883–1950), um nur einige der berühmtesten Volkswirtschaftler zu nennen. In unserer Zeit haben viele akademische Ökonomen neue Entdeckungen gemacht und alte Probleme erhellt. Sie haben auch neue Maße für wirtschaftliche Aktivität erfunden, wie etwa M_1 und M_2 (Maße für die Geldmenge), und BSP (Bruttosozialprodukt, das Maß für die Produktivität der Nationen).

Auf diese Weise haben wir viel über das Wirtschaftsleben gelernt. Aber der Zusammenbruch des Börsenmarktes im Oktober 1987 beispielsweise war so alarmierend und anscheinend auch unvorhersagbar und im Grunde unverständlich wie der Zusammenbruch am Schwarzen Freitag von 1929, obwohl ein Heer von Ökonomen in den dazwischenliegenden sechzig Jahren behauptet hatte, 1929 werde sich niemals wiederholen. Noch verstörender ist wohl, daß sich die Volkswirtschaftler auch mehrere Jahre später noch nicht darüber einig sind, warum es zum Zusammenbruch von 1987 kam.

Ob die Volkswirtschaft eine «richtige» Wissenschaft ist, spielt keine Rolle. Volkswirte wissen vieles, auch wenn ihre Gewißheit nicht die eines Physikers ist, die auf der Sicherheit von drei Jahrhunderten Newtonscher Mechanik beruht. Wichtig ist vielmehr, daß wir alle dank der Volkswirtschaft viele wichtige Dinge wissen, die unsere Ahnen nicht wußten. Erstens und vor allem wissen wir, daß in der heutigen Welt und überhaupt in jeder uns vorstellbaren Welt Arbeit, Können und Erfahrung käuflich sind und das Leben darin besteht zu lernen, wie wir für unsere Arbeit, unser Können und unsere Erfahrung den höchsten Preis erlangen können, der im Rahmen gewisser definierbarer Bedingungen möglich ist. Wir glauben auch, daß dies der natürlichen Ordnung der Dinge entspricht. Vielleicht ist das so und wird es immer sein. Aber wir sollten nicht vergessen, daß diese Ordnung vor zwei Jahrhunderten nicht für die natürliche Ordnung gehalten wurde. Vielleicht sollten wir über das, was wir zu wissen meinen, mehr nachdenken, als wir es gewöhnlich tun.

Die im neunzehnten Jahrhundert noch eher belächelte Volkswirtschaft ist in andere Wissensbereiche vorgedrungen. Karl Marx, den wir später ausführlich betrachten werden, war beides, Volkswirt und Historiker. Heute ist im wesentlichen wegen Marx alle ernsthafte Geschichte Wirtschaftsgeschichte, selbst wenn sie sich gelegentlich anders darstellt. Jede Geschichtsschreibung, die diesen Namen verdient, muß sich also mit wirtschaftlichen Gegebenheiten auseinandersetzen, was immer sie auch sonst beschreiben mag. Die Geschichte, wie sie vor Adam Smith geschrieben wurde, brauchte das nicht zu tun, und konnte doch Geschichte genannt werden.

Darüber hinaus gibt es heute einen wirtschaftlichen Aspekt der Naturwissenschaft, eine wirtschaftliche Seite der Kunst und selbst eine Wirtschaft der Muße, die nach der alten Einteilung fast das Gegenteil einer wirtschaftlichen Gegebenheit war. Und heute ist Geld das Maß für Erfolg, selbst in den anscheinend am wenigsten wirtschaftlichen Tätigkeiten. Wir sind fasziniert vom Lebensstil der Reichen, wo dem Reichtum Ruhm folgt und ein guter Ruf käuflich ist.

Als Charles Dickens (1812–1879) um 1845 seinen Roman ‹Dombey and Son› schrieb, hatte das Geld in England schon über das alte Regime gesiegt. Dickens war von diesem Phänomen so überrascht wie jeder andere und entsetzt und unglücklich über das, was er für verloren hielt. Er verbarg sein Mißfallen nicht. Dombey ist reich, der Chef eines mächtigen Handelshauses. Sein Sohn ist schwächlich, frühreif und nachdenklich. Eines Tages fragt der kleine Paul seinen Vater: «Papa, was ist Geld?»

> *Diese plötzliche Frage hatte eine so unmittelbare Beziehung zu Mr. Dombleys eigenen Gedanken, daß sie ihn ganz betroffen machte.*
> *«Was ist Geld, Paul?» entgegnete er, «Geld?»*
> *«Ich meine, Papa, was kann es ausrichten?» versetzte Paul.*
> *«Du wirst es mit der Zeit erfahren, Bürschlein», sagte er. «Geld, Paul, kann alles ausrichten.»*
> *Paul ist mit der Antwort nicht zufrieden. Seine Mutter ist wenige Stunden nach seiner Geburt gestorben. «Warum hat Geld nicht meine Mama gerettet?» entgegnete das Kind – «Es ist doch nicht grausam – oder?» Er selbst ist schwach und krank, Geld kann ihn nicht stark und gesund machen. Wozu ist es dann gut?*

Am Schluß des Romans wissen wir, daß Geld weder den kleinen Paul noch das Handelshaus Dombey und Sohn retten konnte, das mit Dombeys großen Hoffnungen über ihm zusammenbrach. Er hat seinen Sohn, seine Frau und sein ganzes Geld verloren. Ihm bleibt nur noch seine Tochter, die er nie besonders schätzte. Aber sie ist, wie er schließlich begreift, alles Geld in der Welt wert und auch allen Ruhm und alle Ehre.

Faustische Entwicklung

Der erste Teil von Goethes Faust wurde 1808 veröffentlicht. Wie wir sahen, läutete er die Totenglocke für die alte, enge Welt, in die Goethe hineingeboren wurde. Der zweite Teil wurde erst 24 Jahre später, nur wenige Monate vor dem Tod seines Verfassers vollendet. Während der erste Teil mit lähmender Genauigkeit eine Welt beschreibt, die im Sterben liegt, malt er lebhaft eine neue aus, die im Entstehen begriffen ist. Nach der Legende wird Faust vom Teufel mit all den Gütern in Versuchung geführt, die ein Mensch sich erträumen kann. Unter ihnen war in der Fassung von Christopher Marlowe die griechische Helena als Symbol für alles, was eine Frau darstellt. Goethes Mephisto führt Faust auf eine Reise durch Raum und Zeit und bietet ihm Helena als Partnerin und auch alle möglichen anderen luxuriösen Geschenke an. Aber Goethes Faust langweilt sich. Er will immer noch mehr, aber er weiß nicht genau, was er will.

Zu Beginn des vierten Akts sitzt Faust auf einem Felsengipfel und schaut trübselig auf das grenzenlose Meer. Mephisto erscheint in einem Paar Siebenmeilenstiefeln, die eilig weiterschreiten, als er sie ausgezogen hat. Er fragt, was Faust betrübt. Faust weiß es nicht.

Dann, plötzlich, weiß er, was er sich wünscht. Der Ozean weit unter ihnen bewegt sich im ewigen Rhythmus der Gezeiten und doch erreicht er nichts. All diese Energie ist vergeudet. «Hier möcht' ich kämpfen, dies möcht' ich besiegen!» schreit er. «Das ist mein Wunsch, den mutig zu befördern!»

Mephisto findet Gefallen an solchen Projekten. Was noch kein Mensch je wagte, das will er Faust erreichen lassen. Er erklärt, Faust müsse dem Kaiser in einer Schlacht zum Sieg verhelfen. Zum Dank dafür werde der Kaiser ihm eine große Gunst gewähren und ihm die ganze Küste als Lehen geben. Gesagt, getan. Faust sitzt jetzt an seinem Aussichtspunkt und sieht mit Befriedigung die Verwirklichung seiner gewaltigen Pläne. Was einst ein Dschungel war, ein natürliches Chaos, ist jetzt ein riesiger Park mit schönen Gebäuden und Fabriken, die nützliche Erzeugnisse produzieren und Tausende von Menschen mit nützlicher Arbeit beschäftigen.

Faust hat noch einen Wunsch. Genau in der Mitte seines Gesichtsfeldes sieht er ein kleines, von schönen alten Linden umgebenes Haus. Er fragt, wer in diesem Haus lebt, das seinen Blick stört. Es sind alte Leute, Philemon und Baucis. Mephisto konnte das Ehepaar nicht zum Umzug bewegen. Sie sind freundlich und großzügig, aber in ihrem Alter hat die Alternative, die Mephisto ihnen bot, keinen Reiz; sie wollen kein schöneres Haus mit mehr Land und einem neu angelegten Park ganz in der Nähe, aber außerhalb der Sichtweite. Faust ist verärgert, und der Ärger quält ihn. Er hat alles: Macht, Erfolg, die Befriedigung, Tausenden seiner Mitmenschen Wohltaten angedeihen zu lassen. Dieses hartnäckige alte Paar ist ihm im Wege. Faust ist nicht grausam. Jedenfalls hält er sich nicht dafür. Er will dem alten Paar keinen Schaden antun, das wegen seiner Liebe und Großzügigkeit überall so beliebt ist. Aber das Vorhaben muß durchgeführt werden! Der Gedanke ist ihm unerträglich, daß ein altes Paar die Erfüllung seiner Träume vereiteln könnte. Er befiehlt Mephisto, sie zu entfernen und ihr schiefes altes Haus und die alten Bäume zu zerstören. Es muß noch heute vor Tagesende getan werden, schreit er, sonst wird er nie wieder schlafen.

Mephisto erscheint bald wieder. Aber Fausts Aufmerksamkeit wird von einem flackernden rötlichen Licht zwischen den Bäumen gefesselt. Da muß ein Feuer sein, sagt Faust. Ja, erwidert Mephisto. Es ist das Haus von Philemon und Baucis. Sie wollten ihr Heim nicht verlassen, deshalb haben wir es bis auf die Grundmauern verbrannt. Faust ist erschüttert. Wurden sie verletzt? Mephisto zuckt die Achseln. Ihr wolltet sie weghaben, sagt er.

Faust beklagt, was er getan hat, aber Mephisto tadelt ihn. Wo gehobelt wird, fallen Späne, meint er. (Wie viele Baumeister, Landerschließer, Manager gigantischer Vorhaben sagten in den anderthalb Jahrhunderten seit Faust nicht dasselbe?) Faust schickt Mephisto fort, aber er kann ihn natürlich nicht loswerden, und will das eigentlich auch gar nicht. Der Geist, der stets verneint, der Zerstörer des Bestehenden, wird gebraucht, wie Faust sehr wohl weiß, um der Zukunft den Weg zu bahnen. Die Welt ist in ihren Ausmaßen begrenzt, aber die Träume des Menschen sind unendlich. Das Alte muß niedergerissen, eingeebnet, vernichtet werden, um Raum für Neues zu schaffen. Immer rascher müssen die Neuigkeiten von gestern denen von heute weichen.

War es schon immer so? Nicht, als die Bevölkerung nahezu konstant war, als Menschen nicht für eine Generation, sondern für ein Jahrtausend bauten, als Institutionen bis zum Ende der Zeit geplant wurden. Es gab immer Veränderungen. Veränderung ist im Menschenleben und auch in der Natur unvermeidlich. Aber bis zur industriellen Revolution, bis zum neunzehnten Jahrhundert, war Veränderung nicht das Ziel. Dann aber und seitdem wurde Veränderung vom Gesetz verordnet und um ihrer selbst willen gefordert. Die Dinge müssen sich ändern, weil die Vergangenheit im Grunde unerwünscht und unbefriedigend ist. Was neu ist, ist gut, was alt ist, schlecht. Weg mit dem Alten, her mit dem Neuen! Dies wird durch die jetzige Nostalgiewelle für die jüngere Vergangenheit keineswegs widerlegt. Während ich dieses schreibe, begeistern sich die Amerikaner für die fünfziger Jahre. Wenn Sie es lesen, ist vielleicht ein anderes Jahrzehnt in Mode, und die fünfziger sind ein alter Hut. Selbst diese Meinungsänderung entging Goethe nicht, der sie vor hundertsechzig Jahren voraussah. So wünscht sich Faust, jetzt alt und blind, am Schluß des Schauspiels zurück in die kleine Stadt, in der er geboren wurde, und möchte Gretchens enges Zimmer noch einmal sehen. Aber das macht in der Fassung von 1830 eine Art Freizeitpark aus dem alten Regime. Die alte feudale Lebensweise mag man gern einmal besuchen, aber leben möchte man so nicht. Das Leben gehört der Zukunft. Der Schluß des meisterhaften Dramas ist jedenfalls rätselhaft. Der alte Goethe hat nichts von seiner Energie und seinem Können verloren, aber vielleicht ist sein Fokus nicht so klar wie einst. Faust hat darunter gelitten, wie er mit Philemon und Baucis umging, aber er hat auch Triumphe gefeiert. Wichtiger noch, er gesteht Niederlagen nie ein. Seine Sicht einer Zukunft, die für die meisten Menschen besser, wenn auch für einige grausam sein wird, ist, so scheint Goethe zu sagen, eine angemessene Darstellung der neuen Welt, die vor den Augen eines jeden entsteht, auch wenn nicht jeder sie sieht. In den letzten Versen der Dichtung wird Faust daher gerettet und nicht verdammt.

Der prophetische Geist, der Goethe und seinen Helden Faust erfüllte, wehte auch nach Goethes Tod und Fausts poetischer Apotheose. Die Fackel wurde an eine Gruppe zumeist junger Philosophen weitergereicht, die sich «Sozialisten» bezeichneten und erfreuliche Visionen einer neuen Welt entwarfen, die auf sozialer Arbeit beruhte und der Gerechtigkeit gewidmet war. Der beredtste und einflußreichste dieser neuen Propheten war Karl Marx.

Marxismus: Theorie und Praxis

Eine der weniger einfallsreichen Verteidigungen der Sklaverei, die die politischen Apologeten im Süden der USA in den Jahren vor dem amerikanischen Bürgerkrieg vorbrachten, lautete so: Geben wir zu, daß es bei uns, vor allem aus wirtschaftlichen Gründen, Sklaverei gibt. Aber der Schwarze wird von seinem Besitzer gut behandelt. Die gute Behandlung des Sklaven ist ja im wirtschaftlichen Interesse des Besitzers. Dem von Natur aus minderwertigen Neger ginge es in der Freiheit nicht annähernd so gut wie dank der guten Behandlung in der Sklaverei. Der «freie» Arbeiter im Norden, so geht die Überlegung weiter, kommt nicht in den Genuß dieser Wohltaten. Er ist eigentlich auch ein Sklave, selbst wenn man ihn nicht so nennt, er wird aber grausam mißhandelt, weil das im Interesse seines Arbeitgebers liegt, der nicht sein Besitzer ist. Deshalb gibt es in der «freien» Gesellschaft des Nordens eine Art «Lohnsklaverei», und sie ist schlimmer als die im Süden praktizierte offene Sklaverei.

Der Auslandskorrespondent von ‹The New York Tribune› stimmte dieser Überlegung zu, aber nicht, weil er damit die Sklaverei rechtfertigen wollte. Sein Name war Karl Marx, und er hatte die Absicht, die Welt auf den Kopf zu stellen. Nach den Napoleonischen Kriegen wurde 1815 das konservative politische System in Europa wieder eingeführt, aber bald zeigten sich Risse. Einer kleineren Revolte in Frankreich 1830 folgte 1848 eine größere in Deutschland. Diese Revolte erfaßte auch andere Länder. Marx und sein Freund Friedrich Engels (1820–1895), der in London fieberhaft daran arbeitete, ein «kommunistisches Manifest» herauszugeben, konnten davon träumen, daß eine Weltrevolution oder doch jedenfalls eine gesamteuropäische Revolution unmittelbar bevorstand. Die Revolution von 1848 wurde grausam niedergeschlagen; Marx und Engels träumten trotzdem weiter und sagten weitere Ereignisse voraus.

Der Marxismus ist sowohl eine Geschichtstheorie als auch eine Handlungsvorschrift für Revolutionäre. Seine geniale Idee ist die Verbindung dieser beiden Elemente. Viele der Vorgänger von Marx schmiedeten entweder Pläne für eine Revolution oder suchten eine vernünftige Begründung. Marx tat beides, und deshalb ist er wohl der berühmteste Revolutionär, der je gelebt hat, und auch der einflußreichste.

Karl Marx war kein glücklicher Mensch und lebte kein glückliches Leben. Er wurde 1818 als Sohn bürgerlicher Eltern in Trier geboren und studierte in Bonn und Berlin Rechtswissenschaften und später Philosophie. Nachdem er sich zunächst den «Junghegelianern» oder Linken Republikanern verbunden gefühlt hatte, wandte er sich später von Hegel ab. 1843 ging er nach Paris, wo er seine Laufbahn als politischer Journalist begann und Friedrich Engels kennenlernte. Als er 1845 ausgewiesen wurde, ging er nach Brüssel; dort verfaßte er mit Engels gemeinsam Bücher und Aufsätze.

Georg Wilhelm Friedrich Hegel (1770–1831), der im Geburtsjahr von Marx als Nachfolger von Fichte an die Berliner Universität berufen worden war, übte den größten Einfluß auf die Gedankenwelt von Karl Marx aus. Zu Hegels Methode gehörte eine metaphysische Sicht; er spürte also in der konkreten Wirklichkeit dem Wirken einer Idee oder eines Universalgeistes nach. Hegel verstand den Begriff Menschheitsgeschichte in einem sehr umfassenden Sinn und behauptete, alle Veränderung und aller Fortschritt seien auf den Widerstreit zweier Kräfte zurückzuführen. Eine weltgeschichtliche Gestalt oder eine Nation oder ein Ereignis dienen als Herausforderung. Dieser These, wie er es nannte, steht eine Antithese gegenüber. Der Konflikt zwischen ihnen wird unweigerlich durch eine Synthese der beiden Kräfte auf einer höheren Ebene aufgelöst.

Die französische Revolution war beispielsweise eine Herausforderung an das alte Regime. Das reagierte darauf mit seinen Armeen von *emigrés*, die die Revolution besiegten. Aber die Lösung dieses Konflikts war eine neue Gesellschaftsordnung, die anders war als alles, was es vorher gegeben hatte, und anders als das, was beide Seiten in dem Konflikt erwartet hatten. Das also war der endgültige Ausgang der Revolution, aber er ließ sich erst nachträglich erkennen. Es war somit kein praktisches Programm für Revolutionäre.

Marx erkannte dies und kritisierte Hegel und dessen idealistischen Dialektiker, obwohl er zugab, daß er ihnen viel verdankte. Er sagte gern, er habe «Hegel auf den Kopf gestellt», und behauptete, er sei von der konkreten materiellen Realität ausgegangen und nicht von einer Idee, wie Hegel es mutmaßlich getan hatte. Marx nannte seine eigene Geschichtsphilosophie deshalb «dialektischen Materialismus». Aufgrund seiner guten Geschichtskenntnis behauptete er, nicht nur erklären zu können, warum Dinge so geschehen waren, wie sie geschahen, sondern auch vorhersagen zu können, was in Zukunft geschehen würde.

Marx verwandelte Hegels etwas ungenaue Vorstellungen eines Konflikts historischer «Kräfte» in einen Kampf zwischen gesellschaftlichen und wirtschaftlichen Klassen. Dieser Klassenkampf war seiner Meinung nach in der ganzen Geschichte zu beobachten und würde nur mit dem Triumph des Kommunismus ein Ende finden. Marx hatte die Zustände in der sich entfaltenden industriellen Welt um ihn herum sorgfältig beobachtet und war ein glänzender Schriftsteller. Er beschrieb das Leben der verarmten englischen Arbeiter und die Bedingungen, unter denen sie arbeiteten. Er beschrieb auch das Leben der reichen Kapitalisten. Es war deutlich, daß die Interessen der Kapitalisten sich von denen der Arbeiter unterschieden. In gewissem Sinn hatte es schon immer einen Kampf zwischen Arbeitern und Landbesitzern gegeben, trotzdem beruhte der Gedanke vom Klassenkampf auf der tatsächlichen und dauerhaften Existenz sozioökonomischer Klassen. Nur wenn es solche Klassen auch wirklich gab, lag ein Konflikt vor. Unabhängig davon, ob es solche Klassen gab oder nicht – Marx überzeugte beide, Arbeiter wie Kapitalisten, daß es sie gab.

Ein solcher rhetorischer Triumph war für Marx und nach ihm für Lenin geradezu typisch. «Ein Gespenst geht um in Europa» – begann das kommunistische Manifest – «das Gespenst des Kommunismus!» Das stimmte nicht. Arbeiter waren unzufrieden, und das mit Recht, wenn man bedenkt, wie sie ausgenutzt wurden, und sie forderten Verbesserungen. Von Zeit zu Zeit brachten sie die grausamen Arbeitsbedingungen zur Raserei, und sie erhoben sich mehr oder weniger wirksam zum Protest. Aber nur wenige von ihnen wollten den Kommunismus oder wußten auch nur, was er bedeuten würde. Die allermeisten Arbeiter wollten lediglich ein etwas besseres Leben, mit einer etwas gerechteren Verteilung der Gewinne aus ihrer Arbeit. Sie empfanden sich nicht selbst als eine Klasse und wollten sich weder als herrschende Klasse sehen noch die Kapitalisten ersetzen. Marx wußte das besser als jeder andere. Er erkannte, daß seine Worte die Arbeiter von dem überzeugen mußten, was sie noch nicht glaubten und was sie vielleicht nie verstehen würden. Er und Engels veröffentlichten deshalb unermüdlich Manifeste, Traktate, Kritiken und Artikel. Vor allem wollten sie vermitteln, daß der Triumph des Proletariats, der Arbeiterklasse, die kein Kapital hatte, unvermeidlich war.

Die neue Gesellschaftsordnung war nicht unvermeidlich, schließlich wurde sie in den anderthalb Jahrhunderten seit der Veröffentlichung des kommunistischen Manifests höchstens unter ganz besonderen Umständen verwirklicht. Und wo das passiert ist, wurde sie zumeist in jüngster Zeit wieder abgeschafft. Trotzdem ist es für einen Revolutionär ein tröstlicher Gedanke, daß er auf einer historischen Achterbahn sitzt, deren Verlauf durch starke Kräfte gesteuert wird. Marx wiederholte unermüdlich, daß die kommunistische Revolution unvermeidlich sei, und auch in diesem Punkt konnte er die Menschen überzeugen.

Als Redner zeigte Marx eine besondere Begabung darin, das Bürgertum zu verspotten (épater le bourgeois). Das ‹Kommunistische Manifest› schaffte es glänzend, seine Feinde zur Weißglut zu treiben. Deshalb machten gewöhnlich die bürgerlichen Kapitalisten den Anfang, wandten also als erste Gewalt an, und das Proletariat reagierte dann darauf wie eine aufrührerische sozioökonomische Klasse, auch wenn es zuvor gar nicht geglaubt hatte, eine solche zu sein. Dieses Vorgehen haben Rebellen überall auf der Welt von Marx gelernt, wo immer sie auch sonst von ihm gelernt haben. Sie versuchen immer, den Feind, beispielsweise die Polizei, dazu zu bringen, zuviel Gewalt anzuwenden, während die Fernsehkameras ihre Aufnahmen machen.

Die Revolution von 1848, die zur Abfassung des Kommunistischen Manifests geführt hatte, war bald niedergeschlagen; der Schaden für die Kapitalisten hielt sich in Grenzen. Eine größere Herausforderung stellt sich 1870, als Kaiser Napoleon III. von Frankreich in der Erregung über Bismarcks «Emser Depesche» Preußen den Krieg erklärte und nach drei Monaten besiegt war.

Napoleon dankte ab, und eine provisorische republikanische Regierung versuchte, den Krieg gegen die deutschen Eindringlinge weiterzuführen. Der Krieg war für die Franzosen bald aussichtslos, und Frankreich ergab sich Deutschland im Januar 1871. Eine neue, zur Monarchie neigende Regierung wurde gewählt, und das Land versuchte, wieder so weiterzumachen wie zuvor. Aber hier kam, frei nach Marx, die Antithese ins Spiel.

Die Pariser fühlten sich von den Mächten, die Frankreich beherrschten, beleidigt und verletzt, erhoben sich zu einer Revolte und versuchten sich loszulösen, indem sie ihre eigene Regierung wählten. Die Stadt Paris verweigerte den Befehlen von Adolphe Thiers, dem gewählten Präsidenten, den Gehorsam. Thiers, alt und listig, bat die Deutschen, Tausende französischer Gefangener freizulassen, und organisierte bald eine gewaltige Macht, die die Stadt Paris einnehmen konnte. Die Straßen von Paris sahen im Mai 1871 blutige Kämpfe und lagen voller Leichen. Die letzten *communards* wurden am 28. Mai an der Mur des Fédérés im Friedhof Père Lachaise erschossen. Die französische Linke hat nie vergessen, daß französische Soldaten französische Arbeiter an diese Mauer gestellt und kaltblütig erschossen haben.

Marx wartete hoffend ab und behauptete, die *communards* seien die Vorboten einer proletarischen Revolution. Sie waren es vermutlich nicht. Aber wieder gab es gerade genug Anzeichen, um Marx Glaubwürdigkeit zu verleihen. Als sein Ruhm als Prophet zunahm, wurde sein Name als Kapitalistenschreck immer wirksamer.

Marx starb 1883. In seinem Namen führte Wladimit Iljitsch Lenin (1870–1924) 1917 die russischen Revolutionäre an. Die Gelegenheit zum Sieg erhielt Lenin mit einem der rhetorischen Tricks von Marx. Lenin führte nämlich eine Splittergruppe von Rebellen der äußersten Linken an. Ihm widersetzte sich Alexander Kerensky (1881–1970), der Anführer anscheinend der Mehrheit der Revolutionäre. Kerenskys Männer waren Zentristen, und in jeder Gruppe bilden Zentristen gewöhnlich die Mehrheit. Lenin wußte besser als Kerensky, welche Macht ein Name haben kann. Für kurze Zeit hatten seine Anhänger in einem der revolutionären Komitees eine Mehrheit. Daraufhin nannte Lenin seine eigene, extrem linke Gruppe Bolschewiken, oder «Mehrheit». Kerensky glaubte, die Tatsachen würden stärker sein als törichte Prahlerei und ließ ihn damit durchkommen. Bald waren die Bolschewiken wirklich eine Mehrheit, und so kam eine kleine Minderheit der Gesamtbevölkerung im Namen der großen proletarischen Revolution in Rußland an die Macht.

Kommunismus ist nicht nur ein Name, nicht nur ein Gespenst. Wohl ein Viertel der Erdbevölkerung lebte bis vor kurzem unter kommunistischen Regierungen, obwohl ihre Anzahl, jetzt, da das Jahr 2000 herankommt, rapide abnimmt. Der Kommunismus ist eine echte, wenn auch mangelhafte Theorie der Regierung und der Gesellschafts- und Wirtschaftsordnung. Wirklicher Kommunismus, wie ihn Marx und Lenin erträumten, ist eine Verheißung für die Zukunft, und das wird vielleicht immer so bleiben.

Marxistische Einsichten

Vor einigen Jahren führte eine Analyse der Buchverkaufszahlen zu dem Schluß, daß Karl Marx nach Agatha Christie der zweitgrößte Bestseller-Autor war. Vermutlich haben viele oder sogar die meisten Menschen, die seine Bücher kauften, sie nicht gelesen. Sie mußten bei jedem Kommunisten der Welt im Regal stehen, gelesen oder nicht. Kommunisten versäumten aber etwas, wenn sie Marx, insbesondere das ‹Kommunistische Manifest›, nicht lasen. Marx war ein großer Historiker und Kritiker der Welt, in der er lebte. Er verstand sie besser als fast jeder andere. Deshalb konnte er die Zukunft vorhersagen, sie jedenfalls ganz allgemein beschreiben.

Seine politischen Vorhersagen waren nicht immer sehr genau. Der Kommunismus hat im großen und ganzen versagt, und ich glaube nicht, daß er in Zukunft mehr Erfolg haben wird. Als Idee einer Regierungsform legt er zuviel Macht in die Hände weniger, und diese wenigen, ob sie nun Aristokraten oder Proletarier sind, können ihr nie gewachsen sein. Keine Regierung kann gerecht und deshalb auf Dauer erfolgreich sein, wenn sie nicht eine Möglichkeit findet, die Macht in die Hände vieler, im Idealfall aller Menschen zu legen. Die Herrscher der kommunistischen Staaten sind nicht «das Volk» in demselben Sinn, in dem «das Volk» in Staaten wie England, Deutschland, Frankreich und den USA regiert. Der Beweis ist, daß es in allen kommunistischen Ländern eine allmächtige Geheimpolizei gibt, während sie in allen wirklichen Demokratien fehlt. Wenn «das Volk» wirklich regiert und das weiß, dann weiß es auch, daß es keine Geheimpolizei braucht, um – wen eigentlich? sich selbst? – zu kontrollieren.

Politische Ereignisse sind nebensächlicher, als es den Politikern lieb ist. Verwaltungen, selbst Regierungen, ändern sich, aber die grundlegenden Veränderungen sind wichtiger als die Namen der herrschenden Parteien. Marx begriff besser als jeder andere Mensch seiner Zeit, welche grundlegenden Veränderungen sich in der Mitte des neunzehnten Jahrhunderts in Europa abspielten. Er irrte sich bezüglich der politischen Zukunft. Er irrte sich nicht in bezug auf das Wesen der damals entstehenden Welt.

Marx schrieb im kommunistischen Manifest: «Die Bourgoisie hat in der Geschichte eine höchst revolutionäre Rolle gespielt.» Welch seltsame Aussage! Könnte jemand anders als Marx sie gemacht haben? Hat irgend jemand sonst verstanden, daß das Bürgertum von Anfang an eine revolutionäre Masse war? Und in den letzten Jahren, meinte Marx, also in dem Jahrhundert vor 1848, hätte die Bourgoisie «ganz andere Wunderwerke vollbracht als ägyptische Pyramiden, römische Wasserleitungen und gotische Kathedralen, ganz andere Züge ausgeführt als Völkerwanderungen und Kreuzzüge». Und in einem Absatz, der von der Energie geradezu birst, die auch das Bürgertum erfüllt hatte, versucht Marx eine Zusammenfassung dieser Leistungen:

> *Die Bourgoisie hat in ihrer kaum hundertjährigen Klassenherrschaft massenhaftere und kolossalere Produktionskräfte geschaffen als alle vergangenen Generationen zusammen. Unterjochung der Naturkräfte, Maschinerie, Anwendung der Chemie auf Industrie und Ackerbau, Dampfschiffahrt, Eisenbahnen, elektrische Telegraphen, Urbarmachung ganzer Weltteile, Schiffbarmachung der Flüsse, ganze aus dem Boden hervorgestampfte Bevölkerungen – welches frühere Jahrhundert ahnte, daß solche Produktionskräfte im Schoße der gesellschaftlichen Arbeit schlummerten?*

Andere seiner Zeitgenossen hätten Listen von Vorhaben zusammengestellt, die die neuen bürgerlichen Kapitalisten vollendet hatten oder in naher Zukunft vollenden wollten. Darauf kam es Marx nicht an. Er betont den Prozeß, den die Bourgoisie erfunden hat, nicht die Leistungen als solche. Tatsächlich hat sich die Bourgoisie niemals für solche Dinge wie Pyramiden, Wasserleitungen und Kathedralen interessiert. Sie ist nur am Gelderwerb interessiert. Sie baut nicht, um zu bauen, sondern um ihr Kapital zu vergrößern. Sie ist deshalb durchaus bereit, ein im Vorjahr fertiggestelltes Gebäude abzureißen, das seinen Zweck erfüllt hatte, als es vollendet war, und an seiner Stelle ein anderes zu bauen. In einer Art endlosem Strom von Wechsel zwischen Zerstörung und Aufbau, Aufbau und Zerstörung führt eines zum anderen, und dieser Vorgang nutzt die Energie und die Fähigkeiten und den Einfallsreichtum von Millionen Menschen auf völlig neue Weise. Nicht einmal der Prozeß lag fest, wie Marx erkannte. Auch er muß also fortwährend verbessert, revolutioniert werden. Diese Erkenntnis unterschied ihn von seinen Zeitgenossen und machte ihn zu einem modernen Menschen, der genauso gut heute leben könnte wie vor anderthalb Jahrhunderten. Ein anderer erstaunlicher Abschnitt beschreibt, was eintreten muß:

> *Die fortwährende Umwälzung der Produktion, die ununterbrochene Erschütterung aller gesellschaftlichen Zustände, die ewige Unsicherheit und Bewegung zeichnet die Bourgoisieepoche vor allen anderen aus. Alle festen, eingerosteten Verhältnisse mit ihrem Gefolge von altehrwürdigen Vorstellungen und Anschauungen werden aufgelöst, alle neugebildeten veralten, ehe sie verknöchern können. Alles Ständische und Stehende verdampft, alles Heilige wird entweiht, und die Menschen sind endlich gezwungen, ihre Lebensstellung, ihre gegenseitigen Beziehungen mit nüchternen Augen anzusehen.*

Die Bourgeoisie hatte also eine Revolution eingeleitet, die niemals aufhören durfte. Es gab keine Möglichkeit, die Welt anzuhalten, um auszusteigen. Die unaufhörliche Veränderung, den der revolutionäre Prozeß forderte, setzte auch neue Menschen voraus: Menschen, denen Veränderung um der Veränderung willen gefällt, die reizbar und ungeduldig sind, die Freude an Beweglichkeit und Geschwindigkeit haben, die in jedem Aspekt und jeder Facette ihres Seins nach Verbesserung streben. Diese Revolution brauchte also Menschen wie uns selbst, ob uns das nun gefällt oder nicht. Unsere Vorväter haben die Revolution begonnen, und wir leben noch darin. Wir könnten sie nicht aufhalten, selbst wenn wir es wollten.

Die Erkenntnis, daß die meisten von uns sich eigentlich auch gar kein Ende wünschen, ist, denke ich, äußerst wichtig. Nostalgie ist angenehm. Wir besuchen mit unseren Kindern gern Museumsdörfer und Freizeitparks, in denen wir in einer hygienischen Fassung unserer früheren Lebensweise schwelgen können. Aber keinen Augenblick wollen wir wirklich zurück, jedenfalls nicht, wenn wir zwischen zehn und sechzig sind. Die sehr Jungen und die sehr Alten würden vielleicht gerne in Gretchens malerischem Städtchen mit seiner ganzen Enge der Ansichten und Gelegenheiten leben. Kinder brauchen keine günstigen Gelegenheiten. Sie verschaffen sie sich selbst. Und alte Menschen sind nach einem Leben unter den Belastungen, den die andauernde Revolution erzeugt, bereit, sich auf «althergebrachte Vorstellungen und Anschauungen» in «festen, eingerosteten Verhältnissen» zu beschränken. Aber Jugendliche und jüngere Menschen überhaupt haben damit nichts im Sinn. Sie wollen Veränderung, und raschere Veränderung, als es sie jemals zuvor gegeben hat. Sie träumen von einer Welt, die vollkommen neu ist, auch wenn sie die Einzelheiten noch nicht klar erkennen können.

Wir müssen also, anders gesagt, sorgfältig unterscheiden zwischen Nostalgie, die eine Art sanfte, wohltuende Droge ist, nach der viele Menschen gelegentlich, aber nur vorübergehend süchtig werden, und einem echten Wunsch nach Rückkehr zu einer lange vergangenen Lebensweise, einer Zeit beispielsweise, in der Geld kaum eine Rolle spielte. Es gibt immer einige Menschen, die wirklich gern zu einer vermeintlich «einfacheren» Lebensweise zurückkehren würden. Aber die große Mehrheit ist klug genug zu wissen, daß das Leben nicht wirklich einfacher war, weil man sehr wenig Geld hatte oder die Wäsche mit der Hand wusch oder das Gemüse selbst anbaute oder gehen oder reiten mußte, wenn man irgendwohin kommen sollte. Trotz all seiner Belastungen, der Angst und den drohenden Gefahren, die man nie zuvor gekannt hat, ist das moderne Leben und nicht das der Vergangenheit, das einfachere und bequemere.

Wirtschaftliche Tatsachen: Dampfkraft

Ich glaube nicht, daß wir heute Tatsachen besser verstehen oder ihnen mehr Glauben schenken als das neunzehnte Jahrhundert. Wir haben erfahren, daß auch Tatsachen sich ändern können, wenn sie in den Strom der Veränderungen einfließen, der uns in jedem Augenblick unserer Tage und Nächte umgibt. Aber das Gefühl für die Macht, selbst die Bedrohung, die Tatsachen, besonders wirtschaftliche, bedeuten können, haben wir nicht verloren.

War die Dampfkraft eine wirtschaftliche Tatsache? Das neunzehnte Jahrhundert war dieser Ansicht. Das traf auch in gewisser Weise zu. Die Dampfkraft veränderte Stadt und Land, revolutionierte Leben und Arbeit und führte Nationen in Krieg und Frieden zusammen. Sie schuf großen Wohlstand. Einige Eisenbahnmagnaten wurden reicher als Könige oder Kaiser. Dampfkraft schuf Arbeit für Millionen, denen dafür ein Lohn bezahlt wurde, der ihnen das Überleben ermöglichte, obwohl es ihnen nicht im modernen Sinn ein Existenzminimum garantierte. Die Dampfmaschine wurde mit ihren beiden Sprößlingen, der Eisenbahn und dem Dynamo, auch zu einem Symbol für die Macht, Großartigkeit, Grausamkeit und die Rätsel ihrer Zeit.

Der Historiker Henry Adams, Urenkel und Enkel von Präsidenten der USA, wurde 1838 geboren, also nur zwanzig Jahre nach Karl Marx. Mit Marx als Wegweiser hätte seine lebenslange Suche nach

Sinn in der sich verändernden Welt seiner Zeit von Erfolg gekrönt sein sollen, denn Adams war sowohl klug als auch hartnäckig. Aber sein Bemühen war umsonst, seine Suche ein Fehlschlag. Er sah die Welt nicht mit derselben Klarheit wie Marx. Einerseits wußte er zuviel. Andererseits war er schon früh von der Macht und dem mystischen Symbolismus der Maschinen besessen. Bis die Weltausstellung von 1900 in Paris im November des Jahres endlich ihre Türen schloß, war Adams, wie er uns in seiner Autobiographie erzählt, immer wieder durch die Ausstellung gegeistert und hatte sich zu verstehen bemüht, was sie über Geld, Wissen, Kraft und das menschliche Leben aussagte. Am meisten faszinierte ihn Kraft, denn er konnte sehen, daß sich zu seinen Lebzeiten (er war damals 62 Jahre alt) die Kraft, über die der durchschnittliche Westeuropäer oder Amerikaner verfügen konnte, in jedem Jahrzehnt etwa verdoppelt hatte, und bald schon würde diese geometrische Zunahme alles hinter sich lassen, was Menschen erfinden konnten, um sie zu kontrollieren. In seiner tiefen Verwirrung und Unwissenheit darüber, was die Gegenwart bedeutete und die Zukunft bringen würde, ging Adams durch die große Halle der Dynamos, die bald «ein Symbol der Unendlichkeit» wurden. Er beschreibt diese Erfahrung, wobei er, wie es seine Gewohnheit war, von sich selbst in der dritten Person spricht.

> *Als er sich an die große Halle der Maschinen gewöhnt hatte und sich mit ihr vertraut gemacht hatte, begann er, die vierzig Fuß langen Dynamos als eine moralische Kraft zu empfinden, ähnlich wie die ersten Christen das Kreuz empfunden hatten. Der Planet selbst erschien ihm in seiner althergebrachten, gemessenen jährlichen oder täglichen Umdrehung weniger eindrucksvoll als dieses riesige Rad, das sich auf Armeslänge mit schwindelerregender Geschwindigkeit drehte und dabei kaum murmelte – es summte eine kaum hörbare Warnung, sich aus Respekt vor der Macht eine Haaresbreite weit zu entfernen – während es ein dicht neben seinem Gehäuse schlummerndes Baby nicht aufwecken würde. Man begann bald, zu ihm zu beten; der ererbte Instinkt lehrte die natürliche Ausdrucksweise des Menschen vor schweigender und unendlicher Kraft. Unter den tausend Symbolen größter Energie war der Dynamo vielleicht nicht so menschlich wie einige andere, aber am ausdrucksvollsten.*

Für den modernen wissenschaftlich denkenden Menschen war, so empfand Adams, «der Dynamo selbst nur ein genialer Kanal, der die Heizkraft vermittelte, die in wenigen Tonnen armseliger Kohle in einem schmutzigen, sorgfältig außer Sichtweite liegenden Maschinenhaus verborgen lag». Diese pragmatische Sichtweise hat ihre Reize. Jedenfalls vermeidet sie das Problem.

Das von der Dampfkraft gestellte Problem – dasselbe Problem stellt sich noch drängender bei einem Kernkraftwerk – ist, wie die Kräfte beherrscht werden können, die der Mensch erst vor kurzem freizusetzen gelernt hat. Damit hatte Adams recht. Es ist, als ob man die Tür öffnet und einen Löwen aus seinem Käfig heraus läßt. Das ist sehr aufregend. Und wenn der Löwe seine großen Muskeln streckt oder wenn er brüllt, denkt man sich: Wenn ich doch all diese Energie nur bändigen könnte! Aber dann fragt man sich: Was fange ich mit dem Löwen an? Eines ist sicher: Man kann ihn nicht wieder in den Käfig hineintun, denn er ist inzwischen größer als die Tür. Und am Ende kann man nur noch, wie Adams, beten. Nach dem ersten seiner Verluste, dem Tod seines Sohns, macht Mr. Dombey eine Fahrt mit der Eisenbahn. Er ist bedrückt, verzweifelt und voller Todesgedanken. Der Zug, mit dem er fährt, wird zu einem Symbol für sein Elend. Dickens schreibt:

> *Die Reise bereitete ihm weder Vergnügen noch Erholung. Da er sich solchen quälenden Gedanken hingab, so brachte er Eintönigkeit in die lebensvolle Landschaft, und die reiche abwechselnde Gegend, in der er pfeilschnell dahinschoß, war für ihn nichts als eine Wildnis voll vereitelter Pläne und fressender Eifersucht. Sogar die Geschwindigkeit, mit der der Zug fortbrauste, erschien ihm wie ein Hohn über den schnellen Lauf seines jungen Lebens, das mit so unerbittlicher Beharrlichkeit dem ihm bestimmten Ende zugeführt worden war. Die Gewalt, die sich selbst auf ihrem eigenen ehernen Wege vorwärts drängte, allen Pfaden und Straßen Trotz bietend, sich durch das Herz eines jeden Hindernisses bohrend und lebende Wesen von allen Klassen und Altersabstufungen hinter sich drein schleppend – war ein Bild des triumphierenden Ungeheuers Tod.*

Später im Buch wird Dombeys Feind von einem Zug erfaßt und schrecklich zerfetzt. In diesem Ausgeliefertsein an die Maschine wird schrecklicher Gerechtigkeit Genüge getan. Aber solche Gerechtigkeit läßt keine Freude aufkommen und erzeugt weder bei Dombey noch bei Dickens oder den Lesern Dankbarkeit. Der Zug ist nicht nur ein Symbol des triumphierenden Ungeheuers Tod. Er ist auch ein Symbol all der unmenschlichen Kräfte, gegen die die Menschen schon seit Jahrhunderten kämpfen. Er ist kein lebendes Raubtier, das aus seinem Käfig herausgelassen wurde.

Dampfmaschinen, Dynamos und Eisenbahnen, von starken Autos und Flugzeugen gar nicht zu reden, sind eine Quelle ekstatischer Inspiration und zugleich auch eine mögliche Bedrohung. Das große Rad, zu dem Adams betete und das sich Tag und Nacht dreht, ist eine großartige Vision. Das Pfeifen einer Dampflokomotive im Dunkel der Nacht ist einer der romantischsten Klänge der Welt und weckt Erinnerungen an längst vergangene Begegnungen und Abschiede. Alle Maschinen und Motoren üben eine Faszination aus, die über ihren großen Nutzen hinausgeht. Wenn sie laufen, kümmern sie sich anscheinend überhaupt nicht um uns, und doch sind sie gehorsam. Sie fangen an und hören auf, wenn wir den Schlüssel drehen. Es ist vielleicht kein Wunder, daß die moderne Welt diesen triumphierenden Ungeheuern, den großen Maschinen, mit denen wir die Erde teilen, jedes Jahr Tausende von Menschenopfern bringt.

Gleichheit vor der Gewehrmündung

Im Wilden Westen hatten sie ihren eigenen Namen für den 45er-Colt. Sie nannten ihn den Gleichmacher, weil er alle Menschen gleichmachte, ob jung oder alt, stark oder schwach, gut oder böse, richtig oder falsch. Wir haben gesehen, daß Alexis de Tocqueville als einer der ersten den unausweichlichen Fortschritt hin zur sozialen Gleichwertigkeit, zur Verminderung der Unterschiede zwischen hoch und tief begriff. Er sprach nicht vom Revolver. Aber die gesellschaftlichen Kräfte ließen sich im offenen Westen der USA leichter erkennen. Dort mußte ein kleiner, knochiger, böser Schurke ernst genommen werden, wenn er ein Gewehr hatte. Heute spielt die als Sonderangebot besonders günstig erstandene Pistole in den dunklen und stillen Straßen einer amerikanischen Großstadt dieselbe Rolle. Jeder kann überfallen werden. Niemand ist dagegen gefeit. Die Gleichmacherei der modernen Großstadt nimmt die Zukunft der Welt vorweg.

Das neunzehnte Jahrhundert hat die Pistole nicht erfunden, aber vervollkommnet und sie gewöhnlichen Menschen verfügbar gemacht, die sich nicht mehr wie Schurken fühlen mußten, wenn sie eine besaßen. Das neunzehnte Jahrhundert hat eine viel grausamere Waffe erfunden, deren Schrecken in über einem Jahrhundert kein bißchen geringer geworden sind: das Maschinengewehr. Es machte die Heere gleich.

Vor der Einführung der Feuerwaffen gegen Ende des Mittelalters waren mehrere Versuche unternommen worden, eine Waffe zu entwickeln, die ohne erneutes Laden mehr als einen Schuß abgeben konnte. Ein gewisser James Puckle patentierte 1718 ein Maschinengewehr, das die Ladung mit Hilfe eines sich drehenden Blocks abfeuerte. Das zuerst im amerikanischen Bürgerkrieg eingesetzte Gatling Gun war eine verbesserte Ausführung dieser Waffe. Es konnte in einer Minute mehrere Runden abfeuern, und das war besser, als wenn man ein Gewehr nachladen und abdrücken mußte, aber noch weit von den modernen Maschinengewehren entfernt. Auch Gatlings Gewehr mußte von Hand nachgeladen werden.

Das moderne Maschinengewehr geht auf Hiram Stevens Maxim (1840–1916) zurück, der als Amerikaner geboren wurde, aber 1900 Brite wurde und 1901 von Königin Viktoria sogar geadelt wurde. Maxim war in einer erfindungsfreudigen Zeit einer der herausragendsten Erfinder. Seine erste Erfindung war eine Brennschere. Er hielt in den USA und in England Hunderte von Patenten, darunter jene für eine Mausefalle, einen Lokomotivscheinwerfer, ein Verfahren zur Herstellung von Kohlefäden für Lampen und einen automatischen Rasensprenger. In den Jahren nach 1890 experimentierte er mit Flugzeugen und baute sogar eines, das von einer leichten Dampfmaschine angetrieben wurde und vom Boden abheben konnte. Er erkannte jedoch bald, daß er einen Verbrennungsmotor brauchte, und gab das Vorhaben auf.

Maxims Vater hatte davon geträumt, eine vollautomatische Schußwaffe zu erfinden, und Maxim wandte sich 1884 diesem Projekt zu. Er ging nach London, richtete sich ein Labor ein und begann zu experimentieren. Nach wenigen Monaten schon hatte er das erste taugliche Maschinengewehr entwickelt, das den Rückstoß des Laufs dazu benutzte, die verbrauchte Patrone auszustoßen und eine andere einzusetzen. Die Kugeln wurden von einem Gürtel, der Tausende von Geschossen enthalten konnte, in die wassergekühlte Waffe nachgeliefert. Maxims Gewehr von 1884 konnte elf Runden in der Sekunde feuern, aber damit war er noch nicht zufrieden. Er brauchte ein besseres rauchloses Pulver, als ihm damals zur Verfügung stand, um das gleichmäßige und andauernde Brennen der Treibladung zu garantieren, die die Gase freisetzte, die wiederum den Mechanismus des Gewehrs antrieben. Er erfand bald darauf Kordit, das bis dahin beste rauchlose Pulver. Sein Bruder Hudson Maxim (1853–1927) erfand noch bessere rauchlose Pulver, die in den Projektilen von Kanonen und Torpedos Anwendung fanden.

Gegen Ende 1884 hatte Maxim mit der Herstellung von Maschinengewehren begonnen. Später vereinigte sich seine Firma mit der Vickers Company, um den führenden Nationen in aller Welt Maxim-Gewehre liefern zu können. Und zu Beginn des ersten Weltkriegs war jede Armee mit Maschinengewehren der verschiedensten Marken ausgestattet: Maxim, Hotchkiss, Lewis, Browning, Mauser und anderen.

Dem Maschinengewehr kommt die fragwürdige Ehre zu, die wichtigste Waffe dieses Kriegs gewesen zu sein. Vor allem ihm ist die schreckliche Metzelei von Männern und Tieren zuzuschreiben, die auf den Feldern Frankreichs Millionen von Leichen verwesen ließ. Die Maschinengewehre wurden entlang niedriger Wälle aufgestellt und schossen bodennah, vielleicht einen halben Meter hoch. Wenn das, was sich bewegte, ein Mensch war, wurde er an den Knien zweigeteilt. Beschuß mit schwerer Artillerie vor einem solchen Angriff konnte zwar einige, aber niemals alle Gewehrstellungen zerstören, und weil Gewehre billig herzustellen und leicht zu feuern waren (der Soldat brauchte ja lediglich auf den Abzug zu drücken), ließen sich die Waffen und jene, die sie luden, leicht ersetzen.

Mehr als alles andere verwandelte das Maschinengewehr die raschen Feldzüge, die die ersten Monate des ersten Weltkriegs kennzeichneten, in einen statischen Zermürbungskrieg. Millionen Männer kauerten in schlammigen Schützengräben, voller Angst, den Kopf zu heben, weil sie dann von einer dieser schrecklichen Tötungsmaschinen getroffen werden konnten. Das Maschinengewehr hatte die streitenden Armeen der Allierten und der Achsenmächte so vollkommen gleichgemacht, daß der erste Weltkrieg noch viele Jahre hätte dauern können, wenn nicht 1917 die USA eingegriffen und damit das Gleichgewicht gestört hätten.

Die Deutschen gaben 1918 auf, und der Krieg war zu Ende. Sofort machten sich Erfinder daran, das Maschinengewehr zu verbessern und damit den nächsten Krieg vorzubereiten. Das war ein Fehler, denn im nächsten Krieg wurde nicht vorwiegend mit Maschinengewehren gekämpft; die Deutschen erkannten das rascher als alle anderen, und darauf sind ihre für die Welt so überraschenden Siege 1939 und 1940 zurückzuführen. Das Maschinengewehr erhielt jedoch in der Zeit nach dem Krieg eine neue Verwendung. In der Sowjetunion, in Israel und anderswo waren äußerst leichte und genaue Waffen entwickelt worden, und diese wurden mit tödlicher Wirkung von Terroristen verwendet. Ein Mann mit einer dieser funktionstüchtigen Tötungsmaschinen konnte einen ganzen Flughafen terrorisieren, wie es beispielsweise 1986 in Rom der Fall war. Der Gedanke der Gleichheit angesichts einer Gewehrmündung hatte es seit dem 45er-Colt weit gebracht.

Der Zauber der Elektrizität

Nicht alle Erfindungen des neunzehnten Jahrhunderts waren zerstörerisch. Dafür ist das elektrische Licht ein Beispiel.

Schon die alten Griechen hatten elektrische Erscheinungen beobachtet, aber erst, als kluge und neugierige Menschen sich um 1750 systematisch mit der Elektrizität beschäftigten, wurde sie näherungsweise verstanden. In dem Jahr ließ Benjamin Franklin (1706–1790) während eines Gewitters einen Drachen steigen und zeigte, daß Blitze eine Form der Elektrizität sind. Er hatte das Glück, dieses Experiment zu überleben, das niemand wiederholen sollte, der nicht an einem elektrischen Schlag sterben will. Franklin gab die Naturwissenschaft auf, um Politiker zu werden, aber andere setzten die Suche fort und zeigten eine Fülle faszinierender Möglichkeiten auf. So stellte Alessandro Volta (1745–1827) 1800 die erste elektrische Batterie vor, die sich schon bald in der Praxis als Stromquelle bewährte. Sir Humphrey Davy (1778–1829) zeigte 1808, daß Elektrizität zwischen zwei räumlich getrennten und durch einen Bogen verbundenen Elektroden Wärme oder Licht erzeugen kann. Hans Christian ¥rsted (1777–1851) entdeckte 1820, daß ein elektrischer Strom in der Umgebung eines Stromleiters ein Magnetfeld erzeugt. Elf Jahre später wies Michael Faraday (1791–1867), der mit Davy zusammengearbeitet hatte, den umgekehrten Vorgang nach: Ein magnetisches Feld erzeugt in einem bewegten Leiter einen elektrischen Strom. Diese Entdeckung führte zum Dynamo, dem Elektromotor und dem Transformator. Diese Forschungen wurde durch die Leistungen von James Clerk Maxwell (1831–1879) gekrönt, der 1864 zeigte, daß sich elektrische, magnetische und optische Phänomene alle durch eine einzige universale Kraft, den Elektromagnetismus, erklären lassen.

Theoretisch blieb nichts mehr zu tun, nachdem Clerk Maxwells Feldgleichungen die Welt der Wissenschaft in Erstaunen versetzt hatten. Praktisch standen Männern wie Thomas Alva Edison noch Welten offen. Edison erkannte früher als jeder andere, daß sich die Elektrizität zähmen und nutzen ließ, um Menschen Licht, Wärme und Unterhaltung zu liefern. Edison wurde durch seine zahlreichen Erfindungen und Patente ungeheuer reich, aber anders als bei Maxim verübelten ihm wohl nur wenige seine großen Gewinne. Edison, 1847 in Ohio geboren, hatte sich schon als Zehnjähriger im Haus seines Vaters ein kleines Labor eingerichtet; das Geld dafür verdiente er sich, indem er in Zügen Zeitungen und Süßigkeiten verkaufte. Weil ihn die Telegraphie interessierte, arbeitete er als reisender Telegraph und wußte bald alles über die Funktionsweise der Fernschreiber. Als er den Fernschreiber der Goldbörse reparieren konnte, der gelegentlich in entscheidenden Momenten zusammengebrochen war und damit öfters kleine Paniken ausgelöst hatte, wurde er mit der Betreuung der Börse beauftragt. Dann begann er mit der Herstellung von Fernschreibern, verkaufte sein Unternehmen wieder und baute sich ein größeres Labor auf. Dort erfand er 1877 den Phonographen. Im Jahr darauf begann er mit der Arbeit an der Glühbirne und stellte wiederum ein Jahr später seine Kohlenfadenlampe vor.

Schon viele Erfinder hatten versucht, eine brauchbare elektrische Lampe zu konstruieren. Maxim beispielsweise war sehr nahe daran gewesen, bis ihn das Maschinengewehr von solch harmlosen Unterfangen abhielt. Doch ließ sich damit offensichtlich ein Vermögen verdienen, denn die Menschheit hungerte nach Licht und war anscheinend bereit, jeden Preis dafür zu zahlen. Schon seit Jahrhunderten erleuchteten Kerzen die Wohnungen der Reichen, während Tranöl die Häuser der Armen mit einer schlechtriechenden, zischenden Flamme versorgte. Die Elektrizität verhieß sauberes und billiges Licht, das möglicherweise die Welt verändern könnte. Als dieses Licht Ende des neunzehnten Jahrhunderts hergestellt und verbreitet wurde, geschah genau das. Es hob den Unterschied zwischen Tag und Nacht auf und verschleierte den Wechsel der Jahreszeiten. Eine viertel Million Jahre lang hatte die Menschheit den Frühling begrüßt, der nicht nur Wärme brachte, sondern auch Licht, lange Abende und frühe Morgen. Die Kehrseite davon war die Angst vor dem Winter, die alle Völker in ihren Riten zeigten. Winter bedeutete nicht nur Kälte, sondern auch Dunkelheit, und konnte nicht in der Dunkelheit Böses lauern? Wenn die Tage nach der Wintersonnenwende länger wurden, konnten Priester und Weise den Unwissenden wieder einmal versichern, daß es binnen kurzem hell werden und der Teufel vertrieben sein würde.

Alle diese Ängste wurden endgültig zu Aberglauben, seit der elektrische Strom die Nacht erleuchtet und sie zum Tag macht, wenn man dafür zu zahlen bereit ist. Millionen von Städtern kennen keine dunkle Nacht. Sie sehen beispielsweise niemals die Sterne. Sie verstehen nicht, was gemeint sein könnte, wenn jemand sagt, ihnen fehle etwas. Wer würde die Dunkelheit wollen, fragen sie sich. Für sie jedenfalls ist die vermeintlich verheerende seelische Erschütterung der kopernikanischen Revolution völlig unbedeutend.

Der elektrische Strom springt in einem Bogen von einer Diode zur anderen, oder er fließt durch einen Faden, der heute aus Wolfram, nicht aus Kohle besteht und dessen Widerstand ein glühendes Licht erzeugt. Ein Widerstand erzeugt auch Wärme, und deswegen kann Strom, wenn auch teure, Heizung liefern. Wenn an beiden Enden des Systems Transformatoren eingebaut sind, kann elektrischer Strom über Hochspannungsleitungen auch große Entfernungen überbrücken. Dies ist Zauberei, jedenfalls wäre es Aristoteles so vorgekommen. Da wird in einem Kraftwerk am einen Ort Strom erzeugt und durch einen dünnen Draht vielleicht mehr als tausend Kilometer weit in mein Haus gebracht. Dort steht er mir immer und augenblicklich für viele Zwecke zur Verfügung. Er kann mein Zimmer erhellen und erwärmen. Er kann meinen Toast rösten und mein Essen kochen. Er kann meine Dosen öffnen und meinen Müll zusammenpressen Er kann mir auf Bruchteile einer Sekunde genau die Zeit angeben und sie mit vielen Geräten vertrödeln, die erst dann allgemein gebräuchlich wurden, als das zwanzigste Jahrhundert eine neue Verwendung des Wortes Muße entdeckte. Er kann mein Haus vor Einbrechern schützen. Und wenn ich unvorsichtig bin, kann er töten.

Die Elektrizität tut all dies mit weniger Aufwand und Getue, weniger Nebenwirkungen als jede andere Energiequelle. In der Schweiz wird der Strom nicht durch Verbrennung fossiler Stoffe gewonnen, sondern allein durch die Schwerkraft, durch Nutzung der latenten Energie, die in dem Wasser steckt, das aus großer Höhe hinunterfällt. Wenn die ganze Welt wie die Schweiz wäre, würde der elektrische Strom fast vollständig sauber sein. Leider ist das Land in großen Teilen der Erde zu flach, deshalb können Wasserkraftwerke nicht genug Elektrizität erzeugen. Der Strom muß durch das Verbrennen von Stoffen wie Kohle oder durch die Spaltung von Urankernen erzeugt werden; erhitztes Wasser wird zu Dampf, der Dynamos antreibt und die nötige Energie zur Verfügung stellt. Der dabei entstehende Rauch läßt sich in tausend Kilometern Entfernung nieder und tötet die Fische in den Seen und die Bäume an den Berghängen der Gegenden, die nicht flach sind und die ihre Energie mit Wasserkraft erzeugen könnten. Aber damit eilen wir unserer Zeit voraus. Solche Ironien wurden im neunzehnten Jahrhundert noch nicht bemerkt.

Magische Mathematik

Der Zauber der Elektrizität liegt wohl vor allem in ihrer Unsichtbarkeit. Die Stoßwelle, die durch die Elektronen hindurchgeht, wie sich das Phänomen definieren läßt, ist immer unsichtbar. Jetzt, im zwanzigsten Jahrhundert, verstehen wir den Vorgang; Faraday wußte das noch nicht, sondern nahm an, er werde die Elektrizität eines Tages mit einem besseren Mikroskop beobachten können. Weil sie unsichtbar ist, muß sie anders beschaffen sein als andere Energiequellen. Eine Peitsche, ein Kolben, der Zylinder eines Verbrennungsmotors sind alle gut sichtbar.

Als sehr hilfreich erwies sich schließlich eine neuartige Mathematik. Mathematik, diese seltsame und schöne Wissenschaft – oder ist sie Kunst, Poesie? –, kann den Abgrund zwischen dem Sichtbaren und dem Unsichtbaren überbrücken. Maxwells Triumph war der Triumph einer neuen Mathematik. Sie gab den Mathematikern ein Ansehen, das nichts anderes ihnen hatte geben können, nicht einmal die Entdeckungen Newtons. Die neue Mathematik war auch zum Verständnis anderer Kräfte und Größen hilfreich. Es war ein Schock, als sich in den dreißiger Jahren des neunzehnten Jahrhunderts die euklidische Geometrie, wie sie Schuljungen seit zweitausend Jahren und Schulmädchen seit kurzem gelehrt wurde, nicht als akkurates Bild des wirklichen Raumes herausstellte. Dieser ist nicht zweidimensional und enthält keine vollkommenen Kreise, Quadrate oder Dreiecke. Der Raum ist vielmehr ein höchst komplexes Etwas, das sich nur mit Hilfe sehr komplizierter Mathematik beschreiben läßt. In der neuen nicht-euklidischen Geometrie schneiden sich Parallelen, genau wie in Wirklichkeit. Man denke nur an Eisenbahngleise. Kreise lassen sich leicht in Ellipsen verwandeln, auch in Parabeln und Hyperbeln und sogar in Geraden oder Punkte, wenn man sie auf geeignet geneigte Schirme projiziert. Nach 1870 sah es eine Zeitlang so aus, als ob die projektive Geometrie, zu der alle Geometrie gehörte, die je erfunden worden war, den Raum akkurat beschreiben und damit auch beherrschen konnte. Aber auch dieser intellektuelle Ballon sollte bald platzen.

Ebenfalls nach 1870 führte die Arbeit solcher Männer wie W. K. Clifford (1845–1879) und Henri Poincaré (1854–1912) zu der Auffassung, daß der Raum für die Mathematik zu komplex ist. Der Raum ist vielmehr eine Annahme, und er läßt sich nur im Rahmen dieser Annahme beschreiben und bestimmen. Es gibt also so etwas wie Raum gar nicht. Es gibt vielmehr so viele Räume, wie es Mathematiker und Nichtmathematiker gibt, und das sind Milliarden. Selbst diese Zahl ist zu klein, denn jeder Mensch kann sich eine unendliche Anzahl verschiedener Räume vorstellen, obwohl er vermutlich die Mathematik, die nötig ist, um mit ihnen umgehen zu können, nicht erschaffen kann.

Das eben Gesagte klingt vielleicht etwas ausgefallen, ist aber doch wirklichkeitsnah, denn der elektrische Strom fließt in einigen dieser vorgestellten Räume, die nicht sichtbar oder auch nur vorstellbar sind, aber mit Hilfe seltsamer mathematischer Schaltungen, Leiter und Isolatoren beschrieben werden können. Es ist, wie wenn Musik immer im Kreis läuft und dann an einem anderen Ort herauskommt, als sie erzeugt wurde. Ist Musik auch dann Musik, wenn sie in den Röhren einer Tuba herumläuft? Ist der elektrische Strom elektrischer Strom, wenn er durch die Landschaft rast, unbeachtet von den Kühen, die gemächlich unter ihm grasen, oder ist er nur dann elektrischer Strom, wenn er aus dem Stecker kommt und die Türklingel läuten läßt oder den Fahrstuhl fahren läßt?

Wir wissen jetzt, daß es auf keine dieser Fragen eine Antwort gibt. Die Mechanisten des neunzehnten Jahrhunderts hätten diese Aussage nicht akzeptiert. Sie hätte sie womöglich genauso schokkiert wie die Vorstellung, ihre eigenen Großeltern seien Affen gewesen. Der Grund ist wichtig, denn er zeigt einen Aspekt auf, in dem das neunzehnte Jahrhundert kein Vorspiel zu unserer Zeit war. Das Zeitalter, das 1914 endete, war durch einen erstaunlichen Fortschritt in der wissenschaftlichen Erkenntnis der Welt gekennzeichnet. Es war auch ein Zeitalter des Glaubens, eines neuen Glaubens an die Unvermeidbarkeit von Fortschritt. Dieser Glauben beruhte auf einem unverbrüchlichen Vertrauen in eine vermeintlich alte und vertrauenswürdige Wahrheit, die bis auf die Griechen zurückging.

Diese Wahrheit war von Thales und den Philosophen erfunden worden, die ihm nachfolgten, und besagte, daß wir die Welt um uns herum verstehen können, wenn wir uns nur entschlossen genug darum bemühen. In dieser Auffassung liegt eine tiefe Wahrheit, aber auch etwas Fragwürdiges, sogar Irreführendes. Wir hegen ein gutbegründetes Vertrauen, daß etwas in uns in der Natur eine Entsprechung hat, wobei die Regeln für die Zuordnung mathematisch sind. Wie könnten wir sonst erklären, warum wir die Naturvorgänge so erfolgreich verstehen, vorhersagen und beherrschen können? Kein Tier kann das so wie wir Menschen. Tiere nehmen deshalb die Natur, wie sie ist, und machen deren Regeln zu ihren eigenen. Wir dagegen akzeptieren die Regeln nicht. Wir meinen, sie zu unserem eigenen

Vorteil ändern zu können. Und es gibt keinen Zweifel daran, daß wir das wirklich tun können oder vielmehr daran, daß wir diese Regeln, wenn wir sie verstehen, zu unserem Wohl nutzen können. Diese neue Überzeugung der Wissenschaftler des neunzehnten Jahrhunderts war deshalb fragwürdig, weil damit die zuversichtliche Erwartung verknüpft war, die Natur sei voll und ganz verstehbar. Hegen wir diese Überzeugung, diese Erwartung immer noch? Anscheinend nicht. Und wenn einige von uns das noch tun, dann sieht es so aus, als ob wir uns wahrscheinlich irren.

Worin liegt das Problem? Ist unser menschlicher Geist einfach nicht angemessen ausgestattet, um die natürliche Welt, in der wir leben, völlig verstehen zu können? Das ist wohl nicht die Antwort, denn unsere Geisteskräfte lassen sich mit Hilfe von Computern fast unendlich erweitern. Oder ist die Welt der Natur einfach zu komplex, als daß der menschliche Geist sie verstehen könnte? Auch das ist vielleicht nicht die richtige Antwort, denn wir sind doch wohl in der Lage, jede Frage, die wir uns stellen können, auch zu lösen, und wir können die Frage nach dem vollen Naturverständnis doch wenigstens stellen. Warum also können wir sie jetzt nicht und vielleicht sogar niemals beantworten?

Anscheinend steht da etwas im Weg. Dieses Etwas verblüfft uns weiterhin, wäre aber der Mehrzahl der Menschen im letzten Jahrhundert völlig unverständlich gewesen. Dieses Jahrhundert war das letzte Zeitalter, das sich in der angenehmen Erwartung wiegen konnte, das, was wir wissen wollen und vielleicht überhaupt alles, mit Gewißheit in Erfahrung bringen zu können.

Neue Wege des Sehens

Die erste erfolgreiche Photographie wurde 1826 von Nicéphore Niepce (1765–1833) gemacht, einem französischen Lithographen. Zehn Jahre später experimentierte Jacques Daguerre (1763–1851) mit dem heute nach ihm benannten Prozeß. Rasch folgten weitere Verbesserungen. George Eastman (1854–1932) führte 1888 die berühmte Box Camera ein, mit ihrer handlichen Filmrolle der Negative und dem Versprechen, sie überall einfach und billig entwickeln lassen zu können. Seitdem ist die Photograpie zur Kunstform der Masse geworden. Die Einführung der Photographie hat die Kunst des Zeichnens und Malens revolutioniert. Sie hat auch unsere Sicht der Dinge verändert. Als die Betrachter Daguerres Werke zuerst sahen, waren sie erstaunt, darin Einzelheiten zu finden, die sie im ursprünglichen Motiv niemals beobachtet hatten. William H.F. Talbot (1800–1877), der Erfinder des heute gebräuchlichen Negativ-Positiv-Verfahrens, bemerkte dazu in den vierziger Jahren:

> *Es kommt oft vor – und darin liegt etwas vom Zauber der Photographie –, daß der Photograph beim Betrachten, vielleicht viel später, bemerkt, daß er viele Dinge abgebildet hat, die er damals gar nicht bemerkt hatte. Manchmal findet man Inschriften und Daten auf Gebäuden, oder höchst unwichtige gedruckte Plakate werden auf ihren Wänden entdeckt, manchmal sieht man ein fernes Zifferblatt und darauf – also ungewollt verzeichnet – die Tagesstunde, zu der die Aufnahme gemacht wurde.*

Hier kommen andere unsichtbare Größen ins Spiel, die wir nicht sehen, wenn wir eine Szene anschauen, die aber die Kamera sieht und von der sie uns erzählt. «Die Kamera lügt nicht», sagt man. Lügen unsere Augen? Warum wählen wir Teile einer Szene aus, die wir bewußt wahrnehmen, während wir andere ignorieren? Ist die Sicht der Kamera die einzig wahre, wenn sie etwas sieht, was wir mit unseren eigenen Augen nicht sehen oder nicht sehen können? Was ist Wahrheit, wenn wir sie nicht kennen können?

Vor der Erfindung der Photographie waren die allermeisten Gemälde Portraits, klein genug, zur Erinnerung in einem Amulett getragen zu werden. Plötzlich war die Malerei der Notwendigkeit enthoben, auf diese bescheidene Art der «Kommunikation» zu dienen. Das Ergebnis war fast augenblicks eine Explosion neuer Stile und Methoden. Die Krönung dieser Zeit war der Impressionismus. Ihm folgten Kubismus, Dadaismus, Surrealismus, abstrakter Expressionismus und andere Kunstrichtungen unserer Zeit, unter ihnen der Photorealismus, bei dem der Maler ein Bild malt, das aus der Entfernung von einer Photographie nicht zu unterscheiden ist. Zur selben Zeit entwickelte die Photographie Möglichkeiten zur Aufzeichnung und selbst zur Verzerrung der «Wirklichkeit», um den Betrachter dazu zu zwingen, neue Dinge zu sehen, die er sich zuvor nie hätte vorstellen können. Das Ergebnis war eine bemerkenswerte Erweiterung unserer Fähigkeit zu sehen.

Natürlich haben große Veränderungen in der Kunst immer diese Wirkung gehabt. Die Einführung der Perspektive durch die Maler der Renaissance im fünfzehnten Jahrhundert half, wie wir schon sahen, bei der Schaffung einer menschenzentrierten Welt, in der kein Raum war für Gottes umfassende und allwissende Sicht. Die Entwicklung besserer Farben ermöglichte es, Fresken durch Gemälde auf Leinwand zu ersetzen. So kam die Kunst von den Wänden der Kirchen auch in ganz gewöhnliche Häuser. Andere technische Fortschritte im neunzehnten Jahrhundert erlaubten das Malen im Freien nach der Natur. Auch dies war eine Quelle der revolutionären Veränderungen, die zum Impressionismus führten. Aber die veränderte Wahrnehmung der Welt, die die Photographie bewirkte, war wohl radikaler als all diese.

Es steht außer Frage, daß die Kamera lügen *kann*. Eine Million Werbephotos sind Beweise genug dafür. Trotzdem hat die Erfindung der Photographie es schwieriger gemacht, an einer sentimentalen Weltsicht festzuhalten. Ein guter Photograph kann selbst unsere liebsten Illusionen zerstören, etwa die, daß arme Menschen trotz ihrer Armut glücklich sind oder Leiden immer edel ist. Die Photographie hat uns den kalten, grausamen Schrecken des Krieges offenbart; obwohl wir immer noch bereit sind, Krieg hinzunehmen, tun wir das jetzt doch mit wesentlich weniger Begeisterung. Die Kamera erwischt uns in unserem Menschsein. Diese Art Wahrheit und Wissen kann schockieren und geschmacklos sein, hat aber immer ihren Wert, selbst wenn sie nicht willkommen ist.

Das Ende der Sklaverei

Mathew Brady wurde um 1823 im Norden des US-Bundesstaates New York geboren, lernte vom Erfinder Samuel F.B. Morse die Daguerrotypie und eröffnete 1844 in New York City sein erstes Atelier für Photographie. Beim Ausbruch des Bürgerkrieges, 1861, beschloß er, den Krieg vollständig photographisch zu dokumentieren. Er stellte dazu Mitarbeiter an und schickte sie in alle Teile des Kriegsgebiets. Er selbst photographierte Schlachtfelder wie Antietam und Gettysburg. Seine Aufnahmen der Gefallenen auf dem Hang von Gettysburg, die er kurz nach Picketts berühmtem Angriff machte, gehören zu den bemerkenswertesten Bildern dieses Krieges.

Der Schrecken dieser Bilder machte dem Kampf kein Ende. Die Aufnahmen hatten damals wenig oder keine Wirkung. Es war fast, als ob Menschen noch nicht gelernt hatten, Fotos zu betrachten. Vielleicht erschien der Krieg auch in seinem Schrecken und seiner Notwendigkeit so überwältigend, daß kein Bild seine entsetzliche Raserei erfassen konnte.

Anläßlich der Eröffnung einer Gesundheitsausstellung schrieb Präsident Abraham Lincoln (1809–1865) einmal sein knappes Urteil über die Ursachen des Kriegs in das Gästebuch. «Ich habe noch niemals einen Menschen getroffen, der gern Sklave sein wollte. Bedenke, ob es irgend etwas *Gutes* gibt, das kein Mensch wünscht.» In vielen Aussprüchen, langen und kurzen, gab Lincoln seine Meinung kund, daß es im Bürgerkrieg nicht um die Sklaverei ging, sondern um das Überleben der Nation. So schrieb er 1862 in einem Brief an den Zeitungsverleger Horace Greeley: «Es geht mir in dieser Auseinandersetzung vor allem darum, die Union zu retten, und weder darum, die Sklaverei zu retten noch sie zu zerstören. Wenn ich die Union retten könnte, ohne irgendeinen Sklaven zu befreien, würde ich das tun. Wenn ich sie retten könnte, indem ich alle Sklaven befreite, würde ich das tun. Und wenn ich sie retten könnte, indem ich einige befreite und andere nicht, würde ich auch das tun.»

Schließlich handelte Lincoln in der dritten hier erwähnten Weise. Die Proklamation von 1863 befreite praktisch keine Sklaven, denn sie galt nur für die, die hinter den feindlichen Linien lebten. Aber wir sollten nicht den letzten Satz vergessen, den er in diesem berühmten Brief an Greeley schrieb: «Ich habe hier meine Absichten geschildert, wie sie meinem Amt entsprechen», schrieb er, «und ich beabsichtige keine Änderung meines oft geäußerten persönlichen Wunsches, daß alle Menschen überall frei sein sollten.» Der Kongreß schaffte die Sklaverei in den USA 1865 ab, als er nach Lincons Tod und Kriegsende dies als dreizehnten Artikel in die Verfassung aufnahm.

Tocqueville hatte recht gehabt, als er die Ausbreitung der Gleichwertigkeit über den Globus für unaufhaltsam hielt. Aber die französische Revolution und andere politische Revolutionen des achtzehnten Jahrhunderts hatten nicht nur Gleichheit gefordert. Der Ruf der Revolutionäre in Frankreich hatte «Freiheit, Gleichheit, Brüderlichkeit» gelautet. Das erste dieser großen Worte war Freiheit. Das, wofür es stand, weckte in jedem Menschen des neunzehnten Jahrhunderts leidenschaftliche Reaktionen.

Die ersten Proteste gegen die Sklaverei in den amerikanischen Kolonien gehen bis 1688 zurück, als Mennoniten bei einem Treffen in Germantown in Pennsylvania ein Memorandum verfaßten, in dem sie ihre Gegnerschaft gegen die Versklavung der Neger äußerte. Diese einfachen, freiheitlich denkenden Menschen erklärten: «Obwohl sie schwarz sind, können wir uns nicht vorstellen, daß jemand die Freiheit hat, sie als Sklaven zu halten, als Weiße.»

Es gab natürlich schon seit Menschengedenken Sklaverei, von Weißen wie von Schwarzen, als diese Worte geschrieben wurden.

Anscheinend hat es sie nicht immer gegeben, aber früher oder später hatte jede hoch organisierte menschliche Gesellschaft Sklaven, weil man anscheinend keine andere Möglichkeit sah, wie die schweren und unangenehmen Arbeiten verrichtet werden konnten, die diese Gesellschaften für nötig erachteten. Nach der berühmten Rechtfertigung der Sklaverei durch Aristoteles und seiner Lehre von den «natürlichen» Sklaven fiel es leichter, diese Notwendigkeit hinzunehmen, und die Sklaverei gedieh fast überall auf der Erde. Jahrhundertelang waren nur selten Einwände gegen die Sklaverei vorgebracht worden. Aber die Versklavung von Negern auf den Plantagen der europäischen Kolonien in der neuen Welt führte bald, zuerst in Europa und dann in Amerika, zu wütenden Protesten. Diese Sklaverei war unmenschlich grausam. Bis zu den Konzentrationslagern der Nazis im Zweiten Weltkrieg hat es nichts Vergleichbares gegeben.

In den amerikanischen Kolonien lebten 1688 nur wenige Negersklaven. Als 1861 der Bürgerkrieg ausbrach, gab es etwa vier Millionen Sklaven, alle in den Südstaaten. Der Sklavenhandel war 1808 abgeschafft worden, und seit 1833 gab es in den britischen Kolonien in Westindien keine Sklaverei mehr. Aber im amerikanischen Süden begründete man weiterhin die Notwendigkeit der Sklaverei auf die alte Weise und traf auf wenig Widerstand. Zu dieser Überlegung kam noch die Überzeugung, daß die Schwarzen von Natur aus minderwertig und deshalb für die Sklaverei geradezu geschaffen seien. Aber die von einem Sklavenhalter verfaßte Unabhängigkeitserklärung hatte behauptet, alle Menschen seien gleich. Wie ließ sich dieser Widerspruch aufheben?

Letztlich gab es keine friedliche Lösung. Der Bürgerkrieg kam, und wie so viele Kriege dauerte er länger und war viel schrecklicher, als irgend jemand es erwartet hatte. Endlich, nach fast genau vier Jahren, gab der Süden erschöpft auf. Jedenfalls dort, in ihrer letzten großen Heimstatt, hatte die Sklaverei ein Ende. Die Menschheit hat die Sklaverei noch immer nicht ganz abgeschafft. Unter Hitler lebte sie im Zweiten Weltkrieg wieder auf, und kleine Enklaven der Sklaverei oder Pseudosklaverei haben sich in einigen Ländern der Dritten Welt bis heute erhalten. Erbliche Leibeigenschaft beispielsweise ist eine Art der praktischen Sklaverei, die in vielen Ländern nur schwer abzuschaffen ist.

Aber in gewissem Sinn führten die Opfer, die so viele im amerikanischen Bürgerkrieg bringen mußten, doch zur Abschaffung der Sklaverei. Kein Land, das Sklaverei akzeptiert, darf Mitglied der

Vereinten Nationen werden. Die Welt als Ganzes weigert sich, die Einrichtung der Sklaverei als rechtmäßig zu sehen. Nach etwa fünftausend Jahren ist einer der ungeheuerlichsten Affronts gegen Gerechtigkeit und Rechtmäßigkeit aus dem menschlichen Denken ausgelöscht, selbst wenn es de facto noch Sklaven gibt.

Ich halte die legale Abschaffung der Sklaverei für die größte Leistung des neunzehnten Jahrhunderts. Und es paßt zur Abscheulichkeit der Einrichtung der Sklaverei, daß ihre Abschaffung durch den grausamsten und blutigsten Krieg erreicht wurde, der je in Nordamerika gekämpft wurde. Die Sklaverei war ein Wirtschaftsfaktor. Der Krieg auch. Der Kampf war also fair. Er war von Gott gerechtfertigt, wie Lincoln in seiner zweiten Antrittsrede als Präsident sagte.

> *Wenn wir annehmen wollen, daß die Sklaverei in Amerika eines jener Ärgernisse ist, die nach der Vorsehung Gottes notwendigerweise kommen müssen, das er aber nun, nachdem es die von ihm zugemessene Zeit gedauert hat, von uns nehmen will, und daß er beiden, dem Norden und dem Süden, diesen schrecklichen Krieg schickt als das Weh, das denen gebührt, durch die das Ärgernis kam, sollen wir dann darin eine Abweichung von den göttlichen Attributen sehen, die diejenigen, die an einen lebendigen Gott glauben, ihm von jeher zuschreiben? Zutiefst hoffen wir und inbrünstig beten wir, daß diese furchtbare Geißel des Krieges schnell verschwinden möge. Doch wenn Gott will, daß sie andauert, bis all der Reichtum, der durch zweihundertundfünfzig Jahre unbelohnter Arbeit der Unfreien aufgehäuft wurde, verloren ist und bis jeder durch die Peitsche vergossene Blutstropfen mit einem durch das Schwert vergossenen bezahlt ist, dann müssen wir heute sagen, was vor dreitausend Jahren gesagt wurde: «Die Urteile des Herrn sind wahr, und gerecht sind sie alle.»*

Die Rede wurde am 15. März 1865 gehalten. Am 9. April ergab sich General Robert E. Lee im Gerichtshaus von Appomattox in Virginia dem General Ulysses S. Grant, womit der Krieg de facto beendet war. Am 14. April wurde Abraham Lincoln von dem Schauspieler John Wilkes Booth angeschossen, als er eine Vorstellung im Ford's Theater in Washington besuchte. Der Präsident starb am nächsten Morgen.

Lincoln sagte nicht, daß die Sklaverei eine Krankheit ist, die die Herren ebenso befällt wie die Sklaven, obwohl er es wußte. Gerade das aber machte der Psychologe Carl Gustav Jung (1875–1961) in einem Artikel klar, den er 1928 veröffentlichte.

> *Um die Wende unserer Zeitrechnung bestanden drei Fünftel der italischen Bevölkerung aus Sklaven, das heißt aus rechtlosen, kaufbaren menschlichen Objekten. Jeder Römer war umgeben von Sklaven. Der Sklave und seine Psychologie überflutete das alte Italien, und jeder Römer wurde innerlich, ihm selbst unbewußt, zum Sklaven, denn er lebte in der Atmosphäre des Sklaven, und durch unbewußten Einfluß ging dessen Psychologie in ihn über. Vor solchem Einfluß kann sich niemand schützen.*

Wir alle also, nicht nur Sklaven und ihre Nachkommen, verdanken den tapferen Männern viel, die zwischen 1861 und 1865 für die Abschaffung der Sklaverei kämpften.

Die Bourgeoisie wird schockiert

Karl Marx war nicht der einzige, der das Bürgertum des neunzehnten Jahrhunderts vor den Kopf stoßen wollte. Viele andere Schriftsteller mockierten sich über die Bürger und verunglimpften sie und ihre Kultur, um sie aus ihrer pompösen Selbstzufriedenheit zu rütteln. Diese Selbstzufriedenheit, die wie so oft mit einem behaglichen Einkommen einherging, trieb einige dieser Autoren zur Raserei. Sie fühlten sich in ein moralisches Gefängnis eingesperrt, mußten, um Erfolg zu haben, etwas glauben, was sie nicht glauben wollten, und wehrten sich deshalb in Poesie und Prosa mit verblüffenden Bildern und wurden doch von denen ignoriert, die sie angreifen wollten. In den USA kämpften der Dichter Walt Whitman (1819–1892) und der Romancier Herman Melville (1819–1891) mit wenig Erfolg um die Art von Anerkennung, die sie sich wünschten. Beide schafften es zwar, ihre Bücher zu verkaufen, aber keiner wurde von den Menschen bewundert, die sie bewegen und verändern wollten. Whitman fand erst als alter Mann, und dann aus den falschen Gründen, Gehör und Anerkennung als großer amerikanischer Dichter.

Melvilles bestes Buch, ‹Moby Dick› (1851), wurde zunächst lediglich für ein aufregendes Buch über das Leben auf dem Meer gehalten. Melville starb vergessen und wurde erst eine Generation nach seinem Tod wiederentdeckt. Die Versuche beider Dichter, ihren Lesern die Augen für eine neue Welt zu öffnen, waren Fehlschläge.

Charles Baudelaire (1821–1867) wurde in Frankreich nicht nur nicht gelesen, sondern sogar offiziell zensiert. Seine Bücher wurden für obszön gehalten, und er selbst wurde als bemitleidenswerter Psychopath verachtet. Vielleicht war er das, aber er war auch der schärfste Kritiker seiner Zeit in Frankreich. Er hatte die Fähigkeit wahrzunehmen, welches angsterregende neue Leben aus der bürgerlichen Abgeschlossenheit dem aufregenden Licht des ausgehenden neunzehnten Jahrhunderts entgegenstrebte.

Gustave Flaubert (1821–1880) enthüllte in seiner ‹Madame Bovary› (1857) in schmerzlichen Einzelheiten die kleinen Schwächen eines bürgerlichen Lebens; er beschrieb die hoffnungslosen Bemühungen einer Frau, die in einer moderneren Fassung von Gretchens Spinnstube gefangen ist und in eine größere Welt entfliehen möchte.

Und Emile Zola (1840–1902) versuchte in einem halben Dutzend beißend realistischer Romane das Gewissen des *fin de siècle* zu wecken. Er fand sich schließlich selbst verlassen und gezwungen, sich allein der schrecklichen Trägheit und Langeweile des Lebens der französischen Mittelklasse zu stellen.

Friedrich Nietzsche, der letzte der drei großen deutschen Philosophen seines Jahrhunderts – nur Hegel und Marx sind mit ihm zu vergleichen –, war der Sohn eines Wahnsinnigen und wurde selbst im Alter von 55 verrückt. Man hat viele Gründe für seine Krankheit gefunden, aber einer ist offensichtlich: Nietzsche wurde durch die kühle, unehrliche Selbstzufriedenheit seiner Zeitgenossen in den Wahnsinn getrieben, die ihn ignorierten, während sie Schriftsteller ehrten, die uns heute eher wie Figuren aus einem Groschenroman vorkommen. Je weniger man ihn beachtete, um so wilder schlug Nietzsche um sich, und um so heftiger wetterte er gegen das Christentum und seine leeren moralischen Behauptungen. In dem Jahrzehnt zwischen 1879 und 1889, in dem er seine besten Bücher schrieb, war er völlig einsam; er starb 1900 nach einem Leben bitterer Enttäuschungen. Schon die beiden nächsten Generationen in seinem Heimatland Deutschland und in Frankreich bewunderten ihn.

Auch das englische Bürgertum mußte sich Vorwürfe machen lassen. George Eliot (1819–1880), deren Roman ‹Middlemarch› (1871–1872) als erster wirklich «erwachsener» Roman bezeichnet wurde, schrieb nicht nur, sondern lebte auch gegen die Sitten ihrer Zeit. Die ehrbaren Klassen vertrieben sie und ihren Gefährten G. H. Lewes für eine Weile aus England, weil sie nicht verheiratet waren, aber sie rächte sich mit einer Reihe von Büchern, von denen ‹Middlemarch› am erbarmungslosesten den Vorhang vor dem viktorianischen Leben wegzieht, um jedermann die bittere Kleinkariertheit sehen zu lassen. Nicht viele jedoch sahen hin. Das Bürgertum bekundete in England wie anderswo eine bemerkenswerte Fähigkeit, dem, was offen vor Augen lag, keine Aufmerksamkeit zu schenken. Die Romane von George Eliot wurden gekauft und mit Vergnügen, aber ohne Verständnis gelesen.

Thomas Hardy (1840–1928) wurde zu düsterer Aussichtslosigkeit getrieben, als solche Romane wie ‹Tess of the d'Urbervilles› (1891) und ‹Jude the Obscure› (1895) die Leser nicht dazu bringen konnten, den traurigen Irrtum ihrer Überzeugungen zu erkennen. Er widmete die zweite Hälfte seines langen Lebens dem Schreiben von Gedichten, die seine gespenstische Vision beschrieben. Oscar Wilde (1856–1900) schließlich, in jeder Hinsicht ein Rebell, spielte die Rolle eines Hofnarren. Er zweifelte, daß seine Landsleute je aufwachen würden, aber sie taten es, weil sie sich über seinen Spott ärgerten, und sperrten ihn ins Gefängnis, womit sie sein Leben ruinierten.

Diese und Dutzende andere Schriftsteller hatten bei allen Unterschieden eine Gemeinsamkeit. Sie sahen, was Marx gesehen hatte, als er im kommunistischen Manifest eine neue moralische und intellektuelle Welt beschrieben hatte, in der alle eingerosteten Verhältnisse ihres Sinnes entleert waren, und «alles Ständische und Stehende» plötzlich, ohne Vorwarnung, verdampft. Diese Schriftsteller wußten, daß das Bürgertum diese Situation nicht verstanden hatte; aber sie mußten es verstehen, wenn es sich und seine Kultur retten und nicht dem Vergessen preisgeben wollten. Die Kritiker hatten letztlich die Aufgabe übernommen, das Bürgertum vor sich selbst zu retten. Ihre Kritik beruhte mehr auf Liebe als auf Haß. Sie waren wie die rebellierenden Kinder eines Vaters, der einen Fehltritt begangen hatte. Und wie so viele Kinder erreichten sie wenig mehr, als daß sie den enttäuschten, der sie genau so liebte wie sie ihn, sich aber über die Kluft des Trennenden niemals mit ihnen verständigen konnte.

Darwin und Freud

Alles, was diese aufrührerischen Schriftsteller taten, taten sie für und im Namen der Freiheit. Zwei Geistesgrößen, die sich dieser rebellischen Gesellschaft nie zugehörig fühlten, kämpften denselben Kampf. Beide waren Wissenschaftler und wollten ihren Zeitgenossen anscheinend lediglich eine schlichte Wahrheit mitteilen. Aber auch sie schockierten das Bürgertum erheblich. Vielleicht sogar mehr als Marx. Denn ihre schlichte Wahrheit fraß wie Säure am

Weltbild ihrer Zeit. Die bittere Wut, mit der ihre Zeitgenossen reagierten, hat bis heute zum Teil nicht wesentlich nachgelassen.

Charles Darwin wurde 1809 im englischen Shrewsbury geboren; schon sein exzentrischer Großvater Erasmus Darwin hatte eine Evolutionstheorie vertreten. Seine eher mittelmäßigen Schulleistungen enttäuschten seinen Vater. Er erlaubte seinem Sohn, als Naturforscher Flora und Fauna in Südamerika zu beobachten, weil er hoffte, bei dieser Reise möge etwas herauskommen, aber wahrscheinlich erwartete er es nicht wirklich. Während seiner fünf Jahre auf der «HMS Beagle» stellte Charles Darwin Überlegungen zur Evolution und zum Ursprung der Arten an, die er erst 1859 zur Bestürzung derselben respektablen Klassen veröffentlichte, die George Eliot ins Exil getrieben hatten. Wenn Darwin sich an Muscheln und Würmer gehalten hätte, für die er sich zunächst begeistert hatte, wären seine Gedanken unumstritten gewesen. Aber er bestand hartnäckig auf der Behauptung, alle Arten seien auf der Grundlage der natürlichen Auslese durch Evolution entstanden. Selbst der Mensch. Das war schwer zu schlucken.

In gewissem Sinn ist die Evolution offensichtlich. Sie ist überall zu beobachten. Nationen entwickeln sich, indem sie sich den Herausforderungen anderer Nationen und der Natur stellen. Firmen entwickeln sich, indem sie auf die Bedingungen des Marktes reagieren. Freundschaften entwickeln sich ebenso wie Gedanken. Es ist sogar offensichtlich, daß bestimmte Tierarten sich entwickelt haben. Wir haben jetzt etwa sehr viele Hunderassen, wo es früher nur eine oder zwei gab. Trotzdem schockierte Darwin seine Zeitgenossen mit der Behauptung, daß alle Arten im Lauf einer Entwicklung entstanden sind und der Mensch aus nichtmenschlichen tierischen Vorfahren hervorgegangen sei. Dafür gab es mehrere Gründe.

Der Gedanke, daß sich Arten über ungeheuer lange Zeit hin entwickelt hatten und nicht vor einigen tausend Jahren in einem Augenblick entstanden waren, war – wie die Galileis – eine jener Herausforderungen, die die Kirche unmöglich akzeptieren konnte. Der Darwinismus widersprach der Bibel. Aber nicht Darwin widersprach ihr. Er sagte nur wie Galilei: Macht die Augen auf und schaut. Wie jeder sieht, ist es ganz offensichtlich. Die ruhige, sanfte Art, in der Darwin diese Dinge sagte, war nicht hilfreich, sondern regte seine Gegner nur noch mehr auf.

Selbst wer zu akzeptieren bereit war, daß Würmer sich entwickelt hatten, fand es undenkbar, daß der Mensch seine Abstammung von Wilden und besonders von höheren Affen mit ihren schmutzigen

Sitten herleiten mußte, die sie nicht einmal vor Zoobesuchern zu verbergen suchten. Es half Darwin nichts, wenn er beteuerte, daß die Evolution des modernen Menschen von einem fernen Ahnen des Menschen – dem fehlenden Glied – und der jetzt bekannten Menschenaffen viele Millionen Jahre gedauert habe. Seine Gegner behaupteten, er werfe ihnen vor, einen Affen zum Großvater zu haben. Sie wollten anscheinend beleidigt werden und hörten nicht zu, wenn er versuchte, ihnen etwas zu erklären.

Die Eitelkeit, die es unmöglich findet, unsere enge Verwandtschaft mit anderen Tieren zuzugeben – sogar stolz darauf zu sein –, ist traurig und trostlos. Die Arbeit und das Leben von Charles Darwin, der 1874 starb, dagegen waren unbekümmert und frei. Er befreite die Menschheit aus einem engen zeitlichen Gefängnis. Er offenbarte auch einen der grundlegenden Mechanismen biologischer Veränderung. Seitdem wurden einige seiner Gedanken in Frage gestellt. Aber seine grundlegende Evolutionshypothese steht fest wie der Felsen von Gibraltar.

Sigmund Freud wurde 1856 in Mähren geboren. Er studierte in Wien Medizin und spezialisierte sich auf Neurologie und Psychiatrie. In den neunziger Jahren entwickelte er sein Verfahren zur Behandlung hysterischer Patienten, bei dem er sie ermutigte, frei zu assoziieren, und bewirkte so einige bemerkenswerte Heilungen oder wenigstens ein Nachlassen von Symptomen. In diesen Jahren «entdeckte» er auch das Unbewußte. Welche außerordentliche Entdeckung das war! Wie seltsam und rätselhaft ist doch das Unbewußte! Übrigens weiß ja jeder, der bereit ist, mit offenen Augen in den Spiegel zu schauen, daß er ein Unbewußtes hat, und vermutlich wußte er es schon immer. Aber bewußt hat er es immer geleugnet. Und tut es vielleicht bis heute.

Was ist dieser unser Geist, der ganz aus sich selbst heraus, außerhalb unserer Kontrolle zu wirken scheint? Wer kann überhaupt den Geist beherrschen? Wer kann länger als einige wenige Sekunden unablässig an eine Sache denken, ohne daß andere, unerwünschte Gedanken sich dazwischendrängen? Wer kann seinen Geist dazu bringen, beispielsweise nicht an Sex oder Rache oder persönlichen Ruhm zu denken? Wenn diese Gedanken einmal eindringen, ist es fast unmöglich, sie wieder loszuwerden. Und dann sind sie plötzlich weg und werden durch andere Gedanken ersetzt, die ebenso unerwartet und oft ebenso unerwünscht sind. All dies ist eine allgemeine Erfahrung des Menschen. Es macht die Größe von Freud aus, daß er hartnäckig und systematisch weiter über diese Erscheinungen nachdachte, bis er sie allmählich verstand.

Freud war noch umstrittener als Darwin. Wenn er darauf beharrte, daß bei jedem Menschen sexuelle Wünsche und Ängste gerade unter der Oberfläche schlummern, war das für die Menschen seiner Zeit noch schockierender als Darwins Behauptung, daß wir von affenähnlichen Vorfahren abstammen. In diesem Fall war es nicht gekränkte Eitelkeit. Jeder erkannte insgeheim, daß vieles von dem, was Freud sagte, auf ihn selbst zutraf. Welcher normale Mensch weiß nicht, daß sexuelle Gedanken gerade unterhalb der Bewußtseinsschwelle liegen, immer bereit, in den verrücktesten und vielleicht höchst unpassendsten Augenblicken emporzutauchen? Leider glaubten die gesitteten Menschen seiner Zeit, andere Menschen seien anders als sie selbst. Ehemänner nahmen an, ihre Frauen hätten niemals sexuelle Gedanken. Frauen erwarteten das von ihren Kindern. Jeder setzte für seine Eltern diese Art reiner Unschuld voraus, entgegen allen offensichtlichen Tatsachen. Was als Freuds Besessenheit mit der Sexualität bezeichnet wurde, war nicht das einzige Problem. Er war auch ein glänzender Kritiker der Literatur wie der Gesellschaft. Er bestand darauf, beides im kalten Licht der Wirklichkeit zu sehen und nicht in dem rosigen Schimmer, den seine Zeit für angebracht hielt.

Als der erste Weltkrieg ausbrach, war jeder entsetzt ob der Schrecken, der Brutalität und der Grausamkeit, die die ganze Zeit unter der Tünche gesellschaftlicher Höflichkeit gelegen hatte. Freud war so schockiert wie jeder andere. Aber er war nicht überrascht. Er hatte gewußt, daß all dies da war und lauerte. Freud war auch nicht überrascht, als die Nazis begannen, Juden zu töten und auch ihn töten wollten. Er floh mit seiner Tochter Anna von Wien nach London, nachdem er zwanzig Prozent seines Vermögens als Lösegeld gezahlt hatte. Er war alt und krank und starb im nächsten Jahr.

Freud war ein Arzt und ein Wissenschaftler, und darauf hat er immer Wert gelegt. Die größte Ironie seines Lebens und Werks ist es, daß er zwar auf einem Gebiet, der Psychologie, arbeitete, deren Namen sich von dem griechischen Wort für Seele herleitet, er aber nicht an die ewige menschliche Seele glaubte. Er dachte mechanistisch und deterministisch. Er suchte die Erklärung für das Wirken des Geistes im Körper und glaubte, daß die Gesundheit oder Krankheit des Geistes von einem Gleichgewicht oder Ungleichgewicht physikalischer Kräfte abhing. Er war immer ein Denker des neunzehnten Jahrhunderts, obwohl er bis 1939 lebte. Deshalb glaubte er auch weiterhin, daß der Mensch vor allem anderen eine Maschine sei. Oder wenn nicht eine Maschine, dann sicherlich ein Tier wie andere Tiere. Er war auch außerordentlich mutig, denn er war bereit, sich dorthin zu wagen, wohin sich vor ihm noch niemand gewagt hatte, weit in die Tiefen unseres eigenen Geistes, die wir im Tag verbergen und nur unwillig in der Nacht offenbaren.

Darwin und Freud. Sie haben uns beide etwas offenbart und uns gezwungen, uns gegen unseren Willen mit unserer Menschlichkeit auseinanderzusetzen. Sicherlich sind wir besser, weil wir dieses neue Wissen haben, obwohl viele von uns diejenigen hassen werden, die es uns vermittelten.

Kapitel 11: Die Welt im Jahr 1914

Die Kultur Europas hatte 1914 eine in der Weltgeschichte einmalige Höhe darstellt. Sie war wie ein Fanal der Hoffnung weithin sichtbar und wurde fast überall auf der Welt nachgeahmt und angestrebt. Europa beherrschte den Welthandel, die Finanzen, die Wissenschaft und die Kultur. «Herrliche Zeiten stehen uns bevor», sagte der deutsche Kaiser, und viele stimmten ihm zu. Aber die klügsten, gebildetsten und empfindsamsten Europäer waren mit dem, was ihre prahlerische Kultur erreicht hatte, zutiefst unzufrieden. Sie wußten, daß etwas nicht stimmte. Und sie hatten recht.

Der große Krieg kam und riß Europa und die Welt in einen Kampf, der mit einigen friedlichen Zwischenzeiten fast ein Dritteljahrhundert dauerte. Innerhalb von nur vier Jahren lag die europäische Kultur in Trümmern, und der Westen mußte neu beginnen. Die zerstörte Kultur hatte sich seit mindestens 1300, über sechs Jahrhunderte hinweg, entfaltet. Deshalb überrascht es nicht, wenn wir immer noch mit der ungeheuren Aufgabe beschäftigt sind, sie zu ersetzen, diese Aufgabe also immer noch nicht abgeschlossen ist. Was stimmte 1914 nicht mit der europäischen Kultur? Warum ließ sich Europa auf den zerstörerischsten Krieg der Geschichte ein, einen Krieg, der schließlich jede Nation einbezog und Hunderte von Millionen Menschenleben kostete und weiteren Hundertmillionen unerhörtes Leid brachte?

Wirtschaftszonen

Die Welt ließ sich 1914 wirtschaftlich gesehen in vier Bereiche gliedern. Im ersten übertraf die industrielle Arbeitskraft die Zahl der Menschen, die in der Landwirtschaft beschäftigt waren. Großbritannien hatte diesen Stand 1820 erreicht, Deutschland und die USA 1880, Belgien, Japan und einige wenige andere Länder im ersten Jahrzehnt dieses Jahrhunderts. Frankreich war 1914 noch nicht auf diesem Niveau und brachte es erst nach 1945 so weit. Der Rest der Welt blieb weit zurück.

In der zweiten Wirtschaftszone waren etwa doppelt so viele Menschen in der Landwirtschaft tätig wie in der Industrie. Schweden, Italien und Österreich gehörten zu dieser Gruppe. Gegenüber der übrigen Welt konnten sie trotzdem als Wirtschaftsmächte gelten.

Zum dritten Bereich gehörten eine Reihe von Ländern, die mit der Industrialisierung begonnen hatten, aber immer noch im wesentlichen vorindustriell waren. Ein Beispiel war Rußland, das große moderne Fabriken hatte, die es mit allen in England oder Deutschland aufnehmen konnten. Die überwiegende Mehrzahl seiner Bevölkerung lebte jedoch noch in einer Bauerngesellschaft.

Zur vierten Wirtschaftszone gehörten Balkanstaaten wie Griechenland und Bulgarien, die Kolonialländer und -territorien in Asien und Afrika und die meisten Länder Lateinamerikas, die Länder also, die wir heute als Länder der Dritten Welt bezeichnen. Mit nur wenigen Ausnahmen lebten sie fast ausschließlich von einheimischem Handwerk, Handarbeit und ungelernter Arbeit.

Wie immer man nationale Macht definiert, immer gehörten die Länder der ersten Gruppe und einige der zweiten zu den mächtigsten Nationen der Erde. Vor allem besaßen sie den größten Teil des Kapitals der Welt, das ihnen entweder in Form von überschüssigen Geldmitteln für Investitionen oder als Produktionsmittel zur Verfügung stand, und dazu gehörten die größten und modernsten Maschinen, Maschinenwerkzeuge und Fabriken. Ihre politische Macht über den größten Teil der Weltbevölkerung schien erdrückend. Diese Macht wurde entweder durch die Verwaltung der Kolonien oder durch die Androhung militärischer Gewalt ausgeübt, und wegen dieser Macht zögerten sie nie, andere Länder – beispielsweise China – nach ihrer Pfeife tanzen zu lassen. Kulturell gesehen drängten sie ihre Sprache, ihre Bräuche, ihren Stil und Geschmack und ihre kulturellen und künstlerischen Leistungen jedem auf, mit dem sie Kontakt hatten – und das war fast jeder. Kaum eine Eingeborenenkultur schaffte es, intakt zu bleiben, obwohl einige sich den Eindringlingen widersetzen konnten, was zum Teil deshalb möglich war, weil sie ihrerseits durch westliche Kulturträger imitiert wurden.

Schließlich besaßen die Länder der ersten und zweiten Gruppe die meisten und jedenfalls alle der wichtigsten Waffen der Welt, und sie befehligten und verfügten über alle kampffähigen Armeen und Marinen. Niemals zuvor hatte ein so kleiner Prozentsatz der Gesamtbevölkerung der Erde soviel Macht gehabt und soviel Kontrolle über alle auf ihr lebenden Menschen ausgeübt. Dies hatte unter anderem zur Folge, daß die Welt dann Frieden hatte, wenn eine kleine Anzahl von Nationen, die die Erde beherrschten, die meisten davon europäisch, Frieden wollte. Wenn diese Minderheit den Krieg wählte, mußte die Welt den Krieg ertragen, denn die anderen Nationen hatten dabei kein echtes Mitspracherecht.

Die Erforschung des Krieges

Von Zeit zu Zeit haben wir etwas über die enge Beziehung zwischen Krieg und dem Fortschritt des Wissens gesagt. Im letzten Kapitel erörterten wir die Erfindung des Maschinengewehrs und seine Gleichmachung der Armeen, und wir erwähnten die Tatsache, daß die Abschaffung der Sklaverei auf einen zerstörerischen Krieg warten mußte. Aber über die Ehe zwischen Krieg und Wissen ist noch mehr zu sagen. Seit Tausenden von Jahren haben Menschen den Krieg zu erforschen gesucht und ihn für das vielleicht interessanteste aller Forschungsthemen gehalten. Die Menschheit hat immer den Krieg gefürchtet und sich vor seinem Schrecken gegraut, während sie zugleich von der Aufregung und dem Abenteuer gefesselt war, die ein Krieg mit sich brachte. Viele Jahrtausende lang haben Männer und Frauen erfolgreiche Soldaten bewundert und oft sogar verehrt.

Das überrascht nicht, weil erfolgreiche militärische Führer uns entweder vor unseren Feinden retten oder uns so Wertvolles wie Land, Geld und andere Formen von Beute mitbringen. Wie können wir unsere Dankbarkeit für solche Gaben je angemessen zeigen? Außerdem zwingen uns erfolgreiche Soldaten, über eine ideale Lebensweise nachzudenken. Ihr Leben, das auf Disziplin, Tapferkeit, besonderem Mut, von dem viele Nichtsoldaten meinen, daß er ihnen fehle, und Hingebung an eine Sache beruht, erscheint als sehr begehrenswert. Obwohl die meisten von uns das Gefühl haben, wir könnten den hohen Idealen eines guten Soldaten nicht genügen, erhebt uns dieses Ideal, ja, es inspiriert uns sogar.

Schließlich bringt der Krieg den Topf des Fortschritts zum Kochen. Der Krieg regt die Vorstellungskraft an und belohnt Einfälle, die sich auf die Lösung von Grundproblemen richten. Gewöhnlich geht auch ein heftiges Mischen des Genvorrats mit einem Krieg einher. In ihm begegnen sich Mars und Venus, und ob durch Vergewaltigung oder weniger grausame Maßnahmen schwängern Soldaten aus fernen Gegenden Frauen, die Kinder austragen, die zwar mitunter Bastarde genannt werden, aber doch genetisch stark und lebensfähig sind.

Das neunzehnte Jahrhundert hat die Erforschung des Krieges nicht vernachlässigt. Im Gegenteil. Der Krieg war ein Hauptforschungsthema, und aus dieser intensiven intellektuellen Arbeit stammen viele Erfindungen, die für den Frieden genau so wichtig waren wie für den Krieg, beispielsweise Alfred Nobels Dynamit. Bis 1914 hatte es seit dem Ende der napoleonischen Kriege 1815 mit Ausnahme des amerikanischen Bürgerkrieges jedoch keinen größeren Konflikt gegeben. Wer sich mit dem Krieg beschäftigte, wußte vieles Neue über den Krieg oder glaubte es zu wissen: Wie ein Verteidigungskrieg zu führen ist und wie ein Angriffskrieg, wie der Krieg zu beeinflussen und wie aus ihm Nutzen zu ziehen ist. Aber er hatte keine Gelegenheiten, diese Theorien zu überprüfen.

Ein kleiner Krieg hatte ein überraschendes Ergebnis gehabt. Die Russen hatten 1905 im Vertrauen auf einen raschen Sieg die Japaner angegriffen. Stattdessen wurde es ein einfacher japanischer Sieg. Das hatte taktische Gründe, denn zum einen waren die japanischen Verständigungswege viel kürzer gewesen. Aber noch etwas anderes spielte eine Rolle. Japan hatte, wie jedem bald klar war, seit seiner bewußten Entscheidung von 1868, sich zum Westen hin zu öffnen, um als Nation überleben zu können, rasche Fortschritte gemacht. Mit diesem Sieg wurde Japan plötzlich als Großmacht anerkannt. Abgesehen von diesem Ereignis, das natürlich mehr Unheil verhieß, als damals irgend jemandem klar war, hatte die Welt es geschafft, Kriege lange Zeit zu vermeiden. Der Schlachtenhunger war folglich sehr groß geworden und drängte nach Befriedigung.

Kolonialismus

Der Kolonialismus ist als politische Expansionsstrategie schon sehr alt. Die Griechen gründeten, wie wir sahen, schon sieben Jahrhunderte vor Christi Geburt in Kleinasien Kolonien. Die Karthager und die römischen Kolonien kämpften um die Herrschaft über das Mittelmeer. Die meisten europäischen Länder drängten nach 1492 nach außen und gründeten in den im Westen entdeckten Ländern Kolonien. Aber das moderne Wort Kolonisation bezieht sich nicht auf diese Eroberungen, sondern vielmehr auf Machtstrukturen, die die europäischen Staaten während des neunzehnten Jahrhunderts und dem Beginn des zwanzigsten Jahrhunderts vor allem in Afrika und Südostasien erschufen und verteidigten. Diese neuen Kolonien wurden nicht gegründet, um überschüssige Menschen loszuwerden oder eine religiöse oder politische Idee zu verbreiten. Ihr Hauptziel war die Errichtung und Beherrschung von Weltmärkten. In der zweiten Hälfte des neunzehnten Jahrhunderts war der lokale Markt für die durch die industrielle Revolution massenweise hergestellten Güter erschöpft. Die immer wiederkehrende Panik auf dem Geldmarkt war, wie Karl Marx sagte, ein Anzeichen dafür, daß die europäischen bürgerlichen Kapitalisten eine konstante Zunahme ihrer Verbraucher und Abnehmer benötigten, wenn die Wirtschaft stabil bleiben sollte.

Es gab in anderen Teilen der Welt Millionen neuer Kunden. Sie waren sehr arm, aber ihre große Anzahl machte das wett, und wegen ihrer politischen und besonders ihrer militärischen Schwäche konnten sie gezwungen werden, alles zu kaufen, was die Hersteller verkaufen wollten. Zwar fehlte ihnen das Geld zur Bezahlung der Industriegüter, aber sie besaßen Rohstoffe von Tabak bis Chrom, von Reis bis Bauxit, von Kaffee und Orangen bis zu Baumwolle, Gummi und Jute, die sich für jene Produkte einhandeln ließen, die unbedingt neue Absatzmärkte brauchten, wenn die europäische Industrie nicht zusammenbrechen sollte.

Das koloniale Bild hatte sich bis 1914 völlig geändert. Spanien, das bei den Freiheitsaufständen in der Neuen Welt die meisten Kolonien verloren hatte, war im Spiel um afrikanische Kolonien niemals ein wichtiger Partner. Portugal blieb wichtig, weil es an der West- und Ostküste Afrikas die großen Enklaven Angola und Mozambique beherrschte. Das kleine Belgien verwaltete ein riesiges Gebiet um den geheimnisvollen Fluß Kongo herum. Die Holländer besaßen noch große Territorien in Ostindien, in denen sie weiterhin ebenso riesige Gewinne machten, aber sie interessierten sich nach den Burenkriegen wenig für Afrika. Die Russen hatten keine Kolonien, aber an ihrer Ostgrenze gab es eine ganze Welt zu gewinnen: Sie waren vollauf mit dem Problem beschäftigt, Sibirien und die islamischen Länder im Südosten zu unterwerfen. Österreich hatte, wie Rußland, mehr mit seinen Nachbarländern und -völkern zu tun als mit Afrika, Südostasien oder Lateinamerika. Übrig blieben vier volkreiche Nationen: Italien, Frankreich, England und Deutschland.

Die Spitze Tunesiens ist nur einen Steinwurf von der Spitze Siziliens entfernt. Die Luftlinie mißt knapp 150 Kilometer. Italien liegt also nahe an Nordafrika und konnte dort aufgrund seiner Tradition Einfluß beanspruchen. Aber da die Franzosen das Protektorat über Tunesien übernahmen, mußte sich Italien mit Libyen zufrieden geben. Die großen Mitspieler akzeptierten Italiens Ansprüche bereitwillig, denn sie waren bescheiden, zumal Libyen damals überwiegend eine Wüste war, deren Ölvorräte man noch nicht entdeckt hatte. Frankreich erhob Anspruch auf Tunesien und Algerien und auch Marokko auf der anderen Seite der engen Straße von Gibraltar. Aber das war nur der Anfang. Frankreich beanspruchte, beherrschte und verwaltete auch große Bereiche in Westafrika (das heutige Senegal, Mauritanien und Mali) und in Zentralafrika (jetzt Chad und die Zentralafrikanische Republik). Mit Ausnahme des Senegal waren diese Länder nur wenig bevölkert und nicht entwikkelt. Trotzdem verhießen sie Gewinne, und Frankreich kämpfte erbittert darum, sie zu behalten.

England war im Lauf von zwei Jahrhunderten zur erfolgreichsten Kolonialmacht geworden; die Briten beherrschten in Afrika wertvollere Länder als andere Nationen. Im Norden gehörte ihnen Ägypten, die am höchsten entwickelte der afrikanischen Kulturen, der größte Schatz des Kontinents. Südlich davon erstreckte sich der riesige, noch unerforschte Sudan. Jenseits des Sudan lagen die reichen Kolonien von Britisch-Ostafrika, also das heutige Uganda, Kenia, Zambia und Zimbabwe (vormals Rhodesien). Die britischen Ländereien im Westen, darunter das heutige Nigerien, waren klein, aber wertvoll. Das allergrößte Potential lag am Südzipfel des Erdteils, wo England durch seine Herrschaft über Südafrika auch im heutigen Botswana und dem nördlich davon gelegenen Swaziland das Sagen hatte.

Einige wenige Bereiche Afrikas, insbesondere Äthiopien am Horn von Afrika, blieben unabhängig, auf andere wie Somaliland (heute Somalia und Djibouti) erhoben mehrere europäische Mächte Anspruch, so daß ihr Zustand unsicher blieb. Aber noch ein weiterer mächtiger und gieriger Spieler wollte mitmischen.

Dieser Anwärter war Deutschland. Es hatte sich im neunzehnten Jahrhundert zum mächtigsten Staat nicht nur Europas, sondern der ganzen Welt entwickelt. Das neunzehnte Jahrhundert war eigentlich das Jahrhundert Deutschlands, wie das achtzehnte das der Engländer und das siebzehnte das der Franzosen gewesen war. In diesem Sinn läßt sich den Spaniern das sechzehnte und den Italienern das fünfzehnte Jahrhundert zuschreiben. Davor werden solche Zuschreibungen sinnlos.

Deutschland war weltweit die führende Industrienation und dabei, England als Militärmacht zu überholen. Aber abgesehen von einigen Bereichen in Ostafrika hatte Deutschland keine Kolonien.

Wie ließen sich seine Wünsche berücksichtigen? Jede der anderen europäischen Mächte gab etwas ab. Vor allem England, weil es am meisten hatte, aber es war nie genug. Deutschland wollte Besitztümer, die einer Großmacht angemessen waren. Aber es war erst an den Eßtisch oder besser an den Futtertrog gekommen, als schon alles aufgegessen war. Es gab nichts mehr zu holen, ohne das Gleichgewicht der Mächte in Europa völlig zu verändern. Das aber war undenkbar. Oder etwa nicht?

In den fünfundzwanzig Jahren zwischen 1889 und 1914 spielten sich in mehreren Teilen Afrikas und Kleinasiens etliche kleine Stellungskriege ab. Diese Konflikte dienten dazu, Grenzen zu definieren und Druck auszuüben. In ihnen starben kaum Europäer, denn meistens wurde mit Armeen aus Eingeborenen gekämpft. Aber aus der Sicht der Weltstrategen erwiesen sie sich als unbefriedigend, weil sie ihre neuen Gedanken und Waffen immer noch nicht gegen ernsthafte – also europäische – Rivalen hatten erproben können.

Der Burenkrieg

Einer der kleinen Kriege in Afrika stellte sich als größer heraus, als man erwartet hätte. Er brach im Oktober 1899 aus, als holländische Siedler (Buren) der Südafrikanischen Republik (des Transvaal) und des Oranja-Freistaats die Engländer in der Kap Kolonie warnten, daß sie die britische Herrschaft in Südafrika nicht dulden würden. Eine Zeitlang waren die Buren im Vorteil, weil die britischen Einheiten ihrer Kommandotaktik nicht gewachsen waren, obwohl sie über das Fünffache an Menschen verfügten. Doch eine Kombination von besserem Pulver und ein von Lord Kitchener geführter Zermürbungskrieg zwang die Buren schließlich 1902 zur Aufgabe. Kitcheners Politik der verbrannten Erde führte in Europa, besonders im englischen Mutterland, zu weitverbreitetem Protest. Kitchener ließ die Farmen der Afrikaner und Buren unterschiedslos abbrennen und trieb bis zu hunderttausend Frauen und Kinder in schlecht geführte und unhygienische Konzentrationslager auf dem freien Feld. Über zwanzigtausend von ihnen starben, und eine entsetzte Welt erfuhr von ihren fürchterlichen Qualen und ihrem Tod. Es war Englands Vietnam, mit Protestmärschen auf den Straßen, liberalen Manifesten und patriotischem Aufruhr.

Schließlich gewann Großbritannien den Krieg, nachdem es lange vergeblich versucht hatte, einen viel schwächeren Feind zu besiegen, der um sein «eigenes» Land kämpfte. So erschien es den Buren. Die Briten meinten jedoch, Südafrika gehöre ihnen. Die Afrikaner, die mit Recht hätten sagen können, es sei ihr Land, hatten keine Stimme. Der Burenkrieg erregte die Aufmerksamkeit vieler Strategen, auch der deutschen. Die Welt lernte nichts aus dem Konflikt.

Pulverfaß Europa

Vom europäischen Festland erstrecken sich drei Halbinseln ins Mittelmeer. Von Westen nach Osten sind es die iberische Halbinsel, Italien und der Balkan, die «Berge», wie sie auf türkisch heißen. Der Balkan war seit Jahrhunderten eine Quelle für Probleme. Er ist es auch heute. Das Gebiet ist nicht besonders groß, etwa so groß wie Deutschland und mit einer Bevölkerung von heute etwa 75 Millionen etwa gleich dicht besiedelt. 1900 lebten dort nur halb so viele Menschen. Die Region war also nicht überbevölkert, aber die dort lebenden Völker zeigten eine bemerkenswerte Vielfalt, denn sie gehörten damals (wie heute) fünf großen Volksgruppen und mehreren verstreuten Minderheiten an. Sie sprachen mindestens fünf Hauptsprachen, darunter mehrere slawische Sprachen, rumänisch, griechisch, türkisch und albanisch. Sie hatten auch keine einheitliche Religion: Eine Mehrheit war griechisch-orthodox, aber es gab auch beträchtliche römisch-katholische und islamische Gemeinschaften. Gemeinsam war ihnen allen nur die Armut. Fast jeder war sehr arm, nur die großen Landbesitzer nicht, die sehr, sehr reich waren.

Die Menschen auf dem Balkan waren stolz und dünnhäutig, was schon zur Zeit des Thukydides und im peloponnesischen Krieg bemerkt worden war. Sie waren – und sind – schnell bereit, sich angegriffen zu fühlen und für ihre Rechte einzutreten, besonders, wenn ihre Rechte nicht genau definiert waren. Von den vielleicht dreißig Millionen Menschen, die 1914 auf dem Balkan lebten, wollten die meisten von jemandem anderen regiert werden als vom jeweiligen Herrscher. Auch das gilt heute noch.

Kleine, abscheuliche Balkankriege waren fast an der Tagesordnung. Zwei brachen 1912 und 1913 aus, aber die Großmächte löschten diese Buschfeuer ohne ernsthaften Schaden. Die Bereitschaft der Feuerwehr ließ aber nach. Sollte man, wenn wieder ein Feuer ausbrach, die Flammen nicht besser brennen lassen? Viele schreiben Feuern eine reinigende Wirkung zu. Und auch Kriegen. Wie heute: Jugoslawien zerbrach 1992. Tito war tot, und die Sowjetunion war durch ihre innenpolitischen Probleme geschwächt. Die übrige Welt sah zu, wie sie es schon immer gemacht hatte, rang verzweifelt die Hände und flehte die Streitenden an, mit dem Kämpfen aufzuhören. Statt dessen begann insbesondere in dem Bosnien und Herzogovina genannten Teil des früheren Jugoslawiens eine Reihe von Angriffen und Gegenangriffen, in denen Kroaten, Moslems und Serben einander mit erbarmungsloser Grausamkeit folterten, vergewaltigten und ermordeten. Sarajewo, noch kürzlich – beispielsweise als Gastgeber der Winterolympiade 1988 – ein bewundernswertes Beispiel für das friedliche Zusammenleben vieler Völkergruppen, wurde zum Alptraum der Brutalität, die Menschen einander antun können.

Im Juni 1914 beschloß Österreich, seine Macht im Balkan unter Beweis zu stellen und schickte den Kronprinz von Österreich-Ungarn nach Sarajewo, der Hauptstadt Bosniens. Erzherzog Franz Ferdinand sollte dort Manöver abnehmen, aber wahrscheinlich auch private Gespräche führen, die zu weiteren dieser ewig neuen Kombinationen und Auflösungen von Balkanländern führen sollten, wie es sie schon seit Jahrtausenden gab. Jedenfalls erwiesen sich der Erzherzog und seine Frau als verführerische Zielscheibe für einige leidenschaftliche junge Nationalisten. Einer schoß. In den alten Filmen steht der Erzherzog und fällt vornüber in die Arme seiner Adjutanten. Mit ihm fiel, wie wir jetzt wissen, auch Europa. Man bemühte sich einen Monat lang, den Krieg durch Verhandlungen zu vermeiden, aber der Ärger und die Empörung nahmen nicht ab. Am ersten August dieses schicksalshaften Jahres brach ein dreißigjähriger Krieg aus.

Tatsächlich war es ein einunddreißigjähriger Krieg, denn er dauerte vom August 1914 bis zum August 1945. Wir sprechen gewöhnlich vom Ersten (1914–1918) und Zweiten Weltkrieg (1939–1945), aber spätere Historiker werden die beiden Konflikte zu einem zusammenfassen, genau wie sie beispielsweise von einem peloponnesischen Krieg sprechen, obwohl auch er durch lange Zwischenzeiten eines wackligen Friedens unterbrochen wurde. Im Dreißigjährigen Krieg des zwanzigsten Jahrhunderts gab es genau wie in dem des siebzehnten Jahrhunderts nur wenige friedliche Intervalle.

Die großen Kämpfe an der West- und an der Ostfront fanden am 11. November 1918 ein Ende, aber in Rußland ging ein schmutziger Zermürbungskrieg drei Jahre lang weiter. Den wie England in der französischen Revolution durch viele *émigrés* verstärkten Weißrussen kamen die meisten der früheren Kriegsteilnehmer zu Hilfe – Deutschland war zu erschöpft, als daß es sich hätte einmischen können –, und sie machten die kommunistische Revolution fast zunichte, die Rußland erfaßt hatte, schafften es aber im letzten Augenblick doch nicht. Die zwanziger Jahre waren ein langes wildes Fest, wie das, was in der Nacht vor der Schlacht von Waterloo in Brüssel gefeiert wurde, zu der die englischen Offiziere anschließend in ihrer Ausgehuniform ritten. In den frühen dreißiger Jahren kam es wieder zu blutigen Kriegen, als Japan in die Mandschurei und dann in China einfiel. Die Deutschen wurden unter Adolf Hitler 1937 wieder bewaffnet, und dann begann am ersten September 1939 eine noch tödlichere Phase des Krieges.

Der Krieg von 1914 bis 1918

Zum strategischen Plan Deutschlands gehörte zunächst die rasche Eroberung Frankreichs in einem raschen Feldzug nach Westen und Süden quer durch Belgien und dann ein langsamer Feldzug in Rußland an der Ostfront. So ließen sich die starken französischen Befestigungen an der deutsch-französischen Grenze vermeiden. Der Plan war 1914 fast geglückt. – Der westliche Teil desselben Plans gelang 1940, was zeigt, daß die Militärs aus Not und Niederlage nicht lernen. – Das Scheitern dieses Plans führte zu dem größten Elend, das je auf einem Schlachtfeld erlitten wurde. Die Deutschen wurden nördlich und östlich von Paris durch den tapferen Einsatz der Franzosen und Engländer aufgehalten, nicht zurückgetrieben. Zwei Jahre lang gruben die beiden Armeen mit ihren Millionen von Soldaten Gräben und Löcher in jeweils einem Kilometer Abstand und beschossen einander mit Gewehren, automatischen Schußwaffen und Artillerie, die im Lauf der Zeit immer fürchterlicher wurde.

Die erste Phase des Konflikts war ein Krieg des neunzehnten Jahrhunderts, denn er kennzeichnete den Höhepunkt der Begeisterung dieses Jahrhunderts für Maschinen. Man war überzeugt, alles zu können, wenn nur genug Maschinen zur Verfügung standen, und diese auch groß genug waren. Der Krieg selbst wurde zu einer schrecklichen Maschine, die Menschen zermalmte. Die berühmtesten Schlachten zogen sich nicht über Stunden oder Tage, sondern über Monate hin, und zählten die Gefallenen nicht nach Tausenden, sondern nach Millionen. Hunderttausende zuvor vernünftiger Individuen stellten sich einander gegenüber in Reihen auf und zerschossen einander stur, Tag um Tag und Jahr um Jahr. Und niemand konnte mit Sicherheit oder einleuchtend sagen, warum das passierte oder worum es eigentlich ging.

Als das Schießen 1918 vorübergehend aufhörte, brach eine Art wilder Freude aus. Sie endete, wie viele Feste, in einem finanziellen Desaster. Das Jahr 1929 erlebte den Beginn der großen Depression, der schlimmsten Finanzkatastrophe in der Geschichte, die sich über die ganze Welt erstreckte und selbst den Krieg als begehrenswertes Gegenmittel erscheinen ließ. Der Krieg brach 1939 erneut aus. Die Allierten hatten sich auf mehr Stellungskriege vorbereitet, aber die Deutschen hatten sich etwas anderes ausgedacht. Die Blitzkriege hatten zunächst Erfolg, als Panzer die in Schützengräben eingeschlossenen Divisionen überrollten und ihre Bomben berühmte und schöne Städte in Holland und England in Schutt und Asche legten.

Die Allierten lernten bald, Gleiches mit Gleichem zu vergelten, und am Ende hatten deutsche und japanische Städte am meisten zu leiden. Japan war im Dezember 1941 auf der Seite der Achsenmächte in den Krieg eingetreten. Dresden und Berlin und viele andere Städte, auch Tokio, wurden durch herkömmliche Luftangriffe, die sogenannten Feuerstürmen vorausgingen, fast völlig zerstört. Die Luft selbst brannte über dem Inferno der Stadtzentren, und in das Vakuum hinein wirbelten Feuerstürme. Hiroshima und Nagasaki ereilte ein noch schrecklicheres Schicksal.

Die Atombombe, die den dreißigjährigen Krieg des zwanzigsten Jahrhunderts beendete, war sowohl Ende als auch Anfang. Sie war die Endlösung der uralten Suche nach einer absolut überlegenen Feuerwaffe, nach einer Waffe, die so überwältigend ist, daß ihr Besitzer unvermeidlich siegreich sein muß und selbst nur wenige oder keine Opfer bringen muß. Dieser Traum der westlichen Strategen wurde am 6. August 1945 in Hiroschima Wirklichkeit, als es hieß: Japanische Gefallene 200 000, amerikanische: praktisch keine. Außerdem ließ die Bombe dem Feind keine Rückzugsmöglichkeit; er mußte sofort und bedingungslos kapitulieren. Nie zuvor in der Geschichte der Kriegsführung hatte es einen solchen absoluten Sieg gegeben. Es war kein Wunder, daß Präsident Truman, wie von Augenzeugen berichtet wird, fast hysterisch durch das Weiße Haus lief und rief: «Wir haben es geschafft! Wir haben es geschafft!»

Amerikas absoluter Vorteil war nicht von Dauer. Die Sowjets zogen bezüglich der Kernwaffen bald mit Amerika gleich, so daß es einen solch vollständigen, klaren und endgültigen militärischen Sieg niemals wieder geben wird oder kann. Es dauerte auch nicht lange, bis viele Nationen, kleine und große, arme und reiche, zum nuklearen Club dazugehörten oder hofften, dazugehören zu können. Das Prinzip der Gleichheit vor der Gewehrmündung war damit endgültig verwirklicht worden.

Zeitgemäßes über Krieg und Tod

Anfang 1915, als die erste Phase des großen Krieges des zwanzigsten Jahrhunderts gerade begonnen hatte, veröffentlichte Sigmund Freud einen Aufsatz mit dem Titel ‹Zeitgemäßes über Krieg und Tod›. Die Veröffentlichung der ‹Traumdeutung› 1900 und anderer einflußreicher Werke hatte ihn bereits einer breiteren Öffentlichkeit bekannt gemacht, auch wenn ihn die meisten nicht gerade mochten, weil das, was er sagte, so schockierend war. Man hatte außerdem erkannt, daß er wertvolle Einsichten in bezug auf die schweren Prüfungen gehabt hatte, die die Menschheit in Europa und besonders in Deutschland bestehen mußte. Die Arbeit zu Krieg und Tod war voller Weisheit, aber vielleicht auch zu wahr, um gut zu sein, also zu weise, um verstanden zu werden.

Freud beschreibt zunächst die Enttäuschung, die so viele Menschen nicht nur in Deutschland spürten, als sie entdeckten, zu welcher Grausamkeit und Brutalität zivilisierte Nationen und kultivierte Menschen fähig waren. Man erzählte Geschichten von Soldaten aller kriegsführenden Staaten, die junge Mädchen vergewaltigten und dann töteten, schwangere Frauen auf ihre Bajonette spießten, Gefangene zu Krüppeln schossen, nicht um sie zu töten, sondern weil es ihnen Spaß machte, oder Kinder und Tiere quälten, weil sie es interessant fanden, sie schreien zu hören. All diese Erfahrungen waren dem Kriegserleben zu nahe, um geleugnet zu werden. Und natürlich war es einfacher, solche Geschichten zu glauben, wenn sie von den Soldaten des Feindes erzählt wurden als von den eigenen.

Und als ob grausamer und brutaler Mord nicht genug war, zeigten jetzt die Regierungen aller am Krieg beteiligten Länder keinerlei Bedenken, feindlichen Regierungen und Menschen gegenüber ohne jede Achtung für Gesetz und Sitte zu handeln, auch wenn sie behaupteten, ihre eigenen Bürger sollten weiter den Gesetzen des zivilisierten Lebens gehorchen. Regierungen logen ganz selbstverständlich und widmeten sich mit Begeisterung der Entwicklung und dem Einsatz immer monströserer Waffen, darunter Giftgas und Bomben, die sie auf unbewaffnete Zivilisten warfen. Sie waren so erbarmungslos wie der schlimmste Barbar, aber das schien sie nicht im mindesten zu stören.

Wie anders war es vor dem Krieg gewesen! Damals hatten die Kulturmenschen in Europa, insbesondere die Deutschen, gemeint, endlich, nach Äonen, habe die Menschheit oder zumindest sie als besonders ausgezeichnete Gruppe, ein Bildungsniveau erworben, das solche Handlungen und solches Verhalten verbot. Und nicht nur verbot, sondern dieses Verbot auch durchsetzen konnte. Vor allem würde die Menschheit eine vernünftige Alternative zum Krieg und besonders zu solchen Kriegen finden, wie sie gerade geführt worden waren. Insbesondere die deutsche Kulter war von Deutschen und anderen kultivierten Europäern als der Gipfel menschlicher Leistungen gesehen worden. Deutsche Wissenschaft, deutsche Musik und Kunst, deutsche Gelehrsamkeit, deutsche Philosophie hatten für den Rest der Welt einen Standard gesetzt, der für höher gehalten wurde als je zuvor.

Jetzt aber waren gerade die Deutschen der Welt als primitive, barbarische Wilde zuwider. Man bezeichnete sie im Kollektiv als Hunnen, gab ihnen also den verhaßten Namen, den man jahrhundertelang dem äußerst unzivilisierten, brutalen Halbmenschen vorbehalten hatte, der aus dem Osten in Europa eingedrungen war und das Römische Reich zerstört hatte. Hoffen wir, daß sie unrecht haben, sagte Freud, und daß wir Deutschen nicht so schlimm sind, wie die Gegner denken. Aber, fügte er hinzu – und darauf kam es ihm an –, wir sind auch nicht so gut, wie wir sie glauben machen möchten. Wir sind Menschen wie alle anderen. Und als Kulturmensch, der er zu sein behauptet, ist der Mensch kein glückliches Wesen. Psychologisch hat der Kulturmensch über sein Vermögen gelebt, denn es gibt ein tieferes Selbst, eine Art primitiver Wilder in uns allen, der sich von den Zwängen der Zivilisation befreien möchte. Freud hatte das bei seinen Patienten beobachtet, ausnahmslos, bei Männern und Frauen, Alten und Jungen, Gebildeten und Ungebildeten. Deshalb, sagt Freud, überraschte das, was der Krieg offenbart hatte, ihn nicht, und sollte auch den Leser nicht überraschen.

Der Gedanke, daß die Kultur für die meisten Völker, selbst die Deutschen, eine unerträgliche Bürde ist, war 1915 nicht beliebt, aber er bot jedenfalls eine Erklärungsmöglichkeit. Und die Deutschen handelten genau wie alle ihre Verbündeten und alle ihre Feinde weiter so, als ob sie in dieser ersten Phase des Krieges nicht zivilisiert sein wollten. Seltsamerweise wollte aber 1918, nachdem das Schießen aufgehörte hatte, und auch in den fast achtzig Jahren danach, niemand wieder so zivilisiert sein oder handeln wie früher. In diesem Sinn hat der große Krieg des zwanzigsten Jahrhunderts die Hochkultur zerstört, die Europa vor 1914 gekannt hatte. Es war kaum ein Trost, wenn Freud sagte, diese Kultur sei eine Illusion gewesen. Menschen sind nicht so, sagte er. Menschen sind im Grunde nicht sehr gut. «Das gern verleugnete Stück Wirklichkeit hinter alledem ist, daß der Mensch nicht ein sanftes, liebesbedürftiges Wesen ist, das sich höchstens, wenn angegriffen, auch zu verteidigen vermag, sondern daß er zu seinen Triebbegabungen auch einen mächtigen Anteil von Aggressionsregungen rechnen darf», schrieb er 1930 in ‹Das Unbehagen in der Kultur›, als er die schon 1915 vorgestellten Gedanken noch einmal sorgfältig strukturierte, und fügte hinzu: «Homo homini lupus», der Mensch ist dem Menschen ein Wolf. Wer hätte angesichts all seiner Lebenserfahrung und der Geschichte den Mut, das zu bestreiten?

Freud wies in seiner Arbeit von 1915 auf einen anderen Punkt hin, nämlich auf die veränderte Einstellung zum Tod, die der Krieg bewirkt hatte. In Friedenszeiten kann man sich vom Tod distanzieren. Man kann ihn leugnen, zumindest vermeiden, von ihn zu sprechen oder an ihn zu denken. Im Krieg wird solches Leugnen unmöglich. Der Tod dringt in das Leben eines jeden in einer höchst irritierenden und unangenehmen Weise ein. Aber, sagte Freud, das ist nicht schlecht, denn tief in unserem primitiven unbewußten Selbst sind wir uns des Todes sehr bewußt, selbst wenn wir seine Existenz oberflächlich gesehen vergessen. «Unser Unbewußtes,» schrieb Freud, «ist gegen die Vorstellung des eigenen Todes ebenso unzugänglich, gegen den Fremden ebenso mordlustig, gegen die geliebte Person ebenso zwiespältig wie der Mensch der Urzeit.» Wieder sind hier Illusionen, die man besser abtun sollte. «Si vis vitam, para mortem», schloß Freud. «Wenn du das Leben willst, richte dich auf den Tod ein.» Wieder war der Rat schwer zu akzeptieren, aber auch er half das Geschehen zu erklären.

Kriegsursachen

Warum war es zum Krieg gekommen? Er war nicht logisch notwendig; vielleicht sind Kriege niemals völlig unvermeidbar. Schon vor 1914 hatte ein großer Krieg ein Dutzend Male unmittelbar bevorgestanden, aber er war nicht ausgebrochen. Sicher, Deutschlands «legitime Ansprüche» auf afrikanische Kolonien waren immer drängender geworden. Auch die internen Konflikte auf dem Balkan wurden immer hitziger, und man konnte wohl behaupten, daß der Geduldsfaden aller Kriegsparteien immer kürzer geworden war. Aber es gab zwei weitere Gründe, die zu bedenken und zu überprüfen sich lohnte. Eine war Freuds Erklärung. Menschen brauchen Krieg, schien er zu sagen, um die unerträgliche Last der Zivilisation loszuwerden. Die Alternative zum Krieg ist die Neurose sowohl des Einzelnen als der Gruppe, die selbst unerträglich destruktiv werden kann. Menschen können nicht immer so tun, als ob sie zivilisiert wären. Sie brauchen ein Ventil für ihre mörderischen innersten Wünsche. Träume sind nicht genug. Taten müssen folgen. Gibt es einen gültigen, praktikablen Ersatz für Krieg?

Krieg erlaubt es Menschen nicht nur, grausam und brutal zu töten, wie sie es unbewußt schon immer wollten. In wunderbar widersprüchlicher Weise bringt der Krieg auch ihre besten Seiten zum Vorschein. Wenn es um Leben und Tod geht, erhält das Leben oft einen Sinn, den es sonst nicht haben kann. Selten kehrt ein Soldat ohne das Gefühl aus einer Schlacht zurück, er sei irgendwie geläutert worden und habe einen Gipfel des Handelns und Gefühls erreicht wie nie zuvor. Eine Tragödie des Vietnamkriegs ist, daß so wenige der Kriegsteilnehmer mit diesen Gefühlen zurückkamen. Vielmehr fühlten sie sich beschmutzt, betrogen und verspottet. Der Krieg ist nach diesem Verständnis eine unwiderstehliche, wenn auch äußerst gefährliche Versuchung. Männer und auch Frauen fühlen sich zu ihm hingezogen und haben sich im Lauf der Geschichte immer wieder zu ihm hinziehen lassen. Vielleicht verliert der Krieg als Versuchung allmählich seinen Reiz. Dann, und wenn der tragische Fehlschlag des Vietnamkrieges (zumindest aus amerikanischer Sicht) der Grund dafür ist, war dieser Krieg der beste Krieg, den Amerikaner je gekämpft haben. Es gibt einen anderen Grund für den Kriegsausbruch, nämlich einfach Langeweile.

Ich habe behauptet, eine Erklärung für den Untergang des römischen Westreichs im fünften Jahrhundert nach Christus sei ebenfalls ein tiefer unheilbarer *ennui* gewesen, eine Langeweile, die sich wie Säure in die Seele fraß. Das Reich hatte fünfhundert Jahre Bestand gehabt, aber seine Probleme waren nie gelöst worden. Es hatte keinen effektiven und erst recht keinen guten Weg gefunden, seine Herrscher zu bestimmen, und fast alle Kaiser waren, mit nur wenigen Ausnahmen im goldenen Zeitalter der Antoninen, Monster gewesen – dumm, unwissend und grausam. Die Reichen waren reicher geworden, die Armen ärmer, aber die Reichen waren nicht glücklicher gewesen als die Armen. Als die Barbaren kamen, war das, wie der griechische Dichter Constantin Cavafy schrieb (1863–1933), «wenigstens eine mögliche Lösung».

In den fünfzig Jahren vor 1914 versuchten viele glänzende, beredte und verzweifelte Künstler die herrschende europäische Bourgeoisie aus ihrer tödlichen Lethargie aufzurütteln. Aber die Bourgeoisie hielt sich zunächst nicht für teilnahmslos und stumpf, denn sie war zu beschäftigt mit Geldverdienen. Geldverdienen ist kein heldenhaftes menschliches Handeln, hielten die Künstler dagegen. Geldverdienen ist todlangweilig! In gewissem Sinn hatten sie recht. Die herrschende Bourgeoisie, die Gebildeten gemeinsam mit den Kapitalisten und Geschäftsleuten handelten, als ob sie schrecklich gelangweilt seien. Geld langweilte sie, aber, schlimmer noch, der Frieden auch. Schließlich hielten sie diese Langweile nicht mehr aus und begannen den Krieg.

Wie der Zauberlehrling hatten sie die Folgen nicht bedacht und sich keinen so grausamen oder so lange währenden Krieg vorstellen können. So ist es meistens mit Kriegen, obwohl wir das immer wieder vergessen. Am Ende wünschte jeder, der Krieg hätte nie begonnen. Aber er begann, weil genügend Menschen ihn wollten. So ist es mit den meisten Dingen, die Menschen passieren, den guten wie den schlechten.

Kapitel 12: Das zwanzigste Jahrhundert – Triumph der Demokratie

Wir sind im letzten Jahrzehnt vor dem Beginn des dritten Jahrtausends unserer Zeitrechnung. Dieses Jahrzehnt hat eine gewisse magische Ausstrahlung und könnte das gefährlichste der Geschichte sein. Das Ende eines Jahrtausends macht irgendwie Angst, denn es liegt etwas schrecklich Endgültiges im Gedanken an den 31. Dezember 1999. Wir fragen uns vielleicht selbst dann, wenn wir gewöhnlich nicht an Gott denken, ob er wollte, daß die Welt so lange Bestand hat. Können wir ein neues Jahrtausend beginnen? Haben wir die Stärke, die Kraft und den Mut? Wollen wir es überhaupt?

Am Ende des zehnten Jahrhunderts waren sich die Europäer dessen nicht sicher. Zwischen etwa 950 bis 1000 waren unsere Vorfahren sehr niedergeschlagen. Verrückte liefen durch die Städte und Dörfer und verkündeten laut das bevorstehende Ende der Welt. Manche, die nicht verrückt waren, fürchteten, die Verrückten könnten recht haben. Es fehlte deshalb an Unternehmungslust und Erfindungen. Viele Probleme schienen unlösbar zu sein. Die Menschen bemühten sich, in der Hoffnung weiterzumachen, daß das Leben nicht noch schlimmer werden würde. Sie hatten anscheinend jedes Vertrauen auf Besserung verloren. Verbrecher streunten durch das Land, stahlen, legten Feuer und entführten Menschen. Priester predigten düster vom Weltuntergang, warnten die Menschen, das Jüngste Gericht stünde unmittelbar bevor, drängten sie, ihr Leben in Ordnung zu bringen und mit den Nachbarn Frieden zu schließen. Kaum jemand mochte sich auf langfristige Unternehmungen einlassen. Niemand schmiedete mehr Pläne für die Zukunft, jedenfalls nicht für eine Zukunft auf dieser Erde.

Als die Jahrtausendwende ohne auffälliges Ereignis vorübergegangen war, atmeten die Völker Europas erleichtert auf. Und in Millionen Herzen brodelte eine ursprüngliche Kraft auf. Plötzlich lagen neue Lösungen für alte Probleme auf der Hand. Warum hatte niemand zuvor daran gedacht? Originelle politische und gesellschaftliche Neuordnungen wurden überprüft und oft für gut befunden. Künstler schufen neue Kunstwerke, Dichter schrieben neue

Arten von Gesängen, und Philosophen entdeckten überrascht, daß sich alle möglichen Gedanken denken ließen. Das elfte Jahrhundert war infolge dieses Energieausbruchs eine Blütezeit. Das zwölfte Jahrhundert erwies sich als noch besser. Vielleicht war das dreizehnte Jahrhundert das beste von allen: Große Kathedralen wurden vollendet, Universitäten gegründet, Menschen machten sich auf die Reise nach neuen Orten und gewannen neue Freunde, Dörfer und kleine und große Städte wuchsen rascher denn je in den tausend Jahren davor. Und in jedem Sommer segelten nordische Fischer von Island aus nach Westen und brachten nicht nur Fisch, sondern auch Trauben zurück, die sie an den Küsten eines neuen Landes gefunden hatten, von dem sie niemandem erzählten, weil sie diese wunderbaren Fischgründe für sich behalten wollten.

Das letzte Jahrzehnt des zehnten Jahrhunderts – von 990 bis 999 – war ein gefährliches Jahrzehnt. Viele Menschen litten unter der sorglosen Brutalität, die fast ansteckend wurde, und allgemeine Hoffnungslosigkeit erzeugte allgemeine Not. Aber damals gab es noch keine Kernwaffen. Auch wenn ein Mensch noch so böse war, er allein konnte die Welt nicht vernichten.

Heute könnte die Welt durch die reine Bosheit eines von etwa fünf oder sechs Menschen oder vielleicht auch durch pure Sorglosigkeit einer etwas größeren, aber immer noch sehr kleinen Gruppe von Menschen zerstört werden. Bosheit und Sorglosigkeit sind in Zeiten der Depression besonders ausgeprägt. Deshalb ist dieses letzte Jahrzehnt des jetzigen Jahrtausends eine gefährliche Zeit der Geschichte. Aber wenn die Menschheit dieses Jahrzehnt überleben kann, an die Jahrtausendwende gelangt und sie ohne Zwischenfall übersteht, dann können wir uns darauf freuen, daß etwas Ähnliches passiert wie in den Jahrzehnten nach dem Jahr 1000. Ich jedenfalls erwarte ein Aufwallen von Energie, eine Zunahme an Einfällen und Erfindungen, ein Gefühl, daß es neue Möglichkeiten gibt, mit menschlichen Belangen umzugehen, den Willen, neue Lösungen für alte Probleme zu suchen. Wenn wir Menschen das 21. Jahrhundert erleben dürfen, könnte es eines der ruhmreichsten der Geschichte sein, eines der aufregendsten, hoffnungsfreudigsten und produktivsten.

Vielleicht hat diese Zeit schon begonnen, auch wenn wir noch nicht die Sekunden bis zum 1. Januar 2000 zählen. Außerordentliche, erstaunliche Dinge sind passiert, Vorzeichen der Zeit danach. Die Völker Osteuropas haben ihre Freiheit gefordert, und zu ihrer eigenen ungeheuren Überraschung wurde sie ihnen nicht verweigert. Sie sind jetzt frei, ihr Schicksal selbst zu bestimmen, und selbst, wenn sie noch vor dem Jahr 2000 oder auch kurz danach straucheln sollten, werden sie niemals freiwillig in die Gefängniszellen zurückkehren, in denen sie seit dem Ende des großen Krieges des zwanzigsten Jahrhunderts gelebt haben.

Genauso scheint es vielen Bürgern, oder Untertanen, der ehemaligen Sowjetunion zu gehen. Wir können noch nicht wissen und sie können noch nicht sagen, ob sie den Willen und die Gelegenheit haben werden, die Freiheit zu erreichen, die sie sich sicherlich wünschen. Wir können mit gleicher Gewißheit (oder Ungewißheit) sagen, daß das ungeheuer große chinesische Volk – zu ihm gehört mehr als ein Viertel der Erdbevölkerung – ebenfalls in noch unbestimmter Zukunft politische und wirtschaftliche Freiheit erlangen wird. Die Millionen junger Menschen, deren Hoffnungen im Frühjahr 1989 zerstört wurden, werden nicht vergessen, was sie so glühend gewünscht hatten und wofür so viele von ihnen ihr Leben gaben. Das Symbol für diesen Wunsch war eine Gipskopie der Freiheitsstatue, die mitten auf dem Platz des Himmlischen Friedens in Peking aufgestellt wurde. Die Panzer der alten Männer zermalmten die Statue, aber nicht die Hoffnung, für die sie stand und die sie weckte.

Die Welt ist voller Hoffnung. Deshalb ist das letzte Jahrzehnt des alten Jahrtausends vermutlich nicht so gefährlich, wie es hätte sein können. Aber die Welt ist auch voller Angst. Angst führt zu Hoffnungslosigkeit und Verzweiflung, und die führen zum Tod. Hoffnung ist das einzige Mittel gegen Verzweiflung. Die Heilung erfolgt augenblicklich. Ohne Hoffnung läßt sich nichts erreichen. Und was ist mit Hoffnung nicht erreichbar? Das Jahr 1989 feierte die Zweihundertjahrfeier des Sturms auf die Bastille, mit der die französische Revolution begann. Ob wohl ein späterer Dichter von 1989, dem Jahr des Mauerfalls, sagen kann, was Wordsworth von 1789 sagte:

Welch Segen, diese Morgendämmerung mitzuerleben,
Aber dabei jung sein war reiner Himmel!

Als alter Mann, der verrückt ist nach Geschichte, möchte ich gern so denken.

Der Fortschritt der Demokratie

Einige wenige griechische Stadtstaaten führten im sechsten und fünften vorchristlichen Jahrhundert die ersten demokratischen Regierungen ein. Sie waren nicht von Dauer, denn sie wurden von äußeren Feinden und häufiger noch von innen durch Revolutionen gestürzt; die wenigen Reichen empfanden sich selbst als natürliche Aristokratie, der die Herrschaft zukam. Zur Zeit des Aristoteles, im vierten vorchristlichen Jahrhundert, erschien die Demokratie als Fehlschlag. Die römische Republik war keine Demokratie im griechischen Sinn. Das Wahlrecht war stark beschränkt, und obwohl das Volk viele politische Freiheiten hatte, sah man es doch eigentlich nicht als Herrscher des Staates. Die italienischen Kommunen des elften und zwölften Jahrhunderts und die reichsfreien Städte in Deutschland waren Oligarchien, die es wagten, mit der Demokratie zu liebäugeln. Wieder gab es viele Freiheiten, besonders auf wirtschaftlichem Gebiet, aber keine verfassungsmäßige Grundlage für die Volksherrschaft. Erst die politischen Revolutionen des ausgehenden siebzehnten und achtzehnten Jahrhunderts führten zu wahrhaft demokratischen Regierungen. Die Demokratie ist also eine der jüngsten Regierungsformen, wenn wir den Begriff Demokratie richtig verstehen.

Zum Gedanken der Demokratie gehört Verschiedenes. Als König James II. gestürzt und durch einen Monarchen ersetzt wurde, der sich verpflichtete, dem Parlament verantwortlich zu sein, also auf das Parlament zu hören – errichteten die Engländer 1689 (haben diese beiden letzten Ziffern eine magische Bedeutung?) die wohl erste wirklich gesetzmäßige Regierung. Zumindest war es die erste moderne Regierung, denn seit dem Fall der römischen Republik waren alle Regierungen der Verfassung nach Regierungen von Menschen gewesen. William und Mary wollten nicht nur «Aushängeschilder» sein, aber konstitutionelle Monarchen brauchen das auch nicht. Sie können die Stellung eines Präsidenten haben und über große Macht verfügen, solange sie einem Gesetz gehorchen, das nicht nur durch ihren Willen oder ihre Launen bestimmt ist. In einer Regierung von Menschen gibt es keine Gesetze, die dem Willen oder den Launen eines oder mehrerer Menschen übergeordnet sind. In einer gesetzmäßigen Regierung gibt es solche Gesetze. Und das ist ein großer Unterschied. Das Gesetz, dem sich William und Mary verpflichteten, war vom Parlament verabschiedet worden, das seinerseits dem Volk verantwortlich war. Anscheinend war nicht ganz klar, was mit «das Volk» eigentlich gemeint war, obwohl John Locke 1689 mit lauter Stimme erklärt hatte, das Volk solle die Rechtmäßigkeit seiner Herrscher beurteilen. Wer war dieses Volk? Nur die Männer? Nur die Besitzenden? Vermutlich meinte Locke die letzteren, aber diese relativ kleine Gruppe vertrat nicht das ganze Volk.

«Alle Menschen sind gleich geschaffen», sagte Thomas Jefferson 1776 in einer anderen Erklärung, «und von unserem Schöpfer mit gewissen unveräußerlichen Rechten ausgestattet.» Hier wurde zum ersten Mal von «allen» gesprochen. Meinte Jefferson wirklich «alle» im Sinn von alle Männer, vielleicht sogar alle Frauen? Vermutlich nicht. Aber es ist wichtig, sich klarzumachen, daß Jeffersons Meinung, die Meinung eines Einzelnen, im achtzehnten Jahrhundert für den allgemeinen Fortgang der Ereignisse nicht besonders wichtig war. Er hatte «alle» gesagt und er hatte es so geschrieben, daß jeder es lesen konnte. Die Zukunft konnte das Wort ganz nach Wunsch deuten. «Alle» konnte alle meinen, wenn das Volk es so wollte. Und das wollte es. Dieser Wunsch hallt wieder in der Präambel zur amerikanischen Verfassung, die die Verfasser 1789 (wieder dieses schicksalhafte Jahr) zu ihrem höchsten Gesetz erklärten. «Wir, das Volk», sagten sie, «setzen diese Verfassung in Kraft.» Die Menschen also und nicht die Staaten setzten die Verfassung ein. Aber wieder besagten die Worte mehr als das, was ihre Verfasser damit gemeint hatten.

> *Wir, das Volk der Vereinigten Staaten, von der Absicht geleitet, unseren Bund zu vervollkommen, die Gerechtigkeit zu verwirklichen, die Ruhe im Inneren zu sichern, für die Landesverteidigung zu sorgen, das allgemeine Wohl zu fördern und das Glück der Freiheit uns selbst und unseren Nachkommen zu bewahren, setzen diese Verfassung für die Vereinigten Staaten von Amerika in Kraft.*

Wird da irgendwo eine Grenze gesetzt? Gibt es, unabhängig davon, was die Verfasser gemeint haben, irgendeinen inneren Grund zu sagen, mit diesen Worten seien nicht wirklich alle – jeder einzelne – gemeint?

Niemand hat diese und Jeffersons Worte je sorgfältiger gelesen als Abraham Lincoln, der sich durch einen Umstand, den man je nach Blickwinkel als schrecklich oder glücklich sehen kann, mit der Aufgabe betraut fand, einer in einen Bürgerkrieg verstrickten Nation die Bedeutung von Demokratie klarzumachen. Es war seine Pflicht, im November 1863 bei der Einweihung des Militärfriedhofs in Gettysburg in Pennsylvanien einige Worte zu sagen. Dort war im Juli eine der entscheidenden Schlachten des Krieges geschlagen worden. Vor 87 Jahren, sagte Lincoln, gründeten unsere Väter auf diesem Kontinent einen neuen Staat, der dem Gedanken geweiht ist, daß alle Menschen gleich geschaffen sind. Gegenwärtig, sagte er weiter, führen wir einen großen Bürgerkrieg, in dem sich erweisen wird, ob ein solcher Staat Bestand haben kann. Staaten, die sich diesem Gedanken geweiht hatten, waren in der Vergangenheit entweder durch äußere oder durch innere Konflikte zerstört worden. Das sollte der amerikanischen Nation auf keinen Fall passieren. Vielmehr, schloß Lincoln, ist es «an uns, den Lebenden, uns an dieser Stelle an jene tapferen Männer zu erinnern, die hier gekämpft haben, und besonders an jene, die hier gestorben sind, damit die Herrschaft des Volkes durch das Volk und für das Volk nicht von dieser Erde verschwinde».

Es gibt in den Annalen der amerikanischen Geschichte keinen berühmteren Satz. Die «Herrschaft des Volkes» bedeutet Volksherrschaft und auch Herrschaft über das gesamte Volk – über alle. Niemand wird ausgelassen. «Herrschaft durch das Volk» bedeutet, daß die Menschen ihren Staat selbst regieren. In ihrer Eigenschaft als Herrscher wählen sie Ausführende und Repräsentanten, die ihre Gesetze machen und durchsetzen. «Herrschaft für das Volk» bedeutet eine Regierung, die zum Wohl aller, nicht nur einiger, Menschen handelt.

Damit Demokratie herrscht, braucht es lediglich diese drei Elemente: eine Entscheidung wie die englische von 1689, eine Regierung zu schaffen, in der Gesetze herrschen und nicht Menschen; die Erkenntnis der Gründungsväter von 1776 und 1789, wonach alle Menschen gleich geschaffen sind und das Volk als Ganzes das Gesetz in Kraft setzt, das über jedem Menschen steht; und Lincolns der wesentlichen Ziele der demokratischen Regierung. Das ist Demokratie, wie sie die Amerikaner seit zweihundert Jahren verstehen und wie sie von der übrigen Welt erst später und zu unterschiedlichen Zeiten verstanden wurde.

Es ist nicht dasselbe, ob man versteht, was Demokratie heißt, oder ob man dieses Verständnis in die Praxis umsetzt. Selbst in den USA waren um 1900 über die Hälfte aller Menschen nicht wahlberechtigt: Zum Beispiel manche Menschen aus wirtschaftlichen Gründen, aber auch alle Frauen und die meisten Schwarzen in den Südstaaten, und das bedeutete, daß sie keinen Zugang zum höchsten Amt des Landes hatten, dem des Bürgers im vollen Sinn dieses

Wortes, der die Regierungsform, die Regierungsweise und die Regenten bestimmt. Frauen, Schwarze und einige der Armen wurden immer noch «zu ihrem eigenen Vorteil» von anderen beherrscht. Viele andere Länder waren damals weit hinter den USA zurück. Vor weniger als hundert Jahren war keines der größeren Länder der Erde in unserem heutigen Sinn eine Demokratie.

Der große Krieg des zwanzigsten Jahrhunderts hatte viele Folgen. Einige von ihnen waren gut, wie die blitzartige Verbreitung des allgemeinen Wahlrechts über den größten Teil der Welt. Heute gibt es kaum ein Land, in dessen Verfassung nicht das Recht der Bürger verankert ist, ihre parlamentarischen Vertreter zu wählen.

Das heißt natürlich noch nicht, daß dieses Recht in allen Ländern auch wirklich Schutz genießt. Kommunistische Regierungen haben über fünfzig Jahre lang so getan, als ob eine Wahl, bei der sich nur ein Kandidat – der Kandidat der herrschenden Partei – um ein Amt bewirbt, eine echte Wahl ist. Sie haben diese Auffassung «bestätigt», indem sie forderten, daß alle Bürger wählten, was bis vor kurzem auch fast alle Bürger getan haben. Diese Form der Wahl ist eine Farce und verhöhnt die demokratische Regierung, Lincolns «Herrschaft des Volkes». Das Wahlrecht steht allen oder fast allen Bürgern der Nationen der freien Welt zu; «frei» meint gerade die Garantie dieses Rechts. In einigen dieser Länder gehen jedoch nur wenige der Wahlberechtigten zur Wahl. Sie überlassen es anderen, für sie zu wählen. Ist eine solche Nation weniger demokratisch?

Ein anderes frommes Diktum der meisten heutigen Verfassungen besagt, die Regierung sei für das allgemeine Wohl aller Menschen da. In vielen Fällen ist diese Behauptung offensichtlich falsch: «Regierung für das Volk» ist nicht eine Sache mehr oder weniger ernstgemeinter Worte. In keinem Land kann man sagen, daß die Regierung für alle Bürger gleich ausgeübt wird. In keinem Land haben also alle Bürger den gleichen Nutzen von ihrer Regierung. In einigen wird dieses Ideal nahezu erreicht; in anderen besteht höchstens die Absicht dazu. Aber auch das war in fast allen Ländern der Welt vor weniger als hundert Jahren nicht der Fall.

Die neue Gesellschaft läßt sich ganz einfach beschreiben: 1900 hatte die Mehrheit der Völker der Erde noch nicht begriffen, was Demokratie ist, und wünschte sie deshalb auch nicht. Selbst jene, die verstanden hatten, was Demokratie bedeutet, fanden sie nicht unbedingt wünschenwert, und nicht alle glaubten, es sei möglich, sie praktisch zu verwirklichen. Jetzt, fast hundert Jahre später, haben fast alle Menschen begriffen, was Demokratie ist, einige besser als andere. Und es gibt wohl kein Volk, das sie sich nicht wünschte, oder das meint, sie könne früher oder später auch in seinem Land einmal verwirklicht werden.

Es gibt immer noch Herrscher, die behaupten, ihr Volk wolle die Demokratie nicht, sei nicht bereit dafür und könnte unter freien, von ihnen selbst gewählten Regierungen nicht überleben. Das behaupteten die kommunistischen Regierungen Osteuropas bis 1989, und das ist auch weltweit die Meinung der despotischen Herrscher in der «dritten Welt». Es ist die Meinung der absoluten Herrscher der wenigen Theokratien, die bis in dieses letzte Jahrzehnt des zweiten Jahrtausends nach der Zeitenwende überlebt haben. Aber wenn man die Menschen fragt, und sie offen antworten können, stimmen sie dem nicht zu. Menschen wünschen sich die Demokratie aus einem sehr guten Grund. Wie uns der Philosoph Mortimer J. Adler lehrte, ist die Demokratie die einzige vollkommene Regierungsform. Alle anderen Regierungsformen sprechen den Bürgern ausnahmslos das Recht ab, ihre Regenten zu wählen, oder sie schließen verfassungsmäßig einige Bürger von den Wohltaten aus, die ihre Regierung ihnen bringt. Keine Demokratie hat bis jetzt das Ideal der Demokratie vollkommen verwirklicht. Vielleicht wird eine Demokratie auch nie in diesem Sinn vollkommen sein. Aber keine andere Regierungsform ist auch nur ihrem Ideal nach vollkommen wie die Demokratie. Und deshalb wünschen sie sich praktisch alle Menschen, überall.

Zu dem Versuch, die Demokratie zu ersticken, gehören Zensur, Verzerrung und Lügen. Aber nichts davon hat sich bewährt. Das Volk durchschaute 1989 in China und in Osteuropa und im August 1991 in Moskau diese Lügen und umging die Zensur. Die Menschen durchschauten es auch, wenn ihnen eine Demokratie nur vorgegaukelt werden sollte. Wieder hat Abraham Lincoln recht: «Man kann einen Teil der Menschen immer zum Narren halten und alle Menschen gelegentlich. Aber nicht alle Menschen immerzu.»

Der Kommunismus

Als Regierungsform hatte die Demokratie im zwanzigsten Jahrhundert drei wichtige Rivalen, nämlich Kommunismus, Totalitarimus und Theokratie.

Es gibt bezüglich der Regierung einen gewaltigen Unterschied zwischen der kommunistischen Theorie und der kommunistischen

Praxis. Der Unterschied ist so groß, daß man sich fragt, ob er sich je überbrücken lassen wird. Kann ein kommunistisches Regime, wie Marx und Lenin es sich erträumten – oder vorgaben zu erträumen –, je Wirklichkeit werden? Muß andernfalls der Kommunismus immer zu der Gesellschaftsform führen, die wir seit 1917 kennen?

Als Marx und Engels versuchten, die Revolution des Proletariats voranzutreiben, und als Lenin ein oder zwei Generationen später die Rebellion tatsächlich anführte, erschien das Ziel, für das sie sich einsetzten, ihren Anhängern als erhaben. Die Proletarier waren die Habenichtse der Geschichte. Immer hatten sie die ganze oder die meiste Arbeit ausführen müssen und keine oder nur sehr wenige Vorteile davon gehabt. Der Kommunismus sagte etwas ganz Vernünftiges: Ihr seid die überwältigende Mehrheit. Von jetzt an sollt ihr über die wirtschaftliche Macht des Staates bestimmen und deshalb seine wirtschaftlichen Vorteile genießen können. Eine Zeitlang werdet ihr sogar tyrannische Macht haben, aber diese Macht wird in Wirklichkeit allen zugute kommen. Schließlich – bald schon, denken wir – wird der Staat überflüssig sein, und in einer Art Utopia werden dann alle zum Vorteil aller regieren. Und dieses Paradies wird immer währen.

Ich sagte, die Versprechungen des Kommunismus seien vernünftig. Der erste Teil dieser Verheißung schien vernünftig. Der zweite Teil, der vom ewigen Paradies, war überhaupt nicht vernünftig, aber er hörte sich gut an. Wie funktionierte der Kommunismus in der Praxis? Stalin (1879–1953) führte uns mit Rußland das erste kommunistische Land vor. Die Kulaken, also die unabhängigen Bauern, die «Dorfkapitalisten» – sie waren keine Leibeigenen – wollten weiterhin ihr Land behalten und das, was sie mit ihrer Arbeit erzeugten, auf einem freien Markt verkaufen. Das ist nicht kommunistisch, sagte Stalin. Dem Proletariat, das als eine Klasse handelt, muß alles gehören, was zur Produktion beiträgt, auch das Land. Ihr werdet natürlich troztdem die Vorteile genießen; keiner wird aus dem Arbeiterparadies ausgeschlossen!

Eine Zeitlang ließ man den Kulaken ihre Unabhängigkeit, dann aber beschloß die «Mehrheit», die Kulaken «als Klasse zu liquidieren». Dies begann Ende 1929. Innerhalb von fünf Jahren waren die meisten Kulaken zusammen mit Millionen Bauern, die auch gegen die Kollektivierung von Land protestiert hatten, entweder getötet oder in abgelegene Teile Sibiriens deportiert worden. Die Todesziffer ist niemals genau bestimmt worden. Nach den besten Schätzungen starben etwa zwanzig Millionen Menschen. Dabei sind jene noch nicht mitgezählt, die in späteren Jahren verhungerten, weil die Kollektivierung die sowjetische Landwirtschaft zerstörte. Keine Mehrheit, und wenn sie noch so groß ist, hat das Recht, jene zu töten, die nicht mit ihr übereinstimmen, und wenn die Minderheit noch so klein sei. Das ist einer der Grundsätze der Demokratie. Wäre die «Mehrheit» wirklich eine Mehrheit gewesen und hätte man die Kollektivierung der Landwirtschaft etwas menschlicher durchgeführt, wäre sie vielleicht durchaus annehmbar gewesen, auch wenn sie einigen Bürgern gegenüber notwendigerweise ungerecht gewesen wäre. Aber in der Sowjetunion wurde die «Mehrheit» niemals eine wirkliche Mehrheit. Die «Mehrheit» bestand aus einer sehr kleinen Minderheit, manchmal nur aus Stalin selbst.

In der Theorie war der Kommunismus die zeitweilige Tyrannei des Proletariats, die sich unaufhaltsam in die Nichtregierung aller durch alle verwandeln sollte – eine Art utopischer Anarchie. In der Praxis war der Kommunismus immer, in jedem Land, in dem es ihn gegeben hat, die brutale Tyrannei einer sehr kleinen Minderheit über eine ungeheure Mehrheit der übrigen Bürger oder Untertanen. Nur bei ihren letzten «Abzugsgefechten», beispielsweise im Dezember 1989 in der Tschechoslowakei, als sich die dortige Regierung vor den Augen der Welt auflöste, hat eine kommunistische Regierung je zugegeben, daß ihre Tyrannei nur vorübergehend war, wie sie es nach Marx und Lenin ja sein sollte. Und da tatsächlich niemals ein Volk einen kommunistischen Staat beherrscht hat, gab es keinen Grund, warum eine kommunistische Regierung ihre tyrannische Herrschaft je aufgeben sollte, wenn es nicht durch eine Revolution dazu kam. In den kommunistischen Tyranneien des zwanzigsten Jahrhunderts schien Revolution immer nahezu unmöglich zu sein, weil die herrschende Minderheit nicht nur alle Aspekte der Wirtschaft kontrollierte, sondern auch die Polizei und die Armee. Wie konnte sich unter solche Umständen je ein Volk erheben und sich selbst regieren?

Aber genau das tat das Volk in der damaligen DDR und in Ungarn, in der Tschechoslowakei, in Jugoslawien und in Rumänien. Das Volk versuchte die Rebellion auch in China, und viele Teile der Sowjetunion wünschten sich Unabhängigkeit. All das geschah 1989, und 1991 wieder. Und nichts konnte es aufhalten. Die schreckliche Maschinerie des Staates, seine Polizei und seine Armeen, seine Zensoren und seine furchteinflößenden Gesetze und Richter stellten sich alle als «Schneemänner» heraus. Als die Sonne zu scheinen begann, schmolz der Schnee und ließ den darin steckenden Tyrannen in seiner Nacktheit allein. In allen anderen kommunistischen Ländern der Welt sahen die Menschen dem Geschehen zu. Ihnen wird es auch so ergehen. Und dann, wahrscheinlich noch vor dem Ende des zwanzigsten Jahrhunderts, oder zumindest doch bald nach dem Beginn des einundzwanzigsten, wird der Kommunismus keine praktikable Regierungsform mehr sein.

Gibt es etwas, dem man nachtrauern sollte, wenn man das Versagen des kommunistischen Ideals bedenkt? Vielleicht. Das Ideal hört nicht auf, edel zu sein, wenn auch die Praxis brutal und grausam ist. Wirtschaftlich gesehen waren die kommunistischen Tyranneien Fehlschläge, und deshalb mußten sie früher oder später versagen. Die Kollektivierung beispielsweise führt einfach zu keiner besonders effektiven Form der Landwirtschaft. Aber der Gedanke, daß die Unterdrückten endlich einen gerechten Anteil an den Profiten ihrer Arbeit erhalten sollten, ist berechtigt. Und die Demokratien haben ihn akzeptiert. Sie haben von den Kommunisten gelernt. Der von Lenin immer wieder betonte Gedanke, daß Fı auen und Männer gleiche Behandlung und gleiche wirtschaftliche Chancen zustehen, ist ebenfalls richtig. Auch hier haben die Demokratien allmählich, wenn auch zu langsam, von den Kommunisten gelernt. Viele andere kommunistische Gedanken waren ebenfalls äußerst sinnvoll. Wenn die Demokratien sie nicht bereits übernommen haben, sollten sie sie in Zukunft übernehmen, damit nicht auch sie, jedenfalls bis zu einem ganz beachtlichen Ausmaß, fehlschlagen.

Die kommunistischen Regierungen des zwanzigstens Jahrhundert hatten eine großartige Chance. Sie entstanden gewöhnlich in Ländern, in denen die Völker immer unter ungerechter Gewaltherrschaft gelitten hatten. Die meisten dieser Völker wollten gern frei sein, hatten aber eine naive Vorstellung von dem, was Freiheit bedeutet. Sie wurden von ihren kommunistischen Herren betrogen und überlistet. Aber das Volk lernte, und das Wissen um Freiheit ist wie ein reißender Flüß, der einen Berg hinunterstürzt und die Ebene überschwemmt. Schließlich wird Freiheit die ganze Welt überfluten. Und die Verheißung des Kommunismus, dieses leuchtende, flüchtige Ideal, wird erloschen sein, weil einige wenige Menschen zu machtgierig waren.

Totalitarismus

Der Kommunismus hatte zumindest teilweise Erfolg, weil es bei ihm im wesentlichen um Gerechtigkeit ging. Der Totalitarismus versagte völlig, weil ihn nur Macht und sogenannte nationale Ehre interessierte. Nationen können tatsächlich ehrenhaft oder unehrenhaft sein, aber nicht wegen ihrer Macht. Eine Nation ist ehrenhaft, wenn sie gerecht ist, und unehrenhaft, wenn sie ungerecht ist. Unter Nationen wie unter Menschen wird oft Macht mit Gerechtigkeit verwechselt. Macht und Wohlstand können aber nur eine Art billiges Imitat von Ehre erzeugen, nur Ruhm in dem Sinn, wie er unter dem Motto «Das Leben der Reichen und Berühmten» anklingt. Solche Menschen sind berühmt, weil sie reich sind und mit ihrem Reichtum protzen können. Sie wissen, daß Ruhm käuflich ist, und sind bereit, den Preis dafür zu zahlen.

Nationen versuchen schon seit Jahrhunderten, Ruhm zu kaufen. Sie haben noch eine andere Möglichkeit, jenen falschen Ruhm zu erwerben, den sie gern nationale Ehre nennen, denn sie können schwächere Nationen aufgrund ihrer militärischen Macht beherrschen. Auch einzelne Menschen können diesen falschen Ruhm vorspielen. In der Welt der großen Städte, also der nichtbürgerlichen Gesellschaft oder im Naturzustand, in der Kultur der Straße, ist nicht der Gerechte berühmt und geachtet, sondern der, der seinen Reichtum offen zur Schau trägt und stark genug ist, andere zu beherrschen. Da die Gesellschaft international gesehen in einem solchen Naturzustand ist (ich komme auf diesen Begriff weiter unten in diesem Kapitel zurück), führen diese Praktiken in der sogenannten Gemeinschaft der Nationen zu ähnlichen Ergebnissen.

Nationen bestehen aus einzelnen Menschen, und nicht jeder ist bereit, der Prahlerei und Rüpelei seiner Regierung Beifall zu spenden. Im zwanzigsten Jahrhundert haben die USA mit ihrem großen Reichtum oft ungeheuerlich geprotzt und andere Nationen auf eine Weise herumkommandiert, die sie bei keinem ihrem Bürger einem anderen Menschen gegenüber durchgehen lassen würden. Wenn die Angeberei und das Herumkommandieren zu stark wurden, hat die Bürgerschaft dagegen Einspruch erhoben, und die Regierung mußte für eine Weile damit aufhören. Derselbe Kreislauf der Ereignisse hat sich in den meisten Nationen abgespielt. Das gilt natürlich weniger für Länder, die nicht vom Volk regiert werden, sondern von unverantwortlichen, also kalten und gefühllosen Minderheiten, die sich selbst mit großsprecherischen, aber trügerischen Namen bezeichnen, also Vater des Volkes nennen oder Präsident der Revolution oder Kaiser auf Lebenszeit oder Vorsitzender der Junta oder Duce oder Führer oder sonstwie. Ich habe keinen dieser Titel in Anführungszeichen gesetzt, weil sie alle unecht und an die Person gebunden sind; die Herrscher selbst haben sie sich gegeben, nicht das Volk.

Wie ich bemerkte, geht es beim Totalitarismus nur um Macht und um ein falsches Gefühl für nationale Ehre. Wie Tocqueville in seiner ‹Demokratie in Amerika› (1830–1835) zeigte, kann die Demokratie in der Phase ihrer expansiven Gleichmachung ein gefährliches Vakuum zwischen dem Volk an der Basis, dessen Menschen alle gleich sind, und der Regierung an der Spitze erzeugen, die zwar von allen Menschen gewählt wurde, aber doch bedrohlich viel Macht hat. Während dieser egalitären Phase werden alle mittelbaren Körperschaften der alten Regierung zerstört, und zwar aus dem sehr guten Grund, daß sie alle auf traditionellen Vorrechten beruhen. Sehr gut, sagte Tocqueville. Es ist richtig, daß Vorrechte aufgegeben werden. Aber diese vermittelnden Kräfte erfüllten einen Zweck: Sie standen zwischen dem Volk und der Regierung und hinderten die Regierung, gewöhnliche Menschen mit Wucht zu überfallen. Ohne diesen Puffer stehen die Menschen der Wut der Regierung hilflos gegenüber und wissen nicht, wohin sie sich wenden sollen.

Was, so fragte Tocqueville, kann die traditionellen Mittler der Gesellschaft ersetzen? In einer Demokratie wie den USA, sagte er, erlaubt es die Zentralregierung privaten Vereinigungen, quasi Regierungsaufgaben zu übernehmen, die der Zentralgewalt ihre Macht nehmen und die Menschen schützen können, wie ein großer Regenschirm vor einem Regenschauer schützt. Korporationen, Kirchen, Vereine, Wohltätigkeitsverbände, Gesellschaften für die Förderung oder Verhinderung von diesem und jenem wirken wie die traditionellen adligen Mittler des alten Regimes. Und wehe jedem Staat, dem sie in unserer modernen Welt fehlen, sagte Tocqueville. Eine Nation ohne dieses entscheidende Element wird eine schrecklichere Tyrannei sein, als die Welt sie je gesehen hat. Einige der führenden Länder des zwanzigsten Jahrhunderts haben sich bewußt gegen solche Mittler entschieden. Deutschland und Italien sind die bekanntesten Beispiele, aber sie waren nicht die einzigen. Auch die meisten der kommunistischen Staaten waren totalitär.

Die Entscheidung beruhte im Fall Deutschlands teilweise auf dem gesellschaftlichen und wirtschaftlichen Zusammenbruch, zu dem die Niederlage von 1918 geführt hatte. Die Sieger in dieser ersten Phase des großen Krieges forderten und erhielten Wiedergutmachungszahlungen. Deutschland mußte zugleich wertvolle Industrieanlagen, besonders an der Ruhr, aufgeben, die bei der Zahlung hätten helfen können. Deshalb brach die deutsche Wirtschaft Ende der zwanziger Jahre zusammen, was zu einem sozialen Chaos führte. Vielleicht erklären es diese Umstände, daß die Nation sich einem größenwahnsinnigen Verrückten überließ, damit sie aus dem Chaos heraus wieder zu nationaler «Ehre» kämen. Adolf Hitler (1889–1945) versprach, Deutschland ins gelobte Land zu führen, falls, so seine Bedingung, der Staat die totale Kontrolle über alle Organe, Organisationen und Bürger der Nation erhielt. Unsere Lage ist ernst und erfordert außergewöhnliche Maßnahmen, sagte er. Alle Deutschen, jeder einzelne Deutsche und jede einzelne deutsche Institution, alle Kirchen, Vereine, Firmen und Korporationen müssen Deutschland gemeinsam retten, werden gleichgeschaltet. Es gibt keine Ausnahmen. Es kann keine geben, weil wir sonst keinen Erfolg haben werden. Wenn wir zusammenhalten, kann uns nichts aufhalten, und wir werden gewinnen!

Deutschland war nach 1918 ein demokratischer Staat gewesen, aber Demokratie allein, sagte Hitler, könne nichts bewirken. Man braucht nur zu bedenken, wie lahm und schwach die Demokratien der Welt geworden wären. Er bot eine Alternative, die er Nationalsozialismus nannte. Der Name war nicht wichtig – er verknüpfte vage propagandistische Elemente, bedeutete aber eigentlich fast nichts. Die sich ergebende politische Organisation war eine auf der Weltbühne äußerst mächtige Größe. Der Führer der Nationalsozialisten schmiedete die Kraft aller deutschen Bürger und aller zuvor privaten Unternehmen und Institutionen zu einer einzigen schrecklichen Waffe. Hitler hatte die Nation zu einem Schwert gemacht. Wie Robespierre und Napoleon vor ihm empfand Hitler sich in jedem seiner Worte als «Sprecher der Nation» und als jemand, der selbst das nationale Schwert schwang.

Der Faschismus von Benito Mussolini (1883–1945) war einige Jahre älter als der Nationalsozialismus; Hitler hat vielleicht von Mussolini gelernt, obwohl er wohl nie zugegeben hätte, daß ein Italiener einen Deutschen etwas Wichtiges lehren könnte. Das Symbol des italienischen Faschismus waren die *fasces*, Rutenbündel, bei den Römern ein Zeichen der Gewalt über Leben und Tod. Es symbolisierte, daß der italienische Staat die Kraft aller, der Bürger wie der Institutionen, zur Verfolgung eines einzigen Ziels einsetzen wollte. Auch Italien ging es um die nationale «Ehre». Italien glaubte, nach dem Krieg von 1914–1918, bei dem es zu den Siegern gehört hatte, um seine rechtmäßigen Kriegsgewinne gebracht worden zu sein. Danach hat es den Fehler gemacht, in der Zeit zwischen den Kriegen die Seiten zu wechseln und gehörte deshalb 1945 zu den Verlierern.

Die totalitären Staaten Deutschland und Italien flößten den demokratischen Alliierten, die in der Tat nach 1918 schwach und lasch geworden waren, große Furcht ein. Im Rückblick ist jedoch klar, daß ihre ernorme Macht zusammen mit der Japans, das auf andere Weise totalitär war (wir kommen weiter unten darauf zurück), nicht auf den Totalitarismus als solchen zurückzuführen war. Italien und besonders Deutschland waren hochentwickelte Industrienationen, und sie waren mächtig gewesen, bevor totalitäre Gedanken sie dazu verführten, Waffen zur Eroberung der Welt zu schmieden. Dasselbe galt für Japan. Aber als Nationalsozialismus, Faschismus und der japanische industrielle Nationalismus drohten, die Welt zu übernehmen, fiel es nicht leicht, sich diese Tatsache bewußt zu machen.

Die Sowjetunion war schon seit Jahren am Rand des Totalitarismus. Die Herrschaft des Proletariats war von Stalin und vielleicht auch von Lenin als etwas verstanden worden, das jenen, die für das Proletariat sprachen – also ihnen selbst –, das Recht gab, im Interesse des zukünftigen Triumphs der kommunistischen Gesellschaft jede dem Staat zugängliche Quelle zu mobilisieren. Als Deutschland die Sowjetunion im Juni 1941 angriff, war der Krieg für Stalin ein guter Vorwand, jeden Menschen und jede Organisation ausdrücklich in die Maschinerie einzuspannen, zu der der Staat geworden war. Während die Demokratien nach dem Krieg wieder zur Demokratie zurückkehrten, blieb Stalins Rußland eine «Maschine». Der Totalitarismus funktionierte in der Sowjetunion anders, als er in Deutschland und Japan eine Weile funktioniert hatte. Vielleicht hatte er in Italien niemals wirklich Erfolg. Eine Maschine kann nur arbeiten, wenn ihre Teile aus den richtigen Materialien bestehen und auf geeignete Weise zusammenpassen. Dies traf nicht zu für die Sowjetunion und die osteuropäschen Länder, die es ihr gleichtun sollten. Diese Maschinen funktionierten nur sehr schlecht, denn ihre Teile waren alt, abgenutzt und schlecht montiert. Um im Bild zu bleiben, könnte man sagen, das Problem sei gewesen, daß diese Maschinen von einer politischen Partei betrieben wurde und nicht von einem Ingenieur.

Der Demokratie wird der Vorwurf gemacht, sie sei im Vergleich zum Despotismus relativ unwirksam; der aber bewähre sich selbst dann, wenn eine tyrannische Regierung nicht gerecht oder frei sei. Man hört die Klage schon seit zweihundert Jahren, und im letzten halben Jahrhundert besonders oft, aber sie ist nicht berechtigt. Die Bürger eines totalitären Staates haben kein Interesse am Ergehen des Staates, wenn nicht eine große Notlage eintritt, in der sie ihr Leben nur dann retten können, wenn die Nation selbst überlebt. In einer Demokratie haben die Bürger ein persönliches und auch nationales Interesse am Erfolg ihres Staates. Der Unterschied wird dann deutlich, wenn die Interessen aller Einzelnen zusammenkommen. Deshalb sind Demokratien im allgemeinen erfolgreich, während totalitäre Staaten letztlich versagen.

In Japan verbindet sich heute ein demokratischer Staat mit einer quasi-totalitären Wirtschaft. Politisch gesehen ist Japan eine moderne Demokratie mit zahlreichen vermittelnden privaten Gruppen, wie sie Tocqueville für jeden modernen, egalitären Staat für notwendig hielt. Aber meistens können diese privaten japanischen Gruppen – vor allem Korporationen – zusammenarbeiten, um Ziele zu erlangen, die ihnen allen gemeinsam sind und allen Vorteile bringen.

Die USA und andere Staaten haben aus guten historischen Gründen Gesetze, die solche Kombinationen verbieten. Außerdem sind amerikanische Korporationen, die auf einer anderen gesellschaftlichen Tradition beruhen, eher wettbewerbsorientiert als kooperativ. Es gehört zur amerikanischen Doktrin, daß Wettbewerb das Lebensblut des Marktes ist und daß ohne Wettbewerb kein wirklicher Fortschritt möglich ist. Die Japaner meinen, Zusammenarbeit bahne den Weg zu wirklichem Fortschritt, während Wettbewerb zwar nicht schlecht sei, aber doch innerhalb vernünftiger, disziplinierter Grenzen bleiben sollte.

Wahrscheinlich haben beide recht. Es ist vielleicht vor allem eine Frage der nationalen Eigenart. Bei Japan ist es wichtig, daran zu denken, daß es nicht, oder nicht mehr, ein totalitärer Staat ist, wie Nazideutschland es war. In Deutschland wurden unter Hitler alle Bürger und Organisationen gezwungen, dem nationalen Willen, wie er von Hitler offenbart wurde, zu gehorchen. In Japan folgen heute Individuen und Wirtschaftsunternehmen ihren Führern, weil sie denken, es läge in ihrem eigenen Interesse.

Das politische Verfahren, alle vermittelnden Organisationen in den allmächtigen Staat einzugliedern, wurde im zwanzigsten Jahrhundert von einer Reihe von Ländern der Dritten Welt adoptiert, und zwar mit der Begründung, diese Länder seien noch nicht reif genug, um Demokratien zu sein. Diese Entscheidung wird immer von einem Vater des Volkes oder einem anderen selbsternannten wohlwollenden Despoten getroffen. Darin kann etwas Wahres liegen, wenn es in einer neuen Nation noch keine Mittler gibt, die das Volk vor der Macht der Regierung schützen können.

Die Behauptung des Despoten erweist sich jedoch gewöhnlich als trügerisch. Wichtiger noch, die Behauptung, ein Volk sei auf die Demokratie nicht vorbereitet, ist immer unwahr. Diese Behauptung beruht auf einer falschen Sicht der menschlichen Natur. Alle Menschen sind gleich geschaffen und von ihrem Schöpfer mit gewissen unveräußerlichen Rechten ausgestattet. Das zwanzigste Jahrhundert ist zu dem Schluß gekommen, daß schon Jeffersons Recht hat. Dann sind, so folgt unausweichlich, alle Menschen in der Lage, sich selbst demokratisch zu regieren, auch wenn einige es besser können als andere.

Theokratie im zwanzigsten Jahrhundert

Die Theokratie, die Gottesherrschaft, war das große Experiment, das das christliche Abendland im Mittelalter unternahm. Wie wir gesehen haben, versagte dieser Versuch. Obwohl einige Theokratien jahrhundertelang bestanden, konnte sich der Gedanke einfach deshalb niemals wirklich bewähren, weil der Wille Gottes immer durch fehlbare Menschen gedeutet werden mußte. Die Theokratie ist letztlich nicht besser als die Menschen, die in Gottes Namen herrschen. In der Praxis sind sie nicht besser als andere Herrscher, und oft sind sie sogar schlechter. Anders als das Christentum hat der Islam den Gedanken an das theokratische Ideal niemals ganz aufgegeben. In fast allen christlichen Nationen zieht heute die Verfassung deutliche Grenzen zwischen Religion und Staat. Gott mag weiterhin als der gesehen werden, der das Geschick der Nation bestimmt, aber seinen Dienern wird nicht erlaubt, sich in die Angelegenheiten des Staates einzumischen. Einige, aber nicht alle, islamische Nationen haben sich geweigert, solche Schranken zu errichten, die das Eingreifen der Diener Gottes und der Deuter seines Willens verhindern.

Das Musterbeispiel dafür ist der Iran unter den Ayatollas. Der Schah von Persien, Mohammed Reza Pahlevi (1919–1980), wurde

1979 in einer vom Ayatollah Ruhollah Khomeini (1900–1989) aus dem Exil angeführten Revolution abgesetzt. Khomeini kehrte im Februar 1979 in den Iran zurück und übernahm sofort die Leitung der neuen von ihm ernannten Regierung, die er bis zu seinem Tode behielt. Ihm folgte ein weiterer Ayatollah, aber es sieht so aus, als ob kein iranischer Nachfolger über soviel Macht verfügen wird wie Khomeini.

Ein absoluter Despot, der seine Untertanen davon überzeugt, daß sein Wort das Wort Gottes ist, kann mehr Macht haben als jeder andere Herrscher. Das zwanzigste Jahrhundert kennt zahlreiche Beispiele dafür, daß Menschen mit absoluter Macht und Autorität über kleine religiöse Gemeinschaften herrschten. Jim Jones (1931–1978) befahl am 18. November 1978 in Jonestown, Guynana, mehr als neunhundert seiner Anhänger, Selbstmord zu begehen. Die meisten von ihnen taten es ohne Widerspruch. Jones selbst starb an einer Schußwunde, die er sich womöglich nicht selbst zufügte. Andere Gemeinschaften haben ähnliche Erfahrungen gemacht. Als Nation machte Iran in seinem Krieg mit Irak (1980–1988) eine vergleichbare selbstmörderische Erfahrung. Die Zahl der Gefallenen, viele noch nicht zwanzig Jahre alt, wurde auf weit über eine Million geschätzt. Diese Kinder starben für Gott, sagte der Ayatollah, und das Volk glaubte es.

Die Demokratie ist der Gegenspieler der Theokratie. Deshalb überrascht es nicht, wenn Khomeini und die iranischen Imame die USA, das Musterbeispiel einer Demokratie, für böse hielten. Ein religiöser Tyrann kann es sich nicht leisten, seinen Nachfolgern zu erlauben, von der Demokratie in Versuchung geführt zu werden. Er muß behaupten, die Demokratie sei die Erfindung des Teufels. Für Khomeini wurden die USA zur Verkörperung des Bösen. Solange seine Anhänger dies glauben, kann es keinen Dialog zwischen Demokratie und Theokratie geben. Wenn der Dialog beginnt, muß sich die Theokratie unweigerlich auflösen. Theokratie kann Freiheit nicht überleben, denn sie ist, wie die Demokratie, ihr Feind.

Der Ayatollah Khomeini konnte seine Anhänger in eine absolute Tyrannei zwingen. Jeder, der auch nur die geringste Freiheit in die Staatsgeschäfte einzuführen versuchte, wurde im Namen Gottes getötet. Historisch gesehen haben nur selten mehrere Theokraten nacheinander solche absolute Macht erleben und genießen dürfen. In der heutigen Welt, in der die meisten Menschen entweder schon über demokratische Freiheiten verfügen oder sie mit Entschiedenheit wünschen und fordern, hat die Theokratie sehr wenig Aussicht, lange zu überleben, wenn nicht die Umstände gerade so sind, wie sie es 1979 im Iran waren. Heutzutage scheint die Theokratie deshalb auf Dauer keine ernsthafte Bedrohung der Demokratie zu sein.

Man sollte jedoch nicht vergessen, daß im alten Ägypten eine Theokratie dreitausend Jahre lang Bestand hatte. Theokratische Obertöne lassen sich oft auch aus den Äußerungen von Despoten anderer Glaubensrichtigen heraushören. Der Kommunismus verbannte Gott nicht nur aus der Regierung, sondern auch aus der Gesellschaft. Religiosität und auch privater Gottesdienst waren verboten, und erst recht durften Gottes Diener und Propheten im Staat keine Rolle spielen. Das könnte im Leben vieler Menschen ein Vakuum geschaffen haben, das nur vom Staat selbst und dem überwältigenden Gedanken einer großen Revolution gefüllt werden konnte.

Die Theokratie ist eine Erfahrung, deren Versagen während des Mittelalters von einigen Menschen nicht für endgültig gehalten wurde. Die Demokratie löst das Problem mit der Theokratie, indem sie Gott aus der Regierung verbannt, ihm aber weiterhin eine Rolle in der Gesellschaft einräumt. Das verleiht umfassende persönliche Freiheiten und vermeidet zugleich die meisten der Gefahren einer Theokratie. Diese Lösung ist, wie demokratische Lösungen so oft, vernünftig und praktikabel.

Wirtschaftliche Gerechtigkeit

Die Demokratie hat im zwanzigsten Jahrhundert ihre drei wichtigsten Rivalen, den Kommunismus, den Totalitarismus und die Theokratie überflügelt. Ob dieser Triumph von Dauer ist, werden wir im letzten Kapitel erörtern. Aber die Demokratie muß noch andere Bedrohungen überwinden, um den allgemeinen menschlichen Wunsch zu befriedigen, für den sie steht. Diese Bedrohungen sind wirtschaftlicher Art. Wie Tocqueville vor anderthalb Jahrhunderten so genau erkannte und wie wir alle heute wissen, beruht Demokratie auf Gleichwertigkeit. Dieser Wunsch nach Gleichwertigkeit, den fast alle Menschen spüren, ist die Kraft, die demokratische Revolutionen heute überall antreibt. Aber Gleichheit ist nicht nur politisch zu sehen. Das heißt, politische Gleichheit an sich befriedigt den Demokraten nicht vollständig. Es ist auch wirtschaftliche Gleichheit nötig.

Wirtschaftliche Gleichheit bedeutet nicht, daß alle gleich viele Wirtschaftsgüter, also Geld und kapitalistische Produktionsmittel, besitzen. Nötig ist vielmehr eine gleichmäßigere Verteilung des Wohlstands, so daß alle genug haben, um in Anstand leben zu können, und eine nahezu absolute Chancengleichheit. Die absolute Gleichheit des Besitzes ist eine leere Illusion, Chancengleichheit aber ist ein Ideal, für das Menschen zu sterben bereit sind. Es gibt viele Güter, die man Wirtschaftsgüter nennen kann und die nicht aus Geld bestehen. Zu ihnen gehört das Recht auf Arbeit, eine gute Erziehung und eine angemessene Wohnung. Am wichtigsten ist das Recht, auf die jeweils eigene Art nach Glück streben zu können. Eine gerechte Regierung schützt diese Rechte und achtet darauf, daß sie keinem ihrer Bürger und keiner Klasse beschnitten werden. Nach dieser Definition gibt es auf der Erde keine vollkommen gerechte Regierung. Die Demokratie ist die einzige perfekte Regierungsform, aber in der Praxis ist keine demokratische Regierung vollkommen. Trotzdem wurden im zwanzigsten Jahrhundert große Fortschritte in dieser Richtung gemacht.

Noch 1900 fehlte den meisten Bürgern selbst in den hochentwikkeltesten Demokratien nicht nur die politische Gleichwertigkeit, sondern auch die wirtschaftliche. Selbst für die meisten Amerikaner, und erst recht für die unterdrückten Massen der übrigen Welt, war Chancengleichheit ein Traum. Trotz schwerer Rückschläge ist die Chancengleichheit in weniger als einem Jahrhundert für die allermeisten industriellen und postindustriellen Nationen, also die USA und Kanada, fast alle Staaten Westeuropas, Australien und Japan und einige andere, Wirklichkeit geworden. Auch die Völker vieler anderer Nationen begreifen die Chancengleichheit als eine zukünftige Möglichkeit. Nur eine Minderheit der heutigen Weltbevölkerung sieht den Begriff der Chancengleichheit so, wie die allermeisten Menschen ihn um 1900 sahen. Gewöhnlich geht die politische Gleichheit der wirtschaftlichen voran. Ein Volk, das politische Gleichberechtigung oder das Wahlrecht gewinnt, wird auch bald wirtschaftliche Gleichberechtigung und Chancengleichheit kennen. So hat sich die Gesellschaft in den westlichen Demokratien entwikkelt. In den kommunistischen Nationen muß der politischen Gleichheit womöglich eine Art wirtschaftlicher Gleichheit vorangehen. Schließlich werden einmal alle Völker sowohl politische als auch wirtschaftliche Gleichheit fordern, und gerechte Regierungen werden beides fördern und schützen.

Werden wir dann das Glück erlangt haben, nach dem alle Menschen streben? Im großen und ganzen wohl, solange es wahr ist, daß alle Menschen gleich erschaffen und mit gewissen unveräußerlichen Rechten ausgestattet sind. Wird das einmal keine Wahrheit mehr sein? Wir kommen im letzten Kapitel auf diese Frage zurück.

Warum keine Weltregierung?

Noch eine – vielleicht allergrößte – Gefahr, bedroht die gerechte Regierung, also die Demokratie: eine Gefahr, die aus dem Gegensatz von «Naturzustand» und «Staat» entsteht. John Locke unterscheidet 1689 in seinem Aufsatz zur politischen Theorie, auf den wir uns schon gelegentlich bezogen haben, zwischen diesen beiden Begriffen. Der Naturzustand ist ein Zustand, in dem kein anderes Gesetz herrscht als das der Vernunft. Vernünftige Menschen gehorchen ihm, er läßt sich aber nicht durchsetzen, wenn unvernünftige Menschen ihm nicht gehorchen. Im Naturzustand ist also nicht sichergestellt, daß alle Menschen dem Gesetz der Vernunft gehorchen. Folglich gehorchen ihm nur wenige, weil sich jeder selbst zur Ohnmacht verurteilt, der diesem Gesetz gehorcht, während andere es nicht tun. Der Staat dagegen ist gekennzeichnet durch eine «feststehende und ewig sittliche Norm, die sich durch Vernunft selbst offenbart», wie Locke so eindrucksvoll sagte. Wir sprachen davon, als wir die römischen Gesetzestafeln beschrieben, die mitten in der Stadt aufgestellt wurden, damit alle sie lesen und also wissen konnten, was von ihnen als Bürger erwartet wurde. Für die Einhaltung der bestehenden Gesetze sorgten Behörden, die dazu vom Volk oder seinen Vertretern gewählte Beamte einsetzten. Das geltende Recht wird gewöhnlich *positiv* genannt, weil es vom Volk beschlossen wurde, so daß alle es annehmen und bejahen konnten. Der Staat beruht immer auf einer Reihe von positiven Gesetzen: Erstens und vor allem gibt es eine Verfassung, die die zu besetzenden Ämter und die Weise, wie Gesetze gemacht werden sollen, beschreibt, zweitens gibt es eine Reihe von Vorschriften, die meistens auf Verbote bestimmter Handlungen hinauslaufen.

Heute leben fast alle Menschen in einem Staatswesen. Es gibt kaum jemanden auf der Erde, für den nicht gewisse positive Gesetze gelten; eine Ausnahme sind höchstens die Bewohner der Straßen unserer Großstädte, wo das Naturgesetz vorherrscht und lediglich die Vernunft, dieser matte Schatten der Gewalt, den Schwachen einen gewissen Schutz vor den Starken bietet. Fast alle Menschen leben heute in einem staatlich geregelten Zustand. Aber wie ist es mit Nationen? Sind sie im Zustand der Natur oder des Staates?

Es gibt den Begriff des internationales Rechts. Auch wurden die Vereinten Nationen gegründet. Sie haben eine Charta, eine Art Verfassung, der sich alle Mitglieder der Organisation verpflichtet haben. Das internationale Recht ist ein positives Recht. Die Charta der UN ebenfalls. Insgesamt stellen sie für die UN eine «feststehende Norm» dar.

Die Regel ist für alle offensichtlich, aber es gibt kein Instrumentarium, um sie durchzusetzen. Jedes ständige Mitglied des Sicherheitsrats der Vereinten Nationen kann gegen einen Mehrheitsbeschluß ein Veto einlegen und ihn damit null und nichtig machen. Auch ein Urteil, das vom Internationalen Gerichtshof mit Sitz in Den Haag ausgesprochen wird, ist im wesentlichen nicht vollstreckbar. Es kann nämlich nur dann «vollstreckt» werden, wenn die Partei, gegen die es ausgesprochen wird, sich bereit erklärt, das Urteil anzunehmen. Außerdem bekennt sich die Mehrheit der Mitglieder der Vereinten Nationen nicht zum Prinzip der «zwangsweisen Rechtsprechung». Die meisten Länder haben also nicht im voraus erklärt, daß sie sich einer Anklage stellen, die von einem anderen Land gegen sie vorgebracht wird. Sie behalten sich praktisch das Recht vor, sich der Anklage zu verweigern.

Der Internationale Gerichtshof hat Streitigkeiten über Themen wie beispielsweise internationale Fischereirechte sehr effektiv geschlichtet. Aber Strafgerichte in einer Zivilgesellschaft brauchen gewöhnlich nicht über Fischereirechte zu entscheiden, sondern haben es mit wichtigeren Dingen zu tun wie Mord, schwerer Körperverletzung, bewaffetem Raub, Diebstahl, Vergewaltigung und Betrug und auch allen möglichen kommerziellen Betrügereien und Schikanen und Streit über Kontrakte. Alle derartigen Vorfälle können sich zwischen Nationen ereignen, denn auch sie ermorden, berauben, vergewaltigen und betrügen einander schon seit Jahrtausenden. In einem Staatswesen kann ein Mörder nicht weiter in Freiheit leben, nur weil er die Rechtsprechung des Gerichts nicht akzeptiert oder ihm die Entscheidung nicht gefällt oder er ihr nicht zustimmt. Nationen aber können genau das, und tun es auch. Deshalb läßt sich mit Recht sagen, daß Nationen untereinander in einer Art Naturzustand leben; sie leben also in einem internationalen Dschungel, der sich im Prinzip nicht von den Straßen der meisten Stadtzentren oder den Alleen von Beirut und Bogotá unterscheidet.

Selbst die Polizei hat Angst, diese gefährlichen Straßen zu patrouillieren, auf denen das Gesetz der Vernunft die einzige Möglichkeit der Verteidigung ist, was bedeutet, daß es außer der Gewalt überhaupt keine Verteidigung gibt.

Auch Drogenhändler leben untereinander im Naturzustand; sie sind in New York und Los Angeles ebenso wie im columbischen Medellin mit automatischen Waffen ausgerüstet. Ähnliches gilt für die Mafia wie für alle Formen des organisierten Verbrechens. Solche Waffen machen den sozialen Dschungel, in dem sie wohnen, noch viel gefährlicher. Die Nationen des internationalen Dschungels sind mit Kernwaffen ausgerüstet. Gesetzlose sind wohl immer bewaffnet und gefährlich. Im Augenblick ist jede Nation gesetzlos, das heißt, der Staat bleibt außerhalb der Gesetze, weil die Nationen kein Gesetz haben, das auch vollstreckbar ist. Anscheinend braucht die Welt mehr als alles andere für Nationen und für die Menschen in den Nationen eine Staatsform. Das wäre ein Art Weltregierung, zu deren Gunsten die Nationen der Welt ihre Souveränität aufgeben müßten, also ihr «Recht», den Gehorsam gegenüber dem geltenden Gesetz zu verweigern, wenn ihnen der Urteilsspruch nicht gefällt. Die Bürger aller modernen Länder haben auf dieses Recht verzichtet und können deshalb ein besseres Leben genießen. Wenn die Nationen der Welt auf das Recht verzichten würden, gesetzlos zu sein, würden auch sie glücklicher werden.

Sie würden einen Teil ihrer «Ehre» verlieren, wenn sie, wie es die Bürger aller zivilisierten Nationen getan haben, auf das Recht verzichten würden, Gewalt anzuwenden, weil sie sich im Unrecht fühlen. Wenn ein Verbrecher meine Frau ermordet oder mein Haus ausraubt, darf ich unter Androhung allergrößter Strafen das Gesetz nicht in die eigene Hand nehmen, um mich am Verbrecher zu rächen. Nur der Staat darf mich rächen; er tut das vielleicht auf eine Weise, die mir nicht annehmbar erscheint, aber ich kann nicht mehr tun, als mich zu beklagen. Vielleicht versagt der Staat bei seiner Aufgabe, die Gesetze durchzusetzen und Unrecht zu rächen – also Verbrecher zu bestrafen –, häufiger, als er Erfolg hat. Aber es gibt, denke ich, nur wenige Personen, die nicht zustimmen, daß dieser Weg des Umgangs mit Verbrechen besser ist, als wenn einzelnen Bürgern erlaubt wird, in Reaktion auf ein Verbrechen wieder ein Verbrechen zu begehen. Warum nehmen wir das nicht auch zwischen Nationen an? Warum bestehen wir weiterhin auf diesem zweifelhaften Recht auf nationale Selbstverteidigung? In unserem Leben bestehen wir höchstens dann darauf, wenn wir gar keinen anderen Ausweg mehr sehen.

Die Tradition ist stark, der Patriotismus ist ein mächtiges Gefühl und das Mißtrauen gegen die Regierung ist weitverbreitet. Welcher Präsident der USA könnte beispielsweise je auf Wiederwahl hoffen, wenn er vorschlüge, sein Land sollte seine Souveränität zugunsten einer Weltregierung aufgeben, die zweifellos demokratisch sein würde und in der eine Mehrheit der Volksvertreter keine Amerikaner wären, sondern andere Nationalität, Hautfarbe und Religion hätte? Aber wenn nicht eines Tages genau das verwirklicht wird, werden wir weiterhin in den gefährlichen Straßen der Welt leben, ungeschützt durch die Polizeistreifen, die die Straßen unserer Städte oder Dörfer jetzt einigermaßen sicher sein lassen. Vollkommenheit gibt es hier genausowenig wie irgendwo sonst. Aber etwas Sicherheit – für die meisten Menschen im Westen sogar ziemlich viel – ist sicherlich besser als keine.

Der Gedanke einer Weltregierung ist sehr alt. Schon im fünften Jahrhundert schlug Augustin in seinem ‹Gottesstaat› etwas Ähnliches vor. Anfang des vierzehnten Jahrhunderts forderte Dante eine Weltregierung unter dem Kaiser des Heiligen Römischen Reichs. Im Bunde mit dem Papst könne er dem kriegsführenden Europa (und damit der ganzen Welt) Frieden bringen. Im achtzehnten Jahrhundert, 1796, nahm sich Kant die Zeit, um neben seinen philosophischen Schriften ein Büchlein zu schreiben, das er ‹Zum ewigen Frieden› nannte, in dem er ganz ähnliche Vorschläge machte. Und als gegen Ende des Krieges des zwanzigsten Jahrhunderts 1945 die Vereinten Nationen entstanden, gab es in vielen Ländern hoffnungsvolle Menschen, die glaubten, sie könnten eine wirkliche Weltregierung sein und nicht nur ein Nachfolger des «Klubs der Nationen», als der sich der Völkerbund herausgestellt hatte.

Schließlich jedoch war keine Nation bereit, den Vereinten Nationen viel von der eigenen Souveränität abzugeben, und dadurch wurde die Organisation als Friedensschützer fast genauso unwirksam wie ihr Vorgänger. An der Universität von Chicago gründete man ein Komitee, das eine Weltverfassung formulieren sollte, und wenn sich Weltföderalisten trafen, wurden diese Treffen lediglich von einer Handvoll einsamer Seher und Weiser besucht, die eine gute Vorstellung von den Gefahren hatten, denen die Welt ausgesetzt war. Keine dieser Bemühungen hat etwas Wesentliches erreicht. Und doch hat es seit 1945 keinen größeren internationalen Krieg gegeben, und keine Nation hat die schrecklichen Kernwaffen freigesetzt, die heute im Besitz allzu vieler Nationen sind. Wir können deshalb darauf vertrauen, daß wir die Nationen der Welt nicht zu einer wirklichen Weltregierung zusammenführen müssen, damit sie zivilisiert zusammenleben und den Gesetzen, die sie sich selbst geben, gehorchen. Wird das so bleiben?

Eine Welt, eine Menschheit

Hier muß noch eine weitere Bedrohung für die demokratische Regierung – für alle zivilen Regierungen sogar – erörtert werden. Das ist der Rassismus, eine der schwersten Übel der Menschheit. Es ist eine seltsame Tatsache, daß andere Tierarten anscheinend nichts Ähnliches kennen. Als Wendell Willkie (1892–1944) sich 1940 als Gegner von Franklin D. Roosevelt um die Präsidentschaft der USA bewarb, erhielt er mehr Stimmen als jeder andere republikanische Kandidat je zuvor, obwohl sie nicht zum Sieg über den großen Gegner ausreichten. Nach seiner Niederlage blieb Willkie im Licht der Öffentlichkeit in einer Rolle, die er, wie er sagte, aus loyaler Oppositon heraus übernahm, und reiste als eine Art persönlicher Botschafter des Präsidenten nach England, in den Mittleren Osten, in die Sowjetunion und nach China. Diese Reisen bestätigten Willkies Gefühl, daß die Welt als Ganzes sich veränderte und sich nach dem Krieg noch rascher verändern würde. Er veröffentlichte 1943 das Buch ‹One World›. Der Titel ist Ausdruck der Gedanken, die sich in seinem und in vielen anderen Köpfen damals, vor jetzt über fünfzig Jahren, formten.

«Eine Welt» bedeutete für Willkie verschiedenes. Erstens legte es den politischen Gedanken einer Welt nahe, die auf Frieden ausgerichtet ist, in der jede Nation sich mit jeder anderen verbündet, um Freiheit und Gerechtigkeit zu fördern. Dieser Gedanke war nicht neu. Er war 1919 die Grundlage von Woodrow Wilsons Traum eines weltweiten Völkerbunds gewesen, und er hatte im neunzehnten Jahrhundert einige fortschrittliche Denker angeregt. Willkie wußte, daß Schritte in Richtung auf dieses Ideal hin gemacht wurden, und die Vereinten Nationen entstanden weniger als zwei Jahre nach der Veröffentlichung seines Buchs. «Eine Welt» bezog sich auch auf die Einheit, als den wir den Globus heute empfinden, weil moderne Kommunikations- und Verkehrsmittel die Entfernungen schrumpfen ließen und alle möglichen traditionellen Schranken zwischen Menschen überwanden. Zu Willkies Zeit steckte der kommerzielle Luftverkehr noch in den Kinderschuhen, aber es brauchte nicht viel Phantasie, um zu sehen, daß sich nach dem Krieg, wenn erst die Kräfte dazu frei waren, ein weltweites Netz von Luftlinien entwickeln würde.

Ein anderer bemerkenswerter Effekt ließ sich wohl schwerer voraussehen, daß nämlich um die internationalen Flughäfen herum Städte im «internationalen Stil» entstehen würden, die einander außerordentlich ähnlich sehen, so daß Reisende manchmal aus den großen Flugzeugen aussteigen und erst fragen müssen, wo sie sind. Am Ende unseres Jahrhunderts ist kein Ort mehr weit von einem anderen entfernt; der Tourismus ist zur größten Industrie der Welt geworden.

Es ist möglich, von fast jedem Telefonapparat aus jede beliebige Telefonnummer zu wählen, um dann nach einigem mechanischem Klicken und Pfeifen mit einem Freund zu sprechen, als ob er im Nebenzimmer säße. Für einige New Yorker ist es nicht ungewöhnlich, übers Wochendende nach Rom zu fliegen. Kunstausstellungen reisen regelmäßig von einem Kontinent zum anderen, zu wichtigen Sportwettbewerben reisen Teilnehmer aus fast allen Nationen an, und «Dallas» ist in Delhi so beliebt wie in Delmenhorst.

Der Begriff «eine Welt» hat noch eine Bedeutung, die ich für besonders wichtig halte. Er bezeichnet jedenfalls die größte Veränderung der Denkgewohnheiten. Mit Ausnahme der «Helden des Morallebens», wie der französische Philosoph Jacques Maritain sie nannte, hielt es bis ins zwanzigste Jahrhundert wohl fast jeder für eindeutig erwiesen, daß die Menschheit nicht eine einzige Gemeinschaft ähnlicher und gleicher Seelen ist, sondern aus vielen Guten und Bösen, Wertvollen und Minderwertigen, Erwählten und Verdammten besteht. Das läßt sich auf viele Arten sagen. Vielleicht lassen sie sich alle in der leider zuerst von Aristoteles verbreiteten Auffassung zusammenfassen, wonach einige Menschen zum Herrschen geboren sind und andere zum Dienen. Diese letztere Gruppe hatte er als «geborene Sklaven» bezeichnet.

Ein Beispiel: Frauen sind heute in der Mehrheit und waren das wohl auch immer. In der Antike aber hatten Frauen fast keines der Rechte, die zumindest einige der Männer für sich in Anspruch nehmen konnten. Wenn Frauen überhaupt als Bürger angesehen wurden, dann als Bürger zweiter Klasse. Gelegentlich stieg eine Frau zu Prominenz und Ruhm auf, wie beispielsweise die Königin Boadicea oder die Kaiserin Theodora oder die Königin von Saba, aber diese Ausnahmen bestätigten nur die Regel. Die alte Benachteiligung der Frauen überrascht uns wenig. Verwunderlicher ist es, daß die Unabhängigkeitserklärung in all ihren großen Worten zu den

Rechten Frauen nicht erwähnt und sie vielleicht auch gar nicht einschließen wollte, wenn sie im englischen Original von «all men» spricht, denen unveräußerliche Rechte zukommen. Frauen erreichten bei der französischen Revolution wenig, und sie hatten auch bei ihren leidenschaftlichen Bemühungen im neunzehnten Jahrhundert kaum Erfolg. Einige Suffragetten wurden tatsächlich dazu gebracht, sich nach dem Motto: «Vertraue auf Gott, denn Sie wird dir helfen» zu bescheiden. Aber das war keine Hilfe.

Frauen gewannen in den westlichen Demokratien während des Krieges von 1914–1918 politische Gleichheit. Schließlich erhielten sie nach Jahrzehnten der Agitation das Wahlrecht und hätten also auch Vertreter ihrer eigenen speziellen und eng umrissenen Interessen wählen können. Sie taten das natürlich nicht, wahrscheinlich, weil sie ihre Interessen nicht als so speziell und eng sahen, wie die Männer angenommen hatten. Kurz, die Frauen bewiesen, daß sie des Stimmrechts schon immer würdig gewesen waren. Trotzdem führte die politische Gleichwertigkeit der Frauen nicht sofort zu ihrer gesellschaftlichen und insbesondere nicht zu ihrer wirtschaftlichen Gleichwertigkeit. Dennoch gibt es am Ende dieses Jahrhunderts wenige Menschen, ob Männer oder Frauen, in irgendeinem der entwickelten Länder der Welt, die öffentlich behaupten würden, Frauen seien Männern von Geburt aus als Menschen unterlegen und zum Dienen, also als eine Art natürliche Sklaven, geboren. Diese Denkweise stirbt in unserer modernen Welt aus. Dasselbe gilt auch für viele Minderheiten, die gestern noch von einer anderen Minderheit oder Mehrheit der Menschen für von Natur aus unterlegen gehalten wurde. Schwarze. Juden. Eingeborene. Wenige Menschen nur behaupten öffentlich, daß Angehörige dieser Gruppen weniger menschlich sind als andere. Gelegentlich kann man Andeutungen dieser Art hören. Einige Menschen sagen es vermutlich insgeheim. Vielleicht denken viele so. Aber nur wenige Politiker könnten heute Erfolg haben, wenn sie nicht mehr zu bieten haben als Theorien des Rassismus, ob er nun verschleiert ist oder explizit. Der Bruchteil der Menschen, die zu «Helden des Morallebens» wurden, ist groß. Vielleicht ist es weltweit eine Mehrheit.

Wir sollten nicht allzu selbstgefällig sein. Eine neuere Ausgabe von ‹The Economist› zählte in einer Reihe von Ländern zwei Millionen *de facto*-Sklaven. Aber diese Menschen werden nicht für «geborene» Sklaven gehalten. Der Status von *de facto*-Sklaven kann sich über Nacht ändern. Die Republik Süd-Afrika war bis vor kurzem eine eklatante Ausnahme dessen, was im großen und ganzen weltweit die Regel ist. Und die Erinnerung an den Rassismus der Nazis, der sechs Millionen «von Natur aus minderwertigen» Juden das Leben kostete, ist in der Erinnerung vieler heute lebender Menschen noch lebendig. Dennoch ist die Abschaffung der Sklaverei eine außerordentliche Veränderung und eine der großen Leistungen unserer Zeit. Im Grunde kann sie als Zuwachs an Wissen gesehen werden. Viele von uns wissen heute etwas, was vor wenigen Jahrzehnten nur eine Handvoll Menschen wußte.

Leider ist der Rassismus nicht dann schon abgeschafft, wenn Menschen nicht mehr an die natürliche Minderwertigkeit anderer glauben. Man kann die anderen auch dann hassen, wenn man zugibt, daß sie als Menschen mehr oder weniger gleichwertig sind. Der Rassenhaß scheint in der heutigen Welt eher zu- als abzunehmen, und die Gründe dafür sind sehr schwer herauszufinden. Vielleicht werden wir den Rassenhaß niemals los. Aber auch dann sollten die Fortschritte, die wir gemacht haben, nicht in Vergessenheit geraten. Wir können für unsere Zeit einige echte moralische Verbesserungen in Anspruch nehmen.

Kapitel 13: Das zwanzigste Jahrhundert – Wissenschaft und Technik

Nach Euklid, dem griechischen Geometer, ist ein Punkt das, «was keine Teile hat». Dasselbe ließe sich nach dem griechischen Verständnis auch von einem Atom sagen. Ein Atom war für die Griechen die kleinste Einheit der Materie und konnte nicht weiter geteilt werden. Das Wort «atomos» leitet sich von einem Wort her, das im Griechischen «nicht zerschneidbar» bedeutet. Wir haben schon gesagt, daß die physikalischen Theorien der griechischen Atomisten eine Art genialer Vorwegnahme von Gedanken waren, die im siebzehnten Jahrhundert wieder auftauchten und die später zu den Bomben führten, die auf Hiroshima und Nagasaki fielen. Die Griechen hatten keine anderen Instrumente zur Erforschung der Materie als ihre Sinne und ihren Verstand. Wie konnten sie ein Bild davon erhalten, wie die Welt gemacht ist, das wir jetzt deshalb für wahr halten, weil wir die Mittel haben, es zu beweisen?

Die griechische Atomtheorie

Die alten Atomisten konnten nicht wissen, daß sie auf einen Gedanken gestoßen waren, der für die Weltanschauung des Abendlandes entscheidend ist. Was sehen wir, wenn wir die Welt betrachten? Millionen mehr oder weniger verschiedene, sich fortwährend verändernde Dinge: Farben, Formen, Wachstum und Zerfall, Sein und Werden, groß und klein, furcherregend und freundlich. Auch tausend Worte reichen nicht aus, um all das zu beschreiben. Wie läßt sich Ordnung in dieses ungeheure Durcheinander bringen? Es gibt genau zwei Möglichkeiten, dabei wird jeweils das Wahrgenommene durch eine Seinsform erklärt, die nicht wahrnehmbar ist.

Eine Möglichkeit besteht darin, Strukturen aufzuzeigen, die es in Wirklichkeit vielleicht nicht gibt, die wir aber brauchen, wenn wir angesichts des Chaos der Sinneswahrnehmungen nicht verrückt werden wollen. Das ist wohl die älteste Sichtweise, eine, die wir von unseren tierischen Vorfahren ererbt haben. Instinktverhalten läßt sich als Mustererkennen beschreiben, wobei das darauf folgende Verhalten so tut, als ob die Muster wirklich wären. Der Instinkt steuert, leitet und verändert das Verhalten aller Tiere mit Ausnahme der Menschen.

Als wir Menschen den Instinkt überwanden, haben wir die alte Gewohnheit des Mustersehens nicht verloren. Statt instinkthaft zu reagieren, sehen wir das, was wir sehen, im Licht unserer Hoffnungen, Wünsche und Befürchtungen. Wir schreiben der Natur eine Gefühlshaftigkeit zu, die sie nicht wirklich hat. Und wir sehen in der Natur etwas, das unserem eigenen Geist gleicht und der uns einer wohlwollenden Grundstimmung des Kosmos vergewissert.

Moderne Behavioristen, die nüchtern zu sein versuchen, nennen dies eine anthropomorphe Illusion, die den Menschen im Universum sieht, wo es doch keine Menschen gibt, sondern nur Materie. Aber ganz ohne Anthropomorphismus geht es wohl nicht. Er steckt schon in der Sprache, die wir sprechen. Um zu spüren, wie schwierig es ist, den Menschen von der Materie zu trennen, braucht man nur zu versuchen, sich einmal die Welt ohne uns selbst vorzustellen. Wie würde sie aussehen? Wie käme sie einem anderen Menschen vor? Gäbe es diese Welt überhaupt? Oder hörte die Welt auf zu sein, sobald ich aufhöre, sie zu sehen, zu fühlen, zu riechen? Würde die Welt ohne mich einen Sinn haben, wenn sie für mich keinen Sinn mehr hat?

So schwer es ist, sich eine Welt ohne sich selbst vorzustellen, so notwendig ist doch dieser Weg, wenn wir die Welt verstehen wollen. Das erkannten zuerst die alten Griechen. Ihnen gebührt Anerkennung dafür, als erste Menschen diesen Versuch unternommen zu haben. Alle ihre philosophischen Überlegungen beruhten auf der Annahme, daß es die Wahrheit unabhängig davon gibt, ob wir sie denken. Sonst wäre es nicht die Wahrheit, sondern eine Täuschung.

Nicht nur Philosophen machten diesen Versuch. Auch die ersten Theologen versuchten, in der Welt Strukturen aufzuzeigen und sie nicht nur so zu sehen, wie sie sie sich wünschten. Sie suchten Ordnung, wo nur Chaos zu sein schien, und sie fanden sie überall, bei den höchsten Lebewesen ebenso wie bei den niedrigsten. Kurz, sie fanden überall Götter. Auch dies war vielleicht eine Art Anthropomorphismus.

Ein späteres Zeitalter verzichtete auf ihre Vielzahl von Göttern, aber nicht auf die Vorstellung, daß Gott, jetzt nur mehr einer, die Welt mit Sinn erfüllt. Selbst heute, in unserem wissenschaftlichen Zeitalter, finden wohl die meisten Menschen in ihrer Umwelt eine göttliche Ordnung, ein «ozeanisches Gefühl» – wie Sigmund Freud es nicht ohne Verachtung nannte –, wonach die Welt insgesamt ein Ort ist, wo alles einen Ort hat und an seinem Ort ist.

Schon im fünften vorchristlichen Jahrhundert gab es einige Menschen, die sich nicht mit unsichtbaren Strukturen zufriedengaben, und wenn sie noch so beruhigend waren. Sie fragten sich, ob nicht der Zufall in der Welt und in ihrem Leben eine größere Rolle spielte, als Theologen es zugeben würden. Vielleicht verführte sie auch eine Art sturer Arroganz zu der Annahme, sie seien im Grunde allein in der Welt, ohne ein großes Wesen, das sie an die Hand nehmen konnte. Sie suchten eine andere Erklärung.

Wie wir sahen, spielten die alten griechischen Philosophen gern ein Gedankenspiel, das in dem Versuch bestand, etwas zu finden, was zwei vorgegebenen Dingen gemeinsam ist, so verschieden sie auch sonst sein mögen. Können wir dieses Spiel auch spielen, wenn wir uns weigern, eine «Essenz» oder eine andere geistige Struktur anzunehmen, die allen gemeinsam ist, sondern hartnäckig bei der Materie bleiben?

Denken wir an eine Spinne und an einen Stern. Haben sie etwas Materielles gemeinsam? Wir suchen keine einfachen aristotelischen Lösungen und wollen nicht nur sagen, ihnen beiden sei ihr Sein gemeinsam, weil beide werden und vergehen, sie seien je eine Einheit und wo weiter. Wir können das Spiel trotzdem spielen, denn wir können uns die Spinne und den Stern beide in Teile zerlegt denken. Zunächst bleiben die Teile der Spinne «spinnenähnlich» und die des Sterns «sternähnlich». Aber wenn die Teile kleiner werden, passiert etwas Bemerkenswertes. Von einem bestimmten Punkt an sind die Teile der Spinne nicht mehr «spinnenähnlich» und die des Sterns nicht mehr «sternähnlich». An diesem Punkt werden beide zu etwas anderem, zu ununterscheidbaren Dingen, die unter anderen Umständen Teile von anderen Wesen als Spinnen oder Sternen sein könnten.

Wir wissen vielleicht nicht genau, wo diese Verwandlung geschieht, aber wenn wir darüber nachdenken, wird uns klar, daß sie irgendwo passieren muß. Wir müssen diese winzigen Teile nicht sehen können. Wir können akzeptieren, daß sie inhärent unsichtbar sein könnten. Aber es muß sie geben, denn wir finden keinen Grund, warum wir ein Ding nicht immer weiter zerteilen können, bis es sich in etwas anderes verwandelt. Können wir immer weiter teilen? Können wir unendlich kleine Teile machen? Wir müssen annehmen, daß das nicht geht, denn etwas, das aus unendlich kleinen Teilen besteht, kann überhaupt keine Größe haben. Deshalb muß es Atome geben – die kleinsten Einheiten nicht von Spinnen oder Sternen, sondern von Materie selbst.

Die Wiederbelebung der Atomtheorie

Die erdrückende Kraft dieser logischen Überlegung ging im Lauf der Jahrhunderte nicht verloren. Die christliche existentielle Vision eines Gottesstaats überschattete sie lange, aber als diese Anfang des siebzehnten Jahrhunderts ihren Einfluß verloren hatte, gewann der Atomismus wieder an Bedeutung. Alle großen Wissenschaftler dieses außerordentlichen Jahrhunderts, von Kepler bis Newton, waren überzeugte und unerschütterliche Atomisten, obwohl ihnen all die modernen Instrumente fehlten, auf die wir unser Wissen stützen. Der englische Naturforscher Robert Hooke (1635–1703), ein enger Freund Newtons, behauptete sogar, die Eigenschaften der Materie, besonders der Gase, ließen sich durch die Bewegung und die Zusammenstöße von Atomen erklären. Hooke war weder ein sehr guter Mathematiker noch ein sehr guter Experimentator, und er hatte keine Möglichkeit, seine Hypothese zu beweisen. Newton interessierte sich dafür und vertrat, in etwas anderer Formulierung, seine Theorie der zusammenstoßenden Atome.

Während des achtzehnten Jahrhunderts dachten in Europa viele Wissenschaftler weiter über den Atomismus nach. Je mehr sie, insbesondere in der Chemie, in Erfahrung brachten, um so sicherer waren sie, daß die Atomhypothese der Materie richtig sei. Aber ihnen wurde auch klar, daß sie abgeändert werden müßte. Eine der brillantesten Abänderungen geht auf den italienischen Chemiker Amadeo Avogadro (1776–1856) zurück, der 1811 eine zweiteilige Hypothese aufstellte: erstens sind danach die letzten Teilchen selbst elementarer Gase keine Atome, sondern Moleküle, also Atomverbindungen, und zweitens enthalten gleiche Volumina von Gasen gleich viele Moleküle. Diese richtige Theorie wurde erst zu Beginn des zwanzigsten Jahrhunderts allgemein akzeptiert.

Von der Mitte des neunzehnten Jahrhunderts an, als die Theorie der chemischen Elemente als gesichert galt und der russische Chemiker Dmitri Ivanowitsch Mendelejew (1834–1907) und gleichzeitig und unabhängig der deutsche Chemiker Julius Lothar Meyer (1830–1895) das periodische System der Elemente aufgestellt hatten, setzten sich viele Experimentatoren das Ziel, Atome zu entdekken und ihre Existenz zu beweisen. Aber dieses Ziel war schwieriger zu erreichen, als man in diesem wissenschaftlich so zuversichtlichen Jahrhundert erwartet hatte. Bis zum heutigen Tag wird die Existenz von Atomen – die niemand mehr bestreitet – größtenteils indirekt bewiesen. Diese Vorwegnahme der modernen Experimentaltheorie ist ein Triumph griechischen Denkens.

In einem Punkt jedoch irrten sich die Griechen: Die Atome sind nicht unzerschneidbar, oder, wie wir sagen, unteilbar. Die Unteilbarkeit der Atome ist strenggenommen keine logische Bedingung. Man hatte einfach noch nicht die kleinste Einheit der Materie gefunden. Vielleicht waren die zuerst entdeckten Teile eines Atoms – das Elektron und das Proton – die kleinsten Einheiten. Aber auch sie waren anscheinend teilbar.

Die kleinsten Einheiten – die Griechen glaubten, es gebe viele verschiedene Atome, alle Bausteine materieller Dinge – sind noch nicht gefunden worden. Sie werden mit ungeheurem Aufwand und hohen Kosten in riesigen Atomzertrümmerern gesucht. Ob diese kleinsten Einheiten je entdeckt werden oder nicht, bleibt ungewiß. Die logische Notwendigkeit garantiert noch keine konkrete Existenz.

Die Atomwissenschaft ist also in gewissem Sinn nicht neu. Der Ruhm für die Entdeckung, daß die Grundlage aller Materie Atome sind, gebührt den Griechen, nicht dem modernen Menschen. Trotzdem haben wir über die Atome vieles gelernt, was die alten Griechen noch nicht wußten.

Was Einstein tat

Albert Einstein entdeckte eines der wichtigsten Bruchstücke des neuen Wissens des zwanzigsten Jahrhunderts. Es ist eine einzige Formel, vielleicht die einzige Formel der höheren Physik, die die meisten Menschen kennen: $E = m c^2$. Um zu verstehen, was sie bedeutet, müssen wir einige Schritte zurückgehen.

Einstein wurde 1879 in Ulm geboren, der Stadt mit dem höchsten Kirchturm der Welt, und wuchs in München auf. Im Alter von zwölf Jahren beschloß er, das Rätsel der ungeheuer großen Welt zu lösen. Als seine Eltern nach Italien zogen, verließ er eigenmächtig die Schule, deren Drill ihm nicht behagt hatte. Erst später, in der Schweiz, schloß er die Schule ab, um studieren zu können. Nachdem er 1900 sein Diplom an der jetzigen Eidgenössischen Hochschule gemacht hatte, erhielt er 1902 nach vielen Bemühungen eine feste Anstellung als «technischer Experte III. Klasse» am Patentamt in Bern. Mit vier außerordentlichen Arbeiten, die 1905 erschienen, kam er der Lösung des Welträtsels dann näher als irgend jemand vor ihm.

Jede einzelne dieser Arbeiten hätte einen Physiker berühmt gemacht. Die erste Arbeit erklärte die Brownsche Bewegung, das zuvor unerklärte Phänomen der Bewegung kleiner Teilchen, die in einer Flüssigkeit schweben. Die zweite Arbeit beendete die drei Jahrhunderte alte Auseinandersetzung über die Zusammensetzung des Lichts. Einstein behauptete in seiner Arbeit, Licht bestehe aus Photonen, die manchmal wellenähnliche Kennzeichen aufweisen und sich zu anderen Zeiten wie Teilchen verhalten. In dieser Arbeit erklärte er auch den rätselhaften photoelektronischen Effekt (dabei setzt Licht in der Materie Elektronen frei).

Die dritte Arbeit stellte die sogenannte «Spezielle Relativitätstheorie» auf und war noch revolutionärer. Wenn wir, so sagte Einstein, die Lichtgeschwindigkeit als konstant und die Naturgesetze als unveränderlich voraussetzen, müssen Zeit und Bewegung immer relativ zum Beobachter gesehen werden. Einstein gab einfache Beispiele für diesen Gedanken. In einem abgeschlossenen Fahrstuhl ist sich ein Passagier der Auf- und Abbewegung nicht bewußt, falls er sie nicht in seinem Magen spürt, wenn der Fahrstuhl zu schnell fährt. Passagiere in zwei schnellen Zügen nehmen nicht ihre Gesamtgeschwindigkeit wahr, sondern nur die Relativgeschwindigkeit, wenn der ein wenig schnellere Zug allmählich aus dem Blickfeld verschwindet. Physiker brauchten solche Beispiele nicht, um die Eleganz und Knappheit der Theorie würdigen zu können.

Die Theorie und auch ihre in einer Arbeit von 1916 vorgelegte Fortführung konnte vieles erklären. Einstein behauptete in der «Allgemeinen Relativitätstheorie», die Schwerkraft sei keine Kraft, wie Newton angenommen hatte, sondern ein gekrümmtes Feld in einem Raum-Zeit-Kontinuum, das durch die Gegenwart von Masse geschaffen wird. Der Gedanke läßt sich überprüfen, sagte er, indem man die Ablenkung von Sternenlicht mißt, wenn es bei einer Sonnenfinsternis nahe an der Sonne vorbeiläuft. Einstein sagte eine doppelt so große Ablenkung voraus wie Newtons Gesetze.

Das von Einstein vorgeschlagene Experiment wurde am 29. Mai 1919 auf einem Schiff gemacht, das die britische Royal Society in den Golf von Guinea geschickt hatte. Im November bestätigten die Ergebnisse Einsteins Vorhersage, und er war augenblicklich weltberühmt. Als er 1921 den Nobelpreis für Physik erhielt, war er schon der berühmteste Wissenschaftler der Welt und wurde fast wie eine Zirkussensation überall bestaunt. Das gefiel ihm nicht, denn es störte ihn bei seiner Arbeit.

Einstein hatte 1905 eine vierte Arbeit veröffentlicht, die in gewisser Weise die wichtigste wurde. In Erweiterung der früheren Arbeit zur Relativitätstheorie fragte sie im Titel: «Ist die Trägheit eines Körpers von seinem Energieinhalt abhängig?» Einstein bejahte die Frage. Bis dahin war die Trägheit ausschließlich in Abhängigkeit von der Masse gesehen worden. Jetzt mußte die Welt die Gleichwertigkeit von Masse und Energie akzeptieren. Die Gleichwertigkeit wird in der berühmten Formel ausgedrückt, die besagt, daß E, die Energie, einer Quantität mit Masse m, gleich dem Produkt der Masse und dem Quadrat der (konstanten) Lichtgeschwindigkeit c ist. Diese Geschwindigkeit, die auch die Geschwindigkeit der Ausbreitung der elektromagnetischen Wellen im freien Raum ist, ist enorm groß: 300 000 Kilometer pro Sekunde. Quadriert ist sie natürlich noch größer. In einer winzigen Einheit der Materie steckt also eine gewaltige Energiemenge, genug, wie wir später erfuhren, um 200 000 Bewohner von Hiroshima mit der Explosion einer einzelnen Bombe zu töten.

Einstein war ein Pazifist. Er haßte den Krieg und fürchtete nach 1918, daß bald wieder einer ausbrechen würde und der Welt kein gesicherter und dauerhafter Frieden vergönnt sei. Als in der Zwischenkriegszeit der Gedanken einer Weltregierung aufkam, setzte er sich mit allen ihm zur Verfügung stehenden Mitteln dafür ein. Aber der Friedensförderer Einstein war nicht so erfolgreich wie der Physiker Einstein.

Nach der Machtergreifung durch Adolf Hitler 1933 emigrierte Einstein in die USA. Dort arbeitete er weiter an seiner allgemeinen Theorie, während er Wege suchte, wie er die wütende Welt dazu bringen konnte, sich darüber einig zu werden, daß sie sich einig werden sollte. Als er 1939 erfuhr, daß Otto Hahn und Lise Meitner das Uranatom gespalten hatten, wobei ein kleiner Teil der Masse in Energie verwandelt wird, erkannte er, daß der Krieg an sich nicht die einzige Gefahr darstellte. Auf das Drängen vieler Kollegen hin schrieb er einen Brief an den Präsidenten Franklin D. Roosevelt (1882–1945). Niemand außer ihm hätte ihn mit solcher Autorität schreiben können. Es war ein schlichter Brief, in dem Einstein die deutschen Experimente beschrieb und bemerkte, daß sie in den USA bestätigt worden waren. Er bemerkte, daß ein europäischer

Krieg anscheinend unmittelbar bevorstand. Wenn Nazideutschland unter diesen Umständen eine Waffe hätte, die auf der Spaltung des Uranatoms beruhte, konnte es für den Rest der Welt ungeheuer gefährlich werden. Er bat den Präsidenten dringend um «Aufmerksamkeit und notfalls rasches Handeln».

Der Präsident schrieb eine höfliche Antwort. Aber die Warnung war nicht auf taube Ohren gestoßen. Niemand erzählte Einstein, dem Pazifisten, davon, aber in aller Eile wurde das bis dahin größte und teuerste wissenschaftliche Unterfangen in die Wege geleitet. Das sogenannte Manhattan Projekt begann im Februar 1940 mit einer Zuwendung von zunächst sechstausend Dollar. Die Gesamtkosten beliefen sich schließlich auf mehr als zwei Milliarden Dollar, was heute vielen -zig Milliarden entspricht. Als die Amerikaner nach dem japanischen Angriff auf Pearl Harbour Ende 1941 in den Krieg eingriffen, wurde die Forschung noch hektischer vorangetrieben. Bis 1943 ging es vor allem um die Theorie, aber Anfang 1945 konnte die erste Explosion geplant werden. Diese Explosion geschah am 16. Juli 1945 auf dem Luftwaffenstützpunkt Alamagordo südlich von Albuquerque in Neu Mexiko. Der Test war überaus erfolgreich, denn die Bombe hatte eine Explosionskraft von einigen zwanzigtausend Tonnen TNT. Die Bombe, die Hiroshima zerstören sollte, wurde drei Wochen später, am 6. August, geworfen.

Einstein war sowohl glücklich als auch verzweifelt. Die Bombe hätte in den Händen Hitlers das Ende der Freiheit und die endgültige Vernichtung des jüdischen Volkes bedeutet. Einstein kämpfte darum, die neugegründeten Vereinten Nationen zu einem besseren Instrument für den Frieden zu machen, als sie es waren und sein konnten, denn er fürchtete, daß die Bombe wieder zu schlimmeren Zwecken eingesetzt werden könnte. Er arbeitete weiter an seiner einheitlichen Feldtheorie, die zeigen sollte, wie sich alle Naturgesetze in einem einzigen theoretischen System, vielleicht einer einzigen Formel, ausdrücken ließen. Aber er hatte die Gemeinschaft der Wissenschaftler hinter sich gelassen und war immer isolierter geworden. Als er 1955 starb, war er wohl der einzige Mann auf der Welt, der glaubte, seine Sicht vom Bau der Welt sei die richtige; dabei hatte gerade er, mehr als irgendein Wissenschaftler seit Newton, der Menschheit diese Struktur offengelegt.

Was uns die Bombe gelehrt hat

Die wichtigste Lehre aus der Atombombe läßt sich nicht in einer Formel ausdrücken. Sie ist eine einfache Tatsache, und wir sind die ersten Menschen, die sie kennen. Nicht nur ist die Welt vergänglich, wie jeder schon immer wußte, sie kann sogar durch den Fingerdruck eines Menschen vernichtet werden. Ereignisse haben Folgen. Eine Folge der Bombe auf Hiroshima war das Ende des großen Kriegs, eine andere, daß sowjetische Wissenschaftler ebenfalls mit der Herstellung von Atombomben begannen. Die USA reagierten darauf mit einer Wasserstoffbombe, in der die Kerne kleiner Atome miteinander verschmolzen werden (und nicht größere gespalten werden). Diese Kernfusion setzt enorme Energiemengen frei. Einsteins Gleichung gilt auch dafür.

Die Sowjets bauten ihre eigene Wasserstoffbombe. Seit 1950 hat keine Seite die andere überholen können. Eine Folge davon war eine lange Friedenszeit, die nur von kleineren Kriegen unterbrochen wurde. Das ist gut so.

Hinter dem Rüstungswettlauf lauert eine neue schlechte Nachricht. In den Arsenalen der Welt lagern jetzt genug Kernwaffen, um jeden Menschen zehnmal zu töten. Natürlich würden bei einem Nuklearkrieg nicht nur Menschen umkommen. Auch alle Bären würden sterben und alle Katzen und Hunde, Spinnen und Ratten. Vielleicht würden einige Küchenschaben überleben. Aber eine Welt voller Asseln ist wohl nicht die Welt, die Gott im Sinn hatte, als er den Garten Eden erschuf und einen Mann und eine Frau hineinstellte.

Ist es undenkbar, daß die Menschheit tatsächlich alles Leben auf der Erde zerstören könnte? Trotz der Entspannung in den internationalen Beziehungen, nachdem der kalte Krieg offenbar beendet ist, ist ein Nuklearkrieg in einer höchst gefährlichen Welt früher oder später sehr wahrscheinlich, solange es keine wirkliche Weltregierung gibt. Tatsächlich macht die Theorie ihn logisch notwendig, nach der alle erlaubten Mittel eingesetzt werden dürfen, wenn ein Ziel erreicht werden soll. Wie wir bei der Suche nach den kleinsten Teilchen der Materie sahen, garantiert logische Notwendigkeit noch keine konkrete Wirklichkeit. In dieser Tatsache liegt ein kleiner Trost.

Wir kommen im letzten Kapitel auf die Frage zurück, ob die Erde mit einiger Wahrscheinlichkeit in ihrem jetzigen Zustand, mit Bären und Spinnen und Menschen, überleben kann. Für den Augenblick halten wir als das entscheidende neue, in diesem Jahrhundert entdeckte Wissen fest, daß die Menschen ihre Welt vernichten können.

Das Problem des Lebens

Auch in anderen Gebieten als der Kernphysik suchen Wissenschaftler mit Hilfe von Methoden, die sie von ihr übernahmen, nach verborgenen Strukturen. Und es ist eine triumphale Tatsache, daß es wirklich Atome gibt und auch Atomkerne und eine ganze Wolke von Teilchen mit vielen seltsamen und interessanten Eigenschaften. Einige der Teilchen haben unpassende Namen, denn sie sind keine *Dinge*, jedenfalls nicht im gewöhnlichen Wortsinn. Sie sind eher schattenhafte bewegte elektrische Ladungen oder winzige Wellenbündel oder vielleicht lediglich flüchtige Lösungen partieller Differentialgleichungen, die in weniger als einem Augenblick ins Sein kommen und wieder verschwinden.

Trotzdem sind sie wirklich in dem Sinn, daß alles wirklich ist, was reale Folgen und Auswirkungen hat. Auch s ie sind zuweilen sehr klein. Die Welt des zwanzigsten Jahrhunderts ist immer kleiner geworden, während gleichzeitig unsere Vorstellungskraft ein immer größeres Weltall erfassen kann. Wir kommen in Kürze darauf zurück.

Bei dieser unabänderlichen Kleinheit der Dinge erinnern wir uns an das, was Descartes uns in seinem ‹Discours de la méthode› 1637 mitteilte. Er sagte, es sei für die Lösung eines jeden Problems hilfreich, es in eine Reihe von kleineren Problemen aufzuteilen und diese jeweils eines nach dem anderen zu lösen. Seit Descartes und dem Anfang des siebzehnten Jahrhunderts hat die Naturwissenschaft mit dem Mikroskop immer kleinere und schließlich sogar solche Welten erobert, die kein Mikroskop mehr sichtbar machen kann. Wir können uns die kleinsten Materiemengen wohl noch schwerer vorstellen als die größten, aber wir trösten uns, indem wir (in unbewußtem Anthropomorphismus) annehmen, daß die Größe des Menschen einigermaßen genau in der Mitte zwischen den größten und den kleinsten uns bekannten Dingen liegt.

Diese winzigen neu entdeckten Welten mögen noch so klein sein, sie haben doch eine Struktur, und einige von ihnen sind ungeheuer wichtig. Am allerwichtigsten ist die Doppelhelix der DNA, denn sie löst das Problem, das das Leben stellt. Worin besteht dieses Problem? Aristoteles erkannte es schon vor mehr als zwanzig Jahrhunderten. Das Problem läßt sich in eine außerordentlich einfache Frage fassen: Warum haben Katzen Kätzchen?

Wie Aristoteles wußte, ist der Embryo eine winzige Masse aus protoplasmischem Gewebe; nur ein scharfes Auge kann den Embryo eines Menschen vom Embryo eines Wals oder einer Maus unterscheiden. Aber ein menschlicher Embryo verwandelt sich niemals in einen Wal oder eine Maus. Die Natur macht solche Fehler einfach nicht. Wie schafft sie es, ihn zu vermeiden? Aristoteles beantwortete die Frage auf für ihn charakteristische Weise. Es gibt, so erklärte er, ein formales Prinzip, das von den Eltern auf den Embryo übergeht und bestimmt, daß der Embryo ein seinen Eltern ähnliches Tier wird und nichts anderes.

Formal gesehen ist dies richtig, denn die DNS kann zu Recht als formales Prinzip bezeichnet werden. Aber man könnte mit demselben Recht einen Börsenindex und vieles andere so nennen. Die entscheidende Frage ist: Was ist dasjenige formale Prinzip, das die Nachkommen von Katzen immer wieder zu Katzen macht? Aristoteles hatte mit seinem teuflischen Geschick, sich aus fast jeder Schwierigkeit herauszuwinden, auch dafür eine Antwort. Das Prinzip, sagte er, ist «Katzensein». Erstaunlicherweise gaben sich kluge Menschen mehr als zweitausend Jahre lang mit dieser Antwort zufrieden.

Die Vererbungslehre

Im neunzehnten Jahrhundert fand Gregor Mendel, Mönch und Botaniker in Brünn, eine sehr viel bessere Antwort, aber seine Arbeit wurde erst um 1900 herum weithin bekannt.

Daß Katzen Kätzchen zur Welt bringen, ist so offensichtlich, daß es zu der Zeit, als Mendel 1822 geboren wurde, kein drängendes Problem mehr war, für das eine Lösung gesucht wurde. Mendel hatte zwar die Prüfung als Lehrer der Naturwissenschaft nicht bestanden, aber er war ein kompetenter Forscher, der viele Jahre seines Lebens den Erbeigenschaften von Erbsen und Bohnen widmete. Dabei entdeckte er die Grundlagen der Vererbungslehre.

Es ging ihm nicht um die Frage, warum die Samen der Gartenerbse wieder Gartenerbsen hervorbringen, vielmehr interessierte ihn, warum unterschiedliche Pflanzen bei der Kreuzung nach einem erstmalig von ihm beschriebenen System Mischformen hervorbringen. Mendel schloß, daß jedes Merkmal der Pflanzen irgendwie durch winzige paarweise Einheiten, die später Gene genannt wurden, bestimmt sein müsse. Dabei steuert jede der Elternpflanzen wie im Fall der geschlechtlichen Befruchtung für jedes Kennzeichen ein Gen bei. Wie Mendel bald erkannte, besitzt jedes Elternteil ein Gen für jedes Merkmal, von denen bei der Kombination der Gene in den

Nachkommen nur eines dominant ist. An der Nachkommenschaft unterschiedlicher Pflanzen ließen sich einfache statistische Gesetze nachweisen, die Mendel in zwei kurzen mathematischen Arbeiten beschrieb und 1866 veröffentlichte.

Mendel wurde zwei Jahre später zum Abt seines Klosters gewählt und war dann durch seine neuen Pflichten restlos in Anspruch genommen. Erst lange nach seinem Tod im Jahr 1884 machten andere dieselben Entdeckungen; dann erst erhielt er die Anerkennung, die ihm als Begründer der Vererbungslehre gebührt.

Die Wirkungsweise der DNS

Der Begriff der Vererbung war keine Erfindung von Mendel. Seit frühesten Zeiten schon hatte man gewußt, daß Menschen menschliche Nachkommen haben, die gewöhnlich Ähnlichkeit mit ihren Eltern haben. Man hatte das Wirken einer einfachen Grundregel angenommen und beispielsweise gemeint, das Kind eines großen Vaters und einer kleinen Mutter würde mittelgroß sein. Mendel war der erste, der klar erkannte, daß Vererbung viel komplizierter ist. Aber auch Mendels Experimente zeigten nicht, welcher Mechanismus bei der Vererbung am Werk ist. Ein halbes Jahrhundert fieberhafter Forschung auf dem Gebiet der Genetik mußte verstreichen, bevor man diese Vorgänge verstand.

Die entscheidende Entdeckung machten 1953 zwei junge Männer, der Amerikaner James D. Watson (geboren 1928) und der Engländer Francis H.C. Crick (geboren 1916) an der Universität Cambridge, als es ihnen gelang, den Bau des DNS-Moleküls zu beschreiben. Damit beantworteten sie nicht nur die alte Frage des Aristoteles, sondern machten die Bahn frei für ein neues Zeitalter.

Ein DNS-Molekül ist eine Doppelspirale, die aus zwei langen, umeinander gewundenen Fäden besteht. Die Fäden wiederum bestehen aus komplexen stickstoffhaltigen chemischen Verbindungen, sogenannten Nukleotiden. In der DNS gibt es vier Arten solcher Nukleotide, die je nach ihren Basen entweder Adenin, Guanin, Zytosin oder Thymin heißen. Jedes Nukleotid der Desoxyribose enthält einen Zuckeranteil. Jedes Nukleotid des einen Fadens ist chemisch mit einem entsprechenden Nukleotid auf dem anderen Faden verbunden. Jeder einzelne Faden kann viele Tausende von Nukleotiden und ebenso viele Verbindungen zum jeweiligen Gegenüber oder Spiegelbild im Partnerfaden enthalten.

Ein Gen ist, wie Watson, Crick und viele ihrer Kollegen entdeckten, ein Abschnitt eines DNS-Moleküls, also ein Teilfaden, der vielleicht Dutzende oder auch Tausende von Nukleotiden lang ist und ein bestimmtes Merkmal bestimmt. Wie macht es das? Jede Zelle eines Individuums enthält das DNS-Molekül dieses Individuums. Darin steckt die gesamte Erbanlage dieser Spinne oder dieses Menschen. Wenn sich die Zelle teilt, geht je ein DNS-Faden an jede der neuen Zellen. Sowie der seines alten Partners beraubte Faden in der Zelle angelangt ist, schafft er sich ein neues Ebenbild. Aus dem Protoplasma des neuen Zellkerns, der vor allem aus vielen frei herumschwimmenden Proteinen besteht, sammelt der nackte DNS-Faden alle Bausteine, die nötig sind, um ein Ebenbild von sich selbst, also ein genaues Abbild des verlorenen Partners. Dieser verlorene Partner tut dasselbe in seiner neuen Zelle. Auch er erschafft sein eigenes Spiegelbild. Am Ende hat dann jede der neuen Zellen genau dasselbe DNS-Molekül wie die alte.

«Katzensein» ist also ein bestimmtes DNS-Molekül, das im Kern jeder Zelle jeder Katze steckt. Unterschiede zwischen einzelnen Katzen lassen sich durch die Tatsache erklären, daß es in den Teilfäden der Katzen-DNS kleine Unterschiede gibt. Aber selbst die größten Unterschiede zwischen zwei Katzen sind klein im Vergleich mit den Unterschieden zwischen Katzen-DNS und Kamel-DNS oder zwischen Katzen-DNS und Menschen-DNS. Eine Katze kann niemals einen Menschen gebären. Ihre Zellen lassen es einfach nicht zu.

Das DNS-Molekül ist groß genug, um mit Hilfe eines Elektronenmikroskops sichtbar zu sein. Die Teile des Fadens, die beispielsweise die Haarfarbe oder die Zusammensetzung des Bluts bestimmen, lassen sich markieren und auch herausnehmen, verändern und wieder in das Molekül einfügen. Gewisse Krankheiten werden durch fehlerhafte Teilfäden verursacht. So sind beispielsweise viele Afrikaner Träger der Sichelzellenleukämie, einer Blutkrankheit. Theoretisch ließe sich das defekte Gen aus dem Blut der Menschen, die an dieser Krankheit leiden, entfernen, korrigieren und wieder einsetzen. Die Technik, die das ermöglichen könnte, ist noch recht primitiv, aber schon effektiv genug, um Moralisten ernste Sorgen zu machen, die mit ziemlichem Schrecken vom Gedanken beseelt sind, daß zum vermeintlichen Vorteil der Menschheit Monster im Reagenzglas erzeugt werden könnten.

Die wissenschaftliche Genetik ist eine neue Wissenschaft, das Ergebnis von Fortschritten, die im zwanzigsten Jahrhundert gemacht wurden und die auf der bahnbrechenden Arbeit eines Mönchs aus dem neunzehnten Jahrhundert beruhen, von dessen Entdeckungen man zu seiner Zeit nichts wußte. Sie ist außerdem eine wunderbar klare, saubere Wissenschaft mit ganz einfachen Grundlagen und konkreten Ergebnissen. Wir wissen jetzt, wie die Vererbung wirkt, aber auch, wie kompliziert die Erbanlagen eines jeden Individuums sind. Um alle möglichen Kombinationen zu bestimmen, wenn zwei Fäden der DNS zusammenkommen – einer vom Vater und einer von der Mutter –, von denen jeder viele Tausende Teilfäden enthält, sind größere Computer erforderlich, als wir heute haben. Die Genetik ist einer der Siege des Wissens unseres Jahrhunderts. Die möglicherweise schrecklichen Monster, zu denen die Gentechnik führen könnte, gehören nicht in unser Jahrhundert. Wir werden im letzten Kapitel auf sie zurückkommen.

Die Größe des Weltalls

Wie groß ist das Universum? Wie groß erscheint es uns? Diese Frage hielt man vor zweitausend Jahren für sinnvoll, als man beispielsweise die «scheinbare» Größe des Mondes für seine «wirkliche» Größe hielt. Die Sphäre der Fixsterne war die «äußere Grenze» des Kosmos. Wie weit war diese Sphäre von der Erde entfernt? Tausend Meilen? Eine Million? Eine Million Millionen? Erst vor kurzem haben wir erkannt, daß keine dieser Antworten im geringsten sinnvoll ist.

Erstens gibt es keine Fixsternsphäre. Die Erde dreht sich, und obwohl sich die Sterne mit oft fast unvorstellbaren Geschwindigkeiten in alle möglichen Richtungen bewegen, umlaufen sie doch nicht die Erde. Außerdem ist das Weltall so groß, daß wir seine «äußere Grenze» auch dann nicht sehen könnten, wenn es eine gäbe. Wenn es sie gibt, ist sie jedenfalls sehr weit entfernt.

Nach Albert Einstein ist das Weltall endlich, aber unbegrenzt. Keine Gerade ist wirklich gerade, denn im Raum krümmen sich alle Geraden und kehren zumindest theoretisch zu ihrem Ursprung zurück. Auch eine Kugel ist «endlich, aber unbegrenzt», denn sie hat keinen Rand, keine «Grenze», aber eine Kugel, beispielsweise eine, die man in der Hand halten kann, ist offensichtlich endlich groß. Die endliche, aber unbegrenzte Weltkugel könnte vielleicht allein Gott in seiner Hand halten. Aber dann wäre seine Hand außerhalb des Weltalls, und das ist unmöglich, sagt die moderne Physik.

Wir jedenfalls sind innerhalb und nicht außerhalb des Weltalls, und aus unserer Sicht, ob wir nun in der Nähe der Mitte sind oder auch nicht, reicht es so weit, wie wir sehen können, auch wenn wir nicht nur mit unserem bloßen Auge, sondern mit den größten Teleskopen, die wir je herstellen konnten, in den Weltraum schauen. Das Universum ist also sehr, sehr groß.

Galaxien

Wie groß erscheint Ihnen das Weltall? Gehen Sie einmal in einer klaren Herbstnacht nach draußen und suchen Sie das große Sternenquadrat im Sternbild Pegasus. Wie der Schwanz eines Sternendrachens hängen von der unteren rechten Ecke des Quadrats drei Sterne nach unten, und neben dem mittleren finden Sie einen schwachen Fleck. Selbst mit einem Feldstecher sehen Sie ihn nicht als Lichtpunkt, denn es ist kein Stern, sondern der große Andromedanebel, der erste «Sternennebel» neben unserem eigenen Milchstraßensystem, der als Galaxis erkannt wurde – arabische Astronomen haben ihn schon 964 beschrieben – und der in der ungeheuren Leere des Raums unser nächster Nachbar ist. Ein gutes Teleskop zeigt, daß der Andromedanebel eine Spiralscheibe mit Milliarden Sternen ist, also unserer eigenen Galaxis sehr ähnlich. In einer sternklaren Nacht sieht man auch die Milchstraße, die große Spiralscheibe, die um die Mitte unserer Galaxis herumwirbelt. Diese Mitte liegt in Richtung des Sternbilds Schütze und ist etwa 30 000 Lichtjahre entfernt. Ein Lichtjahr ist die Entfernung, die das Licht in einem Jahr zurücklegt, wenn es sich mit seiner Geschwindigkeit von fast 300 000 Kilometern pro Sekunde bewegt, und entspricht 9 460 528 Milliarden Kilometern.

Die Sonne, unser eigener mittelgroßer Stern, liegt in einem der Arme der Galaxis, die sich vom galaktischen Zentrum nach außen erstrecken. Wie alles in der Galaxis kreist unsere Sonne und mit ihr die Erde um das ferne galaktische Zentrum mit einer Geschwindigkeit von etwa 250 Millionen Kilometern pro Sekunde. Dabei sind wir so weit von der Mitte entfernt, daß wir ungefähr 200 Millionen Jahre brauchen, bis wir einmal herumgelaufen und wieder dorthin zurückgekehrt sind, wo wir heute sind. Tatsächlich kehren wir niemals dorthin zurück, wo wir jetzt sind, weil die Mitte der Galaxis und damit die Galaxis als Ganzes durch das Universum wirbelt und sich verändert, während sie ihrem unausweichlichen Schicksal entgegenläuft.

Wo wir sind, in den äußeren Bereichen der Galaxis, ist es relativ dunkel, denn es gibt dort nur wenige Sterne. Wir können uns ausmalen, wie wir uns weiter vom Zentrum entfernen und in eine Gegend kommen, wo es noch weniger Sterne gibt, und dann an einen Punkt – kann man ihn sich vorstellen? – am Rand der Galaxis, von dem aus wir in der einen Richtung zurück in die etwa 50 000 Lichtjahre weit entfernte Mitte und in der anderen Richtung in die schreckliche Finsternis des intergalaktischen Raums schauen.

Wenn wir in dieser großen Dunkelheit den Andromedanebel, unseren nächsten galaktischen Nachbarn, finden, würde er uns von dort viel heller erscheinen als von hier aus, denn er wäre immer noch eine Million Lichtjahre entfernt. Auf halbem Wege dahin, also halbwegs zwischen Andromedanebel und unserer Galaxis, wäre die Dunkelheit so groß, wie auf der Erde in drei Kilometern Tiefe in einem Bergwerk. Aber was Galaxien betrifft, ist uns der Andromedanebel relativ nah. Wir gehören mit ihm und Millionen anderer Galaxien zum sogenannten großen galaktischen Haufen. Die Entfernungen zwischen den Galaxienhaufen sind hundert- oder tausendmal so groß wie die zwischen Galaxien innerhalb eines Haufens. Mitten zwischen zwei Galaxienhaufen herrscht absolute Dunkelheit, und das führt zu der Frage: Könnte Gott uns dort überhaupt finden?

Die Kleinheit der Erde

Wie viele Galaxienhaufen gibt es in der Welt? Vielleicht Milliarden. Gibt es Haufen von Haufen? Möglicherweise. Gibt es eine größte Entfernung? Vielleicht ist die Frage sinnlos. Jedenfalls wissen wir, daß das Weltall sehr, sehr, sehr groß ist. Im Vergleich wozu? Im Vergleich zur Erde natürlich, die also sehr, sehr, sehr klein ist. Wenn wir sie mit einem Staubkorn vergleichen, das in einem Sonnenstrahl tanzt, verleihen wir ihr eine Majestät und Größe, die sie nicht hat. Diese große, wunderschöne Kugel, auf der wir und fünf Milliarden anderer Menschen leben, ist im Vergleich zum Weltall nicht einmal so groß wie ein Elektron im Sonnensystem.

All das neue Wissen verdanken wir den genialen Leistungen einer brillanten Gruppe von Astronomen und Kosmologen. Vor einem Jahrhundert hatte nur eine Handvoll professioneller Astronomen eine halbwegs angemessene Vorstellung von der Größe der Welt. Heute ist diese Kenntnis Allgemeinwissen, soweit das bei Naturwissenschaften überhaupt möglich ist.

Manche Menschen finden es bedrückend, sich die Winzigkeit und Bedeutungslosigkeit klarzumachen, die aus diesem Wissen folgt. Sicherlich sind wir vergleichsweise klein, aber sind wir unbedeutend? Ist Größe ein Maß für Bedeutung? Ist ein Elefant wichtiger als eine Maus? Für wen? Wer außer uns kann das beurteilen? Können wir uns überhaupt etwas Bedeutungsvolleres denken als die Erde, unsere Heimat, auch wenn sie im Universum so winzig ist?

Der Urknall und das erste Atom

Albert Einstein war 1927 gerade zu Besuch auf dem kalifornischen Mount Wilson Observatorium, als der belgische Physiker Abbé Georges Lemaître (1894–1966) einem erlauchten Publikum von Wissenschaftlern seine Theorie eines sich ausdehnenden Weltalls vorstellte, das mit der Explosion eines «atome primitif» begonnen hatte. Einstein sprang auf und applaudierte. «Dies ist die schönste und befriedigendste Erklärung der Schöpfung, die ich je gehört habe», rief er und lief nach vorne, um Lemaître die Hand zu schütteln.

Die Aussagen der Theorie sind überzeugend bestätigt worden. Die wichtigste Aussage, inzwischen durch eine Unmenge spektroskopischer Beobachtungen belegt, besagt, daß sich alles, was wir beobachten, von uns entfernt und sich um so schneller bewegt, je weiter es entfernt ist. Die Grenze der Beobachtung wird durch die Entfernung und die Geschwindigkeit der Objekte bestimmt. Objekte in sehr großen Entfernungen bewegen sich mit Geschwindigkeiten von uns weg, die der Lichtgeschwindigkeit nahe kommen. Ein Objekt, das sich mit Lichtgeschwindigkeit oder, falls das möglich ist, sogar mit Überlichtgeschwindigkeit entfernt, wäre für uns immer unsichtbar, denn die einzige Information, die wir darüber haben könnten, gelangte höchstens mit Lichtgeschwindigkeit zu uns zurück, könnte uns also nie erreichen. Es gibt noch viele andere Bestätigungen und theoretische Begründungen, von denen viele von George Gamow (1904–1968) geliefert wurden. Gamow schrieb eine Reihe einfühlsamer und fast witziger allgemeinverständlicher Bücher über die Urknalltheorie der Entstehung der Welt; von ihm stammen auch viele der grundlegenden theoretischen Vermutungen und Forschung, die sie bestätigten. Die Theorie ist jetzt fast unantastbar, kaum gibt es Kosmologen, die sie noch in Frage stellen.

Nach der Theorie war das Weltall vor etwa zehn oder zwanzig Milliarden Jahren in einem hoch komprimierten Urzustand, aus dem es sich sehr rasch ausdehnte, was zu einer starken Abnahme von Dichte und Temperatur führte. Die ersten wenigen Sekunden der Ausdehnung bestimmten die Entwicklung des Weltalls, wie wir es heute beobachten. Damals bildete sich vermutlich ein statistisches Übergewicht der Materie über die Antimaterie heraus, es entstanden viele Arten von Elementarteilchen und auch schon einige Atomkerne. Die Theorie erlaubt uns eine Vorhersage darüber, welche Mengen Wasserstoff, Helium und Lithium (die ersten drei Elemente des periodischen Systems) damals erzeugt wurden. Diese Häufigkeiten stimmen gut mit den heute beobachteten überein. Nach etwa einer Million Jahren hatte sich das Universum so weit abgekühlt, daß die Atomkerne wirbelnde Elektronenwolken fesseln und so einfachste Atome bilden konnten. Die Strahlung, die das Protouniversum füllte, konnte sich dann frei ausbreiten und so in gewisser Weise den Raum erschaffen. Sie wurde 1965 von A. Penzias und R.W. Wilson als Mikrowellenhintergrundstrahlung entdeckt und als ein Überbleibsel des frühen Universums erkannt.

Mit der Ausbreitung des Weltalls bildeten sich immer schwerere Atomkerne und damit die uns bekannten Elemente, die leichtesten zuerst und die schwersten zuletzt, und Moleküle und Molekülhaufen, Gaswolken, Sterne, Galaxien und Galaxienhaufen. Immer jedoch breitet sich das Weltall weiter aus. Wo fand das statt? Wo ist oder wo war die Urmaterie vor der Explosion? Die Frage ist sinnlos. Die Theorie beruht auf zwei Annahmen, von denen die eine unausweichlich ist und die andere höchst geheimnisvoll. Danach wird die gravitative Wechselwirkung der Materie damals wie jetzt und zu allen Zeiten durch Einsteins allgemeine Relativitätstheorie beschrieben. Dies läßt sich schwerlich leugnen oder durch eine andere Annahme ersetzen.

Die zweite Annahme, das sogenannte kosmologische Prinzip, bedingt, daß das Universum weder Mitte noch Rand hat, so daß der Urknall nicht an einem bestimmten Punkt, sondern vielmehr gleichzeitig überall im Raum passierte und weiterhin geschieht. Dies bedeutet also praktisch, daß der Raum von dem sich expandierenden Weltall geschaffen wurde. Es gab niemals etwas außerhalb des Universums, und auch jetzt gibt es das nicht.

Gab es eine Zeit vor dem Urknall? Auch diese Frage ist sinnlos, denn im universalen Raum-Zeit-Kontinuum müßte die Zeit mit dem Raum zusammen geschaffen worden sein. Die Zeit wird in der

Tat als Ausdehnung des Weltalls gemessen. Zu einer früheren Zeit war das Weltall kleiner, später größer. Auch die Frage nach der Zusammensetzung der Urmaterie vor der Ausdehnung ist sinnlos. Welcher Seinsweise sie sich damals erfreute, falls sie sich überhaupt einer erfreute, entzieht sich auf immer unserer Kenntnis.

Wird das Weltall einmal aufhören, sich auszudehnen? Das steht in Frage. Es hängt davon ab, wieviel Materie es im Weltall insgesamt gibt. Wenn die Masse des Weltalls größer ist als eine gewisse kritische Summe, dann wird das Weltall unter dem Sog seiner gesamten Schwerkraft einmal aufhören, sich auszudehnen und allmählich wieder zusammenfallen, wie ein Ball an einer Gummischnur zum Werfer zurückkehrt. Wenn die Masse kleiner ist als die kritische Masse, dehnt sich das Weltall immer weiter aus, und alles in ihm wird sich von allem anderen immer weiter entfernen, bis alle Materie unendlich weit voneinander entfernt ist. Von jedem Beobachtungspunkt ist das Universum dann völlig dunkel.

Tatsächlich beobachten wir im Weltall bis jetzt viel weniger Materie, nämlich nur etwa zwei Prozent der Menge, die nötig wäre, damit ein letzter Zusammenfall beginnen könnte. Vielleicht weil ihnen die endgültige Auflösung Angst macht, hoffen einige Astronomen, große Mengen an «dunkler Materie» zu finden, die sich bis jetzt der Beobachtung entzogen haben. Aber ist ein Kollaps weniger schrecklich? Kein Lebender braucht sich zu sorgen, denn keines dieser möglichen Schicksale wird sich früher als in Abermilliarden Jahren verwirklichen.

Die Theorie wird, wie ich sagte, durch die Beobachtung überwältigend gut belegt. Es wäre unvernünftig, sie zu bezweifeln. Sie wird von allen Astrophysikern und von allen anderen Wissenschaftlern, die sie verstehen, akzeptiert. Und doch macht sie Angst, oder nicht? Es ist kaum erlaubt, aber irgend etwas an dieser Theorie kommt uns falsch und künstlich vor. Wie kann man nicht danach fragen wollen, was vor dem Urknall war? Wie kann man sich nicht fragen, «wo» er passierte und, viel wichtiger, warum? Wenn der Urknall ein Ereignis war, muß er eine Ursache gehabt haben. Wir kennen kein anderes Ereignis, das keine Ursache hat. Aber wenn er eine Ursache hatte, muß diese Ursache ihm vorangegangen sein. In der Zeit? Nicht in der Zeit? In jedem Fall stehen wir vor Dilemmata aller Art, denen unser armer, überarbeiteter sterblicher Verstand nicht gewachsen ist.

Heisenbergs Unschärfeprinzip

Einstein sprang also freudig auf, als er Lemaîtres erste, noch vorläufige Fassung der Theorie hörte. Er fühlte sich schon lange von seinen Kollegen isoliert. Ihm gefiel nicht, was sie entdeckten oder zu entdecken meinten. Die Quantenmechanik, das neue System der universalen Mechanik, das er mitgeschaffen hatte, beruht letztlich auf dem Zufall. Quantenphysiker finden sich anders als ihre Newtonschen Vorläufer gezwungen, der Unvorhersagbarkeit einen ganz wesentlichen Platz einzuräumen. In den «goldenen Jahren der Göttinger Physik» stellte 1922 der damals blutjunge Physiker Werner Heisenberg (1901–1976) mit seinen Kollegen Max Born und Pascual Jordan dieses seinen Namen tragende, grundlegende Unbestimmtheits- oder Unschärfeprinzip auf. Danach können Ort und Geschwindigkeit eines Objekts – jedes Objekts – nicht gleichzeitig genau gemessen werden. Das liegt nicht an Mängeln in unseren Meßinstrumenten, die niemals absolut genau sein können, sondern im Wesen der Dinge, in der Materie selbst.

Die Unbestimmtheit ist nur für sehr kleine Massen wie Atome und Elementarteilchen wichtig. In der Welt der großen Dinge, wie Menschen oder Planeten, gilt immer noch Newtons Mechanik. Wenn wir aber an etwas ganz kleinem eine Messung vornehmen wollen, also beispielsweise die Geschwindigkeit eines Elektrons bestimmen möchten, wird der Ort des Elektrons durch den Vorgang der Messung in einer Weise unbestimmt, die auch theoretisch nicht gemessen werden kann. Die Unschärfe findet sich auch bei anderen Paaren konjugierter Variabler, insbesondere bei Energie und Zeit. Wenn man versucht, beispielsweise die Energiemenge zu messen, die von einem instablen Kern ausgestrahlt wird, kann man nicht gleichzeitig mit Gewißheit bestimmen, wie lange das instabile System lebt, bevor es in einen stabileren Zustand übergeht.

Das Unschärfeprinzip störte Heisenberg nicht, aber Einstein fand wenig Gefallen daran. Er sagte gern: «Raffiniert ist der Herrgott, aber böswillig ist er nicht», als ob die Existenz einer im Wesen der Dinge liegenden Erkenntnisgrenze irgend etwas Derartiges bedeuten müsse. Einstein verbrachte die letzten Jahre seines Lebens mit dem vergeblichen Versuch, Heisenberg zu widerlegen. Seine Freunde waren darüber betrübt. Einer von ihnen, der Physiker Max Born, sagte, wie sehr er das als Tragödie empfand, sowohl für ihn, der seinen Weg so einsam suchte, und für die Physiker, die ihn als ihren Wegbereiter und Bannerträger vermißten.

Ich frage mich, warum Einstein den Urknall weniger beunruhigend fand als das Unschärfeprinzip. Meiner Meinung nach läßt sich aus keinem der beiden auf Gottes Bosheit schließen, falls der Urknall, der Atome, Galaxien und uns entstehen ließ, nicht überhaupt eine Art Witz war. Sind wir Menschen lediglich ein Abfallprodukt des unvorstellbar großen Feuerwerks eines Giganten? Und werden wir und alles, über das wir etwas wissen, uns dann, wenn die gigantischen Ohs und Ahs verhallt sind, einfach in der kalten Leere der Welt eines anderen Wesens auflösen?

Hier geht es nicht um Theologie, sondern um die Grundlage aller Naturwissenschaft. Wir hatten mehr als einmal Ursache, die ursprüngliche Annahme des Thales zu erwähnen, wonach die Außenwelt der Innenwelt und der Phantasie entspricht und die reale Welt dem menschlichen Verstand und deshalb erfahrbar ist. Es gibt vom Blitz der Atombombe über Hiroshima bis zu den Errungenschaften der Gentechnik so viele Gründe, diese Theorie für richtig zu halten, daß wir verrückt wären, wenn wir sie anfechten wollten. Aber die Urknalltheorie läßt mich an unserer Fähigkeit zweifeln, den Dingen auf den Grund zu kommen. Wir können das Ereignis in wunderschönen mathematischen Einzelheiten beschreiben, aber können wir es verstehen? Hat es irgendeinen Sinn? Und wenn nicht, ist dann auch das Weltall im Grunde sinnlos?

Die Unschärfe des Wissens

Heisenbergs Unschärfeprinzip offenbarte eine verstörende Tatsache über das menschliche Wissen oder genauer, das menschliche Bemühen um Wissen. Das wurde den Quantenphysikern erst klar, als sie in den Jahren nach 1920 begannen, das Innere des Atoms und seines Kerns zu erforschen. Diese Welt ist unglaublich klein, und was in ihr ist – Elektronen und andere Teilchen –, ist noch kleiner. Kein Versuch, die Vorgänge in dieser Welt genau und vollständig in Erfahrung zu bringen, kann je Erfolg haben. Es ist in gewisser Weise so, als ob man eine gute Schweizer Uhr mit dem Daumen untersuchen wollte. Jeder Daumen ist zu groß und grob, um nicht die Teile des Uhrwerks durcheinander zu bringen. Vor allem ist der Daumen im Weg, weil er zwischen die Uhr und die Augen gerät. Man kann nicht sehen, was man tut, selbst wenn der Daumen die Uhr nicht zerstört.

Wie Heisenberg und seine Kollegen entdeckten, war die Lage sogar noch drastischer. Die Mathematik zeigte, daß die Unbestimmtheit nicht nur rein zufällig war und nicht nur auf den Größenunterschied zwischen dem Inneren eines Atoms und jedem noch so kleinen Instrument zurückzuführen war, das es erforschen sollte. Die Unschärfe liegt in der Natur selbst. Und sie ist immer da, unausweichlich. Sie läßt sich in einer Formel erfassen, die besagt, daß beispielsweise das Produkt der Unschärfen von Ort und Geschwindigkeit oder von Ort und Impuls immer größer ist als das sogenannte Plancksche Wirkungsquantum, eine wohlbestimmte, sehr kleine physikalische Größe.

Im Makrokosmos, der größeren Welt, in der wir leben, ist die Unschärfe unbedeutend, weil diese physikalische Größe so winzig ist. Nicht nur kann ein Instrument sie nicht messen, sie macht auch in der Praxis überhaupt keinen Unterschied. Obwohl das Heisenbergsche Unschärfeprinzip garantiert, daß keine unserer Berechnungen je genau richtig sein kann, schicken wir einen Satelliten auf eine hundert Millionen Kilometer lange Bahn und vertrauen zuversichtlich darauf, daß er sein Ziel erreicht. Vielleicht landet er nicht genau in der Mitte, trifft also sozusagen nicht ins Schwarze, aber er wird nahe genug daran kommen. Trotzdem beunruhigt uns die Existenz einer solchen unvermeidlichen Ungenauigkeit. Es wäre uns lieber, wenn wir denken dürften, daß das Ergebnis vollkommen vorhersagbar ist, wenn wir unser Bestes geben und so genau wie möglich rechnen. Nach dem Heisenbergschen Prinzip kann das niemals so sein. Schon der Versuch, eine physikalische Tatsache mit absoluter Präzision zu kennen, ist im wesentlichen und grundsätzlich unmöglich. Immer, in jeder Situation, in der wir versuchen, Wissen zu schaffen, ist unser Daumen im Wege.

Während die Wahrheit des Unschärfeprinzips zuerst von Quantenphysikern und dann von anderen Physikern und den Naturwissenschaftlern im allgemeinen und schließlich von der Öffentlichkeit akzeptiert wurde, kamen noch beunruhigendere Gedanken auf. Man drang nach und nach in immer zerstörerischere Bereiche des Wissens vor. Dafür gibt es viele Beispiele: Wir können viel über die Anatomie von Tieren lernen, wenn wir Kadaver sezieren. Die Vivisektion ist noch lehrreicher, denn wenn wir beispielsweise die Brust eines lebenden Tieres öffnen, können wir beobachten, wie das Herz vielleicht noch schlägt, auch wenn das Tier bald darauf stirbt und der Herzschlag aufhört. Aber dieses Verfahren ist offensichtlich zerstörerisch. Wissen wird erworben, aber das Tier wird zerstört. Die

Vivisektion von Menschen ist nach Sitte und Gesetz verboten, obwohl Hitlers «Ärzte» oder Stalins Schergen solche Versuche in Dachau und Auschwitz oder in den sowjetischen Gulags durchführten. Wir müssen uns damit bescheiden, die Körper von Toten zu sezieren. Dabei erwerben wir weniger Wissen. Das Verfahren aber ist immer noch zerstörerisch, denn es zerstört den Körper, auch wenn er schon tot ist.

Unsere Untersuchungsmöglichkeiten stoßen stets an Grenzen. Dies wird zum Beispiel bei Versuchen mit Pflanzen deutlich: Je tiefer die zu untersuchende Schicht liegt, um so größer der Eingriff. Die feine Spitze eines Laborinstruments kann schließlich ebenso sehr stören wie unser Daumen. Es gibt einen Punkt, ab dem wir nicht mehr sehen und deshalb auch nicht mehr verstehen können, was wir zu entdecken versuchen. Dieses Prinzip gilt zweifellos überall in der Natur, von Elefanten bis zu Zellkernen, von Galaxien bis zu Elementarteilchen. Gilt es auch in jener anderen Welt, die wir zu erforschen versuchen, der Umwelt des Menschen, seiner Seele (Psychologie) und seiner Gesellschaft (Politologie, Soziologie und Ökonomie)?

Wie etwas Nachdenken zeigt, gibt es auch in diesen Bereichen ähnliche Unschärfen. Ein Versuch, die innere Zusammensetzung und die Vorgänge im Kopf eines Menschen zu erforschen, wird vom Geist selbst, der natürlich in solchen Eingriffen keinen Vorteil sehen kann, gestört und vielleicht vereitelt. Der dadurch bedingte Argwohn verzerrt die Befunde. Anscheinend gibt es auch überhaupt keine Möglichkeit, Gruppen von Menschen absolut objektiv zu untersuchen. Immer bringen die Forscher selbst Verzerrungen und Störungen hinein, denn sie können sich niemals, auch wenn sie sich noch so sehr darum bemühen, ganz aus dem Bild heraushalten.

Solche Verzerrungen und Unschärfen lassen sich in den Wissenschaften wie Soziologie und Ökonomie mit einem interessanten Verfahren erfassen, das für das zwanzigste Jahrhundert typisch ist. Wenn man von einer Gruppe von Menschen eine Frage beantwortet haben will oder wenn man etwas über sie erfahren möchte, sollte man zu Beginn sicher sein, daß die Gruppe hinreichend groß ist, damit sich die unvermeidlichen Ungewißheiten gegenseitig aufheben. Die Anleitung dazu gibt die Wissenschaft der Statistik. Sie sagt uns mit soviel Gewißheit, wie es einer solchen Wissenschaft möglich ist, wie viele Menschen in der Stichprobe berücksichtigt werden müssen, damit die Ergebnisse einen bestimmten Grad an Genauigkeit erhalten. Das so gewonnene Wissen ist dann innerhalb der angegebenen Grenzen zuverlässig. Aber es ist wichtig, immer zu bedenken, daß es nicht genau ist. Das Ergebnis trifft nicht ins Schwarze, aber es verfehlt auch nicht das Ziel. Das ist praktisch gesehen in vieler Hinsicht zufriedenstellend. Aber auf andere Weise ist es zutiefst unbefriedigend. Als man in anderen Bereichen Analoga zur quantenmechanischen Unschärfe entdeckte, stellten sich unvermeidliche, aber beunruhigende Fragen zum Wesen des Wissens selbst. Gibt es überhaupt etwas, von dessen Wahrheit man überzeugt sein kann? Oder ist alles Wissen ausnahmslos mit Ungewißheiten behaftet und auf statistische Methoden und Wahrscheinlichkeiten reduziert? Muß man immer mit der Möglichkeit rechnen, nicht ins Schwarze treffen zu können?

Dies ist eine der Fragen, mit der unser Jahrhundert der Unbestimmtheit sich beschäftigen mußte. Selbst in der Mathematik, jahrhundertelang geradezu das Bollwerk der Gewißheit, zeigte der aus Österreich stammende Mathematiker Kurt Gödel (1906–1978), daß sich auch innerhalb eines streng strukturierten logischen Systems immer Fragen stellen lassen, die man nicht mit Sicherheit beantworten kann, und daß sich in ihm Widersprüche entdecken lassen und Irrtümer lauern können. Jetzt, da das Jahrhundert seinem Ende entgegengeht, ist das Urteil gesprochen: Wissen kann niemals gewiß sein. Ganz gleich, wie sehr wir uns bemühen, etwas voll und ganz wissen zu wollen, schon der Versuch gerät uns in den Weg, genau wie unser Daumen.

Was bedeutet das für den Fortschritt des Wissens? Hat er in unserer Zeit aufgehört? Ist das größte Abenteuer der Menschheit vorbei?

Anscheinend nicht. Vielleicht ist es im Mikrokosmos so, aber erstens stellen statistische Methoden sicher, daß unser Wissen im allgemeinen so genau wie gewünscht sein kann, also so genau, wie es eine bestimmte Aufgabe, beispielsweise die, einen Satelliten zum Jupiter zu schicken, erfordert. Wissen läßt sich also mit der Infinitesimalrechnung vergleichen, mit der Newton die ebene Geometrie Euklids ergänzte, als sie zur Beschreibung des Systems der Welt nicht ausreichte. Differentialgleichungen lassen sich nur in einfachen Fällen mit vollkommener Genauigkeit lösen, aber darauf kommt es nicht an, denn jede Gleichung läßt sich immer, oder fast immer, gut genug lösen. Zweitens hat die Entdeckung, daß menschliches Wissen nicht vollkommen genau ist *und auch niemals war*, vielleicht beruhigend auf die Seele des modernen Menschen gewirkt und ihn bescheiden gemacht. Das neunzehnte Jahrhundert war, wie wir sagten, das letzte, das glaubte, die Welt könne als Ganzes und in all ihren Teilen dem Wissen je vollkommen zugänglich sein. Wir erkennen jetzt, daß dies unmöglich ist und immer war. Unser Wissen bleibt immer begrenzt, ist niemals absolut, selbst wenn die Grenzen gewöhnlich so gesteckt werden können, daß sie unsere Bedürfnisse befriedigen.

Seltsamerweise stellen sich aufgrund dieser neuen Ungewißheit noch weitere größere Ziele, die anscheinend auch erreichbar sind. Selbst wenn wir die Welt nicht mit äußerster Genauigkeit kennen können, können wir sie doch beherrschen. Auch unser im Grunde immer mangelhaftes Wissen ist anscheinend so mächtig wie das sichere. Kurz gesagt, wir werden vielleicht niemals genau wissen, wie hoch der höchste Berg ist, aber wir sind uns gewiß, daß wir seinen Gipfel trotzdem erreichen können.

Ein großer Schritt

Neil Armstrong, Edwin Aldrin und Michael Collins, drei mutige Männer, flogen am 16. Juli 1969 in Apollo XI vom Cap Canaveral aus zum Mond. Sie kamen vier Tage später, nach einer problemlosen Reise von fast einer halben Million Kilometern dort an. Während Collins im größeren Raumschiff blieb, flogen Armstrong und Aldrin mit der Mondfähre Eagle zum Mond und landeten am Rande des Meers der Ruhe. Armstrong war der erste Mensch, der einen außerirdischen Körper betrat. «Dies ist ein kleiner Schritt für einen Menschen», sagte er, und alle Menschen weltweit hörten ihm dabei zu, «und ein gewaltiger Schritt für die Menschheit.» Auch Aldrin steigt aus, und die beiden Männer verbrachten einen Tag und eine Nacht auf dem Mond. Diese Nacht war in Nordamerika sternenklar, und der Mond schien hell und fast voll. Ich fühlte mich nicht einsam, denn ich war mitten in einer lebhaften, pulsierenden Stadt. Aber ich dachte daran, wie einsam die Astronauten sich wohl fühlten. Armstrong und Aldrin waren in ihren schwerfälligen Raumanzügen auf einem Himmelskörper, auf dem es kein anderes Lebewesen gab. Über ihnen kreiste *Apollo* mit Collins. Würden sie erfolgreich mit ihm gemeinsam zur Erde zurückkehren? Sie waren umgeben von der Schwärze des interplanetaren Raums. (Sicherlich ist diese Schwärze nicht annähernd so tief wie die des interstellaren Raums, wo keine Sonne den Himmel erleuchtet, und erst recht nicht so tief wie die des intergalaktischen Raums, in dem keine Sterne zu sehen sind.)

Bei dieser Mission ging alles gut. Armstrong und Aldrin bestiegen wieder das Mutterschiff, und am 24. Juli kehrte Apollo XI mit seiner kostbaren Last aus mutigen Männern und Mondgestein zur Erde zurück. Einen Augenblick lang war die Isolation der Erde faßbar geworden. Wir wissen jetzt – auch dieses wichtige Wissen haben wir im zwanzigsten Jahrhundert erworben –, daß wir im Sonnensystem einzigartig sind. Es gibt kein anderes Leben, schon gar kein anderes intelligentes Leben. Wir müssen uns jetzt fragen, ob wir auch in der Galaxis allein sind und im Weltall überhaupt. Unser Planet ist vielleicht der einzige lebende Planet, den es je gab oder den es je geben wird. Es gibt kein Mutterschiff, das über uns am Himmel kreist, zu dem wir zurückkehren können oder das uns Hilfe schicken kann, wenn wir sie brauchen sollten. Alles, was wir sind und sein werden, hängt möglicherweise allein von uns ab.

Visionäre unserer Zeit haben nach einem Bild für die Schönheit und das Leid dieses neuen Wissens um die Einsamkeit unserer Welt im Raum gesucht. Die ersten Astronauten machten eine Aufnahme, die die Erdkugel in all ihrer Pracht zeigt, mit tiefblauen Meeren, grünbraunen Kontinenten und dahinziehenden weißen Wolken. Für mich wird die Bedeutung dieses Fotos am klarsten, wenn ich die Erde als ein Raumschiff sehe, das im Vergleich mit Apollo XI ungeheuer groß, aber in der Weite des Raums winzig ist. Aufnahmen von der Nachtseite der Erde zeigen dort, wo Städte sind, Tausende von Lichthaufen und wecken Erinnerungen an ein Schiff, das mit erleuchteten Bullaugen durch das Meer fährt.

Das Raumschiff Erde, das unermüdlich durch die Weite des Weltalls fährt mit seiner Last an Menschen und ihren Schutzbefohlenen, den Tieren und Pflanzen und anderen Lebewesen, auf der Reise zu einem Ziel, das niemand kennt. Und zu einem Ziel, das vielleicht nie erreicht wird, denn zu seiner Last gehören genug Kernwaffen, um alles zu zerstören, aber keine Möglichkeiten, ihren Einsatz zu verhindern.

Grüne Rebellion

Unter anderem hat das Bewußtsein für die Einsamkeit und Gefährdung des Raumschiffs Erde zur Entstehung einer neuen internationalen Bewegung der Umweltschützer oder «Grünen» geführt. Das Programm dieser Bewegung, die in mehreren Ländern zur Gründung politischer Parteien geführt hat, besagt: Umweltschützer setzen sich für alles ein, was gut ist für die Erde, und protestieren gegen alles, was ihr schadet. Die Ökologie ist eine Wissenschaft und auch eine politische und moralische Bewegung, der es um die Gesamtheit unseres Wissens über die Welt geht, auf der und in der wir leben. Wie es scheint, entdecken wir zur Zeit, daß diese Welt überraschend gefährdet ist.

Jahrtausendelang haben Menschen die Erde, die Meere und die Lufthülle so behandelt, als ob sie unverwüstlich seien. Wir haben in diesem letzten Jahrhundert, in dem wir so viel Wissen erworben haben, auch gelernt, daß diese Ansicht falsch ist. Es muß nicht unbedingt zutreffen, daß, wie einige Umweltschützer behaupten, jeder menschliche Eingriff in die Natur dauerhafte Folgen für die Umwelt hat. Aber es ist sicherlich wahr, daß einiges von dem, was wir in der Vergangenheit getan haben, gefährliche Folgen hatte und in der Zukunft haben wird. Selbst wenn uns das Schicksal vielleicht nicht bestimmt hat, unser Raumschiff Erde zu zerstören – wir verändern es, und nicht sehr oft zum Besseren.

Als Thor Heyerdahl (geboren 1914) 1969 mit seinem ägyptischen Floß Ra über den Atlantik segelte, fand er überall auf dem Meer Müll herumschwimmen. In erschreckender Weise sind alle Ozeane mit dem Schmutz und Abfall des Menschen belastet, denn alle Weltmeere sind untereinander verbunden und bilden ein einziges Ökosystem. Was an einem Ort weggeworfen wird, kann an jedem anderen Ort auf der Erde das Wasser verschmutzen. Schon sind zahlreiche Fischereigründe zerstört oder stark reduziert und viele Strände für Mensch und Tier unbenutzbar. Das riesige, schöne Meer, vom Menschen seit Jahrhunderten geliebt und gefürchtet, könnte bald nicht mehr der lebende Organismus sein, der er seit über drei Milliarden Jahren war.

Auch unsere Luft ist ein einziges Ökosystem, und womöglich noch gefährdeter als das Meer. Was wir nicht ins Wasser werfen, verbrennen wir. Aber das Verbrennen vernichtet nichts, Feuer verwandelt es lediglich in etwas anderes. So füllt sich die Luft tagtäglich mit Rauch und Asche und den giftigen Gasen unserer Abfälle. Schon jetzt ist die Atmosphäre für Lebewesen – Bäume und andere Pflanzen – an vielen Orten der Erde giftig. Wir wissen noch nicht, wie gefährlich diese vergiftete Luft für uns ist. Der saure Regen, der durch die Verbrennung fossiler Brennstoffe in einem Teil der Welt entsteht, fällt wenige Tage später in einem anderen Teil nieder und tötet dort Bäume, vergiftet Seen, zerstört Schönheit und Fruchtbarkeit. Jedesmal, wenn wir auf das Gaspedal unseres Autos treten, sprühen wir Gifte in die Atmosphäre, die die Gesundheit von Kindern gefährden (wenn sie sie nicht töten), die hundert oder tausend Kilometer weit weg leben. Und jede Klimaanlage und jeder Kühlschrank auf der Erde setzt Gase frei, die die Ozonschicht zerfressen, die uns hoch über unseren Köpfen vor tödlichen Sonnenstrahlen schützt.

Treibhaus Erde

Wenn wir unaufhörlich fossile Brennstoffe verbrennen, geben wir dabei fortwährend Kohlenstoffdioxid, ein farbloses Gas, an die Atmosphäre ab. Grünpflanzen «atmen es ein», aber es gibt nicht mehr genug Pflanzen auf der Erde, um all dieses Kohlendioxid in das Abfallprodukt des Atemvorgangs zu verwandeln – nämlich in Sauerstoff, jenes kostbare Gas, das *wir* einatmen – und deshalb nimmt die Menge des Kohlendioxids in der Atmosphäre stetig zu. Kohlenstoffdioxid hat eine wichtige Eigenschaft: Es hält Sonnenlicht und Sonnenwärme in der Nähe der Erdoberfläche gefangen. Die Sonnenstrahlen laufen auf dem Weg zur Erdoberfläche durch die Atmosphäre, aber ein Teil der Strahlung prallt nicht zurück, um die Atmosphäre wieder zu verlassen, sondern bleibt unterhalb der Kohlendioxidschicht. Dieser Erscheinung, dem sogenannten Treibhauseffekt, verdanken wir die Tatsache, daß die Erde ein gemäßigtes Klima hat.

Mars und Venus, unsere beiden Nachbarplaneten, sind etwa so groß wie die Erde. Aber auf keinem der beiden gibt es Leben. Die Atmosphäre auf dem Mars ist zu dünn und enthält zuwenig Kohlendioxid, als daß sie die Sonnenwärme halten könnte. Wenn es auf dem Mars je Leben gab, ist es vor vielen Jahrmillionen erfroren. Die Atmosphäre der Venus dagegen enthält zuviel Kohlendioxid. Ein großer Teil des Sonnenlichts, das auf den Planeten fällt, bleibt unter den Gaswolken gefangen und läßt die Oberflächentemperatur am Mittag auf Tausende von Grad ansteigen. Vieles spricht dafür, daß dort nichts leben kann. Der Anteil des Kohlendioxids in der Erdatmosphäre dagegen ermöglicht ein angenehmes Leben. Das könnte sich jedoch bald ändern. Die Verbrennung fossiler Brennstoffe und damit auch die Menge des Kohlendioxids in der Atmosphäre hat seit über einem Jahrhundert stetig zugenommen. Das zusätzliche Kohlendioxid hat möglicherweise bereits das uralte Gleichgewicht zerstört, das unsere Welt zu einem Paradies machte. Schon jetzt steigt die mittlere Welttemperatur, wenn auch nur wenig. Sie könnte in den nächsten Jahrzehnten oder vielleicht im nächsten Jahrhundert rascher ansteigen. Dann würden der Südosten und der mittlere Westen der USA zu einer Wüste, und statt des mittleren Westens würde Kanada zum Brotkorb der Welt. Die Erwärmung ist vermutlich unaufhaltsam, selbst wenn wir von heute an keine fossilen Stoffe mehr verbrennen würden, was ja gar nicht möglich ist. Die Wüste könnte sich stetig, wenn auch langsam, nach Norden ausbreiten und in jedem Jahr auf mehr fruchtbares Land übergreifen.

Indessen nimmt die Weltbevölkerung weiter zu, und damit auch die Notwendigkeit, immer mehr fossile Brennstoffe zu verbrennen, damit ihr Leben fruchtbar, angenehm und produktiv bleibt.

Auch die feste Erde ist nicht unzerstörbar. Sie könnte vergiftet und unbenutzbar werden. Wir können versuchen, unsere Abfälle, unseren Atommüll und unsere giftigen Chemikalien zu verbrennen, statt sie zu begraben, aber auch dann wird Land unbewohnbar, Wasser untrinkbar, die Erde erstickt unter Beton und Asphalt und neue Staubkessel wachsen und verschlucken den lebensspendenden Überfluß, der einst eine kleinere Bevölkerung versorgte. Bestenfalls zwingt uns unser neues Wissen um diese Dinge, unsere Wünsche zu zügeln und uns in unserem Verlangen zu bescheiden. Wir hassen dieses Wissen und möchten es gerne leugnen. Doch wir wissen auch, daß es auf Dauer unsere einzige Hoffnung ist. Auch wenn viele Menschen keine gute Meinung von den Umweltschützern haben – wir sind vielleicht von ihnen abhängig, wenn das Raumschiff Erde weiterhin erfolgreich sein soll.

Digitalcomputer und Wissen

Ich möchte versuchen, auf eine Weise über Computer zu sprechen, die deutlich macht, wie natürlich die größte Erfindung des zwanzigsten Jahrhunderts in die Geschichte vom Fortschritt des Wissens paßt. Gleich zu Beginn sollte der wichtige Unterschied zwischen Analog- und Digitalcomputern klargestellt werden. Ganz grob entspricht er dem Unterschied zwischen Messen und Zählen.

Ein Analogcomputer ist ein Meßgerät, das einen sich fortwährend verändernden Input mißt (auf ihn reagiert). Ein einfacher Analogcomputer ist beispielsweise ein Thermometer, ein komplizierter dagegen ein Geschwindigkeitsmesser in einem Auto. Sein Anzeiger oder Output ist eine Nadel, die sich auf einer Skala hin und her bewegt und auf stetige Veränderungen der Spannung eines mit der Schaltung verbundenen Generators reagiert, sie also mißt. Noch kompliziertere Analogcomputer können mehrere veränderliche Eingaben, beispielsweise Temperatur, Fluß und Druck, koordinieren. Ein solcher Computer könnte etwa die Vorgänge in einer chemischen Fabrik steuern. Mathematisch werden stetige Veränderungen des Inputs mit Hilfe von Differentialgleichungen erfaßt und berechnet. Einige Analogcomputer sind sehr kompliziert, andere, etwa gewöhnliche Thermometer, sind überraschend einfach.

Das menschliche Gehirn entspricht einem Analogcomputer. Die Sinne nehmen fortwährend sich immer verändernde Daten der Außenwelt wahr, und das Gehirn verarbeitet die damit einhergehenden Signale und gibt Anweisungen zum Beispiel an die Muskeln. Das Gehirn kann in «Echtzeit», also so schnell, wie sich die Situation selbst verändert, sehr viele Differentialgleichungen gleichzeitig lösen. Kein von einem Menschen konstruierter Computer ist bis jetzt auch nur näherungsweise dazu in der Lage, so viel unterschiedlichen Input gleichzeitig zu bearbeiten wie das menschliche Gehirn.

Alle von Menschen gebauten Analogcomputer haben den schweren Nachteil, nicht genau genug zu messen. In einer chemischen Fabrik kann sich eine Mischung rasch und auf mehrfache Weise verändern: Sie wird wärmer oder kälter, der Druck nimmt zu oder ab, sie fließt schneller oder langsamer. All diese Veränderungen beinflussen das Endprodukt, und jede setzt Computer voraus, damit die nötigen Anpassungen vorgenommen werden können. Es kommt deshalb ganz entscheidend auf die Geräte an, die zur Messung der Veränderungen verwendet werden. Sie müssen sehr rasch messen und die sich ständig ändernde Information sofort an den zentralen Prozessor weitergeben. Eine ganz kleine Ungenauigkeit in der Messung kann leicht zu ungenauen Endergebnissen führen. Die Schwierigkeit liegt nicht darin, daß die Meßgeräte nicht genau genug messen können, sondern in der Tatsache, daß das Gerät die stetigen Veränderungen laufend aufzeichnet. Deshalb sind die Ablesungen immer ein klein wenig ungenau. Genau in welchem Zeitpunkt registrierte das Gerät eine Temperatur von 100°? War das exakt derselbe Augenblick, zu dem ein anderes Gerät einen Druck von 1 000 kg/qm maß? Und so weiter und so fort. Und wenn sehr kleine Ungenauigkeiten anwachsen, wie es unvermeidlich ist, kann das Ergebnis fehlerhaft sein.

Ein Digitalcomputer hat diesen Nachteil nicht. Er ist eine Maschine zur Berechnung von Zahlen, kein Meßgerät. Ein analoges

Signal läßt sich für jeden Wert, von den kleinsten bis zu den größten der empfangenen Werte stets gültig interpretieren. Ein digitales Signal hat nur eine geringe Anzahl gültiger Interpretationen. Gewöhnlich gibt es zwei, nämlich Null und Eins, aus und an, schwarz und weiß. Ein digitales Signal ist deshalb immer klar und niemals zweifelhaft; die Berechnungen lassen sich also so einrichten, daß die Ergebnisse genau richtig sind. Digitalcomputer verwenden zur Informationsverarbeitung das binäre Zahlensystem, auch wenn sie ihre Ergebnisse – ganz nach Wunsch – als Dezimalzahlen oder in Worten oder in Bildern oder als Töne angeben. Im binären System gibt es nur zwei Ziffern, Eins und Null. Null wird als 0 geschrieben, Eins als 1. Zwei ist 10. Drei ist 11. Vier ist 100 (nämlich das Quadrat von 2). Fünf ist 101. Acht ist 1000. Sechzehn ist 10 000. Und so weiter und so fort.

Die Zahlen werden rasch sehr groß, die Ziffernfolgen also sehr lang. Die Multiplikation auch solcher Zahlen, die (im Dezimalsystem) klein sind, erfordert (im Binärsystem) ungeheuer lange Ziffernfolgen. Aber das macht nichts, weil der Digitalcomputer sehr schnell ist. Sogar ein Taschenrechner für zehn Mark kann das Produkt von zwei (im Dezimalsystem) dreistelligen Zahlen berechnen und in viel weniger als einer Sekunde die Antwort angeben; während die kleinen Lichter blinken, scheint es keine Verzögerung zwischen der Eingabe der letzten Ziffer, der Aufgabe und dem Ergebnis des Rechners zu geben.

Weil die Zahlen im Binärsystem viel länger sind als im Digitalsystem, muß die Maschine sehr viele Operationen ausführen, um die Antwort zu berechnen, in unserem Beispiel wahrscheinlich tausende. Supercomputer können eine Milliarde oder auch eine Billiarde Operationen pro Sekunde durchführen. Ihnen macht eine solche Rechnung offensichtlich keinerlei Mühe. Trotzdem gibt es da ein Problem. Wir haben gesagt, daß der Analogcomputer mißt, während der Digitalcomputer zählt. Was hat Zählen mit Messen zu tun? Und wie kann es hilfreich sein, die Freiheit eines digitalen Signals so weit zu reduzieren, daß nur eines von zwei Ergebnissen möglich ist, wenn der Analogrechner doch Schwierigkeiten hat, ein sich stetig änderndes Naturphänomen zu messen?

Das Problem ist schon sehr alt, denn diese Frage machte schon in der Antike griechischen Mathematikern so sehr zu schaffen, daß sie die Mathematik ganz aufgaben, als ihre Versuche, gemeinsame numerische Einheiten für das Meßbare und das Unmeßbare zu finden, vergeblich waren. Es war auch das Problem, von dem

Descartes fälschlich meinte, es gelöst zu haben, als er die analytische Geometrie erfand und dann in der Lage war, physikalischen Dingen, Orten und Beziehungen genaue Zahlen zuzuschreiben. Newton wußte, wie wir sahen, daß Descartes den schwersten Teil des Problems nicht gelöst hatte, seine analytische Geometrie also beim Umgang mit bewegten Dingen und veränderlichen Beziehungen nicht hilfreich war. Newton erfand die Differential- und Integralrechnung, um mit solchen Veränderungen umgehen zu können, und das Ergebnis war ein mathematisches System der Welt, wie er sie kannte, das sich mit erstaunlicher Genauigkeit bewährte.

Newton verwandte bei seiner Entwicklung der Infinitesimalrechnung das von Descartes fünfzig Jahre zuvor aufgestellte Prinzip: Wenn ein Problem zu groß und zu kompliziert erscheint, teile man es in kleine Probleme auf und löse jedes von ihnen einzeln. Genau das tut die Infinitesimalrechnung. Sie zerlegt eine Veränderung oder Bewegung in sehr viele Schritte und steigt dann praktisch jeweils diese sehr kleinen Stufen schrittweise hoch. Die Verbindungslinie der Stufen kommt der Kurve um so näher, in je mehr Stufen sie aufgebrochen wird.

Wenn man sich vorstellt, daß die Anzahl der Stufen immer größer wird (sie kann natürlich nie wirklich unendlich groß werden), läßt sich die Stufenleiter als beliebig genaue Näherung an eine tatsächliche stetige Kurve sehen. Die Lösung einer Integral- oder Differentialgleichung ist also niemals *absolut genau*, kann aber immer *beliebig genau* gemacht werden, was letztlich bedeutet, daß sie mindestens so genau ist wie die genaueste aller anderen Variablen des Problems.

Dies ist ein wichtiger mathematischer Gedanke, den Nichtmathematiker oft nicht erfassen. Im Umgang mit der physikalischen Welt verzichtet die Mathematik auf die absolute Präzision, die sie sich in rein mathematischen Bereichen gönnt. In den Beweisen der elementaren Geometrie beispielsweise werden Kreise als absolut rund, Geraden als absolut gerade gesehen und so weiter. Die Wirklichkeit jedoch ist immer etwas verschwommener, oder vielmehr sind unsere Messungen der Wirklichkeit niemals vollkommen genau, und die Mathematiker haben ja mit den Zahlenwerten dieser Messungen zu tun.

Die Schönheit der Infinitesimalrechnung besteht darin, daß sich ihre Genauigkeit nach dem obigen Prinzip an die Genauigkeit der Messungen anpassen läßt. Wenn die Messungen sehr grob sind, können die Berechnungen sehr grob sein, das heißt, die Stufen innerhalb der Kurve können relativ hoch sein, ohne daß die Genauigkeit der Problemlösung leidet. Wenn die Messungen genauer werden, lassen sich die Berechnungen anpassen, indem immer kleinere Schritte gemacht werden, so daß wieder nichts verlorengeht.

Ein Beispiel ist die Zerlegung eines musikalischen Signals in eine Reihe von digitalen Eingaben, die auf einer Diskette gespeichert und dann durch die Kombination von Abspielgerät, Verstärker und Lautsprecher wieder in Schall umgesetzt werden. Die Zerlegung des Klangs besteht aus einer Reihe zeitlich benachbarter numerischer Messungen der Amplitude des Signals, das von der ursprünglichen Quelle, einer Geige oder den Stimmbändern, ausgesandt wird. Je näher die Messungen beieinander liegen, je kürzer und flacher also die Stufen sind, um so genauer ist das Bild, das von dem sich ständig ändernden musikalischen Signal aufgenommen wird. Theoretisch läßt sich die digitale Fassung des Signals Hilfe teurer Geräte beliebig genau machen, praktisch braucht sie nicht genauer zu sein als *das am wenigsten genaue* Element des Systems, also als beispielsweise der Verstärker oder der Lautsprecher. Man braucht kein fast vollkommen genaues Signal einzugeben, wenn man es mit schlechten Lautsprechern abhört.

Newtons Infinitesimalrechnung hat sich im Makrokosmos so gut bewährt, weil sie die Genauigkeit anzupassen erlaubt. Die winzige inhärente Ungenauigkeit der Infinitesimalrechnung, die niemals völlig genau sein kann, wird dann zum Problem, wenn man es mit der winzigen Welt der Atome, Kerne und Kernteilchen zu tun hat. Hier können die Lösungen weit daneben liegen.

Turingmaschinen

Der Digitalrechner hat Ähnlichkeit mit der Infinitesimalrechnung. Er kann ein Problem in beliebig kleine Teile aufbrechen, das heißt, er kann ein stetiges Signal irgendwelcher Art in so viele Inputs verwandeln, wie man nur will. Aber stecken in einem solchen Ansatz für die Problemlösung vielleicht Ungenauigkeiten, wie es der Fall ist, wenn die Infinitesimalrechnung auf den Mikrokosmos angewendet wird? Diese Frage wurde von dem in London geborenen Mathematiker Alan Turing (1912–1954) theoretisch beantwortet, als er noch ein Student am King's College in Cambridge war. Er schrieb 1935 eine Arbeit ‹On computable numbers›, die für den glänzendsten Beitrag dieses herausragenden Computerwissenschaftlers des zwanzigsten Jahrhunderts gehalten wird. Die erst 1937 veröffentlichte Arbeit zeigte, daß ein Universalcomputer – wir sagen heute Turingmaschine – denkbar ist, der die Funktionen und die Arbeit eines jeden problemlösenden Geräts übernehmen kann. Auf diesem Begriff des Universalcomputers beruht die Entwicklung der Digitalcomputer.

Ein Digitalcomputer kann, so das noch wichtigere Ergebnis von Turings Arbeit, theoretisch so geplant werden, daß er die Arbeit *jedes beliebigen* Analogcomputers verrichten kann. Anders gesagt: Eine Turingmaschine (ein Digitalcomputer) kann so beschaffen sein, daß *ihre Ergebnisse* vom menschlichen Geist (einem Analogcomputer) ununterscheidbar sind. Turing, der Begründer der modernen Digitalrechnung, war damit auch der Begründer der Erforschung der sogenannten künstlichen Intelligenz. Ein theoretischer Entwurf ist eine Sache, der Bau einer Maschine eine andere. Obwohl Turing einen genialen theoretischen Beweis führte, glaubt die Mehrheit der Computerwissenschaftler nicht, daß eine Maschine tatsächlich je wie ein Mensch arbeiten wird. Rechner können, so meinen sie, nicht gefühlsmäßig auf Sinneseindrücke reagieren, also keine intuitive Annahmen machen oder Variablen in Betracht ziehen, die oberflächlich gesehen nicht erkennbar sind oder ein Gefühl für eine Situation oder eine Beziehung entwickeln. Meiner Meinung nach wird Turings intelligente Maschine sicherlich nicht vor dem nächsten Jahrhundert verwirklicht werden, falls überhaupt. Deshalb beschäftige ich mich im letzten Kapitel damit.

Digitalcomputer sind alle im Prinzip Turingmaschinen und kamen zuerst um die Mitte dieses Jahrhunderts in Gebrauch. Noch 1960 waren sie groß, schlecht zu handhaben, langsam und teuer. Mit einer zweiten Generation von Computern der sechziger Jahre, die Transistoren statt Vakuumröhren verwendeten, begann die Computerrevolution, die für fast jeden heute Lebenden eine neue Welt einläutete. In den siebziger Jahren enthielten die Computer der dritten Generation integrierte Schaltkreise mit Tausenden von Transistoren und anderem Zubehör auf einem einzigen Chip; es entstand also der «Computer auf dem Chip», der Mikrocomputer und «intelligente» Terminals ermöglichte.

In den achtziger Jahren profitierten die Computer der vierten Generation davon, daß die Chips ungemein viel kleiner und dichter geworden waren und ein Chip in einem hoch integrierten Schaltkreis auf einer Fläche von weniger als einem Quadratzentimeter Millionen Teile enthalten konnte. Die neue Technik ermöglichte sowohl billige, sehr leistungsfähige Personalcomputer als auch «Supercomputer», die zu Beginn der neunziger Jahre eine Billion Operationen pro Sekunde ausführen konnten. Ein fünfte Generation von Computern verspricht weitere bemerkenswerte Fortschritte zur künstlichen Intelligenz, indem sie sogenannte Parallelverarbeitung ermöglicht, also mehrere getrennte Operationen wie Gedächtnis, Logik, Steuerung und so weiter gleichzeitig ausführen. Man vermutet beim menschlichen Gehirn eine ganz ähnliche, serielle Arbeitsweise.

Abhängigkeit von der Technik

Heute, weniger als ein halbes Jahrhundert nach der Entwicklung der ersten funktionierenden Computer, hat der Computer das Leben der Menschen in allen hochentwickelten Ländern der Welt so gründlich durchdrungen, daß wir buchstäblich nicht mehr ohne ihn leben können. Experten meinen, die größte Gefahr eines Nuklearkrieges sei die Zerstörung des elektrischen Leistungsvorrats der Computernetzwerke, was zum Zusammenbruch aller Kommunikations- und Informationssysteme führen würde. Nicht nur wäre dann kein Telefongespräch mehr möglich und man könnte über Radio oder Fernsehen kein Signal mehr empfangen, sondern man hätte auch nur noch das Bargeld, das in der Tasche oder unter der Matraze steckt. Heute werden Geldgeschäfte ganz überwiegend in Form von elektronischen Überweisungen abgewickelt; praktisch alle finanziellen Aufzeichnungen werden in Computern gespeichert und nicht auf Papier.

Man male sich nur aus, wie schwierig es wäre, wenn niemand mehr ein Giro- oder Sparkonto hätte und Geld anlegen oder überweisen könnte. Man könnte dann keine Güter mehr herstellen, verteilen und abrechnen, und auch die meisten Dienstleistungen wären dann nicht möglich. Wir wären augenblicklich zurück im Mittelalter. Aber unsere Lage wäre noch viel schlimmer als die der ärmsten Bauern aus, sagen wir, der Mitte des siebten Jahrhunderts, denn im Gegenteil zu ihnen haben wir keine Erfahrungen mit einem

Leben unter solchen Umständen, und deshalb müßten die meisten von uns sterben.

Diese Abhängigkeit von der Technik, auch einer anscheinend so nützlichen und überzeugenden wie der des Digitalcomputers, ist typisch für das zwanzigste Jahrhundert. Man könnte leicht eine lange Liste der Wunder zusammenstellen, die die Menschheit in den letzten hundert Jahren erleuchtet, unterhalten, bereichert und getröstet haben. Die meisten von ihnen werden mit Gas oder Strom betrieben. Aber eine Störung in der Lieferung neuer Autos, Kühlschränke oder Fernsehapparate würde selbst dann, wenn Strom und Gas weiterhin verfügbar wäre, bedeuten, daß wir binnen kurzem ohne solche Maschinen auskommen müßten, weil wir unsere alten Geräte nicht reparieren können. Früher waren alle Nationen eine Nation von Handwerkern, ersparte, wie es so schön heißt, die Axt im Haus den Zimmermann, weil jedermann mit ihr umzugehen wußte. Jetzt sind wir zu passiven Empfängern von Dienstleistungen geworden, die zumeist von komplizierten Maschinen ausgeführt werden, mit denen sich nur Fachleute auskennen und die nur wenige reparieren können.

Wohl jeder über Fünfzigjährige kann sich an eine Zeit erinnern, in der die Abhängigkeit von der Technik noch nicht zur Regel geworden war. Auch heute noch gibt es einige Käuze, die unbedingt als Selbstversorger leben wollen, und dazu gehört, daß sie jede Maschine reparieren können, die sie benutzen, besonders wenn Ersatzteile schwer zu bekommen sind. Aber ihr Können genießt kaum mehr besonders hohe Wertschätzung. Vielleicht wird dieses Wissen nie wieder wertvoll. Irgendwann um 1960 oder 1970 haben wir einen eventuell verhängnisvollen Schritt getan und sind aus einem Zeitalter, in dem sich die meisten Menschen in Notlagen noch selbst versorgen konnten, in eines geraten, in der das nur noch wenige können.

Bedeutet das eine Gefahr? Müssen wir uns deshalb vor der Zukunft fürchten? Das läßt sich schwer sagen. Alle hochentwickelten Nationen verwenden ihre Ressourcen auf die Ausweitung der technologischen Bereiche, auf die Herstellung von Maschinen, die immer einfacher zu bedienen sind und dazu so billig, daß fast jeder es sich leisten kann, sie zu kaufen und zu benutzen. Wir haben unser Leben in die Hände der Technokraten gelegt, und das mit sehr gutem Grund: Sie machen uns das Leben einfacher, als es in der Geschichte der Menschheit je war. Ob sie uns letztlich im Stich lassen? Wer weiß. Meiner Meinung nach wahrscheinlich nicht.

Triumphe der Medizin

Eine der glänzendsten Errungenschaften des Wissens des zwanzigsten Jahrhunderts – so großartig wie Computer, die Abschaffung der «natürlichen» sozialen Ungleichwertigkeit und das größere Bewußtsein der Menschen für die Gefährdung des Raumschiffs Erde – war der Sieg über die Infektionskrankheiten. Leider hat diese Errungenschaft, wie wir in den letzten Jahren sahen, ein tragisches Nachspiel. Zu Beginn des Jahrhunderts und noch bis etwa 1950 waren ansteckende Kinderkrankheiten wie Diphtherie und Keuchhusten schreckliche Mörder. Wenige Jahre später jedoch erkannten Ärzte kaum noch die Symptome, weil die Krankheiten selten geworden waren. Mit Typhus war es genauso. Man erkannte und besiegte auch die Ursachen der Kinderlähmung, der gefürchteten Krankheit, die Kinder und junge Erwachsene zu Krüppeln machte, und der Tuberkulose, die den jugendlichen Geist zerstörte. Die Lungenentzündung ist mit Ausnahme der hartnäckigen «Krankenhaus-Pneumomie» heilbar geworden. Wohl die einzige Infektionskrankheit, die sich allen medizinischen Attacken hartnäckig widersetzt, ist die ganz gewöhnliche Erkältung. Aber so unangenehm und lästig sie auch sein mag, führt sie doch selten zum Tode.

Einer der aufregendsten medizinischen Erfolge unserer Zeit war der Sieg über die Pocken. Jahrhundertelang hatte diese schreckliche Krankheit Millionen Menschen getötet und die Gesichter vieler weiterer Millionen entstellt. Ein im achtzehnten Jahrhundert entdeckter Impfstoff verminderte ihre Heftigkeit, aber noch 1967 starben in einem einzigen Jahr weltweit zwei Millionen Menschen an dieser Krankheit. Die Weltgesundheitsorganisation begann die Krankheit auszurotten, als in den sechziger Jahren ein Impfstoff gegen alle Formen der klinischen Pockenkrankheit zur Verfügung stand. Zu diesem Projekt der WHO, deren Kosten und Umfang gewaltig waren, gehörte, daß bei jedem erkrankten Menschen alle Kontakte aufgespürt wurden, weil rechtzeitige vorbeugende Impfung die Ausbreitung verhindern konnte. Schon 1977, zehn Jahre nach Beginn des Projekts, wurden keine neuen Fälle bekannt, und auch 1978, 1979 und 1980 traten nur zwei Fälle auf, deren Ursache ein Labor-Virus war. Die Krankheit konnte deshalb 1980 als ausgerottet erklärt werden. In der Natur gibt es sie nicht mehr. Dieser Krankheit trauert sicher niemand nach.

Menschen leiden nicht nur unter Infektionen, die sich mit Antibiotika behandeln lassen, und an ansteckenden Krankheiten, die in den meisten Fällen durch Impfen verhindert werden können. Ein Ergebnis der medizinischen Erfolge dieses Jahrhunderts war die rasche Zunahme der mittleren Lebenserwartung. Aber die Menschheit hat noch keine Unsterblichkeit erlangt. Wenn Menschen heute nicht mehr an Lungenentzündungen sterben, dann später an Herzkrankheiten oder an Krebs. Deshalb sind Herzkrankheiten und Krebs zu neuen Geißeln der Menschheit geworden. Sie sind wirklich Geißeln, aber es ist ein Unterschied, ob man mit 25 an Kinderlähmung, Lungenentzündung oder Tuberkulose stirbt, oder mit 75 an einem Herzinfarkt, einem Schlaganfall oder Krebs. Diese fünfzig Jahre wurden uns von den Forschern unseres Jahrhunderts geschenkt.

Die medizinische Forschung beschäftigte sich nicht nur mit Krankheiten. Sie errang auch erstaunliche Siege, als sie zunächst die Impfstoffe, Antibiotika und neue Medikamente brachte, in einer zweiten Umwälzung solche Wundermittel wie künstliche Hüften, Herzschrittmacher, Nieren- und Herztransplantationen und ähnliches entwickelte und auch hier verblüffende Ergebnisse erzielte. Es ist schlimm genug, wenn ein Kind einen Arm oder eine Hand verliert. Es ist besser, wenn es, wie es heute der Fall ist, eine Prothese bekommen kann, die leicht zu tragen ist und die wirklich funktioniert, also eine, die vieles von dem tun kann, was der Arm oder die Hand tun konnte.

Mittlerweise leben Millionen Menschen mit Herzschrittmachern, die Störungen im Herzrhythmus regulieren können. Ihre Herzen schlagen dann jahrelang regelmäßig, und ihr Leben ist völlig normal. Das Blut von Patienten mit Nierenkrankheiten wird mittlerweile in Tausenden von Dialysemaschinen gereinigt. Diese Menschen müssen zwar viele lästige Unannehmlichkeiten auf sich nehmen, können aber oft jahrelang leben, während sie ohne die Maschinen sterben müßten. Eine erfolgreiche Nierentransplantation kann das Problem vollständig und vielleicht auf Dauer lösen. Der Körper ist also nicht nur ein lebender Organismus, sondern auch eine Maschine. Es wäre dumm, das sentimental zu beklagen. Das Knie ist ein Gelenk. Das Hüftgelenk besteht aus einem Ball und einem Kugellager aus Knochen. Wenn man das Scharnier repariert und die Kugel oder das Kugellager durch ein gleiches Teil aus Stahl oder Plastik ersetzt, wird Gehen und Laufen wieder möglich.

Das ist keine Zauberei. Es ist Physik. Es ist Biotechnologie.

Drogenkulturen

Es gibt Drogen seit Jahrtausenden. Schon die Menschen der Jungsteinzeit, vielleicht sogar die Shamanen und Medizinmänner und -frauen der Altsteinzeit kannten die Heilkraft vieler Pflanzen. Daß der Alkohol in Wein, Bier und stärkeren Getränken das Leben rosiger erscheinen lassen kann, als es wirklich ist, ist zumindest seit dem zweiten vorchristlichen Jahrtausend bekannt. Im Lauf der Jahrhunderte haben mehrere Narkotika zu demselben Ergebnis geführt. Drogen sind also keine Erfindung des zwanzigsten Jahrhunderts. Wir finden auch nichts dabei, wenn wir Chemikalien dazu benutzen, eine Krankheit zu heilen oder Schmerzen zu lindern.

Trotzdem wurden fast alle heute gebräuchlichen Drogen und Medikamente, nicht nur in diesem Jahrhundert, sondern sogar erst in den letzten vierzig Jahren, also seit Kriegsende, entdeckt. In mehrfacher Hinsicht ist die wichtigste dieser Drogen das Penicillin, die Droge also, deren zufällige Entdeckung die Ära der Antibiotika einleitete. Alexander Fleming (1881–1955) stammte aus Schottland. Nachdem er 1906 sein Medizinstudium abgeschlossen hatte, begann er, antibakterielle Stoffe zu untersuchen, die für menschliches Gewebe ungiftig sein könnten. Wie man wußte, gab es viele Bakterien, die Infektionen verursachten. Man wußte auch, daß Bakterien getötet werden können. Aber Gifte wie Phenol, die für Bakterien tödlich sind, erwiesen sich auch für die Patienten als giftig und lebensbedrohlich.

Als Fleming 1928 mit Kulturen des *Staphylococcus aureus* experimentierte, dem Bakterium, das Eiter erzeugt, bemerkte er um eine Kultur eines Schimmels (Penicillin notatum), der einen seiner Glasträger verunreinigt hatte, einen von diesen Bakterien freien Ring. Der Schimmel stammte von einem Krümel Brot, der unbeobachtet auf seine Kultur gefallen war. Aufgeregt isolierte Fleming die Substanz und fand in dem Schimmel einen Stoff, der die Bakterien noch in achthundertfacher Verdünnung tötete. Fleming nannte ihn Penicillin. Andere Forscher konzentrierten diesen antibakteriellen Stoff, und das führte zur kommerziellen Erzeugung der Droge. Zu den Bakterien, die auf Penicillin reagieren, gehören jene, die Racheninfektionen, Lungenentzündungen, Rückenmarksentzündungen, Diphtherie, Syphilis und Gonorrhöe verursachen. Die Droge hilft nicht gegen alle Bakterien, aber durch Flemings Beispiel angeregt, halfen die Forscher bald mit, eine Industrie aufzubauen, die heute Millionen investiert, um neue und noch speziellere Drogen zu entwickeln, aus denen sie wiederum Profit schlagen kann. Wie Fleming gehofft hatte, erwies sich Penicillin für die meisten Menschen als ungiftig; allerdings sind einige Menschen dagegen allergisch. Viele andere Arzneimittel, die an den medizinischen Wundern unserer Zeit Anteil haben, bleiben nicht ohne schwere Nebenwirkungen. Die Patienten müssen dann die Vorteile der Einnahme einer Droge gegen das Leiden abwägen, das sie unabsichtlich bewirken kann. Wenn die Krankheit beispielsweise ein tödlicher Krebs ist, ist die Wahl relativ leicht: Man nimmt die Droge und hofft damit, den Krebs zu besiegen. Die Wahl fällt in den vielen Fällen schwerer, in denen die Nebenwirkungen der Droge nur wenig besser sind als die Krankheit.

Die Theorie schreibt allen Arzneien irgendwelche Nebeneffekte zu, und es gibt eine Gruppe von Patienten, die sich weigert, überhaupt Medikamente zu nehmen, wenn nicht gerade ein gefürchteter Krebs vorliegt oder Schmerzen unerträglich werden. Eine größere Gruppe stürzt sich auf jede Arznei, von der sie meinen, sie könne möglicherweise helfen. So ist es für sehr viele Menschen zur Gewohnheit geworden, immer dann, wenn das Leben schmerzhaft oder unangenehm ist, zu einer Medizin zu greifen. Einige dieser Medikamente machen süchtig, das ist die Schattenseite von Flemings großer lebensspendender Entdeckung.

Die Herausforderung AIDS

Eine wichtige Gruppe von Infektionskrankheiten wird durch sexuelle Kontakte übertragen. Diese Krankheiten lassen sich oft durch Antibiotika in Schach halten, aber resistente Stränge widersetzen sich der Heilung. Weltweit schien die Anzahl der auf Geschlechtskrankheiten, selbst Syphilis, zurückzuführenden Todesfälle bis vor kurzem abzunehmen, und das Problem schien unter Kontrolle zu sein. Dann beobachtete man 1979 zum ersten Mal ein völlig neues Krankheitsbild. Dieses erworbene Immunschwächesyndrom AIDS (ein Kürzel für Acquired Immune Deficiency Syndrome) befällt das Immunsystem und macht es unfähig, den Körper vor Krankheiten zu schützen.

AIDS wird durch einen Virus verursacht, der die T-Lymphozyten, eine wichtige Komponente des Immunsystems, befällt. Erste Anzeichen sind Gewichtsverlust, Fieber, Müdigkeit und die Vergrößerung der Lymphdrüsen. Wenn das Immunsystem schwächer wird, führen

Infektionen von Organismen, die von Menschen sonst leicht toleriert werden, zu chronischen Infekten, die sich mit Antibiotika und anderen Drogen behandeln lassen, aber schließlich erkranken AIDS-Opfer meistens an Krebs oder einer Infektion, die nicht zu behandeln ist. Und dann kommt der Tod. Ein kluger Virus würde seinen Wirt nicht töten, sondern eine dauerhafte Beziehung aufbauen, damit auch er überleben kann. Der AIDS-Virus tötet immer. Bis jetzt kennen wir noch keine geheilten Patienten, allerdings kann der Tod aus unbekannten Gründen langsamer oder schneller eintreten. Diese Unausweichlichkeit des Todes macht die Krankheit so schrecklich. Die Diagnose AIDS ist ein sicheres Todesurteil. Noch gibt es keinen Ausweg.

Anscheinend gab es den AIDS-Virus vor wenigen Jahren noch nicht. Er ist eine Mutation, die wahrscheinlich während der siebziger Jahre entstand, und möglicherweise etwas mit der Ausrottung der Pocken zu tun hat. Hat sich der Pockenvirus, der selbst vielleicht vor mehreren hundert Jahren aus einem anderen Virus mutierte, verändert, als er sich selbst bedroht sah? Bis jetzt konnte diese Vermutung nicht bestätigt werden. Trotzdem ist der Gedanke scheußlich.

AIDS wird über das Blut, in den meisten Fällen beim Geschlechtsverkehr übertragen. Einige Opfer sind bei Bluttransfusionen angesteckt worden, andere als Babies von ihren Müttern. Mehr noch haben AIDS bekommen, weil sie sich mit verseuchten Nadeln Drogen spritzten. Doch die meisten AIDS-Fälle sind auf sexuelle Kontakte zurückzuführen.

Als nach Kriegsende die empfängnisverhütende Pille entwickelt worden war, ermöglichte sie Millionen von Menschen überall auf der Welt die Geburtenkontrolle. Damit ließ sich die zuvor unkontrollierbare Geburtenrate beeinflussen, die die Erde mit Menschen zu überfluten drohte. Die Pille ermöglichte auch eine Explosion der Sexualität, die sogar als sexuelle Revolution bezeichnet wurde. Diese Entwicklung ist wohl größtenteils gesund und gut. Natürlich gab es Auswüchse, insbesondere wurde die Sexualität hemmungslos kommerziell ausgenutzt. Aber auch sehr häufiger Geschlechtsverkehr richtete keinen offensichtlichen Schaden an.

Plötzlich wurde Sex dann als schädlich gesehen. Die freie und ungehinderte Sexualität der sechziger und siebziger Jahre verwandelte sich durch AIDS in eine die Gesundheit und das Leben bedrohende Erfahrung. Die Suche nach Sex veränderte sich plötzlich in eine Suche nach sicherem Sex. Aber so lange es keine Kur und keine vorbeugende Impfung gegen AIDS gibt, stellt sich die ernsthafte Frage, ob Sex auf Dauer überhaupt sicher sein kann. Im Jahr 2000 werden Millionen an AIDS gestorben sein. Wenn kein Heilmittel gefunden wird, sterben im nächsten Jahrhundert Milliarden daran. Oder sie werden niemals geboren.

Sex, dieser große Genuß und diese große körperliche Wohltat hat auch früher Strafe nach sich gezogen. Die Folgen konnten körperlich sein, waren aber meistens moralischer und gesellschaftlicher Art. Mit Ausnahme der Syphilis waren sie zwar sehr unangenehm, aber nicht tödlich. Die Menschheit ist hoffnungsvoll. Die Mediziner haben uns in bezug auf solche Fragen noch niemals im Stich gelassen, denken wir, und wir vertrauen darauf, daß sie auch in diesem Fall Erfolg haben werden. Die Menschheit fordert ein Heilmittel gegen AIDS oder wenigstens einen vorbeugenden Impfstoff. Wir sind bereit, den Preis zu zahlen, der dafür gefordert wird, aber wir hoffen, AIDS früher oder später verhindern zu können. AIDS könnte sich aber auch jeder Vorbeugung oder Heilung widersetzen. Dann würde die Menschheit zu einer tragischen Entscheidung gezwungen sein: Versuche dich fortzupflanzen und stirb. Oder stirb einfach so.

Es ist nicht angenehm, solche Möglichkeiten erwähnen zu müssen. Hoffen wir also, daß es nicht dazu kommt.

Kapitel 14: Das zwanzigste Jahrhundert – Kunst und Medien

Der amerikanische Soziologe Harold Lasswell (1902–1978) meinte, die Kommunikationstheoretiker müßten immer die Frage beantworten können: «*Wer* sagt *was* zu *wem* mit *welcher Wirkung*?» Oft ist eine vollständige Antwort kaum möglich. Besonders die Wirkungen lassen sich wohl oft nur schwer erfassen, was erst vor kurzem als bedeutsam erkannt wurde. Jetzt jedoch ist sich die Kommunikationsgesellschaft ihrer selbst bewußt geworden. Man hat erkannt, daß sie eine Industrie ist, und noch dazu eine besonders wichtige.

Verständigung ist natürlich so alt wie die Sprache und wahrscheinlich noch viel älter. Die Hominiden haben sich wohl schon seit vielen Jahrtausenden miteinander verständigt, aber doch erst in den letzten zwei oder drei Jahrtausenden versucht, zu beurteilen, wie gut ihre Verständigung war. Die Römer beispielsweise stellten die Rhetorik an die Spitze ihrer Erziehungspyramide und zeigten damit, daß ihrer Meinung nach die Kommunikation für den Erfolg im Leben ausschlaggebend war. Zweitausend Jahre später legten die fortschrittlichsten Nationen der Welt mehr Wert auf die Fähigkeit, lesen und schreiben zu können, als auf irgendeine andere intellektuelle Leistung. Mit Menschen, die lesen können, fällt die Verständigung leichter.

Die Medien und ihre Botschaften

Der erste, der einer breiteren Öffentlichkeit Fragen zur Kommunikation stellte, war kein Soziologe, sondern ein Professor für Anglistik an der Universität von Toronto. Marshall McLuhan (1911–1980) zwang uns in einer Reihe von Büchern und Arbeiten, Dinge, die immer einfach und leicht verständlich erschienen waren, auf völlig neue Weise zu sehen. Selbst in den vertrautesten Bereichen gab es, wie er zeigte, noch viel zu lernen. McLuhans grundlegende Einsicht fand einen Ausdruck in seinem berühmten Ausspruch «Das Medium ist die Botschaft». Eine solche Übertreibung würde ein Naturwissenschaftler niemals machen, einem Anglistikprofessor dagegen fällt sie leicht. Weil die Aussage eine Übertreibung ist – das Medium ist ja nicht die gesamte Botschaft, aber es hat immer Einfluß auf die übermittelte Botschaft –, wurde McLuhan von Soziologen und anderen Gesellschaftswissenschaftlern abgelehnt; seine Gedanken finden auch heute, zwanzig Jahre nachdem sie *en vogue* waren, nicht viel Beachtung. Aber sie bleiben nicht weniger wahr.

McLuhan erläuterte in seinem Buch ‹Understanding Media: The Extensions of Man› (1964, deutsch: Die magischen Kanäle, 1968), was er meint, wenn er sagt, das Medium sei die Botschaft. Er regt dort mit vielen provozierenden und nachdenklich stimmenden Übertreibungen zu allgemeinen Überlegungen an. Auch wenn dieses Buch heute nicht mehr viel gelesen wird, ist es doch eines der wichtigsten des zwanzigsten Jahrhunderts. McLuhan wollte uns vermitteln, daß das Medium, in oder mit dem eine Mitteilung gemacht wird, Inhalt und Wirkung dieser Mitteilung stark beeinflußt. Das läßt sich nicht leugnen. Ein Bühnenstück beispielsweise wird durch eine Verfilmung ein anderes Werk. Die Kamera bringt eine neue Dimension der Bewegung hinein, die Wörter tragen nicht mehr die ganze Bürde der Bedeutung. Ein Roman, der in seiner ursprünglichen Form jedenfalls auf die, die gern Romane lesen, großen Eindruck macht, wirkt anders oder verliert vielleicht auch an Wirkung, wenn er in ein Fernsehspiel verwandelt wird. Man könnte unzählige andere Beispiele anführen. Der Unterschied ist nicht nur für die Empfänger der Mitteilung zu spüren. Auch der Sender oder Schöpfer fühlt, welch großen Unterschied es macht, wenn er das, was dasselbe zu sein scheint, mit Hilfe unterschiedlicher Medien vermittelt. Ein Streichquartett beispielsweise, das in einem Konzertsaal eine musikalische Beziehung zu seinem Publikum herstellen kann, wird durch seine musikalische Liebesbeziehung zu tausend Zuhörern angeregt, über sich selbst hinauszuwachsen und Risiken einzugehen. Das ist in der kalten Umwelt eines Aufnahmestudios unmöglich, wo Teile und Stücke einer Komposition gelegentlich auf der erbarmungslosen Suche nach Vollkommenheit oft und oft wiederholt werden, um dann zu einem Ganzen zusammengesetzt zu werden, das von den Künstlern so niemals gespielt wurde. Das Endergebnis muß vollkommen sein, weil das Medium erbarmungslos ist. Aber der Preis der Vollkommenheit ist der Verlust der lebendigen, inspirierten und mutigen Großartigkeit einer lebendigen Darbietung.

McLuhan meint noch mehr als diese Art von Verzerrung, wenn er sagt, das Medium sei die Botschaft. Ihn interessieren die oben erwähnten trivialen Unterschiede wenig. Er ordnet die Kommunikationsmedien in die drei großen Gruppen der mündlichen Überlieferung, der Schrift und Drucktechnik und der elektronischen Medien. Bevor die alten Griechen die Schrift dazu verwendeten, Naturwissenschaft zu betreiben, hatten sie, so meint McLuhan, von den Fortschritten des Stammeswissens profitiert. Sie kannten ihre Epen auswendig. Die Dichter lieferten praktische Weisheiten für alle Lebensfälle – eine Art Ratgeber in Versen. Mit dem phonetischen Alphabet wurde die praktische Weisheit von Homer und Hesiod und den Stammes-Enzyklopädien zu klassifiziertem Wissen. Seitdem war die Erziehung durch festgelegte Fakten das Programm des Abendlandes. McLuhan führt aus, daß die Klassifizierung der Daten in dem, wie er sagt, Zeitalter der Elektrizität, der Mustererkennung gewichen sei. Die Daten werden augenblicklich übermittelt, die Reaktion folgt ohne die geringste Verzögerung, und deshalb müssen wir unsere Schlüsse eher intuitiv ziehen als aufgrund vernünftigen Nachdenkens. Jedes neue Medium erschafft seine eigene Umwelt, die wir zumeist nicht bewußt wahrnehmen. Aber die neue Umwelt läßt sich nicht leugnen, ob wir sie nun wahrnehmen oder nicht.

Tatsächlich können vielleicht nur Künstler sie wahrnehmen. McLuhan meint, der ernsthafte Künstler ist der einzige Mensch, der der Computertechnologie ungestraft begegnen kann, weil er Experte für die Wahrnehmung der Sinnesempfindungen ist. Picasso, Braque und die anderen Kubisten waren solche Experten, die schon wußten, daß die elektronischen Medien die alte lineare Welt des Schreibens und Lesens zerstören würden, die von den geradlinigen Technologien abhing. Sie erschütterten die Perspektive und warfen dem Betrachter alles auf einmal vor, genau wie es die elektronischen Medien mit ihren Milliarden passiven Zuschauern und Zuhörern machen.

Die Flucht vor den Medien geschieht nicht, indem man die ihnen innewohnende Macht bestreitet, die Umwelt zu schaffen, in der wir uns unwissentlich bewegen. Wer behauptet, es komme nicht auf das Medium an, sondern nur auf seinen «Inhalt», vertritt die törichte Einstellung des technologischen Nichtwissers. Denn der «Inhalt» gleicht nach Meinung McLuhans dem saftigen Stück Fleisch, mit dem der Einbrecher den Wachhund des Geistes ablenken will. Wir können uns auf solche Vorsichtsmaßnahmen nicht verlassen, denn sie bewähren sich nicht. Selbst Verständnis reicht nicht aus.

Wenn diese letzten Sätze den Eindruck erwecken, Medienmenschen lauerten wie Diebe darauf, ihr Opfer abzulenken, um es filzen und berauben zu können, macht McLuhan meiner Meinung nach einen Fehler. Medienkünstler merken nicht, wie gewaltig die Macht ist, mit der sie eine neue Welt erschaffen, die so ganz anders ist als die alte. Wir, die wir passiv in eine neue Umwelt versetzt werden, nehmen genausowenig wahr, wie diese neue Umwelt die alte verändert. Können wir uns dieser Veränderung voll bewußt werden, ohne selbst Künstler zu sein? Nur durch Analogien. Wir können also im Rückblick sehen, wie Gutenbergs neue Technik des Buchdrucks die Welt veränderte, der er sie in aller Unschuld darbot. Gutenberg hatte niemals die Absicht, fromme, gehorsame europäische Bauern in belesene politische Rebellen zu verwandeln, aber das war eine der wichtigsten Folgen seiner Erfindung. Wir können heute sehen, was damals passierte, und analog können wir, wenn auch nur ansatzweise, wahrnehmen, was im zwanzigsten Jahrhundert mit uns passiert. Und was im nächsten Jahrhundert immer schneller passieren wird. Große Künstler können uns dabei helfen.

Eine visuelle Revolution: Picasso, Braque und der Kubismus

Im ersten Jahrzehnt dieses Jahrhunderts leiteten Picasso und Braque in Paris eine visuelle Revolution ein, die auch heute noch unsere Sicht der Welt beeinflußt. Versuchen wir, zu verstehen, was da passierte. Pablo Picasso wurde 1881 im spanischen Málaga geboren, Georges Braque in Argenteuil in der Nähe von Paris. Beide wußten schon, bevor sie zwanzig waren, was sie in ihrem Leben tun wollten, und beide widmeten ihr langes Leben der Kunst.

Braque stellte im Frühling 1907 im Pariser Salon des Indépendants sechs Gemälde aus, die er alle verkaufte. Später im selben Jahr unterschrieb er einen Vertrag mit dem Kunsthändler D.H. Kahnweiler, der gerade eine kleine Galerie moderner Kunst eröffnet hatte. Kahnweiler stellte Braque dem avantgardistischen Dichter Guillaume Apollinaire vor, und Apollinaire wiederum machte Braque mit seinem Freund Picasso bekannt. So kam es zu einer Zusammenarbeit und einem Wettbewerb, die in der Geschichte der modernen Kunst einzigartig sind.

Picasso hatte vor kurzem ‹Les Demoiselles d'Avignon› gemalt, verzerrte weibliche Gestalten, die den Betrachter aus harten Augen anstarren. Kahnweiler hatte das Gemälde kaufen wollen, aber nur Picassos Studien dazu bekommen. Das Gemälde selbst war vom Rahmen gelöst worden und lag zusammengerollt im Atelier des

Malers. Picasso zeigte es Braque, der gesagt haben soll: «Hören Sie, trotz Ihrer Erklärungen sieht das Gemälde aus, als ob Sie wollten, daß wir Leinwand essen oder Benzin trinken und Feuer spucken.» Trotzdem gab das Werk Braque einen Anstoß, der ihn an der Seite Picassos in der Kunst einen neuen Weg suchen ließ. Im Sommer 1908 malte Braque in Südfrankreich ‹Häuser in L'Estaque›, das mit seinen geraden Formen, düsteren Farben und einer seltsam verzerrten Perspektive an Cézanne erinnert. Er brachte das Bild am Ende des Sommers mit nach Paris und zeigte es Picasso. Jetzt war dieser schockiert und inspiriert.

In den nächsten sechs Jahren sahen sich die beiden fast täglich. Picasso ging in Braques Atelier, um zu sehen, was er geschaffen hatte, und Braque besuchte Picasso. Gemeinsam bewirkten sie eine Revolution nicht nur der Malerei, sondern der Betrachtungsweise. Als der Kritiker Louis Vauxcelles gegenüber Henry Matisse äußerte, Braque male nur Würfel, erhielt der neue Stil den Namen Kubismus. Der Krieg bereitete dieser Zusammenarbeit ein Ende. Braque, Reservist der französischen Armee, wurde 1914 an die Front geschickt. Picasso verabschiedete ihn auf dem Bahnhof. Braque kehrte 1915 schwer verwundet zurück; seine Kopfwunde machte einen monatelangen Krankenhausaufenthalt nötig. Danach war er ein anderer Mensch. Picasso sagte später, er habe seinen Freund nach dem Abschied 1914 nie wieder gesehen. In den wunderbaren Jahren, in denen Paris sich am Wettstreit der beiden jungen Männer begeisterte, malten Picasso und Braque oft fast ununterscheidbare Bilder. Einer hatte eine Idee und der andere führte sie aus. Dann reagierte dieser mit einer neuen Wendung. Auf die Gefahr hin, übermäßig zu vereinfachen, versuchten sie in all den Jahren ihrer Zusammenarbeit, sich entschieden und vollständig von den Gedanken zu lösen, die die Kunst in Europa seit der italienischen Renaissance beherrscht hatten, daß nämlich ein Gemälde etwas darstellt. In ihren Händen waren Gemälde keine Darstellungen von Dingen, sondern wurden selbst zu Dingen.

Braque und Picasso versuchten zu beschreiben, was sie taten, aber ihre Worte waren niemals so beredt wie ihre Werke. Vielleicht kam Braque dem am nächsten, als er schrieb: «Das Ziel ist nicht, im Bild eine Tatsache *nachzuschaffen*, sondern mit dem Bild eine Tatsache zu *schaffen*. Ein Gemälde war also nicht die Darstellung eines Menschen oder einer Szene, die sozusagen durch ein Guckloch oder ein Fenster beobachtet werden, sondern es selbst war das, worum es ging. Deshalb mußte auf die Perspektive verzichtet werden, die nur für Guckloch-Betrachter nützlich ist, und die Ebene der Leinwand mußte so aufgebrochen werden, wie die Wirklichkeit selbst aufgebrochen ist. Ein wirkliches Objekt läßt sich von jeder Seite aus betrachten, und deshalb zeigen die Figuren auch auf der flachen Leinwand mehrere Ansichten. Ein menschliches Gesicht wurde von vorn, von beiden Seiten und von hinten dargestellt, alles gleichzeitig.

In England hatte eine Gruppe von Malern Ende des neunzehnten Jahrhunderts gegen das protestiert, was sie den Surrealismus Raphaels und seiner Nachfolger nannten. Sie bezeichneten sich selbst als Prä-Raphaeliten und malten Gemälde im Stil der frühen italienischen Renaissance, also der Zeit von Piero della Francesca und Sandro Botticelli. Picasso und Braque gingen in gewisser Weise noch weiter zurück und wagten sich zugleich auf unbekanntes Gebiet. Fünf Jahrhunderte lang, von 1400 bis 1900, hatten Maler versucht, ihre Gemälde mit Hilfe der Perspektive und anderer Mittel der Wirklichkeit so ähnlich zu machen wie nur möglich. Vor 1400 hatten Maler versucht, die Wirklichkeit der göttlichen Liebe und Macht zu *erschaffen*, sie nicht nur darzustellen. Jetzt, nach 1900, versuchten Maler wieder, Gemälde zu malen, die selbst reale Dinge waren, nicht Bilder von Dingen.

Noch revolutionärer als ihre Ziele waren die von Picasso und Braque und bald den meisten anderen ernsthaften Malern des zwanzigsten Jahrhunderts benutzten Mittel. Das Aufbrechen des Bildes, ja, seine Zerstörung, das Zerreißen der zweidimensionalen Bildfläche, die Einbeziehung von Buchstaben und Wörtern in das Bild, der oft wiederholte Versuch, das Häßliche oder Abscheuliche darzustellen, und die Verwendung schockierender und unangenehmer, also nicht «schöner» Farbkombinationen – all dieses spiegelte die Bemühungen der Kubisten und anderer nichtgegenständlicher Maler wider, eine völlig neue Kunstform zu schaffen, die, wie sie sagten, das Chaos, das Durcheinander und das unheimliche und bedrohliche Drama des modernen Lebens ausdrücken sollte.

Thomas von Aquin hatte im dreizehnten Jahrhundert Schönheit als das definiert, was angenehm anzusehen ist. Jahrhundertelang hatten die meisten Maler in ihren Werken vor allem Schönheit schaffen wollen. Die Betrachter vieler nach-kubistischer Gemälde waren deshalb beim ersten Betrachten besonders von der offensichtlich gewollten Häßlichkeit schockiert.

Wie die aufwühlenden Schriftsteller des Jahrzehnts vor Kriegsbeginn wollten auch die Maler die Menschen überall auf die neue Welt hinweisen, in der sie lebten und die, wie sie behaupteten, radikal anders war als alles, was es vorher gegeben hatte. Es entbehrt nicht der Ironie, daß Giotto und Piero della Francesco und auch Raphael ebenfalls genau das tun wollten. Tatsächlich ist in der Geschichte der Kunst seit der Renaissance nichts so wichtig gewesen, wie das, was Picasso und Braque im Herbst 1908 begannen, und das schließlich jeden die Welt auf eine völlig neue Weise zu sehen lehrte.

Pollock, Rothko und das hexagonale Zimmer

Jackson Pollock wurde 1912 in Wyoming geboren und kam nach ruhelosen Jahren, in denen er allein oder mit seiner Familie umherzog, 1930 nach New York, wo er fast drei Jahre lang bei dem Maler Thomas Hart Benton studierte, den er aber nicht nachahmte. Nach Jahren äußerster Armut und großen Elends wegen seines Alkoholismus und seines Drogenkonsums wurde er durch seine sogenannten Action Paintings berühmt. Pollock legte die Leinwand dazu flach auf den Boden und goß oder tropfte Farbe darauf; zwischendurch betrachtete er sie oft wochenlang. Dieses anscheinend verrückte Verhalten brachte ihm die Aufmerksamkeit der Medien – das ‹Time Magazin› nannte ihn «Jack the Dripper» – und finanzielle Sicherheit; seine Gemälde zählen für viele zu den größten Bildern, die je ein amerikanischer Künstler schuf. Pollock starb 1956 bei einem Autounfall.

Mark Rothko kam 1913 als Zehnjähriger aus Rußland in die USA und erreichte ebenfalls nach ruhelosem Wandern 1925 New York. Rothko blieb im wesentlichen ein Autodidakt und schuf ein sehr eigenes Werk, dessen Stil, für den er jetzt allgemein bekannt ist, 1948 entwickelt war. Seine Leinwände sind oft so groß wie eine Wand und bestehen aus Farbstreifen, die geheimnisvoll im Raum schweben. Seine Bilder sind außerordentlich einfach. Aber jeder, der ein Rothkogemälde je aufmerksam betrachtet hat, erkennt ein anderes sofort. Anders als Pollock hatte Rothko zu seinen Lebzeiten wenig Erfolg. Er war überzeugt, daß er von den Künstlern, die ihm das meiste verdankten, vergessen worden war und beging 1970 Selbstmord. Nach seinem Tod führte die Vollstreckung seines Testaments zu einer berühmten und langwierigen Gerichtsverhandlung, weil seine Tochter dem Testamentsvollzieher und den Besitzern einer Rothko-Galerie Verschwörung und Bereicherung vorwarf. Die Angeklagten wurden verurteilt und mit hohen Geldstrafen belegt, und Hunderte von Werken aus dem Nachlaß wurden an die Kinder des Künstlers und an etwa zwanzig Museen verteilt. Seine besten Werke hängen jetzt in der Nationalgalerie in Washington, DC.

Der Ostflügel dieser Nationalgalerie, ein atemberaubender moderner Entwurf des Architekten I.M. Pei (geboren 1917) wurde 1978 eröffnet. Der mittlere Raum des neuen Flügels war für die großen Rothkos reserviert. Dieser sechseckige Raum, der an jeder Seite eine Tür hat, ist als eine Art schwebender Raum ideal für dessen Werke. An fünf der sechs Seiten hängen fünf von Rothkos größten Gemälden und an der sechsten ein großer Pollock. Diese Verbindung strahlt einen Zauber aus, der dem zwanzigsten Jahrhundert angemessen ist.

Der riesige Pollock, ein feines Netz schwarzer, brauner und grauer Linien auf weißem Grund, ist kühl, ruhig, feierlich. Die fünf großen Rothkos mit ihren unterschiedlichen Tönungen von Orange, Purpur und Rot glühen in den leidenschaftlichen Farben des Lebens. Der Pollock ist das Gehirn eines riesigen amorphen Seins. Die Rothkos sind dessen von innen und von außen gesehener Körper. Der Pollock ist Mathematik, Hypothese und Theorie. Die Rothkos sind die feste blutvolle Wirklichkeit, die die Theorie zu begrenzen und zu verstehen versucht. In den letzten Jahren haben sich einige Maler in Europa und Amerika vom abstrakten expressionistischen Stil solcher Künstler wie Pollock und Rothko abgewandt und sind zur realistischen Darstellungsweise der sogenannten Postmoderne übergegangen. Sowjetische und andere sozialistische Künstler haben auch im zwanzigsten Jahrhundert den Repräsentationalismus niemals aufgegeben. Vielleicht ist die künstlerische Bewegung, die mit Picasso und Braque begann, am Aussterben oder schon tot. Aber als Lehrmeister eines ganzen Jahrhunderts bleibt sie unvergessen.

Revolution im Städtebau: Das Bauhaus und Le Corbusier

Das zwanzigste Jahrhundert hat eine Revolution in der Architektur gesehen, die fast so radikal und weitreichend war wie die in der Malerei und der Bildhauerei. Sie betraf nicht nur einzelne Gebäude, sondern hat das Aussehen und sogar die Vorstellung der Stadt selbst verändert.

Das Bauhaus, 1919 vom Architekten Walter Gropius (1883–1969) gegründet, vereinte zwei damals in Weimar bestehende Schulen zu einer einzigen. Diese neue Schule, eben das Bauhaus, vereinte auch die beiden wichtigen Richtungen der Kunsterziehung, nämlich die künstlerische und die handwerkliche Ausbildung. Die Architekturstudenten am Bauhaus mußten nicht nur klassische und moderne Architektur studieren, sondern auch ein Handwerk wie Tischlerei, Metallbearbeitung, Glasmalerei und Wandmalerei lernen. Dabei wurde Wert auf Funktionalismus und einfache, klare Linien gelegt. Als das Bauhaus nach der Machtergreifung 1933 schließen mußte, wanderten mehrere der Lehrer in die USA aus. László Moholy-Nagy (1895–1946) gründete in Chicago ein neues Bauhaus, Gropius wurde der Leiter der Architekturschule in Harvard und Ludwig Mies van der Rohe (1886–1969) richtete eine neue und letztlich sehr einflußreiche Fakultät für Architektur am Armour Institut (dem späteren Illinois Institute of Technology) in Chicago ein.

Von allen Lehrern am Bauhaus war Mies van der Rohe wohl der bekannteste Architekt. Seine hochragenden Parallelepipede aus Glas und Stahl, besonders entlang der Küstenlinie am Ufer des Lake Michigan im Stadtinneren von Chicago, wurden in den Jahrzehnten nach dem Kriegsende in vielen Städten nachgeahmt.

Le Corbusier, der Künstlername von C.-E. Jeanneret, wurde 1887 in der Schweiz geboren und starb 1965 in Frankreich. In Paris, wo er seit 1913 lebte, schrieb und veröffentlichte er eine Reihe von Manifesten zur Architektur. Sie machten ihn berühmt, brachten ihm jedoch kaum Aufträge. Er wurde für solch extrem formulierte Grundsätze bekannt wie «ein Haus ist eine Maschine zum Wohnen» und «eine gekrümmte Straße ist ein Eselspfad, eine gerade Straße eine Straße für Menschen». Zu seinen bekanntesten Büchern gehören ‹Städtebau› und ‹Modular›. Le Corbusier wurde zuerst durch einen Wettbewerb berühmt, den er nicht gewann. Er hatte sich 1937 an einer Ausschreibung um den Entwurf des Gebäudes für den Völkerbund in Genf beteiligt, und dabei – das war neu – für diese politische Organisation ein Bürogebäude vorgeschlagen, das funktional war, und nicht einen neoklassischen Tempel. Die aus traditionellen Architekten bestehende Jury war von dem Entwurf schokkiert und lehnte ihn ab, weil er nicht, wie die Regeln es gefordert hatten, in Ausziehtusche abgeliefert worden war. Le Corbusier war verbittert, aber seitdem wurde weltweit kaum noch ein großes Bürogebäude als «neoklassischer Tempel» geplant. Nach dem Pech in Genf erhielt Le Corbusier oft Aufträge für den Städtebau. Die Gebäude wurden nicht immer gebaut, aber die Entwürfe wurden in der Welt tonangebend. Seine erste große Wohneinheit wurde 1952 in Marseilles fertiggestellt, wo achtzehnhundert Einwohner in einer «in achtzehn Stockwerken als vertikale Gemeinschaft» leben sollten. Zu den Gemeinschaftsdiensten gehörten zwei «innere Straßen» sowie Geschäfte, eine Schule, ein Hotel, eine Kinderkrippe und ein Kindergarten, eine Turnhalle und auf dem Dach ein Freilufttheater. Le Corbusier und seine Schüler haben in den nächsten dreißig Jahren in fast allen Weltstädten solche in sich geschlossenen und völlig autarken Projekte gebaut.

Die Renaissancearchitekten, die im Quattrocentro in Florenz ausgebildet wurden, machten zahlreiche Studien für «neue Städte», deren Entwürfe den Regeln der Perspektive und der Vernunft gehorchten. In ihnen ist gewöhnlich kein Mensch zu sehen. Eine Reihe solcher früherer Vorhaben wurde auch tatsächlich verwirklicht, aber die Gegenwart der Menschen veränderte die Pläne und machte sie weniger rational und lebenswerter. Auch die großen Entwürfe von Le Corbusier veränderten die Stadtplanung entscheidend. Die gedrängten, «irrationalen» Städte des neunzehnten Jahrhunderts mit ihrer Überfülle an Wohnungen, Ateliers, Fabriken und Geschäften gefielen ihm gar nicht. Wie er in ‹Die Stadt von morgen› ausführt, wollte er sie durch vielstöckige Wohneinheiten ersetzen, die isoliert in großen Parkflächen liegen. Er behauptete, diese Wohngebiete brauchten nicht mehr Land als die herkömmliche Bauweise, sondern sollten nur senkrecht angeordnet sein, hoch in den Himmel reichen und von reichlich Luft und Licht umgeben sein.

Der Gedanke schien reizvoll, aber er wurde bald verzerrt und schließlich verraten. Spätere Architekten, die wenig Land zur Verfügung hatten und Profit machen wollten, packten so viele Menschen und Büros in so wenig Raum wie nur möglich. Dieser Verrat kann wohl nicht überraschen, denn Le Corbusiers Traum war im Grunde mit dem Gedanken der Stadt unverträglich, wie er sich seit der Renaissance entwickelt hatte. Le Corbusier mochte keine Menschenmengen und wünschte vor allem die Zerstörung der «Stadt der Massen», in der Männer, Frauen und Kinder in engen und nahen Gemeinschaften leben und arbeiten. Seine Vision wurde in Städten wie dem neuen Albany im US-Bundesstaat New York und in Brasilia, der kalten Hauptstadt Brasiliens, oder im Hansaviertel Berlins Wirklichkeit, die nur wenig lebenswert erscheint, weit von den Bevölkerungszentren entfernt und vor allem von Beamten bewohnt.

Es gibt viele Gründe, warum die modernen Städte nicht mehr die behaglichen und angenehmen Orte sind, die sie noch vor einem halben Jahrhundert waren. Auch Le Corbusier und seine Nachfolger haben daran Schuld, die ihre vertikal organisierten Bewohner von der übrigen Bevölkerung trennen und schützen wollten und ihre Hochbauten untereinander mit Autobahnen verbanden, so daß ein Bewohner von der Wohnung zur Arbeit gelangen konnte, ohne jemals die übliche Stadtlandschaft zu sehen. Deshalb ist die traditionelle Stadt zu einem neuen urbanen Dschungel geworden. Die isolierten Türme sind immer höher geworden, aber niemand ist mehr sicher, weder in seiner Wohnung oben in einem Wolkenkratzer noch auf den riesigen Plätzen, auf denen kein Gras mehr wächst.

Literarischer Prophet: Yeats

Die neue Welt, in der wir jetzt leben, und von der die meisten von uns nur wenig wissen, ist von vielen der etwa zwanzig größten Dichter unserer Zeit meistens in Bildern beschrieben worden. Wir können uns hier nicht mit allen von ihnen beschäftigen, aber zumindest einige sollen erwähnt werden.

William Butler Yeats (1865–1939) war sein Leben lang zerrissen zwischen seiner Liebe und seinem Haß und Mißtrauen zu Irland. Einerseits wirkte die nebelhafte, geheimnisvolle irische Vergangenheit auf ihn zutiefst inspirierend. Andererseits war er entsetzt über Irlands heutige selbstzufriedene Suche nach bürgerlichem Erfolg; jedenfalls gab sie ihm Anlaß zu einigen seiner größten Dichtungen. Anscheinend waren Haß und Abscheu mächtigere Anregungen als die vagen Freuden der irischen Mythen. Yeats wurde fünfzig, bevor er seine wahre Stimme fand. Seinem Gefühl nach wurde seine Suche durch die Hinrichtung mehrerer irischer Patrioten durch die Engländer am Ostersonntag 1916 gefördert. «Eine schreckliche Schönheit ward offenbar», schrieb er in ‹Ostern 1916›.

‹Michael Robartes und die Tänzerin› ist eine 1921 veröffentlichte Sammlung von Gedichten, die während und kurz nach dem verheerenden vierjährigen Krieg geschrieben wurden, der die alte Gesellschaft zerstört hatte; Yeats spürte deutlich, wie sehr er sie liebte. Von ihnen hat das Gedicht ‹Die Wiederkunft› inzwischen den Status einer Ikone. Wie andere in der Zwischenkriegszeit geschriebene Werke, etwa die schon früher erörterte Arbeit von Freud, beschreibt es die neue und angsterregende Sicht der Welt, die der Krieg erzeugt hatte.

Kreisend und kreisend in stets weiterm Rund,
Der Falke nicht den Falkner hören kann;
Alles zerfällt; die Mitte hält nicht mehr,
Läßt auf der Welt los bloße Anarchie,
Die blutgetrübte Flut, drin überall
Der Unschuld Zeremonie ertrinkt;
Die Besten jeder Überzeugung bar,
Die Schlechtesten voll wilden Eifers sind.

Diese apokalyptische Sicht quälte Yeats; er hoffte oder fürchtete, die Wiederkehr des Heilands stünde unmittelbar bevor. Ihm graut davor:

«Doch weiß ich nun,
Daß zwei Jahrtausend steinern starren Schlafs
Durch einer Wiege Schwung zum Albtraum wurden.
Und welches Tier, des Stunde wiederkam,
Nach Bethlehem schleicht zu seiner Neugeburt,
um dort geboren zu werden?»

Die Frage am Ende des Gedichts ist nicht nur rhetorisch. Yeats kannte die Antwort nicht. Er konnte nur die Frage stellen. Es ist klar, daß die Antwort nicht «reine Anarchie» lauten kann, wenn Anarchie in einem engen politischen Sinn gesehen wird. Und doch war eine Art Anarchie von Sinn und Verstand jedenfalls für ein Genie wie Yeats schon erkennbar. In den siebzig Jahren seit der Veröffentlichung des Gedichts haben wir gelernt, diese Anarchie zu erkennen.

Eine Reise nach Indien

Edward Morgan Forster wurde 1879 in London geboren und starb 91 Jahre später in Coventry. Seine ersten Romane sind eher leicht und etwas seicht und geben seine Gedanken zu dem Konflikt zwischen der imaginären und der irdischen Komponente der menschlichen Seele und ihres Charakters wieder. Die Hauptpersonen vertreten eine romantische Sicht der Liebe und der Zuneigung überhaupt. Obwohl diese Romane beliebt waren, hätten sie Forster keinen dauerhaften Ruhm gebracht. Sein letzter Roman ‹Auf der Reise nach Indien› jedoch, der bereits 1924 erschien, war anders.

Obwohl sein Inhalt Forsters frühere Gedanken aufgreift, untersucht er auch realistisch einige der drängendsten Konflikte, vor denen sich der moderne Mensch gestellt sieht. Nach McLuhan ist das Buch «eine dramatische Studie der Unfähigkeit der auf mündlicher Überlieferung und Intuition aufgebauten östlichen Kulturen mit den rationalen, visuellen Formen der Erfahrung des Europäers zurechtzukommen».

Die Begegnung spielt sich in den Marabargrotten ab. Dies ist die berühmteste Szene des Romans. Adela Quested, die junge Romanheldin, verirrt sich im Labyrinth dieser Höhlen und vermeint, Dr. Aziz, in diesem Buch der Vertreter der primitiven und mystischen indischen Kultur, habe sich an ihr vergangen. Nach dem Vorfall in den Höhlen geht das Leben wie gewöhnlich weiter, aber es hatte keine Konsequenzen, das heißt, weder hatten Klänge ein Echo, noch entwickelten sich neue Gedanken. Alles schien an der Wurzel abgeschnitten und deshalb voller Täuschung. «Adelas zeitweilige Verwissung und anhaltende intellektuelle Verwirrung ist eine Parabel des westlichen Menschen im Zeitalter der Elektrizität ... Wir erleben die Entscheidungsschlacht zwischen Sehen und Hören, zwischen der schriftlichen und mündlichen Form der Wahrnehmung und Organisation des Daseins.» Vielleicht. Entscheidend ist, daß Adela Quasted das geradlinige und enge westliche Denken verkörpert, Indien aber für die elektronischen Medien trotz seines hohen Alters eine Herausforderung darstellt. Einerseits erobert der Westen die alte mündlich überlieferte und traditionelle Kultur Indiens. Andererseits ist die völlig integrierte, weder räumlich noch zeitlich gebundene Kultur Indiens der eintönigen, stetigen und die Folgerichtigkeit betonenden westlichen Kultur der elektronischen Revolution überlegen.

Noch wichtiger ist zumindest für die Kulturen des alten Orients die kulturelle Verheerung, die die elektronischen Medien des Westens heute vermitteln. Aber die Menschen der Dritten Welt leiden nicht mehr unter Verwirrung und Entwurzelung als wir selbst, obwohl wir sie verursachen.

Das Schloß und der Zauberer

Thomas Mann wurde 1875 in Lübeck geboren und starb 80jährig. Franz Kafka wurde 1883 in Prag geboren und starb mit vierzig. In seinem langen Leben hat Mann mehr Bücher geschrieben, aber kein größeres als Kafka mit seinen berühmten Romanen ‹Der Prozeß› und ‹Das Schloß›. Kafka schrieb beide kurz vor seinem Tod 1924; sie wurden erst posthum veröffentlicht. Beide, Kafka und Mann, beschrieben die neue Art zu leben, die die Menschheit sich im zwanzigsten Jahrhundert wählte, und sagten sie gleichzeitig voraus.

Ich sage «wählte», obwohl viele moderne Menschen sich über ihre Lebensweise beschweren und sagen, sie würden lieber so leben, wie die Menschheit früher lebte. Es fällt schwer, diesen Wunsch ernst zu nehmen. Es ist nicht unmöglich, wenn auch vermutlich schwierig, so zu leben wie früher. Man muß nur auf jene Aspekte des modernen Lebens verzichten, über die man sich besonders häufig beschwert, nämlich den angeberischen Prunk und die enormen Belastungen, das riesige Tempo und die ansteckende Oberflächlichkeit. Aber gerade auf diese Aspekte verzichten die Menschen am wenigsten gern.

In ‹Das Schloß› kommt K., der behauptet, ein von den Behörden bestellter Landvermesser zu sein, in ein Dorf am Fuß eines Berges, auf dem ein «Herrenhof» steht. Da die Dorfbewohner ihn abweisen, versucht er, von den gräflichen Behörden anerkannt zu werden, die im Schloß oben auf dem Berg residieren. Obwohl er sich unablässig darum bemüht, erhält er nie, was er begehrt. Aber er bleibt nicht völlig erfolglos. Er lebt weiter im Dorf, verliebt sich in ein bezauberndes Schankmädchen und erringt kleine Siege. Insgesamt ist die Geschichte tragisch, aber das wird K. anscheinend gar nicht bewußt. Er ist nicht unglücklich, obwohl er zur Erfolglosigkeit verdammt ist. Der Roman ist trotz seiner tragischen Untertöne im Grunde sogar komisch.

‹Der Prozeß› ist die Geschichte von vielleicht demselben Mann, Joseph K., der eines Morgens, «ohne daß er etwas Böses getan hätte», verhaftet wird. Seine Versuche, sich zu rechtfertigen oder auch nur herauszufinden, welches Verbrechen er begangen haben soll, erweisen sich als ergebnislos. Keiner will ihm sagen, was er zu tun hat, falls er etwas tun kann, um freigesprochen zu werden. Er will sich aber rechtfertigen und wird geradezu besessen von der Notwendigkeit, sich von dem Vorwurf zu befreien, obwohl er den Anklagegrund nicht kennt. Am Ende des Buches ist klar, daß er seine Unschuld niemals wird beweisen können, und das Urteil, das auf Todesstrafe lautet, wird vollstreckt.

Beide Romane sind endlos interpretiert worden. Das ‹Schloß› könnte ein Symbol für Kafkas Vater gewesen sein, dem er niemals nahe war, obwohl er sich so sehr nach seiner Liebe sehnte. Im

‹Prozeß› könnte das Verbrechen Kafkas Judentum sein – ein Staatsverbrechen in den Augen anderer. Aber jede Deutung dieser beiden großen Romane neigt dazu, ihre Leistung zu schmälern und von ihrer überwältigenden psychologischen Wahrheit abzulenken. Wohl nur wenige Leser können sich des Gefühls erwehren, daß diese Bücher ihr eigenes Leben beschreiben.

Gleichzeitig könnten die in diesen Romanen beschriebenen Leben nicht vor dem zwanzigsten Jahrhundert gelebt worden sein. Karl Marx sah, was passierte, als er erklärte: «Alles Ständische und Stehende verdampft.» Die alten festen Grundlagen sind zerbrochen, alles zerfällt, die Mitte gibt keinen Halt mehr. Wir haben uns in der Marabarhöhle verirrt und suchen eine Rechtfertigung, die es doch für niemanden mehr gibt.

Der Hauptteil des Werks von Thomas Mann befaßt sich mit Problemen des Künstlers an sich, und kein anderer Dichter unserer und vielleicht irgendeiner anderen Zeit hat die Persönlichkeit des Künstlers so gründlich erkundet oder das künstlerische Genie so großartig beschrieben. In diesem Sinn sind Erzählungen wie ‹Tonio Kröger› und ‹Tod in Venedig› allgemeingültig und zeitlos. Aber Mann konnte das Schicksal seines geliebten Deutschland und seines fast ebenso geliebten Europa während des Zusammenbruchs des Zweiten Weltkriegs nicht ignorieren.

‹Der Zauberberg› erschien wie ‹Auf der Reise nach Indien› im Jahr 1924. Kafkas ‹Schloß› war unvollendet, als sein Verfasser im Juni des Jahres starb. Der Berg in Manns Buch hat große Ähnlichkeit mit dem Schloß Kafkas. Beide sind das Ziel ewigen Strebens, eines Strebens, das dazu verdammt ist, niemals Erfolg zu haben. Hans Castorp, der Held bei Thomas Mann, strebt in die Berge und bleibt als Kranker dort, wo er nur einen Besuch abstatten wollte. Als er einmal auf dem Weg zur Heilung ist, muß er wieder in die Ebene hinunter, wo, wie Matthew Arnolds so treffend sagte, «unwissende Armeen nachts aufeinandertreffen».

‹Der Zauberberg› ist ein sehr umfangreiches Werk, dem der Zusammenhalt fehlt, die Kafkas Meisterwerke auszeichnen. Aber Mann erreichte in einigen Novellen und auch in seinem letzten Roman ‹Die Bekenntnisse des Hochstaplers Felix Krull› 1954 dieselben Höhen wie Kafka. Vielleicht ist in unserer Zeit keine vollkommenere Erzählung geschrieben worden als ‹Mario und der Zauberer› (1929). Sie zeigt die Leere eines Lebens auf, das der alten, liebevollen und gerechten Beziehung beraubt wurde und dem wilden Sturm der Zukunft ausgesetzt ist. In dieser scheinbar autobiographischen Erzählung verbringt eine deutsche Familie den Spätsommer in einem mondänen italienischen Badeort. Über ihr lastet die «Schreckensherrschaft der Sonne», und die Trägheit erfaßt alle mit Ausnahme des träumerischen Kellners Mario, der in einem Café arbeitet und wegen seiner Freundlichkeit und guten Laune bei allen Gästen beliebt ist. Trotz vieler Unannehmlichkeiten kann sich die Familie nicht zur Abreise entschließen. Als die Vorstellung eines berühmten Zauberers angekündigt wird, drängen die Kinder auf deren Besuch. Man kauft Karten und nimmt die Plätze ein. Die Vorstellung ist seltsam und irgendwie bedrohlich. Der Zauberer ist offenbar ein Betrüger, der nur ganz einfache Tricks beherrscht, sein Publikum jedoch mit einer seltsamen Macht bannt, der sich keiner widersetzen kann. Die Familie macht öfters Ansätze zu gehen, bleibt aber doch da. Etwas hält sie in den Stühlen. Schließlich, zur letzten Vorführung, wird Mario auf die Bühne gerufen. Der Zauberer demütigt ihn und zwingt ihn zu abscheulichem Verhalten. Als Mario aus seiner Trance erwacht, rächt er sich, aber die Rache befriedigt weder ihn noch jene, die ihn wegen seiner Liebenswürdigkeit und Anständigkeit mögen und achten. Es gibt kein Heilmittel. Es bleibt nur die Hoffnung auf ein Ende der Vorstellung, aber vielleicht gibt es keins. «War das auch das Ende?» fragen die Kinder. «Ja, das war das Ende», bestätigen die Eltern. «Ein Ende mit Schrecken, ein höchst fatales Ende. Und dennoch ein befreiendes Ende – ich konnte und kann nicht umhin, es so zu empfinden!» sagt der Ich-Erzähler.

Warten auf Godot

Samuel Beckett (1906–1989) wurde in Dublin geboren, ließ sich aber 1937 in Frankreich nieder, wo er dann fast ununterbrochen lebte. Er schrieb auf französisch und übersetzte seine Werke dann selbst ins Englische. Während des Krieges arbeitete er von 1942–1944 in der französischen Untergrundbewegung. Obwohl er schon lange geschrieben hatte, wurden seine ersten Bücher erst Ende der vierziger Jahre veröffentlicht. ‹Warten auf Godot› war 1951 bei der Uraufführung in Paris ein verblüffender Erfolg. In New York war sein Erfolg 1953 zwar umstritten, aber noch größer. Viele Menschen machten sich darüber lustig und verließen das Theater in der Überzeugung, daß Beckett etwas für das Theater völlig Neues sagte. Sie dachten, sie könnten sich über ihn lustig machen, fanden aber, daß sie über sich selbst lachten und brachen dann in Tränen aus. ‹Warten auf Godot› hat fast keine Handlung. Außerdem sagen weder die Hauptpersonen Estragon und Vladimir noch Pozzo und Lucky, die in jedem der zwei Akte des Schauspiels an ihnen vorübergehen, irgend etwas Wesentliches oder Bemerkenswertes. Didi und Gogo warten auf Godot, der nicht kommt. Er kommt vielleicht nie, aber sie warten jeden Tag bis in die Nacht und am nächsten Tag wieder. Das ist wie das Leben, sagen sie: langweilig, rätselhaft, immer wieder dasselbe, traurig, ungerecht und schmerzlich. Was soll man auf einer Straße tun, die nirgendwohin führt, während man auf jemanden wartet, der nie kommt, auf eine Verabredung, die nie eingehalten wird, auf ein Ziel, das nicht zu erreichen ist? Sie unterhalten sich, sie erzählen Geschichten, sie tanzen, sie klagen, sie helfen einander auf, wenn sie hinfallen. So leben wir, wenn das Leben aller Illusionen und Täuschungen beraubt ist und wenn es keine trivialen Ziele gibt, deren Erreichung nichts bedeutet.

Vladimir: So ist die Zeit vergangen.
Estragon: Sie wäre sowieso vergangen.
Vladimir: Ja, aber langsamer.

‹Warten auf Godot› ist geradezu wortreich im Vergleich mit ‹Endspiel›, das 1957 in London uraufgeführt wurde. In ihm gibt es vier Personen, Hamm und seinen Diener (?) Clov und Nagg und Nell, Hamms Vater (?) und Mutter (?). Die Fragezeichen sollen nicht provozieren. Ich weiß es wirklich nicht. Das Bühnenbild ist ungewöhnlich, ein kahler Raum mit zwei hohen verhangenen Fenstern. Ist es das Innere eines menschlichen Kopfs (Hamms)? Sind die beiden Fenster die Augen, die auf den «Abfall» der Welt blicken? Nell und Nagg leben in Mülleimern, aus denen sie den Kopf herausstecken, einige Worte sagen und wieder versinken. Hamm und Clov streiten sich, kämpfen, singen einander etwas vor und rufen um Hilfe. Schließlich geht Clov weg. Er wird nicht zurückkommen. Hamm bedeckt sein Gesicht am Ende mit einem blutbefleckten Taschentuch, seinem einzigen Besitz.

Man kann sich nur schwer vorstellen, welche Wirkung diese beiden Schauspiele, die Leben und Schauspiel völlig entblößen, auf die Zuschauer haben, wenn man sie nicht gesehen hat. Wenn man sie einmal erlebt hat, kehren die Aufregung und die Bedrohung schon beim Wiederlesen ihrer wenigen knappen Worte zurück.

Massenmedien und Erziehung

Die visuelle und urbane oder gesellschaftliche Revolution, die große Künstler zu Beginn dieses Jahrhunderts in die Wege leiteten, wurde, wie McLuhan zeigte, durch die Massenmedien fortgesetzt. Im ausgehenden zwanzigsten Jahrhundert sind Computer allgegenwärtig, aber sie bleiben weitgehend unsichtbar, wenn wir nicht gerade unmittelbar mit ihnen zu tun haben. Im allgemeinen kontrollieren sie unser Leben, ohne darin einzugreifen. Auch die medizinische Technologie ist allgegenwärtig, aber wir ignorieren sie, wenn wir sie nicht gerade brauchen. Die Medien lassen sich nicht vermeiden oder ignorieren. Sie umgeben uns überall, wie der Morgennebel die Bretagne. Wir können ihnen nicht entkommen.

Der spanische Philosoph José Ortega y Gasset (1883–1955) schrieb 1929 ein Buch mit dem Titel ‹Der Aufstand der Massen›. Darin kennzeichnete er die europäische Gesellschaft seiner Zeit als eine, die von einer mittelmäßigen, unkultivierten Masse von Einzelnen beherrscht wird, die vor kurzem als ein Ergebnis politischer und technologischer Veränderungen an die Macht gekommen waren. Der Gedanke des Massenmenschen wurde von Intellektuellen auf beiden Seiten des Atlantiks begeistert aufgenommen, die zum größten Teil Ortega zustimmten, daß die unkultivierten Massen, wenn sie nur wüßten, was gut für sie ist, zugunsten der kultivierten Minderheit auf die gesellschaftliche Kontrolle verzichten würden. Umgekehrt, so sagte die Theorie, würde die Minderheit auch die Verantwortung übernehmen, der Mehrheit eine bessere Erziehung zukommen zu lassen als je zuvor, sie also auf den hohen kulturellen Stand zu bringen, den ihre Möchte-gern-Lehrer genießen.

Dies war schlichtes und unverfälschtes Elitedenken, aber auch noch etwas anderes. Die Einstellung ging bis auf das Lamento Tocquevilles über die Vortrefflichkeit zurück, die dem Angriff demokratischer Gleichwertigkeit hatte weichen müssen. Auch wenn das alte Regime ungerecht gewesen war, so hatte es doch Bauwerke und Kunstwerke geschaffen, die schön und «dem Auge wohlgefällig» waren. Moderne demokratisch und sozialistisch gesonnene Menschen haben langweilige, häßliche Gebäude errichtet, trostlose Reihen von mit Neon beleuchteten Geschäften. Am besten von allen Büchern verkaufen sich Comics, und die große Tradition der klassischen Musik erlosch, als Igor Strawinsky 1971 starb; seitdem ist kein Komponist mehr weltweit anerkannt. Wie Newton Minow vor dreißig Jahren sagte, ist das Fernsehen immer noch «eine große

Wüste», und das einzig wirklich Interessante ist die Werbung, die nicht unbedingt immer die Wahrheit erzählt. Den Massen wird etwas vorgelogen, sie werden geprellt und geködert von klugen Meistern der Betrügerei, die ihnen schlechte Imitate guter Produkte und Gedanken billig verkaufen wollen. Und, was am schlimmsten ist, die Massen lassen sich von den ihnen Überlegenen bereitwillig betrügen, denn sie denken, sie wären zum erstenmal in der Geschichte der Menschheit glücklich.

Wie ich schon sagte, steckt etwas Wahrheit in diesen Behauptungen, aber nicht viel. Wie jeder, der die Menschen in der Demokratie zu verstehen versucht, sehr wohl weiß, sind sie nicht so närrisch, wie die sogenannten Überlegenen glauben. Sie sind beispielsweise glücklicher, als ihre Vorfahren es je waren, besonders in den fortschrittlichen und hochentwickelten Ländern Westeuropas und Nordamerikas, aber auch an anderen Orten. Wenn die Gleichheit auch nicht für jeden auf der Erde unmittelbar vor der Tür steht, so ist sie doch für fast alle am Horizont sichtbar. Mit politischer Gleichheit wird auch wirtschaftliche Gleichwertigkeit einhergehen, die Möglichkeit, ein besseres Leben zu leben, als es die meisten Leute je erfahren haben: angenehmer, sicherer, gesünder, länger und reicher an schöpferischen Möglichkeiten.

Die Massenerziehung unserer Zeit ist wahrscheinlich nicht die beste Erziehung, die Menschen je zuteil wurde. Das zwanzigste Jahrhundert war mit anderen Dingen beschäftigt. Aber die Erziehung, die den Massen in einem großen Teil der Welt zugänglich ist, ist besser und reichhaltiger und anregender als die Lernerfahrungen, die sie zuvor hatten. Massenmenschen gehen zur Schule oder schicken ihre Kinder dorthin. Die Schulen könnten besser sein, aber es gibt sie, während es sie für die meisten vor einem Jahrhundert noch nicht gab. Außerdem lernen die Kinder der Massenmenschen nicht nur in der Schule. Der Fernsehapparat wird oft schon morgens um sieben an- und den ganzen Tag nicht wieder ausgestellt. Die Massenfrau sieht fern, wenn sie daheim ist, was in der heutigen Zeit immer seltener der Fall ist, und Massenkinder schauen fern, wenn sie aus der Schule kommen. Und am Abend sammelt sich der Halbkreis der Familie einige Stunde lang vor dem Fernsehapparat. Soziologen behaupten, die Massenmenschen seien süchtig nach dem Fernseher, das flackernde Blau der Röhre habe etwas Hypnotisierendes. Die Sucht, wenn es denn eine ist, gilt aber nicht einem physikalischen Licht, sondern einem anderen, eher geistigen Licht, einer Erleuchtung, die in diesen letzten Jahren des zwanzigsten

Jahrhunderts fast jedes Haus der Welt erreicht. Es ist das Licht, das neues Wissen bringt.

Wie der Kinderpsychologe und Therapeut Glenn Doman sagt, wird ein Baby mit Lust auf Lernen geboren. Mütter wissen das, und auch die Menschen, die Werbung, besonders Fernsehwerbung, machen. Viele Pädagogen wissen es anscheinend nicht. Sie langweilen Kinder, lehren sie zu spät zu wenig. Werbeleute sind nicht so dumm. Sie wissen, daß Kinder so bald wie möglich herausfinden wollen, wie die Welt beschaffen ist und was all die Menschen in ihr tun. Sie packen deshalb eine hinreißende Handlung, die Spaß macht, und überraschende Vorgänge, die ein Semester füllen könnten, in dreißig Sekunden Werbung. Geht es immer um Tatsachen? Keineswegs. Aber das ist in der Schule nicht anders. Ist es interessant? Aber ja, mehr als alles, was ein Kind in der Schule lernt. Stellt die Werbung das Wohl des Kindes über das eigene? Aber nein. Tun das etwa alle Lehrer? Lernen Massenkinder lesen, wenn sie fernsehen? Vielleicht, vielleicht auch nicht. Aber lernen alle Schulkinder lesen? Hat sich andernfalls jemand Mühe gegeben, es sie zu lehren? Jedenfalls tut die Werbung mit all ihren Einfällen alles Menschenmögliche, einem Kind die Namen ihrer Produkte beizubringen, damit es sie wiedererkennt und im Supermarkt an Mutters Rock ziehen kann.

Man macht die Massenmedien dafür verantwortlich, daß ein Viertel der jungen amerikanischen Erwachsenen heute praktisch Analphabeten sind. Die Kritiker sagen, dieser Prozentsatz sei heute höher, als er vor hundertfünfzig Jahren war, und das liege am Fernsehen, denn ein Massenkind sieht lieber fern als Hausaufgaben zu machen. Es läßt sich nur schwer herausfinden, wie es in dieser schwierigen und verwirrenden Lage wirklich ist. Eine Tatsache scheint offensichtlich: Man braucht nicht mehr wie einst lesen und schreiben zu können, um in dieser Welt Erfolg zu haben, sonst würden mehr Menschen es lernen wollen. Massenmenschen stimmen genau wie alle anderen Menschen mit den Füßen ab, zeigen also, was sie wollen, nicht durch das, was sie sagen, sondern durch das, was sie tun.

Was könnte die Fähigkeit zum Lesen ersetzt haben? Eine gewisse Geschicklichkeit der Finger, die in einem Spielsalon zu Erfolg führt, was einen wiederum bei den Gleichaltrigen berühmt macht? Eine gewisse geistige Wendigkeit, deren mündliche Mitteilung von einer schriftkundigen Sekretärin mit weniger wendigem Geist aufgeschrieben wird? Eine gewisse Gewandtheit der Gliedmaßen, die zu der Berühmtheit eines Profisportlers führen kann? Eine gewisse

Begabung und Fähigkeit, die eigene Seele zu entblößen, die zu einem Schallplattenkontrakt führt? Manche dieser neuen Karrieren bringen wortwörtlich märchenhaften Lohn. Welch Wunder, wenn Massenkinder und Massenjugend das begehrenswerter finden als das Schreiben- und Lesenlernen.

Ist es also der Fehler der Massenmedien, daß die Massenmenschen so wenig gebildet sind, falls sie es sind? Nehmen wir an, es sei so. Massenkinder werden sicherlich anders erzogen als ihre Großväter und Großmütter. Vor einem Jahrhundert erhielten die meisten Menschen wenig offizielle Schulbildung. Wenn sie überhaupt zur Schule gehen konnten, lernten die meisten vor allem Lesen, Schreiben und Rechnen. Nur Gymnasiasten lernten alte Sprachen und etwas Philosophie. Was fingen sie damit an? Sie bauten die moderne Welt, in der ihre Enkel von Massenmedien erzogen werden.

Es läßt sich über die Vor- und Nachteile all dieser Fragen über die Medien streiten. Vielleicht sollten wir eine Art Bilanz ziehen. Geben wir zu, daß die Massenmedien unser intellektuelles Leben beherrschen im weitesten und wahrsten Sinn von «intellektuell», nicht im engen akademischen Sinn, der höchstens für Akademiker interessant ist. Die wesentliche Frage ist, ob es uns deshalb besser geht. Es ist nicht überraschend, daß diese Frage eigentlich unser Wissen betrifft. Wissen wir dank der Medien heute mehr als vor hundert Jahren? Angenommen, wir wüßten mehr. Ist diese Zunahme des Wissens dann vielleicht trivial? Angenommen, sie sei *dank der Medien* nicht trivial. Ist dann das, was wir wissen, wahr?

Jede Leserin und jeder Leser sollte versuchen, diese Fragen für sich selbst zu beantworten. Meine eigenen Antworten sind vielleicht enttäuschend oder überraschend. Es ist wohl unbestreitbar, daß das Wissen unserer Welt, über das wir mit wenigen Ausnahmen alle verfügen – als Nachkommen einer hochgebildeten Minderheit einer vergangenen Zeit –, größer ist denn je. Ein großer Teil dieses Wissens kann trivial genannt werden, aber das galt für das, was die Gebildeten wußten, schon immer. Die Gebildeten sind jetzt die große Mehrheit und waren einmal eine winzige Minderheit. Man denke an die Narrheiten und Moden des alten Regimes. Konnte irgend etwas trivialer sein? Ist das, was wir wissen, wahr? Vieles nicht. Aber der Leser dieses Buches erkennt, daß nicht nur die heutigen Menschen, sondern auch die anderer Zeiten Irrtümern aufgesessen sind, Irrtümer, auf die sie Eide ablegten und bereit waren, dafür ihr Leben zu geben.

Bei den wirklich großen Themen und den wirklich wichtigen Fragen schlägt die Waagschale deutlich zu unseren Gunsten und nicht zu denen unserer Großeltern aus. *Dank der Medien* verstehen wir die Demokratie besser als wohl irgend jemand sie vor einem Jahrhundert verstanden hat. *Dank der Medien* hegen wir ein tieferes Mißtrauen gegen den Krieg, auch wenn es bis jetzt noch nicht tief genug ist. Der Gedanke ist für viele Menschen noch zu neu. Der Glaube an die natürliche Minderwertigkeit bestimmter Völker – egal welche – kann nicht leicht Bestand haben, wenn die Medien uns fortwährend vor Augen stellen, wie ähnlich wir ihnen sind. Selbst moralisch.

Nein, ich sage nicht, daß wir *dank der Medien* bessere Menschen sind, als unsere Großeltern es waren. Aber ich denke, wir sind auch nicht *wegen der Medien* schlechter. Ob wir besser oder schlechter sind, kann ich eigentlich nicht sagen. Mit Ausnahme der Abschaffung der natürlichen Sklaverei war immer höchst zweifelhaft, was moralischer Fortschritt ist, und das gilt auch noch am Ende des zwanzigsten Jahrhunderts.

Dank

Dieses Buch ist das Ergebnis lebenslangen Lesens, Denkens und Redens. Die Samen wurden vor fast fünfzig Jahren ausgesät, als Scott Buchanan, Jakob Klein und Richard Scofield mich, damals Student am St. John's College, in die Welt der Gedanken einführten.

Meine erste Bekanntschaft mit der Literatur der Universalgeschichte machte ich vor dreißig Jahren, als ich ‹The Idea of Progress› (Praeger, 1967) schrieb. Mein Mentor war damals – wie heute – Mortimer J. Adler. Wir haben im Lauf der Jahre immer wieder über viele der hier behandelten Themen gesprochen, und Adler hat mir viele nützliche bibliographische Hinweise gegeben. Wir stimmten in vielen Punkten, aber nicht allen, überein. In diesem Buch gebe ich oft seine Ansichten wieder, meistens, ohne das zu erwähnen. Ich danke ihm an dieser Stelle.

Für umfassende Deutungen der Literatur schulde ich vielen philosophischen Historikern Dank, von Ibn Khaldun bis Oswald Spengler, von Arnold J. Toynbee bis Fernand Braudel. Insbesondere letzterer lehrte mich, die kleinen Einzelheiten des täglichen Lebens zu beachten, die soviel darüber mitteilen, wie Menschen leben, unabhängig davon, was sie sagen oder schreiben.

In bezug auf die Geschichte der Naturwissenschaften verdanke ich viel den Werken von James Burke (besonders ‹Connections›, Little Brown, 1978), Herbert Butterfield (besonders ‹The Origins of Modern Science›, Macmillan, 1951) und Erwin Schrödinger (besonders ‹Nature and the Greeks›, Cambridge 1954). Bei den Anthropologen habe ich am meisten von Bronislaw Malinowski, Claude Lévi-Strauss und Lord Raglan, dem Verfasser von ‹The Hero› (Vintage, 1956) gelernt. Robert L. Heilbroners ‹The Worldly Historians› (Simon and Schuster, 1953, 1986) half mir, eine Reihe wirtschaftswissenschaftlicher Werke zu verstehen.

Wenn ich Marshall McLuhans ‹Understanding Media› (McGraw Hill, 1965) (deutsch: Die magischen Kanäle, Econ, Düsseldorf 1968, Übers. Meinfad Amann) lese, bin ich jedes Mal erneut beeindruckt von der Macht seiner Einsichten und der Genauigkeit seiner Vorhersagen.

Kein neueres Buch über die weltweite Erfahrung der Moderne scheint mir so gedankenreich und provozierend wie Marshall Bermans ‹All That Is Solid Melts Into Air› (Simon and Schuster, 1982).

Ich bin seinem Verfasser nie begegnet, aber ich habe mit Professor Bermann in tiefer Nacht viele stille Gespräche geführt. Auf Bermanns Buch hatte mich mein Bruder, John Van Doren, aufmerksam gemacht. Er veranlaßte mich auch, vor vielen Jahren zum ersten Mal ‹Cargoes› zu lesen, John Masefields vollkommene Dichtung der Weltgeschichte. Ich danke ihm unter anderem für diese Hinweise und auch für seine gedankenreichen Bemerkungen zu Teilen des Manuskripts und für die Gespräche, die wir im Lauf von fünf Jahrzehnten führten, bei denen ich zweifellos mehr erhielt, als ich ihnen geben konnte.

Dankbar bin ich auch all meinen Freunden und Seminarteilnehmern, die mich im Lauf der letzten sechs Jahre bei mehr oder weniger formalen und mehr oder weniger hitzigen Diskussionen auf Ideen brachten und mit zum Verständnis verhalfen, wenn mich etwas verwirrte oder verwunderte. Sie können das nicht damals gar nicht bemerkt haben; ich kann meine Dankesschuld heute nicht im einzelnen angeben.

In zwanzig Jahren als Lektor der ‹Encyclopaedia Britannica› habe ich über vieles viel gelernt. Insbesondere gewannen in dieser Zeit nicht nur meine Kollegen, sondern auch die Arbeit, die sie leisten, meine Hochachtung. Es vergeht kaum ein Tag, an dem ich die Britannica nicht in irgendeiner kleineren oder größeren Sache zu Rate ziehe. Ich bin mir wohl bewußt, daß die Herausgeber der Britannica seit über zwei Jahrhunderten vor derselben Aufgabe stehen, die ich mir hier gestellt habe – nämlich eine Geschichte des Wissens der Menschheit vorzubereiten. Sie sind dabei natürlich ganz anders vorgegangen.

Mit großer Freude danke ich hier weiter Patrick Gunkel, dem Erfinder der Ideonomie, der seit zwei Jahrzehnten mein Freund ist. In Hunderten langer Gespräche hat Pat mich im Lauf der Jahre verstehen gelehrt, daß es nicht nur eine Geschichte der Vergangenheit gibt, sondern auch eine der Zukunft. Ich habe mir einige seiner Einsichten schamlos zu eigen gemacht. Zu seinen Ideen gehört die Vorstellung des Computers als Kamerad. Seine für mich wertvollste Lehre ist, daß die Zukunft eine harte Gegenständlichkeit hat und vielleicht sogar noch verständlicher ist als die Vergangenheit. Natürlich ist die Gegenwart am schwersten zu verstehen.

Großen Dank schulde ich auch meinen Herausgebern, Hillel Black und Donald J. Davidson, die erbarmungslos auf Klarheit bestanden und wollten, daß ich schriebe, umschriebe und neuschriebe, bis sie sicher waren, daß ich das sagte, was ich sagen wollte. Wenn das Buch etwas taugt, verdankt es das zu einem großen Teil ihnen. Seine Mängel sind allein mir zuzuschreiben.

Meine Frau, Geraldine, las jede Seite des Manuskripts doppelt und machte tausend Vorschläge, von denen ich die meisten befolgte. Wichtiger noch, sie ermöglichte es mir, mit Gedanken zu experimentieren, wenn ich Thesen aufstellte, die sie ärgerten, erfreuten oder belustigten. Ohne ihre Hilfe würde es das Buch nicht geben.

Charles Van Doren, Cornwall, Connecticut

Namensregister